北京农村年鉴

2016

中国农业出版社

北京农村年鉴

2016

领导调研与考察

北京市副市长林克庆出席首届北京农园节开幕式

2015年5月4日，北京市副市长林克庆到通州调研农业结构调整

北京市人大常委会副主任牛有成在农园节开幕式现场

2015年8月25日，农业部部长韩长赋同志考察北京奶业

都市型现代农业

温室草莓—葡萄立体栽培观摩培训会

玉米收获（摄影：付春光）

昌平区流村谷氏獭兔养殖基地（摄影：曾国全）

抱柱式立体栽培（摄影：付燕明）

番茄无土栽培

科技致富（摄影：付燕明）

西柏店食用菊花

喜人的绿色（摄影：阮忠）

中粮智慧农庄

北京市农林科学院新品种介绍

国禧109

黑叶3号

京脆2号——单果

京冠白3号

京研407

京科糯569果穗（国审玉2014024）

京麦9号

秋甘7号

美瑞特

早熟京红栗

新农村建设

2015年7月23日，召开北京市新农村建设领导小组会

怀柔潮白河八宝堂（摄影：刘二学）

蔡家洼玫瑰情园（摄影：刘天乐）

门头沟区水峪嘴搬迁新村风貌

农舍·张家台（摄影：李树兴）

农舍·张家台（摄影：李树兴）

雪后平谷

琉璃河牡丹园

民俗旅游与观光

顺义区木林镇花海

昌平区秋季百里环廊

昌平苹果

密云区蔡家洼“蔡家娃”草帽艺术节

南宅庄户欧李采摘季

桃林

房山区周口店镇黄山店村云上石屋

房山区周口店泗马沟樱桃谷登山步道

延庆区南湾民俗旅游村

山区经济与生态建设

北寨红杏

挂甲峪温泉

怀柔区沟域景观

门头沟妙峰山山水休闲区沟域景观

密云区沟域经济建设景观

延庆区四海镇四季花海沟域景观

延庆区珍珠泉美丽景观

养蜂人（摄影：刘国君）

农村改革与集体经济发展

2015年11月20日，北京农商银行信贷支持与专题服务双轮驱动积极助推京郊乡村旅游蓬勃发展

惠民益农分红喽（摄影：张保旗）

北京市农村土地承包仲裁培训班

潭柘寺镇“富民11号”资金信托计划签约仪式

农村社会事业

海淀上庄田妈妈蘑法森林

丰台区长辛店镇第十三届大枣文化节

阅读（摄影：李金涛）

普法进村走进高碑店

首届北京农民体育健身运动展示周开幕式

“美丽乡村筑梦有我”送法下乡

案号：RHK920151101147900004 保险种：樱桃

扩大政策性农业保险覆盖范围

基层组织建设

2015年乡镇党委书记培训班

全市乡镇党委书记培训班开班

《北京农村年鉴》编辑委员会

《北京农村年鉴》编辑部

凡　例

一、《北京农村年鉴》是集中反映北京郊区经济和社会发展情况的大型资料性工具书和史料文献。在中共北京市委农村工作委员会和北京市农村工作委员会的领导下，由北京市农村经济研究中心主持编纂。

二、《北京农村年鉴》以马列主义、毛泽东思想、邓小平理论、“三个代表”重要思想、科学发展观为指导，深入贯彻习近平总书记系列重要讲话精神，运用丰富、翔实的资料和客观、真实的记述，使社会各方面增进对北京郊区农村的认识与了解，促进北京地区各行业和国内外与京郊农村的合作、交流，也为地方史志的编写积累珍贵的历史资料。

三、依据年鉴编纂惯例，当年出版的《北京农村年鉴》，标为本年度，而反映上个年度的情况。为增强年鉴的时效性，对本年度年初中共中央和中共北京市委、北京市人民政府发布的指导农业和农村工作的重要文件，也予以收入。

四、《北京农村年鉴》基本写作形式为条目体，并选载适量文章，辅以图片、表格，使读者对北京郊区情况有一完整了解。

五、《北京农村年鉴》所设栏目与类目基本固定，而依据年度变化情况作适当调整。

六、《北京农村年鉴》稿件，由北京市委农工委、北京市农委各职能部门，北京市农业系统各单位，各郊区，并邀请各有关部门，确定专人撰写，均经各部门主管领导审阅。有关数据采用国家和市统计部门发布的权威数字；未列入国家和市统计范围的，采用业务部门经过核实、可以发布的数字。

目　　录

特　　载

文件选载

都市型现代农业

郊区二、三产业

郊区生态与基础设施建设

山区建设

农业科技

农村改革与管理

农村生活与农村社会保障

农村社会事业

农村社会管理

农村法制建设

组织建设

郊区农情

市农业系统行政、事业机构

北京市社会主义新农村建设先进集体和先进个人

统计资料

索　　引

特　　载

中共中央、国务院
关于落实发展新理念加快农业现代化　实现全面小康目标的若干意见

（2015 年 12 月 31 日）

党的十八届五中全会通过的《中共中央关于制定国民经济和社会发展第十三个五年规划的建议》，对做好新时期农业农村工作作出了重要部署。各地区各部门要牢固树立和深入贯彻落实创新、协调、绿色、开放、共享的发展理念，大力推进农业现代化，确保亿万农民与全国人民一道迈入全面小康社会。

“十二五”时期，是农业农村发展的又一个黄金期。粮食连年高位增产，实现了农业综合生产能力质的飞跃；农民收入持续较快增长，扭转了城乡居民收入差距扩大的态势；农村基础设施和公共服务明显改善，提高了农民群众的民生保障水平；农村社会和谐稳定，夯实了党在农村的执政基础。实践证明，党的“三农”政策是完全正确的，亿万农民是衷心拥护的。

当前，我国农业农村发展环境发生重大变化，既面临诸多有利条件，又必须加快破解各种难题。一方面，加快补齐农业农村短板成为全党共识，为开创“三农”工作新局面汇聚强大推动力；新型城镇化加快推进，为以工促农、以城带乡带来持续牵引力；城乡居民消费结构加快升级，为拓展农业农村发展空间增添巨大带动力；新一轮科技革命和产业变革正在孕育兴起，为农业转型升级注入强劲驱动力；农村各项改革全面展开，为农业农村现代化提供不竭源动力。另一方面，在经济发展新常态背景下，如何促进农民收入稳定较快增长，加快缩小城乡差距，确保如期实现全面小康，是必须完成的历史任务；在资源环境约束趋紧背景下，如何加快转变农业发展方式，确保粮食等重要农产品有效供给，实现绿色发展和资源永续利用，是必须破解的现实难题；在受国际农产品市场影响加深背景下，如何统筹利用国际国内两个市场、两种资源，提升我国农业竞争力，赢得参与国际市场竞争的主动权，是必须应对的重大挑战。农业是全面建成小康社会、实现现代化的基础。我们一定要切实增强做好“三农”工作的责任感、使命感、紧迫感，任何时候都不能忽视农业、忘记农民、淡漠农村，在认识的高度、重视的程度、投入的力度上保持好势头，始终把解决好“三农”问题作为全党工作重中之重，坚持强农惠农富农政策不减弱，推进农村全面小康建设不松劲，加快发展现代农业，加快促进农民增收，加快建设社会主义新农村，不断巩固和发展农业农村好形势。

“十三五”时期推进农村改革发展，要高举中国特色社会主义伟大旗帜，全面贯彻党的十八大和十八届三中、四中、五中全会精神，以邓小平理论、“三个代表”重要思想、科学发展观为指导，深入贯彻习近平总书记系列重要讲话精神，坚持全面建成小康社会、全面深化改革、全面依法治国、全面从严治党的战略布局，把坚持农民主体地位、增进农民福祉作为农村一切工作的出发点和落脚点，用发展新理念破解“三农”新难题，厚植农业农村发展优势，加大创新驱动力度，推进农业供给侧结构性改革，加快转变农业发展方式，保持农业

稳定发展和农民持续增收，走产出高效、产品安全、资源节约、环境友好的农业现代化道路，推动新型城镇化与新农村建设双轮驱动、互促共进，让广大农民平等参与现代化进程、共同分享现代化成果。

到2020年，现代农业建设取得明显进展，粮食产能进一步巩固提升，国家粮食安全和重要农产品供给得到有效保障，农产品供给体系的质量和效率显著提高；农民生活达到全面小康水平，农村居民人均收入比2010年翻一番，城乡居民收入差距继续缩小；我国现行标准下农村贫困人口实现脱贫，贫困县全部摘帽，解决区域性整体贫困；农民素质和农村社会文明程度显著提升，社会主义新农村建设水平进一步提高；农村基本经济制度、农业支持保护制度、农村社会治理制度、城乡发展一体化体制机制进一步完善。

一、持续夯实现代农业基础，提高农业质量效益和竞争力

大力推进农业现代化，必须着力强化物质装备和技术支撑，着力构建现代农业产业体系、生产体系、经营体系，实施藏粮于地、藏粮于技战略，推动粮经饲统筹、农林牧渔结合、种养加一体、一、二、三产业融合发展，让农业成为充满希望的朝阳产业。

1. **大规模推进高标准农田建设。**加大投入力度，整合建设资金，创新投融资机制，加快建设步伐，到2020年确保建成8亿亩、力争建成10亿亩集中连片、旱涝保收、稳产高产、生态友好的高标准农田。整合完善建设规划，统一建设标准、统一监管考核、统一上图入库。提高建设标准，充实建设内容，完善配套设施。优化建设布局，优先在粮食主产区建设确保口粮安全的高标准农田。健全管护监督机制，明确管护责任主体。将高标准农田划为永久基本农田，实行特殊保护。将高标准农田建设情况纳入地方各级政府耕地保护责任目标考核内容。

2. **大规模推进农田水利建设。**把农田水利作为农业基础设施建设的重点，到2020年农田有效灌溉面积达到10亿亩以上，农田灌溉水有效利用系数提高到0.55以上。加快重大水利工程建设。积极推进江河湖库水系连通工程建设，优化水资源空间格局，增加水环境容量。加快大中型灌区建设及续建配套与节水改造、大型灌排泵站更新改造。完善小型农田水利设施，加强农村河塘清淤整治、山丘区“五小水利”、田间渠系配套、雨水集蓄利用、牧区节水灌溉饲草料地建设。大力开展区域规模化高效节水灌溉行动，积极推广先进适用节水灌溉技术。继续实施中小河流治理和山洪、地质灾害防治。扩大开发性金融支持水利工程建设的规模和范围。稳步推进农业水价综合改革，实行农业用水总量控制和定额管理，合理确定农业水价，建立节水奖励和精准补贴机制，提高农业用水效率。完善用水权初始分配制度，培育水权交易市场。深化小型农田水利工程产权制度改革，创新运行管护机制。鼓励社会资本参与小型农田水利工程建设与管护。

3. **强化现代农业科技创新推广体系建设。**农业科技创新能力总体上达到发展中国家领先水平，力争在农业重大基础理论、前沿核心技术方面取得一批达到世界先进水平的成果。统筹协调各类农业科技资源，建设现代农业产业科技创新中心，实施农业科技创新重点专项和工程，重点突破生物育种、农机装备、智能农业、生态环保等领域关键技术。强化现代农业产业技术体系建设。加强农业转基因技术研发和监管，在确保安全的基础上慎重推广。加快研发高端农机装备及关键核心零部件，提升主要农作物生产全程机械化水平，推进林业装备现代化。大力推进“互联网+”现代农业，应用物联网、云计算、大数据、移动互联等现代信息技术，推动农业全产业链改造升级。大力发展智慧气象和农业遥感技术应用。深化农业科技体制改革，完善成果转化激励机制，制定促进协同创新的人才流动政策。加强农业知识产权保护，严厉打击侵权行为。深入开展粮食绿色高产高效创建。健全适应现代农业发展要求的农业科技推广体系，对基层农技推广公益性与经营性服务机构提供精准支持，引导高等学校、科研院所开展农技服务。推行科技特派员制度，鼓励支持科技特派员深入一线创新创业。发挥农村专业技术协会的作用。鼓励发展农业高新技术企业。深化国家现代农业示范区、国家农业科技园区建设。

4. **加快推进现代种业发展。**大力推进育繁推一体化，提升种业自主创新能力，保障国家种业安全。深入推进种业领域科研成果权益分配改革，探

索成果权益分享、转移转化和科研人员分类管理机制。实施现代种业建设工程和种业自主创新重大工程。全面推进良种重大科研联合攻关，培育和推广适应机械化生产、优质高产多抗广适新品种，加快主要粮食作物新一轮品种更新换代。加快推进海南、甘肃、四川国家级育种制种基地和区域性良种繁育基地建设。强化企业育种创新主体地位，加快培育具有国际竞争力的现代种业企业。实施畜禽遗传改良计划，加快培育优异畜禽新品种。开展种质资源普查，加大保护利用力度。贯彻落实种子法，全面推进依法治种。加大种子打假护权力度。

5. **发挥多种形式农业适度规模经营引领作用。**坚持以农户家庭经营为基础，支持新型农业经营主体和新型农业服务主体成为建设现代农业的骨干力量，充分发挥多种形式适度规模经营在农业机械和科技成果应用、绿色发展、市场开拓等方面的引领功能。完善财税、信贷保险、用地用电、项目支持等政策，加快形成培育新型农业经营主体的政策体系，进一步发挥财政资金引导作用，撬动规模化经营主体增加生产性投入。适应新型农业经营主体和服务主体发展需要，允许将集中连片整治后新增加的部分耕地，按规定用于完善农田配套设施。探索开展粮食生产规模经营主体营销贷款改革试点。积极培育家庭农场、专业大户、农民合作社、农业产业化龙头企业等新型农业经营主体。支持多种类型的新型农业服务主体开展代耕代种、联耕联种、土地托管等专业化规模化服务。加强气象为农服务体系建设。实施农业社会化服务支撑工程，扩大政府购买农业公益性服务机制创新试点。加快发展农业生产性服务业。完善工商资本租赁农地准入、监管和风险防范机制。健全县乡农村经营管理体系，加强对土地流转和规模经营的管理服务。

6. **加快培育新型职业农民。**将职业农民培育纳入国家教育培训发展规划，基本形成职业农民教育培训体系，把职业农民培养成建设现代农业的主导力量。办好农业职业教育，将全日制农业中等职业教育纳入国家资助政策范围。依托高等教育、中等职业教育资源，鼓励农民通过“半农半读”等方式就地就近接受职业教育。开展新型农业经营主体带头人培育行动，通过5年努力使他们基本得到培训。加强涉农专业全日制学历教育，支持农业院校办好涉农专业，健全农业广播电视学校体系，定向培养职业农民。引导有志投身现代农业建设的农村青年、返乡农民工、农技推广人员、农村大中专毕业生和退役军人等加入职业农民队伍。优化财政支农资金使用，把一部分资金用于培养职业农民。总结各地经验，建立健全职业农民扶持制度，相关政策向符合条件的职业农民倾斜。鼓励有条件的地方探索职业农民养老保险办法。

7. **优化农业生产结构和区域布局。**树立大食物观，面向整个国土资源，全方位、多途径开发食物资源，满足日益多元化的食物消费需求。在确保谷物基本自给、口粮绝对安全的前提下，基本形成与市场需求相适应、与资源禀赋相匹配的现代农业生产结构和区域布局，提高农业综合效益。启动实施种植业结构调整规划，稳定水稻和小麦生产，适当调减非优势区玉米种植。支持粮食主产区建设粮食生产核心区。扩大粮改饲试点，加快建设现代饲草料产业体系。合理调整粮食统计口径。制定划定粮食生产功能区和大豆、棉花、油料、糖料蔗等重要农产品生产保护区的指导意见。积极推进马铃薯主食开发。加快现代畜牧业建设，根据环境容量调整区域养殖布局，优化畜禽养殖结构，发展草食畜牧业，形成规模化生产、集约化经营为主导的产业发展格局。启动实施种养结合循环农业示范工程，推动种养结合、农牧循环发展。加强渔政渔港建设。大力发展旱作农业、热作农业、优质特色杂粮、特色经济林、木本油料、竹藤花卉、林下经济。

8. **统筹用好国际国内两个市场、两种资源。**完善农业对外开放战略布局，统筹农产品进出口，加快形成农业对外贸易与国内农业发展相互促进的政策体系，实现补充国内市场需求、促进结构调整、保护国内产业和农民利益的有机统一。加大对农产品出口支持力度，巩固农产品出口传统优势，培育新的竞争优势，扩大特色和高附加值农产品出口。确保口粮绝对安全，利用国际资源和市场，优化国内农业结构，缓解资源环境压力。优化重要农产品进口的全球布局，推进进口来源多元化，加快形成互利共赢的稳定经贸关系。健全贸易救济和产业损害补偿机制。强化边境管理，深入开展综合治理，打击农产品走私。统筹制定和实施农业对外合作规划。加强与“一带一路”沿线国家和地区及周边国家和地区的农业投资、贸易、科技、动植物检疫合作。支持我国企业开展多种形式的跨国经营，加强农产品加工、储运、贸易等环节合作，培育具有国际竞争力的粮商和农业企业集团。

二、加强资源保护和生态修复，推动农业绿色发展

推动农业可持续发展，必须确立发展绿色农业就是保护生态的观念，加快形成资源利用高效、生态系统稳定、产地环境良好、产品质量安全的农业发展新格局。

9. **加强农业资源保护和高效利用。**基本建立农业资源有效保护、高效利用的政策和技术支撑体系，从根本上改变开发强度过大、利用方式粗放的状况。坚持最严格的耕地保护制度，坚守耕地红线，全面划定永久基本农田，大力实施农村土地整治，推进耕地数量、质量、生态“三位一体”保护。落实和完善耕地占补平衡制度，坚决防止占多补少、占优补劣、占水田补旱地，严禁毁林开垦。全面推进建设占用耕地耕作层剥离再利用。实行建设用地总量和强度双控行动，严格控制农村集体建设用地规模。完善耕地保护补偿机制。实施耕地质量保护与提升行动，加强耕地质量调查评价与监测，扩大东北黑土地保护利用试点规模。实施渤海粮仓科技示范工程，加大科技支撑力度，加快改造盐碱地。创建农业可持续发展试验示范区。划定农业空间和生态空间保护红线。落实最严格的水资源管理制度，强化水资源管理“三条红线”刚性约束，实行水资源消耗总量和强度双控行动。加强地下水监测，开展超采区综合治理。落实河湖水域岸线用途管制制度。加强自然保护区建设与管理，对重要生态系统和物种资源实行强制性保护。实施濒危野生动植物抢救性保护工程，建设救护繁育中心和基因库。强化野生动植物进出口管理，严厉打击象牙等濒危野生动植物及其制品非法交易。

10. **加快农业环境突出问题治理。**基本形成改善农业环境的政策法规制度和技术路径，确保农业生态环境恶化趋势总体得到遏制，治理明显见到成效。实施并完善农业环境突出问题治理总体规划。加大农业面源污染防治力度，实施化肥农药零增长行动，实施种养业废弃物资源化利用、无害化处理区域示范工程。积极推广高效生态循环农业模式。探索实行耕地轮作休耕制度试点，通过轮作、休耕、退耕、替代种植等多种方式，对地下水漏斗区、重金属污染区、生态严重退化地区开展综合治理。实施全国水土保持规划。推进荒漠化、石漠化、水土流失综合治理。

11. **加强农业生态保护和修复。**实施山水林田湖生态保护和修复工程，进行整体保护、系统修复、综合治理。到2020年森林覆盖率提高到23%以上，湿地面积不低于8亿亩。扩大新一轮退耕还林还草规模。扩大退牧还草工程实施范围。实施新一轮草原生态保护补助奖励政策，适当提高补奖标准。实施湿地保护与恢复工程，开展退耕还湿。建立沙化土地封禁保护制度。加强历史遗留工矿废弃和自然灾害损毁土地复垦利用。开展大规模国土绿化行动，增加森林面积和蓄积量。加强三北、长江、珠江、沿海防护林体系等林业重点工程建设。继续推进京津风沙源治理。完善天然林保护制度，全面停止天然林商业性采伐。完善海洋渔业资源总量管理制度，严格实行休渔禁渔制度，开展近海捕捞限额管理试点，按规划实行退养还滩。加快推进水生态修复工程建设。建立健全生态保护补偿机制，开展跨地区跨流域生态保护补偿试点。编制实施耕地、草原、河湖休养生息规划。

12. **实施食品安全战略。**加快完善食品安全国家标准，到2020年农兽药残留限量指标基本与国际食品法典标准接轨。加强产地环境保护和源头治理，实行严格的农业投入品使用管理制度。推广高效低毒低残留农药，实施兽用抗菌药治理行动。创建优质农产品和食品品牌。继续推进农业标准化示范区、园艺作物标准园、标准化规模养殖场（小区）、水产健康养殖场建设。实施动植物保护能力提升工程。加快健全从农田到餐桌的农产品质量和食品安全监管体系，建立全程可追溯、互联共享的信息平台，加强标准体系建设，健全风险监测评估和检验检测体系。落实生产经营主体责任，严惩各类食品安全违法犯罪。实施食品安全创新工程。加强基层监管机构能力建设，培育职业化检查员，扩大抽检覆盖面，加强日常检查。加快推进病死畜禽无害化处理与养殖业保险联动机制建设。规范畜禽屠宰管理，加强人畜共患传染病防治。强化动植物疫情疫病监测防控和边境、口岸及主要物流通道检验检疫能力建设，严防外来有害物种入侵。深入开展食品安全城市和农产品质量安全县创建，开展农村食品安全治理行动。强化食品安全责任制，把保障农产品质量和食品安全作为衡量党政领导班子政绩的重要考核指标。

三、推进农村产业融合，促进农民收入持续较快增长

大力推进农民奔小康，必须充分发挥农村的独特优势，深度挖掘农业的多种功能，培育壮大农村新产业新业态，推动产业融合发展成为农民增收的重要支撑，让农村成为可以大有作为的广阔天地。

13. **推动农产品加工业转型升级。**加强农产品加工技术创新，促进农产品初加工、精深加工及综合利用加工协调发展，提高农产品加工转化率和附加值，增强对农民增收的带动能力。加强规划和政策引导，促进主产区农产品加工业加快发展，支持粮食主产区发展粮食深加工，形成一批优势产业集群。开发拥有自主知识产权的技术装备，支持农产品加工设备改造提升，建设农产品加工技术集成基地。培育一批农产品精深加工领军企业和国内外知名品牌。强化环保、能耗、质量、安全等标准作用，促进农产品加工企业优胜劣汰。完善农产品产地初加工补助政策。研究制定促进农产品加工业发展的意见。

14. **加强农产品流通设施和市场建设。**健全统一开放、布局合理、竞争有序的现代农产品市场体系，在搞活流通中促进农民增收。加快农产品批发市场升级改造，完善流通骨干网络，加强粮食等重要农产品仓储物流设施建设。完善跨区域农产品冷链物流体系，开展冷链标准化示范，实施特色农产品产区预冷工程。推动公益性农产品市场建设。支持农产品营销公共服务平台建设。开展降低农产品物流成本行动。促进农村电子商务加快发展，形成线上线下融合、农产品进城与农资和消费品下乡双向流通格局。加快实现行政村宽带全覆盖，创新电信普遍服务补偿机制，推进农村互联网提速降费。加强商贸流通、供销、邮政等系统物流服务网络和设施建设与衔接，加快完善县乡村物流体系。实施“快递下乡”工程。鼓励大型电商平台企业开展农村电商服务，支持地方和行业健全农村电商服务体系。建立健全适应农村电商发展的农产品质量分级、采后处理、包装配送等标准体系。深入开展电子商务进农村综合示范。加大信息进村入户试点力度。

15. **大力发展休闲农业和乡村旅游。**依托农村绿水青山、田园风光、乡土文化等资源，大力发展休闲度假、旅游观光、养生养老、创意农业、农耕体验、乡村手工艺等，使之成为繁荣农村、富裕农民的新兴支柱产业。强化规划引导，采取以奖代补、先建后补、财政贴息、设立产业投资基金等方式扶持休闲农业与乡村旅游业发展，着力改善休闲旅游重点村进村道路、宽带、停车场、厕所、垃圾污水处理等基础服务设施。积极扶持农民发展休闲旅游业合作社。引导和支持社会资本开发农民参与度高、受益面广的休闲旅游项目。加强乡村生态环境和文化遗存保护，发展具有历史记忆、地域特点、民族风情的特色小镇，建设一村一品、一村一景、一村一韵的魅力村庄和宜游宜养的森林景区。依据各地具体条件，有规划地开发休闲农庄、乡村酒店、特色民宿、自驾露营、户外运动等乡村休闲度假产品。实施休闲农业和乡村旅游提升工程、振兴中国传统手工艺计划。开展农业文化遗产普查与保护。支持有条件的地方通过盘活农村闲置房屋、集体建设用地、“四荒地”、可用林场和水面等资产资源发展休闲农业和乡村旅游。将休闲农业和乡村旅游项目建设用地纳入土地利用总体规划和年度计划合理安排。

16. **完善农业产业链与农民的利益联结机制。**促进农业产加销紧密衔接、农村一、二、三产业深度融合，推进农业产业链整合和价值链提升，让农民共享产业融合发展的增值收益，培育农民增收新模式。支持供销合作社创办领办农民合作社，引领农民参与农村产业融合发展、分享产业链收益。创新发展订单农业，支持农业产业化龙头企业建设稳定的原料生产基地、为农户提供贷款担保和资助订单农户参加农业保险。鼓励发展股份合作，引导农户自愿以土地经营权等入股龙头企业和农民合作社，采取“保底收益＋按股分红”等方式，让农户分享加工销售环节收益，建立健全风险防范机制。加强农民合作社示范社建设，支持合作社发展农产品加工流通和直供直销。通过政府与社会资本合作、贴息、设立基金等方式，带动社会资本投向农村新产业新业态。实施农村产业融合发展试点示范工程。财政支农资金使用要与建立农民分享产业链利益机制相联系。巩固和完善“合同帮农”机制，为农民和涉农企业提供法律咨询、合同示范文本、纠纷调处等服务。

四、推动城乡协调发展，提高新农村建设水平

加快补齐农业农村短板，必须坚持工业反哺农业、城市支持农村，促进城乡公共资源均衡配置、城乡要素平等交换，稳步提高城乡基本公共服务均等化水平。

17. **加快农村基础设施建设。**把国家财政支持的基础设施建设重点放在农村，建好、管好、护好、运营好农村基础设施，实现城乡差距显著缩小。健全农村基础设施投入长效机制，促进城乡基础设施互联互通、共建共享。强化农村饮用水水源保护。实施农村饮水安全巩固提升工程。推动城镇供水设施向周边农村延伸。加快实施农村电网改造升级工程，开展农村“低电压”综合治理，发展绿色小水电。加快实现所有具备条件的乡镇和建制村通硬化路、通班车，推动一定人口规模的自然村通公路。创造条件推进城乡客运一体化。加快国有林区防火应急道路建设。将农村公路养护资金逐步纳入地方财政预算。发展农村规模化沼气。加大农村危房改造力度，统筹搞好农房抗震改造，通过贷款贴息、集中建设公租房等方式，加快解决农村困难家庭的住房安全问题。加强农村防灾减灾体系建设。研究出台创新农村基础设施投融资体制机制的政策意见。

18. **提高农村公共服务水平。**把社会事业发展的重点放在农村和接纳农业转移人口较多的城镇，加快推动城镇公共服务向农村延伸。加快发展农村学前教育，坚持公办民办并举，扩大农村普惠性学前教育资源。建立城乡统一、重在农村的义务教育经费保障机制。全面改善贫困地区义务教育薄弱学校基本办学条件，改善农村学校寄宿条件，办好乡村小规模学校，推进学校标准化建设。加快普及高中阶段教育，逐步分类推进中等职业教育免除学杂费，率先从建档立卡的家庭经济困难学生实施普通高中免除学杂费，实现家庭经济困难学生资助全覆盖。深入实施农村贫困地区定向招生等专项计划，对民族自治县实现全覆盖。加强乡村教师队伍建设，拓展教师补充渠道，推动城镇优秀教师向乡村学校流动。办好农村特殊教育。整合城乡居民基本医疗保险制度，适当提高政府补助标准、个人缴费和受益水平。全面实施城乡居民大病保险制度。健全城乡医疗救助制度。完善城乡居民养老保险参保缴费激励约束机制，引导参保人员选择较高档次缴费。改进农村低保申请家庭经济状况核查机制，实现农村低保制度与扶贫开发政策有效衔接。建立健全农村留守儿童和妇女、老人关爱服务体系。建立健全农村困境儿童福利保障和未成年人社会保护制度。积极发展农村社会工作和志愿服务。切实维护农村妇女在财产分配、婚姻生育、政治参与等方面的合法权益，让女性获得公平的教育机会、就业机会、财产性收入、金融资源。加强农村养老服务体系、残疾人康复和供养托养设施建设。深化农村殡葬改革，依法管理、改进服务。推进农村基层综合公共服务资源优化整合。全面加强农村公共文化服务体系建设，继续实施文化惠民项目。在农村建设基层综合性文化服务中心，整合基层宣传文化、党员教育、科学普及、体育健身等设施，整合文化信息资源共享、农村电影放映、农家书屋等项目，发挥基层文化公共设施整体效应。

19. **开展农村人居环境整治行动和美丽宜居乡村建设。**遵循乡村自身发展规律，体现农村特点，注重乡土味道，保留乡村风貌，努力建设农民幸福家园。科学编制县域乡村建设规划和村庄规划，提升民居设计水平，强化乡村建设规划许可管理。继续推进农村环境综合整治，完善以奖促治政策，扩大连片整治范围。实施农村生活垃圾治理5年专项行动。采取城镇管网延伸、集中处理和分散处理等多种方式，加快农村生活污水治理和改厕。全面启动村庄绿化工程，开展生态乡村建设，推广绿色建材，建设节能农房。开展农村宜居水环境建设，实施农村清洁河道行动，建设生态清洁型小流域。发挥好村级公益事业一事一议财政奖补资金作用，支持改善村内公共设施和人居环境。普遍建立村庄保洁制度。坚持城乡环境治理并重，逐步把农村环境整治支出纳入地方财政预算，中央财政给予差异化奖补，政策性金融机构提供长期低息贷款，探索政府购买服务、专业公司一体化建设运营机制。加大传统村落、民居和历史文化名村名镇保护力度。开展生态文明示范村镇建设。鼓励各地因地制宜探索各具特色的美丽宜居乡村建设模式。

20. **推进农村劳动力转移就业创业和农民工市民化。**健全农村劳动力转移就业服务体系，大力促进就地就近转移就业创业，稳定并扩大外出农民工规模，支持农民工返乡创业。大力发展特色县域经济和农村服务业，加快培育中小城市和特色小城

镇，增强吸纳农业转移人口能力。加大对农村灵活就业、新就业形态的支持。鼓励各地设立农村妇女就业创业基金，加大妇女小额担保贷款实施力度，加强妇女技能培训，支持农村妇女发展家庭手工业。实施新生代农民工职业技能提升计划，开展农村贫困家庭子女、未升学初高中毕业生、农民工、退役军人免费接受职业培训行动。依法维护农民工合法劳动权益，完善城乡劳动者平等就业制度，建立健全农民工工资支付保障长效机制。进一步推进户籍制度改革，落实1亿左右农民工和其他常住人口在城镇定居落户的目标，保障进城落户农民工与城镇居民有同等权利和义务，加快提高户籍人口城镇化率。全面实施居住证制度，建立健全与居住年限等条件相挂钩的基本公共服务提供机制，努力实现基本公共服务常住人口全覆盖。落实和完善农民工随迁子女在当地参加中考、高考政策。将符合条件的农民工纳入城镇社会保障和城镇住房保障实施范围。健全财政转移支付同农业转移人口市民化挂钩机制，建立城镇建设用地增加规模同吸纳农业转移人口落户数量挂钩机制。维护进城落户农民土地承包权、宅基地使用权、集体收益分配权，支持引导其依法自愿有偿转让上述权益。

21. **实施脱贫攻坚工程**。实施精准扶贫、精准脱贫，因人因地施策，分类扶持贫困家庭，坚决打赢脱贫攻坚战。通过产业扶持、转移就业、易地搬迁等措施解决5 000万左右贫困人口脱贫；对完全或部分丧失劳动能力的2 000多万贫困人口，全部纳入低保覆盖范围，实行社保政策兜底脱贫。实行脱贫工作责任制，进一步完善中央统筹、省（自治区、直辖市）负总责、市（地）县抓落实的工作机制。各级党委和政府要把脱贫攻坚作为重大政治任务扛在肩上，各部门要步调一致、协同作战、履职尽责，切实把民生项目、惠民政策最大限度向贫困地区倾斜。广泛动员社会各方面力量积极参与扶贫开发。实行最严格的脱贫攻坚考核督查问责。

五、深入推进农村改革，增强农村发展内生动力

破解“三农”难题，必须坚持不懈推进体制机制创新，着力破除城乡二元结构的体制障碍，激发亿万农民创新创业活力，释放农业农村发展新动能。

22. **改革完善粮食等重要农产品价格形成机制和收储制度**。坚持市场化改革取向与保护农民利益并重，采取“分品种施策、渐进式推进”的办法，完善农产品市场调控制度。继续执行并完善稻谷、小麦最低收购价政策。深入推进新疆棉花、东北地区大豆目标价格改革试点。按照市场定价、价补分离的原则，积极稳妥推进玉米收储制度改革，在使玉米价格反映市场供求关系的同时，综合考虑农民合理收益、财政承受能力、产业链协调发展等因素，建立玉米生产者补贴制度。按照政策性职能和经营性职能分离的原则，改革完善中央储备粮管理体制。深化国有粮食企业改革，发展多元化市场购销主体。科学确定粮食等重要农产品国家储备规模，完善吞吐调节机制。

23. **健全农业农村投入持续增长机制**。优先保障财政对农业农村的投入，坚持将农业农村作为国家固定资产投资的重点领域，确保力度不减弱、总量有增加。充分发挥财政政策导向功能和财政资金杠杆作用，鼓励和引导金融资本、工商资本更多投向农业农村。加大专项建设基金对扶贫、水利、农村产业融合、农产品批发市场等“三农”领域重点项目和工程支持力度。发挥规划引领作用，完善资金使用和项目管理办法，多层级深入推进涉农资金整合统筹，实施省级涉农资金管理改革和市县涉农资金整合试点，改进资金使用绩效考核办法。将种粮农民直接补贴、良种补贴、农资综合补贴合并为农业支持保护补贴，重点支持耕地地力保护和粮食产能提升。完善农机购置补贴政策。用3年左右时间建立健全全国农业信贷担保体系，2016年推动省级农业信贷担保机构正式建立并开始运营。加大对农产品主产区和重点生态功能区的转移支付力度。完善主产区利益补偿机制。逐步将农垦系统纳入国家农业支持和民生改善政策覆盖范围。研究出台完善农民收入增长支持政策体系的指导意见。

24. **推动金融资源更多向农村倾斜**。加快构建多层次、广覆盖、可持续的农村金融服务体系，发展农村普惠金融，降低融资成本，全面激活农村金融服务链条。进一步改善存取款、支付等基本金融服务。稳定农村信用社县域法人地位，提高治理水平和服务能力。开展农村信用社省联社改革试点，逐步淡出行政管理，强化服务职能。鼓励国有和股份制金融机构拓展“三农”业务。深化中国农业银行三农金融事业部改革，加大“三农”金融产品创

新和重点领域信贷投入力度。发挥国家开发银行优势和作用，加强服务“三农”融资模式创新。强化中国农业发展银行政策性职能，加大中长期“三农”信贷投放力度。支持中国邮政储蓄银行建立三农金融事业部，打造专业化为农服务体系。创新村镇银行设立模式，扩大覆盖面。引导互联网金融、移动金融在农村规范发展。扩大在农民合作社内部开展信用合作试点的范围，健全风险防范化解机制，落实地方政府监管责任。开展农村金融综合改革试验，探索创新农村金融组织和服务。发展农村金融租赁业务。在风险可控前提下，稳妥有序推进农村承包土地的经营权和农民住房财产权抵押贷款试点。积极发展林权抵押贷款。创设农产品期货品种，开展农产品期权试点。支持涉农企业依托多层次资本市场融资，加大债券市场服务“三农”力度。全面推进农村信用体系建设。加快建立“三农”融资担保体系。完善中央与地方双层金融监管机制，切实防范农村金融风险。强化农村金融消费者风险教育和保护。完善“三农”贷款统计，突出农户贷款、新型农业经营主体贷款、扶贫贴息贷款等。

25. **完善农业保险制度。**把农业保险作为支持农业的重要手段，扩大农业保险覆盖面、增加保险品种、提高风险保障水平。积极开发适应新型农业经营主体需求的保险品种。探索开展重要农产品目标价格保险，以及收入保险、天气指数保险试点。支持地方发展特色优势农产品保险、渔业保险、设施农业保险。完善森林保险制度。探索建立农业补贴、涉农信贷、农产品期货和农业保险联动机制。积极探索农业保险保单质押贷款和农户信用保证保险。稳步扩大“保险+期货”试点。鼓励和支持保险资金开展支农融资业务创新试点。进一步完善农业保险大灾风险分散机制。

26. **深化农村集体产权制度改革。**到 2020 年基本完成土地等农村集体资源性资产确权登记颁证、经营性资产折股量化到本集体经济组织成员，健全非经营性资产集体统一运营管理机制。稳定农村土地承包关系，落实集体所有权，稳定农户承包权，放活土地经营权，完善“三权分置”办法，明确农村土地承包关系长久不变的具体规定。继续扩大农村承包地确权登记颁证整省推进试点。依法推进土地经营权有序流转，鼓励和引导农户自愿互换承包地块实现连片耕种。研究制定稳定和完善农村基本经营制度的指导意见。加快推进房地一体的农村集体建设用地和宅基地使用权确权登记颁证，所需工作经费纳入地方财政预算。推进农村土地征收、集体经营性建设用地入市、宅基地制度改革试点。完善宅基地权益保障和取得方式，探索农民住房保障新机制。总结农村集体经营性建设用地入市改革试点经验，适当提高农民集体和个人分享的增值收益，抓紧出台土地增值收益调节金征管办法。完善和拓展城乡建设用地增减挂钩试点，将指标交易收益用于改善农民生产生活条件。探索将通过土地整治增加的耕地作为占补平衡补充耕地的指标，按照谁投入、谁受益的原则返还指标交易收益。研究国家重大工程建设补充耕地由国家统筹的具体办法。加快编制村级土地利用规划。探索将财政资金投入农业农村形成的经营性资产，通过股权量化到户，让集体组织成员长期分享资产收益。制定促进农村集体产权制度改革的税收优惠政策。开展扶持村级集体经济发展试点。深入推进供销合作社综合改革，提升为农服务能力。完善集体林权制度，引导林权规范有序流转，鼓励发展家庭林场、股份合作林场。完善草原承包经营制度。

六、加强和改善党对“三农”工作领导

加快农业现代化和农民奔小康，必须坚持党总揽全局、协调各方的领导核心作用，改进农村工作体制机制和方式方法，不断强化政治和组织保障。

27. **提高党领导农村工作水平。**坚持把解决好“三农”问题作为全党工作重中之重不动摇，以更大的决心、下更大的气力加快补齐农业农村这块全面小康的短板。不断健全党委统一领导、党政齐抓共管、党委农村工作综合部门统筹协调、各部门各负其责的农村工作领导体制和工作机制。注重选派熟悉“三农”工作的干部进省市县党委和政府领导班子。各级党委和政府要把握好“三农”战略地位、农业农村发展新特点，顺应农民新期盼，关心群众诉求，解决突出问题，提高做好“三农”工作本领。巩固和拓展党的群众路线教育实践活动和“三严三实”专题教育成果。进一步减少和下放涉农行政审批事项。加强“三农”前瞻性、全局性、储备性政策研究，健全决策咨询机制。扎实推进农村各项改革，鼓励和允许不同地方实行差别化探索。对批准开展的农村改革试点，要不断总结可复

制、可推广的经验，推动相关政策出台和法律法规立改废释。深入推进农村改革试验区工作。全面提升农村经济社会发展调查统计水平，扎实做好第三次全国农业普查。加快建立全球农业数据调查分析系统。加强农村法治建设，完善农村产权保护、农业市场规范运行、农业支持保护、农业资源环境等方面的法律法规。

28. **加强农村基层党组织建设**。始终坚持农村基层党组织领导核心地位不动摇，充分发挥农村基层党组织的战斗堡垒作用和党员的先锋模范作用，不断夯实党在农村基层执政的组织基础。严格落实各级党委抓农村基层党建工作责任制，发挥县级党委"一线指挥部"作用，实现整乡推进、整县提升。建立市县乡党委书记抓农村基层党建问题清单、任务清单、责任清单，坚持开展市县乡党委书记抓基层党建述职评议考核。选优配强乡镇领导班子尤其是党委书记，切实加强乡镇党委思想、作风、能力建设。选好用好管好农村基层党组织带头人，从严加强农村党员队伍建设，持续整顿软弱涣散村党组织，认真抓好选派"第一书记"工作。创新完善基层党组织设置，确保党的组织和党的工作全面覆盖、有效覆盖。健全以财政投入为主的经费保障制度，落实村级组织运转经费和村干部报酬待遇。进一步加强和改进大学生村官工作。各级党委特别是县级党委要切实履行农村基层党风廉政建设的主体责任，纪委要履行好监督责任，将全面从严治党的要求落实到农村基层，对责任不落实和不履行监管职责的要严肃问责。着力转变基层干部作风，解决不作为、乱作为问题，加大对农民群众身边腐败问题的监督审查力度，重点查处土地征收、涉农资金、扶贫开发、"三资"管理等领域虚报冒领、截留私分、贪污挪用等侵犯农民群众权益的问题。加强农民负担监管工作。

29. **创新和完善乡村治理机制**。加强乡镇服务型政府建设。研究提出深化经济发达镇行政管理体制改革指导意见。依法开展村民自治实践，探索村党组织领导的村民自治有效实现形式。深化农村社区建设试点工作，完善多元共治的农村社区治理结构。在有实际需要的地方开展以村民小组或自然村为基本单元的村民自治试点。建立健全务实管用的村务监督委员会或其他形式的村务监督机构。发挥好村规民约在乡村治理中的积极作用。深入开展涉农信访突出问题专项治理。加强农村法律服务和法律援助。推进县乡村三级综治中心建设，完善农村治安防控体系。开展农村不良风气专项治理，整治农村黄赌毒、非法宗教活动等突出问题。依法打击扰乱农村生产生活秩序、危害农民生命财产安全的犯罪活动。

30. **深化农村精神文明建设**。深入开展中国特色社会主义和中国梦宣传教育，加强农村思想道德建设，大力培育和弘扬社会主义核心价值观，增强农民的国家意识、法治意识、社会责任意识，加强诚信教育，倡导契约精神、科学精神，提高农民文明素质和农村社会文明程度。深入开展文明村镇、"星级文明户"、"五好文明家庭"创建，培育文明乡风、优良家风、新乡贤文化。广泛宣传优秀基层干部、道德模范、身边好人等先进事迹。弘扬优秀传统文化，抓好移风易俗，树立健康文明新风尚。

让我们更加紧密地团结在以习近平同志为总书记的党中央周围，艰苦奋斗，真抓实干，攻坚克难，努力开创农业农村工作新局面，为夺取全面建成小康社会决胜阶段的伟大胜利作出更大贡献！

中共北京市委书记郭金龙在2016年4月16日北京市农村工作会议上的讲话

这次全市农村工作会议，是市委市政府决定召开的一次重要会议。刚才，林克庆同志作了报告，总结了"十二五"时期农村工作，对今年的任务进行了具体部署，我都赞同。市委、市政府即将印发《关于落实发展新理念全面提高新时期城乡一体化发展水平的意见》、《关于进一步推进低收入农户增收和低收入村发展的意见》，各级各部门要认真贯彻落实，抓住重大历史机遇，奋力开拓农村发展新局面。这里，我再强调几点意见。

一、深刻认识农村发展面临的新形势

做好新阶段北京市农村工作，首先要放到首都发展的大局下来思考和谋划，深入分析把握形势，明确方向和要求。当前，农村工作面临的新形势，集中体现在以下几个方面。

一是“十二五”时期农村发展取得了新成就。过去5年，我们认真贯彻中央决策部署，紧紧围绕率先形成城乡经济社会发展一体化新格局，全面深化改革，加快转变农业发展方式，加强农村基础设施建设，着力拆除违法建设、整治城乡环境，调整农村能源结构，超额完成百万亩平原造林，推进基本公共服务全覆盖，农村经济社会实现了持续健康发展。5年来，农村居民生活水平不断提高，人均可支配收入年均实际增长7.8%，增速连续7年高于城镇居民。特别是通过开展党的群众路线教育实践活动和“三严三实”专题教育，农村党建工作进一步加强，基层党组织战斗堡垒作用和党员干部先锋模范作用得到更好发挥。这些成绩的取得，凝聚着各级各部门和广大基层干部、农民群众的智慧和力量，为开创农村发展新格局奠定了坚实基础。

二是落实首都城市战略定位对农村发展提出了新要求。习总书记视察北京并发表重要讲话，明确了北京“四个中心”城市战略定位和建设国际一流的和谐宜居之都战略目标，对做好北京发展与管理工作提出明确要求，具有重大里程碑意义。两年多来，我们认真学习贯彻，深刻领会建设和管理好首都城市是国家治理体系和治理能力现代化重要内容的论述，深入思考建设什么样的首都、怎样建设好首都这一重大时代课题，进一步提高了认识、明确了方向。在新的发展阶段，我们要强化首都意识，自觉围绕全国政治中心、文化中心、科技创新中心、国际交往中心的城市战略定位，全面推动各项工作，不断提升城市发展与管理水平，更好适应党和国家工作大局需要。

农村是全市的重要组成部分，同样要融入到落实城市战略定位的大局中来。对做好农村工作，我们经常讲三句话：农民增收、农业增效、农村稳定，这仍是今后工作的出发点和落脚点，要始终围绕坚持农民主体地位、增进农民福祉推进农村改革发展。与此同时，我们也要看到，落实首都城市战略定位，赋予了我市农村发展新的要求、新的内涵。要扎实推进非首都功能疏解，有效调控人口规模，创新和加强社会管理；要加大生态文明建设力度，提升资源环境承载力，增强对城区疏解功能的吸引力。总之，农村要与城区一同担负起增强和服务保障首都核心功能的职责，更好地发挥生态屏障、宜居空间、战略腹地的作用，在更高水平上实现农民增收、农业增效、农村稳定。

三是京津冀协同发展为农村发展提供了新机遇。推动京津冀协同发展，是中央在新的历史条件下作出的重大决策部署，是一个重大国家战略。按照《京津冀协同发展规划纲要》，京津冀要形成“一核、双城、三轴、四区、多节点”的空间结构，北京市平原地区属于中部核心功能区，山区属于西北部生态涵养区。对中部核心功能区的要求是：要素资源集聚、产业层次高、创新能力强，是引领京津冀协同发展的核心区域，要重点抓好非首都功能的疏解和承接工作，推动京津保地区率先联动发展，增强辐射带动能力。这是我市平原地区发展全新的定位，也是更高的标准要求，更是前所未有的历史机遇。我们要超越一般农村地区的认识，充分发挥自身优势，依托郊区城区和小城镇，在主动疏解非首都功能的同时，积极承接中心城区溢出的高端产业和功能，主动融入城市功能重组和空间布局调整，加快产业升级步伐，加强基础设施和公共服务体系建设，统筹生产、生活、生态三大空间，提升生态环境容量，着力培育一批和谐宜居、富有活力、各具特色的现代化小城镇，以自身更高水平的发展，在京津冀协同发展中发挥辐射带动作用。在山区，也应看到城区功能疏解带来的机遇，坚持把增强生态涵养功能摆在第一位，在统筹山水林田湖治理中，积极培育与生态涵养功能相适宜的产业，推动新型城镇化和新农村建设双轮驱动，缩小基础设施、公共服务的差距，进一步彰显生态价值，提升发展品质，提高农民收入水平。

与京津冀协同发展紧密相关的，就是北京携手张家口筹办2022年冬奥会、冬残奥会。这是中央的重大决策，也是推动京津冀协同发展的重要抓手。习总书记多次作出重要指示，前不久还专门听取了筹办工作汇报，并发表了重要讲话，要求我们以宽广的视野来认识和把握北京冬奥会、冬残奥会，坚持绿色办奥、共享办奥、开放办奥、廉洁办奥，为全面实施京津冀协同发展战略起到引领作用，发挥对城市发展的促进作用，发挥北京对京津冀区域发展的辐射带动作用。筹办冬奥会、冬残奥会，是国家大事，是全市的光荣任务。农村要主动融入，积极做好相关工作，把握蕴含其中的重大机遇，发挥对转型发展的巨大促进作用。

四是城市化进程为农村发展带来了新课题。我国城市化已经进入新的发展时期，党中央、国务院高度重视，作出了一系列重大决策部署。市委将召开全会，贯彻落实中央城市工作会议精神，研究部署做好城市工作。目前，新的城市总体规划正在编制，已经取得阶段性成果，我们要划定生态红线，确定城市增长边界，控制开发强度，推进城市功能重组，优化城市空间布局，实现“精明增长”，这些都将给农村发展带来深刻影响。过去那些在城乡结合部表现突出的土地转租、“瓦片经济”“摊大饼”扩张，再也无法支撑下去了，必须守住人口天花板、资源环境底线、生态红线，在“瘦身健体”中实现转型发展、凤凰涅槃。农村还是人口流入的集中地，除了户籍人口城市化、农村集体土地利用、产业腾笼换鸟等以外，还面临社会结构日益多元、利益关系更加复杂、公共服务压力加大、社会管理亟待加强等新情况新问题。新的发展阶段，郊区与中心城区密不可分，“三农”工作与城市工作密不可分，我们不能就“农”说“农”，要主动适应城市化、城乡一体化发展的新形势，在思想上有充分认识，工作上有全面安排，通过改革创新建立健全体制机制，有效破解发展难题，提高治理能力和治理水平。

五是率先全面建成小康社会给农村发展提出了新任务。“十三五”时期是我国全面建成小康社会的决胜阶段，中央已经作出了全面部署。我们要扭住率先全面小康目标不放松，切实增强责任感、使命感、紧迫感，坚持辩证思维、系统思维，因地制宜、分类施策，确保率先实现全面建成小康社会目标。目前，北京市农村全面小康实现程度比较高，农民人均可支配收入达到 20 569 元，我们不仅要对照全面小康目标找差距，更要对照国际一流的和谐宜居之都目标找短板，树立更高标准和要求，着力解决基础设施相对薄弱、公共服务不均衡等问题，提高资源环境承载力，提高社会治理水平，为首都城市发展提供坚实支撑。与此同时，要更加重视山区发展，高度关注还存在的一些低收入农户和低收入村，强化责任落实和精准帮扶，确保同步过上全面小康生活。

以上几个方面，归结起来，就是农村工作，特别是郊区发展的形势发生了重大变化，落实首都城市战略定位、推动京津冀协同发展、率先全面建成小康社会，描绘了首都城市发展的壮丽前景，我们拥有提升发展水平、打造发展新格局的难得历史机遇，也面临更加繁重的任务和多方面的重大考验。习总书记强调，要坚持把解决好“三农”问题作为全党工作重中之重，牢固树立和切实贯彻创新、协调、绿色、开放、共享的发展理念，深入推进农村各项改革，破解“三农”难题、增强创新动力、厚植发展优势，让农业农村成为可以大有作为的广阔天地。我们一定要深入贯彻落实党的十八大和十八届三中、四中、五中全会精神，深入贯彻习近平总书记系列重要讲话精神，认真落实中央农村工作会议精神，按照“五位一体”总体布局和“四个全面”战略布局，牢固树立和贯彻落实新发展理念，深刻认识、准确把握新时期北京农村工作面临的新形势、新要求、新机遇，不断提升农村经济社会发展水平，奋力谱写农村工作新篇章。

二、坚持用新理念引领农村发展

适应新形势新任务，做好农村工作，必须切实把新发展理念贯穿到发展的各个方面和全过程，深入贯彻习总书记视察北京重要讲话精神和《京津冀协同发展规划纲要》，不断破解发展新难题，厚植发展新优势，推动新发展理念在京郊大地落地生根、变成普遍实践。重点要深入研究、准确把握、扎实推进以下几方面工作。

一是着力调整农村产业结构。产业布局和发展必须与城市战略定位相适应、相一致、相协调，这是全市产业发展的大原则。农村同样要实现从“聚集资源求增长”到“疏解功能谋发展”的转变，在“瘦身健体”中提升发展水平。一要坚决疏解。严格执行产业禁限目录，调整退出高消耗产业，疏解区域性物流基地、区域性专业市场。对其他产业、园区也要加强管理，从严落实企业环境保护、安全生产主体责任，帮助其提高档次和水平，不能出现污水横流、安全隐患严重、生产生活秩序混乱等现象。这里要特别强调，市属企事业单位都要主动融入，积极投身到疏解非首都功能中来，带头落实城市规划，坚决按要求拆除违章、临时建筑，抓紧调整退出低端业态，当好促进派，发挥表率作用。二要主动承接。坚持全市一盘棋，加强统筹协调，完善支持引导政策，充分发挥市场机制作用，围绕郊区城区、小城镇和重点园区建设，承接好中心城疏解出来的产业。要严格执行产业政策和环保标准，努力做到在疏解中转型升级。三要提升发展。当前，科技和产业革命日新月异，新产业、新业态、新模式层出不穷，依托北京这座超大型城市，依托京津冀，本市农村产业发展的空间和潜力都很大。北京科技创新、文化创意必然要辐射到农村，筹办冬奥会、世界园艺博览会，建设城市副中心、新机场都将催生一批新产业，推进新型城镇化、把郊区城区作为卫星城来打造也会形成持久动力。各区要解放思想，把握发展方向，紧紧围绕服务保障首都核心功能，围绕理顺全市产业链条，遵循发展规律，积极作为，努力在提升发展质量和效益上取得新突破。

农业结构调整也大有可为。要坚持都市型现代农业发展方向，突出节约用水、科技支撑，优化种植结构，杜绝“大水漫灌”式耕种方式，提高农业集约化现代化水平。同时，要适应城市居民消费需求变化趋势，深化供给侧结构性改革，丰富拓展农业的生态价值、社会功能，多提供一些休闲健身、旅游度假、养老服务等产品，促进农村一、二、三产融合发展，推动都市型现代农业与服务城市发展、服务市民生活更加紧密地结合起来，让农民群众在绿色发展的道路上阔步奔小康。

二是不断完善基础设施和公共服务体系。实现城乡发展一体化，当前要重点解决的问题，就是提高农村基础设施和公共服务水平，为缩小城乡生活水平差距，同时也为承接中心城区人口和功能奠定基础。在基础设施建设方面，针对农村污水、垃圾处理等建设相对滞后的现状，要通过深化改革，发挥政府投资“四两拨千斤”的作用，创新建设运营模式，积极引入社会资本，扩大建设规模，加快建设进程。要坚持建管并重，切实加强管理，着力健全体制机制，不断提高农村基础设施运行维护水平。在农村公共服务方面，重点是推进全覆盖和均等化。要按照坚守底线、突出重点、完善制度、引导预期的基本思路，处理好经济发展与改善民生的关系，聚焦重点领域，强化政府职责，更加注重保障基本民生，让广大群众有更多更直接的获得感。要结合功能疏解，发挥中心城区优质资源辐射带动作用，帮助农村提高公共服务水平。要不断创新供给方式，切实加大以政府购买方式提供公共服务的力度，整体增加农村公共服务供给总量，更好地满足农民群众日益增长的多层次需求。

三是大力加强生态环境建设。在首都生态文明建设中，农村地位重要、责任重大。当前，要集中力量、突出重点，着力解决关键问题。要深入推进植树造林，坚持深化改革、完善政策，实现好“一绿”“二绿”规划，尽力增加林地面积，提高平原地区绿化覆盖率。要大力治理农村散煤燃烧，尽快实现农村地区优质燃煤全覆盖，并加快实施清洁优质能源替代工程，为全市大气污染防治作出更大贡献。要把水环境建设作为一项重大任务，严格落实国家《水污染防治行动计划》，落实各级责任，加强执法监管，治理污水直排，逐步实现农村污水全收集、全处理。同时，要深入贯彻循环经济理念，加快建立覆盖城乡的生活垃圾分类收集体系，逐步实现农村生活垃圾全部清运、集中处理，提高各类废弃物减量化、资源化和无害化处理水平。

四是全面深化农村改革。改革是牵动发展全局的“牛鼻子”。要认真总结经验，坚持问题导向，加快深化农村各项改革，激发农村发展活力。前些年我们提出了土地流转起来、资产经营起来、农民组织起来的思路，实践证明是符合实际、很有针对性的，要继续坚持，着力抓好农村土地承包经营权确权登记等基础性工作，积极在盘活农村闲置资源、深化农村集体产权制度改革、赋予农民对集体资产股份权能改革试点、引导农村产权流转交易市场健康发展、深化农村科技和金融改革等领域，推出一些实用管用的改革举措，真正把改革红利释放出来。

深化农村集体土地制度改革，是破解发展难题、实现城市规划、提升管理水平的重要抓手。目前，全市城乡建设用地 2 886 平方公里，其中集体建设用地 1 536 平方公里，占比超过一半。要按照乡镇统筹、集体持有、长期受益的思路，进一步深化农村集体建设用地改革，改变集体建设用地权能不完整、实现方式单一的状况，推动产业腾笼换鸟，更好地服务首都可持续发展大局。近年来，我们进行了有益探索，取得了初步成效，也有一些成功的典型。去年中央将大兴区确定为农村集体经营性建设用地入市试点，为我们系统探索集体建设用地改革提供了实践平台。要认真总结，尽快形成可复制、可推广的经验，努力探索出一条通过激发集体建设用地活力，推进农村产业升级、环境改善、人口调控、农民增收的路子。

五是切实维护和谐稳定。和谐稳定是首都工作大局，也是农村繁荣发展的基础和保障。当前，农村总体是安定和谐的，但也确实存在一些不稳定因素。特别是在城乡结合部地区，由于人口大量聚集，产业层次低，人员结构复杂，社会治安、安全生产等方面的隐患突出。一定要着眼全市工作大局，充分认识维护农村和谐稳定的重要性和复杂性，进一步强化属地责任和党政一把手领导责任，下先手棋、打主动仗，加强对涉及安全稳定重大问题的研究，强化基层基础工作，不断巩固农村和谐稳定的良好局面。要及时反映和协调各方面利益诉求，妥善解决好关系群众切身利益的重点问题，加强矛盾排查调处，从源头上预防和化解社会矛盾。要着力推进农村立体化社会治安防控体系建设，提高应对处置突发事件的能力，提升农村公共安全防控工作水平，确保一方平安。要加强制度建设，着力探索建立人口调控、打非控违等方面的长效机制，探索构建多元共治的农村社区治理结构，推进农村社会治理的制度化、规范化、法制化。

三、努力提高农村工作水平

做好农村工作，事关率先全面建成小康社会目标，事关建设国际一流的和谐宜居之都，意义重大而深远。全市各级各部门都要认清形势、把握大局，用五大理念提升发展境界，用战略眼光看待历史机遇，在首都发展大格局中把握规律要求，不断提高农村工作水平，巩固和发展农村好形势。

一是强化政治和组织保障。各级党委要充分发挥总揽全局、协调各方的领导核心作用，创新农村工作体制机制和方式方法，进一步加强和改善党对农村工作的领导。要牢固树立抓好党建是最大政绩的意识，切实把主体责任记在心上、扛在肩上、抓在手上，形成一级抓一级、层层抓落实的党建工作格局。要推动农村基层党组织工作创新，继续深化基层服务型党组织建设，不断增强政治引领功能和凝聚力、感召力。要加强农村基层党风廉政建设，针对农民群众反映的突出问题，加大纪检监察力度，继续开展“小官贪腐”专项治理，维护农民利益，营造风清气正的基层工作环境。今年，区和乡镇领导班子要换届，做好换届工作，对于巩固扩大党的群众路线教育实践活动和“三严三实”专题教育成果，加强干部队伍建设具有重要意义，要加强领导，严明纪律，真正把那些想干事、能干事、敢担当、善作为的优秀干部选拔到各级领导班子中来，为推动农村发展打下好的基础。

二是改进提升服务。市级部门要加强调查研究，进一步深化对农村发展特点和规律的认识，主动担当，积极作为，更富成效地推动工作。要坚持统筹兼顾、分类指导，根据不同区域、不同乡镇的实际情况，有针对性地完善政策、整合资源，着力解决突出问题，促进优势发挥和差异化发展。要增强服务意识，满腔热忱地支持创新，善于总结推广基层新鲜经验，共同破解束缚发展的体制机制障碍。广大机关干部要切实转变作风，坚持眼睛向下、脚步向下，多些蹲驻到村，少些走马观花，真正开展调查研究，抓住典型，解剖麻雀，增进同农民群众的感情，办好利民惠民实事。当前，干部队伍结构发生了很大变化，异地交流、基层挂职等越来越多，需要尽快熟悉情况，提升能力。为此，必须要走好新形势下的群众路线，真正扎根基层、融入农村，虚心向广大群众学习，不断增强工作本领，真心实意为群众做好服务。

三是激发干事创业热情。党员干部是做好农村工作的骨干力量，要坚持激励约束并举，把严格管理干部和热情关心干部结合起来，做好深入细致的思想政治工作，最大限度调动广大干部的积极性、主动性和创造性。工作中，要多讲决胜全面小康，增强责任感、使命感；多讲形势任务，激发担当与干劲。要在认真落实干部管理制度的同时，更好地爱护和激励干部，为他们排忧解难，有针对性地解决“不能为”“不想为”“不敢为”等问题。要尊重和保护基层首创精神，注意给基层留出足够空间，放手让基层干部去探索去实践，积极营造鼓励探索创新的宽松环境。

2016 年，按照中央部署，要开展“两学一做”学习教育，推动党内教育从“关键少数”向广大党员延伸、从集中性教育向经常性教育延伸。各级党委要充分认识开展“两学一做”学习教育的重大意义，作为一项重要政治任务，尽到责、抓到位、见实效。开展“两学一做”，学是基础，学深悟透，融会贯通，就能更好解决理想信念、思想认识、工作动力等方面的问题；做是关键，要教育引导党员尊崇党章、遵守党规，自觉用习近平总书记系列重要讲话精神武装头脑、指导实践、推动工作，进一步增强政治意识、大局意识、核心意识、看齐意识和首善意识，充分发挥先锋模范作用，在推动农村发展中勇于担当、建功立业。

四是抓好工作落实。决策重在执行、政策贵在落实。各级各部门要全面贯彻中央和市委市政府的决策部署，以钉钉子精神推动农村改革发展各项任务的落实。要结合本区本部门实际，细化各项政策举措，并落实到具体工作安排中。要健全完善督查机制，构建上下贯通、横向联动的督查工作格局，确保各项强农惠农富农政策措施落到实处。要重视督查结果的运用，对发现的问题要列出清单、明确责任、限定时间、挂账整改。

这里，还要强调一下推进低收入农户增收和低收入村发展工作。这是贯彻落实中央扶贫开发工作会议精神、结合本市实际作出的重大安排，各有关区和乡镇都要高度重视，签订了责任书，就要当成硬任务，突出精准，强化落实，确保帮扶工作和成效经得起检查和考核。各有关部门也要落实责任，纳入重点工作计划，专题进行研究，拿出具体政策措施，形成工作合力。

同志们，做好 2016 年全市农村各项工作，对于实现“十三五”良好开局意义重大。以前我们经常讲，农村是我们发展的广阔腹地，现在《京津冀协同发展规划纲要》为农村描绘了更加美好的发展前景。让我们紧密团结在以习近平同志为总书记的党中央周围，振奋精神、抢抓机遇，开拓进取、扎实工作，自觉把农村工作摆在实现首都城市战略定位的大局当中，不断开创农村发展的新格局，为建设国际一流的和谐宜居之都作出更大贡献。

北京市副市长林克庆在 2016 年 4 月 16 日北京市农村工作会议上的报告

这次会议的主要任务是，深入贯彻党的十八大和十八届三中、四中、五中全会以及中央城市工作会议、中央扶贫开发工作会议、中央农村工作会议精神，认真落实市委十一届七次、八次、九次全会决策部署，总结“十二五”城乡发展一体化工作，部署 2016 年乃至“十三五”时期工作任务。市委、市政府对这次会议非常重视，一会儿，郭金龙书记将作重要讲话，我们要认真学习领会，深入贯彻落实。下面，我先讲几点意见。

一、“十二五”城乡发展一体化取得明显成效

“十二五”期间，我们深入学习贯彻习近平总书记系列重要讲话和对北京工作的重要指示精神，在市委市政府坚强领导下，深化改革，扎实工作，圆满完成了“十二五”城乡发展一体化规划确定的各项目标任务。具体表现在六个方面：

一是都市型现代农业发展水平明显提高。坚持把高端高效高辐射作为现代农业发展的主要方向，聚焦“菜篮子”、现代种业、休闲农业三大业态，着力推进调结构、转方式、发展高效节水农业。五年来，高耗水农作物播种面积由 2010 年的 334.5 万亩调减到 156.7 万亩，调减比例达 53.2%；农业用新水由 2010 年的 11.4 亿立方米调减到 6.4 亿立方米，下降了 43.4%。在保持“菜篮子”稳定供应的前提下，有序调减小规模分散养殖业；大力发展设施农业，设施农业收入由 2010 年的 40.7 亿元增长到 55.5 亿元；狠抓农产品质量安全，农产品合格率处于全国领先水平。会展农业成为展示我市现代农业的重要窗口，成功举办了世界草莓大会、国际食用菌大会、世界种子大会、世界葡萄大会、世界马铃薯大会等 5 项国际性农业展会和第九届中国国际园林博览会，连续举办三届北京农业嘉年华。种业之都建设取得新进展，每年选育主要农作物新品种数量约占全国的 1/10，北京品牌的高产优质玉米年推广种植面积占全国的 1/6，京红、京粉系列蛋种鸡占全国市场的 1/2，种业销售额约占全国的 1/10。休闲农业和乡村旅游蓬勃发展，全市农业观光园、乡村旅游收入达 26.3 亿元和 12.9 亿元，分别比 2010 年增长了 47.8%

和 76.7%。

二是新型城镇化和美丽乡村建设水平明显提高。始终把城乡发展一体化作为解决“三农”问题的根本途径。持续加大城乡统筹力度，市级财政对郊区的投入力度不断加大，2015 年全社会固定资产投资投向郊区的比例达到 54%。城乡结合部地区 50 个重点村城市化基本完成，21.4 万人融入城市化进程；“一绿”地区朝阳区 6 个乡城市化建设试点顺利推进，腾退低端产业用地 256 万平方米，拆迁还绿 2 350 亩；海淀区四季青镇 2.6 万农民实现转居，探索了镇域整建制转居的经验；“二绿”地区城乡一体化建设试点有序推进。42 个重点小城镇产业带动和发展能力进一步增强，48 个新型农村社区试点建设扎实开展。农转非工作力度不断加大，全市剩余应转未转指标由 2010 年的 12.8 万人下降到 4.6 万人。启动 1 000 个美丽乡村建设，完成 55 万户农宅抗震节能改造，搬迁山区农民 4.4 万人，7.5 万农户实现“煤改电”，90 多万户农村居民用上平价液化石油气。

三是郊区生态环境建设水平明显提高。抓住京津冀协同发展重大机遇，大规模开展生态环境建设与治理，建成了一批重大项目、重点工程。完成南水北调市内配套工程建设，中心城区约 2/3 的市民喝上江水，目前已累计受水 11 亿立方米。扎实推进京津风沙源治理和三北防护林、太行山绿化等国家级生态工程建设，营林造林 28.3 万亩；超额完成百万亩平原造林工程任务，陆续建成 23 个城市郊野公园，全市林木绿化率从 53%提高到 59%，其中平原地区森林覆盖率增加了 10 个百分点，达到 25%。污水处理三年行动计划顺利实施，全市城镇污水处理率达到 87%，比 2010 年提高了 6 个百分点。郊区垃圾无害化处理率达到 97.2%。完成中小河道治理 780 公里；建成生态清洁小流域 280 条，累计治理水土流失面积 6 758 平方公里。大力开展农村地区减煤换煤工作，累计压减劣质燃煤 380 万吨。全面实现秸秆禁烧，秸秆综合利用率达到 98%。

四是城乡基本公共服务和社会保障水平明显提高。大力推动资源要素向农村倾斜、公共服务向农村覆盖，不断改善农村民生。全面落实城乡教育“四倾斜”政策，新建 65 所城乡一体化学校、105 所村办幼儿园，加固改造 100 所农村校舍。建立了城乡一体的就业服务管理制度，大力拓展绿岗就业和公益性就业岗位，29 万农村劳动力实现就业和转移就业。中心城区优质医疗资源加快向郊区转移，广安门中医院、积水潭医院等 9 家城区医院在郊区建立分院，乡村医生补助标准大幅提高。统筹推进城乡文化体育事业发展，全市四级文化设施、全民健身设施建有率分别达到 98%、100%。不断提升“四项”社会保障水平，城乡居民基础养老金和福利养老金比 2010 年分别增长了 67.9%和 92.5%，新型农村合作医疗筹资标准由 2010 年的 520 元提高到 1 200 元，低保标准、低收入家庭认定标准和专项救助办法实现城乡统一。2015 年，农村居民人均可支配收入达到 20 569 元，增速连续 7 年快于城镇居民；低收入农户可支配收入达到 8 494元，增速连续 5 年快于农民整体。

五是农村改革创新能力明显提高。充分发挥市场在资源配置中的决定性作用，全面推进“新三起来”，培育农村发展内生动力。分类实施农村“三块地”改革，76 个乡镇 1 049 个村开展了土地承包经营权确权登记颁证试点工作，确权土地流转比例达到 63.6%；大兴区集体经营性建设用地入市试点稳步推进，初步实现了与国有土地同等入市、同权同价；西红门、东升等镇创新集体建设用地集约利用模式全面深化；怀柔区、密云区盘活农村闲置住宅试点有序开展。集体经济产权制度改革不断深化，村级产权制度改革完成比例达到 98%，34%的村集体实现按股分红。集体林权制度改革主体任务基本完成，集体林地确权面积 1 300 万亩。新型农业经营主体和服务体系建设不断完善，市级以上农业产业化龙头企业达到 180 余家，创建市级示范合作社 216 家，组建联合社 31 家，建成 616 家农资服务连锁店。规范引导农村产权流转交易市场健康发展，5 年来北京农村产权交易所累计交易额超过 30 亿元。推进涉农转移支付制度改革，加快下放审批权限。不断创新农村金融产品，稳步扩大政策性农业保险覆盖面。

六是农村社会治理水平明显提高。全面加强基层党组织建设，农村基层党的群众路线教育实践活动及整改落实取得阶段性成效，“三严三实”专题教育圆满完成。坚持常态化开展软弱涣散村党组织整顿，90%以上的后进村得到有效整改和转化。全面加强集体“三资”监督管理，开展集体经济组织征地补偿费使用情况专项审计、集体经济合同清理等工作，集体资产规范管理、规范运行水平进一步提高。全面加强农村基层民主政治建设，村民自治章程进一步完善，村务监督委员会实现全覆盖，“村账托管”全面实施，基层矛盾纠纷排查调处实现常态化管理，2474 个村庄实现社区化管理，农民权益得到有效保护，农村社会保持和谐稳定。

“十二五”时期，农业农村发展取得的新成就，是市委、市政府高度重视的结果，是全市上下共同努力的结果。过去五年，在市委提出率先形成城乡发展一体化新格局的指引下，部门联动、政策集成、资金聚焦、资源整合的工作机制进一步巩固，强农惠农富农政策体系更加系统和完善，农村改革不断深化，一、二、三产业不断融合发展，生态环境和乡村面貌不断改善。在总结成绩的同时，我们也深刻认识到当前城乡发展一体化面临着一些突出挑战。现阶段，农村仍是全面建成小康社会的短板，郊区调结构、转方式、疏解低端业态的工作还很艰巨，首都生态环境建设的任务还很紧迫，农民持续稳定增收的压力依然很大。但是，机遇大于挑战，希望大于困难。全面建成小康社会的重头在农村，京津冀协同发展的重要阵地在郊区，生态环境建设的重点在农林水。我们一定要坚定信心、抢抓机遇、深化改革、扎实工作，用发展新理念破解“三农”新难题，用新型城镇化引领农村新发展，不断提升农村发展水平，努力开创郊区工作新局面。

二、切实做好“十三五”时期特别是 2016 年农业农村工作

根据中央农村工作会议和 1 号文件精神，市委、市政府结合市情农情，研究制定了《关于落实发展新理念 全面提高新时期城乡一体化发展水平的意见》，文件紧紧围绕落实“五大发展理念”，明确提出了北京市农业农村工作“三个坚持”“五个加快”“两个确保”的总体要求，科学确定了“十三五”时期的奋斗目标，全面部署了推进城乡发展一体化的工作任务。各部门、各区、各乡镇要紧密结合实际，以更加精准的举措，创造性地抓好落实。这里，我重点就文件中的主要任务和关键环节介绍一下市委、市政府的安排：

“十三五”的奋斗目标是，到 2020 年，实现“两个目标”“两个提前翻番”和“四个进一步提升”。“两个目标”，就是实现高水平的城乡发展一体化、实现高水平的农业现代化；“两个提前翻番”，就是努力保持农民增收“两个快于”的势头，提前实现农村居民收入、低收入农户收入比 2010 年翻一番的目标；“四个进一步提升”，就是首都生态环境质量进一步提升，郊区城镇承载能力进一步提升，农村生活水平进一步提升，都市型现代农业质量与效益进一步提升。围绕这一目标，今年主要从五个方面开展工作：

（一）坚持创新发展，不断激发农业农村发展活力

把改革创新作为农业农村发展的第一动力，坚持不懈地推动体制机制创新，深入推进“新三起来”，有效激发和释放农村发展的新动能。

一是深化农村土地制度改革。近年来，我们坚持“三块地”的改革思路，并取得了重要突破。今后，要继续坚持这一方向，把改革举措一竿子插到底，确保取得可复制可推广的经验。

对于农村承包土地，重点是确权。要在试点的基础上，全面推开农村土地承包经营权确权登记颁证工作，力争年底前完成总体任务的 60%，为明年基本完成奠定坚实基础。同时，按照中央要求，在相关区探索开展农村承包土地的经营权抵押贷款试点。对于集体建设用地，核心是赋能。要继续稳妥推进大兴区集体经营性建设用地入市试点，在总结首宗地块入市经验的基础上，进一步完善政策，依法合规赋予更多集体土地与国有土地同样的权能，加快建立集体经营性建设用地使用权流转和增值收益分配制度，探索建立城乡统一的土地交易平台。要抓紧统筹编制集体建设用地规划，推动集体建设用地集约节约利用。对于闲置宅基地，关键是盘活。要进一步总结和推广怀柔区田仙峪村、密云区干峪沟村的经验做法，不断扩大试点范围，通过统筹利用农村闲置房屋，发展健康养老、乡村旅游业，切实增加农民的财产性收入。

二是推进农业供给侧结构性改革。农业供给侧结构性改革是实现都市型现代农业高水平发展的关键所在。这项改革的主要任务是，主动顺应和把握首都市民对农产品和休闲产品的多元化、个性化需求，改造提升传统产能，培育发展新业态，着力提高农业综合效益和竞争力。

一方面，围绕市民“吃得放心”，坚定不移地推进农业“调转节”。要以全市整建制创建国家现代农业示范区为契机，以更大的决心，调整给资源

环境带来巨大压力的不合理生产模式和供给结构，进一步优化产业结构和空间布局。地下水严重超采区要加快退出高耗水农作物种植，对划定保留的粮田、菜田和果园实施精细化管理。整合各类建设资金，统筹各项支持政策，加快推进高标准农田建设。大力开展区域规模化高效节水灌溉行动，总结顺义区现代农业节水示范区建设和房山区农业水价综合改革试点经验，加快推进农业用水计量和限额管理，年内农业用新水下降5%左右。以有效供给为导向，抓好"菜篮子"建设，大力推进规模化经营、标准化生产、品牌化营销，全面提高肉蛋奶、果菜菌等本地农产品的质量、效益和安全水平，特别是要稳定应季蔬菜的自给能力，为市民提供新鲜、放心、优质的农产品。

这里要突出强调一点，就是关于农业的适度规模经营问题，中央有明确要求。近年来，各区主要是通过土地流转来推进农业适度规模经营，但随着土地流转费用不断上涨，一定程度上制约了规模效益的提升和稳定经营。我们重点要在"多种形式"上大力探索，既要鼓励通过转包、转让、出租、互换、入股等多种流转形式，实现土地的规模经营；更要结合郊区实际，探索通过土地托管、土地入股、联耕联种、代耕代种等方式，实现降成本、增效益、扩规模的目的，不断提高生产的组织化和区域特色化程度。在这一过程中，要多关注经营者与转出土地的农民之间的收益分配，既要避免租金涨得过快过高的问题，还要避免与农民收益完全脱节和分割。要通过政策引导，创新农民参与规模经营的体制机制，让农民更多分享规模经营的好处。

另一方面，围绕市民"游得开心"，加快推动休闲农业和乡村旅游提档升级。以满足市民的有效需求为重点，着力开发和设计更具创意、更为系统、更加优质的乡村旅游产品。加强统筹规划，各区要在土地利用总体规划中统筹考虑乡村旅游合理用地需求。支持有条件的乡村，通过盘活农村闲置房屋、集体建设用地、"四荒地"、废弃矿山等资产资源，发展休闲农业和乡村旅游。支持引导农家乐、民俗户，向特色民宿、乡村酒店升级发展。创新财政、金融、产业等支持政策，引导和鼓励社会资本开发农民参与度高、受益面广的休闲旅游项目，着力打造一批高水平的特色休闲旅游村镇。充分发挥农业嘉年华等会展农业的示范作用，推进农业与旅游、教育、文化、健康养老等产业深度融合，拓展发展空间，打造一批高质量的休闲农场、景观农业和农事活动，不断提升乡村休闲产品的附加值。

三是改革创新农业科技、金融等现代要素体系。提升都市型现代农业发展水平，最终要靠农业科技进步及其广泛应用。要通过深化北京国家现代农业科技城和通州种业园区建设，加快现代种业发展，深入推进种业领域科研成果权益分配改革，进一步放活农业科研机构和科研人员，鼓励他们到生产一线去创新创业、任职兼职，推动新品种、新技术、新成果加快落地。要创新发展"互联网＋"现代农业，促进互联网与农业全产业链深度融合，改造搞活传统农业。加快构建农业电商综合服务体系，鼓励涉农企业建设行业垂直服务平台，依托农业龙头企业、农民合作社实施"一村一品一电商"示范工程，促进本地农产品销售和名特优新农产品优质优价。高水平的农业现代化离不开高层次的农业经营主体，要加快整合各类培训资源，支持在京高校办好涉农专业，健全完善农广校体系，建立公益性职业农民培育制度。同时，加大金融支农力度，特别是要加强对新型农业经营主体的贴息奖励和专项扶持，形成培育和支持新型农业经营主体的良性发展机制。

（二）坚持协调发展，不断缩小城乡发展差距

城乡协调发展是建设和谐宜居之都的必然要求。围绕构建现代城镇体系，聚焦平原地区的新型城镇化，坚持疏解非首都功能和优化提升发展水平并重，协调推进城乡结合部、新城、小城镇和美丽乡村建设。

一是加快推进城乡结合部建设。城乡结合部建设三年行动计划已进入第二个实施年度，要大力推动"一绿"地区已确定的各项建设任务落地实施，朝阳区6个乡的城市化试点任务力争完成70%以上，其他区确定的乡镇建设任务要有实质性进展。按照分期分批推进的工作要求，年内编制完成城乡结合部专项规划，新启动5个乡镇的城市化建设。在"二绿"地区，积极探索集体建设用地腾退减量和统筹集约利用的新途径。同时，强化日常监管和突出隐患问题综合整治，严格人口调控，严控违法建设，改善区域环境水平。

二是加快推进郊区新型城镇化建设。以人的城镇化为核心，以提高质量为关键，统筹推进通州、房山、大兴区国家级新型城镇化试点建设，同步加快其他新城建设。主要的任务是，加大“瘦身健体”力度，围绕构建“高精尖”的经济结构，坚决调整、转移和退出不符合首都城市战略定位的产业，大力发展战略性新兴产业、生产性服务业、旅游文化创意产业和生活性服务业，不断提升郊区产业发展质量；加强规划引领，利用重大工程的辐射带动作用，强化环境建设，完善基础设施，改善服务配套，不断提升城市服务管理水平，把郊区新城建设成为承担中心城功能疏解的重要区域。同时，以区为责任主体，继续推进征地农转非工作，坚决防止新批指标积压，不断提高户籍人口城镇化率。

小城镇建设是新型城镇化建设的重点之一。总体的考虑是围绕四个渠道加以推进，一要围绕重大项目建设，统筹规划建设雪上运动小镇、世园小镇、环球影城小镇、新机场服务小镇等一批特色小城镇，注重人口调控，促进服务均等，防止二元分割，形成城乡一体、融合发展的新格局，成为新型城镇化的示范样板；二要围绕首都城市功能布局，科学规划一批功能性小城镇，促进城市优质教育、医疗、文化、旅游等项目落户小城镇；三要围绕非首都功能疏解，加快退出重点小城镇产业园区的低端业态，促进腾笼换鸟，推动产业结构优化升级；四要围绕促进农村人口就地城镇化，探索农民住房保障机制，支持在条件具备的小城镇或新型农村社区规划建设安置房、公租房，将棚户区改造政策支持范围扩大到本市国家级重点镇。

三是加快推进美丽乡村建设。继续开展农村人居环境综合整治，科学引导农村住宅和居民点建设，努力保持乡村建筑风貌和特色民俗。加快推进传统村落保护规划编制，启动门头沟区灵水村、房山区水峪村保护和利用试点，加强对传统民居和传统建筑保护修缮。因地制宜实施农村基础设施“六网”改造提升工程，优先做好农村污水处理、供暖和电网改造，完成 5.6 万户农宅抗震节能改造任务，不断改善和提升农村生活质量和宜居水平。重点要以农村用能结构调整为突破口，支持农村生活方式转变，促进全市大气质量提升。2016 年有两项任务是立了军令状的，一要完成 400 个村庄煤改清洁能源任务；二要大力治理农村散煤，实现用煤村庄优质燃煤全覆盖。我们的目标是到 2017 年，朝、海、丰、石四个区的农村地区要基本实现“无煤化”，到 2020 年全市平原地区农村采暖要全部改用清洁能源。这两项任务是相当艰巨繁重的，市有关部门、电力、燃气公司要加强统筹协调，做好计划调度；各区、各乡镇要围绕上账的任务，倒排工期，狠抓落实，确保任务完成。同时，要加大劣质燃煤打击力度，坚决杜绝劣质煤在京加工、储存和销售。

（三）坚持绿色发展，不断提高生态服务保障水平

农林水是生态产品的最大提供者，广袤山区是北京最重要的生态屏障。在推进首都绿色发展、改善城市生态环境的征程中，山区和农林水肩负着重大责任，必须强化生态产品供给功能，大力实施山水林田湖生态保护和修复工程。

山区方面，持续推进生态涵养和绿色发展。从自然形态来看，山区是最厚实的一块生态屏障；从发展水平来看，山区又是全市经济社会发展中最薄弱的地区。加快山区发展，必须处理好生态保护和经济建设的关系，处理好政府主导和社会力量参与的关系，加快建设生态优良、基础完善、产业融合的新山区。今年，要围绕发挥山区生态保护、旅游休闲、绿色产品供给等功能，重点推进怀柔五彩九渡、昌平延寿、延庆冰川绿谷等 10 条沟域建设，治理生态清洁小流域 245 平方公里，完成 3 811 户山区险村险户搬迁任务。着力提升山区森林质量和功能效益，实施人工造林 6 万亩、低效林改造 6 万亩、森林健康经营 60 万亩，进一步研究完善生态林的管护机制。

农业方面，大力推进农业生态保护体系建设。加强农业面源污染治理，全面推广测土配方施肥和绿色防控技术，减少化学肥料和农药使用量。围绕节水、节肥、节地、节能、节劳力、农业废弃物综合利用等方面，建设一批生态农业标准园区。开展畜禽养殖禁养区划定工作，依法关闭或搬迁禁养区内的各类养殖场，加大禁养区外规模化养殖场粪污治理力度。加强农作物秸秆综合利用，加快退出山区不适宜机械作业地块的粮食作物种植，杜绝秸秆焚烧。

林业方面，加快推进园林绿化建设。2016 年，要围绕北京市副中心、新机场周边、冬奥会场馆区等重点区域，加快推进大尺度森林、湿地和公园绿地建设，新增平原地区绿化面积 8 万亩。加强园林科技创新，推进“增彩延绿”，提升园林景观水平。加大公园绿地建设力度，着力提高 500 米服务半径覆盖率，使更多市民走出家门就能享受到公园绿地，到城市的东南西北都能赏花踏青。加快推动绿色产业转型升级，大力发展花卉园艺、林下经济、森林旅游等绿色产业，新发展规模化苗圃3万亩，改造提升低效果园4万亩。扎实推进本市国有林场改革，理顺国有林场的经营管理体制。启动国家公园建设试点，认真做好世界园艺博览会筹备工作，加快推进园区和配套基础设施建设。特别要强调一点，春季是森林火灾易发多发期，各区、各乡镇要加强森林草地防火工作，坚决避免发生重大火灾。

水务方面，更大力度推进水污染防治工作。划定河湖水生态保护红线，实施新一轮加快污水治理和再生水利用工作三年行动方案，开展第一批24条河段黑臭水体治理。推进城镇污水处理设施和服务向农村延伸，重点解决好城乡结合部、重要水源地和民俗旅游村等区域的污水治理，年内完成200个村庄的工程建设。据国家气象局研判，受超强厄尔尼诺事件影响，今年极端天气有可能多发，要提早做好防汛抗旱的各项准备，确保安全度汛。

（四）坚持开放发展，不断提升京津冀农林水协同发展水平

开放发展是拓展首都农业及生态发展空间的重要途径，生态环境保护是京津冀协同发展中三个率先突破的重点领域之一。必须立足于三地间农林水联合联动，加快构建大尺度的生态空间和生态系统，不断扩大首都生态环境容量。

一是深化京津冀生态建设协作。围绕“一南一北一带多廊”布局，加强区域协同。南部是协同建设京津保森林湿地群，北部是继续在张承地区实施京冀生态水源保护林建设，构建森林资源一体化保护的环首都生态安全圈；“一带”是协同推进永定河生态系统治理，恢复生态功能；“多廊”是协同推进北运河、潮白河、大清河等跨界河流的绿色生态廊道治理，加快构建流域相济、多线联络、多层循环的水网体系；同时，探索以房山十渡、平谷金海湖、怀柔喇叭沟门等自然沟域为节点，协同推进多地间跨区域的沟域景观廊道建设，助推区域经济发展。

二是推动农业生产向外拓展。要围绕农业生产功能向外调整，鼓励和支持涉农企业、科研院所开展多种形式的跨地区经营、合作和服务，促进优势种业、优质农产品走出去，特别是首农集团、二商集团、供销社等大型涉农企业要发挥带动作用，共同建设环京津蔬菜基地、奶源生产基地和肉类供应基地，加快构建环京津1小时鲜活农产品物流圈。

（五）坚持共享发展，不断增进农民福祉

共享发展是全面建成小康社会的根本体现。必须把改善和提高广大农民群众生活水平作为根本的政策取向，全面推进城乡公共服务均等化，让农民共同分享现代化成果，有更多的获得感。

一是下大力气抓好农民增收特别是低收入农户增收工作。习总书记讲，“检验农村工作成效的一个重要尺度，就是看农民的钱袋子鼓起来没有”。这几年，我们多措并举，农民收入保持了较快增长。去年，工资性收入占到农民收入的75%，民俗旅游户的收入一般也高于纯农户的收入。应该说，能否实现二、三产稳定就业是决定农民收入水平高低的关键因素。当前还要继续完善城乡统一的就业管理制度，把农业“调转节”中转出的农民纳入培训计划，更好地促进农村劳动力转移就业、稳定就业和创新创业。同时，在一产发展中，还要不断完善龙头企业与农民的利益联结机制，通过直接投资、参股经营、签订长期合同等方式，带动农民合作社规模经营、规范发展，让从事一产的农民更多地分享一、二、三产业融合发展带来的增值收益。

中央扶贫开发工作会议发出了打赢脱贫攻坚战的号令，习总书记也多次强调“要把脱贫攻坚作为‘十三五’时期的头等大事来抓”。尽管北京市没有国家扶贫任务，但近50万的农村低收入群体仍是明显的短板。这次市委、市政府专门研究制定了《关于进一步推进低收入农户增收及低收入村发展的意见》，各区、各部门要用更大的精力、花更多的功夫做好这项工作，关键是围绕“精准”两字发力，政策上不能“大水漫灌”，资金上不能“撒芝麻盐”，要在精准帮扶上聚光对焦，按下发展“快进键”，打好攻坚“组合拳”，做到“三个精准”。即，一要做到精准识别。2016年上半年，各区要完成本区低收入农户、低收入村精准识别、建档立卡工作。这项基础工作看似简单，但操作起来却难度不小，既不能怕麻烦、简单行事，也不能大而化之、大概齐，更不能由个别人说了算、搞张冠李戴。要做到让群众信服，必须有个公平、公正、公开的识别办法，有支责任心强、勇于担当的识别队伍，通过“细算收支、细看现状、细评实情”，确保将符合条件的低收入农户一户不落全部纳入帮扶范围。二要做到精准施策。我们通过第一步的精准识别，弄清楚了“扶持谁”；第二步就是要通过逐村逐户剖析原因，找准“穷根”；第三步就是按方抓药、分类指导，这次市里系统提出了扶持产业、促进就业、山区搬迁、生态建设、社会保障、社会力量帮扶“六个一批”的分类帮扶措施，各区、各乡镇、各村还要结合实际，确定符合自身特点的帮扶措施，提高政策的有效性，真正达到对症下药、事半功倍的效果。三要做到精准确责。建立市级统筹、区负总责的领导体制和精准帮扶的工作机制，逐级签订责任书，各区委、政府要承担起主体责任，组织乡镇、村有序开展工作。要调动一切可以调动的力量，发挥部门联动的作用，加大选派“第一书记”的力度，齐心协力打赢低收入农户增收攻坚战。

二是进一步提升农村社会保障和公共服务水平。继续提高城乡居民基础养老金和福利养老金待遇水平，整合城乡居民基本医疗保险制度。加强农村特别是847个“空白村”的医疗机构建设，实现基础医疗服务全覆盖。建立乡村医生岗位管理制度，采取多种渠道选聘乡村医生，提高岗位吸引力和诊疗水平。加快促进城乡教育资源均衡配置，实施高等院校农村专项招生计划。充分发挥全科农技员、乡村医生、管水员等公益性岗位的作用，改善服务，提升能力，切实解决服务“最后一公里”问题。加强对农民素质的提升，重点围绕经营管理、“互联网+”、产业融合等开展培训教育，不断提高农民的生产经营、适应市场能力和组织化程度。广泛开展具有乡村特色的文化活动，抓好乡村文化骨干队伍建设，进一步丰富农民群众精神文化生活。深化文明村镇、“星级文明户”等群众性精神文明创建活动，培育文明乡风。

三是加强党的领导，不断创新和完善乡村治理机制。扎实开展“两学一做”学习教育，进一步解决农村党员队伍在思想、组织、作风、纪律等方面存在的问题，切实使基层的组织生活、党员教育严起来、实起来。认真落实“两个责任”，重点在土地征收、涉农资金、新农村建设、“三资”管理等领域加大治理力度，严肃处理违规违纪行为，继续开展“小官贪腐”专项治理。今年，要全力抓好乡镇领导班子和村委会换届选举工作，选优配强乡村两级干部队伍。全面落实“四议一审两公开”工作机制，健全村务监督机制，完善村规民约等社会规范，深入开展平安创建活动，保持农村社会和谐稳定。

同志们，2016年全市“三农”工作，任务已经明确，关键在抓细落实上下功夫，担当有为，开拓创新。一是深入调研。首都发展新形势下的“三农”工作面临许多新情况、新要求和新任务，各区、各部门和各级干部一定要坚持问题导向，深入一线调查研究，面向农村集成政策、强化联动，帮助解决农村发展中遇到的实际困难，保持农村发展的好势头。二是抓好培训。大家从事的都是群众性、政策性很强的工作，比如精准帮扶的政策是区分不同人群和致贫原因的，农村污水处理的技术路线是区分不同地形和村落大小的，适度规模经营是区分不同区域和种植品种的等等，这些工作要落到实处、见到实效，关键是要开展具有针对性的业务培训，提高郊区干部深化改革、推动发展、化解矛盾的能力。现在正在进行乡村换届，一大批优秀、务实、过硬的基层干部已经或即将走上乡村大舞台，重点是要让这些新同志知农情、懂农村，通过他们能让群众明白政策、运用政策、受惠于政策。三是广泛宣传动员。基层组织的战斗堡垒作用、党员干部的先锋模范作用和广大农民群众的主体作用是我们事业制胜的重要法宝，要认真总结和宣传基层各方面的好做法、好典型和好榜样，通过正面激励，充分调动基层干部群众的积极性，发挥基层干部群众的主观能动性，凝心聚力，推动各项工作开展。

同志们！春天是充满生机、孕育希望的季节，做好“三农”工作，补齐发展短板，意义重大。让我们在市委、市政府的坚强领导下，奋力拼搏，攻坚克难，努力开创城乡一体化发展新局面，为加快建设国际一流的和谐宜居之都作出新的贡献！

文 件 选 载

中共北京市委　北京市人民政府
关于服务首都城市战略定位　全面推进城乡发展一体化的意见

（2015年4月28日）

2014年2月26日，习近平总书记视察北京并发表重要讲话，明确了北京作为全国政治中心、文化中心、国际交往中心、科技创新中心的城市战略定位，首都经济社会发展开启了新航程。为更好地落实新定位，适应新变化、新态势，全市农业农村工作必须从战略高度出发，在大局中找准定位、在调整中发挥优势、在改革中增强动力、在发展中提升水平，加快构建城乡互促共进的体制机制，全面推进城乡发展一体化。

2015年及今后一个时期，全市农业农村工作要全面贯彻落实党的十八大和十八届三中、四中全会以及中央农村工作会议精神，深入学习贯彻习近平总书记系列重要讲话和对北京工作重要指示精神，坚持服务首都城市战略定位，坚持城乡一体化的发展方向，着力推动农村改革，着力推动农业调结构转方式，着力推动新型城镇化与美丽乡村建设，着力推动农民增收，着力推动乡村依法治理，努力在一、二、三产业融合发展上挖掘新潜力，在区域协同发展上开辟新途径，在改革创新上迈出新步伐，在生态环境建设上取得新突破，为建设国际一流的和谐宜居之都提供有力支撑。

一、围绕促进城乡要素双向流动，深入推进“新三起来”

以改革创新为驱动，深入推进“新三起来”（土地流转起来、资产经营起来、农民组织起来）。抓好试点试验，完善顶层设计，为城乡资源要素双向自由流动创造条件。

（一）引导土地经营权规范有序流转

加快推进农村土地承包经营权确权登记颁证工作，并做好与不动产登记工作的有效衔接。在平谷区全面开展确权登记颁证工作的基础上，2015年再确定一个区（县）全面开展此项工作，其他区（县）可结合实际继续扩大试点，相关工作经费纳入市、区（县）两级财政预算。按照依法、自愿、有偿原则，积极引导土地经营权规范有序流转，鼓励农民以土地经营权入股，发展多种形式适度规模经营。同时，要加强土地流转用途管制和风险防范。

（二）稳步推进农村建设用地制度改革试点

按照中央统一部署，审慎稳妥推进农村土地制度改革。加快编制集体建设用地规划，全面完成农村集体建设用地使用权确权登记颁证工作。加强政策研究，探索建立城乡统一的土地交易平台。完善土地增值收益分配和对被征地农民合理、规范、多元保障机制，有条件的地方可选择留地、留物业等安置方式，由农村集体经济组织负责经营，确保被征地农民长期受益。加快开展集体土地范围内房屋登记工作，在全市启动村庄地籍调查试点工作。探索农民住房保障新机制，研究在城镇就业的农民享受城镇保障性住房的具体办法。启动大兴区集体经营性建设用地入市试点，制定相应的出让、租赁、入股办法。总结完善大兴区西红门镇、海淀区东升镇等乡镇统筹利用土地的经验，稳步推进集体经营性建设用地区域统筹、集约高效利用。总结怀柔区田仙峪、密云县干峪沟等村的做法，积极推进盘活农村闲置房屋发展休闲养老、乡村旅游试点工作。

（三）深化农村集体产权制度改革

加快推进城乡结合部地区以及重点小城镇的乡镇级产权制度改革。加强新型股份合作经济组织规范化运行管理，开展赋予农民对集体资产股份权能改革试点。鼓励集体资产以入股、合作、租赁、专业承包等形式开展经营方式创新，提高经营效益。加强农村集体资产监督管理，2015 年开展集体资产审计年活动，全面加强财务审计监督工作；建立全市农村集体经济合同清理台账，对存在的问题进行整改。总结完善海淀区建立农村集体资产监督管理委员会的经验做法，探索集体资产管理的新方式。深化集体林权制度改革，开展集体林权流转试点，探索创新山区生态林经营管理体制机制。加快研究制定规范农村产权流转交易的政策措施，引导农村产权流转交易市场健康发展。

（四）加快培育新型农业经营主体

支持区县开展家庭农场、家庭林场试点。深入推进农民合作社示范社培育创建工作，引导发展农民专业合作社联合社，支持农民合作社开展农社对接和发展农产品加工流通。扩大对农民专业合作社、家庭农场（林场）、专业大户的贴息奖励范围。支持符合条件的新型农业经营主体优先承担涉农项目。推进农业龙头企业转型升级，支持发展混合所有制龙头企业，支持涉农企业上市，发挥首农集团、二商集团等市属国有企业的引领带动作用，推动农业产业向中高端发展。鼓励和支持龙头企业领办合作社，开展“百企联百社”活动，构建新型紧密利益联结机制。坚持为农服务方向，全面深化供销合作社综合改革。积极发展现代农业职业教育，建立公益性培训制度，支持“阳光工程”、“农民田间学校”、“骨干农民培养”等品牌项目，启动密云等区（县）新型职业农民培育工作试点，大力培养新型职业农民。

（五）不断深化农村金融改革创新

创新农村金融产品和服务，开发适合农村实际、农业特点、农民需求的信贷产品，推动金融机构探索发行专项用于“三农”的金融债，探索金融支持集体经营性建设用地统筹利用的新模式。加快推进土地承包经营权、农民住房财产权、林权抵押担保贷款试点工作。在农村地区推广应用微贷技术，扩大小额贷款覆盖面。积极稳妥推进符合条件的涉农企业发行企业债、公司债、中小企业私募债和集合票据，对发行费用给予补贴。发展新型农村金融组织，积极开展新型农村合作金融试点。支持政策性农业投资和农业担保公司发展，实现农业投资和农业担保业务在涉农区（县）全覆盖。鼓励涉农区（县）政府设立农业产业引导基金，吸引社会资本参与，推动建立涉农产业投资基金。加强农村金融基础设施建设，推动基础金融服务“村村通”。继续扩大政策性农业保险覆盖面，创新具有区域特色的涉农保险产品，提高农户参保率。完善农业再保险和巨灾保险机制。继续推进森林保险试点。启动创新型“三农”保险示范区试点工作，拓展“三农”保险广度和深度。推动农村信用体系建设，广泛开展信用户、信用村、信用乡镇创建活动。

二、围绕构建“高精尖”经济结构，加快推进农业现代化

按照构建“高精尖”经济结构的要求，以全市整体创建国家现代农业示范区为契机，围绕农业生产、生活、生态、示范四大功能，大力发展“菜篮子”工程、现代种业、乡村旅游与休闲农业三大业态，提高土地产出率、劳动生产率和资源利用率（以下简称“三率”），走一、二、三产业融合发展的都市型现代农业发展之路。

（六）深入推进农业结构调整

加快实施《中共北京市委、北京市人民政府关于调结构转方式发展高效节水农业的意见》，2015 年底前完成 80 万亩粮田、70 万亩菜田、100 万亩果园的划定工作，各区县要做到上图入库，将农产品生产能力落实到地块。严格耕地保护，继续开展永久基本农田划定工作，加强设施农用地管理，禁止非农生产。加快实施地下水严重超采区和重点水源保护区农业结构调整，逐步退出高耗水作物，重点发展籽种农业、旱作农业、生态景观农业。疏解畜禽养殖总量，主要调减生猪和肉禽养殖，稳定奶牛和蛋鸡生产和现有水产养殖面积，引导未达到规模生产、不符合相关发展规划的散户养殖有序退出。定期发布农业“三率”监测报告，有针对性地引导各郊区县、农业各行业实现提质增效。

（七）大力发展高效节水农业

坚持量水发展，全面推进设施节水、农艺节水、机制节水、科技节水，提高农业用水效率。“细定地、严管井、上设施、增农艺、统收费、节有奖”的节水新模式，编制农业高效节水灌溉规划，严格农村机井取水总量和用途管理；加强灌溉管材及设备质量控制、设施运行管护和技术服务，推进灌溉机井智能计量设施安装工作；推广水肥一体化、保护性耕作、覆膜灌溉、测墒灌溉等农艺节水技术；建立农业用新水总量考核机制，对限额内农业用水征收水费，超限额加征水资源费；实施节水工程建设精准补贴、节水奖励机制，逐步实现农业高效节水灌溉设施全覆盖。加快推进房山区全国农业水价综合改革试点和顺义区、通州区漷县镇及多个园区的节水工程试点。

（八）推进“菜篮子”工程建设

严格落实“菜篮子”行政首长负责制，建立考核指标体系，着力打造一批能够规模生产、具有品种优势的专业村镇，? 稳定鲜活农产品有效供给能力。以市场为导向，增加名、特、优、新农产品生产供应，切实提高鲜活农产品的市场竞争力。全面实施菜田补贴，稳步扩大菜田面积，提升本市蔬菜产量和质量。实施畜禽良种工程，大力推动畜牧业集约化、标准化发展。采用现代高效果木栽培技术，推进低效果园提升改造。加大养殖池塘标准化改造，推广工厂化节水池塘养殖和生态养殖。立足京津冀协同发展战略，鼓励本市农业生产、流通企业及农民合作社在津冀地区建设农副产品生产和加工基地，继续支持外埠生产基地、乳业奶源基地建设。

（九）加快现代种业发展

强化种业公益性和基础性研究，构建以产业为主导、以企业为主体、产学研相结合、育繁推一体化的现代种业体系。积极创建国家种业综合改革创新试验示范区，继续推进通州国际种业园区发展，设立园区产业发展基金。围绕农作物、畜禽、水产和林果花卉四大种业，发展籽种田，抓好重点品种产业化推广，建设一批集约化育苗场、种畜禽场、水产原（良）种场、林业苗圃基地。积极推进种业科研成果权益分配改革试点，完善成果完成人分享制度。加强种业交流合作，通过技术输出、人才培养、智力交流等方式，大力实施种业科技“引进来，走出去”战略，支持本市南繁育种制种基地建设。

（十）大力发展乡村旅游和休闲农业

研究支持乡村旅游发展的规划、用地和金融政策，加快公共服务设施建设，推进民俗旅游发展和传统村落升级改造，培育一批具有区域特色的休闲旅游村镇，促进乡村旅游从一般观光游向休闲度假游转型升级。推进乡村旅游专业合作社建设，提高乡村旅游业的组织化程度。开展乡村旅游示范活动，创建一批星级休闲农业园区，打造形式多样、特色鲜明的乡村旅游休闲产品。实施休闲农业提档升级工程，积极拓展休闲农业新业态，推广立体农业、阳台农业、庭院农业；依托现代信息技术，加大乡村旅游和休闲农业市场推介力度。发展会展农业，全力办好2015年世界马铃薯大会、第四届中国兰花大会、北京农业嘉年华等活动，做好2016年世界月季洲际大会、2016年国际作物科学大会、2019年世界园艺博览会等展会筹备工作。

（十一）加快农业科技创新

推进北京国家现代农业科技城建设。健全农业科技创新激励机制，完善科研院所、高等学校科研人员与企业人才流动和兼职制度，推进科研成果使用、处置、收益管理和科技人员股权激励改革试点。加快推进具有自主知识产权的涉农专利技术、新品种、新成果的转化应用，促进科技优势转化为产业优势。健全农业科技服务体系，完善“一主多元”的农业技术推广体系，加强乡镇农业科技综合服务站建设。鼓励和支持科研院所、企业、社会组织与新型农业生产经营主体进行对接，并为其提供社会化服务。加强农业物联网应用，加快应用“北斗”技术建立农产品综合服务平台。优化农业科技人才队伍，提升全科农技员服务水平。

（十二）创新农产品流通方式

加快农产品市场体系转型升级，加强设施建设和配套服务，构建冷链物流体系。加快推进北京鲜活农产品流通中心建设，尽早发挥其公益性、示范性作用。继续推进农民合作社与超市、学校、企业、社区对接，不断扩大本市农产品的直销份额。大力支持电商、物流、商贸、金融领域的企业参与涉农电子商务平台建设，加快实现农产品交易方式的多元化和现代化。完善农产品配送体系，改进服务方式，做好新能源汽车配送净菜试点。做好市场信息监测和预警工作，有效预防农产品滞销，探索建立市场风险保险、目标价格补贴等新型保障方式，提高优质农产品经济效益。

（十三）提升农产品质量和食品安全水平

推进实施农产品产地准出制度，加强农产品质量安全源头管控，严格农业投入品管理，大力推进农业标准化生产。开展农产品“三品一标”认证，重点加快蔬菜产地认证，全力打造“北京安全农业”品牌。建立市场准入制度，严格落实农产品进货查验、索证索票措施，逐步实现入市农产品的批批检测。完善农产品质量安全监管体系特别是基层监管体系，建立健全全程可追溯、互联共享的农产品质量和食品安全信息平台，加快农产品质量安全检验检测体系升级建设，实现对本市生产主体检测全覆盖。严密防控动植物疫情疫病，强化疫情应急管理和动物卫生监督。2015年开展农产品质量安全执法年活动，积极推进创建“全国农产品质量安全县”。落实生产经营者主体责任，严惩各类食品安全违法行为。

三、围绕提升郊区发展质量，协调推进新型城镇化和美丽乡村建设

强化规划引领作用，把提升郊区发展质量与中心城区功能疏解有机结合起来，加快推进通州区国家新型城镇化综合试点、大兴区和平谷区中小城市综合试点建设，加快提升其他新城建设水平，不断增强农村地区承载能力。

（十四）扎实推进城乡结合部改造

基本完成50个重点村建设任务。加快推进城乡结合部建设，在第一道绿化隔离地区，用3至5年时间，东部基本完成朝阳区来广营、太阳宫等6个乡的城市化建设任务，南部基本完成丰台区南苑乡、大兴区旧宫镇和南郊农场城市化建设任务，西部基本完成海淀区四季青镇整建制转居试点任务，北部推进昌平区东小口镇城市化建设；在第二道绿化隔离地区，重点推进丰台区长辛店镇等地区城乡一体化建设试点工作，集约利用集体经营性建设用地。推进城乡结合部地区自备井置换，并纳入城市管网统一供水。严格执行新增产业的禁止和限制目录，退出小散低端业态。坚决依法查处违法用地、违法建设和违法经营行为。严格落实人口规模调控方案，细化“以证管人、以房管人、以业控人”的具体措施，集中开展综合整治，防止人口无序聚集。

（十五）有序推动小城镇健康发展

优化调整重点小城镇空间布局，引导生产性服务业、医疗、教育、养老等产业向小城镇疏解转移，推动镇村工业、商业、服务业提档升级，促进低端产业退出，加快提升小城镇城市功能。抓好新型农村社区建设试点，通过优化发展环境，促进农村人口就近转移就业、就地实现城镇化。选择具备条件的村镇，开展集中供热试点。在小城镇和新型农村社区，鼓励运用政府与社会资本合作（PPP）模式，推进污水处理、集中供热等基础设施项目建设。

（十六）认真做好山区发展工作

优化山区人口布局，鼓励有条件的农民搬出山区，向新城、小城镇集中。实施新一轮地质灾害易发区及生存条件恶劣地区农民搬迁工程，逐步推进分散的自然村向中心村集中。充分发挥政府资金的引导和放大作用，鼓励社会资本参与山区建设，不断提升山区生态建设、环境整治、基础设施建设水平。通过完善公共配套设施和产业链，支持有地域特色、文化传承的沟域经济发展，培育生态服务型经济，推动绿色发展。

（十七）积极开展美丽乡村建设

围绕提升农村人居环境，加快完成农村供水提质改造评估、规划和建设，推进实施生活污水治理规划；加快实施“减煤换煤、清洁空气”行动计划，实施乡村电力设施提升改造工程，继续开展液化石油气送气下乡活动，在有条件的地区推进天然气入户，基本实现农村地区炊事气化全覆盖。加大农村公路养护管理资金投入，继续做好村内街坊路的硬化工作，提升郊区客运服务水平和通达深度。加快农村信息化基础设施建设和宽带普及。坚持保护与发展相结合，推动传统村落、民族特色村和农村文物、非物质文化遗产保护与合理利用；完善村级公益事业一事一议财政奖补机制，重点支持村内公益事业发展和基础设施运行维护。2015年，完成“减煤换煤”120万吨、5万户采暖“煤改电”、10万户天然气换气任务；完成8万户农宅抗震节能改造，支持1 000户农村优抚、低保、五保供养对象实施危旧房翻建维修工程；完成76处非正规垃圾填埋场治理，实现郊区90%的村庄生活垃圾有效处理；完成8 500亩的村庄绿化美化任务。

四、围绕可持续发展，加强生态文明建设

持续加大生态系统建设力度，不断扩大生态环境容量，增强农林水对城市生态平衡的贡献率，提升城乡的宜居水平，使生态环保在京津冀协同发展中取得率先突破。

（十八）提升绿化建设水平

科学划定绿化资源生态保护红线，启动全市绿地系统规划调整，编制湿地保护规划。探索建立造林和管理长效机制，完善生态效益补偿制度，统筹平原地区新增林和第一道、第二道绿化隔离地区及“五河十路”等原有林的养护管理，实现同地同树同政策。继续实施京津风沙源治理、三北防护林建设、太行山绿化、公路河道绿化、湿地恢复等重点生态工程。加大环境治理和生态修复力度，全面完成平原地区百万亩造林任务，重点在地下水严重超采区、重要水源保护区、绿化隔离地区实施绿化，发展林下经济和特色经济林。扎实推进本市国有林场改革，启动建立国家公园体制试点。探索多元增绿的有效途径，调动社会力量积极投身绿化建设和林业资源管护，吸引社会资本参与碳汇林业建设。2015 年，新增造林面积 12.6 万亩、城市绿地面积 9 000 亩，完成低效林改造 5.95 万亩，播草盖沙 1.7 万亩，完成山区生态公益林林木抚育 60 万亩，建成健康绿道 200 公里；加强区域合作，在张家口、承德地区营造水源涵养林和水土保持林 10 万亩，在张家口坝上地区改造退化林 25 万亩。围绕京津保中心区过渡带生态建设，在北京新机场周边、京昆京沪高速和永定河潮白河等生态廊道两侧，新增绿化面积 1.8 万亩。

（十九）加强流域水系综合治理

加大水污染防治和水生态保护力度，全力推进污水治理三年行动计划（2013—2015 年）落实。加强截污治污及河湖水环境综合整治，实施水质断面考核奖惩机制。继续实施中小河道治理、生态清洁小流域、河湖水系连通工程建设，建立长效管护机制。做好南水北调来水调蓄保障工作，实施地下水压采方案和回补规划，涵养恢复地下水资源。实施密云水库库滨带水源保护工程，保障水源安全。深化水务改革，吸引社会资本参与水务工程建设和运营。2015 年，完成饮用水源保护区划定工作，推进凉水河、清河等流域水系统综合治理，建设 38 条生态清洁小流域，治理水土流失面积 400 平方公里。

（二十）加强农业面源污染治理

制定并实施耕地质量保护与提升行动计划，开展测土配方施肥，支持生物有机肥、高效低残留农药使用，切实降低化肥、化学农药使用量。开展病虫害绿色防控和专业化统防统治以及重金属污染耕地治理修复，提升农业生态环境建设水平。支持青贮玉米等饲草料种植，有效减少秸秆产生量。开展秸秆、畜禽粪污、废旧地膜资源化利用，在延庆县推动秸秆综合利用试点。落实监管责任制，严格执法，全面杜绝秸秆、树叶焚烧。实施水生生物养护和增殖放流。统筹布局和建设病死动物无害化收集处理设施，并实现综合利用。

五、围绕保障和改善民生，推进城乡公共服务均等化

继续提高农村公共服务水平和社会保障标准，加大转移就业工作力度，加快建立新型工农、城乡关系。

（二十一）大力推进农民增收

实施精准帮扶，加强收入监测，建立健全低收入农户、低收入村考核、约束、退出机制。实施“低收入农户奔小康工程”，尽快缩小低收入农户与全市农民收入差距。支持低收入村产业发展和低收入农户自主创业。落实农村经济薄弱地区发展规划，以集中连片地区为重点，加大投入和工作力度，以整村推进方式实施山区搬迁和乡村旅游开发。创新财政投入方式，以异地购置物业等形式，开展低收入农户增收试点，探索变“输血”为“造血”的长效帮扶机制。从民生保障、产业扶持和基础设施建设等方面，做好水库移民后期扶持工作。加强考核评价，落实各涉农区县促进低收入农户增收工作目标责任制。健全组织动员机制，搭建社会参与平台，调动社会力量参与帮扶的积极性。

（二十二）加大转移就业政策扶持力度

高度重视土地流转、农业结构调整后农民转移就业帮扶工作。继续完善城乡统一的就业失业管理制度，将更多农村劳动力纳入促进就业帮扶政策范围。研究制定城乡统一的鼓励自谋职业（自主创业）、灵活就业的社会保险补贴政策。落实用人单

位招用就业困难人员的岗位补贴和社会保险补贴政策。全面加强社会公益性就业组织建设，将就业困难人员“托底”安置机制向农村延伸。各有关区县在平原造林工作中，要严格落实本地农民参加养护人数不低于养护人员总数 60%的规定。

（二十三）继续提高农村社会保障水平

进一步提高城乡居民基础养老金和福利养老金水平。完善新型农村合作医疗（以下简称新农合）制度，建立科学稳定的筹资增长机制。落实重大疾病保障政策，确保政策范围内住院费用报销比例达到 75%，提高对参合人员的保障水平。推动建立逐级转诊制度；扩大各区县对按病种付费、按床日付费、按人头付费以及按病种分组付费（DRG）等付费方式的改革试点，推进新农合即时结算和商业保险参与新农合经办工作。在加快推进三大基本医疗保险整合过程中实现新农合市级统筹。进一步提高农村低保标准，2015 年底前实现城乡标准统一。加快推进征地转居工作，继续消化解决应转未转人员。

（二十四）加快推进农村基础教育发展

创新义务教育体制机制，进一步扩大、延伸、共享优质教育资源，不断缩小义务教育的城乡差距。积极推进教师队伍“区管校用”管理改革，完善城乡间学校校长、教师交流与合作机制，鼓励城区优秀教师跨区域到农村学校任教，发挥示范带动作用。进一步加大远郊农村地区教育经费投入，落实相关资助政策，建设以公共财政投入为主的农村学前教育服务体系，提高农村教育质量。完成新建、改扩建 200 所城乡中小学的目标，加大城乡一体化高中建设力度。

（二十五）积极推进医疗卫生服务体系建设

统筹调整本市医疗资源布局，推进城市核心区优质医疗资源向郊区转移，提升农村医疗服务水平。完善农村基层卫生服务体系，加强农村居民健康管理。强化乡镇卫生机构医疗服务功能，促进分级诊疗。实施基层卫生人员能力提升计划，加强乡村医生队伍建设。继续做好农村定向医学生免费培养工作。发挥中医药服务优势，在 10 个远郊区县各建成 1 个区域中医医学中心，在顺义区、房山区和延庆县推进中医药服务区（县）乡（镇）、村一体化试点。

（二十六）统筹城乡文化体育发展

加强农村公共文化服务体系和体育设施标准化、均等化、社会化建设，以资源统筹利用、供需有效对接为重点，以公共文化配送服务为依托，同步健全市、区（县）乡镇（街道）村（社区）四级公共文化服务体系，拓展重大文化惠民项目内容，重点扶持“一乡镇（村）一品牌”文化活动，活跃农村居民文化生活。加强对农村（社区）文化组织员的培训，提高其组织能力。不断提高农村公共体育设施配置标准和服务水平。启动延庆县农村公共文化服务体系建设试点，整合利用现有设施场地资源，构建农村基层公共文化服务综合平台。

六、围绕提升乡村治理水平，加强基层组织建设

树立首善标准，不断深化农村基层组织和民主政治建设，着力完善乡村社会治理机制，深入推动农村法治建设。

（二十七）切实加强农村基层组织建设

认真贯彻落实党要管党、从严治党要求，充分发挥农村基层党组织战斗堡垒作用，巩固党的群众路线教育实践活动成果，深化“三级联创”活动。加强农村基层服务型党组织建设，用好用足工作经费，强化区（县）、乡镇（街道）、村（社区）三级便民服务网络，实施党组织引领发展“六个一百”工程，着力提升基层党组织改革创新、引领发展、服务群众的能力。加强乡镇、村两级党组织班子和干部队伍建设，做好村“两委”换届选举的筹备和组织工作，建立换届重点难点村台账，依法依规推进工作，选优配强村“两委”班子。健全软弱涣散村党组织整顿工作长效机制，加强分类指导，开展常态化集中整顿。落实“两个责任”，扎实推进农村基层党风廉政建设和反腐败工作，围绕城乡结合部地区改造、美丽乡村建设、生态建设、征地拆迁、农村“三资”监管等重点领域，建立健全监督机制，抓早抓小，着力解决基层党员干部“四风”方面存在的突出问题，严肃查处涉农领域的违法违纪行为和腐败问题。

（二十八）提高农村法治建设水平

党员干部在法治建设中要发挥先锋模范作用，不断提高基层组织运用法治思维和法治方式深化改革、推动发展、化解矛盾、维护稳定的能力。弘扬社会主义法治精神，深入开展法治宣传教育活动，

引导基层干部群众自觉守法、遇事找法、解决问题靠法。深入开展法律进农村活动，完善一村（村委会）一居（居委会）法律顾问制度，逐步实现城乡法律服务资源均衡合理供给。健全依法维权和化解纠纷机制，引导和支持农民群众通过合法途径维权，理性表达合理诉求。对环境保护、土地管理、拆除违法建设、食品药品安全、农业生产等关系群众切身利益、群众反映强烈的重点领域，强化源头监管，加大执法力度，依法惩处各类违法行为。健全涉农行政执法经费财政保障机制。

（二十九）创新农村社会治理

健全村民自治机制，全面推广“四议一审两公开”工作法，不断提高民主管理和村务公开制度化、规范化、程序化建设水平。推进农村社区自治组织全覆盖，指导已转制转居的农村社区做好精细化服务管理工作。深入推进村务监督委员会建设，进一步规范监督内容、权限和程序。健全完善乡规民约、村民自治章程等社会规范，充分发挥其在社会治理中的积极作用。加快推进农村服务性、公益性、互助性社会组织发展。加强农村地区社区服务中心建设，加快公共服务向农村地区延伸。探索建立乡镇政府职能转移目录，将适合社会兴办的公共服务交由社会组织承担。健全实有人口服务管理工作体系，建立完善专项整治长效工作机制，巩固城乡结合部重点地区专项整治成果。依法深入推进社会治安综合治理，基本实现农村地区网格化社会服务管理体系全覆盖。

（三十）大力促进乡风文明

广泛开展中国梦、依法治国等主题宣传教育活动，大力培育和践行社会主义核心价值观，发挥“北京榜样”示范作用，提升农村社会文明程度。加强公民道德建设，弘扬中华优秀传统文化，大力开展群众性精神文明创建活动，积极倡导科学、文明、健康的生活方式，用社会主义先进文化引领乡村新风。注重家庭、家教、家风建设，扎实开展好家风好家训活动，发扬光大中华民族传统美德。继续开展寻找“北京最美的乡村”“北京最美乡村故事”等主题宣传活动，办好农民艺术节，积极为乡村提供健康有益、喜闻乐见的文化服务。创新乡贤文化，弘扬善行义举，以乡情乡愁为纽带吸引和凝聚各方人士参与乡村建设，传承乡村文明。

各级党委和政府、各有关部门要从服务首都城市战略定位的高度出发，进一步加强和改善对“三农”工作的领导，切实把“三农”工作列入重要议事日程，把农业农村作为各级财政支出的优先保障领域，深入研究农业农村发展的阶段性特征和面临的现实挑战，科学谋划、统筹设计“十三五”农村改革发展的重大项目、重大工程和相关政策，坚持部门联动、政策集成、资金聚焦、资源整合，敢于担当，攻坚克难，扎实推进城乡一体化发展，努力保持农业农村发展持续向好的局面。

北京市社会主义新农村建设领导小组综合办公室 北京市发展和改革委员会　北京市财政局 北京市市政市容管理委员会 关于印发《关于完善北京农村地区“煤改电”“煤改气”相关政策的意见》的通知

（2015年3月23日）

郊区各区县、石景山区人民政府：

为进一步落实“减煤换煤、清洁空气”行动，确保2015年完成5万户农村居民取暖用煤清洁能源改造，市新农办、市发展改革委、市财政局、市市政市容委联合研究制定了《关于完善北京农村地区“煤改电”“煤改气”相关政策的意见》，经市政府批准同意，现印发给你们，请组织实施。

关于完善北京农村地区"煤改电""煤改气"相关政策的意见

一、农村地区"煤改电"工程

"煤改电"工程在北京农村地区实施两年以来，市政府相关部门制定了峰谷电价、电取暖设备补贴等惠民政策，国网北京市电力公司积极组织外网工程建设，极大地促进了这项工作的健康开展，得到了农村地区广大干部、群众的高度认可和积极响应，成为"减煤换煤、清洁空气"最有成效的措施之一。为使这项政策更加科学合理，经市发展改革委、市财政局、市新农办、国网北京市电力公司等部门认真研究，对以下几项政策进行调整。

（一）统一全市峰谷电价补贴政策

1. 统一峰谷电价优惠时段。将农村"煤改电"用户享受谷段电价优惠的时间与城区"煤改电"用户相统一，即谷段由现在的 22：00 至次日 6：00 调整为 21：00 至次日 6：00。

2. 增加市区两级财政补贴。将"煤改电"补贴政策扩大到农村地区，即：农村地区居民在享受低谷电价优惠期间 0.3 元/千瓦时的基础上，再由市、区县两级财政各补贴 0.1 元/千瓦时，补贴用电限额每个取暖季每户不超过 1 万千瓦时。

（二）适度放开农村地区散户享受峰谷电价政策

1. 允许农村部分散户居民享受峰谷电价政策。在郊区村庄电力负荷有富余，暂不需要实施电力提升改造工程的村庄，为满足部分住户"煤改电"的需求，允许这部分村庄的部分住户采用高效节能电取暖方式进行取暖。经申请批准验收合格后，国网北京市电力公司给予安装峰谷电价表，并享受峰谷电价优惠政策。

2. 申报业务流程。农村地区的住户经"户申请、村审核，乡镇（街道）组织，报各区县政府主管部门和电力公司联合审批"的业务申报流程后，电力公司负责村庄电力负荷评估和设计安装，确保供电安全。

（三）关于电网改造工程的投资

农村地区"煤改电"相关电网改造投资，住户户表（含）以上的电网扩容投资，由国网北京市电力公司承担 70%，市政府固定资产投资补贴 30%（关于投资的电压等级范围由市发展改革委会同国网北京市电力公司制定具体政策）；农村地区居民户内线路（即电表至取暖设备）的投资改造费用，由各区县政府制定具体政策；电网扩容建设涉及的前期手续，征占地和拆迁由各区县政府负责组织实施，并将农网升级改造工程纳入政府审批绿色通道。要充分考虑实施"煤改电"后电网线损率的增加，合理核定电力企业碳排放配额。

二、农村地区取暖"煤改气"工程

（一）大力推广市政天然气管网入村工程

农村地区天然气管网中压管线及调压箱（即入村前工程及设备）由有资质的燃气公司承担，入村工程所涉及的燃气调压箱、CNG（压缩天然气）和 LNG（液化天然气）气站的建设用地由区县政府（乡镇、行政村）负责无偿提供使用，燃气供应企业在办理燃气设施、站点相关手续时，各区县政府要协调国土、规划、发改、住建等部门予以支持。

1. 村内管线（调压箱到农户燃气表以前部分），其建设费用由燃气公司承担 70%，市发展改革委给予村内管线固定资产投资 30%的资金补贴。

2. 户内部分（即燃气表以内管线和燃气设备）中的取暖用终端设备，由市财政按照燃气取暖炉具价格的 1/3 进行一次性补贴，每户补贴金额最高不超过 2 200 元；其他管线和设备由区县政府研究补贴方案。

3. 村庄接通天然气后，执行全市统一的供气价格。

（二）试点推进 CNG（压缩天然气）、LNG（液化天然气）工程

1. 投资补贴政策。CNG 和 LNG 的气站投资由有资质的燃气公司承担。村内管线（气站到农户燃气表之前）建设费用，由燃气公司承担 70%，市发展改革委补贴 30%。户内部分（即燃气表以内管线和燃气设备）中的燃气取暖设备，由市财政按照燃气取暖炉具价格的 1/3 进行补贴，每户补贴金额最高不超过 2 200 元；其他管线和设备由居民自己承担。

2. 气价补贴政策。用户购气执行市政管网天然气价格，高出价格部分（目前差价为 2.00 元/立方米），居民可按当年政府优质燃煤替代户均数量

和补贴价格享受财政补贴，补贴资金由各区县政府“减煤换煤，清洁空气”专项资金中解决。具体办法由区县政府研究制定。

3. **占地相关手续及补贴政策。**燃气公司承担燃气调压箱、CNG和LNG气站的建设费用。各区县政府（乡镇、村）负责提供工程涉及到的“场地平整、水、电等配套设施接入”等建设条件及协调用地相关手续，并制定土地租赁补贴政策。

三、相关工作要求

区县政府是“煤改电”“煤改气”组织实施的责任主体，“煤改电”和“煤改气”两项取暖方式是“减煤换煤、清洁空气”行动中“减煤”重要措施，也是替代燃煤取暖的发展方向。推进两项工程的村庄要与农宅抗震节能改造工程规划相衔接。为做好相关工作，提出如下要求：

（一）加紧制定2015年实施方案

加紧研究制定《2015年“煤改电”实施方案》和《2015年“煤改气”实施方案》，尽快组织相关供气、供电企业与区县明确改造范围和具体任务；各区县要加紧研究制定本地区《五年“煤改电”和“煤改气”发展规划》。

（二）因地制宜选择改造方式

各区县政府在“煤改电”“煤改气”两项技术上，要择优选择，避免相互重叠；在改造方式上，要结合实际，因地制宜地选择其中一项适宜的取暖技术；在市政燃气管网条件允许的情况下，村庄要优先考虑选取“煤改气”，鼓励居民采用燃气取暖。“煤改电”和“煤改气”两种方式不得同时选取。

（三）积极推广采用清洁能源采暖新方式

加强对太阳能、热泵等可再生能源和清洁能源采暖技术的推广应用，积极推广使用高效节能产品和设备。对于农村地区按规划建设的项目，由市财政局、市发展改革委按照各自职能给予资金补助，具体补贴标准由市财政局、市发展改革委会同市新农办另行制定。各区县政府根据地区发展实际情况制定相应补贴政策以及工程所需征地、拆迁等手续办理。

（四）区县要加大财政补贴力度

2015年，市政府加大了资金扶持补贴力度，对于需要区县补贴的部分，各区县要制定政策，加大补贴力度，确保各项工程建设和方案的落实。

北京市社会主义新农村建设领导小组综合办公室关于印发《北京市2015年农村地区“减煤换煤、清洁空气”行动实施方案》的通知

（2015年5月27日）

郊区各区县、石景山区人民政府，市减煤换煤领导小组各成员单位：

按照《北京市大气污染防治条例》、《北京市人民政府办公厅关于印发〈北京市2013—2017年清洁空气行动计划重点任务分解2015年工作措施〉的通知》（京政办发〔2015〕7号）精神，现将《北京市2015年农村地区“减煤换煤、清洁空气”行动实施方案》印发给你们，请认真组织实施。

北京市2015年农村地区“减煤换煤、清洁空气”行动实施方案

北京农村地区“减煤换煤、清洁空气”行动实施两年来，有效地减少了空气污染物排放，改善了农村地区用能结构和空气质量。按照《北京市大气污染防治条例》、《北京市人民政府办公厅关于印发〈北京市2013—2017年清洁空气行动计划重点任务分解2015年工作措施〉的通知》（京政办发〔2015〕7号）和《北京市社会主义新农村建设领

导小组综合办公室印发关于完善北京农村地区“煤改电”、“煤改气”相关政策意见的通知》（京新农办发〔2015〕1 号）精神，现制定 2015 年行动实施方案。

一、目标任务

按照“整村推进、区域覆盖、主推型煤”的原则，继续通过城市化改造上楼一批、拆除违建减少一批、炊事气化解决一批、城市管网辐射一批、优质燃煤替代一批（以下简称“五个一批”）方式推进农村地区“减煤换煤”工作。进一步夯实农村地区优质燃煤的供应、配送和监督体系，坚决打击、全面治理劣质民用燃煤，实现全市农村地区住户使用优质燃煤基本覆盖，鼓励各区县开展“无煤村”建设，具体任务为：

1. 在巩固 2013 和 2014 年“减煤换煤”成果的基础上，2015 年取暖季结束后全市农村地区要完成“减煤换煤”120 万吨，全市及各区县都要完成任务总量（430 万吨）的 80%以上，其中：朝阳区 15 万吨、海淀区 7 万吨、丰台区 5.6 万吨、石景山区 1.5 万吨、门头沟区 1.3 万吨、房山区 25 万吨、通州区 9.5 万吨、顺义区 10 万吨、大兴区 11.7 万吨、昌平区 15 万吨、平谷区 5.8 万吨、怀柔区 3.5 万吨、密云县 4.8 万吨、延庆县 4.3 万吨。

2. 着力提升农村电网供电能力，确保完成 5 万户农村“煤改电”工程；大力推动“百村天然气进村入户”工程，力争完成 20 个村庄的市政天然气管网和 CNG（压缩天然气）、LNG（液化天然气）进村及入户取暖工程建设；继续实施农村地区液化石油气送气下乡工程，新发展用户 10 万户，基本完成农村地区炊事气化任务；继续推进农宅抗震节能改造工程，完成 8 万户以上农宅改造。

3. 鼓励六环路以内城乡结合部地区、新城周边地区、重点乡镇规划中心镇区以及最美乡村、美丽乡村、传统村落、历史文化名镇名村、环境优美乡镇、生态村等区域重点推广使用清洁能源，开展“无煤村”建设。

二、相关政策

1. 优质燃煤替代。市财政局继续采取以奖代补的方式，对区县 2015—2016 年取暖季农村地区“减煤换煤”完成总量，按照每吨 200 元的标准实行奖励（其中上一年取暖季实施“换煤”且本取暖季继续实施“换煤”的，仍按此标准给予奖励），奖励资金由各区县统筹使用，专项用于推进农村地区“五个一批”减煤换煤工作；对农村地区居民更换高效节能燃煤炉具的补贴标准延续 2013 年以来的政策。

2. 高效节能“炉具”更换。市财政继续按照炉具售价三分之一最高给予 700 元的标准进行补贴，各区县要加大炉具补贴力度，提高补贴标准，增加农户更换炉具的动力和积极性。到 2015 年 11 月份各区县要力争全面完成本区县农村住户应换炉具的更换工作，确保冬季取暖使用。

3. 农村电网提升和农村住户取暖“煤改电”。各区县新农办、发展改革委要会同区县电力分公司，认真落实农村电网提升行动计划，做好各项电力规划的衔接；要在实施村庄农宅抗震节能改造的基础上推进“煤改电”工程，市财政局对居民购买电取暖设备补贴标准延续 2013 年的政策。

4. 天然气进村入户和农村住户取暖“煤改气”。各区县新农办会同市政市容管理委、燃气公司编制《2015 年“煤改气”实施方案》、《2016—2020 年“煤改气”发展规划》，加快农村燃气管线和压缩气站建设，确保在实施村庄农宅抗震节能改造的基础上推进“煤改气”工程，市财政按照燃气取暖炉具价格的 1/3 进行补贴，每户补贴金额最高不超过 2 200 元。

5. 农村地区新能源、新技术的推广应用。进一步推广纯化沼气、太阳能、光伏电能、空气热源、地热源等新型清洁能源利用；引导居民选择高效节能燃煤炉具和蓄能式电取暖、“太阳能＋辅助加热”等设备；鼓励整村推广空气源热泵、地源热泵、纯化沼气、秸秆气化等清洁能源，市财政局给予一次性奖励，各区县研究制定本区县的财政配套补贴奖励政策。

三、保障措施

1. 加强领导，明确责任。“减煤换煤、清洁空气”行动各成员单位要充分发挥本单位职能作用，明确责任分工，强化协调配合；各区县人民政府是农村地区“减煤换煤、清洁空气”行动的责任主体，要建立有效的工作机制，明确各项工作的部门分工和职责，制定市、区两级奖励资金的使用管理办法，可通过签订责任书的方式明确各乡镇（街道）、村的具体任务；各乡镇（街道）是农村地区“减煤换煤、清洁空气”行动的实施主体，要做到广泛宣传、精心组织、创新工作、落实责任，切实组织好本辖区内各村（社区）减煤换煤各项工作的落实；各村（社区）要充分发挥基层党组织战斗堡垒作用，做好本区域居民、外来人口、工商企业用煤监督工作，引导鼓励使用政府招标采购供应的优质燃煤。

2. 提早部署，抓紧落实。各区县政府要制定本区县“减煤换煤，清洁空气”行动实施方案（包括目标任务、配套补贴政策、操作办法、组织实施和优质燃煤供应、配送、质量体系建设等），明确各级财政资金的使用办法，建立农村住户取暖用能方式“村级台账”，按时完成“煤改电”“煤改气”工程的“确村确户”及相关工程建设的前期准备工作。

3. 完善制度，确保实效。市相关部门要明确优质燃煤、燃煤炉具、电取暖设备的质量标准和控制措施，要监督指导各区县，建立完善可靠供应体系，构建顺畅的配送体系，强化全面的监督体系；建立“农户申报、村镇核查、财政监管、审计跟踪、安全监理”监管制度，实现“源头监管、过程监控、末端监测”；要按照“区域联防、部门联动、重拳出击、统一行动”的要求，全面开展农村地区劣质煤治理的专项行动，遏制和打击非法生产、运输、销售、使用劣质煤的行为，拒绝劣质燃煤；要建立政府督查、效能监察、社会评价等绩效考核体系，确保“减煤换煤”工作落到实处。

附件1　北京市2015年农村地区“减煤换煤、清洁空气”行动责任分工

附件2　2015年各区县农村地区减煤换煤任务表

附件3　2015年各区县农宅抗震节能改造任务表

附件4　2015年农村地区煤改电确村确户任务表

附件5　2015年第一批农村地区“煤改气”工程任务表

附件1

北京市2015年农村地区“减煤换煤、清洁空气”行动责任分工

市新农办：负责制定实施方案及方案实施中的综合协调工作，负责组织各成员单位对区县工作进行督促检查和考核，负责组织市相关部门共同研究确定每年减少劣质燃煤使用以奖代补奖励标准。

市发展改革委：负责煤改电、液化石油气、太阳能热利用、大中型沼气建设等固定资产投资的落实及工程建设的考核监督。负责制定农村峰谷电价政策；协调煤炭企业完成优质燃煤供应。

首都综治办：负责动员组织各区县联合开展农村地区劣质民用燃煤治理工作，依法严厉打击劣质燃煤的非法运输、销售和使用。

市财政局：负责制定农村地区减少劣质煤使用以奖代补政策、烟煤炉具更换为无烟煤炉具补贴政策、安装取暖高效节能电取暖设备费和燃气炉具补贴政策和液化石油气补贴政策，并监督补贴资金的使用。

市规划委：负责农村地区“减煤换煤、清洁空气”行动实施镇村规划调整及项目实施规划许可工作。

市住房和城乡建设委：负责农村地区“减煤换煤、清洁空气”行动建设项目的技术指导。

市市政市容委：负责协调燃气供应企业，完成镇村管道天然气、压缩天然气、液化石油气供应工作；

市交通委、市公安局公安交通管理局：协助相关部门研究制定限制劣质燃煤进京措施。

市质监局：负责燃煤质量标准、燃煤炉具的技术质量标准的制定和质量监督工作。

市环保局：负责农村燃煤燃烧排放监控，劣质燃煤减少使用后的环境效益监测、分析和效果评估。会同市质监局研究制定进京燃煤质量标准，会同市交通委、市公安局公安交通管理局研究制定限制劣质燃煤进京措施。

市民政局：负责研究制定农村地区“减煤换煤、清洁空气”行动中特殊困难群体用煤及炉具更换费用救助办法。

市农业局：负责指导本市农村可再生能源开发利用工作，研究制定并指导实施促进农村能源开发利用的政策、措施、技术标准和规范。

附件 2

2015 年各区县农村地区减煤换煤任务表

单位：万吨

区县	总任务	2013 年已完成量	2014 年已完成量	2015 年任务	
				减煤换煤总量	换煤量
全市	430.7	96.6	163.0	120.0	63.9
朝阳区	66.6	8.7	13.6	15.0	7.5
海淀区	31.7	10.9	16.9	7.0	7.0
丰台区	20.9	5.2	8.8	5.6	3.3
石景山区	0.0	0.5	0.8	1.5	0.6
大兴区	38.1	4.6	11.7	11.7	2.6
顺义区	31.2	6.5	14.4	10.0	5.0
通州区	48.8	7.1	23.3	9.5	9.0
房山区	46.8	21.6	24.1	25.0	7.0
昌平区	45.5	9.4	15.6	15.0	10.0
门头沟区	13.3	5.2	1.8	1.3	1.0
平谷区	21.6	4.5	10.9	5.8	4.0
怀柔区	22.4	6.9	8.2	3.5	2.5
密云县	22.8	2.5	5.7	4.8	2.0
延庆县	21.0	3.1	7.1	4.3	2.4

附件 3

2015 年各区县农宅抗震节能改造任务表

单位：户

区县	新建翻建	综合改造	单项改造	合计
门头沟区	1 992	0	0	1 992
房山区	4 250	800	23 750	28 800
通州区	628	0	1 757	2 385
顺义区	1 013	4 473	11 727	17 213
大兴区	0	0	24 958	24 958
昌平区	343	0	1 946	2 289
平谷区	2 455	4 262	913	7 630
怀柔区	1 668	0	9 837	11 505
密云县	1 316	0	17 390	18 706
延庆县	4 060	0	2 768	6 828
合计	17 725	9 535	95 046	122 306

附件4

2015年农村地区煤改电确村确户任务表

序号	区县	乡镇个数	村庄个数	户　数
	合计	76	167	51 747户
1	朝阳区	小红门乡	1	肖村2 095户（肖村和四道口村1 330户，红寺村765户）
2		东风乡	1	六里屯村240户
3		高碑店乡	1	白家楼村122户
5	海淀区	苏家坨镇	3	梁家园村302户，台头村301户，北安河管家岭村136户
6		上庄镇	1	西闸村175户
7	丰台区	长辛店镇	1	东河沿村589户（芦井116户，下营81户，北庙255户，梨园137户）
8		花乡	1	樊家村18户（辛庄村9户，北大园4户，周转房5户）
9	石景山区	麻峪、模式口	3	麻峪北社区716户，麻峪社区700户，模式口社区1 556户
10	大兴区	采育	4	潘铁营村206户，杨堤村122户，宁家湾村55户，哱啰庄225户
11		长子营	17	赤鲁181户，和顺场40户，郑二营105户，西北台225户，孙庄182户，公和庄81户，南蒲州127户，罗庄一155户，罗庄二164户，罗庄三144户，再城营一142户，再城营二149户，潞城营一村126户，潞城营二村119户，潞城营三村122户，潞城营四村81户，永和庄159户
12		黄村	5	李村287户，霍村242户，高家铺202户，郭上坡76户，立垡420户
13		庞各庄	12	梨花339户，东梨花197户，钥匙头198户，西梨园194户，李家巷280户，韩家铺118户，西黑垡333户，东高各庄210户，鲍家铺60户，北章客220户，留民庄250户，张公垡250户
14		榆垡	2	孙各庄159户小黄垡273户
15		礼贤	2	田家营278户，东段225户
16		青云店	6	北辛屯388户，东大屯189户，二村三239户，一村265户，泥营156户，二村一367户
17		魏善庄	6	北田各庄303户，半壁店240户，魏庄350户，东沙窝120户，西沙窝410户，南田各庄288户
18		安定	4	徐柏235户，前安定250户，西白塔465户，马各庄242户
19	顺义区	大孙各庄镇	2	后岭上267户，吴雄寺461户
20		仁和镇	1	窑坡村200户
21		李桥镇	2	吴庄村331户，西树行村161户
22		北小营镇	1	前鲁村698户
23		北务镇	3	林上村238户，道口村283户，马庄村163户
24		牛山镇	1	范各庄村87户
25		赵全营镇	2	东绛营村114户，北郎中村640户
26		张镇	3	港西村101，行宫村96户，驻马庄村389户
27		杨镇	1	曾庄406户
28		李遂镇	1	赵庄村90户
29		马坡镇	2	石家营村74户，庙卷村223户
30		高丽营镇	4	南王路村192户，北王路村206户，南郎中村542户，后渠河村170户
31		木林镇	1	陈各庄村369户

（续）

序号	区县	乡镇个数	村庄个数	户　　数
32	通州区	张家湾镇	3	前南关 87 户，后街 289 户，西永屯 310 户
33		台湖镇	3	唐大庄 191 户，北姚园 81 户，东下营 189 户
34		西集镇	3	车屯 79 户，陈桁 115 户，何各庄 104 户
35		宋庄镇	2	王辛庄 101 户，港北 220 户
36		潞城镇	1	前疃 119 户
37		于家务乡	1	前伏 220 户
38	房山区	韩村河镇	1	西营村 335 户
39		窦店镇	1	西安庄村 216 户
40		长沟镇	4	北甘池村 236 户，双磨村 583 户，北良村 417 户，北正村 813 户
41		青龙湖镇	2	北刘庄村 339 户，焦各庄村 525 户
42		周口店镇	1	龙宝峪村
43		石楼镇	3	梨园店村 631 户，下营村 252 户，南河村 635 户
44		十渡镇	1	西太平村 109 户
45		琉璃河镇	1	福兴村 179 户
46	昌平区	南邵镇	1	营坊村 383 户
47		兴寿镇	4	桃峪口村 543 户，香屯村 737 户，秦家屯村 311 户，麦庄村 467 户
48	门头沟区	妙峰山镇	3	桃源村 62 户，下苇甸 806 户，南庄村 151 户
49	平谷区	镇罗营镇	1	东四道岭 76 户
50		马昌营镇	1	毛官营 278 户
51		平谷镇	5	西寺渠 507 户，和平街 456 户，田园队 510 户，胜利街 718 户，平安街 440 户
52		刘家店镇	1	前吉山 164 户
53		王辛庄镇	2	太平庄 338 户，齐各庄 343 户
54		南独乐河镇	1	望马台 453 户
55		夏各庄镇	1	安固 1 505 户
56		大兴庄镇	1	北城子 644 户
57		王辛庄镇	1	大辛寨 274 户
58	密云县	西翁庄	2	黑山寺 60 户，石马峪村 104 户
59		穆家峪	1	辛安庄 304 户
60		北庄	1	干峪沟村 40 户
61		冯家峪	1	西口外村 59 户
62		石城	3	黄峪口村 117 户，西湾子村 261 户，张家坟村 177 户（含 2016 年计划改造的 74 户）
63		新城子	1	塔沟村 93 户
64		西田各庄	1	牛盆峪村 107 户
65		巨各庄	1	塘子村 312 户
66	怀柔区	杨宋镇	4	北年丰村 33 户，解村 24 户，南年丰村 23 户，四季屯村 23 户
67		渤海镇	1	田仙峪村 23 户
68		汤河口镇	1	庄户沟门 151 户
69		喇叭沟门满族乡	1	对角沟门 24 户
70	延庆县	大庄科乡	1	铁炉村 170 户
71		旧县镇	2	小白河堡 186 户，旧县村 979 户
72		延庆镇	1	老仁庄 188 户
73		康庄镇	2	小丰营 925 户，榆林堡 815 户

附件 5

2015 年第一批农村地区“煤改气”工程任务表

序号	区县名称	乡镇名称	村名	户数	改造方式
1	朝阳区	崔各庄乡	马泉营	600	管道
2			何各庄	287	管道
3			草场地	20	管道
4		高碑店乡	西店	600	管道
5			半壁店村	593	管道
6		十八里店乡	老君堂村	399	管道
7	昌平区	马池口镇	乃干屯村	249	管道
8			丈头村	342	管道
9		南口镇	新元村	110	LNG
10			曹庄村	98	LNG
11	大兴区	采育镇	西庄村	127	管道
12			东庄村	205	管道
13			北辛店村	292	管道
14			南辛店一村	175	管道
15			南辛店二村	168	管道
16			大黑垡村	470	管道
17		北臧村镇	赵家场村	204	管道
18			西王庄村	203	管道
19			诸葛营村	382	管道
20	通州区	台湖镇	外郎营	298	管道
21		潞城镇	大营	385	管道
22	房山区	周口店镇	云峰寺村	300	管道
合计		10 个	22 个	6 507 户	20 个管道、2 个 LNG

北京市社会主义新农村建设领导小组关于印发《北京市国家现代农业示范区建设实施方案（2015—2020 年）》的通知

（2015 年 8 月 5 日）

各区县人民政府，市各相关单位：

2015 年初，农业部批准北京市等 157 个直辖市、地（市、州）、县（区、旗、场）为第三批国家现代农业示范区创建单位。为加快整市创建国家现代农业示范区步伐，推进都市型现代农业快速发展，特制定《北京市国家现代农业示范区建设实施方案（2015—2020 年）》。现印发给你们，请结合实际，认真贯彻落实。

北京市国家现代农业示范区建设实施方案（2015—2020 年）

创建国家现代农业示范区是党中央、国务院推进中国特色农业现代化建设的重大举措，对实现现代农业发展在点上突围，进而带动面上整体推进具有重要意义。按照农业部关于申报创建国家现代农业示范区的总体部署和要求，经市政府同意，北京市于 2014 年底向农业部申报创建国家现代农业示范区。2015 年初，农业部批准北京市等 157 个直辖市、地（市、州）、县（区、旗、场）为第三批国家现代农业示范区创建单位。为加快整市创建国家现代农业示范区步伐，推进都市型现代农业快速发展，特制定如下实施方案。

一、指导思想

深入贯彻落实党的十八大、十八届三中、四中全会和习近平总书记系列重要讲话，特别是对北京工作的重要指示精神，坚持农业的基础地位，紧紧围绕北京都市型现代农业生产、生活、生态、示范四大功能，以节水富民、提质增效为目标，正确处理好政府与市场、城市与农村、结构调整与农民增收的关系，创新体制机制，加快推进农业节水，调整农业结构，转变农业发展方式，着力构建与首都功能定位相一致、与二、三产业发展相融合、与京津冀协同发展相衔接的农业产业结构，为建设国际一流的和谐宜居之都提供有力支撑和坚实保障。

二、基本原则

（一）坚持量水发展

按照以水定城、以水定地、以水定人、以水定产的方针，大力推进农业种植、养殖结构调整，压减高耗水的农作物生产，调减达不到健康养殖标准的畜禽养殖，全面推广高标准节水技术，严格依法治水，实行取水许可制度，提高用水效率。

（二）坚持生态优先

在农业发展中，更加重视农业的生态功能，大力发展休闲观光农业；更加重视农业减排循环技术应用，大力发展生态友好型现代农业；更加重视造林绿化，逐步形成山水林田湖自然景观和城乡环境相互融合、相得益彰的生态格局。

（三）坚持提质增效

围绕首都城市功能定位，按照构建“高精尖”经济结构的要求，加快转变农业发展方式，不断提高土地产出率、劳动生产率、资源利用率。

（四）坚持农民增收

充分考虑产业调整对农民收入的影响，坚持分业施策、综合施策，统筹研究制定转移就业、替代产业、扶持创业等多方面政策举措，确保农民就业增收。

三、目标任务

（一）总体目标

按照京津冀协同、农林水结合、城乡互动、种养业协调的思路，经过 5 年的建设，以土地产出率、劳动生产率、资源利用率达到国内领先为主要标准，农业的多功能广泛拓展，农业发展方式有效转变，农村三次产业实现深度融合。通过发展籽种产业、休闲观光农业、生态健康种养业、农业高新技术产业和沟域经济，形成业态丰富、功能多样、环境友好、特色鲜明的都市型现代农业产业体系。探索一条具有首都特色，集高科技、高辐射、高效益、集约节约、生态环保于一体的都市型现代农业发展道路，推动北京市农业与农村经济全面发展。到 2015 年，使北京市在全国率先基本实现农业现代化；到 2020 年，北京市在全国率先全面实现农业现代化（见表 1）。

（二）主要目标

1. 全面提升农业节水水平。农业用清水从 2013 年的 7 亿立方米左右至 2020 年下降到 5 亿立方米左右，农田灌溉水有效利用系数进一步提高，达到国际先进水平。

2. 全面提升“菜篮子”保障水平。按照规模化发展、园区化建设、标准化生产的要求，稳定“菜篮子”自给率；深化区域合作，建立紧密型的“菜篮子”生产外埠基地，提高“菜篮子”产品控制率；强化质量安全，提高“菜篮子”产品合格率。加强农产品市场体系建设，切实提高首都鲜活农产品日常供应能力、应急保障能力、市场竞争能力。

3. 全面提升现代种业发展水平。重点围绕农作物、畜禽、水产、林果四大种业，发挥首都科技和人才优势，打造全国种业创新中心、交流交易中心和企业聚集中心，加快提升“种业之都”建设，发挥引领辐射作用。

4. **全面提升生态建设水平。** 推动循环农业发展，积极开展农业面源污染和畜禽养殖污染防治，逐步降低化肥、农药使用量，不断提高农业减源增汇水平。因地制宜，大力发展休闲观光农业，为市民提供更多的休闲游憩场所。创新林业工程建设和管护机制，积极发展生态林、经济林、苗圃花卉与林下经济。平原地区森林覆盖率由目前的24.5%提高到2020年的30%。

（三）具体指标

以北京市的区域优势、产业发展优势、基础设施优势、科技创新优势、农业生产效率优势、农村改革优势、农村金融优势和农村经济基础优势为依托，以现代科技改造农业，以现代物质装备农业，以现代管理组织农业，实现土地产出率、劳动生产率、资源利用率全面提高，农业经营管理水平实现特色高端高效，农业生态服务水平达到国内一流，农业科技水平与社会化服务能力显著增强，农业基础装备实现国内领先。

1. **农业生产效率明显提高。** 土地产出率2015年达到1 142.0元/亩，2020年达到1 617.8元/亩；劳动生产率2015年达到3.5万元/人，2020年达到6万元/人；水资源利用率2015年达到23.03元/立方米，2020年达到50.65元/立方米。

2. **农业经营管理水平实现特色高端高效。** 农民组织化程度和规模化经营水平显著提高，其中农户参加农民合作社比重2015年达到32%，2020年达到75%；提高规模化经营水平，土地适度规模经营比重2015年达到43%，2020年达到70%；畜禽规模化养殖比重2015年达到80%，2020年达到85%；农产品加工业产值与农业总产值之比2015年达到2.7∶1，2020年达到3.5∶1；农民人均可支配收入2015年达到20 000元，2020年达到30 000元。

3. **农业生态服务水平达到国内一流。** 积极开展农业面源污染和畜禽养殖污染防治，逐步降低化肥、农药使用量，推动循环农业的发展。发展生态林、经济林、苗圃花卉与林下经济。平原地区森林覆盖率由2014年的24.5%，提高到2015年的25%，2020年的30%；化肥利用率到2020年提高到40%；产品可认证主体“三品一标”覆盖率2015年达到40%以上，2020年提高到60%以上；农作物秸秆综合利用率2015年达到100%，2020年达到100%。

4. **农业科技水平与社会化服务能力显著增强。** 以北京国家现代农业科技城建设为契机，显著提升农业科技创新能力、新型产业培育能力和社会化服务能力。科技贡献率2015年达到71%，2020年达到75%；建立完善的农业信息化服务体系，村镇农业社会化服务程度达到全面覆盖，具备农业综合信息服务能力的乡镇比重和“12316”等农业信息服务热线覆盖率持续保持在100%；持专业证书的农业劳动力占比2015年达到51%，2020年达到60%；大专学历以上农业技术推广服务人员占比2015年达到80%，2020年达到95%；农林牧渔服务业增加值占农林牧渔业增加值的比重2015年达到4%，2020年达到6%；大力促进现代种业的快速发展，全市种业年销售额2015年达到115亿元，2020年达到150亿元。

5. **农业基础装备国内领先。** 粮食作物生产全程机械化，农业物质装备水平实现现代化。其中，高标准农田面积比重2015年达到60%，2020年达到75%；耕种收综合机械化水平2015年达到87%，2020年达到90%。

6. **全面提升农业节水水平。** 农业灌溉有效利用系数进一步提高，达到国际先进水平。全市农业年用清水总量以2013年的7亿立方米为基数，2015年控制在6.8亿立方米以内，2020年控制在5亿立方米左右；全市农田灌溉水利用系数2015年达到0.71，2020年达到0.75。

表1 北京市都市型现代农业发展重要指标表

序号	指标名称	2015年	2020年
1	土地产出率（元/亩）	1 142.0	1 617.8
2	劳动生产率（万元/人）	3.5	6.0
3	水资源利用率（元/立方米）	23.03	50.65
4	农民人均可支配收入（万元）	2.0	3.0
5	高标准农田面积比重（%）	60	75
6	农作物耕种收综合机械化水平（%）	87	90
7	土地适度规模经营比重（%）	43	70
8	农产品加工业产值与农业总产值比值（%）	2.7	3.5
9	农户参加农民合作社比重（%）	32	75
10	农林水事务支出占农林牧渔业增加值的比重（%）	20	25

7. 大幅度提高财政支农水平。加大现代农业建设的财政支持力度，为促进农民增收、加快现代农业发展发挥重要作用。农林水事务支出占农林牧渔业增加值的比重 2015 年达到 20%，2020 年达到 25%。

（四）农业结构调整目标

调结构，转方式，发展高效节水农业是促进生态文明、建设国际一流和谐宜居之都的内在要求，是发展都市型现代农业、提升农业核心竞争力的重大举措。为促进北京市都市型现代农业发展，按照“调粮、保菜、做精畜牧水产业”要求，积极推进农业种植结构调整，优化农业空间布局，促进农业提质增效。

1. 粮食种植面积由 2013 年的 171 万亩，调整至 2020 年的 80 万亩。退出高耗水作物，重点发展籽种田 30 万亩，旱作农业田 30 万亩，生态景观田 20 万亩。主要分布在 9 个区县的 61 个乡镇。

2. 蔬菜种植面积由 2013 年的 59 万亩，调整至 2020 年的 70 万亩。主要分布在 13 个区县的 154 个乡镇。

3. 果园种植面积 2020 年维持在 100 万亩左右，其中升级改造 50 万亩低效果园。主要分布在 13 个区县。

4. 畜牧水产业控制新增规模，疏解现有总量，提高养殖水平。到 2020 年，生猪年出栏量稳定在 200 万头左右；肉禽年出栏量稳定在 6 000 万只左右；奶牛存栏量稳定在 14 万头左右；蛋鸡存栏量稳定在 1 700 万只左右；水产养殖面积稳定在 5 万亩左右。

四、重点工作任务

坚持都市型现代农业的发展方向，按照三高并举（高端、高效、高辐射）、三产融合（一、二、三产业）、三生共赢（生产、生活、生态）、四化同步（城镇化、工业化、信息化与农业现代化）的理念，着力构建“现代农业产业体系、社会化服务体系、生态农业体系、现代生产经营体系、科技支撑体系”五大“纵向体系”和“区（县）现代农业示范区、乡（镇）现代农业示范区（示范乡镇）、村级现代农业示范基地（特色产业村）、家庭农场和专业大户”四大“横向体系”，按照北京市农业产业结构调整的基本要求，推动“一核、四大功能区、十个示范区县、百个示范乡镇、十五大示范生产基地、十一大示范园区”总体布局，重点完成“九项工程”，全面推进国家现代农业示范区建设。

（一）五大纵向体系建设

1. 现代农业产业体系。努力转变农业发展方式，突出抓好产业创新，提升现代农业的核心竞争能力、城乡服务能力、生态涵养能力，打造管理服务精细、产业产品高端、田园乡村秀美、城市农村共融的都市现代农业“升级版”。具体抓好五大现代农业产业建设：

（1）籽种产业。按照“一个核心、两大区域、三类基地、四级网络”的空间布局，加快种业发展方式转变，重点围绕农作物、畜禽、水产和林果花卉四大种业，发展籽种田 30 万亩。发挥首都科技和人才优势，强化种业公益性基础性研究，构建以产业为主导、以企业为主体、产学研相结合、育繁推一体化的现代种业体系。加快国家现代种业创新示范区建设，推动农作物品种权交易中心建设，加强种业国际合作交流，打造全国种业创新中心、交流交易中心和企业聚集中心，加快提升“种业之都”建设。

（2）休闲观光农业。促进休闲观光和乡村旅游提档升级。以实现京郊旅游“资源多样化、服务便利化、管理精细化、市场多元化”为战略目标，通过培育休闲观光农业旅游综合体，加快发展休闲农业；大力发展乡村旅游，积极拓展新型业态；加快建设公共服务设施，提升休闲观光农业服务水平。构建包括城市中心区、近郊区、平原区、远郊山区的休闲观光农业体系。城市中心区，以发展公园农业、阳台农业、校园农业为主，向北京市民大力推广“会行走农业”。近郊区，包括及远郊区县六环以内地区，以观赏旅游、农事体验为主，重点发展农业公园、花卉观赏园、垂钓园及市民租赁农园等观光体验型农业。平原区以休闲、农作体验、教育为主，重点发展观光采摘园、瓜菜采摘园、教育农园、租赁农园、垂钓乐园、高科技园等体验、休闲型农业。远郊山区，包括平谷、密云、怀柔、延庆、昌平西北部、门头沟九龙山以西部分、房山山地部分，以观光旅游、休闲疗养、民俗文化体验为主，重点发展风景旅游、森林旅游、民俗旅游、果品采摘等生态、文化旅游、美丽乡村游型农业。

大力发展会展农业。依托首都独特区位优势，整合城乡优势资源，按照办好一个展会、拉动一个产业、富裕一方农民的宗旨，积极筹备世界月季洲际大会、世界园艺博览会等世界性农业盛会。继续举办农业嘉年华等各类农业节庆活动，提高北京农业在国内外的影响力。

(3)“菜篮子”产业。按照提升“自给率、控制率、合格率和应急保障能力”的目标要求，建设高标准菜田，改造老旧设施，推进外埠生产基地建设。加快发展特色、优质、安全、高效“菜篮子”产品。蔬菜占地由2013年的59万亩增加到70万亩，果树面积稳定在100万亩左右。按照“三区四带”的空间布局发展，引导畜牧业合理布局，促进优势产业向优势区域积聚。控制畜牧水产业新增规模，疏解现有总量，大力推动畜牧业规模化、标准化发展。推广工厂化、温室循环、标准化的节水池塘养殖和生态养殖。加强农产品市场体系建设，切实提高首都鲜活农产品日常供应能力、应急保障能力、市场竞争能力。加大对外埠紧密型生产基地支持力度，形成稳定可靠的产品货源，切实满足北京市场需求。

(4) 农业高新技术产业。按照首都高精尖产业发展总体规划布局，大力推进融合产业发展，加快产业创新步伐。重点发展“互联网+”农业，创意文化+农业等新型产业，打造北京特色第六产业①。

集成北京农业高端装备产业研发、智力优势，以企业为主体，深入推进科技、信息、资本等要素与农业产业链各环节的深度融合，强化以农用机器人、检验检测、智能嫁接、智能移栽、智能温室、物联网应用等为代表的农业智能装备产业链创新，打造北京农业高端装备产业品牌。重点发展生物育种、农用生物制品、生物制药、生物饲料、生物肥料、有机废弃物资源利用等产业。重点支持多功能生物肥料、农药降解生物肥料、超级固氮菌生物肥料和基因工程菌及其生物肥料的研究、开发与生产。扶持生物企业进入“国家生物产业基地”行列。

重点打造一批年销售收入超过100亿元的领军龙头企业，提高龙头企业整体带动水平；扶持一批具有上市潜力的龙头企业走向资本市场，扩大市场影响力；发展一批农业产业化示范基地，增强集聚效应；培育一批高端、优质、安全的农产品品牌，提升品牌知名度；带动一批从事农村生产、加工、服务产业的农户，促进农民增收。

(5) 沟域经济。坚持山区生态涵养发展区的功能定位，以建设生态环境友好、产业特色突出、基础设施完备、农民安居乐业的沟域为目标，积极打造有地域特色、文化传承的沟域经济，重点发展文化创意、创意农业、旅游度假、休闲养生等高端产业，促进沟域经济集群发展、品牌发展、融合发展。扶持发展林果业、林下经济，打造一批标准化农业生产基地，使山区成为安全有机农产品的重要供应地。

2. 农业社会化服务体系。围绕都市型现代农业主导产业，进一步发展形成市、区县、乡镇、村纵向到底，产前、产中、产后服务横向到边的便捷高效服务网络，公共服务需求得到普遍满足，社会化服务快速发展，有力促进农业提质增效和农民持续增收。

(1) 农业技术推广服务体系。整合中央在京有关科技机构和本市农业科研院所、大专院校优势资源，积极参与现代农业技术示范与推广服务。建立健全农村综合服务站点，完善乡镇或区域性农业服务中心，形成支撑优势主导产业的市、区县、乡镇、村四级农技推广全覆盖服务网络。深入实施农民田间学校建设工程，培养农村各类乡土专家、种养大户，辐射带动农民采用新品种、新技术。

(2) 动植物疫病防控服务体系。建立健全动物防疫体系。建立动物疫病预防控制、动物及动物产品检疫、重大动物疫情应急处置等方面公共服务与执业兽医、动物诊疗、兽药饲料行业等社会化服务相结合的多元化服务队伍，为养殖从业人员提供覆盖产前、产中、产后的全过程指导和服务。每个区县农业重大有害生物暴发面积不超过5 000亩；农业植物检疫性有害生物不在2个区县以上同时发生；外来入侵生物疫情不造成100亩以上连片农作物减产、绝收。

(3) 农产品质量安全服务体系。建立健全农产品质量安全检验检测体系，提升首都农产品质量安

① 20世纪90年代，日本东京大学名誉教授、农业专家今村奈良臣，针对日本农业面临的发展窘境，首先提出了“第六产业”的概念。就是通过鼓励农户搞多种经营，即不仅种植农作物（第一产业），而且从事农产品加工（第二产业）与销售农产品及其加工产品（第三产业），以获得更多的增值价值，为农业和农村的可持续发展开辟光明前景。因为按行业分类，农林水产业属于第一产业，加工制造业则是第二产业，销售、服务等为第三产业。“1+2+3”等于6，“1×2×3”也等于6。这就是“第六产业”的内涵。

全水平。建立农产品质量安全的综合示范体系，强化农产品安全生产、加工、运输、贮藏关键环节的技术攻关和推广。

（4）农业信息化服务体系。以完善、推广“221信息平台”为统领，推进农业现代化与信息化深度融合，提升都市型现代农业智能化水平；推进农业物联网示范应用，加强信息进村入户工作，提升城乡信息服务均等化水平；强化电子政务建设，提升农业农村管理和服务水平；探索农产品电子商务，提升经营网络化水平，缩小城乡数字鸿沟。

（5）农村金融服务体系。建立政策性金融、合作性金融、商业性金融相结合，资本充足、功能健全、服务完善、运行安全的农村金融体系；进一步完善“十农”金融服务体系，积极推动农村金融综合改革试验区建设，建立现代农村金融制度。

3. **生态保护体系**。按照建设国际一流和谐宜居之都的要求，大力加强农业生态环境建设，全面推进农业节水，不断提高农业减源增汇水平。

（1）推进节水生态循环农业发展。全面推进设施节水、农艺节水、机制节水、科技节水、治污节水。粮田、菜田、果园推广水肥一体化，采取适宜的灌溉技术，实现农业高效节水灌溉全覆盖；调减高耗水粮食生产面积，逐步有序退出生产性小麦种植，重点推广“生态作物＋雨养旱作作物”“景观作物＋雨养旱作作物”“多年生越冬生态作物”和“休耕”试点4种农田种植模式。地下水严重超采区不再新建规模养殖场（籽种、科研除外），逐步疏导畜禽养殖量。大力发展低碳农业和循环农业，确保农业资源安全、能源安全与生态安全。积极开展农业面源污染和畜禽养殖污染防治，实施清洁、循环生产，不断提高农业减源增汇水平。

（2）实行最严格的生态资源保护制度。划定耕地、森林、林地、绿地、河湖水系、湿地、物种等生态保护红线，饮用水源保护区以及南水北调工程管理和保护范围。创新“量水发展”的管水用水机制，全面实行水影响评价制度。健全生态保护激励约束机制，建立健全耕地保护责任落实和补偿制度，实施区域管理和流域管理相结合的区县跨界断面水质生态补偿，完善生活垃圾异地处理环境补偿机制，完善山区和水源涵养区生态补偿机制。以改善大气环境、水环境和土壤环境质量为重点，健全环境污染联防联控机制。

（3）严格农业投入品管理。在农作物种植的过程中，控制和减少农药及化肥的使用量，减少由此造成的水质污染物；加强对生物农药、生物防治等新型农业投入品和农业生产技术的研究，逐步降低化肥、农药使用量，支持新型有机肥和高效低残留农药使用，支持开展病虫害绿色防控。

（4）深化京津冀生态建设合作。协同推进京津风沙源治理、张承水源保护林建设、张家口坝上地区退化林分改造等区域性重大生态工程。以自然保护区和森林公园为载体，共同构建环首都国家公园体系。进一步推进完善京津冀森林防火、农业林业有害生物防治、动植物疫病防控等区域联防联控体系。开展湿地保护与恢复工程，共同建设京津保森林湿地群。

（5）开展生态服务价值的测算与考核。完善农业生态服务价值评价监测体系，科学确定评估内容，进一步完善评估方法，细化时间维度、空间层面评估。探索推进农业生态服务价值逐步显性化，促进生态建设与农民增收和谐共赢，为全国农业生态服务价值评估积累经验、探索路径。

（6）推动林权资产化。完善集体林权确权方式，探索林地确权与生态保护相互促进的新机制。完善林权流转、金融支持等政策机制，鼓励林地使用权向新型农村集体经济组织等流转，积极探索林权抵押方式，大力发展碳汇交易市场。

4. **现代农业生产经营体系**。以农民合作社、专业大户、家庭农场、社会化服务组织、龙头企业为重点，培育新型农业生产经营主体，着力构建集约化、专业化、组织化、社会化相结合的新型农业生产经营体系。

（1）鼓励发展专业合作、股份合作等多种形式的农民合作社。加大对农民专业合作社的政策、资金扶持，支持财政项目资金直接投向符合条件的合作社，支持财政补助形成的资产转交合作社持有和管护。鼓励高校、科研院所、企业、社会组织等为农民合作社提供各类社会化服务。

（2）积极培育家庭农场和专业大户。按照自愿原则开展家庭农场登记。加强对专业大户和家庭农场主的培训，增强综合素质，提高成本核算、效益分析的本领和企业化经营能力，使之成为现代职业农民。

（3）加大农业龙头企业培育力度。鼓励发展混合所有制农业产业化龙头企业，推动集群发展。鼓励龙头企业采取出资领办合作社、建立产销联合体等方式，与农户建立紧密型利益联结机制。鼓励社会资本投资适合企业化经营的现代种养业。

（4）建立健全现代农产品营销体系。大力扶持农产品物流、连锁经营、直销配送、电子商务等现代流通方式发展，加快实现农产品交易方式的多元化和现代化。采取政府购买服务方式，建设农产品营销公共服务平台，有效解决大宗农产品滞销问题。

5. 现代农业科技支撑体系。发挥首都科技、人才与资源优势，强化科技对现代农业的支撑作用，加快提升都市型现代农业发展水平。

（1）强化科技引领支撑作用。加快农业高技术自主创新，发展高端、高效、安全农业，加大农业生物技术、信息技术和环境友好技术等高新技术领域的研发力度，带动现代种业、农加工等产业发展。发挥首都科技资源优势，开展协同创新，打造全国农业科技创新源和辐射源。加强农业、林业、节水等重大关键技术研究与成果转化，提高农业科技的引领、示范、带动作用。

（2）推进农业科研体系创新。完善农业技术推广服务体系，加快建设以公益性农业技术推广机构为主导，农业科研教学单位、社会化服务组织等广泛参与的“一主多元”的农业技术推广体系，健全市、区县、乡镇三级公益性农业技术推广机构，实施“村级全科农技员队伍建设工程”，建立村级全科农业技术员公益性岗位制度。推进现代农业产业技术体系，实施现代农业产业技术体系北京市创新团队项目，将科技资源优势凝聚成产业发展优势。

（3）加强农业科技人才培养。推进新型职业农民培育，实行教育培训、认定管理和政策扶持“三位一体”。强化生产经营型、专业技能型和社会服务型新型职业农民“三类协同”培训，对符合条件者颁发新型职业农民证书，并配套创设相关政策予以扶持。广泛开展农村实用人才培养、农民田间学校、乡土专家培养、农民创业培训等各类培训，每年组织农民参加各类科技培训50万人次以上。着力培养农业科技人才，实施“千名农业科技人才培养工程”，分行业、分领域、分批次开展各级农业技术推广人员知识更新培训和学历教育，每年培训各级农业技术推广人员1 000人次以上。完善农业技术推广专业技术人员职称评审体系，实行推广型教授、推广型研究员制度。力争到2020年，重点培养100名现代农业科技领军人才，新增一批农业技术推广高级人才。

（4）深化农业国际交流合作。加强农业国际交流合作，引进消化吸收优良种质、先进技术、现代装备和发展理念，丰富首都农业科技资源。重点推进都市型现代农业海外人才创业园建设，积极吸引海外高端农业人才和团队来京创新创业。通过技术输出、人才培养、智力交流等方式，大力实施农业科技“引进来，走出去”战略。

（二）四大横向体系建设

1. 区（县）现代农业示范区。北京市10个远郊区县要积极创建现代农业示范区，建立“目标考核、动态管理、能进能退”的管理机制和考核评价体系。区（县）现代农业示范区要具备规划编制科学、主导产业清晰、建设规模合理、基础设施良好、科技水平先进、运行机制顺畅等条件。做大政策支持平台，加强政策扶持；做通融资服务平台，强化金融服务；做强科技支撑平台，提升科技含量；做优品牌营销平台，促进产销对接；做深改革创新平台，增强发展活力。

2. 现代农业示范乡镇。深入开展都市型现代农业示范乡镇创建工作，围绕都市型现代农业建设的重点领域，进行全面的、综合的产业发展和体制机制创新。大胆试验、率先突破，为整个示范区的发展探索道路、提供经验。通过5年努力，使全市的示范乡镇达到百个，成为有北京特色、地域特点、突出高端高效、绿色安全，能够引领示范、辐射带动的都市型现代农业示范乡镇，使之成为充分体现人文、科技、绿色特征的低碳农业先行区、现代农业生产与新兴农业产业培育的样板区、农业科技成果和现代农业装备应用的展示区、现代农业功能拓展的实验区和农民接受新知识新技术的培训基地。

3. 村级现代农业示范基地（特色产业村）。根据当地特点和优势，发展“一村一品”，引进一批有较强实力和发展前景的龙头企业；围绕龙头企业建立一个或数个优势产业，吸纳一批专业大户和农业专业合作社进入现代农业示范基地，带动农民就业增收。围绕当地主要农产品生产，把农业向前后延伸，使农业成为整个产业链的一个中间环节，逐步形成以农业为基础，涵盖生产服务、加工、包装、仓储、流通、销售及出口的综合性农业生产体系，促进产业融合，逐步形成利益共享、风险共担的三次产业联动体制。

4. 家庭农场和专业大户。通过开展融资扶持、创业培训、技术服务等政策措施，为家庭农场和专业大户等创业型农户提供良好的创业环境，进而带动和造就更多的创业主体，带动农业产业结构调整优化，促进区域农业经济群体形成。

（三）总体布局

1. 一核。“一核”是指北京市现代农业示范区核心区，位于顺义区和通州区。顺义区为农业部认定的第一批国家现代农业示范区，将重点打造北京市现代农业高新技术产业集成与智能装备等农业现代化综合实力展示区。通州区将重点打造国际种业科技园区、北京农业科技的总引擎、北京新兴农业的孵化器以及“四化同步”的试验区。

2. 四大功能区。根据北京市的地形地貌、资源禀赋、产业基础，以及区域特色、功能、发展预期和生态承载能力，区域产业发展布局分为四个特点不同的农业功能区。

（1）城市创意休闲农业区。包括东城区、西城区、朝阳区、海淀区、丰台区、石景山区城乡结合部和新城的周边地区，重点发展农业高新技术研发、总部经济、会展农业、景观农业、创意农业、农产品流通业、农业主题公园和休闲观光农业，打造农产品展示交流平台，并为农业提供科技支撑和农业金融、保险等社会化服务，发挥城市农业的基本功能。

（2）平原供应保障农业区。包括房山区、通州区、顺义区、大兴区、昌平区、平谷区的平原地区，以绿色、无公害为重点，发展高效节水农业、籽种产业、设施农业和农产品加工物流产业，打造一批特色果品产业带和有机农产品生产基地，保障城区“菜篮子”工程的基本供应。

（3）山地生态服务农业区。包括门头沟区、房山区、顺义区、昌平区、平谷区、怀柔区、密云县、延庆县的浅山地区，以绿色、有机农业为重点，发展特色农业、健康养殖产业，打造一批特色果品产业带和有机农产品生产基地。深山区以生态涵养为主，着重发展循环农业、低碳农业、有机农业和沟域经济，拓展农业功能，服务城区市民休闲需求。

（4）京津冀农业协同发展区。按照京津冀协同发展的思路，以实施京津冀农业合作项目为重点，建设蔬菜产业基地，更大规模地打造北京市的“菜篮子”。到2015年新发展20万亩农产品生产基地，外埠供应基地总数达到80万亩，并与城区“菜篮子”产品销售网络相对接，形成首都农产品外埠供应基地网络，逐步实施环首都现代农业带发展建设，以疏解非首都功能。

3. 十个示范区县和百个示范乡镇。为推进北京市国家现代农业示范区的创建，承接示范区现代农业产业发展与布局，在已经开展顺义、房山两个国家现代农业示范区创建的基础上，2015—2020年间，北京市还将继续完成包括门头沟区、通州区、昌平区、大兴区、平谷区、怀柔区、密云县、延庆县的现代农业示范区建设。

根据《关于开展北京都市型现代农业（高效农业）示范镇创建活动的实施意见》（京政农函〔2012〕101号），在现有39个示范乡镇的基础上，到2020年完成100个具有北京特色、区域特点，突出高端高效、绿色安全，能够引领示范、辐射带动的都市型现代农业示范乡镇。2015—2020年，示范乡镇在各区的具体分布见表2。

表2　2015—2020年北京市各区县创建国家现代农业示范区示范乡镇的情况

区县	2013年创建示范乡镇数量（个）	2015年创建示范乡镇数量（个）	2020年建成示范乡镇数量（个）
朝阳	0	1	2
海淀	1	1	2
丰台	0	0	2
门头沟	4	5	7
房山	5	6	14
通州	5	6	9
顺义	6	7	10
大兴	3	4	5
昌平	4	5	10
平谷	2	3	10
怀柔	2	3	7
密云	4	5	11
延庆	3	4	11
合计	39	50	100

通过编制考核指标体系，重点就人均农林牧渔总产值、亩均农林牧渔总产值、农民人均可支配收入、节水灌溉面积比重、农户参加合作组织比重、农产品抽检合格率、“三品”基地比重等重要指标进行跟踪监测，推进示范乡镇的建设和发展。

4. 十五大示范生产基地。

(1) 北京市都市型现代农业万亩示范基地。北京市都市型现代农业万亩示范基地位于顺义区赵全营镇。通过万亩示范基地建设，促进粮食规模化生产、机械化作业、标准化建设和社会化服务，打造北京市高标准粮食生产农田，集成推广现代实用技术，实现粮食单产提高和效益提升。积极打造优美农田景观，同步实现农田生态景观价值。

(2) 大兴设施蔬菜示范生产基地。大兴作为北京“南菜园”，包括“三乡、两带、十个千亩园”。以现有设施农业、无公害、绿色精品蔬菜为基础，沿庞采路贯穿庞各庄、魏善庄、安定、长子营、采育五镇，沿永定河畔连接黄村、北臧村、庞各庄、榆垡四镇各画一条线，形成以田园风情为突出特色，集农业生产、市场开发、休闲观光于一体的“T形”都市型现代农业休闲产业观光带。

(3) 延庆北菜园示范生产基地。延庆北菜园示范生产基地由20余个合作社组成，涉及种植业、养殖业、农产品初加工等领域。以生产无公害、绿色和有机蔬菜为基础，实行种植规划、技术指导、品牌销售等统一管理，推进标准化和规模化生产，推出有机农产品快递专线，开展“农社对接”销售模式，创新农产品流通方式，增强蔬菜市场保障能力。

(4) 房山窦店食用菌示范生产基地。房山窦店食用菌示范生产基地依托现代化冷房、智能控制阳光温室等设施，使用自创的无间断周年生产珍稀食用菌及其深加工工艺，结合生物育种工程和人工智能控制系统，生产出白灵菇、金针菇等产品获得EOURPGAP（欧洲良好农业操作规范）、有机食品、AA绿色食品等5项认证，远销美国、澳大利亚、日本、韩国等市场，带动了房山当地2 000余户农民就业，户均增收万元。

(5) 顺义鲜花港示范生产基地。顺义鲜花港示范生产基地位于顺义区杨镇，总体规划4平方公里，是北京市政府规划的唯一专业花卉产业园区，是北京市主办各届中国花卉博览会的重要功能组团之一，是北京市花卉产业发展的窗口。目前，鲜花港正逐步发展成为北京市花卉的研发、生产、展示和交易中心及花卉的休闲观光和文化交流中心。

(6) 平谷大华山大桃示范生产基地。平谷区是全国大桃生产第一区，被誉为“中国桃乡”，是“中国名特优经济林桃之乡”和“全国大桃标准化生产示范区”，带动10多万农民从事大桃生产。大桃面积、产量、品种居全国区县级首位，拥有黄桃、白桃、蟠桃、油桃四大系列218个品种，远销东南亚、西欧等十几个国家。

(7) 平谷峪口蛋鸡养殖基地。平谷峪口蛋鸡养殖基地位于平谷区峪口镇，以峪口禽业、正大蛋鸡为主体。峪口禽业是目前国内最具实力的集品种选育、良种繁育、示范推广于一体的现代化蛋种鸡企业之一。正大蛋鸡是亚洲养殖规模第一、世界养殖规模第二、世界首例一次性建成规模最大的蛋鸡生产项目。通过整合政府的政策资源、银行的金融资源、龙头企业的技术和市场资源、农民专业合作社的土地和组织资源，首创了“四位一体”产权农业模式。

(8) 北京三元绿荷奶牛养殖基地。北京三元绿荷奶牛养殖中心是国家奶牛养殖业的龙头企业，奶牛场和相关产业分布在北京的六个郊区县，年产优质原料奶2.5亿千克。年均每头单产高达10 000千克以上，创国内大群体奶牛高产之最，是北京鲜奶市场的主要组成部分。

(9) 京东观赏鱼养殖基地。京东观赏鱼养殖基地由位于城市东部的朝阳区黑庄户、顺义区南彩和通州区鑫淼观赏鱼养殖基地等基地组成。朝阳区黑庄户观赏鱼养殖基地是专业从事中国宫廷金鱼及其他名贵观赏鱼的选育、制种、繁育、养殖和交易的综合性基地，拥有观赏鱼的进出口资格和海关自理报关权。顺义区南彩观赏鱼养殖基地依托顺义区观赏鱼协会，主要进行宫廷金鱼引种、保种、繁殖、孵化。通州区鑫淼观赏鱼养殖基地是全国首家国家级锦鲤良种基地，专门从事锦鲤、金鱼繁育、养殖及出口。

(10) 朝阳区金盏乡村休闲旅游基地。朝阳区金盏休闲观光基地位于朝阳区金盏乡，地处温榆河畔，交通便利，区域内地热、水域资源丰富。该区域依托优越的区位条件和良好的自然环境，加快发展绿色休闲产业，提升农游合一生态旅游服务业。目前已拥有蟹岛度假村、郁金香花园、蓝调庄园等一批休闲观光园区，成为都市型现代农业多功能拓展的典型代表。

(11) 密云古北水镇乡村休闲旅游基地。密云古北水镇休闲观光基地位于密云县司马台镇，包括老北京特色商业街、特色商铺、民间手工技艺作坊、非物质文化体验馆、北方景观民宿、户外露天剧场以及高品质的度假会议酒店和会所等；突出冷泉、热泉资源亮点，展示古北民间文化，塑造具有北方建筑特点的“亲水山坡型”明清风格的北方古镇，发展高端观光与休闲度假及会议结合的复合型经营模式。

（12）通州漷县镇节水示范基地。通州漷县镇节水示范基地是首批国家级小城镇综合改革试点，面积 113.7 平方公里，辖 61 个行政村，有耕地面积 8 万亩，规模化养殖场 19 个。该基地以节水增效为目标，以配套完善农业灌溉设施为基础，以调结构和标准管理、以量计征、专业管护为手段，统筹推进农业用水，并试点建立村民用水收费和设施管护长效机制。

（13）燕山板栗示范生产基地。燕山板栗示范生产基地主要位于怀柔区、密云县境内，种植面积 60 多万亩。示范基地积极推广嫁接换优、优质丰产栽培、标准化生产、无公害病虫防治技术等现代化生产新技术，为栗农提供板栗的收购、贮藏、加工、销售等一条龙服务。建有以红螺食品等加工干果为主的企业，产品出口到日本、韩国及东南亚等国家。

（14）大兴生物医药（动物疫苗）生产基地。大兴生物医药（动物疫苗）生产基地已进入国家级开发区“中关村科技园区”，全面享受中关村的各项优惠扶持政策。作为北京市生物工程与医药产业重点基地，将大力吸引拥有自主知识产权、具有核心竞争力的国内外生物医药企业入驻，打造成为全国生物工程和医药产品研发、生产、检定中心。

（15）北京农产品中央物流基地。北京农产品中央物流基地位于朝阳区黑庄户，一期规划总用地面积 20.4 万平方米，建筑面积约 50 万平方米。全面建成后该市场可实现年交易量 1 000 万吨，年交易额 450 亿元，届时将占据北京市场四成左右的份额。园区主要包括安全检测区、交易区、仓储区、加工配送区、现代农产品展示区和农产品企业总部聚集区。整个园区采用绿色环保设施，打造北京农副产品的“CBD”。

5. 十一大示范园区。

（1）通州国际种业园区。通州国际种业园区规划面积 5 万亩，以于家务乡为中心，覆盖通州南部乡镇。目前，中国农科院、中国农业大学、北京市农林科学院、中国林科院以及法国利马格兰、北京德农、大北农、金色农华等国内外知名种业企业已入驻园区。通过搭建物联网综合服务平台、高通量分子育种服务平台、种苗健康北京市工程研究中心以及作物种质资源共享交流平台等公共服务平台，建设“育繁推”一体化种业产业链条，展现北京种业引领作用，推进国际种业科技园区的建设。

（2）房山“中国北京农业生态谷”。“中国北京农业生态谷”位于房山区琉璃河镇，占地总面积 17 200 亩，由中粮集团组织实施，是央企与地方合作统筹解决“三农”问题的创新模式。规划建设集绿色种植示范、高端农产品加工、农业研发和创新、国际农业总部以及国际农业交流为一体的、聚集国内外农业高科技人才、世界领先的田园牧歌式的农业高科技示范园区。

（3）延庆世界葡萄博览园。延庆世界葡萄博览园位于燕山山脉前的平坦地带，延庆县张山营镇东部。核心区面积 3 126.7 亩，是举办世界葡萄大会的重要场所，是集葡萄品种展示、观赏采摘、生态体验、景区游览、科普教育、休闲娱乐等功能于一体的综合性博览园，也是目前国内最大的葡萄主题公园，拥有 36 个原产地的 1 014 种优品葡萄。

（4）昌平国家农业科技园区。昌平国家农业科技园区是北京市首批的国家级农业科技园区，包括小汤山特菜大观园和昌平草莓园两大部分。核心区 2 300 亩，规划辐射面积 111.4 平方公里，涉及小汤山、兴寿、崔村、百善 4 个镇，初步形成了“七区一园”的发展格局，即籽种农业示范区、花卉示范区、林木种苗示范区、设施农业示范区、水产养殖示范区、休闲度假区、发展预留区、北方国际高科技蓝田园。

（5）丰台种业科技展示园区。丰台种业科技展示园区位于丰台区王佐镇，总占地面积 300 亩，包括展馆展示区、温室展示区和露地展示区等功能区，多年来连续成为北京种子大会的品种展示基地。2014 年承办了第 75 届世界种子大会，建立了先进的种子检测检验实验室。丰台区依托园区将构建以种子检测公共平台为技术支持，以展示交流公共平台为特色，以金融服务机构为支撑，以种业交易、贸易为核心的种业发展体系。

（6）顺义金马农产品加工园区。金马农产品加工园区位于顺义高丽营镇，地理位置优越，交通便捷，面积为 307 公顷，现已入驻北京艾莱发喜食品有限公司、北京恒慧通食品有限公司、北京大三环食品有限公司等 46 家企业，初步形成了科技含量高、外向型、多功能和综合性的现代化农产品加工工业园区。

(7) 大兴庞各庄高科技农业示范园区。北京庞各庄高科技农业示范园区位于“中国西瓜第一乡”庞各庄镇，包括北京庞各庄高科技农业产业园和高科技农业示范园两部分。其中，北京庞各庄高科技农业产业园是北京市人民政府和新西兰惠灵顿市政府合作项目，位于庞各庄镇北曹各庄村，以高效温室蔬菜栽培区、蔬菜加工物流区、技术展示示范区、检测办公服务区等功能区为主；高科技农业示范园集科研开发、试验示范、生产销售、观光采摘为一体，其培育的西瓜在历届全国西甜瓜评比中多次获得瓜王称号。

(8) 密云酒乡之路农业园区。酒乡之路农业园区位于密云县巨各庄镇。近年来，通过大力发展规模化葡萄种植基地，将红酒为代表的文化创意贯穿创意农业、工业和旅游业的整个脉络，形成以张裕爱斐堡国际酒庄为龙头，沿新密兴路沿线15公里巨龙河谷10平方公里的精品葡萄产业带。产业带按照“一轴、一带、三区”的发展格局，沿途规划5～8家城堡酒庄，带动葡萄基地建设近5 000亩。

(9) 怀柔冷水鱼种业园。怀柔冷水鱼种业园以国家级鲑鳟鱼良种场、北京顺通虹鳟养殖中心和市级鲟鱼良种场北京龙兴鲟鱼开发股份有限公司为龙头，探索研发了“鲟鱼剖腹采卵亲鱼保活技术”“鲟鱼梯度控温多季节繁育技术”，推广应用了“虹鳟光控多季节采卵繁育技术”，带动怀柔区内19家有冷水鱼繁育条件的冷水鱼养殖场共同发展，共建成冷水鱼苗种繁殖场21家，苗种养殖企业68家，成为北京籽种农业的特色组成部分。

(10) 延庆德青源健康养殖生态园。延庆德青源健康养殖生态园位于延庆县张山营镇水峪村，是亚洲单体规模最大的蛋鸡养殖场，占北京市场品牌鸡蛋50%的份额。德青源公司通过生态养殖、食品加工、清洁能源工业、有机肥料工业再回到生态种植业的方式，打造全球领先的生态农业企业，开创了可持续发展的生态农业模式，建立了全球领先的循环经济标准，成为了产业标准的制定者及引领产业发展的龙头企业，持续为消费者提供高品质的生态食品和清洁能源。

(11) 大兴旧宫首农·第六产业园。首农中科电商谷以“互联网＋”为基础，以“现代农业＋”为主题，从创立、发展、升级、转型等各个阶段扶持园区内中小企业及大学生创业，是我国第一个“第六产业园”、第一个“第六产业创客空间”。

（四）九项重点工程

1. **“新三起来”推进工程**。加快推进农村土地承包经营权确权登记颁证工作。引导土地承包经营权规范有序流转，发展适度规模经营，重点支持和鼓励农村土地向新型经营主体流转。抓好农村集体经营性建设用地入市试点工作。加快培育和规范多种经营主体，加大对各类经营主体的财政扶持力度。进一步深化农村集体产权制度改革，引导农村产权流转交易市场健康发展。创新农村经济经营方式，探索农民闲置房屋有组织的盘活利用。进一步强化农村集体“三资”监管，加快北京市农经管理信息平台升级改造。

2. **“高效节水生态环保”工程**。坚持“先建机制，后建工程”的原则，确保农业节水灌溉工程有人管、能管好、运行好、出效益。试点“一区一镇多园”，探索建立北京地区可推广、可复制的成套化、标准化高效节水农业推广模式，农业用水总量控制、限额管理、计量收费机制，节水设施良性运行管护机制以及农业节水奖励机制，提高农业用水效率和产出效益、增强农业综合生产能力。开展畜禽养殖场、水产养殖场高效节水工程，加强规模畜禽场、水产养殖场、污染物防治和资源化利用，按照减量化、资源化、再利用的要求，总结推广节种、节肥、节能的农业技术，促进农业资源循环利用。集成、示范与推广低碳循环农业关键技术，探索农业碳排放强度计量、碳汇潜力评估体系和交易平台，加大林木培育力度，提高林木固碳效益。开展土壤、水、大气环境的治理以及各种废弃物的资源化处理研究，加强农业面源污染防控，改善农地生态环境，开展农地水土保持生态服务价值研究，建设资源节约型和环境友好型农业。

3. **“种业之都”建设工程**。实施种业发展规划，发挥首都种业科技创新中心、企业聚集中心、交易交流中心及发展服务平台的优势，推动农作物品种权交易中心建设，加快科研成果转化。组织并承担国家联合育种攻关项目，加快培育“育繁推一体化”企业。加快国家现代种业创新示范区建设。加强北京南繁等基地建设，为种业提供战略发展空间。

4. **新一轮“菜篮子”建设工程**。推进基本菜田划定，稳定蔬菜生产空间。全面实施基本菜田补贴政策，调动生产者积极性，稳定提高蔬菜产量，提升蔬菜产业发展水平。引导设施农业健康持续发展，重点推进老旧设施改造提升，着力提高设施农业利用效率。继续支持蔬菜工厂化生产。建设“菜篮子”应急保障基地，增强应急调控能力。引导畜牧业、水产业加快规模化、标准化发展，保障一定的生产供应能力，不断提升生态发展水平。全面加强农产品质量安全建设，进一步完善监管体系，加强常态化的监督管理和检查执法，大力提高“三品一标”认证覆盖率和证后监管力度，切实保障北京农产品质量安全。

5. **农产品现代营销体系建设工程。**以搭建农产品冷链物流公共服务平台，“菜篮子”产品深加工公共服务平台等重点工程为切入点，加快冷链物流、精益物流、应急物流、食品安全快速检测追溯等关键技术、设备的研发创新推广应用，利用物联网、互联网等信息化手段提高农产品物流管理水平和质量安全保障能力，实现首都农产品物流供应的准确、快速、高效。培育一批专业化、社会化的农产品物流企业和农民合作组织，加强农产品物流技术的国际交流合作，建设国际化、现代化农产品物流体系。大力培育农产品电商企业，支持农民专业合作社、农业产业化龙头企业建立电商营销平台或与电商平台合作。通过举办培训班、试点观摩交流等多种形式，对农业管理人员和农业生产者，特别是针对合作社、家庭农场和专业大户开展微电商应用培训。

6. **乡村休闲旅游提升工程。**以提档升级为目标，以完善基础设施、注入文化元素、规范服务方式为手段，改造提升现有休闲农业产品。农业观光园要强化标识系统建设，丰富游览体验内容，强化科普教育服务。建设一批集聚连片的休闲农业示范区，打造一批优美景观农田与主题观光园、主题作物园和作物大观园，推进休闲农业创意产品与服务开发。

7. **农产品质量安全及动植物疫情防控应急处置能力提升工程。**建立和推广农业标准化生产体系。重点做好产地环境治理和投入品控制，推广农资连锁经营，确保源头控制；推广标准化技术，提高生产过程规范化水平；制定本土农产品质量、技术、管理标准化生产体系；加大“三品”认证力度。建立健全农产品全程质量追溯体系，逐步形成产地有准出制度、销地有准入制度、产品有身份标识，信息可得、成本可算、风险可控的全程质量追溯体系；建立农产品检验检测及监测预警体系。加强农产品质量检验检测，形成标准统一、职能明确、运行高效、上下贯通、检测参数齐全的农产品质量安全检验检测体系。

8. **农村金融服务体系建设工程。**围绕农业发展对金融产品的需求，着力构建和完善包括产业金融等方面的资金融通体系，重点开展农业保险、农业信贷、农业投资、农业产业基金、农业担保、农村信用、涉农企业上市培育、农村要素市场、农村金融综合改革试验区、农村基本金融服务村村通等建设工程，形成政策性、合作性、商业性金融相结合，资本充足、功能健全、服务完善、运行安全的农村金融服务体系。

9. **职业农民培养工程。**充分利用现代化、信息化手段，提高职业农民文化素质、科技素质、信息素养，把生产经营型、专业技能型、社会服务型和引领带动型职业农民为培育对象，着力培养一支有文化、懂技术、会经营的新型职业农民队伍，为发展北京市现代农业提供强有力的人才支撑。每年培训新型职业农民5万人，并逐步认定一批新型职业农民。

五、实施步骤及保障措施

（一）实施步骤

本着适度投入，先重点后一般、先易后难的原则，加快建设步伐，尽快见到成效。2015年完成农业现代化基础设施建设，集中时间、财力重点优先建设五大体系：现代农业产业体系、农业社会化服务体系、生态保护体系、农业现代经营体系、科技支撑体系，建设好通州区、顺义区北京市现代农业示范区的核心区，重点发展籽种、休闲观光、“菜篮子”产业、农业高新技术产业、沟域经济等，抓好两个示范区县、五十个示范乡镇、十五大示范生产基地和十一大示范园区的建设，年底基本实现农业现代化。2016—2020年，重点完善其余六个示范区县、五十个示范乡镇、四个不同农业功能区的基础配套设施，推动社会资本和涉农企业进入农业现代化建设之中，到2020年年底全面实现农业现代化。

1. **2015年工作规划。**建设启动阶段。启动北京市国家现代农业示范区核心区、两个示范区县、五十个示范乡镇、十五大示范生产基地、十一大示范园区和九项重点工程的建设。引导实施主体按规划建设，进一步完善灌溉、给排水工程，道路、供电、通讯、绿化工程等基础设施。完善规划、理顺体制；制定优惠政策，搞好宣传与形象塑造，加快项目建设；逐步扩大规模效应，提高管理服务水平。

2.2016—2020年工作规划。全面建设阶段。根据北京市场的需求和北京农业的特点，重点提升籽种、休闲观光、“菜篮子”产业的发展，全面推进北京市国家现代农业示范区建设。重点抓好示范区县及百个示范乡镇的创建工作，并与各个功能区有机结合，最终形成“一核、四大功能区、十个示范区县、百个示范乡镇、十五大示范生产基地、十一大示范园区”互动发展的良好局面。各个主导产业发展迈向新台阶，沟域经济提高到一个新水平，农业高新技术产业成为北京市农业经济高速增长点，一批农业品牌驰名中外，一批具有强大生命力的籽种农业、信息农业、生态农业等现代化农业产业业态不断涌现，北京农业现代化的示范带动作用发挥更加充分，引领全国农业转型升级。

（二）保障措施

坚持改革思维，创新体制机制，紧紧围绕“新三起来”，加快推进农业发展方式转变，保证北京市国家现代农业示范区高效运转、持续发展。

1.**规划先行**。制定北京市创建国家现代农业示范区的总体规划，包括“十三五”时期北京市国家现代农业示范区发展规划；由相关行业主管部门制定北京市国家现代农业示范区“五大纵向体系”发展规划；制定示范区县、示范乡镇的考核评价方案及指标考核评价体系。

2.**组织保障**。市级建立北京市创建国家现代农业示范区工作联席会议制度，由市农委担任召集人，成员单位有市发展改革委、市科委、市经济信息化委、市财政局、市国土局、市水务局、市园林绿化局、市商务委、市环保局、市统计局、市旅游委、市农业局、市农经办。委托北京农学院都市农业研究所为技术支撑单位。联席会议主要工作：研究示范区发展规划和重要任务落实，着力推进各部门强农惠农富农政策集成、资源整合，形成示范区创建工作合力。各区县根据实际情况，建立相应工作机制，贯彻落实农业部、市政府关于示范区创建的有关要求和部署，推进项目落地、资金落实。

创建国家现代农业示范区工作联席会议下设办公室。办公室设在市农委，由市农委主管委领导兼任办公室主任。办公室的主要职责是：负责联席会议日常工作，对国家现代农业示范区工作中的重大问题进行调研，并提出建议；组织拟订国家现代农业示范区工作规划、计划并提交联席会议研究审定；承担联席会议会务和成员单位日常联络工作；协调督促有关单位落实联席会议议定事项，承担联席会议交办的工作。

国家现代农业示范区工作联席会议由召集人召集或委托有关领导召集。联席会议原则上每季度召开1次，邀请主管副市长参加。根据工作需要，也可不定期召开。各成员单位原则上每季度向联席会议报告一次工作情况，重大事项要及时报告。各成员单位要及时向联席会议及办公室、其他成员单位通报有关情况，加强信息沟通。定期不定期开展工作督查，各成员单位可自行开展工作检查。

3.**资金保障**。北京市加大对示范区创建的资金投入，在财政支农转移支付改革中，安排示范区考核奖励内容，对积极创建市级示范区县、北京都市型现代农业示范乡镇建设的区县给予考核加分，由市级财政以以奖代补形式予以奖励。市、区两级将加强与农业部有关政策对接，按照农业部要求做好创建有关工作，积极申请项目扶持，严格按照要求使用资金，更好地发挥财政资金使用效益。各区县积极安排配套资金，推进现代农业重大项目建设，同时强化整合本级有关政策资源，形成政策叠加、资金撬动的工作效应。

4.**政策保障**。深入贯彻党的十八届三中、四中全会精神以及中共中央办公厅、国务院办公厅印发的《关于引导农村土地经营权有序流转发展农业适度规模经营的意见》（中办发〔2014〕61号），围绕“新三起来”，研究农村改革政策；围绕“培育新型经营主体”，研究农业支持政策；围绕“建设美丽乡村”，研究城乡一体化推进政策。当前，围绕北京市现代农业发展，将加快以下四个方面的政策制定：

（1）关于农业政策。将粮田用地上图入库，建立补偿制度试点。开展农艺节水、水肥一体等技术研发、示范与推广。支持新型有机肥和高效低残留农药使用；支持规模养殖场粪污治理，鼓励扶持通过兼并、重组、合作等形式推进规模化养殖。实行基本菜田最低保有量制度和种植补贴制度，鼓励发展外埠蔬菜基地和规模化畜禽养殖场。加强农产品安全监管，建立健全农产品质量检测检验体系。加大冬季裸露农田治理，研究休耕与冬季生态作物种植补贴政策。研究制定促进家庭农场发展的融资、保险、科技、农机、补贴等政策，调整完善农业“三项补贴”政策，支持粮食适度规模经营。

（2）关于林业政策。在充分利用国家和本市现有造林绿化政策的基础上，积极探索动员社会力量参与造林的投入机制，形成政府、社会、企业、家庭共同参与的局面。在不适宜社会资金投入的区域和“两环、三带、九楔、多廊”平原造林规划格局内的生态公益林建设中，继续实行平原造林政策。研究推广大兴区西红门镇、海淀区东升乡等乡镇统筹利用集体建设用地的经验做法，推进第一道、第二道绿化隔离地区拆迁腾退还绿。研究农村沟路河渠村周边零散地绿化补助政策，鼓励农村植树造林。参照第一道绿化隔离地区的政策，吸引鼓励企业参与平原造林建设和养护。统筹平原地区新增林和第一道、第二道绿化隔离地区及五河十路等原有林的养护管理标准，逐步实现同地同树同政策。建立平原地区新增森林资源养护管理机制，组建以当地农民为主体的专业养护队伍。研究制定新增经济林扶持政策。探索制定果园改造扶持政策。

（3）关于节水政策。健全最严格的用水及节水管理制度，通过发放取水许可证，严格农村机井取水总量和用途管理，推进地下水的涵养与保护。加大政府基本建设项目对田间、林地节水灌溉和集雨工程支持力度，建立灌溉管材及设备质量控制机制，确保持续良性运行，发挥工程效益。建立农业节水奖励机制、农业节水灌溉技术服务支持机制、灌溉水利用系数监测考核机制。区县政府负责建立灌溉用水计量收费与设施运行管护机制。

（4）关于就业政策。按照“职业农民培养一批、二、三产业转移一批、公益岗位吸纳一批”的原则，切实做好农民就业创业促进工作。加强新型职业农民培养支持力度，鼓励有一定生产条件的农民发展家庭农场、家庭林场与林下经济，鼓励和引导农业企业吸纳本地农民从事一产工作，签订用工合同，保障工资收入，参加社会保险。对有转移就业意愿的农民，加强非农职业技能培训和创业培训，通过鼓励用人单位招用、个人自谋职业或自主创业帮助其实现非农就业。大力发展农村社会公共管理服务、生态建设等公益性项目，逐步在农村推广建立社会公益性就业组织，开发公益性就业岗位，对年龄偏大、劳动能力偏弱、生活困难以及“零就业家庭”等农村就业困难人员优先给予托底安置。

北京市社会主义新农村建设领导小组综合办公室关于印发《北京市 2015 年度城乡结合部地区“减煤换煤、清洁空气”行动实施方案》的通知

（2015 年 9 月 16 日）

朝阳、海淀、丰台、石景山、门头沟、房山、通州、顺义、大兴、昌平区人民政府，市减煤换煤领导小组各成员单位：

按照中央对北京市散煤治理提出的要求，落实“北京市农村地区 2015 年减煤换煤清洁空气工作会议”精神，扎实推进全市“减煤换煤”工作，在“确保完成原定农村地区户籍人口‘减煤换煤’总任务 430 万吨的 90%”的基础上，重点治理城乡结合部地区散煤燃烧问题，现将《北京市 2015 年度城乡结合部地区“减煤换煤、清洁空气”行动实施方案》印发给你们，请认真组织实施。

北京市 2015 年度城乡结合部地区“减煤换煤、清洁空气”行动实施方案

北京城乡结合部地区“减煤换煤”是首都大气污染防治的重要工作，也是保障全市市民身体健康的一项惠民工程，按照 2015 年 9 月 10 日市政府召开的“北京市农村地区 2015 年减煤换煤清洁空气工作会议”要求，贯彻落实中央和国务院提出的

“北京市应加强城乡结合部散煤治理力度”的精神，重点治理城乡结合部地区散煤燃烧问题，现制定2015年度实施方案。

一、目标任务

按照“拆除违法建筑、关停低端企业、疏解外来人口、改善用能结构、完成减煤换煤”的原则，继续通过“城市化改造上楼一批、拆除违建减少一批、炊事气化解决一批、城市管网辐射一批、优质燃煤替代一批”（以下简称“五个一批”）的方式推进城乡结合部地区“减煤换煤”工作。完善优质燃煤的供应、配送和监督体系，坚决打击、全面治理劣质燃煤，实现城乡结合部地区使用优质燃煤全覆盖，具体任务为：

城乡结合部地区（包括朝阳、海淀、丰台、石景山、门头沟、房山、通州、顺义、大兴、昌平十个区，以下简称“城乡结合部十区”）新增用煤任务约为130万吨，全市从2015—2017年取暖季结束，按照每年完成30%、40%、30%的比例落实新增“减煤换煤”任务，2015年度全市新增任务为43万吨；各区城乡结合部地区新增任务量为：朝阳区7万吨、海淀区5万吨、丰台区5万吨、石景山区1万吨、门头沟区2万吨、房山区6万吨、通州区7万吨、顺义区1万吨、大兴区4万吨、昌平区5万吨。鼓励各区提前、超额完成新增任务，2016、2017两年度任务将依据各区的“台账”制定。

二、相关政策

1. 优质燃煤替代。城乡结合部十区在“拆除违法建筑、关停低端企业、疏解调控人口”的基础上，对城乡结合部取暖用煤居民（包括外来人口）和符合相关条件的取暖用煤工商企业实施优质燃煤替代政策，市财政采取以奖代补的方式对各区2015年度新增任务完成总量按照每吨200元的标准实行奖励，奖励资金由各区统筹使用，专项用于推进城乡结合部地区“减煤换煤”工作；对城乡结合部地区居民和工商企业取暖用煤户的更换高效节能燃煤炉具补贴标准，市财政延续2013年以来农村地区“减煤换煤”的政策，各区要提高居民换煤量上限，努力做到应换尽换。

2. 工商企业锅炉改造。城乡结合部十区在“拆除违法建筑、关停低端企业”的基础上，对工商企业将燃煤“小茶炉、小锅炉、土暖气”改造为“电、气”等清洁能源取暖的，市财政给予每蒸吨13万元奖励，不足1蒸吨的，由各区环保局、新农办共同认定、统计、汇总本区城乡结合部地区的削减锅炉蒸吨总量，享受市财政补贴政策。

3. “煤改电”“煤改气”政策。城乡结合部十区加快实施“改电、改气”工程改造。市电力公司、各燃气企业要将城乡结合部地区的电网提升、燃气改造纳入工作重点；各区政府进一步推动城乡结合部地区村庄住宅抗震节能改造，要将城乡结合部地区住户取暖“煤改电”、“煤改气”纳入主要规划；市发改委对电力、燃气企业投资补贴政策和市财政对居民购买电取暖设备补贴标准延续农村地区政策。

4. 城乡结合部地区新能源、新技术的推广应用。进一步推广太阳能、光伏电能、空气热源、地热源等新型清洁能源利用；引导居民和企业选择高效节能燃煤炉具和蓄能式电取暖、“太阳能＋辅助加热”等设备；市财政对基本生活取暖使用空气源热泵技术改造，按每平方米120元标准给予一次性奖励，各区县研究制定本区县的财政配套补贴奖励政策。

三、保障措施

1. 加强领导，明确责任。“减煤换煤、清洁空气”行动各成员单位要将城乡结合部地区作为重点工作范围，继续充分发挥本单位职能作用，明确责任分工，强化协调配合。各区县政府是城乡结合部地区“减煤换煤”工作的责任主体，要建立有效工作机制，落实各项具体任务。

2. 提早部署，抓紧落实。各区县政府要制定城乡结合部地区“减煤换煤”行动实施方案，明确各级财政资金的使用办法，增加“骨干”人员配置，完善部门分工和职责，建立“村级”散煤治理台账，实施“台账”管理，并逐级签订责任书。

3. 打击劣煤，确保实效。市区交通、质监、工商、城管、环保等执法部门，要按照市政府办公厅印发的《北京市农村地区劣质民用燃煤治理工作方案》（京政发〔2015〕22 号）要求，落实责任分工，坚决杜绝“4 类行为”，加大对劣质散煤打击力度；各区县政府是治理劣质煤的责任主体，对本区县辖区内治理工作负总责，要明确一个综合执法牵头部门，加大执法力度，全力做好劣质煤治理的检查、监督、执法、查处等工作。

4. **全民参与，社会监督**。各区县要加强宣传动员，发动群众参与劣质煤治理工作；市相关部门要聘请“第三方”专业机构，在全市范围内开展“明察暗访”工作，监督、检查各区县的“减煤换煤”相关任务的落实。

附件：北京市 2015 年城乡结合部地区“减煤换煤、清洁空气”行动责任单位分工

附件

北京市 2015 年城乡结合部地区“减煤换煤、清洁空气”行动责任分工

市新农办：负责制定城乡结合部地区的实施方案及方案实施中的综合协调工作，负责组织各成员单位对区县工作进行督促检查和考核，负责组织市相关部门共同研究确定城乡结合部三年任务、年度任务数量和以奖代补奖励标准。

市发展改革委：负责煤改电、煤改气、液化石油气、太阳能热利用等固定资产投资的落实及工程建设的考核监督。负责农村峰谷电价政策。负责协调煤炭企业完成优质燃煤供应。

首都综治办：负责动员组织各区县联合开展农村地区劣质民用燃煤治理工作，依法严厉打击劣质燃煤的非法运输、销售和使用。

市财政局：负责制定城乡结合部地区减煤换煤以奖代补政策、各类炉具补贴政策，监督补贴资金的使用。

市规划委：负责城乡结合部地区“减煤换煤、清洁空气”行动实施规划调整及项目实施规划许可工作。

市住房和城乡建设委：负责城乡结合部地区“减煤换煤、清洁空气”行动建设项目的技术指导。

市市政市容委：负责协调燃气供应企业，完成镇村管道天然气、压缩天然气、液化石油气供应工作。

市交通委、市公安局公安交通管理局：协助各区政府和市相关部门研究制定限制劣质燃煤进京措施。

市质监局：负责燃煤质量标准、燃煤炉具的技术质量标准的制定和质量监督工作。

市环保局：负责城乡结合部地区工商企业燃煤治理；负责制定实施工商企业锅炉改造政策；负责燃煤燃烧排放监控，劣质燃煤减少使用后的环境效益监测、分析和效果评估。会同市交通委、市公安局公安交通管理局研究制定限制劣质燃煤进京措施。

中共北京市委农村工作委员会　北京市农村工作委员会　北京市国土资源局　北京市人民政府法制办公室　北京市档案局　关于印发《北京市农村土地承包经营权确权登记颁证工作实施方案》的通知

（2015 年 10 月 19 日）

郊区各区县农工委、农委、国土资源分局、法制办、档案局、经管站：

为深入贯彻落实农业部等六部门印发的《关于认真做好农村土地承包经营权确权登记颁证工作的意见》（农经发〔2015〕2 号）和《中共北京市委办公厅、北京市人民政府办公厅印发〈关于认真做好本市农村土地承包经营权确权登记颁证工作的意见〉的通知》（京办字〔2015〕10 号）的精神，扎实推进本市农村土地承包经营权确权登记颁证工作，特制定《北京市农村土地承包经营权确权登记颁证工作实施方案》，现印发给你们，请结合本区县实际，遵照执行。

北京市农村土地承包经营权确权登记颁证工作实施方案

一、工作目标

从2015年起，在本市13个涉农区县继续扩大农村土地承包经营权确权登记颁证（以下简称“确权登记颁证”）试点范围，力争用三年左右时间基本完成全市确权登记颁证工作任务。2015年年底前，全市力争完成总任务的30%以上；2016年年底前，全市力争完成总任务的60%以上；2017年年底前，全市力争完成总任务的90%以上。

二、工作流程

本市确权登记颁证工作的基本流程包括“八大步”“十六小步”，即：前期准备（包括成立机构、制定方案、宣传培训、清查档案）、权属调查（包括入户核实、制作底图、外业调查、内业处理）、公示审核、完善承包合同、建立登记簿、核发证书（包括区县核查、颁发证书）、归档建库（包括规范档案管理、建立信息系统）、总结验收。

（一）前期准备

一是成立机构。各区县要建立确权登记颁证工作领导小组，由党委或政府主要领导担任组长，农委、经管、财政、国土、规划、经信、法制、园林绿化、档案、信访、妇联等相关部门负责人任成员，明确职责分工。乡镇政府要成立相应的工作领导小组，村级要成立由村干部、老党员等组成的具体工作小组。

二是制定方案。各区县要按照国家及本市要求，结合当地实际，制定本区县确权登记颁证工作方案，并指导乡镇、村制定具体实施方案，村级确权登记颁证方案要在本集体经济组织成员内部充分讨论，形成决议，方案内容应明确工作任务、工作程序、具体技术办法以及如何处理实测面积与原土地承包合同面积不一致等重点问题。

三是宣传培训。采用广播、电视、报纸、公开信等多种形式，加强土地承包法律、法规以及确权登记颁证政策的宣传，充分调动农民群众的积极性和主动性。积极开展区县、乡镇业务人员以及村干部培训，确保相关工作人员准确把握政策界限、明确操作规程、掌握工作要领。

四是清查档案。依据本市农村土地所有权确权登记成果，对土地承包方案、承包台账、承包合同、承包经营权证书等相关权属档案资料进行清查整理、组卷，按要求进行补建、修复和保全，查清承包地块的名称、坐落、面积、用途、流转等原始记载。建立《农户承包地登记基本信息表》（附件1）以及《农村土地承包经营权清理档案登记表》（附件2）。

（二）权属调查

一是入户核实。组织调查人员入户，实地进行承包地块权属调查。填写《发包方调查表》（附件3），完善《农户承包地登记基本信息表》并逐户签字确认。

二是制作底图。以村为单位，以市国土局提供的土地利用变更调查卫星遥感影像图作为调查地块、获取电子图斑的基础数据，并添加标注。制作工作底图，以图形纹理的形式勾绘农户承包地的权属边界。

三是外业调查。由村工作组人员组成的农户承包地指界小组与承包户主或代理人，现场共同指界并签字确认承包户所属地块。由代理人指界的应出示代理人的身份证和《农村土地承包经营权登记委托书》（附件4）以及户主身份证复印件。对实行确权确股（利）的土地，应由指界小组与村集体经济组织成员代表共同指界并签字确认。现场指界后，由调查人员在底图上标注，现场勾绘农村承包土地权属边界，按照《农村土地承包经营权要素编码规则》（附件5）编码，形成调查草图，并通过图解法确定地块面积。对于面积过小、过于分散或因平整土地导致地界不清以及树荫遮蔽导致卫星遥感影像图不清晰的地块，通过图解法计算面积确有困难的，可采取实测法或农民群众认可的其他辅助办法解决，具体办法由本集体经济组织成员民主协商确定。对于存在争议的地块，待争议解决后再进行确权登记颁证。

四是内业处理。对外业调查数据及图件进行检查整理后，按照相关规范要求，制作承包地块分布图（公示图）以及农户承包地块示意图，填写《农户承包地面积确认公示表》（附件6）。采取确权确地的土地，根据调查结果，每个农户的若干地块都绘制在一张图上，一户形成一张承包地块示意图；采取确权确股（利）的土地，以村集体经济组织为单位，采取一地（块）多户的方式制作承包地块示意图，即：将全部确权确股（利）地块形成一张承包地块示意图，相关农户都在每一承包地块上进行标注，根据实际情况可以采取以户代表名称标注，也可以采取编号附表的形式标注。

（三）公示审核

承包地块分布图（公示图）、《农户承包地面积确认公示表》经村经济合作社盖章后，在村务公开栏进行公示，并对公示进行拍照存档，公示期限不少于7天。在公示期间，发包方和承包方提出异议的，调查员应进行及时核实和修正，并再次进行公示，直至无异议为止。公示无异议后，由承包方代表进行签字盖章或签字按手印确认。填写《农村土地承包经营权确权登记颁证申请书及农村土地承包情况登记表》（附件7）。

（四）完善承包合同

根据公示确认的调查成果，按照缺什么补什么的原则，进一步完善农村土地承包合同并按照《农村土地承包经营权要素编码规则》统一合同编码，建立《农村土地承包台账》（附件9）。对此前没有签订土地承包合同的，要重新签订承包合同；原承包合同丢失、残缺的，要进行补签、完善。新签、补签合同的发包方为村经济合作社，原以村委会为发包方签订的承包合同，发包方也要统一变更为村经济合作社。承包合同一式4份，发包方、承包方各执1份，乡镇人民政府农村经营管理部门、区县农村经营管理部门各备案1份。

本次确权登记颁证的土地承包合同记载期限应以当地统一组织二轮延包的时点起算，承包期为30年，原合同超过30年的仍以原合同期限为准。本轮土地承包期限届满，按届时的法律和保持现有土地承包关系稳定并长久不变的政策规定执行。

（五）建立登记簿

区县农村经营管理部门根据各乡镇政府审核上报的《农村土地承包经营权确权登记颁证申请书及农村土地承包情况登记表》、完善后的农户土地承包合同正本和复印件、承包地块分布图、《农村土地承包台账》等资料，以承包农户为基本单位，按照一户一簿原则，建立健全统一规范的《农村土地承包经营权登记簿》，登记簿应当同时采用纸质和电子介质并进行异地备份，至少一式两份，有条件的地方，应当采取多种方式多地备份。

（六）核发证书

一是区县核查。区县政府要成立确权登记颁证工作核查小组，按照国家及本市的要求，对辖区内的农村土地承包经营权确权登记成果进行核查。

二是颁发证书。核查通过后，区县政府根据土地承包合同和《农村土地承包经营权登记簿》，在确保信息准确无误、责任权利明确的基础上，向农户颁发由市农委统一印制、加盖区县人民政府印章、附有承包地块示意图的农村土地承包经营权证书。原有相应权属证书作废。

（七）归档建库

一是规范档案管理。依据《农业部国家档案局关于印发〈农村土地承包经营权确权登记颁证档案管理办法〉》（农经发〔2014〕12号）及本市相关规定，坚持统一领导、分级实施、分类管理、集中保管的原则，由区县、乡镇农村经营管理部门和各行政村负责做好土地承包经营权确权档案的收集、整理、鉴定、保管、编研和利用等工作。

二是建立信息系统。按照国家及本市农村土地承包管理信息系统建设的要求，市级统一组织建立健全本市农村土地承包经营权确权登记颁证信息应用平台。各区县要按照全市统一安排，建立确权登记颁证数据库和业务系统，实现农村土地承包合同管理、权属登记、经营权流转和纠纷调处等业务工作的信息化。

（八）总结验收

各区县要对确权登记颁证工作进行全面总结，市级相关部门对各区县确权登记颁证工作进行检查验收。对工作成绩突出的，给予表彰；对登记成果不合格、工作走过场的，责令限期整改。

三、时间安排

（一）扩大试点阶段（2015年12月底前）

成立机构、制定方案、宣传培训。各级制定的工作实施方案要报同级人民政府批准和上一级主管部门备案，各区县要将确权登记颁证工作领导小组成员名单以及工作实施方案报市确权登记颁证专项工作小组备案。

各区县要按照先易后难的思路，积极稳妥推进确权登记颁证工作。到2015年年底前，全市确权登记颁证任务力争完成30%以上。

（二）稳步推进阶段（2016 年 1—12 月）

在总结前期工作经验基础上，各区县加快推进确权登记颁证工作，到 2016 年年底前，全市确权登记颁证任务力争完成 60%以上。

（三）基本完成阶段（2017 年 1—12 月）

重点解决争议，做到应确尽确，抓好收尾工作。确保 2017 年年底前，基本完成本辖区内的确权登记颁证工作，全市确权登记颁证任务力争完成 90%以上。

（四）总结验收阶段（2018 年 1—6 月）

各区县对确权登记颁证工作进行全面总结，市级相关部门成立专门检查组对各区县确权登记颁证工作进行检查验收。

四、保障措施

（一）切实落实主体责任

各区县、乡镇、村要切实承担主体责任。入户调查、公示审核、承包合同完善、登记申请、登记簿建立以及权属证书发放等工作，都必须由相应的责任主体完成，不能交由专业测绘公司等承担。

（二）建立请示报告制度

各区县在实际工作中，遇到有关政策及其他方面的重大问题，应以书面形式报市确权登记颁证专项工作小组，市确权登记颁证专项工作小组及时研究解决并予以答复。

（三）建立工作进度统计分析制度

实行工作进度月报告制度，各区县要严格按照要求，认真收集、整理确权登记颁证工作开展情况，及时汇总、深入分析，每月填报工作进度表，每季度上报工作进展情况。

（四）强化监督检查

建立健全确权登记颁证工作监督检查和成果验收制度。各区县要加强监督检查和情况调度，及时掌握工作进展情况，对发现的问题及时提出处理意见。同时，依据国家和本市的要求，研究制定具体检查验收办法。确权登记颁证任务完成后，由乡镇组织自查，区县组织核查，市级组织验收，并做好迎接国家抽查的准备。

（五）加强矛盾纠纷调处

各区县要建立稳定风险评估机制，制定切实可行的应急处置预案，认真排查可能出现的矛盾和问题，及时妥善加以解决。要引导当事人依法理性地反映和解决土地承包经营纠纷，通过协商、调解、仲裁和诉讼等渠道妥善化解，维护农村社会的和谐稳定。

附件 1　农户承包地登记基本信息表（样式）（略）

附件 2　农村土地承包经营权清理档案登记表（样式）（略）

附件 3　发包方调查表（样式）（略）

附件 4　农村土地承包经营权登记委托书（样式）（略）

附件 5　农村土地承包经营权要素编码规则（略）

附件 6　农户承包地面积确认公示表（样式）（略）

附件 7　农村土地承包经营权确权登记颁证申请书及农村土地承包情况登记表（样式）（略）

附件 8　农村土地承包台账（样式）（略）

中共北京市委农村工作委员会　北京市农村工作委员会
北京市国土资源局　北京市工商行政管理局
关于加强对工商资本租赁农地监管
和风险防范的意见

（2015 年 11 月 2 日）

郊区各区县农工委、农委、国土资源分局、工商分局、经管站：

根据《中华人民共和国农村土地承包法》《中华人民共和国农村土地承包经营权流转管理办法》

《国务院办公厅关于加快转变农业发展方式的意见》（国办发〔2015〕59 号）、农业部等四部门《关于加强对工商资本租赁农地监管和风险防范的意见》（农经发〔2015〕3 号）以及《北京市人民政府办公厅关于引导农村产权流转交易市场健康发展的若干意见》（京政办发〔2015〕40 号）等法律、法规和政策，结合本市实际，现就加强对工商资本（指工商业者投入的资本）租赁农地（指确权耕地）监管和风险防范提出以下意见。

一、准确理解和正确把握加强工商资本租赁农地监管和风险防范的总体要求

（一）充分认识加强工商资本租赁农地监管和风险防范的重要性

随着城乡要素加快流动，工商资本下乡租赁农地逐年增多。一方面，工商资本进入农业，会带来资金、技术和先进的生产经营方式；另一方面，工商资本长时间、大面积租赁农地，也容易导致耕地“非粮化”“非农化”倾向，存在不少风险隐患。对此，党中央高度重视，明确提出在农村土地流转中不能搞大跃进，不能搞强迫命令，不能搞行政瞎指挥；强调对工商资本租赁农地要有严格的门槛，租赁的耕地只能搞农业，不能改变用途；要求农地流转必须坚持土地公有制性质不改变、耕地红线不突破、农民利益不受损三条底线，让农民成为土地流转和规模经营的积极参与者和真正受益者。

（二）严格落实党和国家加强工商资本租赁农地监管和风险防范的方针政策

各区县要原原本本贯彻落实《中共中央办公厅国务院办公厅印发〈关于引导农村土地经营权有序流转发展农业适度规模经营的意见〉的通知》（中办发〔2014〕61 号）精神，在土地流转中，既要加大政策扶持力度，鼓励创新农业经营体制机制，又要因地制宜，循序渐进。要坚持经营规模适度和农地农用，避免片面追求超大规模经营。要加强工商资本租赁农地监管和风险防范，对工商资本租赁农地实行分级备案，严格准入门槛，探索建立程序规范、便民高效的工商资本租赁农地资格审查、项目审核制度，健全多方参与、管理规范的风险保障机制。加强事中事后监管，防止出现一些工商资本到农村流转土地后搞非农建设、影响耕地保护和粮食生产等问题，确保不损害农民权益、不改变土地用途、不破坏农业综合生产能力和农业生态环境。

（三）正确把握和引导工商资本到农村发展适合企业化经营的都市型现代农业

要根据《中共北京市委北京市人民政府关于调结构转方式发展高效节水农业的意见》（京发〔2014〕16 号）要求，按照全市“两田一园”（粮田、菜田和果园）划定工作确定的农业产业空间布局，引导工商资本参与全市“菜篮子”、现代种业、观光休闲农业等都市型现代农业建设，鼓励工商资本从事农产品加工流通和农业社会化服务，推动传统农业加速向现代农业转型升级。严格执行《北京市新增产业的禁止和限制目录》，严禁发展不符合首都城市战略定位的产业。

（四）进一步发挥工商资本带动农民共同致富的作用

工商资本进入农业，应通过利益联结、优先吸纳当地农民就业等多种途径带动农民共同致富，既不能排斥农民，也不能代替农民。鼓励“公司＋农户”共同发展，支持农业企业通过签订订单合同、领办创办农民合作社、提供土地托管服务等方式，带动种养大户、家庭农场等新型农业经营主体发展农业产业化经营。

二、切实加强工商资本租赁农地规范化管理

（五）合理确定工商资本租赁农地面积上限

各区县要结合本地实际，合理确定工商资本租赁农地的面积上限。原则上，首次租赁农地的单个企业（组织或个人），累计租赁农地面积上限应控制在 1 000 亩左右。确有良好经营业绩的，租赁合同期满后，经区县主管部门考核，累计租赁面积可以适当提高，具体上限标准由各区县根据实际情况确定。原有租赁农地面积超过此标准的，在不影响农业生产的情况下，要继续履行原流转合同，流转合同期满后，可根据实际经营情况，按照各区县的有关规定面积标准租赁农地。工商资本租赁农地面积超过 1 000 亩的，应报区县政府审核。

（六）合理确定工商资本租赁农地期限

工商资本租赁农地的期限应当尊重承包方的意愿，根据租赁土地的使用情况由双方协商确定，但

不得超过原承包合同的剩余期限。对租赁后用于普通农作物种植等投入较小的土地，流转期限不宜过长。对用于发展良种种苗繁育、高标准节水设施农业等现代种养业的，流转期限可以适当延长，但仍要遵照《合同法》的规定，租赁期限不得超过20年。租赁期限届满，当事人可以续订租赁合同，但约定的租赁期限自续订之日起仍不得超过20年。

（七）探索建立工商资本租赁农地分级备案登记制度

工商资本租赁农地应填报《北京市工商资本租赁农地备案表》（详见附件1），区县和乡镇农村产权流转交易服务机构要根据各自职责和权限，会同主管部门对租赁农地的企业（组织或个人）主体资质、农业经营能力等进行审查；对租赁土地的经营项目、土地用途、风险防范以及是否符合当地产业布局和现代农业发展规划等事项进行审核。农村产权流转交易服务机构要在企业填报的《北京市工商资本租赁农地备案表》上签署意见，并建立分级登记、备案制度。原则上，本乡域内的企业（组织或个人）租赁辖区内农村土地的，由乡级农村产权流转交易服务机构进行审查、备案，并填写《北京市工商资本租赁农地登记表》（详见附件2）；跨乡域企业（组织或个人）租赁农村土地的，由区县农村产权流转交易服务机构进行审查、备案，并填写《北京市工商资本租赁农地登记表》。各区县也可以根据实际，通过建立职能部门、农村集体经济组织代表、农民代表、农业专家等多方参与的农地流转审查联席会议等机制，采取书面报告和现场查看等方式，加强对租赁农地的企业（组织或个人）的资质审查和项目审核。

（八）加强工商资本租赁农地合同签订和备案管理

工商资本租赁农地应当持区县或乡镇农村产权流转交易服务机构审查审核同意的《北京市工商资本租赁农地备案表》，按照市农村经营管理部门制定的合同文本样式，签订规范的土地租赁合同，租赁合同中应明确土地流转用途、风险保障、土地复垦、能否抵押担保、再流转、合同到期地上物处置以及违约责任等事项。企业（组织或个人）通过村集体经济组织租赁农户承包地的，应当由承包农户按照市农村经营管理部门统一制定的北京市农村土地承包经营权流转委托书样式，出具书面委托书；企业（组织或个人）租赁集体确权确利和确权确股土地的，应当由集体经济组织成员（代表）大会民主决策，并形成书面决议书。企业（组织或个人）直接与农户签订的土地出租合同一式4份，流转双方各执1份，报村集体经济组织和乡（镇）农村经营管理机构各备案1份。企业（组织或个人）与村集体经济组织签订的土地出租合同一式3份，合同双方各执1份，报乡（镇）农村经营管理机构备案1份；承包农户出具的书面委托书或民主决议书由村集体经济组织备案。

（九）加强工商资本租赁农地的政策引导

租赁农地的企业（组织或个人）按照审查审核条件生产经营的，可以享受相关产业扶持政策和优惠措施；不按照审查审核条件生产经营的，不得享受相关产业扶持政策和优惠措施；与国家法律政策相抵触的，要进行限制或禁止。要通过政策引导，增强工商资本的社会责任，鼓励开展农业环境治理和生态修复，在生产发展中切实保护耕地等农业资源，严禁占用基本农田挖塘栽树及其他毁坏种植条件的行为。

三、进一步建立健全工商资本租赁农地风险防范机制

（十）工商资本应当通过公开市场租赁农地

工商资本租赁农地，应当通过本市农村产权流转交易市场公开、规范进行，防止暗箱操作。各区县要按照本市引导农村产权流转交易市场健康发展和规范土地流转工作的有关要求，进一步加快发展和完善多种形式的土地经营权流转交易市场，规范工商资本租赁农地经营权的交易原则、交易内容、交易方式、交易程序、监督管理及相关责任等事项，确保农地经营权流转交易公平、公开、公正进行。市农村产权交易所对未经区县农村产权流转交易服务机构（或主管部门）审查审核同意的企业（组织或个人），不予提供农地流转交易服务。

（十一）进一步依法规范农地流转行为

严禁各级政府或基层组织通过下指标、定任务等方式强迫农户流转农地，凡是整村整组对外流转的，必须经全体农户出具书面委托书。没有承包方的书面委托，任何组织和个人无权以任何方式决定流转农户的承包土地。不能以少数服从多数的名

义，将农户承包地集中对外招商经营，防止强迫命令，防止搞一刀切，防止少数基层干部私相授受，谋取私利。租赁农户承包耕地未经原承包农户同意、租赁确权确利和确权确股耕地未经集体经济组织成员民主决策同意，租地企业（组织或个人）不得转租农地。工商资本租赁农地应先付租金、后用地，并且至少应先付清一年以上的土地流转费用。

四、强化工商资本租赁农地事中事后监管

（十二）严格加强对耕地的保护

各区县要采取坚决措施，坚持最严格的耕地保护制度，强化对工商资本租赁农地的用途管制，切实保护基本农田，切实保障农地农用，严禁耕地“非农化”。租地企业（组织或个人）要严格按照合同约定在租赁农地上直接从事农业生产经营。区县和乡镇农业生产职能部门要指导租地企业（组织或个人）合理使用化肥、农药等投入品，防止出现掠夺性经营，确保耕地质量等级不下降。

（十三）加强乡村两级日常监督检查

要建立健全工作机制，对租赁农地经营、项目实施、风险防范等情况定期开展监督检查。鼓励和支持农村集体经济组织和承包农户对租赁农地利用情况进行监督。对违反合同约定的，原承包农户和农村集体经济组织可依法解除农地租赁合同，并要求赔偿。乡镇政府要定期组织检查，及时发现和纠正存在的问题，对村集体经济组织上报的违规违法使用农地的行为，要及时制止并向上级政府报告。

（十四）加大区县的查处力度

各区县对群众反映和乡镇政府上报的违法违规使用农地的企业（组织或个人）要及时纠正和查处，特别对擅自改变农业用途、破坏或污染租赁农地等违法违规行为，一经发现，责令限期整改，并依法追究相关责任。要积极探索利用网络、遥感等现代科技手段实施动态监测。对失信租赁农地企业要通过企业信用信息公示系统向社会公示，并启动联合惩戒机制。

（十五）切实加强组织领导

引导农村土地经营权有序流转，加强工商资本租赁农地规范管理，事关耕地保护基本国策，事关郊区农民切身利益、事关郊区社会和谐稳定，各区县要高度重视，强化组织领导，各有关部门要各司其职，协作配合，形成工作合力。农业部门要认真做好土地流转日常管理和服务工作，发现违反法律政策规定的，应及时通报有关部门并联合查处；国土部门要重点加强对租赁农地“农转非”情况的监管，及时查处违法违规行为；工商行政管理部门负责通过企业信用信息公示系统向社会公开租赁农地企业的基本信息。要建立部门责任追究制，确保事有人干、责有人担。

（十六）认真组织贯彻落实

本意见下发后，各区县要认真贯彻落实。同时，及时组织力量对现有工商资本租赁农地进行全面核查，并填报《北京市工商资本租赁农地登记表》。对违法改变农地用途搞非农建设的，要组织力量立即查处；对违约拖欠农户租金的，要督促企业（组织或个人）尽快清偿。要加大舆论宣传监督力度，不断规范工商资本租赁农地行为，引导农村土地经营权健康有序流转。

附件1　北京市工商资本租赁农地备案表

附件2　北京市工商资本租赁农地登记表

附件 1

北京市工商资本租赁农地备案表

（备案编号：　　　　　　　　　　）

<table>
<tr><td>企业名称</td><td colspan="3"></td><td>企业住所</td><td colspan="2"></td></tr>
<tr><td>法定代表人</td><td></td><td colspan="2">身份证号码</td><td></td><td>联系电话</td><td></td></tr>
<tr><td>项目名称</td><td colspan="6"></td></tr>
<tr><td rowspan="3">租赁合同情况</td><td>用地位置</td><td></td><td>租赁面积</td><td></td><td>合同起止时间</td><td></td></tr>
<tr><td>用地四至</td><td colspan="5"></td></tr>
<tr><td>土地租金
和给付约定</td><td colspan="5"></td></tr>
<tr><td rowspan="3">农地使用情况</td><td>规划用途</td><td colspan="5"></td></tr>
<tr><td>土地现状</td><td colspan="5"></td></tr>
<tr><td>租赁用途</td><td colspan="5"></td></tr>
<tr><td>其他需要说明的事项</td><td colspan="6"></td></tr>
<tr><td>乡镇农村产权流转
交易服务机构
（或乡镇政府）
意见</td><td colspan="6">负责人签字：　　　　　　　　盖章：

年　月　日</td></tr>
<tr><td>区县农村产权流转
交易服务机构
（或主管部门）
意见</td><td colspan="6">负责人签字：　　　　　　　　盖章：

年　月　日</td></tr>
</table>

备注：此表一式 2 份，企业存留 1 份、审核审查机构备案 1 份。需由市农村产权交易所组织交易的，增加 1 份。

附件 2

北京市工商资本租赁农地登记表

填报单位（公章）：　　　　　　　　　　　　　　　　　　　　　　　　年　月　日

序号	备案编号	用地单位名称	租地项目名称	用地位置	项目用地总面积	租赁用途	租金价格	合同起止时间	正式备案日期	备案部门	备注
合计											

北京市农村工作委员会
关于公布第二次监测合格北京市农业产业化
重点龙头企业名单的通知

（2015 年 1 月 9 日）

各郊区县农委、各有关单位：

为推进农业产业化、涉农企业做大做强，提高核心竞争力，带动都市型现代农业发展，根据《北京市农业产业化重点龙头企业认定和动态监测管理办法》（京政农函〔2014〕11 号），在企业申报、郊区县农委初审的基础上，经北京市农业产业化办公室审核，北京双娃乳业有限公司等 92 家北京市农业产业化重点龙头企业监测合格，有 9 家企业因达不到市级龙头企业标准和要求，监测不合格，不再享有北京市农业产业化重点龙头企业称号。现将第二次监测合格的北京市农业产业化重点龙头企业名单予以公布。

附件　第二次监测合格北京市农业产业化重点龙头企业名单

附件

第二次监测合格北京市农业产业化
重点龙头企业名单

北京双娃乳业有限公司
北京奥科瑞丰新能源股份有限公司
北京德农种业有限公司
北京九州大地生物技术股份有限公司
北京伟嘉人生物技术有限公司
北京林大林业科技股份有限公司
北京北农大动物科技有限责任公司
中博农畜牧科技股份有限公司
北京挑战牧业科技股份有限公司
北京联创种业有限公司
北京乾景园林股份有限公司
北京嘉博文生物科技有限公司
北京澳特舒尔保健品开发有限公司
北京燕都立民屠宰有限公司
北京三江宏利牧业有限公司
北京凯达恒业农业技术开发有限公司
北京格瑞拓普生物科技有限公司
京之源（北京）农业有限公司
北京维鲜永泰农业科技开发有限公司
北京金利圆养殖有限公司
北京南河北星农业发展有限公司
北京永长福生物科技有限公司
北京利民恒华农业科技有限公司
北京水屯农副产品批发市场中心
北京华耐农业发展有限公司
北京中农榜样生物科技有限公司
北京天安农业发展有限公司
北京古船食品有限公司
北京雨润食品有限公司
北京东升方圆农业种植开发有限公司
北京仙源食品酿造有限公司
北京吉鼎力达生物科技有限公司
北京富勤食用菌科技有限公司
北京顺鑫农业股份有限公司鹏程食品分公司
北京顺鑫农业股份有限公司创新食品分公司
北京顺鑫石门农产品批发市场有限责任公司
北京市北郎中农工贸集团
北京天福号食品有限公司
北京新华航空食品有限公司
北京大三环食品有限责任公司
北京吉奥金禾农业发展有限公司
北京鑫竺绿园食品有限责任公司
北京燕京中发生物技术有限公司
北京康贝尔食品有限责任公司
北京光明健能乳液有限公司
北京申安食品有限公司
北京市宝金龙食品有限公司
北京金维福仁清真食品有限公司
北京美全食品有限公司

北京市美丹食品有限公司
北京绿康源食品科技发展有限公司
北京礼贤奥天农业有限公司
中粮丰通（北京）食品有限公司
北京惠欣纯益养殖有限公司
北京千喜鹤食品有限公司
北京市老才臣食品有限公司
北京华裕食品有限公司
北京荣涛食品有限公司
北京绿润食品有限公司
北京百年栗园生态农业有限公司
北京洪福环宇餐饮有限公司
北京康顺达农业科技有限公司
北京鑫记伟业食品集团有限公司
北京绿富隆农业股份有限公司
北京庆和食品有限责任公司
康泰新农农业科技发展（北京）有限公司
北京绿山谷芽菜有限责任公司
北京京丰岳各庄农副产品批发市场中心
北京科高大北农饲料有限责任公司
北京富亿农板栗有限公司
北京顺通虹鳟鱼养殖中心
北京绿神鹿业有限公司
北京西餐食品有限公司
颐寿园（北京）蜂产品有限公司
北京二商王致和食品有限公司
北京六必居食品有限公司
北京市第五肉类联合加工厂
北京市怀柔区肉类联合加工厂
北京二商希杰食品有限责任公司
北京月盛斋清真食品有限公司
北京市东方友谊食品配送公司
北京水产有限责任公司
北京二商大红门肉类食品有限公司
北京华都肉鸡公司
北京三元种业科技股份有限公司
北京家禽育种有限责任公司
北京市花木公司
北京百花蜂业科技发展股份公司
北京市蜂业公司
北京农产品中央批发市场有限责任公司
北京农业生产资料有限公司
北大荒营销股份有限公司

北京市农村工作委员会　北京市财政局 北京市农业局关于印发《北京市基本菜田蔬菜生产补贴办法（试行）》的函

（2015 年 2 月 5 日）

郊区各区县人民政府：

为贯彻落实《中共北京市委北京市人民政府关于调结构转方式发展高效节水农业的意见》（京发〔2014〕16 号）精神，进一步提升并稳定本市菜田面积，促进蔬菜产业高效节水发展，自 2015 年起在本市实施基本菜田蔬菜生产补贴政策。现将《北京市基本菜田蔬菜生产补贴办法（试行）》印发给你们，请认真组织实施。

北京市基本菜田蔬菜生产补贴办法（试行）

第一章　总　　则

第一条　根据《中共中央办公厅国务院办公厅印发〈关于引导农村土地经营权有序流转发展农业适度规模经营的意见〉的通知》（中办发〔2014〕61 号）精神，以及《中共北京市委北京市人民政府关于调结构转方式发展高效节水农业的意见》（京发〔2014〕16 号）关于“建立基本菜田种植补贴制度”的要求，经研究，在本市实施基本菜田蔬菜生产补贴政策（以下简称“菜田补贴”）。

第二条 为切实发挥菜田补贴对于稳定菜田面积、提高蔬菜产量和质量安全水平、促进农业高效节水的作用，全面提高本市蔬菜产业土地产出率、劳动生产率、资源利用率，特制订本办法。

第二章 补贴内容与要求

第三条 市级按照平均500元/（亩·年）的标准，依据划入北京市基本菜田信息系统的菜田面积，安排全市基本菜田补贴资金。

第四条 菜田补贴实行“奖补结合、以奖代补”，由基础补贴、考核奖励两部分组成，补贴资金按照基础补贴60%、考核奖励40%的比例分配。

基础补贴，面向本市蔬菜生产者。由市级拨付资金，各区县政府参照本办法制定补贴方案，对符合要求的本市蔬菜生产者予以直接补贴。

考核奖励，面向区县政府。由市菜田补贴工作小组对区县蔬菜产业发展水平进行考核，并予以资金奖励。

第五条 关于基础补贴。各区县制定基础补贴的具体方案。方案要有利于蔬菜产业水平的全面提升，体现保面积、保设施、保安全的政策目标，促进蔬菜产业适度规模经营、高效节水发展。基础补贴不承担奖励功能，要全部用于补贴蔬菜生产者。

补贴方案要符合以下具体要求：

1. 补贴范围为划入北京市基本菜田信息系统，并且常年从事蔬菜生产、达到一定规模的基本菜田。规模标准由各区县依据《关于引导农村土地经营权有序流转发展农业适度规模经营的意见》中“对土地经营规模相当于当地户均承包地面积10～15倍、务农收入相当于当地二、三产业务工收入的，应当给予重点扶持”的原则，结合本区县蔬菜生产实际，自行确定。

2. 补贴对象为从事蔬菜生产的本市农户，以及在本市登记注册的合作社、农业生产企业。申请补贴的合作社、企业要以本地劳动力为主，且本地劳动力数量要逐年增加。

3. 享受补贴的菜田要符合《中共北京市委北京市人民政府关于调结构转方式发展高效节水农业的意见》有关要求，设施菜田年用水量不超过500立方米/亩、露地菜田年用水量不超过200立方米/亩。

4. 对设施菜田提高补贴标准，引导提高设施使用效率，提升淡季蔬菜供应能力。

5. 对获得“三品”认证的菜田提高补贴标准，引导生产者科学平衡施肥，使用高品质有机肥、复合肥，推广绿色防控技术。

第六条 有下列情况之一的，不予以基础补贴：

1. 连续闲置半年以上的设施菜田。

2. 本年度内，发生重大质量安全事件的，或者在部、市级农产品质量安全抽检中出现不合格的，以及拒不接受质量安全抽检的地块。

3. 改变设施使用性质，或者存在其他违反耕地保护规定的。

4. 违反有关肥料、农药使用管理规定，对环境造成严重污染和破坏的。

5. 农业部门明确规定不予菜田补贴的其他事项。

第七条 关于考核奖励。市菜田补贴工作小组每年对区县蔬菜产业规模经营、提质增效、用水、用工、新增菜田、面源污染治理等情况进行考核，从菜田补贴专项资金中安排以下三项奖励：

1. 蔬菜产业“三率”考核奖励。对各区县上一年度蔬菜产业土地产出率、劳动生产率和资源利用率进行考核，予以定额奖励。

2. 蔬菜产业“调转节”考核奖励。对各区县上一年度蔬菜产业的规模化发展情况、外来劳动力疏解情况、用新水下降情况、面源污染治理情况进行考核，予以定额奖励。

3. 新增菜田奖励。对各区县新增菜田给予一次性奖励。

第八条 考核奖励资金的使用对象，为享受基础补贴的菜田；使用范围主要用于蔬菜生产方面各环节的补助，包括菜田培肥地力、面源污染治理、蔬菜主产区规模化提升、蔬菜产业专业化服务体系建设、蔬菜高效农艺节水等技术应用。

各区县的考核奖励资金使用情况，要及时报市菜田补贴工作小组。

考核奖励的具体办法，由市菜田补贴工作小组办公室另行制定下发。

第三章 组织实施与监督管理

第九条 市菜田补贴工作小组根据上一年度各区县基本菜田面积、蔬菜产量贡献率，确定各区县基础补贴资金额度。各区县政府于每年4月30日前，将补贴方案报市菜田补贴工作小组审核。审核通过后，市级下拨资金，区县组织做好基础补贴有关工作。各区县的补贴对象、地块、面积、金额等情况，要及时汇总报市菜田补贴工作小组备案。

第十条　菜田补贴的申请和发放坚持全程透明、公开原则。各区县要严格规范补贴申请发放程序，做好登记、审核、公示、资金拨付和存档等工作。

第十一条　基础补贴资金要求直接发放到补贴对象，不得以发放农资等形式替代，不得以各种名义截留。严禁虚报冒领，出现虚报冒领情况的，将追回补贴资金，并追究相关单位和人员的责任。

第十二条　基本菜田划定是做好菜田补贴工作的基础。各区县组织做好本行政区域内的基本菜田划定工作，及时将新增核减信息报市农业局。市农业局按有关程序审核更新全市基本菜田信息系统，作为年度菜田补贴范围依据。

第十三条　开展菜田补贴所需的工作经费，由各区县财政按有关规定另行列支。严禁挤占挪用菜田补贴资金用于工作经费。

第十四条　申请领取菜田补贴的合作社、企业，必须与市菜田补贴工作小组签署《应急保障基地蔬菜产品保供应协议》，遇重大突发事件和重要保障任务，有义务按市菜田补贴工作小组要求生产和调拨蔬菜产品，不履行该义务的，取消其补贴资格。

第十五条　市级成立菜田补贴工作小组，由市农委、市农业局、市财政局、市水务局、市国土局组成。市菜田补贴工作小组下设办公室，办公室设在市农业局蔬菜处。各成员单位根据部门职责做好菜田补贴的指导、管理和督查工作。

第十六条　各区县成立菜田补贴工作小组，明确主责部门，做好补贴方案的制定、宣传和执行工作。小组名单报市菜田补贴工作小组。

第十七条　各区县是菜田补贴资金使用和监管的责任主体，要认真研究制定补贴方案，严格规范工作流程，切实加强资金监管，确保补贴资金落到实处，发挥实效。

第四章　附　　则

第十八条　本办法自 2015 年 1 月 1 日起施行，有效期至 2020 年 12 月 31 日。

北京市农村工作委员会
关于印发《2015 年北京市农业农村信息化
重点工作》的通知

（2015 年 4 月 19 日）

市农委系统各单位，郊区各区县农委：

现将《2015 年北京市农业农村信息化重点工作》印发给你们，请结合实际认真贯彻落实。

2015 年北京市农业农村信息化重点工作

2014 年，本市农业农村信息化工作坚持以“221 信息平台”为核心，不断推进信息化与农业现代化深度融合，提升农村管理现代化水平，为首都“三农”工作发展作出了积极贡献。2015 年是“十二五”收官之年，面对适应经济发展新常态、农村改革不断深化的格局，本市农业农村信息化工作亟需在生产、经营、管理、服务等方面，继续加强建设与应用，创新体制机制。为统筹做好本市农业农村信息化工作，现就 2015 年重点工作作出如下安排。

一、总体思路

全面贯彻落实党的十八大和十八届三中、四中全会以及习近平总书记系列重要讲话和对北京工作的重要指示精神，按照中央和北京市农村工作会议的要求，强化顶层设计，突出应用实效，创新体制机制，加速推进本市农业农村信息化建设与应用，使之成为都市型现代农业调结构、转方式发展，城乡发展一体化，增添农村发展活力的重要驱动力。

二、工作原则

一是坚持统筹推进。紧密围绕首都功能定位和全市农村工作重点任务，进一步完善农业农村信息化顶层设计，加强各级涉农信息化部门的工作协同，注重发掘基层创新经验和做法，突出重点，全面推进。

二是坚持突出实效。更加重视以需求为驱动，应用为导向的农业农村信息化建设原则，把应用成效摆在首要位置，充分利用各方面已有的信息化基础设施和成果，加强集约化建设，促进信息资源共享。

三是坚持创新机制。正确处理好政府与市场的关系，加强与市场主体和社会化平台的对接与合作，研究鼓励与支持政策，吸引更多的社会力量投入农业农村信息化建设。

三、重点工作

（一）推进信息化与农业现代化深度融合，提升都市型现代农业智能化水平

1. 强化以物联网、云计算、移动互联、北斗导航为代表的信息技术在农业生产各领域中的应用，开展生态农业物联网示范园区建设与应用推广，力争在节水、节药、节肥、节劳力等方面取得实效，提升信息技术对于都市型现代农业调结构、转方式发展的引领作用。

2. 搭建都市型现代农业物联网公共服务平台，为农业生产经营主体提供科学排产、农事管理、病虫害预防、质量追溯等服务。

（二）拓宽服务方式与内容，提升城乡信息服务均等化水平

3. 以智慧乡村建设为平台，总结经验，有针对性地开展各具特色、多种形式的信息化应用推广，试点智慧乡镇建设，通过信息化手段支撑农村产业发展、乡村社会治理与农民生活改善。

4. 以信息进村入户为抓手，按照农业部的部署，做好标准型和专业型村级信息服务站的建设与运行，建立长效机制；完善北京移动农网、12316与12396服务热线、农村党员干部远程教育平台的信息服务效能，丰富服务内容和服务方式，着力缩小城乡数字鸿沟。

5. 以与成熟互联网平台对接为纽带，搭建良性互动平台，引导城乡之间公共服务便捷、有效运转。

（三）发展农村电子商务，提升经营网络化水平

6. 鼓励涉农企业、农民合作社通过多种形式，在经营领域应用信息技术，实现从生产到仓储、配送、质量追溯的全程信息化管理，促进农产品产销信息对接，发展在线交易，提升规模化、组织化程度，塑造和宣传产品品牌。

7. 整合全市优质农产品资源，建立与社会综合电商平台、生鲜农产品专业电商平台对接机制，拓宽农产品销售渠道，促进优质优价。开展电子商务进农村综合示范。

8. 开展面向农业产业化重点龙头企业、农民专业合作社等的电子商务应用培训。

（四）强化电子政务建设，提升农村管理现代化水平

9. 继续提升信息技术对业务工作的支撑水平，完成农村土地承包登记系统、北京山区农民搬迁管理系统等重要政务信息系统建设。

10. 完成农村“三资”监管平台升级改造工作，全面推广农村经济在线审计系统，加强需求调研，提升基层应用水平。

11. 继续提升信息资源开发和利用水平，梳理现有涉农信息资源底数，逐步理顺信息资源生产、加工、存储、利用、共享的运行机制，加强信息资源的综合应用能力，建立数据资源开放共享体系，提高面向公众和政府部门间的数据开放水平。

12. 继续做好各级涉农网站、微博的运行，提高信息发布质量，提升公共服务效能；加强对互联网舆情的监测和分析。

13. 继续提升信息安全保障水平，按照信息安全等级保护工作要求，加强制度与规范建设，严抓落实，提高监管、技术保障和应急处置能力。

（五）创新体制机制，提升农业农村信息化发展水平

14. 全面总结“十二五”期间全市农业农村信息化工作，加强基础调研，开展“十三五”时期农业农村信息化发展规划编制，完善和落实顶层设计。

15. 提升农业农村信息化统筹、集约发展水平，完善市、区部门工作联动机制，加强重点工作推进力度。加强对已有信息化基础设施和建设成果的综合应用，完善农业农村信息化项目闭环管理。

16. 探索农业农村信息化在基础设施建设、服务体系完善、资金投入、人才队伍培养、政策扶持等方面的发展机制创新，调动市场主体积极性，加强与成熟的社会化平台对接与合作，引导更多的社会力量参与农业农村信息化建设。发挥首都科技资源优势，加强产品和装备研发。

17. 加强农业农村信息化应用典型的培育，发掘基层创新经验，继续开展北京市农业农村信息化示范基地认定工作，多方式、多层次加大建设成果宣传力度，以点带面，促进全市农业农村信息化工作整体水平不断提高。

北京市农村工作委员会　北京市财政局　北京市农业局关于2015年北京市粮食直补和农资综合补贴政策的实施意见

（2015年4月23日）

郊区各区县人民政府，首农集团：

为贯彻落实2015年中央1号文件、《中共中央办公厅国务院办公厅关于引导农村土地经营权有序流转发展农业适度规模经营的意见》及《中共北京市委北京市人民政府关于调结构转方式发展高效节水农业的意见》精神，进一步提高本市粮食直补和农资综合补贴的导向性和效能，现就2015年粮食直补和农资综合补贴政策提出如下意见。

一、补贴原则

1. **坚持惠农原则**。粮食生产补贴政策是国家一项重要的强农富农惠农政策，要继续促进农业增效和农民增收，确保种粮农民受益。

2. **坚持透明原则**。粮食生产补贴工作要实现全程公开、透明，严格工作程序，确保政策执行程序规范，补贴资金按时、足额发放到农户手中。

二、补贴范围

对在本市郊区确权耕地内种植小麦、玉米的种粮农户和本市国有农场种粮职工，实行粮食直补和农资综合补贴。

三、补贴标准

1. **粮食直补**。小麦为70元/亩，玉米为32元/亩。

2. **农资综合补贴**。小麦为60元/亩、玉米为55元/亩；遇中央调整农资综合补贴政策，将随时上调补贴标准。

首农集团双河农场种粮耕地，按照双河农场所在地农资综合补贴标准执行。

四、工作要求

1. **及时兑付**。2015年，本市各郊区县应于5月20日和8月15日前分别将小麦、玉米的粮食直补和农资综合补贴数据上报市农业局，6月20日和9月15日前完成相应的补贴资金兑付工作。

2. **规范程序**。粮食直补和农资综合补贴坚持全程透明、公开，严格“农户自愿申请、村委会公示确认、乡镇政府审核、区县政府批准、市农业局备案”的工作程序。粮食直补工作必须严格按照《北京市粮食直补和农资综合补贴操作程序》（详见附件1）的要求执行，不得减免环节、违规操作。

首农集团双河农场符合补贴政策的耕地，按照《关于首农集团双河农场粮食直补资金发放办法》

(详见附件2)执行。

3. **明确责任**。区县各级政府相关部门和相关企业要严格按照《北京市粮食直补和农资综合补贴操作程序》和《关于首农集团双河农场粮食直补资金发放办法》确定的职责分工，加大宣传力度，加强资金管理，严禁虚报冒领、集体代领等行为，对出现的问题要采取措施及时处理。

市农委、市财政局和市农业局组织有关部门，不定期对区县粮食直补和农资综合补贴工作落实情况进行督查，指导区县加强政策宣传、规范管理、完善档案，做好补贴政策指导工作。

附件1　北京市粮食直补和农资综合补贴操作程序

附件2　关于首农集团双河农场粮食直补资金发放办法

附件1

北京市粮食直补和农资综合补贴操作程序

为切实组织好粮食直补和农资综合补贴政策落实工作，确保补贴程序公开、透明，补贴资金尽快兑现到农民手中，保护、调动农民种粮积极性，结合本市农业生产实际，制定本程序。

一、资金的申请、确认、审核、批准与兑现

(一) 农户自愿申请

粮食直补和农资综合补贴由农户自愿申请。本市农户在确权耕地内种植小麦、玉米的，到村委会领取《北京市粮食直补农户申请表》(附表1)，按照要求如实填写一式三份，在规定的时间内报村委会两份，本人留存一份。

1. **农户种植的**。由确权农户如实填写《北京市粮食直补农户申请表》(附表1)，申请相关补贴资金。

2. **村集体种植的**。村集体在确权耕地内种植的小麦、玉米的粮食直补和农资综合补贴，由村委会制定具体的量化方案，召开村民代表会议通过，并张榜公示量化农户的姓名、面积、补贴资金等，公示期5天，公示内容须留档(复印件或影像资料)备查。村委会确认无疑义后，由确权农户如实填写《北京市粮食直补农户申请表》(附表1)，申请相关补贴资金。

(二) 村委会公示确认

村委会负责公示确认。村委会按照上级部门统一安排的时间要求，张榜公布粮食直补和农资综合补贴的农户姓名、补贴面积、补贴资金等，公示期为7天，公示内容须留档(复印件或影像资料)并报乡镇政府指定的农业主管部门备查，接受群众监督。出现争议的由村委会负责协调解决。村委会确认无异议后，填写《北京市粮食直补村级汇总确认表》(附表2)一式三份，按照上级部门确定的时限要求，报乡镇政府指定的农业主管部门两份，村委会存档一份；同时上报《北京市粮食直补农户申请表》(附表1)一套。

(三) 乡镇政府审核

乡镇农业主管部门负责审核工作。乡镇农业主管部门逐村审核申报资料无误后，填写《北京市粮食直补镇(乡)级汇总审核表》(附表3)一式三份，按照上级部门确定的时限要求，报区县农委两份，乡镇农业主管部门存档一份；同时上报《北京市粮食直补村级汇总确认表》(附表2)一套。

(四) 区县政府批准

区县农委逐乡镇核实申报资料无误后，填写《北京市粮食直补区(县)级认可汇总表》(附表4)一式三份，报区县政府批准；区县政府对上报的《北京市粮食直补区(县)级认可汇总表》(附表4)批复同意后，由区县农委送区县财政局一份，安排拨付补贴资金；同时，按照市级确定的时限要求报市农业局备案一份；本级部门存档一份。

(五) 补贴资金兑现

区县农委根据区县政府的批复，对乡镇上报的《北京市粮食直补镇(乡)级汇总审核表》(附表3)进行批复。乡镇接到区县农委批复同意后，由乡镇财政所按照批复内容，拨付补贴资金到种粮农户账户。乡镇拨付资金后，应及时通知村委会，由村委会公告通知农户核对确认补贴资金。

粮食直补和农资综合补贴资金一律实行“一卡通”或“一折通”，补贴资金确保按时足额兑现到农民手中，禁止发放现金，禁止将补贴资金用于抵扣农民交费。

二、各部门职责分工

粮食直补和农资综合补贴工作实行属地管理。区县、镇、村三级负责粮食直补和农资综合补贴工

作的组织实施，如遇群众疑义或反映问题，要及时做好政策解释工作；对于政策执行中出现的问题，要及时向上级有关部门报告。

市有关部门负责粮食直补和农资综合补贴政策执行的指导工作。其中，补贴面积的督查工作由市农委、市农业局负责，补贴资金监管督查工作由市财政局负责。

区县政府负责粮食直补和农资综合补贴的组织工作，要做好补贴政策的宣传引导，补贴对象、种类、资金结算的审核、监督和检查，确保补贴政策落到实处，禁止将补贴资金用于抵扣农民交费；乡镇政府负责粮食直补和农资综合补贴的审核工作，逐村审核申请资料，督促检查村委会严格执行申请程序；村委会负责粮食直补和农资综合补贴的申请、确认工作，做好公示、建档、留证等，接受群众的监督检查。

三、面积核算办法

1. 小麦、玉米平作按实际播种面积计算。

2. 小麦玉米套种视同小麦—玉米平作。

3. 小麦或玉米与其他作物间作的，小麦、玉米占地面积在80%以上（含80%）的享受粮食直补和农资综合补贴政策，占地面积不足80%的不享受粮食直补和农资综合补贴政策。

4. 种植面积填报以亩为单位，精确到小数点后1位。

5. 果林地间作小麦、玉米的不享受粮食直补和农资综合补贴政策。

附表1

________年北京市粮食直补农户申请表

______区（县）______镇（乡）______村

姓名： 身份证号： 单位：亩、元

地块名称	补贴面积		粮食直补和农资综合补贴		
	农户种植面积	集体种植量化到户面积	粮食直补	农资综合补贴	合计
合计					
地块数合计					
申请人	（本人）签字： 年 月 日				
村委会意见	签字： 盖章： 年 月 日				

附表 2

________年北京市粮食直补村级汇总确认表

________区（县）________镇（乡）________村　　　　　　　　　　单位：亩、元、块

序号	农户姓名	身份证号	补贴面积		粮食直补和农资综合补贴			总地块数
			农户种植面积	集体种植量化到户面积	粮食直补	农资综合补贴	合计	
合　计								

村委会意见	负责人签字：　　　　盖章： 年　月　日
镇（乡）政府意见	负责人签字：　　　　盖章： 年　月　日

附表 3

________年北京市粮食直补镇（乡）级汇总审核表

________区（县）________镇（乡）　　　　　　　　　　　　　　　　单位：亩、元、户

序号	村名	补贴面积		补贴资金			农户数量
		农户种植面积	集体种植量化到户面积	粮食直补	农资综合补贴	合计	
合　计							
镇（乡）政府意见	负责人签字：　　　　盖章： 年　月　日						
区（县）政府意见	负责人签字：　　　　盖章： 年　月　日						

附表4

________年北京市粮食直补区（县）级认可汇总表

区（县） 单位：亩、元、个、户

<table>
<tr><th rowspan="2">镇（乡）名</th><th colspan="2">补贴面积</th><th colspan="3">补贴资金</th><th rowspan="2">涉及村数</th><th rowspan="2">涉及农户数</th></tr>
<tr><th>农户种植面积</th><th>集体种植量化到户面积</th><th>粮食直补</th><th>农资综合补贴</th><th>合计</th></tr>
<tr><td></td><td></td><td></td><td></td><td></td><td></td><td></td><td></td></tr>
<tr><td></td><td></td><td></td><td></td><td></td><td></td><td></td><td></td></tr>
<tr><td></td><td></td><td></td><td></td><td></td><td></td><td></td><td></td></tr>
<tr><td></td><td></td><td></td><td></td><td></td><td></td><td></td><td></td></tr>
<tr><td></td><td></td><td></td><td></td><td></td><td></td><td></td><td></td></tr>
<tr><td></td><td></td><td></td><td></td><td></td><td></td><td></td><td></td></tr>
<tr><td></td><td></td><td></td><td></td><td></td><td></td><td></td><td></td></tr>
<tr><td></td><td></td><td></td><td></td><td></td><td></td><td></td><td></td></tr>
<tr><td></td><td></td><td></td><td></td><td></td><td></td><td></td><td></td></tr>
<tr><td></td><td></td><td></td><td></td><td></td><td></td><td></td><td></td></tr>
<tr><td></td><td></td><td></td><td></td><td></td><td></td><td></td><td></td></tr>
<tr><td></td><td></td><td></td><td></td><td></td><td></td><td></td><td></td></tr>
<tr><td></td><td></td><td></td><td></td><td></td><td></td><td></td><td></td></tr>
<tr><td>合　计</td><td></td><td></td><td></td><td></td><td></td><td></td><td></td></tr>
<tr><td>区县政府意见</td><td colspan="7">负责人签字：　　　　盖章：
年　月　日</td></tr>
</table>

附件2

关于首农集团双河农场粮食直补资金发放办法

为规范首农集团双河农场新开垦种粮耕地粮食直补资金管理，切实组织好补贴政策落实工作，结合北京市对种粮农民补贴政策和黑龙江省农资综合补贴政策，特制定对首农集团双河农场粮食直补资金发放办法。

一、资金的申请、审核与发放

1. **农场申请**。双河农场依据《北京市粮食直补和农资综合补贴操作程序》，细化和制定补贴资金申请、确认、审核、批准与兑付的各项程序。每年按照签订的种粮土地承包合同，对种粮农工申请的补贴资金及相关信息进行公示，编制粮食种植档案和补贴明细表，上报首农集团确认。粮食种植档案及补贴明细表应当反映双河农场当年粮食播种总承包面积和补贴资金总额，同时包括种植年度、种粮农工姓名、种植面积、种植品种、补贴数额等内容。

2. **首农集团确认**。首农集团对双河农场上报的档案资料和数据进行确认，依据本市补贴政策，先行垫付双河农场粮食直补资金，将补贴资金直接拨入当地财政部门在商业银行（或农村信用社）开设的“粮食直补资金”专户，并向市农业局上报资金申请、审核资料及垫付资金的相关依据。

双河农场在确认收到首农集团拨付的粮食直补资金后，依据当地财政规定的资金兑付程序兑付资金。

3. **市农业局审核**。市农业局对首农集团上报资料的真实性和完整性进行审核，并将审核结果上报市农委。审核结果应包括双河农场当年总种植面积及补贴资金、黑龙江省已补贴面积及补贴资金、未享受补贴种植面积及补贴资金等情况。

4. **市农委审批**。市农委对市农业局上报的数据进行审核，批准确认双河农场应享受的补贴面积，并依据双河农场当地的补贴标准，核定当年应补贴数额，核准首农集团垫付资金情况，向市财政局申请拨付资金。

5. **市财政局拨付资金**。市财政局依据市农委的资金申请，经审核后将补贴资金拨付到首农集团粮食直补专户，按年对资金进行清算。

二、对粮食直补工作的要求与监督

1. 双河农场粮食直补资金必须按已承包面积落实到农工个人，不得由农场或其他人集中代领。未承包到农工个人且由农场统一种植经营的土地，不享受本政策。

2. 首农集团是粮食直补资金发放和监督的第一责任人，要严格按照本发放办法及时将补贴资金拨付到双河农场粮食补贴专户，并对资金的兑付和使用情况进行监督。

3. 市农委、市农业局负责监督首农集团双河农场粮食种植面积和补贴资金的申报、确认、审核等工作；市财政局监督补贴资金兑付情况。对出现面积填报不实，组织不力，不及时兑付补贴资金等问题，将收回或停止拨付补贴资金，并依据有关规定追究有关责任人责任。触犯刑律的移交司法机关依法处理。

北京市农村工作委员会　北京市农业局关于印发《北京市农业系统 2015 年防汛工作方案》的通知

（2015 年 6 月 1 日）

郊区各区县农委、农业局、动监局，市农委系统各单位，两委、市农业局机关各处室：

经市农委同意，现将《北京市农业系统 2015 年防汛工作方案》印发你们，请结合工作实际，认真组织实施，抓好贯彻落实。

北京市农业系统 2015 年防汛工作方案

为认真落实北京市农业系统防汛抗旱责任，切实做好农业防汛抗旱工作，依据《北京市防汛应急预案》《北京市农业自然灾害突发事件应急预案》和《北京市 2015 年防汛工作方案》，特制定以下工作方案。

一、明确防汛工作目标

2015 年，市农业系统各单位要围绕“生命至上、安全第一”的宗旨，坚持立足于防大汛、抗大旱、抢大险、救大灾，立足于应对极端天气和局部强降雨，严格落实防汛责任制，全面提升指挥决策、预报预警、社会动员、应急保障和依法行政能力，确保农业有力防灾、有序避灾、有效减灾，确保人民生命财产安全。

二、建立防汛指挥体系

按照统一指挥、分工负责、分级负责的原则，严格落实行政首长负责制，建立完善全覆盖防汛责任制，进一步健全指挥顺畅、运行规范、责任明确的防汛指挥体系。

1. **健全市农业系统防汛抗旱指挥部**。在市防汛抗旱指挥部和相关专项分指挥部的领导下，成立由市委农工委书记孙文锴任指挥，市农委、市农业局相关领导成员担任副指挥的市农业系统防汛抗旱指挥部，全面领导、组织全市农业防汛抗旱工作。（具体职责分工和联系区县见附件 1）

2. **健全市农业系统防汛抗旱指挥部办公室。**在市农业系统防汛抗旱指挥部的统一领导下，成立由市农委副主任、市农业局局长吴宝新为主任，市农业局应急处处长姚杰章和市农委产业发展处处长任志刚为副主任，市农委、市农业局相关处室负责同志为成员的市农业系统防汛抗旱指挥部办公室，办公室设在市农业局应急处。市农委产业发展处承担市农委防汛抗旱日常管理工作，市农业局应急处承担市农业局防汛抗旱日常管理工作。（成员单位职责分工见附件 2）

3. **健全区县农业系统防汛抗旱工作体系。**各区县农业主管部门要相应建立农业防灾减灾工作体系，完善并指导镇（乡）、村建立相应体制和队伍，形成市、区县、乡镇、村四级联动、渠道畅通、快速响应、切实管用的农业防灾减灾工作体系。

三、健全防汛工作机制

按照职责明确、指挥顺畅、抢险有序、响应高效的原则，着力提高指挥决策能力、预报预警能力、社会动员能力、应急保障能力。

1. **完善预警研判机制。**依据农业生产气象预报预警及气象灾害监测服务信息需求，协调气象部门加强具体气象指导，及时通报有关天气情况，进一步提高气象对农业服务的针对性。

2. **完善农气会商机制。**当气象部门发布蓝色以上预警后，市农业系统防汛办及时启动预警响应，采取会议会商或视频会商方式启动农气会商机制，重点研究评估对农业生产的影响，明确可能受灾的重点区域、重点行业，并提出具体应对措施。如遇橙色（Ⅱ级）或红色（Ⅰ级）预警，市农委、市农业局、市气象局领导参加会商。

3. **完善预警信息发布机制。**根据气象预警和会商结果，按照《北京市农业自然灾害突发事件应急预案》规定流程，通过 12316、北京移动农网等方式，及时将预报情况和会商研究的具体应对措施，向区县农业部门下发紧急通知，并向全市农业生产企业、合作社、农户发送预警信息。

4. **建立防汛工作督导机制。**成立由市农委、市农业局领导带队、相关处室人员组成的 13 个督导组，加强对各郊区县农业防汛的指导和服务，重点了解防汛工作准备情况，提前进入可能发生灾害的地区，帮助协调各方做好防汛和防灾减灾工作。

5. **完善防汛应急处置机制。**建立“领导率先、全体参与”的防汛应急工作机制，遇到重大汛情，市农委、市农业局全体干部就地参加所在郊区县的防汛工作，配合当地农业主管部门开展防汛工作。

6. **完善信息报送机制。**坚持“汛情向一处汇、汛令由一处发”，确保各类信息的一致性。预警响应启动后，严格实行“零报告”制度，按照时间节点及时报告防汛信息，内容包括雨情、水情、工情、险情、灾情、应对措施等。市农委建立防汛预警响应发布名单制度，统一负责防汛信息的上报和发布，市农业局应急处要及时收集、汇总、整理、分析各类信息。区县农业部门上报信息时，要做到不虚报、不瞒报、不谎报，确保信息及时、准确、无误。

四、落实防汛工作措施

1. **严格落实防汛工作责任制。**按照《北京市农业自然灾害突发事件应急预案》（京政农函〔2012〕4 号）规定，农业系统各部门和相关单位，要加强对防汛抗旱工作的组织领导，明确各项职责分工，任务到岗、责任到人，做到防汛工作责任制全覆盖。

2. **及时修订完善防汛预案。**依据《北京市防汛应急预案》和《北京市农业自然灾害突发事件应急预案》，充分考虑农业系统突发洪涝灾害可能面临的各种情况，及时修订完善防汛预案，增强预案的针对性和操作性。

3. **组织开展防汛安全大检查。**集中时间和人力，扎实组织全方位、多层次、宽领域、广覆盖的防汛检查，全面清查防汛重点地区、重点部位，对检查中发现的隐患要建立台账，搞好风险评估，限期组织整改，切实做到对本区域、本行业防汛重点部位、度汛措施底数清楚。

4. **督导搞好防汛应急演练。**根据市应急演练工作计划，组织并督导郊区县农业系统各单位搞好应急演练，增强应急演练的针对性和有效性，提高各部门应对汛期各类险情、灾情的应急处置能力。

5. **加强防汛宣传培训工作。**围绕“关爱生命、远离洪水、人人参与、安全度汛”的主题，积极开展防汛宣传周和防汛主题宣传活动，坚持将应急知识培训和应急预案管理纳入乡镇书记和村支书记培训内容，将宣传防汛知识纳入市农委“进村入户”工作内容，强化农村防汛应急意识，提高农民避险自救能力。

6. **严格落实汛期应急值守。**从6月1日至9月15日，全市农业主管部门实行汛期24小时防汛值班制度。严格落实防汛值班各项制度，确保24小时有领导带班、有人员值守。值班人员要严格履行职责，及时处理有关情况，遇到特殊情况要及时报告带班领导和办公室主任。同时，按照要求重大事件一小时内报、重要事件两小时内报市防汛办。

7. **全力做好防汛保障工作。**建立和完善区县农业防汛抢险队伍，将全科农技员和村级防疫员充实到防汛队伍中，担当防汛抗旱工作的协调员和信息员，确保第一时间掌握第一手材料，根据实际情况及时改进完善应对方案。加强抢险物资的储备，制定应急调度方案和措施，确保紧急情况下调运顺畅。

8. **切实抓好灾后生产恢复。**加强救灾政策研究，提高决策的科学化水平。进一步完善政策性农业保险工作，扩大农业保险覆盖面，提高保障程度，推进农险产品、服务、技术、管理等方面创新，更好地满足农民的风险保障需求。加强对受灾严重地区恢复生产工作的指导、支持和服务，把灾后恢复生产与全市都市型现代农业发展统筹考虑，新项目安排、新技术推广优先向受灾严重地区安排。

附件1 北京市农业系统防汛抗旱指挥部成员及职责分工

附件2 北京市农业系统防汛抗旱指挥部办公室成员和职责分工

附件3 市农业系统防汛抗旱指挥部督导组联系表（略）

附件1

北京市农业系统防汛抗旱指挥部成员及职责分工

孙文锴同志任指挥，负责市农业系统防汛抗旱全面工作；兼任永定河流域防汛抗旱指挥。

刘福志同志任常务副指挥，协助孙文锴同志做好市农委系统防汛抗旱工作；兼任北运河流域防汛抗旱总指挥；负责政策性农业保险理赔工作。

吴宝新同志任常务副指挥，协助孙文锴同志负责市农业系统防汛抗旱全面工作；兼任市农业系统防汛抗旱指挥部办公室主任。

康森同志任副指挥，负责联系怀柔区政府的防汛抗旱工作，掌握旱、洪涝受灾情况。

李成贵同志任副指挥，负责联系密云县政府的防汛抗旱工作，掌握旱、洪涝受灾情况。

王建中同志任副指挥，负责组织协调山区泥石流易发区农户搬迁工作，掌握山区旱、洪涝受灾情况；负责联系门头沟区政府的防汛抗旱工作，掌握旱、洪涝受灾情况。

苏卫东同志任副指挥，负责联系昌平区政府的防汛抗旱工作，掌握旱、洪涝受灾情况。

张宏图同志任副指挥，协助刘福志同志做好农委系统防汛抗旱工作，重点负责组织协调农作物抗旱排涝工作，协调鲜活农产品生产供应；负责联系房山区政府的防汛抗旱工作，掌握旱、洪涝受灾情况。

郝霞同志任副指挥，负责联系市农委直属单位的防汛工作；联系大兴区政府的防汛抗旱工作，掌握旱、洪涝受灾情况。

薛有才同志任副指挥，负责北京市特需农产品服务中心防汛工作。

左晓波同志任副指挥，负责了解鲜活农产品市场供应情况；负责联系海淀区政府的防汛抗旱工作，掌握旱、洪涝受灾情况。

王修达同志任副指挥，负责联系丰台区政府的防汛抗旱工作，掌握旱、洪涝受灾情况。

寇文杰同志任副指挥，负责联系延庆县政府的防汛抗旱工作，掌握旱、洪涝受灾情况。

王振邦同志任副指挥，负责联系平谷区政府的防汛抗旱工作，掌握旱、洪涝受灾情况。

马丽英同志任副指挥，负责组织协调郊区畜牧养殖业抗旱、防汛抢险救灾工作，掌握畜牧养殖业洪涝受灾情况；负责联系通州区政府的防汛抗旱工作，掌握旱、洪涝受灾情况。

马荣才同志任副指挥，负责组织协调农业机械抗旱工作，掌握旱、洪涝受灾情况；负责联系朝阳区政府的防汛抗旱工作，掌握旱、洪涝受灾情况。

李全录同志任副指挥，负责组织协调水产养殖业抗旱、防汛抢险救灾工作，掌握水产养殖业旱、洪涝受灾情况。

阎晓军同志任副指挥，负责组织协调郊区粮食作物、经济作物和蔬菜产业抗旱、防汛抢险救灾工作，掌握粮食作物、经济作物和蔬菜产业受灾情况；负责联系顺义区政府的防汛抗旱工作，掌握旱、洪涝受灾情况。

陶志强同志任副指挥，负责灾后农产品（食品）安全生产管理（包括农产品检测、基地环境检测）及农业发展政策调研工作。

附件 2

北京市农业系统防汛抗旱指挥部办公室成员和职责分工

市农委产业发展处：承担市农委防汛抗旱日常管理工作，在指挥部领导下，协调各相关处室做好防汛抗旱有关工作，与市防汛综合保障专项分指挥部（办公室设在市民政局）的工作对接。

市农业局应急处：承担市农业局防汛抗旱日常管理工作，负责联系市防汛抗旱指挥部办公室，掌握郊区旱、洪涝受灾情况，及时通报市农委、市农业局防汛指挥部有关成员，负责汛情会商、预警发布，并做好组织协调工作和信息报送工作。

市农委发展规划处：负责政策性农业保险理赔工作。

市农委山区处：负责组织好当年山区泥石流易发区农户搬迁工程，做好与市地质灾害防汛专项分指挥部（办公室设在市国土局）的工作对接。

市农委新农村建设协调联络处：负责了解休闲观光农业、会展农业防汛救灾情况，做好与市旅游景区防汛专项分指挥部（办公室设在市旅游委）的工作对接。

市农委新农村建设督查处（农产品流通处）：负责了解鲜活农产品市场供应信息。

市委农工委社会管理处：负责了解市农委直属单位防汛工作，掌握洪涝受灾情况。

市委农工委宣传处：负责在防汛期间做好郊区农村防洪抢险救灾的宣传工作，做好与市防汛宣传专项分指挥部（办公室设在市委宣传部）工作对接。

市农业局农产品质量安全处：负责农产品质量安全监督检测工作。

市农业局粮经处：负责了解掌握郊区粮食、经济作物旱、洪涝受灾及生产情况，做好良种储备工作，协调救灾工作。

市农业局畜牧处：负责了解掌握郊区养殖业旱、洪涝受灾及生产情况，协调救灾工作。

市农业局畜禽屠宰与兽药管理处：负责了解掌握畜禽屠宰环节旱、洪涝受灾及生产情况，协调救灾工作。

市农业局蔬菜处（“菜篮子”工程办公室）：负责了解掌握郊区蔬菜产业旱、洪涝受灾及生产情况，协调救灾工作，负责协调开展应急农产品供应工作。

市农业局水产处：负责了解掌握郊区水产养殖业旱、洪涝受灾及生产情况，协调救灾工作。

市农业局农机处：负责了解农业机械受灾情况，负责组织协调农业机械抗旱、防汛抢险救灾工作。

市农业局兽医管理处：负责了解掌握因洪涝灾害引起的动物疫情情况。

市农业局计划财务处：负责协调组织开展灾情评估，协调救灾资金。

市农业局监察处：负责对全市农口各行业及郊区救灾工作落实情况开展随机督查；对未按职责要求开展工作或工作不到位的予以责任追究。

北京市农村工作委员会
中国邮政储蓄银行北京分行
关于支持首都现代化农业示范区建设的意见

（2015 年 7 月 23 日）

郊区各区县农委、中国邮政储蓄银行北京分行各一级支行：

为深入贯彻落实党的十八大、十八届三中、四中全会及市委市政府对推进“三农”工作的新要求，全面深化农村改革，加快推进城乡发展一体化，按照农业部和中国邮政储蓄银行《关于邮政储蓄资金支持现代化农业示范区建设的意见》（农计发〔2014〕184号）要求，推动邮政储蓄银行加大服务“三农”的支持力度，发挥示范区引领农村金融创新的作用，现提出以下意见。

一、明确工作思路

坚持“政府引导、市场运作、协同配合、务求实效”的指导原则，充分发挥农业部门组织协调优势和邮政储蓄银行资金网络优势，构建政银合作平台，围绕首都农业特色和农业示范区建设，针对农民专业合作社、家庭农场、专业大户和农业产业化龙头企业等新型农业经营主体，加大产业政策支持力度、加大“三农”信贷投放、创新“三农”金融服务模式，以示范区为双方合作主平台，为示范区优先实现农业现代化提供有力的金融支持。

二、突出重点工作

1. **支持“新三起来”工程建设。**一是加大对农民专业合作社为主的新型农业经营主体的信贷投放力度，培育扶持一批产业基础牢固、产品质量安全、品牌效益较高、带动农户较多、规范化程度高的农民专业合作示范社。重点支持示范社延长产业链条，开展农产品深加工及营销渠道建设。二是支持金融产品与土地承包经营权、林地使用权通过公开市场流转相结合，建立农业资产评估体系，推动农业抵押担保方式创新。

2. **支持都市型农业特色产业发展。**围绕板栗、葡萄、大桃、百合、草莓及种业等彰显北京农业特色的优势产业，通过金融扶持重点完善农业基础设施，发展设施农业，着力打造集生产、销售、休闲、会展等功能为一体的特色产业。

3. **支持高效生态规模化养殖业。**通过金融支持适应环境承载能力的标准化养殖场，重点完善养殖业基础设施，发展立体养殖，推进养殖技术革新，促进养殖业转型发展。

4. **支持休闲观光农业发展。**结合不同区域生态环境特点和旅游资源，创新金融服务手段，支持生态旅游综合开发，立足特色，抓住亮点，形成地域特色的农业观光型、休闲度假型、民俗文化型和美味佳肴型的农家乐集群，树立各具特色的农家乐服务品牌。

5. **支持做大做强农业龙头企业。**支持培育壮大一批规模大、市场竞争力强、辐射带动面广的大型农业产业龙头企业；扶持一批从事种业、农业旅游、农业园区的在京重点企业及从事粮油、果品、蔬菜、动物产品深加工等的重点龙头企业，加大财政扶持、信贷支持、税收优惠力度，引导龙头企业做大、做优、做强。

三、创新支持方式

各区县和邮政储蓄银行各分支机构要合理优化农业金融服务生态环境，创新农业金融产品，改善农业金融服务，加快建立符合农业适度规模经营发展需求和银行风险防控要求的农业融资模式。

1. **完善农业信用评定体系。**建立新型农业经营主体信用等级评定体系，拟定评定条件、标准与程序，健全农业信用等级授信体系，建立信用奖惩制度，根据信用等级实行贷款优惠、确定授信额度，贷款规模优先保障诚信新型农业经营主体信贷需求。

2. **创新农业抵押担保方式。**一要建立农业资产评估体系，重点对农业设施设备、土地承包经营权、农产品品牌等资产价值进行评估，完善农业资产抵押登记、管理处置规定。二要积极推进土地承包经营权、林权、农业机械、蔬菜大棚、应收账款、农业知识产权等抵押贷款，大额订单、仓单、保单等质押贷款以及涉农信贷保证保险，稳妥推进农民住房财产权抵押贷款，推动农业贷款抵押担保方式创新。

3. **加强融资担保机构合作。**各区县政府应积极组建政府出资为主、重点开展涉农担保业务的融资性担保机构或担保基金，引导支持其为农业生产经营主体提供融资性担保服务。邮政储蓄银行各分支机构应深化与农业担保公司的合作，支持担保公司提升规范运作水平和风险防控能力，通过搭建银担平台，提高营销效率和“三农”金融服务水平。

四、健全支持体系

1. **加强组织领导。**各区县农业主管部门和邮政储蓄银行各级分支机构要将合作支持示范区建设作为重要工作列入议事日程，形成合力，建立建立定期沟通机制，加强工作指导，推动落实重要合作事项，协调解决重大问题，推进合作顺利开展。双方要制定部门、人员，具体负责相关工作的组织实施。

2. 建立合作机制。各相关单位与邮政储蓄银行分支机构应建立合作机制，围绕新型农业经营主体信用评定、地域性农业产业发展规划和扶持政策、示范区发展重点领域和关键环节，加大信贷投放力度，实现农业融资供给与需求的有效对接。各区县可将新型农业经营主体等信息与邮政储蓄银行系统基础信息交换与共享，提高信贷支持的精确性、实效性。

3. 优化服务工作。鼓励邮政储蓄银行各分支机构简化涉农贷款业务流程，建立集中受理、审核放贷的快速通道，根据农业特点合理确定额度、期限、利率等贷款要素，特别是针对新型农业经营主体贷款需求设计差异化的金融产品，提供综合性金融服务。

4. 加大投入支持。各区县应创新农业投入方式，通过以奖代补、先建后补、财政贴息、政府担保等方式，支持和引导金融和社会资金加大农业投入，推动财政资金、社会和金融资金的有机融合，建立贷款风险共担机制，鼓励邮政储蓄银行增加涉农贷款规模，并将其纳入各区县的财政奖补机制，实行适当的奖补。

北京市农村工作委员会　北京市旅游发展委员会关于转发第三批全国特色景观旅游名镇名村示范名单的通知

（2015 年 8 月 5 日）

郊区各区县人民政府：

按照《住房城乡建设部办公厅关于做好 2013 年全国特色景观旅游名镇名村示范工作的通知》（建办村函〔2013〕313 号）要求，在各区县申报、市相关部门推荐的基础上，经住房和城乡建设部和国家旅游局组织专家委员会评审，本市门头沟区潭柘寺镇等 6 个镇被住房和城乡建设部、国家旅游局列为第三批全国特色景观旅游名镇示范。

现将住房和城乡建设部、国家旅游局《关于公布第三批全国特色景观旅游名镇名村示范名单的通知》（建村〔2015〕106 号）文件转发你们，请郊区各区县进一步加强对本地区特色景观旅游工作的组织领导，做好旅游总体规划的编制与审批，制定特色景观资源保护和管理办法，进一步加强对全国特色景观旅游名镇名村示范核心景观资源保护工作，不断提升综合服务能力，切实发挥全国特色景观旅游名镇（村）的示范带动作用。

附件　关于公布第三批全国特色景观旅游名镇名村示范名单的通知

附件

住房城乡建设部　国家旅游局关于公布第三批全国特色景观旅游名镇名村示范名单的通知

（2015 年 7 月 13 日）

各省、自治区、直辖市住房城乡建设厅（建委）、旅游委（局），北京、天津市农委：

按照《住房城乡建设部办公厅关于做好 2013 年全国特色景观旅游名镇名村示范工作的通知》（建办村函〔2013〕313 号）要求，在各地推荐的基础上，经组织专家评审，住房城乡建设部、国家旅游局决定将北京市门头沟区潭柘寺镇、天津市西青区辛口镇水高庄村等 337 个镇、村（名单见附件）列为第三批全国特色景观旅游名镇名村示范，并予以公布。

请各地加强对全国特色景观旅游名镇名村示范核心景观资源保护工作，进一步推动示范镇、村乡村人居环境改善和旅游业发展，提升其综合服务能力。

附件：第三批全国特色景观旅游名镇名村示范名单

第三批全国特色景观旅游名镇名村示范名单

（共 337 个）

一、北京市（6 个）

门头沟区潭柘寺镇
房山区韩村河镇
昌平区南口镇
怀柔区九渡河镇
密云县古北口镇
延庆县千家店镇
（以下略）

北京市农村工作委员会关于印发《北京都市型现代农业（高效农业）示范乡镇创建评价考核办法（试行）》的函

（2015 年 8 月 7 日）

郊区各区县人民政府：

为贯彻落实市委、市政府《关于调结构转方式、发展高效节水农业的意见》（京发〔2014〕16 号）的精神，加快推进整市创建国家现代农业示范区的步伐，结合《关于开展北京都市型现代农业（高效农业）示范乡镇创建活动的实施意见》（以下简称《实施意见》，京政农函〔2012〕101 号），特制定《北京都市型现代农业（高效农业）示范乡镇创建评价考核办法（试行）》，自 2015 年起在本市实施，《实施意见》附件中的“建设指标及解释”废止，以此办法为准。现印发给你们，请认真组织实施。

北京都市型现代农业（高效农业）示范乡镇创建评价考核办法（试行）

第一条　评价考核组织

由北京市农村工作委员会组织对申请创建的各乡镇进行全面考核验收。北京都市型现代农业（高效农业）示范乡镇建设管理办公室承担考评工作的组织、协调、联络和考评材料汇总等具体事务。

第二条　评价考核内容

考核主要从工作推进情况、产出情况、“三化”推进情况、加分项以及否决项五个方面进行。考核总分为 110 分，示范乡镇创建期末（三年）考评分值达 70 分以上为合格，90 分以上为优秀。

（一）工作推进情况（20 分）

由 4 个具体指标组成，包括是否编制都市型现代农业（高效农业）专项规划、是否成立推进都市型现代农业（高效农业）的专门机构或领导小组、是否组织人员开展或参加相关培训和学习考察、有无全国一村一品示范村镇或北京市特色产业村。

（二）产出情况（35 分）

由 5 个具体指标组成，包括农林牧渔总产值增速、人均农林牧渔总产值、亩均农林牧渔总产值、农村居民人均可支配收入、设施农业产出率。

（三）规模化、标准化、园区化推进情况（45 分）

由 9 个具体指标组成，包括土地适度规模经营比重、畜禽规模化养殖比重、亩均化肥施用量、节水灌溉面积比重、农田灌溉水有效利用系数、农作物耕种收综合机械化率、农户参加农民专业合作组织比重、农产品抽检合格率、“三品”基地面积占耕地面积比重。

（四）加分项（10 分）

各乡镇在上述考核内容或以往工作基础之上，创新工作机制、发展特色鲜明、取得成效显著、起到很好示范带动作用的，可给予加分。

（五）否决项

对于存在以下事实之一的，实行一票否决制，不再参加“北京都市型现代农业（高效农业）示范乡镇”考核评定。

1. 擅自改变土地用途性质，侵占基本农田的。

2. 损坏农民利益，造成恶劣社会影响的。

3. 农地非农化，丧失基本农业生产功能的。

4. 发生重大生产安全、农产品质量安全事故和动植物疫情，造成严重后果的。

5. 在示范乡镇考评过程中伪造数据资料，弄虚作假的。

第三条　评价考核程序

各乡镇于每年7月对上年度发展情况进行系统总结，报告工作进展、存在问题和创新举措，并对照考核表内容要求收集相关数据资料，填报考核表，经乡镇主管领导签字后一并上报。每年9月份对各乡镇发展水平和速度进行评价。2016年底开始分批次对各乡镇创建工作进行全面考核验收。

第四条　评价标准

示范乡镇建设水平评价包括发展水平评价和发展速度评价。

（一）发展水平评价

通过比较年度综合得分评价各示范乡镇发展水平。示范乡镇建设水平综合得分等于或高于70分即为合格。

（二）发展速度评价

通过比较年际综合得分评价各示范乡镇发展速度。示范乡镇年际间综合得分增量小于2分为发展速度较慢，2～4分为发展速度平稳，4分以上为发展速度较快。

第五条　考核奖励

每年10月30日前将公布上年度各乡镇考评结果，对于排名前20名的乡镇，在市农业领域专项转移支付年度考核里予以加分。三年创建期完成创建任务、考评合格的，授予“北京都市型现代农业（高效农业）示范乡镇”称号。

第六条　其他

由北京都市型现代农业（高效农业）示范乡镇建设管理办公室负责对本办法进行解释。本办法自发布当年开始实行。

附件1　北京都市型现代农业（高效农业）示范乡镇评价考核表

附件2　指标解释

附件1

北京都市型现代农业（高效农业）示范乡镇评价考核表

填报乡镇：　　　　主管乡镇领导签字：

填报人：　　　　联系电话：　　　　填报时间：　　月　　日

考评内容	单位	数值	标准分	考评分	计分标准
一、工作推进情况	—	—	20		
1. 是否编制都市型现代农业（高效农业）专项规划	—		5		编制得5分，未编制得0分
2. 是否成立推进都市型现代农业（高效农业）的专门机构或领导小组	—		5		成立得5分，未成立得0分
3. 是否组织人员开展或参加相关培训和学习考察	—		5		组织得5分，未组织得0分
4. 有无全国一村一品示范村镇或北京市特色产业村	%		5		有得5分，无得0分
二、产出情况	—	—	35		
5. 农林牧渔总产值增速	万元		7		超过本区县平均水平20%得7分，达到本区县平均水平得3分，未达到本区县平均水平得0分
6. 人均农林牧渔总产值	万元		7		超过本区县平均水平20%得7分，达到本区县平均水平得3分，未达到本区县平均水平得0分
7. 亩均农林牧渔总产值	万元		7		超过本区县平均水平20%得7分，达到本区县平均水平得3分，未达到本区县平均水平得0分
8. 农村居民人均可支配收入	%		7		超过本区县平均水平20%得7分，达到本区县平均水平得3分，未达到本区县平均水平得0分
9. 设施农业产出率	元/亩		7		超过全市平均水平20%得5分，达到全市平均水平得2分，未达到全市平均水平得0分

（续）

考评内容	单位	数值	标准分	考评分	计分标准
三、规模化、标准化、园区化推进情况	—	—	45		
10. 土地适度规模经营比重	亩		5		高于全市平均水平得5分，其余得0分
11. 畜禽规模化养殖比重	%		5		高于全市平均水平得5分，其余得0分
12. 亩均化肥施用量	千克/亩		5		低于全市平均水平得5分，其余得0分
13. 节水灌溉面积比重	%		5		高于全市平均水平得5分，其余得0分
14. 农田灌溉水有效利用系数	—		5		高于全市平均水平得5分，其余得0分
15. 农作物耕种收综合机械化率	%		5		高于全市平均水平得5分，其余得0分
16. 农户参加农民专业合作组织比重	%		5		高于全市平均水平得5分，其余得0分
17. 农产品抽检合格率	%		5		高于全市平均水平得5分，其余得0分
18. “三品”基地面积占耕地面积比重	%		5		高于全市平均水平得5分，其余得0分
四、加分项	—	—	10		各乡镇在上述考核内容基础之上，创新工作机制、发展特色鲜明、取得成效显著、起到很好示范带动作用的，给予适当加分。由考评专家组综合打分。
五、否决项	—	—	—		对于存在擅自改变土地用途性质，侵占基本农田的；损坏农民利益，造成恶劣社会影响的；主导产业非农化严重，丧失基本农业生产功能的；发生重大生产安全和农产品质量事故，造成严重后果的；在示范镇考评过程中伪造数据资料，弄虚作假的，总评分计0分。
总计			110		

附件2

指标解释

1. 是否编制都市型现代农业（高效农业）专项规划：在近5年内编制过都市型现代农业、高效农业、设施农业、生态农业等规划并得到上级部门的批准。

2. 是否成立推进都市型现代农业（高效农业）的专门机构或领导小组：在近三年内成立过推进都市型现代农业（高效农业）的机构或领导小组。

3. 是否组织人员开展或参加相关培训和学习考察：参加了上一年度市农委组织的都市农业示范镇培训与学习考察。

4. 有无全国一村一品示范村镇或北京市特色产业村：镇域内有村、镇被评为全国一村一品示范村镇或北京市特色产业村。

5. 农林牧渔总产值：本乡镇农、林、牧、渔业全部产品的总量，它反映一定时期内农业生产总规模和总成果。

6. 人均农林牧渔总产值＝农林牧渔业总产值/一产从业人数。

7. 亩均农林牧渔总产值＝农林牧渔业总产值/农用地面积。

8. 农村居民人均可支配收入：反映地区农民收入情况。

9. 设施农业产出率＝设施农业总产值/设施农业实际利用面积。

10. 土地适度规模经营比重：实际经营农业土地的主体数量（包括农户、集体农场、合作社和企业）与农用地面积的比值。

11. 畜禽规模化养殖比重：规模化养殖数量占总养殖量的比重。

12. 亩均化肥施用量＝化肥施用量/（农作物播种面积＋果园面积＋桑园面积）。

13. 节水灌溉面积比重＝使用节水灌溉的耕地面积/耕地总面积。

14. 农田灌溉水有效利用系数＝（总灌溉水量－灌溉过程中的损失量）/总灌溉水量。

15. 农作物耕种收综合机械化率：是衡量粮食

作物机耕、机播、机收水平的综合性指标，按照机耕、机播、机收各40%、30%、30%的权重进行加权求和计算。计算公式为：农作物耕种收综合机械化率＝农作物机耕水平×40%＋农作物机播水平×30%＋农作物机收水平×30%。

16. 农户参加农民专业合作组织比重＝参加农民专业合作社的农户/总农户。

17. 农产品抽检合格率＝抽检农产品合格数量/抽检数。

18. "三品"基地面积占耕地面积比重：反映无公害、绿色、有机食品基地面积占耕地总面积的比重＝三品认证的粮、菜、果等生产面积/耕地面积。

北京市农村工作委员会
关于印发《北京市农业信息化龙头企业认定和动态监测管理办法》的通知

（2015年8月14日）

郊区各区县农委，市各有关单位：

为充分发挥本市农业信息化龙头企业的辐射带动作用，促进"互联网＋"与农业深度融合，提升北京都市型现代农业发展水平，制定《北京市农业信息化龙头企业认定和动态监测管理办法》。现予以印发，请认真贯彻执行。

北京市农业信息化龙头企业认定和动态监测管理办法

第一章　总　　则

第一条　信息化是农业现代化的制高点，是农业现代化水平的重要标志。为充分发挥本市农业信息化龙头企业的辐射带动作用，引导社会力量参与涉农信息化建设，促进信息化与现代农业的深度融合及"互联网＋农业"的加快发展，提升北京都市型现代农业发展水平，制定本办法。

第二条　本办法所称的北京市农业信息化龙头企业是指：应用现代信息技术或社会化信息服务，有效提高本市农业资源与环境信息化、农村经济与社会信息化、农业生产与经营信息化、农业管理与服务信息化等水平，具有典型示范及带动作用的企业。

第三条　北京市农业信息化龙头企业的认定工作坚持公开、公平、公正、公信的原则。

第四条　经认定的北京市农业信息化龙头企业，可以享有信息化及农业产业化等方面的政策支持，可以自愿加入北京农业产业化龙头企业协会和北京市农产品产销信息协会，得到相关服务。

第五条　北京市农业信息化龙头企业由北京市农村工作委员会（以下简称市农委）组织认定和动态监测管理，北京市城乡经济信息中心（北京市农村工作委员会信息中心）（以下简称信息中心），负责具体实施。

第二章　申　　报

第六条　申报企业要符合本市农业信息化发展导向并符合以下认定标准。

（一）通用标准

1. 企业在本市进行工商注册和税务登记，具有独立法人资格。

2. 企业经营的独立网站或网店，须开设两年以上并运行稳定。独立网站须取得互联网信息服务增值电信业务经营许可证，或通过非经营性互联网信息服务备案（取得ICP证号），或取得北京市计算机信息网络国际联网单位备案（京公网安备）。

3. 企业经营状况良好，上年度业务收入或利税稳定增长，企业的采购额或销售额在同行业中居领先地位。

4. 企业在农业信息化应用方面社会效益明显，能促进相关产业降低成本、提高效率、改善效益等，对推进本市"互联网＋农业"发展有引领示范作用。

（二）分类标准

1. 以农业信息化应用为主的企业，符合以下条件之一即可申报：

（1）广泛应用遥感系统（RS）、全球卫星定位系统（GPS）、地理信息系统（GIS）、农业物联网、二维码、移动互联、智能控制等现代信息通信技术，在农业生产的远程监测、精细种养、科学决策管理、自动控制、质量安全追溯等方面，形成典型的应用模式，有效提升自身核心竞争力和市场竞争力。

（2）企业应用电子商务平台或基于移动互联网的其他商业模式，年农产品销售额在 1 000 万元以上；或年农产品销售额在 500 万～1 000 万元，在营销方式、质量保障、客户管理、物流配送、售后服务等方面具有特色。

（3）以农产品批发为主的企业，年交易额在 8 亿元以上，应建有电子结算、电子交易、批发市场信息化管理、农产品质量安全监管等促进农产品有效、有序、安全流通的相关信息系统，并向社会定时发布农产品交易量、交易价格等信息，在促进农产品流通和产销衔接方面发挥突出作用。

2. 以农业信息化服务为主的企业，符合以下条件之一即可申报：

（1）主要从事农业信息技术和产品的研发、销售及推广，其技术和产品在京郊农业生产、农产品流通、农产品价格监测、村镇精细化管理、休闲农业、灾害应急等领域得到推广应用，年销售收入或营业收入超过 500 万元。

（2）以提供农业信息服务或利用现代信息技术、通信技术和现代媒体为农业生产经营过程提供服务为主业，年营业收入超过 500 万元。

（3）以提供农产品在线交易服务为主连续经营一年以上，年销售额超过 500 万元。

第七条 申报企业提交下列申请材料：

1.《北京市农业信息化龙头企业申报书》。

2. 申报书要求提供的辅证材料（复印件）。

3. 企业营业执照（复印件）。

4. 经审计的会计年报及其他证明材料（复印件）。

5. 增值电信业务经营许可（备案）ICP 证（复印件）。

6. 北京市计算机信息网络国际联网单位备案表（复印件）。

第八条 申报程序。基本程序为材料申报、初审、专家评审、认定和授牌。按照属地管理原则，各区县农委负责组织本区域符合条件的企业申报和初审工作。注册地在郊区县的企业，向所在区县农委提出申请，区县农委对企业申报材料的真实性进行审核，提出北京市农业信息化龙头企业推荐意见，报送信息中心，并附审核意见和相关材料。其他企业，直接向信息中心提出申请，由信息中心对企业申报材料的真实性进行审核，并向评审小组推荐。

第三章　认　　定

第九条 信息中心统一组织评审专家，对申报企业的材料进行评审，视情况对申报企业进行现场考察，提出评审意见。市农委对专家评审结果进行审核，发布认定名单，并颁发证书和授牌。

第十条 申报企业隐瞒事实或提供虚假申请材料的，一经发现取消其申请资格，已获得认定的，取消其认定资格并向社会公告。被取消资格的企业，3 年内不得再行申报。

第四章　动态监测

第十一条 北京市农业信息化龙头企业实行动态监测管理，建立竞争淘汰机制，做到可进可出。

第十二条 各区县要加强对北京市农业信息化龙头企业的管理，定期对企业信息化建设情况进行跟踪监测，并于每年 12 月底前将年度企业信息化建设与应用情况报市农委。市农委对农业信息化龙头企业运行情况不定期进行抽查，每 2 年开展一次监测工作。经监测合格的企业，核发北京市农业信息化龙头企业证书；监测不合格者，取消北京市农业信息化龙头企业资格。

第十三条 北京市农业信息化龙头企业要按照市、区县农委的要求提供企业发展情况。

第十四条 北京市农业信息化龙头企业有违反国家法律、法规行为的，取消其北京市农业信息化龙头企业资格，并在 5 年内不得再次申报。

第五章　附　　则

第十五条 本办法自发布之日起施行，由市农委负责解释。

北京市农村工作委员会　北京市农业局关于印发《2015 年北京市种植业节水优质高产品种目录》的函

（2015 年 8 月 25 日）

郊区各区县人民政府，市各有关部门：

为贯彻落实市委、市政府《关于调结构转方式发展高效节水农业的意见》（京发〔2014〕16 号），加快农业发展方式转变步伐，减少农业结构调整过程中品种选择的随意性和盲目性，市农委、市农业局组织编写了《2015 年北京市种植业节水优质高产品种目录》，推荐给广大生产者选用。

《2015 年北京市种植业节水优质高产品种目录》共包含粮经作物、蔬菜作物、西甜瓜、草莓、景观生态作物、中草药等六类作物 260 个品种，所收录的品种均为近年来各级农业科研推广部门培育或筛选的优良品种，体现了北京种业的科技优势，适合在北京地区及天津、河北等部分地区种植。请各区县结合本地农业生产实际，积极向广大生产者推荐，扩大节水、优质、高产等优良品种的覆盖范围，通过品种调整，带动节水农业发展，推动农业结构调整，促进农民增收。

附件　2015 年北京市种植业节水优质高产品种目录

附件

2015 年北京市种植业节水优质高产品种目录

（一）粮经作物

作物种类	品种名称	审（鉴）定编号	特征特性	适宜茬口
玉米	农华 101	京审玉 2010003	中早熟，高产，稳产，注意防倒伏	适宜北京地区春播种植
	联科 96	京审玉 2008001	中晚熟，高产，稳产，商品性好	适宜北京地区春播种植
	京科 968	国审玉 2010007	中晚熟，高产，稳产	适宜北京地区春播种植
	中单 28	京审玉 2005001	中早熟，高产，注意防倒伏	适宜北京地区春播种植
	辽单 565	京审玉 2008002	中早熟	适宜北京地区春播种植
	京科 528	京审玉 2008008	高产	适宜北京地区夏播种植
	京农科 728	国审玉 2012003	早熟，高产	适宜北京地区夏播种植
	纪元一号	京审玉 2005008	中早熟，高产，注意防倒伏	适宜北京地区夏播种植
	京单 68	国审玉 2010003	高产	适宜北京地区夏播种植
	旺禾 8 号	京审玉 2011003	高产	适宜北京地区夏播种植
	京科甜 158	京审玉 2011008	超甜型鲜食甜玉米	适宜北京地区甜玉米种植
	斯达 204	京审玉 2011007	超甜型鲜食甜玉米	适宜北京地区甜玉米种植
	斯达 22	京审玉 2006010	鲜食糯玉米，粒色紫白相间	适宜北京地区春播或夏播玉米区种植
	京科糯 928	京审玉 2013012	鲜食糯玉米，粒色白色	适宜北京地区糯玉米种植
	京科青贮 516	国审玉 2007029	青贮玉米，高产，抗性好	适宜北京春播区青贮玉米种植
	北农青贮 316	京审玉 2009007	青贮玉米，中早熟，高产	适宜北京春播区青贮玉米种植
	北农青贮 356	京审玉 2013006	青贮玉米，中早熟，高产，抗性好	适宜北京夏播区青贮玉米种植

（续）

作物种类	品种名称	审（鉴）定编号	特征特性	适宜茬口
小麦	农大 212	京审麦 2010003	冬性，中熟	适宜北京地区中上等肥力地块节水栽培
	中麦 12	京审麦 2008002	冬性，抗寒性较好	适宜在北京及生态条件相似地区中上等肥力节水栽培
	京麦 7 号	京审麦 2009003	杂交小麦品种。冬性，中熟	适宜北京地区中等肥力地块节水种植
	京麦 8 号	京审麦 2014003	杂交小麦品种。冬性	适宜在北京平原地区节水种植
	轮选 167	京审麦 2014005	冬性，抗寒性中等	适宜在北京地区中上等地力地块节水种植
	农大 3432	京审麦 2005008	冬性，中早熟	适宜在北京及生态条件相似地区中至中上等肥力地块节水栽培
	中麦 13	京审麦 2011003	冬性，抗寒性较好	适宜在北京及生态条件相似地区中上等肥力节水栽培
	中麦 113	京审麦 2013001	冬性，抗寒性中等	适宜在北京及生态条件相似地区中上等肥力节水栽培
	农大 5363	京审麦 2013002	冬性，中早熟，抗寒性中等，抗病性强	适宜在北京及生态条件相似地区中上等肥力节水栽培
	农大 6812	京审麦 2013003	冬性，抗寒性中等	适宜在北京及生态条件相似地区中上等肥力节水栽培
	中麦 1197	京审麦 2014004	冬性，抗寒性、抗病性中等	适宜在北京及生态条件相似地区中上等肥力节水栽培
大豆	中黄 30	京审豆 2009001	早熟，高产	适宜北京地区春播种植
	冀豆 17	京审豆 2014002	中晚熟，抗病性强	适宜在北京地区春播种植
	中黄 66	京审豆 2012003	抗病性强	适宜在北京地区夏播种植
	中黄 71	京审豆 2013003	早熟，高产	适宜在北京地区夏播种植
	中黄 72	京审豆 2013004	早熟，高产	适宜北京地区夏播种植
	北农 106	京审豆 2014003	中晚熟，椭圆粒，种皮青色	适宜北京地区夏播种植
绿豆	中绿 5 号	国品鉴杂 2004005	早熟，籽粒长圆柱形、绿色	适宜北京地区夏播种植
	中绿 7 号	京品鉴杂 2013020	籽粒碧绿，抗逆性好	适宜北京地区夏播种植
	中绿 10 号	京品鉴杂 2009002 豫品鉴绿 2012002	籽粒碧绿，抗逆性好	适宜北京地区夏播种植
	中绿 14	京品鉴杂 2012032	早熟，籽粒碧绿，抗逆性好	适宜北京地区夏播种植
	中绿 16	京品鉴杂 2014026	早熟，种皮金黄色，抗逆性较好	适宜北京地区夏播种植
	中绿 17	京品鉴杂 2014027	早熟，种皮深黑色，抗逆性较好	适宜北京地区夏播种植
	中绿 18	京品鉴杂 2014028	早熟，种皮蓝色，抗逆性较好	适宜北京地区夏播种植
	中绿 19	京品鉴杂 2014029	早熟，种皮褐色	适宜北京地区夏播种植
小豆	中红 6 号	京品鉴杂 2010021	籽粒鲜红色，较耐干旱	适宜北京地区夏播种植
	中红 10 号	京品鉴杂 2012033	籽粒鲜红色，较耐干旱	适宜北京地区夏播种植
	中红 12	京品鉴杂 2013021	籽粒鲜红色，较耐干旱	适宜北京地区夏播种植
	中红 13	京品鉴杂 2013022	籽粒鲜红色，较耐干旱	适宜北京地区夏播种植
	中红 11	京品鉴杂 2012034	籽粒鲜红色，较耐干旱	适宜北京地区夏播种植
	京农 22 号	京品鉴杂 2012041	籽粒浅红色	适宜北京地区夏播种植
	冀红 9218	国品鉴杂 2004006	籽粒鲜红色	适宜北京地区夏播种植
	冀红 16 号	国品鉴杂 2015033	籽粒红色	适宜北京地区夏播种植

（续）

作物种类	品种名称	审（鉴）定编号	特征特性	适宜茬口
豇豆	中豇 4 号	京品鉴杂 2012013	特早熟，籽粒饱满，商品性好	适宜北京地区春播或夏播种植
谷子	中谷 1 号	国鉴谷 2013004 京品鉴杂 2012035	褐谷黄米，抗旱性较好	适宜北京地区夏播种植
	中谷 2 号		米色鲜黄，抗逆性强	适宜北京地区夏播种植
	豫谷 18	国鉴谷 2012001	黄谷黄米	适宜北京地区夏播种植
	安 11 - 5365		黄谷黄米	适宜北京地区夏播种植
	冀谷 31		褐谷黄米，抗逆性强	适宜北京地区夏播种植
花生	濮花 28	国品鉴花生 2013004	中熟，种仁椭圆形，种皮粉红色	适宜北京地区春播或夏播种植
	冀花 10 号	冀科成转鉴字〔2012〕第 2 - 006 号	普通型小果品种	适宜北京地区春播或夏播种植
	冀花 9 号	冀科成转鉴字〔2012〕第 2 - 007 号	普通型小果品种	适宜北京地区春播或夏播种植
甘薯	密选 1 号	国品鉴甘薯 2008003	兼用型品种，紫红皮淡黄肉	适宜北京地区种植
	农大 6 - 2	国品鉴甘薯 2011003	兼用型品种，红皮白肉	适宜北京地区种植
	遗字 138		薯皮红褐色，肉色桔红	适宜北京地区种植
	龙薯 9 号	闽审薯 2004004	红皮桔红肉，抗逆性强	适宜北京地区沙性土壤地块种植
	商薯 19	国鉴薯 2003004	兼用型品种。薯皮紫红色，薯肉白色	适宜北京地区种植
	徐薯 23	国品鉴甘薯 2004008	食用型品种。薯皮、薯肉均为桔黄色	适宜北京地区种植
	京薯 6 号		薯皮紫黑光亮，肉色深紫红，熟后紫黑色	适宜北京地区种植
	徐紫薯 1 号	苏审薯 200402	薯皮紫红色，薯肉紫色	适宜北京地区种植

（二）蔬菜作物

作物种类	品种名称	审（鉴）定编号	特征特性	适宜茬口
马铃薯	中薯 5 号	京审菜 2001024	早熟鲜食品种，块茎圆形、长圆形，淡黄皮淡黄肉	适宜北京平原二季区做春秋两季种植；门头沟、延庆山一季区做早熟栽培
	中薯 7 号	国审薯 2006001	早熟鲜食品种，块茎圆形，薯皮淡黄色，薯肉乳白色	适宜北京平原二季区做春秋两季种植；门头沟、延庆山一季区做早熟栽培
	中薯 8 号	国审薯 2006002	早熟鲜食品种，块茎长圆形，淡黄皮淡黄肉	适宜北京平原二季区做春秋两季种植；门头沟、延庆山一季区做早熟栽培
大白菜	京春娃 2 号	京审菜 2010002	春播小株型品种，耐抽薹	适宜北京地区春播种植
	京春黄 2 号	京审菜 2013001	春播品种，内叶黄色	适宜北京地区春播种植
	京春白 2 号	京审菜 2008002	春播品种	适宜北京地区春播种植
	北京桔红 2 号	京审菜 2002002	中熟品种，球内桔红色	适于北京地区秋播种植
	京秋 70 号	京审菜 2011001	中熟品种	适于北京地区秋播种植
	京秋 3 号	京审菜 2010007	中熟品种	适于北京地区秋播种植
	京秋 4 号	京审菜 2012007	晚熟品种	适于北京地区秋播种植
	北京新 3 号	(97) 京审菜字第 2 号	中晚熟品种	适于北京地区秋播种植
	京秋娃娃菜	京审菜 2009003	小株型品种，心叶浅黄色	适于北京地区秋播种植
	京翠 70	京审菜 2005007	青麻叶类型品种，中熟	适于北京地区秋播种植
	秋绿 75	国审菜 2001010	青麻叶类型品种，中晚熟	适于北京地区秋播种植
	绿健 85	京审菜 2012006	青麻叶类型品种，晚熟	适于北京地区秋播种植

（续）

作物种类	品种名称	审（鉴）定编号	特征特性	适宜茬口
番茄	仙客 8 号	京品鉴菜 2013023	中熟，果实圆形、粉红色，抗根结线虫	适合根结线虫发生的地区及棚室选用
	瑞粉 882		中早熟，果实圆形微扁略带棱、粉红色，抗黄化曲叶病毒	适合北方早春、早秋温室种植
	硬粉 8 号		中熟偏早，果实圆形、扁圆、粉红果，耐储运	适合夏秋茬塑料大棚及麦茬露地栽培
	中研 988		早熟，果实高圆、粉红色	适合早春、秋延后栽培及越夏种植
	仙客 5 号		中熟，果实圆形、粉红色，抗根结线虫	适合保护地栽培
	中杂 109		果实近圆形、粉红色，抗病性强	适合保护地栽培
	迪安娜		早熟，果实圆形、粉红色，抗黄化曲叶病毒病	适合日光温室秋延后、越冬及春提前栽培
	浙粉 702	浙（非）审蔬 2011006	早熟，果实高圆形、粉红色，抗黄化曲叶病毒	适宜华北地区秋大棚种植
	粉妮娜		早熟，果实高圆形、粉红色，抗黄化曲叶病毒	适宜北方地区秋延、越冬及早春保护地栽培
	金棚 10 号		早熟，果实高圆形、粉红色，抗黄化曲叶病毒	适宜北方地区日光温室越冬及春大棚早春栽培
	金棚 11 号		早熟，果实高圆形、粉红色，抗黄化曲叶病毒、根结线虫	适宜日光温室、大棚越冬、春提早栽培
	千禧		樱桃番茄，果实椭圆形、桃红色	适于春秋露地及保护地栽培
	春桃		樱桃番茄，果实呈小桃型、深粉红色	适宜保护地栽培
	摩丝特		樱桃番茄，果实圆形，红色	适合于北方早春、秋冬和早秋保护地种植
	红太阳		樱桃番茄，果实圆形、红色	适宜保护地栽培
	维纳斯		樱桃番茄，果实圆形、橙黄色	适宜保护地栽培
	京丹黄莺 1 号		樱桃番茄，果实椭圆形或枣形，黄色	适宜保护地栽培
	京丹绿宝石 2 号		樱桃番茄，果形长椭圆有尖，绿色	适宜保护地栽培
茄子	硕源黑宝		早熟，果实似圆球形、紫黑色	适于早春保护地栽培
	京茄 1 号	京品鉴菜 2010013	果实近圆球形、紫黑色	适合保护地及早春露地小拱棚覆盖栽培
	京茄 6 号	京品鉴菜 2010014	果实扁圆形、紫黑色	适宜北京地区春、秋大棚和露地早熟栽培
	圆杂 5 号		果实扁圆形、紫黑色	适宜华北地区春露地、早春保护地栽培
	布利塔		果实长形、紫黑色，绿萼，绿把	适宜秋冬温室和早春保护地种植
	京茄 20 号	京品鉴菜 2010016	果实棒状、黑紫色，绿萼，绿把	适宜保护地栽培
	海丰长茄 2 号	京品鉴茄 2013006	果形棒状、紫黑色，绿萼，绿把	适宜保护地栽培
	9318 长茄		果实长棒形，果色黑亮	适于华北地区春露地和保护地栽培
	海丰长茄 1 号	京品鉴茄 2013005	果实长形、紫黑色	适宜北京地区春露地栽培
辣椒	迅驰		果实羊角形，辣味浓	适合秋冬、早春、早秋保护地种植
	农大 24 号	京品鉴椒 2012028	果实长粗羊角形，微辣	适于保护地栽培
	国福 208	京品鉴椒 2011015	果实长粗羊角形，辣味适中	适宜北方保护地及露地种植
	国福 308	京品鉴椒 2011017	果实特长牛角形，果基有皱，辣味适中	适宜北方保护地及露地种植
	京硕 3 号	京品鉴椒 2012005	果实长圆锥形，辣味强	适宜大棚、露地种植
	京研皱皮 2 号	京品鉴椒 2012013	果实褶皱长灯笼形，辣味强	适合保护地栽培

（续）

作物种类	品种名称	审（鉴）定编号	特征特性	适宜茬口
辣椒	海丰1052线椒	京品鉴椒2013004	果实顺直，果实长为30厘米左右，辣味强	适合北方露地、秋延后大棚栽培
	京旋1号	京品鉴椒2012009	果实羊角形，部褶皱多，微辣	适宜保护地栽培
	国禧105	京品鉴椒2011020	甜辣椒，早熟，果实灯笼形	适于北方保护地及露地种植
	中椒107号		甜辣椒，早熟，果实灯笼形	适于北方地区早春早熟栽培
	京博4号	京品鉴椒2012012	甜辣椒，中早熟，果实灯笼形	适合保护地栽培
	海丰16号	京品鉴椒2013003	甜辣椒，早熟，果实灯笼形	适合保护地栽培
	红太极		果实灯笼形，可做红果采收	适合早春日光温室和春夏大棚种植
	黄太极		果实灯笼形，成熟后转黄色	适合越冬日光温室和早春大棚种植
	黄星2号		果实灯笼形，成熟后转黄色	适于北方保护地种植
	黄秀		果实灯笼形，成熟后转黄色	适合华北地区春提前、秋延后保护地栽培
	白星2号		果长方灯笼形，商品果白色	适于北方保护地种植
	橙水晶		果长方灯笼形，成熟后转橙色	适于北方保护地种植
	紫星2号		果长方灯笼形，商品果紫色	适于北方保护地种植
黄瓜	中农31号	京品鉴瓜2012017	腰瓜长33厘米左右	适宜我国华北地区秋冬茬、冬春茬、越冬长季节日光温室栽培
	中农50号	京品鉴瓜2012019	腰瓜长28厘米左右	适宜我国北方温室早春茬和秋冬茬栽培，也可在春秋大棚种植
	北农佳秀		腰瓜长30厘米左右	适宜保护地种植
	春棚5号	京品鉴瓜2012004	腰瓜长32～34厘米左右	适宜春大棚及日光温室早春茬栽培
	寒秀		早熟，瓜条顺直，瓜把短、刺密	适宜保护地栽培
	津优35		腰瓜长32～34厘米	适宜日光温室越冬茬及早春茬栽培
	中农26	京品鉴瓜2012016	腰瓜长约30厘米	适宜日光温室越冬茬、早春茬、秋冬茬及春秋大棚栽培
	京研108-2		瓜长30厘米左右	适于温室、春大棚栽培
	绿精灵5号	京品鉴瓜2014018	水果黄瓜。瓜长14～16厘米左右、绿色，无刺瘤	适宜保护地栽培
	戴多星		水果黄瓜。瓜长13厘米左右、墨绿色	适宜在春、秋、冬季保护地栽培
	比萨		水果黄瓜。瓜长15厘米左右	适宜在春、秋、冬季保护地栽培
	金童		超小型水果黄瓜。短椭圆形，瓜长4～5厘米、亮绿色	适宜保护地栽培
	玉女		超小型水果黄瓜，短椭圆形，瓜长4～5厘米、淡白色	适宜保护地栽培
	白贵妃		瓜短柱形，瓜长15厘米，表皮淡绿色	适宜春、秋、冬季保护地栽培
黄瓜砧木	北农亮砧	京品鉴砧2012001	黄瓜专用砧木品种	适于秋冬季及春季保护地栽培
	日本青秀		黄瓜专用砧木品种	适于秋冬季及春季保护地栽培
	北农砧秀	京品鉴菜2015016	黄瓜专用砧木品种	适于秋冬季及春季保护地栽培
西葫芦	京葫36	晋审菜（认）2014009	中早熟，瓜长柱形、瓜色翠绿、花纹细腻	适合北方越冬温室和春秋大棚种植
	京葫8号	京品鉴菜2015002	早熟，瓜长筒形，表皮翠绿色、细纹	适合北方早春大棚、秋延露地及日光温室种植
	京香蕉	京品鉴菜2009008	中早熟，瓜长圆柱形、金黄色	适合华北地区早春小拱棚和日光温室越冬栽培
	京珠	京品鉴菜2009007	早熟，瓜椭圆球形、深绿色	适合保护地栽培

（续）

作物种类	品种名称	审（鉴）定编号	特征特性	适宜茬口
南瓜	中栗 2 号		瓜近圆形，瓜皮绿色带有白色条纹及斑点。单瓜重 1.5～2 千克	适于保护地及早春露地种植
	早熟京红栗	京品鉴菜 2015004	极早熟，瓜近圆形，瓜为桔红色，单瓜重 2.0 千克左右	适合保护地和露地种植
	早熟京绿栗	京品鉴菜 2015005	早熟，瓜形厚扁圆，深绿色，单瓜重1.5～2.0 千克	适合保护地和露地种植
	迷你京绿栗		极早熟，瓜形厚扁圆，深绿色，单瓜重 300～500 克	适合保护地和露地种植
	迷你皇冠		瓜形厚扁圆或扁圆，浅黄色底带深橘黄色条纹，单瓜重 200 克左右	适合保护地和露地种植
冬瓜	一串铃 4 号		瓜高桩形，成熟时瓜面有白粉，单瓜重 1.5～2.5 千克	适于各类保护地及露地早熟栽培
快菜	京研快菜 2 号	京品鉴菜 2011025	苗用白菜。外叶深绿色，叶面皱。株型较直立，适于密植	适宜北京地区夏秋季栽培
	京研快菜 4 号	京品鉴菜 2011026	苗用白菜。外叶浅绿色，叶面皱	适宜北京地区冬春季保护地栽培
	四季快菜 1 号		快菜品种。叶色翠绿，无毛，叶柄绿色	适宜华北地区四季种植
	速生快绿	津登大白菜 2012001	叶色鲜绿色，抗病性强	适宜夏秋季露地种植，冬春季保护地种植
油菜	春油 3 号	京品鉴菜 2011024	株型半直立，束腰。耐抽薹，商品性好	适宜北京地区冬春栽培
	国夏 1 号		株型较矮，束腰	适合北京地区夏秋栽培
	京冠 1 号		生长势旺，束腰性好	适合北京地区秋季栽培
芹菜	文图拉		早熟，单株重 1 千克左右	适于北方日光温室秋冬茬，冬春茬，塑料大棚早春茬栽培
	皇后		早熟，单株重 1～1.5 千克	适于北方日光温室秋冬茬，冬春茬，塑料大棚早春茬栽培
	津南实芹 2 号	津登芹 2011007	生长速度快，单株重 0.5 千克左右	适宜我国大部分地区秋冬季露地及保护地栽培
菠菜	京菠 1 号	京品鉴菜 2012023	早熟	适合北方地区越冬栽培
	京菠 3 号	京品鉴菜 2012024	适合速冻加工	适于春、秋栽培
	京菠 5 号	京品鉴菜 2012025	耐热、耐抽薹性强	适合冷凉地区夏季栽培
	菠杂 58	京品鉴菜 2012026	耐抽薹性强	适于春、秋栽培
韭菜	海韭 1 号	京品鉴菜 2010020	深休眠品种。抗寒性强	适宜露地和早春保护地栽培
	海韭 2 号	京品鉴菜 2012014	深休眠类型。较耐热	适宜露地和早春保护地栽培
	海韭 3 号	京品鉴菜 2012029	深休眠类型	适合露地栽培
生菜	美国大速生		散叶生菜。叶色翠绿，略皱缩	适宜春季露地栽培和冬春保护地栽培
	罗莎生菜		散叶生菜。叶簇半直立，叶片皱，叶缘呈紫红色	适宜春秋保护地和露地、越冬温室种植
	罗生 1 号		散叶生菜。叶片红色，叶缘褶皱多	适宜春秋保护地和露地、越冬温室种植
	立生 1 号		散叶生菜。叶片绿色，叶缘褶皱少	适宜春秋保护地和露地、越冬温室种植
	射手 101		结球生菜。叶片绿色。叶球圆形，单球重 700 克左右	适宜春秋保护地和露地、越冬温室种植
	铁人		结球生菜。叶片绿色。叶球略扁圆形，单球重 700 克左右	适宜春秋保护地和露地、越冬温室种植

（续）

作物种类	品种名称	审（鉴）定编号	特征特性	适宜茬口
甘蓝	春甘2号		早熟春甘蓝品种	适宜华北地区春季种植
	628甘蓝		早熟春甘蓝品种	适于作露地早熟春甘蓝种植
	中甘21号	国品鉴菜2006001	早熟春甘蓝品种	适于春季露地种植
	中甘15号		中早熟春甘蓝品种	适于春季种植
	秋甘4号	国品鉴菜2010020	中早熟秋甘蓝品种	适宜华北地区秋季露地栽培
	秋甘5号	国品鉴菜2012017	中熟秋甘蓝品种	适宜华北地区秋季露地栽培
	北农紫甘	京品鉴菜2014036	紫甘蓝品种	适宜北京及华北地区露地秋季种植
	四一紫甘		紫甘蓝品种	适宜北京地区露地秋季种植
	紫甘2号		中早熟紫甘蓝品种	适宜春秋栽培华北地区春季露地栽培
	京冠红6号	京品鉴菜2014033	观赏羽衣甘蓝品种。红色皱叶类型	北京地区晚秋至早春塑料大棚、不加温日光温室种植
	京羽粉2号	京品鉴菜2014034	观赏羽衣甘蓝品种。粉色羽叶类型	北京地区晚秋至早春塑料大棚、不加温日光温室种植
	京冠白3号	京品鉴菜2014035	观赏羽衣甘蓝品种。白色皱叶类型	北京地区晚秋至早春塑料大棚、不加温日光温室种植
	维塔萨		观赏兼食用品种。叶片长椭圆形、浅绿	宜在春秋露地和保护地周年种植
萝卜	改良满堂红	京品鉴菜2010011	心里美类型。肉质根圆形，皮色出土绿，入土白，肉血红色	适宜秋季露地种植
	京脆1号	京品鉴菜2010012	中晚熟。肉质根椭圆形，皮色出土绿，入土白，肉浅绿色	适宜秋季露地种植
	京红4号	京品鉴菜2010010	秋红萝卜。肉质根圆形，平均单根重1.5千克。根皮粉	适宜秋季露地种植
	天丽3号		青萝卜。肉质根短粗圆柱形，地上部绿色，地下部白色	适宜北京地区秋季栽培
	京研红樱桃		樱桃萝卜。肉质根圆球形，根色鲜红	北京地区除夏季外，其他季节均可栽培
胡萝卜	红芯208		早熟，肉质根近圆柱形，平均单根重约300克	适宜春季保护地及高冷地区夏季露地种植
	红芯218		中早熟，肉质根为中长圆柱形，根重300克左右	适宜北京地区春、秋季栽培
	红芯228		早熟，肉质根呈圆柱形，单根重300～350克	适合春保护地及与夏秋露地播种
食用菌	L808		香菇	
	L18		香菇	
	CCEF89		香菇	
	平菇99		广温型平菇	适宜秋冬季栽培
	双抗黑平		广温型平菇	适宜秋冬季栽培
	灰美2号		广温型平菇	春季、早秋、冬季皆可栽培
	板栗蘑		灰树花（栗蘑）	
	栗蘑3303		灰树花（栗蘑）	
	黑木耳2号		黑木耳	

（三）西甜瓜

作物种类	品种名称	审（鉴）定编号	特征特性	适宜区域
西瓜	华欣	京审瓜 2011005	早熟品种。高圆形果，果肉深红色。单瓜重 5 千克左右	适宜北京地区春季栽培
	华欣 2 号	京审瓜 2013005	早熟品种。高圆形果，瓜瓤红色，单瓜重 5 千克左右	适宜北京地区春季栽培
	京欣二号	京审瓜 2001002	中早熟品种。圆果，瓜瓤红色。单瓜重 5 千克左右	适宜北京地区保护地、露地早熟栽培
	北农天骄 2 号	京审瓜 2013009	早熟品种。高圆形果，瓜瓤红色，单瓜重 4 千克左右	适宜北京地区春季栽培
	北农天骄 4 号	京审瓜 2014008	早熟品种。圆果，瓜瓤红色。单瓜重 5 千克左右	适宜北京地区春季栽培
	超越梦想	京审瓜 2012001	小型西瓜品种。果实椭圆形，果肉红色，单瓜重 1.7 千克左右	适宜北京地区春季保护地栽培
	红小帅 6 号	京审瓜 2013004	小型西瓜品种。果实椭圆形，果肉红色，单瓜重 1.8 千克左右	适宜北京地区春季保护地栽培
	京颖	京审瓜 2013003	小型西瓜品种。果实椭圆形，果肉红色，单瓜重 1.6 千克左右	适宜北京地区春季保护地栽培
	夏橙	京审瓜 2013003	小型西瓜品种。果实高圆形，果肉橙黄色，单瓜重 1.80 千克左右	适宜北京地区春季保护地栽培
	京阑	京审瓜 2013002	小型西瓜品种。果实高圆形，果肉晶黄色，单瓜重 1.76 千克	适宜北京地区春季保护地栽培
	暑宝	0108014 - 1999	中熟品种。果实高圆形，瓤红色，单瓜重 6～8 千克	适宜北京地区春季栽培
	黑宝 6 号	京审瓜 2014013	中晚熟无籽西瓜品种。果实高圆形，果肉红色，单瓜重 5.6 千克左右	适宜北京地区春季栽培
	暑宝 8 号	京审瓜 2012013	中晚熟无籽西瓜品种。果实高圆形，果肉红色，单瓜重 6 千克左右	适宜北京地区春季栽培
	黑晶	京审瓜 2012014	中晚熟无籽西瓜品种。果实高圆形，果肉红色，单瓜重 6.5 千克左右	适宜北京地区春季栽培
甜瓜	京玉绿宝	京品鉴瓜 2010029	薄皮品种。果实近圆形，果皮深绿色果，肉浅绿色，单果重 200～400 克	适宜春季保护地种植
	京玉墨宝	京品鉴瓜 2010030	薄皮品种。果实高圆形，果皮深绿色有墨绿色隐条纹，果肉黄绿色，单果重 250～350 克	适宜北京地区保护地栽培
	金玉满堂	京品鉴瓜 2014006	薄皮品种。果实卵形，果皮薄、淡黄色，果面光滑有浅沟，果肉白色，单果重约 230 克	适宜北京地区春季保护地栽培
	北农翠玉	京品鉴瓜 2014005	薄皮品种。果实梨形，果皮绿色，成熟后果表覆不均匀淡黄色斑块，果肉翠绿色，单果重约 240 克	适宜北京地区春季保护地栽培
	京雪 5 号	京品鉴瓜 2014007	薄皮品种。果实梨形，果皮白色，成熟后果表覆不均匀淡黄色斑块，果肉白色，单果重约 250 克	适宜北京地区春季保护地栽培
	一特白	京品鉴瓜 2011002	早熟厚皮品种。果实短椭圆形，果面光滑，果皮白色，果肉淡绿色，单果重 1.6 千克左右	适宜北京地区春季保护地栽培

（续）

作物种类	品种名称	审（鉴）定编号	特征特性	适宜区域
甜瓜	京玉 2 号		厚皮品种。果实高圆形，果皮白色，果肉浅橙色，单果重 0.8～2.0 千克	适宜北京地区春季保护地栽培
	京玉太阳		厚皮品种。果实高圆形，果皮黄红色，果肉白色，单瓜重 1.5～2.6 千克	适宜保护地栽培
	一特金	京品鉴瓜 2011003	厚皮品种。果实高圆形，表皮光滑，金黄色，果肉白色，果瓤白色，单果重 1.3 千克左右	适宜北京地区春季保护地栽培
	IVF117	京品鉴瓜 2011005	厚皮品种。果实高圆形，果皮黄色，有密细纹，果肉浅桔红色，平均单果重 1.5 千克左右	适合北京地区保护地春、秋立架栽培
西甜瓜砧木	京欣砧 8 号	京品鉴砧 2014004	西瓜砧木品种	
	京欣砧 2 号	京品鉴砧 2009002	西瓜砧木品种	
	京欣砧 3 号	京品鉴砧 2009003	西瓜、甜瓜兼用砧木品种	

（四）草莓

作物种类	品种名称	鉴定编号	特征特性	适宜区域
草莓	晶瑶		果实整齐，略长圆锥形；果面鲜红色；果肉鲜红。抗白粉病	适宜保护地种植
	红颜		果实圆锥形，鲜红色，果面和内部色泽均呈鲜红色	适宜保护地种植
	章姬		果实呈长圆锥形，果面绯红色	适宜保护地种植
	小白草莓	京品鉴莓 2014008	果实圆锥形，表皮呈粉白色，果肉乳白色	适于北京地区日光温室促成栽培

（五）景观生态作物

作物种类	品种名称	审（鉴）定编号	特征特性	适宜区域
观赏油菜	陇油 6 号	甘审油 2008001	白菜型冬油菜，晚熟品种	北京地区以 9 月上中旬播种为宜，4 月下旬定苗
	陇油 7 号	甘审油 2009004	白菜型冬油菜	北京地区以 9 月上中旬播种为宜，4 月下旬定苗
	天祝小油菜		白菜型北方小油菜早熟品种。春性强，幼苗生长快，抗寒、抗旱性强	日平均气温稳定在 2～3℃、土壤解冻 5～6 厘米即可播种
	陇油 2 号	蒙审油 2011001 号	春性中晚熟甘蓝型春油菜品种，较耐低温，抗寒性强	顶凌播种
	秦杂油 19	蒙审油 2011001 号 国审油 2011031	春性甘蓝型春油菜品种	顶凌播种
向日葵	LD9091	京品鉴引葵 2013018	中晚熟。花盘直径 20 厘米左右	春播适宜在 4 月 25 日至 5 月 10 日间播种，夏播适宜在 6 月底至 7 月 15 日间
	LD5009	京品鉴引葵 2013017	中晚熟。花盘直径 20 厘米左右	春播适宜在 4 月 25 日至 5 月 10 日间播种，夏播适宜在 6 月底至 7 月 15 日间
	金色 08		金黄色花瓣黑色花盘，花盘径 9～12 厘米，重瓣性好	地温 13℃、14℃即可播种
	醉云长		中熟型分枝品种，花瓣颜色为红色，花盘为深色	地温 13℃、14℃即可播种
	金拥碧翠		金色深盘。花盘直径为 12～15 厘米	地温 13℃、14℃即可播种

（续）

作物种类	品种名称	审（鉴）定编号	特征特性	适宜区域
向日葵	三阳开泰		单干型品种。花色为褐红黄边深盘，花盘径12厘米	地温13℃、14℃即可播种
	墨池吐金		中熟单干型品种。花瓣颜色为黄色，花盘颜色为深色	地温13℃、14℃即可播种

（六）中草药

作物种类	品种名称	鉴定编号	特征特性	适宜区域
荆芥	中荆1号	京品鉴药2009006	中熟品种	适宜在排水良好的沙壤土种植，6月中下旬整地播种
桔梗	中梗2号	京品鉴药2009002	晚熟品种	适宜在排水良好的沙壤土或半沙壤土地春季种植
柴胡	中柴2号	京品鉴药2009004	中晚熟品种	适宜土层深厚、疏松肥沃、排水良好的夹砂土或壤土种植。春播或夏末播
丹参	丹参药植1号	京品鉴药2014030	植株直立型	选择土层深厚、疏松、肥沃、排水良好的黄壤土和壤土地种植。种子于6月底育苗，加遮阳网，9月至第二年4月前均可移栽
	丹参药植2号	京品鉴药2014031	植株半直立型	选择土层深厚、疏松、肥沃、排水良好的黄壤土和壤土地种植。种子于6月底育苗，加遮阳网，9月至第二年4月前均可移栽
黄芩	北京地方品种黄芩			适宜在阳光充足、土层深厚、肥沃的中性和微碱性土壤或砂质土壤种植
	山西地方品种黄芩			适宜在阳光充足、土层深厚、肥沃的中性和微碱性土壤或砂质土壤种植
金银花	九丰一号			适于山区丘陵及土质肥沃的平原地块种植。早春或晚秋均可定植
	巨花一号			适宜晚秋至初冬或早春种植

北京市农村工作委员会　北京市档案局关于印发《北京市农村土地承包经营权确权登记颁证档案管理实施办法》的通知

（2015年10月19日）

郊区各区县农委、档案局、经管站：

为贯彻落实《农业部、国家档案局关于印发〈农村土地承包经营权确权登记颁证档案管理办法〉的通知》（农经发〔2014〕12号），切实做好本市农村土地承包经营权确权登记颁证档案管理工作，市农委、市档案局联合制定了《北京市农村土地承包经营权确权登记颁证档案管理实施办法》。现印发给你们，请结合本区县实际，遵照执行。

北京市农村土地承包经营权确权登记颁证档案管理实施办法

第一条　为了规范我市农村土地承包经营权确权登记颁证工作，科学管理和有效利用农村土地承包经营权确权登记颁证档案，根据《中华人民共和国档案法》《中华人民共和国农村土地承包法》《中华人民共和国物权法》《北京市实施〈中华人民共和国档案法〉办法》等有关法律法规以及《农业部国家档案局关于印发〈农村土地承包经营权确权登记颁证档案管理办法〉的通知》（农经发〔2014〕12 号）和《中共北京市委办公厅、北京市人民政府办公厅印发〈关于认真做好本市农村土地承包经营权确权登记颁证工作的意见〉的通知》（京办字〔2015〕10 号）等有关文件精神，制定本办法。

第二条　本办法所称农村土地承包经营权确权登记颁证档案是指在农村土地承包经营权确权登记颁证（以下简称确权登记颁证）工作中形成的，对国家、社会和个人有保存价值的文字、图表、声像、数据等各种形式和载体的文件材料的总称，是确权登记颁证的重要凭证和历史记录。

第三条　本办法适用于开展确权登记颁证工作的区县、乡镇和建制村有关确权登记颁证档案的收集、整理、鉴定、保管及开发利用工作。

第四条　确权登记颁证档案工作坚持统一领导、分级实施、分类管理、集中保管的原则。确权登记颁证档案管理工作应当与确权登记颁证工作同步部署、同步实施、同步检查、同步验收。

第五条　农村工作行政主管部门负责对本级确权登记颁证档案工作的领导，将档案工作纳入本行政区域内确权登记颁证工作中统筹规划、组织协调、检查验收，具体工作由区县农村经营管理部门负责；同级档案行政管理部门负责对确权登记颁证所形成文件材料的归档以及档案的整理、保管、移交和开发利用工作进行业务培训和监督指导。

第六条　各级农村经营管理部门和行政村要将确权登记颁证档案管理工作纳入总体工作计划；制定相关工作方案；建立健全并落实确权登记颁证文件材料的收集、整理、归档以及档案保管、利用等各项制度；保障专项工作经费；配备档案管理人员并保持人员的相对稳定；配置必要设施设备，确保档案完整与安全。

第七条　确权登记颁证档案主要包括综合管理、确权登记和特殊载体类，其保管期限分为永久和定期。具有重要凭证、依据和查考利用价值的，应当永久保存；具有一般利用保存价值的，应当定期保存，期限为 30 年或者 10 年。具体参照《北京市农村土地承包经营权确权登记颁证文件材料归档范围和档案保管期限表》（见附件）执行。

第八条　确权登记颁证纸质档案应按照《文书档案案卷格式》（GB/T 9705—2008）和《北京市实施〈归档文件整理规则〉细则》（京档发〔2010〕5 号）等有关标准要求进行整理。确权登记颁证工作中形成的声像档案、电子文件等按照《照片档案管理规范》（GB/T 11821—2002）、《北京市数码照片归档与管理办法》（京档发〔2010〕7 号）、《北京市电子文件归档与电子档案管理办法》（京档发〔2014〕3 号）等相应标准及规定进行整理。

第九条　确权登记类中具体涉及农户的有关确权申请、身份信息、确认权属、实地勘界、界限图表、登记和权证审核发放等文件材料，以农户为单位“一户一卷”进行整理组卷。

第十条　归档的确权登记颁证文件材料要字迹工整、数据准确、图样清晰、手续完备。归档文件材料的印制书写材料、纸张和装订材料等要符合档案保管的要求。

第十一条　归档的特殊载体文件材料，要单独整理编目，并与纸质材料建立对应关系。

录音、录像材料要保证载体的安全可靠性，电子文件和利用信息系统采集、贮存的数据以及航空航天遥感影像和卫星遥感影像应使用不可擦写光盘等可靠方式保存。

照片和图片要配有文字说明，标明时间、地点、人物和事由。

第十二条　市相关部门适时开展确权登记颁证档案工作的联合检查，重点检查确权登记颁证档案的完整、准确、系统情况和档案的安全保管情况。

区县农村工作行政主管部门要会同相关部门，根据工作进度，对乡镇、行政村确权登记颁证档案工作进行跟踪检查。

第十三条　各郊区县农村经营管理部门形成的确权登记颁证档案在工作结束 10 个月内，向本区县档案馆移交。

各乡镇形成的确权登记颁证档案在工作结束后及时向综合档案室归档。

各行政村形成的确权登记颁证档案在工作结束后及时向村档案室归档。村档案室要配备档案专柜及相应的设施设备，符合防火、防盗、防潮、防光、防鼠、防虫、防尘、防污染的要求。要定期检查档案的保管状况，确保档案的安全。

第十四条　确权登记颁证档案管理单位应当按照有关规定，及时为社会提供确权登记颁证档案利用服务。在提供档案利用服务时，不得损害国家、社会和其他组织及公民的合法权益。

第十五条　各郊区县农村经营管理部门和档案行政管理部门要积极推进确权登记颁证档案的信息化建设，加强确权登记颁证电子文件归档和电子档案的规范化管理，通过农村档案信息资源共享平台提供网上服务，方便相关权利人依法查询。

第十六条　在确权登记颁证档案工作中，对于违反档案法律法规，造成确权登记颁证档案损毁或丢失的，由有关部门依法追究相关人员的法律责任。

第十七条　各郊区县农村工作行政主管部门、农村经营管理部门、档案行政管理部门可根据本实施办法，结合本地实际，制定确权登记颁证档案工作的有关规定。

第十八条　本办法由市农委、市档案局负责解释。

第十九条　本办法自发布之日起施行。

附件　北京市农村土地承包经营权确权登记颁证文件材料归档范围和档案保管期限表

附件

北京市农村土地承包经营权确权登记颁证文件材料归档范围和档案保管期限表

区（县）级		
类别	归档范围	保管期限
综合管理类	1. 关于成立确权登记颁证领导小组、工作小组及其责任分工的文件，确权登记颁证指导意见、工作方案，领导小组、工作小组会议记录纪要等重要文件	永久
	2. 本级下发的确权登记颁证政策性文件和重要业务文件	永久
	3. 重要问题请示与上级批复、重要业务问题往来文件	永久
	4. 确权登记颁证工作的重要报告、总结、统计报表	永久
	5. 确权登记颁证重要会议和重大活动记录	永久
	6. 上级下发的有关确权登记颁证的政策性文件	永久
	7. 本单位在承包地确权、登记颁证工作中形成的一般性、过程性文件、宣传培训资料	10 年
	8. 确权登记颁证工作中形成的招投标文件材料及签订的合同	永久
	9. 确权登记颁证工作中形成的保密责任书、保密承诺书	30 年
确权登记类	1. 农户土地承包经营权登记申请书及农村土地承包情况登记表、委托书、身份信息、原土地承包合同等按登记规定提交的材料	永久
	2. 农村土地承包经营权登记簿	永久
	3. 农村土地承包经营权调查成果检查验收记录、报告	永久
	4. 登记核准文件	永久
	5. 登记发证原始材料	永久
	6. 权属变更登记材料	永久
	7. 确权登记颁证信息管理系统备份数据	永久
	8. 土地承包合同	永久
特殊载体类	1. 反映确权登记颁证工作重要活动事件的照片和声像材料	永久
	2. 确权登记颁证系统数据库、测量数据文件、元数据以及调查成果的电子数据	永久

（续）

乡（镇）级		
类别	归档范围	保管期限
综合管理类	1. 关于成立确权登记颁证领导小组、工作小组及其责任分工的文件，确权登记颁证工作方案等重要文件	永久
	2. 确权登记颁证的请示与上级批复、重要业务问题往来文件	永久
	3. 有关的报告、总结、统计报表	永久
	4. 确权登记颁证工作动员会及宣传材料（含调解争议）	10年
	5. 上级下发的确权登记颁证政策性文件	30年
	6. 上级下发的有关确权登记颁证的一般性文件	10年
	7. 本单位在确权登记颁证活动中形成的一般性、过程性文件、宣传培训资料	10年
确权登记类	1. 工作底图、调查草图、地块分布图、卫星遥感影像图或数字正射影像图	永久
	2. 农户承包地登记基本信息表、清理档案登记表、发包方调查表、农村承包地面积确认公示表	永久
	3. 农村土地承包经营权调查成果自检、互检记录和报告	永久
	4. 承包经营权证申请变更登记表	永久
	5. 对村级相关工作方案的审核意见	永久
	6. 全乡（镇）农村土地承包经营权证发放登记表	永久
	7. 确权登记颁证信息管理系统备份数据	永久
	8. 土地承包合同	永久
特殊载体类	反映本乡镇确权登记颁证工作重要活动事件的照片和声像材料	永久
村（组）级		
类别	归档范围	保管期限
确权登记类	1. 村级土地承包经营权确权登记颁证工作小组名单	永久
	2. 村级土地承包经营权确权登记颁证工作方案	永久
	3. 村民会议或村民代表会议关于确权登记颁证问题的决议（意见）和会议记录	永久
	4. 农村承包地面积确认公示表	永久
	5. 农村土地承包台账	永久
	6. 农村土地承包经营权转让申请表	永久
	7. 工作总结	永久
	8. 土地承包合同、土地委托流转合同、土地流转（转包、出租、互换、转让、入股）合同	永久
特殊载体类	反映本村确权登记颁证工作中重要活动事件的照片和声像材料	永久

北京市农村工作委员会　北京市发展和改革委员会　北京市科学技术委员会　北京市财政局　北京市水务局　北京市商务委员会　北京市地方税务局　北京市工商行政管理局　北京市园林绿化局　北京市供销合作总社　中国银行业监督管理委员会北京监管局　关于公布2015年北京市农民专业合作社市级示范社名录的通知

（2015年12月14日）

郊区各区人民政府，市各有关单位：

根据《关于开展2015年农民专业合作社市级示范社培育创建工作的通知》（京政农发〔2014〕15号）要求，在各区申报推荐的基础上，经专家组评审和市相关部门联合审定，北京市门头沟区北京东胡林蜜蜂养殖专业合作社等75家农民专业合作社被评为第四批北京市农民专业合作社示范社，现予公布。

经过对前三批示范社动态管理和2015年培育创建工作，目前，全市农民专业合作社市级示范社已经累计达到216家。市级示范社在组织农户进入市场，提高都市型现代农业组织化程度，转变农业发展方式上将发挥重要的带动和引领作用。

市各有关部门根据各自职责，加强政策集成，重点支持示范社发展。各区政府要加大对示范社的扶持力度，重点支持农民专业合作社示范社开展农业基础设施、农业科技推广示范、农产品加工、农业综合开发、农业标准化等建设项目。要以示范社为载体，组织开展各类农产品质量认证、政策性农业保险、农村实用人才培训、资金互助合作、农超对接等工作。

各区农委、经管站和农民专业合作社服务中心要全面加强示范社的指导和服务，扩大规模、提升质量，重点引导和帮助示范社社员全员登记，规范示范社将财政扶持资金形成的资产及时登记入账并平均量化给每个成员，配合有关部门和相关企业开展合作社融资担保等金融工作，加强财务人员培训，进一步规范财务管理，不断提高示范社的规范化管理水平。

附件

2015年北京市农民专业合作社市级示范社名录
（共75家）

门头沟区：（8家）

1. 北京东胡林蜜蜂养殖专业合作社
2. 北京布韵传奇手工编织专业合作社
3. 北京谷香园种植专业合作社
4. 北京聚兰兴养殖专业合作社
5. 北京兴百灵养蜂专业合作社
6. 北京益农缘生态农业专业合作社
7. 北京张家庄养殖专业合作社
8. 北京市妙峰山中慧苑手工布艺专业合作社

房山区：（7家）

1. 北京黄土坡种植专业合作社
2. 北京金冠种植专业合作社
3. 北京书平绿圃食用菌专业合作社
4. 北京御蜂堂蜂业专业合作社
5. 北京金利农机服务专业合作社
6. 北京龙乡腾飞种植农民专业合作社联社

7. 北京三岔民俗旅游专业合作社
通州区：（7 家）
1. 北京碧海圆蔬果农民专业合作社
2. 北京聚隆农业农民专业合作社联合社
3. 北京京东农合农产品产销专业合作社
4. 北京民为天农机专业合作社
5. 北京万全互联生猪专业合作社
6. 北京振龙园种植专业合作社
7. 北京专平林下农业专业合作社
顺义区：（7 家）
1. 北京晨辉农产品产销专业合作社
2. 北京焦庄户民俗旅游专业合作社
3. 北京硕丰磊白山药产销专业合作社
4. 北京市天天绿康彩糯玉米合作社
5. 北京市荣萍种植专业合作社
6. 北京万顺旺农机服务专业合作社
7. 北京燕赵御兴果品产销专业合作社
大兴区：（4 家）
1. 北京汉良瓜果种植专业合作社
2. 北京立征春雨农业专业合作社
3. 北京长子营泰丰肉鸽养殖专业合作社
4. 北京留民营兴旺农机服务专业合作社
昌平区：（7 家）
1. 北京园霖昌顺农业种植专业合作社
2. 北京海疆栗蘑产销专业合作社
3. 北京谷氏獭兔养殖专业合作社
4. 北京秀花园农产品产销专业合作社
5. 北京燕山硕果果品专业合作社
6. 北京锄禾燕平养蜂专业合作社
7. 北京兴寿西洋草莓专业合作社
平谷区：（9 家）
1. 北京金果丰果品产销专业合作社
2. 北京福兴顺农机服务专业合作社
3. 北京喜福达果品产销专业合作社
4. 北京海鲸花养蜂专业合作社
5. 北京黑豆峪果品产销专业合作社
6. 北京独乐河果蔬产销专业合作社
7. 北京宗宇浩有机柿子产销专业合作社
8. 北京华山农旺果品产销专业合作社
9. 北京桃花妹果蔬产销专业合作社
怀柔区：（8 家）
1. 北京市芦庄鑫汇民民俗旅游专业合作社
2. 北京森海食用菌种植专业合作社
3. 北京东腾种植专业合作社
4. 北京双利双鑫樱桃种植专业合作社
5. 北京蓝天白鸽农产品专业合作社
6. 北京三山蔬菜产销专业合作社
7. 北京隆海明珠种植专业合作社
8. 北京正蓝勤业农产品产销专业合作社
密云区：（10 家）
1. 北京石城村民俗旅游专业合作社
2. 北京司马台民俗旅游专业合作社
3. 北京河南寨农机服务专业合作社
4. 北京康顺达农副产品产销专业合作社
5. 北京栗栗飘香农产品产销专业合作社
6. 北京新宇阳光农副产品产销专业合作社
7. 北京云蒙山有机杂粮种植专业合作社
8. 北京云旺农产品产销专业合作社
9. 北京张家庄农产品产销专业合作社
10. 北京金叵罗民俗旅游专业合作社
延庆区：（8 家）
1. 北京王仲营中药材种植专业合作社
2. 北京村村牛种植专业合作社
3. 北京河海猪苓种植专业合作社
4. 北京魅力珍珠山水乡村旅游专业合作社
5. 北京金粟种植专业合作社
6. 北京前吕庄村种植专业合作社
7. 北京市红福宝养殖专业合作社
8. 北京北莱园农产品产销专业合作社

总　　述

2015年北京市农村经济社会发展总述

一、总体发展情况

2015年，北京市围绕京津冀协同发展战略部署，坚持城乡一体化发展方向，深化农村各项改革，扎实推进“调转节”，提升都市型现代化农业发展水平。在宏观经济下行压力加大、首都经济结构加快调整的大背景下，全市农村经济运行呈现出总体增速趋缓、部分指标稳中有进的格局。统筹新型城镇化和美丽乡村建设，改善农村民生，创新完善乡村治理机制，巩固农村基层组织建设，全市农业农村工作取得明显成绩，郊区经济社会发展又上新台阶。

全市农村经济总收入5 706.6亿元，同比增长3.2%。农村集体资产总额5 589.9亿元，同比增长7.3%，所有者权益2 084亿元，同比增长8.6%。参与分配人口人均所得18 653元，同比增长8.8%。详见表1。

农村土地承包经营权确权登记颁证工作取得新进展。在平谷区试点基础上，2015年新确定了大兴区为整区推进试点并继续扩大试点范围，在其余区县的76个乡镇1 049个村开展了试点工作。印发了本市农村土地承包经营权确权登记颁证工作的意见、实施方案以及档案管理实施办法等文件。积极引导和规范土地经营权有序流转，全市确权土地流转比例达到63.6%。

农村集体建设用地制度改革各项试点审慎稳妥推进。在中央统一部署下，配合市国土局稳步推进大兴区集体经营性建设用地入市试点，编制完成了试点实施方案及相关配套措施，首宗2.67万平方米的地块于2015年年底入市挂牌竞价，最终溢价77.2%，首次实现集体土地与国有土地的同等入市、同权同价。在丰台区长辛店等7个镇继续推进集体经营性建设用地区域统筹集约利用试点。积极推进盘活农村闲置住房试点。怀柔区渤海镇田仙峪村积极探索“农户＋合作社＋企业”的发展模式，流转和改造30余处院落发展休闲养老产业，实现租金收入1 700万元。

表1　2015年北京市农村经济主要指标情况表

指标名称	单位	数值	±%
一、农村经济总收入	亿元	5 706.60	3.2
1. 公有经济总收入	亿元	1 102.38	−2.0
2. 非公有经济总收入	亿元	4 604.22	4.6
二、利润总额	亿元	213.51	8.0
三、净利润	亿元	187.96	9.8
四、会计核算单位数	个	13 313	−2.2
五、农民所得总额	亿元	581.78	7.9
1. 公有经济所得	亿元	109.38	6.0
2. 非公有经济所得	亿元	472.40	8.4
六、分配人口	人	3 118 930	−0.8
七、农民人均所得	元	18 653.00	8.8
八、资产总额	亿元	5 589.85	7.3
九、负债总额	亿元	3 505.82	6.6
十、所有者权益	亿元	2 084.03	8.6
十一、劳动力总数	人	1 828 113	−1.1
其中：就业劳动力人数	人	1 715 319	−1.0

数据来源：北京市农经统计信息系统。

农村集体产权制度改革进一步深化。按照农业部批复，积极指导大兴区开展赋予农民集体资产股份权能改革试点。认真贯彻中央有关精神，市政府办公厅印发了《关于引导农村产权流转交易市场健康发展的若干意见》（京政办发〔2015〕40号），加快建立健全市、区、镇、村四级农村产权流转交易的服务体系，2015年全年完成产权交易145宗、交易金额16.04亿元。组织通州区申报了农业部第二批农村改革试验区，并承担农村产权流转交易市场建设改革试验工作。

新型农业经营主体加快培育。大力发展农民合作社，重点鼓励发展股份合作社、支持建立联合社，全市登记注册合作社达到6 744个，农民专业合作社联合社达到31家。加强农民合作社规范化建设，新培育创建75家市级示范社，全市市级示范社累计已达216家。龙头企业不断壮大，市级以上龙头企业累计达180余家，其中国家级39家。鼓励龙头企业与农民专业合作社对接，支持合作社发展农产品加工，大力推进农资连锁经营体系建设，616家农资服务连锁店建成并投入使用。继续推进通州区漷县镇黄厂铺村家庭农场试点。认真组织“骨干农民培养”“全科农技员培训”“阳光工程”等公益性、品牌性、示范性培育项目，积极总结推广“空中课堂”“固定课堂”“田间课堂”等多种形式相结合的培育方式，培训中高级职业农民4 800人。组织密云、大兴2个示范区县实施认证管理，共认证新型职业农民800名，其中青年农场主200人。

农村财政金融改革不断创新。大力改革涉农转移支付制度，下放审批权限，有效整合了15项、共计14亿元涉农专项转移支付资金。加强农村集体经济组织征地补偿费管理，对2014年使用情况组织进行专项审计。加大金融支农力度，对49家农业专业合作示范社建设单位的95个项目奖励贴息资金。为7家涉农企业发行第三支“北京农业中小企业集合票据”，金额4.26亿元。推动农业保险创新，在全市推开蜂业气象指数保险、生猪价格指数保险等险种。全年政策性农业保险保费收入5.13亿元，同比增长27%。

农业结构调整持续深入推进。严格落实耕地保护，以市政府办公厅名义印发了《关于开展农业生产空间划定工作的通知》（京政办函〔2015〕110号），全面启动了80万亩[①]粮田、70万亩菜田和100万亩果园的划定工作。按照“调粮、保菜、做精畜牧水产业”总体要求，扎实推进农业调结构、转方式，发布《2015年北京市种植业节水优质高产品种目录》，指导生产者调整种植业结构。

高效节水农业发展态势良好。大力推广应用高效节水设施和农艺节水技术，重点开展旱作农业、水肥一体化和雨养作物推广等农艺节水技术，建立了30个粮食和78个蔬菜瓜果高效节水示范区，示范推广微灌施肥技术模式和覆膜沟灌施肥技术2万亩。小麦喷灌、蔬菜高效节水技术覆盖率分别达到54%、45%，均比上年提高了9个百分点，改造提升畜牧业节水设施与粪污处理设施55家。全年节约农业用新水4 000余万立方米。房山区全国农业水价改革试点扎实推进，顺义区现代农业节水示范区加快建设。

“菜篮子”有效供给能力保持稳定。全面实施基本菜田蔬菜生产补贴，共安排补贴资金2.98亿元，补贴面积60万亩。创建了3个万亩以上的蔬菜专业镇和15个千亩以上的蔬菜专业村，建设园艺化蔬菜园区19家，新建集约化育苗场10家。稳定奶牛和蛋鸡生产，大力推进集约化和标准化改造。全市蔬菜（含食用菌）、牛奶、禽蛋产量分别为205.1万吨、57.2万吨、19.6万吨，保持稳定增长趋势。农产品流通方式加快创新，首农集团与京东联合打造农业大数据中心。总投资41.8亿元的北京鲜活农产品流通中心项目获批建设。狠抓农产品质量安全，农产品质量安全水平继续走在全国前列。

现代种业迎来新机遇。编制完成《北京种业发展二期规划（2016—2020年）》。通州国际种业科技园区建设扎实推进，积极申报“国家现代种业创新示范区”，成功举办“2015年春季新品种展示周及京津冀沪渝种业发展论坛”。深化种业体制改革，种业重点项目有效落实，重点支持了作物新品种的展示示范、更新换代和筛选等。

乡村旅游和休闲农业加快发展。观光休闲农业呈现“规模扩大、质量提升、品牌升级”的良好态势，吃住行、游购娱功能日益齐全，具有鲜明特色的“多品种、小批量”休闲农业产品不断开发，全年观光休闲农业和民俗旅游接待游客4 043万人次，实现收入39.2亿元。依托“互联网+”，宣传推介取得硕果，开展京郊休闲农业百度地图标注。举办“美丽乡村　金秋去哪儿”主题宣传活动。品

---

① “亩”为非法定计量单位，1亩=1/15公顷。

牌创建成效显著，大兴区被认定为全国休闲农业与乡村旅游示范县，5家单位被认定为全国休闲农业与乡村旅游示范点，4个民俗旅游村获“2015年中国最美休闲乡村”称号，开展了第二批市级星级休闲农业园区、星级民俗村（户）评定工作。会展农业蓬勃发展，成功举办第三届北京农业嘉年华、世界马铃薯大会、中国兰花大会，其中农业嘉年华接待游客118.8万人次，直接经济收入5 195万元，同比分别增长26%、48%；马铃薯大会接待专业观众5 756人次、达成交易意向1.5亿元。

农业科技创新步伐加快。结合农业结构调整，组织实施了一批农业科技推广项目，农产品新品种、新技术得到广泛应用，实现科技惠农。连续三年实施“菜篮子”新型生产经营主体科技能力提升工程，已有320余名副高级以上农业技术专家与专业大户、农民专业合作社、龙头企业实现对接。继续推进北京国家现代农业科技城建设，着力信息、金融两大平台，农业科技网络服务中心汇聚各类信息资源100万条。重点构建和完善了市、区县、乡镇、村四级农业科技服务体系和“一主多元”的农业技术推广体系。在全面提高全科农技员服务标准的基础上，调整精简全科农技员队伍至2 498人。开展农口高级专业技术资格评审，206人获得高级专业技术资格，有力推进了北京农业科技人才储备。召开全市“互联网+”农业大会，成立了北京农业互联网联盟，全力推进“互联网+”与农业的经营、服务、生产、管理四大关键环节的深度融合，构建农业电商综合服务体系，认定了首批53家北京市农业信息化龙头企业。

大力推进京津冀农业协同发展。举办了京津冀现代农业协同发展工作座谈会，签订了区域农业合作协议，进一步深化了京津、京冀农业合作。加快外埠生产基地建设，累计在张家口地区实施蔬菜膜下滴灌工程面积16.6万亩，支持建设供京蔬菜专业合作社105个，建设京张农业协作蔬菜技术培训学校8所；支持首农集团、二商集团、顺鑫集团、新发地等13家企业发展外埠蔬菜生产基地3.8万亩，支持生猪、奶牛等畜禽养殖基地5家。成功举办了“2015年春季新品种展示周及京津冀沪渝种业发展论坛”。

城乡结合部建设工作扎实推进。加强总体设计，编制并启动了《北京市城乡结合部建设三年行动计划（2015—2017年）》。城乡结合部50个重点村城市化建设任务基本完成，实现了“安居、乐业、一体化”目标，城乡共赢格局初步形成。“一绿”地区城市化建设朝阳区6个乡试点工作顺利推进，拆迁腾退、人口疏解和转居工作完成总任务量的80%，绿化建设和集体产业开工完成总任务量的50%，回迁安置房建设100%启动。积极推进海淀区四季青镇整建制农转居试点，全镇2.66万农民实现了农转非。在“二绿”地区重点推进了丰台区长辛店镇等地区的集体建设用地统筹集约利用试点。着力推进以人为核心的城镇化，不断加大农转非工作力度，全年完成农转非7.69万人。

新型城镇化建设迈出新步伐。积极推进通州区、房山区、大兴区国家新型城镇化综合试点。积极发挥政府投资引导作用，着力改善重点镇的基础设施和公共服务供给体系，提升综合承载能力。投资54.37亿元，完成42个镇的污水处理入户配套管网工程；安排市政府投资14.4亿元，实施基础设施建设项目17个。2015年全市42个重点小城镇完成全社会固定资金投资超过400亿元，成为拉动郊区投资增长的重点区域。

美丽乡村建设再上新台阶。新启动500个村庄开展美丽乡村建设，制定了《北京市美丽乡村建设标准》，对2014年启动建设的美丽乡村进行了验收。出台了传统村落建设和修缮指导意见，推荐并组织候选村庄积极参加第四批中国传统村落评选。完成抗日战争暨世界反法西斯战争胜利70周年纪念活动和国庆66周年农村环境卫生保障工作。组织实施了“两节”（元旦、春节）、全国“两会”、五一等农村环境治理活动。认真开展农村生活垃圾治理宣传、调研、自查、申报、迎检等工作，实现了90%以上行政村垃圾得到有效治理的目标。

农村地区减煤换煤取得新成效。完成农村地区减煤换煤140万吨（超出年初计划20万吨），累计减煤换煤386万吨。完成166个村庄、5万户农村居民的“煤改电”工程和22个村庄的“煤改气”工程，更换高效节能炉具10万台，会同市住建委完成农宅抗震节能改造8.8万户。“液化石油气送气下乡”工程全面完成，惠及郊区90万户农村住户。郊区减煤换煤工作为北京大气污染防治做出了重要贡献。

山区经济实现新发展。重点推进规划沟域建设与提升，共实施“五项工程”项目237个，完成投资20.7亿元，其中公益类项目193个，完成投资

14.5亿元，产业类项目44个，完成投资6.2亿元。稳步推进山区生态服务型经济发展。山区险户搬迁工作扎实推进，完成搬迁4 321户9 052人，气、空气源热泵等清洁能源普及利用，市级补助资金4.2亿元。

大力促进农民增收特别是低收入农户增收。加大政策资金投入力度，千方百计做好拓渠道、促就业、强社保等促进农民增收的各项工作。探索低收入农户增收长效帮扶机制，市级安排资金9 000万元，在大兴、密云开展“异地物业”项目试点，通过购置经营性物业，取得长期稳定的租金收益，扶持低收入村发展。研究起草了《关于进一步促进低收入农户增收及农村经济薄弱地区发展的意见》。2015年，农民人均可支配收入达到20 569元，同比增长9%，增速连续7年快于城镇居民；20%低收入农户人均可支配收入8 494元，同比增长12.1%，增速连续5年快于农民整体。

农民转移就业渠道不断扩宽。将城市化建设地区农村劳动力纳入失业登记范围，全市共有836个行政村的超过38.4万名农村劳动力纳入城乡统一的就业失业管理制度，可按规定享受与城镇失业人员相同的促进就业帮扶政策。实施了城乡统一的鼓励用人单位招用的岗位补贴、社会保险补贴政策和社会公益性就业组织“托底”安置政策。结合“就业援助”“春风行动”等专项活动，加大培训政策宣传力度，针对农村劳动力（含农村就业困难人员、就业困难地区等）培训人员3.3万人次。

率先在全国实现居民最低保障标准城乡统一。2015年继续大幅调整农村社会救助标准，7月1日，延庆县实施了城乡低保标准统一，农村低保标准由家庭月人均670元调整为710元，标志着北京市13个涉农区县全部实现城乡低保标准一体化。

农村社会保障水平继续稳步提升。从2015年1月起，全市城乡居民基础养老金和福利养老金每人每月分别提高40元、35元，分别达到470元和385元，受益农民合计达到71万人。加快完善农村合作医疗制度，继续提高筹资标准，全市新农合筹资标准由去年的不低于1 000元/（人·年）调整为不低于1 200元/（人·年），其中，政府补助标准由不低于900元/（人·年）调整为不低于1 040元/（人·年）。

村“两委”换届选举工作扎实推进。严肃选风选纪，集中排查整顿282个换届选举重点难点村，各项工作进展顺利。全市3 906个村党组织换届选举工作已经基本完成，实现了优化结构、提高素质、增强活力的既定目标。

以“第一书记”为抓手切实加强基层干部队伍建设。组织实施了村党组织“第一书记”选派工作，首批选派的407名村党组织“第一书记”全部驻村就位。以开展“六个一百”工程为抓手，深入推进农村基层服务型党组织建设。高度重视乡村干部队伍培训，举办了全市乡镇党委书记、乡镇长等一系列基层干部培训班，共培训乡镇、村干部9.4万人次。

强化基层宣传思想文化工作。大力培育和践行社会主义核心价值观，努力提升乡风文明程度。以“三农大讲堂”为主要平台，面向基层加强了形势和政策教育，促进了强农、惠农、富农政策的落地；创办“美丽乡村、筑梦有我”主题公益宣传活动，组织133名主持人牵手13个区的148个乡村。举办第25届、26届北京市农民艺术节，通过“乡村大舞台”“乡风文明”系列宣传等8项龙头性活动，引领郊区开展群众文化活动，丰富了农村居民的文化生活；启动2015—2016年度“寻找‘北京最美的乡村’宣传评选活动”；指导成立了“北京美丽乡村联合会”，是全国首家以美丽乡村为主体的公益性社团组织。

乡村治理机制更加健全。在乡镇全面落实党代会年会制，进一步推进了农村基层党内民主建设。健全完善村务公开机制，大力推广“四议一审两公开”工作法，增强了村务工作的透明度和公信力。着力提升区县、乡镇信访干部化解涉农矛盾的能力水平，开展了全市农村信访维稳培训班。切实加大涉农矛盾化解和信访积案化解工作力度，全市涉农信访人数、批次双下降。按照“七有”标准，深入推进村务监督委员会规范化建设，进一步提高了村务监督工作水平。加强农村法治建设，开展了“送法制进乡村”主题月、“普法进农村”首都律师以案释法等法治宣传教育活动，深化村居法律顾问制度建设，推进基层治理法治化。不断强化农村公共安全工作，与相关部门合作，制作农村消防安全专题宣传片，通过农民田间学校等多种形式的宣传教育，有效推进了消防进农村，农机安全、农村能源安全工作不断取得新进展。健全完善乡规民约、村民自治章程等社会规范，进一步增强了农村社会的自我调节功能。

农村实用人才开发培养卓见成效。通过开展协议培养、共建培养、跟踪服务培养、指导老师培养等形式，圆满完成“全年每个远郊区县新增农村实用人才不低于100名，每个近郊区新增农村实用人才不低于50名”的工作目标。继续实施百名党员实用人才培养工程，实用人才中党员的比例由28%提高到32%，截至2015年年末，全市农村实用人才总量达到4.9万人，比2014年新增2 000人。举办了北京市优秀农村实用人才示范培训班，全市500名优秀农村实用人才参加了培训。全市13个涉农区县组织开展了区县、乡镇层面的实用人才培训工作，共培训学员3 000人。联合市委组织部、中关村管委会举办了第一届北京市农村实用人才优秀创业项目评选资助活动，从各区县推荐的52个候选项目中，评选出14个优秀创业项目并予以资助。开展第四批“北京市有突出贡献的农村实用人才”评选表彰活动，全市评选出10名有突出贡献的农村实用人才并受到市委、市政府的表彰。

二、发展特点分析

（一）农村经济监管与改革并重，提升效益

以“农村集体经济审计年”为重点，强化农村集体“三资”监管。围绕“农村集体经济审计年”，重点开展了新型集体经济组织经营效益审计、村级组织正常运转资金管理使用情况审计、征地补偿费管理使用情况审计、会计委托代理机构资金监管情况审计、村干部任期经济责任审计、财务收支审计、财经法纪审计工作。全市各级经管系统对9 163个单位进行了审计，审计金额超过2 683亿元。清理整改经济合同近1.3万份，合同总金额147.3亿元，占问题合同总量的64.3%，超额完成了50%的整改任务。通过清理整改，增加合同总金额1.8亿元。针对整改中存在的问题，进一步规范和完善村级会计委托代理服务。全市实行村级会计委托代理的村3 842个，占总村数的96.7%，其中实行财务与资金双代理的村2 987个，占总村数的75.2%。继续推进农村集体财务管理规范化建设，已有141个乡镇、2 969个村完成了规范化建设任务，完成比例分别达到73%和75%。村级普遍实行了财务公开，其中按月和按季公开的村有3 030个，占总村数的76%。

围绕“三块地”开展试点，推动农村改革深化。深化产权制度改革。2015年，完成产权制度改革村数29个，全市累计完成产权制度改革的单位3 911个，其中村级3 892个，乡镇级19个。村级完成产权制度改革比例97.9%，329万农民当上了农村新型集体经济组织的股东。据各区经管站初步统计，有1 334个村集体经济组织实现股份分红，占改制村集体经济组织的34%。股份分红总金额45亿元，同比增加3.2亿元，增长7.8%。有134万农民股东获得红利，人均分红3 368元，同比增加259元，增长8.3%。

本市第二道绿化隔离地区集体经营性建设用地试点改革工作扎实推进。试点实践总结了重大项目带动、产业就地升级、腾笼换鸟、基础设施带动4种改革典型。

农村集体建设用地使用权确权登记取得阶段性成果。调查集体建设用地47 530宗、661 398亩，确权宗地12 759宗、130 693.5亩，完成登记发证宗地9 682宗、133 393.5亩。农村土地承包经营权确权登记试点稳妥推进，已有75个乡镇、876个村开展了试点。

全市农村集体资产总额5 589.8亿元，同比增长7.3%，“十二五”期间年均增长10.1%。其中，乡镇级集体资产总额2 259.8亿元，同比增长7.2%；村级集体资产总额3 330亿元，同比增长7.4%。农村集体净资产2 084.0亿元，同比增长8.6%。农民人均净资产66 819元，同比增长9.5%，“十二五”期间年均增长9.1%。农村经济利润总额213.52亿元，同比增长8%，净利润187.96亿元，同比增长为9.8%。

（二）专业合作、民俗旅游、电子商务“三驾马车”推动一产收入逆势上扬

全年气候条件有利于农业生产，但受到市场供求关系变化的影响，北京和全国一样，再度出现了大范围的农产品“卖难”问题。在农产品价格全面下降的形势下，第一产业却实现了收入同比增长1.6%的较好结果。主要得益于三个方面的努力。

农民专业合作社的规范化建设和横向联合取得新的进展。稳步推进市级合作社联合会建设。按照“一年起步、二年起跳、三年起飞”的建设目标，完善联合会内部制度，建立健全了职能部门，优化了人员配置。创建展销平台，完成了北京农联服务中心建设，完成4个区名特优农产品展销大厅装修工程。推广北京农联品牌，组织10个区、20余家

合作社参加第三届北京农业嘉年华；组织 50 多家合作社、农业园区在玉渊潭公园举办了郊区农产品展销会；开展京郊合作社名特优农产品进社区展卖活动 4 次；组织 8 家合作社参加市龙头企业协会和全国龙头企业展会等社会公益活动。组织拍摄了《北京市农民专业合作社巡礼》纪录片，编印了《北京市农民专业合作社进社区》宣传画册。

民俗旅游成为农村经济新的增长点。全市积极推进农业调结构、转方式，发展高效节水农业，传统农业规模进一步收缩，民俗旅游和观光休闲农业继续发展，观光园实现收入 26.3 亿元，同比增长 5.6%；民俗旅游收入 12.9 亿元，同比增长 14.2%。2015 年 7 月 18 日，北京首届农园节拉开帷幕，来自北京、天津、河北近百家农园积极参与，组织了一系列以秋收为主题的特色农产品大集和秋游活动，线上推广、线下宣传，吸引了万余名市民参加。

表 2　休闲观光农业情况

项　　目	单位	数值	±%
观光园			
总收入	万元	263 138.9	5.6
接待人次	人次	19 033 334	−0.4
民俗旅游			
总收入	万元	128 550.1	14.2
接待人次	人次	21 396 673	11.8

数据来源：市统计局、国家统计局北京调查总队。

积极开展电子商务培训，推进"互联网＋"应用。市农经办积极适应农产品电子商务迅速发展的新形势，大力推进"互联网＋"应用。全年共举办各种农产品电子商务与"互联网＋"培训 4 期，培训农民专业合作社经营管理人员 1 100 人次。据有关资料，北京农产品电商已发展至数十家，数百家农产品生产企业、合作社、基地通过网络销售农产品，销售品种以有机认证的高档、特色生鲜果蔬和鸡蛋为主，售价普遍高于地头批发价格 3 倍以上。49 个美丽智慧乡村建设项目扎实推进；发布《北京智慧乡村建设指南》(试行版)。密云不老屯、水漳村和门头沟涧沟村、黄山店村试点建设均不同程度取得效果，有效运用微博、微信及其他电子商务平台，促进特色旅游资源和名特优农产品销售。

（三）增加非农就业、盘活闲置资产等多措并举，农民人均所得增长较快

全市农民所得总额 581.8 亿元，同比增长 7.9%。农民人均所得 18 653 元，同比增长 8.8%。

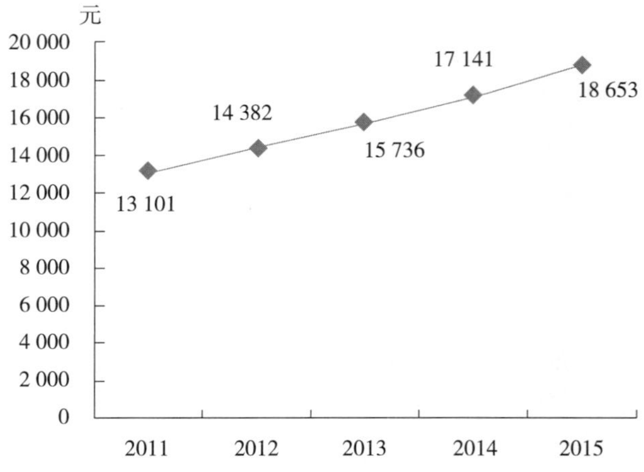

图 1　2011—2015 年农民人均所得

农民收入增长是一项系统工程，需要各方的共同努力。从 2015 年农村经济运行看，以下工作对于农民收入增长起到了较好作用。

增加就业，有效提高农民的报酬性收入。郊区农村参加分配的劳动力有 182.8 万人。其中，已就业劳动力 171.5 万人，就业率达 93.8%，较上年提高 0.1 个百分点；从事一产的劳动力 43.4 万人，占已就业劳动力的 25.3%，同比降低 0.4 个百分点；从事二产的劳动力 37.9 万人，占 22.1%，同比降低 0.2 个百分点；从事三产的劳动力 90.2 万人，占 52.6%，同比提高 0.6 个百分点。从市统计部门公布的收入构成看，农村居民人均工资性收入 15 491 元，同比增长 8.6%；占农村居民人均可支配收入 20 569 元的 75.3%，同比提高 10.8 个百分点。

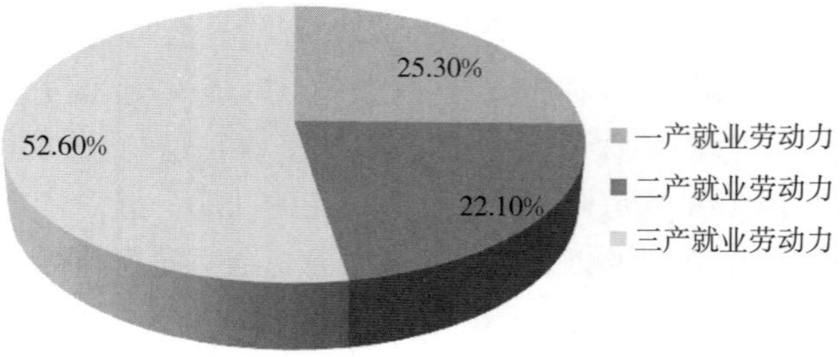

图 2　劳动力就业分布图

创新资产经营促进农民财产性收入增加。农村居民人均财产净收入 1 204 元，同比增长 47.2%，创新资产经营模式是重要因素。怀柔区田仙峪盘活农村闲置房屋发展乡村休闲养老试点进展顺利。按照所有权、使用权、经营权"三权分离"原则，采取“农户+合作社+企业”经营模式，由企业负责对流转的农民闲置院落、村委会办公楼和集体闲置宅基地进行改造，试营业半年内，试点30处农民闲置院落已全部对外出租，实现收入948万元。密云、平谷、延庆、门头沟、房山等区也开展了多种形式的农民资源资产的盘活利用，实现了城乡的合作发展与互利共赢。

推动农村集体资产产权流转交易实现新突破。经管部门的“三资”管理职能与农村产权交易机构的专业职能结合，加强工作协同，全市累计成交农村产权交易134笔，成交金额近15亿元，流转土地面积4.4万亩，实物资产房屋面积4.3万平方米。其中，土地流转类项目占73.1%，集体资产类项目占26.9%。

“富民”系列集合资金信托计划进展顺利。市农经办与北京信托公司联合推动的“富民”系列集合资金信托计划顺利进行。累计发行“富民”集合资金信托计划10期，总金额21.83亿元，累计农民分红收益3.3亿元。2015年，农民分红收益近1.6亿元。

农村金融服务创新实现新的突破。2015年10月17日，北京市农村金融协会成立大会暨第一届会员大会，标志着面向农村实体经济、服务郊区基层农民的金融服务体系建设取得新突破。通过协会的桥梁和纽带作用，北京银行郊区管理部向农村经营主体发放贷款6 804万元，同比增长21.8%；北京农商行对农户贷款4 865笔，贷款余额12.2亿元；市农担公司为农村经营主体提供贷款担保1.8亿元。协调北京银行郊区管理部，为北京荣涛豌豆产销专业合作社、北京渤海冷水鱼养殖专业合作社、北京兴农天力农机服务专业合作社解决贷款1 630万元。

围绕农民增收的其他改革取得阶段性工作成果。全市首家旅游用地经营权股份合作制试点合作社挂牌成立，集体经营性建设用地股份制改革迈出新的步伐。2015年12月2日，北京云谷水寨民俗旅游专业合作社在怀柔区琉璃庙镇二台子村挂牌，标志着山区农村盘活土地资源，把分散的土地经营权集中起来进行适度规模经营取得了突破。积极稳妥开展农民专业合作社内部资金互助试点。按照“坚持社员制、封闭性原则，不对外吸储放贷、不支付固定回报”的基本要求，引进中国乡建院、北京农投公司等城市智力和资金资源，在大兴区长子营镇赤鲁村、平谷区大兴庄镇西柏店村和镇罗营镇东四道岭村开展农民专业合作社内部资金互助试点，三个试点村全部签署了试点合作协议，其中，两个试点村已经正式注册了农旅结合的专业合作社。市农经办印发了《北京市农民专业合作社内部资金互助试点管理办法》（试行）（京农经〔2015〕39号），指导试点村规范开展工作。

（四）精准帮扶，低收入村、户收入增长快于平均水平

全市23.33万低收入农户、58.03万低收入群体、645个低收入村增收效果明显。

低收入村、户增收显著，与全市平均水平差距缩小。低收入农户人均可支配收入10 445元，增长15.8%，比全市农村居民人均可支配收入增速高6.8个百分点。645个低收入村农民人均所得13 749元，同比增长10.3%，比全市平均增速高1.5个百分点。低收入村、户人均收入显著增长的同时，与全市平均水平的差距也呈缩小趋势。低收入农户人均可支配收入与全市农村居民人均可支配收入之间的差距为10 124元，同比减少1 084元。2013年，人均可支配收入低于7 750元的有12.5万户，比当初确定的23.3万户减少了10.8万户；2014年，人均可支配收入低于7 750元的有9.5万户，比2013年减少3万户。2015年，有16.7万户的低收入农户超过当初制定的标准线。

低收入农户就业率提高，二、三产业就业比重增加。低收入农户劳动力就业率为83.9%，同比提高1.1个百分点。其中，二产就业比重为13.6%，三产就业比重为39.6%。二、三产业就业比重同比增加0.2个百分点。报酬性收入占低收入农户收入的54.3%。各区采取一系列政策措施，促进低收入农户劳动力就业。如，密云县为92个低收入村配备垃圾分类员，平均每个村4人，月工资680元；加强培训，提高低收入农户劳动力的竞争力。如，门头沟区充分整合教育培训资源，实施“阳光培训工程”，采取举办民俗旅游培训、厨师培训等方式，提高低收入农户的就业技能。

（五）农村各项改革在稳妥推进，又有突破和深化

在农村集体产权制度改革方面，扩大了改革试验区，承担了农业部农村产权流转交易市场建设改革试验工作；在农村土地制度改革方面，推行了创新试点，旅游用地股份合作和土地信托化经营试点脱颖而出并不断深化，为农民带来更多实惠；在集体资产运营管理方面，对完善农民对集体资产股份有偿退出及继承、抵押、担保权等进行了制度设计。

（六）农村各项社会事业朝着城乡一体化和社会公共产品、公共服务均等化的方向进一步发展

农民生活环境、生活质量、生活品位明显提升。越来越多的特色小城镇、特色乡村、最美乡村不断涌现。

（曹四发　贾寒智　孙琳临　阎建苹　刘鑫）

大　事　记

2015 年大事记

1 月 1 日，第五届“聚焦美丽乡村”摄影展在中华世纪坛成功举办。自“美丽乡村，筑梦有我”大型公益活动在“北京最美乡村”顺义区马坡镇石营村启动后，本届活动以“美丽乡村”为主题，集中展出了“聚焦美丽乡村”摄影大赛历届获奖作品和反映北京山区发展建设的航拍作品近 100 幅，得到市民的广泛关注，元旦假期累计接待游客上万人次。“聚焦美丽乡村”摄影展是本市农民艺术节的主要组成环节，已连续举办四届，摄影爱好者共计上万人次为展览提供 28 000 余幅优秀摄影作品，已成为摄影爱好者和市民的传统文化盛会。

3 月 8 日，市委常委牛有成、副市长林克庆带队实地查看第三届北京农业嘉年华筹备工作进展情况，并就活动筹备工作提出具体要求。强调，北京农业嘉年华是都市型现代农业新的实现形式，是三农展示的窗口、产业融合的平台、城乡互动的缩影。要使农业嘉年华活动持续发展，成为都市农业的一个品牌，就要从体制机制上研究，突出活动的主题和产业的融合，进一步强化农业三大功能的作用，充分研究市场和消费者需求，加强市场化运作，市委、市政府及各部门要对活动给予更多的支持。

3 月 14 日，第三届北京农业嘉年华开幕。活动于 3 月 14 日至 5 月 3 日在昌平区兴寿镇草莓博览园举行。本届农业嘉年华活动以“自然、融合、参与、共享”为主题，瞄准现代国际农业发展方向，首次由京津冀三地联合办展，设“三馆、两园、一带”，汇集 550 余个农业品种，集中展示 120 余个以蔬菜、水果、花卉、蜜蜂、桑蚕等农业元素装点的创意景观，吸引来自 10 余个国家、20 余个省市自治区近 100 家名优企业参展。活动期间举办了京津冀休闲农业推介活动、“惠农、汇民、会生活”主题活动、“全民欢乐农嘉行”、北京农业嘉年华主题日活动等。北京、天津、河北三地主管领导参加开幕式。

3 月 14 日，京津冀签署现代农业协同发展框架协议。三方将在农产品生产基地建设、农业科学技术推广、农产品质量监管、农产品产销对接等方面开展合作，共同加强农产品质量安全监管，落实农产品质量安全属地责任，全程监管，打造京津冀三地共享的“菜篮子”，提升城市鲜活农产品的市场供应保障能力。京津将共同打造农产品进出口贸易的新高地，推进休闲农业、设施农业、会展农业等发展，实施蔬菜、畜禽、水产等“菜篮子”产品产销合作，并支持天津优势、特色、绿色农产品生产经营者通过多种形式在京合作发展直供直销、会员制等，推进农产品市场体系和冷链物流建设，确保京津双城农产品市场供应。

北京市农业职业学院对本市 645 个低收入村考生推出自主招生优惠政策。在往年优惠政策基础上，2015 年对本市 645 个低收入村考生推出了“会考语文、数学、英语三科成绩均达到 B 级以上者，可凭户籍证明免试进入自主招生涉农类专业学习”的免试政策和“对于户籍在市政府认定的 645 个低收入村的考生，不符合免试条件的，报考任何专业，加 30 分计入总成绩”的优惠政策。同时，如报考涉农专业，还可享受免学费政策。

4 月 1 日，2015 年北京市农村工作电视电话会召开。会议由市长王安顺主持，市委书记郭金龙发表重要讲话。会议表彰了北京农村发展十大杰出典型、“十佳”科技工作者，副市长林克庆作工作报告。会议强调，深入贯彻落实习近平总书记重要讲话精神，推进新时期北京郊区农村工作，要立足服务北京城市战略定位这个大方向，遵循经济发展新常态这个大逻辑，坚持人口、经济与资源、环境相均衡这个大原则，做好疏解功能谋发展这篇大文章，协同推动新型工业化、信息化、城镇化、农业现代化和绿色化，全面提升郊区农村发展水平。对于全面提升郊区农村发展水平，要加快推进城乡一体化，深入推进新型城镇化和新农村建设，积极促进产业深度融合发展，统筹推进山水林田湖建设，着力促进农民增收。对于以改革创新精神破解郊区农村发展难题，要聚焦改革重点，认真总结经验，充分发挥农民主体作用，形成改革合力。城市和农村是一个有机整体，要把郊区农村发展放在更加重要的位置，切实加强组织领导，着力抓好农村法治建设，加强农村党的建设，努力做好新时期北京郊区农村工作。市领导陈刚、柳纪纲、闫仲秋等出席。

4月2日，中央农村工作领导小组副组长袁纯清到大兴区调研农民专业合作社发展情况。实地参观了乐平西瓜专业合作社农产品展销厅和西甜瓜生产基地，听取了有关工作汇报。袁纯清同志强调：一是充分发挥合作组织在技术、销售等方面的服务带动作用，切实提高农民经营性收入。二是合作组织要着眼北京中高端市场，进一步强化农业品牌意识，注重产品包装营销，不断延伸产业链条，提高农产品附加值。三是合作组织要带动农民积极参与农村改革和农村发展建设，发挥新型经营主体推动“三农”工作综合发展的作用。

4月8—9日，本市召开“2015年北京市农业产业化工作会议暨北京农业产业化龙头企业协会年会”。市农委作农业产业化工作报告，会议表彰了2014年农业产业化先进单位，总结了2014年协会工作，部分企业就“企业组织架构、营销模式创新”进行了主题交流。会议启动了第二批北京安全优质农产品品牌推广仪式，在市科委和市商务委的指导下，从科技、农产品、金融三方面与科研院校、餐饮企业和金融机构进行了对接。会议公布两项金融政策：一是与市农业融资担保公司共同推出的“龙头企业信用保”政策，对企业300万元以下的流动资金贷款需求，由市农业产业化龙头企业协会推荐，市农业融资担保公司进行信用担保，北京银行给予贷款，实现无抵押快速放款；二是组织市农业基金公司、大北农、中地种业、恒慧通四家企业发起成立“龙头企业互助基金”，对企业300万～2 000万元的贷款需求，由互助基金进行担保，建设银行给予贷款，实现低抵押快速放款。

4月15—17日，市农委举办2015年全市低收入农户增收工作培训班，详细解读低收入农户增收有关政策，系统介绍北京郊区休闲农业与创意农业发展情况，邀请大兴区青云店镇、山里寒舍旅游投资管理公司、房山区黄山店村、平谷区西柏店村、延庆县下花楼村负责人就休闲农业、特色种植作经验介绍，并对大兴区梨花村、前安定村进行现场观摩。各郊区县农委主管主任、农村经济薄弱地区乡镇主管乡镇长，以及部分低收入村党支部书记共计253人参加了培训。

4月17日，2015年北京市农业农村信息化工作会议召开。会议从工作体系、信息资源、服务体系、网络安全、科研能力五个方面总结了全市2014年农业农村信息化工作取得的成效和突破，分析了当前存在的问题及面临的新形势与新要求，全面部署了2015年全市农业农村信息化重点工作。平谷区大兴庄镇西柏店村、密云县农民专业合作社服务中心、北京顺鑫控股集团有限公司分别就“美丽智慧”乡村建设、合作社农产品电子商务应用、龙头企业信息化管理与应用作了交流发言。会议要求：一是正确分析和判断北京农业农村面临的形势，根据不同的消费群体开发不同的产品，提供精细化的信息服务；二是用现代化信息技术装备农业，通过互联网解决农业存在的问题，让农业插上腾飞的翅膀；三是通过农业农村信息化，加快推进北京城乡一体化进程，为老百姓提供更多的方便与服务；四是各级领导要高度重视，加大对信息化的投入，不断总结好的做法，推广好的典型和经验。市农委、市经信委、市级涉农单位信息中心等单位负责人，各郊区县农委、经管站、农合中心信息化工作部门负责人100余人参加了会议。

近日，山里寒舍（北京）旅游投资管理有限公司（简称“山里寒舍”）与北京首旅酒店（集团）股份有限公司（简称“首旅酒店”）共同出资1 000万元成立北京首旅寒舍酒店管理有限公司（简称“首旅寒舍”），借助首旅酒店成熟的酒店管理经验和平台，并通过其庞大的会员系统，把山里寒舍做成连锁化酒店品牌。此举将对提升乡村旅游接待服务规范化水平，推动乡村酒店提档升级，起到积极作用。

4月20—24日，市委组织部、市委农工委、市农村纪工委联合举办全市村党组织书记廉洁履职专题培训班。此次培训以“讲政治顾大局、守纪律讲规矩、廉洁履职促发展”为主题，聚焦中央巡视组反馈意见指出的“小官巨腐”“都市村官”等问题，分别就反腐倡廉形势，中央、市委农村改革发展精神解读，农村集体“三资”管理以及应对当前侵害农村基层政权的有组织犯罪等内容作专题辅导。培训班邀请了十八大代表、朝阳区高碑店乡高碑店村党总支书记支芬就如何当好村党组织书记作经验介绍，实地参观了延庆县规划展览馆、世界葡萄博览园、预防农村职务犯罪警示教育基地和第三届北京农业嘉年华。全市190名村党组织书记，13个郊区县委组织部和农工委负责同志共240余人参加了培训。

4月29日，市农林科学院与北京顺鑫控股集团签订院企合作协议，开启院企合作新模式。成立北京顺鑫农科种业科技有限公司，双方利用科研院所育种、农业信息、装备优势和上市企业的资本、品牌、市场优势，将在做大做强种业的基础上，向农业纵深领域发展，向产学研一体化方向探索，打造院企合作新模式。

5月3日，第三届北京农业嘉年华顺利闭幕。活动自3月14日开幕以来，平稳运行51天，品牌效应取得显著成效。一是富民效应。活动期间，周边各农户采摘园接待游客257.6万人次，销售草莓303万千克，实现收入1.6亿元；周边3镇民俗旅游接待游客66万人次，实现收入9 296万元。二是兴企效应。共有来自美国、俄罗斯等13个国家和全国24个省市自治区的198家知名企业参展，展销各地特色产品1 000余种，实现销售收入4 098万元，较上届增长43%。三是产业效应。全区目前共发展草莓20余个新优品种，有5个镇、46个村、3 500多户农民种植草莓，建成草莓专业合作社35个，上万人通过种植草莓实现就业增收，草莓年产量900万千克，产值达5亿元，成功塑造“昌平草莓”品牌。四是社会效益。活动累计接待游客118.8万人次，境内外近200家各类媒体对昌平进行了多角度、多领域、多层次、高频率的集中报道。

5月4日，副市长林克庆带队考察通州区都市型现代农业发展情况。实地查看通州区黄厂铺家庭农场、规模化苗圃基地、高效密植果园、国际种业科技园区发展情况，强调：一是要扎实推进“调转节”，抓紧划定80万亩粮田、70万亩菜田和100万亩果园，扎实做好菜田补贴政策的组织实施，加快推进各项节水项目落地，加大农业面源污染的治理力度。二是要大力推进国家现代农业示范区建设，着手准备第三届全国都市现代农业现场交流会活动工作。三是要大力发展农产品电子商务，促进农产品优质优价、丰产顺销。四是要高度重视农产品质量安全。切实加强对农产品的生产监管，生产中要监管投入品的使用，流通上要检查进货渠道，管控源头，努力做到应检尽检，要加大对违法经营者的查处和曝光力度，做到让消费者放心。

5月5日，北京市“三农”金融支农工作会议召开。市农委、北京银监局、人行营业管理部及市有关金融机构主管领导出席。会议总结了2014年北京市“三农”金融工作取得的成效和突破，分析了当前存在的问题和面临的新形势和新要求，提出了2015年金融支农相关工作要求。会议要求：一是各银行要继续做好新型农业经营主体的金融服务工作；二是金融机构要进一步加大农村金融改革和金融创新的力度，积极参与农村土地承包经营权抵押贷款的试点工作；三是金融机构要进一步加大“三农”的信贷支持力度，要实现全年涉农贷款增幅不低于同期北京市贷款平均增幅的目标。

5月9日，怀柔区启动田仙峪村盘活农村闲置房屋发展乡村休闲养老社区试点项目。采取“农户＋合作社＋企业”的模式，由村委会将拥有闲置农宅的农户组织起来，成立养老农宅专业合作社，并在区、镇政府的指导下与社会资本合作经营。将按照不同风格对30处农宅进行重点打造，形成“一宅一品、独门独院”的私人空间格局，集合政策资源，完成煤改电、环境整治、卫生服务站建设等工程，制定运营方案，明确客户引入和退出、收费办法、服务项目等内容。目前已完成农宅流转30处，实现租金收入1 700万元，成功吸纳本地劳动力就业19人，村级办公楼、农用地流转及养老社区经营收入分红等收入预计带动全村农民人均增收500元。

北京农业职业学院自主招生录取36名低收入村考生。为帮扶本市低收入村发展，北京农业职业学院针对本市 645 个低收入村考生推出优惠政策并宣传入户，在本次自主招生中共有 38 名低收入村考生报考，最终录取 36 名，其中 11 人因报考涉农专业，且会考成绩合格获得免试资格，27 名考生参加考试，录取 25 名。录取新生于 5 月 13 日报到注册。

5 月 18 日，市委农工委研究部署“三严三实”专题教育。召开工委扩大会议，审议并通过了《中共北京市委农村工作委员会关于在市委农工委市农委机关及直属单位处级以上领导干部中开展“三严三实”专题教育的工作方案》，对在处级以上领导干部中开展“三严三实”专题教育进行部署，组织第一次集中学习，观看了郭金龙同志的《深入学习践行“三严三实”以良好作风做好新时期首都工作》主题党课报告，并以工委扩大会议的形式审议通过《工作方案》，提出了践行“三严三实”、推进首都“三农”发展的要求。

5 月 19 日，第五届露地蔬菜生产生态施肥策略国际研讨会在京召开。会议由市农林科学院和国际园艺学会联合主办，来自西班牙、荷兰、比利时等国的 30 多名国际知名专家，90 多名国内知名学者，以及来自国内大型蔬菜生产企业、规模化农民专业合作社、农资生产企业、农资经销大户的 30 多名蔬菜产业界人士参加了会议。会议从全球的视角探讨了露地蔬菜科学施肥技术，重点对营养生物与养分供应、土壤测定与推荐施肥、土壤肥力与环境健康、根区调控与水肥一体化、有机废弃物循环利用及可持续性发展等露地蔬菜施肥领域 7 个主要方向的相关问题进行深入研讨与广泛交流。本次会议将进一步加强国际间露地蔬菜生产施肥技术研究的交流与合作，强化国内集约化露地蔬菜生态施肥技术研究、推广、应用等领域之间的沟通与交流，推动我国露地蔬菜生产向“环境友好、资源节约、质量安全”的生态可持续方向转变，不断提高我国露地蔬菜生产技术水平，促进蔬菜生产行业健康持续发展。

5 月 31 日，北京国家现代农业科技城建设五周年系列活动在通州区国际种业科技园区启动。活动自 5 月 31 日始至 6 月 6 日止。活动以“协同创新、服务引领、产业融合”为主题，设置北京农科城建设五周年成果发布、2015 年（第四届）北京市通州区国际种业科技园区春季农作物新品种观摩周活动、首届京津冀沪渝种业发展论坛三项内容。现场发布了北京农科城科技成果和“北京种业十强”名单，举行了北京农科城通州国际种业科技园区种业发展基金的启动仪式。

6 月 10 日，本市部分县区遭受大风暴雨冰雹灾害。6 月 10 日晚间，本市出现六级以上大风、暴雨、冰雹等灾害，其中房山琉璃河地区遭受雹灾，面积达 10 550.77 亩，通州遭受较大暴雨灾害 8 485 亩，顺义、平谷、怀柔也遭受部分损失。为应对灾害天气，市农委全力做好农业保险理赔工作，各保险公司及时赶赴受灾现场估损定损。种植业报损面积 21 489.77 亩，其中果树包括樱桃、桃、梨、葡萄、杏、西瓜等品种，面积 15 651.82 亩；小麦主要集中在房山，报损面积 5 721.95 亩；温室大棚报损面积 116 亩。报损农户 2 834 户，其中果树涉及 1 493 户，小麦涉及 1 336 户，温室大棚涉及 5 户。初步估损金额 692.04 万元，保险公司将尽快进入理赔流程。

6 月 17 日，市委农工委、市农委“三严三实”专题教育开展第一次“田间调研”。两委领导和处室负责人围绕“严以修身，加强党性修养，坚定理想信念，把牢思想和行动的‘总开关’”的主题，实地调研了顺义区赵全营镇“万亩示范区”的“调结构、转方式、发展高效节水农业”的详细情况和马坡镇石家营村美丽乡村建设和新型农村社区建设情况，并和村民进行了深入的交流探讨。大家表示，“田间调研”是学习研讨的一种新形式。通过“实地看、深入想、当面问、集体论、互相学”，实现了理论学习与工作实践的有机融合和相互促进。通过这次“田间调研”，更加全面深刻地理解和领会了“调结构、转方式、发展高效节水农业”的精神，并从顺义区的成功实践中看到了“调、转、节”在节约用水、提高效益、农民增收等方面的丰富成果，发现了石家营村在村级统筹有序就地翻建民居、整合村内产业资源打造休闲产业、探索新机制培育文明乡风等方面的好经验，对全市发展都市型现代农业、建设美丽乡村有很大的启示。

6 月 19 日，“安徽金寨六安瓜片茶旅游推介会”在京举办。活动由市农委、金寨县人民政府联合主办，北京首农食品、吴裕泰茶叶等 20 余家北京茶叶企业、金寨县内安态茶叶等 10 余家企业参加活动。此次推介会是市农委支持金寨县现代农业发展，实施“走出去、引进来”战略的一次尝试，目的是搭建平台，寻求合作。北京首农食品、吴裕泰茶叶股份有限公司、老舍茶馆等企业分别与金寨县政府及有关单位签订了战略合作协议，为金寨茶和旅游业发展带来难得的机遇，达到了“以茶会友”“以茶招商”“茶旅融合”的预期效果。

7月6日，副市长林克庆为本市农林水系统领导干部作“三严三实”专题党课。林克庆同志以“认真践行‘三严三实’，以严的精神、实的作风全面推进城乡发展一体化”为主题，深刻阐述了践行“三严三实”的重大现实意义，深入分析了农林水系统“不严不实”的问题和表现，并就践行“三严三实”扎实推进各项工作提出了具体要求。他强调，“三严三实”专题教育是党的群众路线教育实践活动的延展和深化，是持续深入推进党的思想政治建设和作风建设的重要举措，是修身做人、为官用权、干事创业的基本遵循和行为准则，也是党员领导干部永远的必修课。农林水系统的广大党员干部要上好必修课，拧紧“总开关”，把好“方向盘”，保证事业不“抛锚”、人生不“摔跤”、生活不“出丑”。各级领导干部要做到“真管真严、敢管敢严、长管长严”，各单位要在大局中找准定位，在调整中发挥优势，在改革中增强动力，在发展中提升水平，脚踏实地，真抓实干多出力，把工作任务一件一件落到实处。全市农林水系统各单位全体班子成员及相关企事业单位主要领导共90余人参加学习。

7月21日，以“丹江鱼鲜·四季果香”为主题的丹江口农副产品推介暨美食展示会在京举办。活动现场为湖北省丹江口农副产品展销基地举行了揭牌仪式。基地落户海淀区四季青镇，作为丹江口在北京的展示窗口，基地围绕“饮源头水、食丹江鱼、吃武当橘、品道家茶”的理念，让丹江口的农副产品随江水一同进京，实现了农业产业的互补和区域文化的交流。基地将长期设定展销区，专门展销来自水源地的鲜美鱼虾、原生态葛根、应季柑橘等二十余种农产品，为京城百姓的餐桌再添美食。

7月23日，本市召开新农村建设领导小组（扩大）会议。副市长林克庆出席并讲话。会上，市新农办负责人通报了本市新农村建设工作情况和北京创建国家现代农业示范区工作报告。副市长林克庆在总结讲话中充分肯定了本市上半年“三农”工作，认为全市农业农村经济总体是“调中稳进、转中向优、形势向好”，特别是在加快提升都市型现代农业发展水平方面，上半年全市调整农业结构，调减高耗水粮食作物、主动疏解畜禽总量，引导小散养殖户有序退出，推广高效节水灌溉等工作取得了显著的成效。同时，就抓好下半年重点任务提出要求，一是要进一步促进农民增收，特别是低收入农户增收，因村施策、精准帮扶，加大转移就业的政策扶持力度；二是要推进农业“调转节”，加快“两田一园”的划定；三是要针对各项农村改革任务，制定好方案，抓好试点，积极推进。

7月23日，本市召开国家现代农业示范区创建工作部署会。会上重点部署了2015—2020年北京市整体创建国家现代农业示范区的指导思想、基本原则、目标任务和重点工作。会议决定，本市将在未来五年中着力构建“现代农业产业体系、社会化服务体系、生态农业体系、现代生产经营体系、科技支撑体系”五大纵向体系和“区（县）现代农业示范区、乡（镇）现代农业示范区、村级现代农业示范基地（特色产业村）、家庭农场和专业大户”四大横向体系，重点推进“新三起来”工程、“高效节水生态环保”工程、“种业之都”建设工程、新一轮“菜篮子”建设工程等九大工程。力争到2020年，使本市土地产出率、劳动生产率、资源利用率达到国内领先，实现农业的多功能广泛拓展，农业发展方式有效转变，农村三次产业深度融合，农业生态服务水平达到国内一流，率先全面实现农业现代化。

7月28日，2015北京世界马铃薯大会在延庆开幕。37个国家和地区的千余名马铃薯领域专家学者参加大会。农业部部长韩长赋、农业部副部长屈冬玉、北京市副市长林克庆、中国农业大学校长柯炳生、世界马铃薯大会公司董事局主席大卫·汤姆森、国际马铃薯大会公司主席柯荣利和国际马铃薯中心主任魏蓓娜出席大会开幕式。与大会同期举行的，还有27日刚刚闭幕的第十七届中国马铃薯大会、28日开幕的中国国际薯业博览会和29日举行的马铃薯主食产品及产业开发国际研讨会，首次实现“四会合一”。延庆将通过“四会合一”，集聚各方资源优势，将马铃薯遗传育种、生产加工、展览销售的各个环节相互衔接，产生叠加效应，全方位打造马铃薯全产业链服务平台。会间，国际马铃薯中心亚太中心（简称亚太中心）在北京市延庆县揭牌成立，该中心为首个在华设立的国际农业研究机构，兼具科学实验、行政办公和后勤保障功能。

8月13日，市委农工委、市农委“三严三实”

专题教育进行第二次“田间调研”。紧紧围绕“新三起来”，实地调研了丰台区卢沟桥乡三路居村 C9 公建项目、大红门服装城、福海国际大厦，听取了丰台区卢沟桥乡介绍的集体建设用地统筹利用、集体经济体制改革发展情况和南苑乡果园村介绍的深化农村集体经济产权制度改革和集体经济产业结构转型升级情况，并就深入推进“新三起来”、促进产业结构优化和农民增收致富等内容与丰台区有关乡镇、村进行了深入的交流和研讨。通过此次“田间调研”，使两委了解了丰台区在城乡结合部产业结构调整升级、统筹集体土地资源利用、主动疏解非首都核心功能等方面的成功经验，对于全市深入推进“新三起来”工作具有重要启示意义，进一步证明了“实地看、当面问、集体论、互相学、深入想”的新形式能更好地实现两委专题理论学习与工作实践的有机融合和相互促进。

8 月 19 日，本市举办北京休闲农业与乡村旅游信息百度地图上线仪式。活动总结了“互联网＋”北京休闲农业与乡村旅游工作情况，介绍了主题网站、网络社交平台、电子商务、互联网支付、大型会展的互联网应用等方面的情况。2014 年 9 月以来，市农委会同市旅游委、市城乡经济信息中心，经过数据采集、准确性核实、批量上图等环节，已将北京休闲农业与乡村旅游民俗村、民俗户、休闲农业园区等 5 059 个信息标注在百度地图上（其中：民俗村 335 个、休闲农业园区 703 个、民俗户 4 021 个）。截至目前，百度地图上标注的北京乡村旅游村、户、休闲园区等数据信息 1 万余个，北京消费者每周检索量约 150 万次，为经营者节省标注宣传等费用约 3 000 万元。

9 月 10 日，副市长林克庆主持召开“北京市农村地区减煤换煤清洁空气行动”紧急会议，启动城乡结合部地区“减煤换煤”攻坚战。会议明确将 2015 年农村地区减煤换煤任务量从 120 万吨提高到 140 万吨，实现全市农村地区“减煤换煤”全覆盖；同时对六环路外延 1 公里以内城乡结合部地区所有村庄，新增 130 万吨减煤换煤任务量，按照每年完成 30％、40％、30％的比例分三年进行分解，提出 2015 年度城乡结合部地区完成减煤换煤 40 万吨的任务目标；要求涉及城乡结合部地区的相关区县要高度重视，严格按照《京津冀协同发展规划纲要》的要求，大力推进城乡结合部地区的“拆、关、停、疏”工作，同时，扩大“减煤换煤”政策补贴覆盖范围。

9 月 10 日，人民银行营业管理部联合北京银监局、北京市农委、大兴区人民政府共同召开 2015 年北京市村镇银行专题工作会暨支农再贷款签约发放仪式，分别向北京大兴华夏村镇银行、北京房山沪农商村镇银行发放支农再贷款 3 000 万元和 5 000 万元。这是人民银行在完善定向调控的货币政策工具后，在京首次向金融机构发放支农再贷款，用于引导农村金融机构增加“三农”信贷投放，降低“三农”融资成本，推动农村经济发展。

9 月 12 日，首届北京市农民健身运动展示周活动顺利开幕。活动于 2015 年 9 月 12—18 日在房山区举办，由市农委、市体育局、市农民体协主办。本届农民健身展示周期间，来自房山、朝阳、通州、延庆、昌平等 13 个区县的 3 000 余名农民体育健儿将参加象棋、台球、跳绳、拔河、健身秧歌、健身操舞、传统武术及田径特定项目等 11 个体育大项的比赛。其中，田径特定项目包括推轮胎跑、抢收抢种、50 米搬运粮食等农村特色项目。

10 月 19 日，本市召开农村土地承包经营权确权登记颁证工作动员部署会，决定全市将在前期试点基础上，用三年左右时间基本完成确权登记颁证工作任务，逐步建立健全本市承包合同取得权利、登记记载权利、证书证明权利的土地承包经营权登记制度，妥善解决承包地块面积不准、四至不清、空间位置不明、登记簿不健全等问题，把承包权益落实到户。副市长林克庆强调：①农村土地承包经营权确权登记颁证工作是中央从深化农村改革全局出发做出的一项重大决策，必须站在历史的高度，进一步统一思想、提高认识。②各区县必须要充分认识到确权登记颁证工作的重要性和艰巨性，紧密结合北京实际，落实工作责任，把握基本原则，严格工作流程，确保工作质量，给农民“确实权、颁铁证”，真正做到群众认可，经得起历史检验。③要结合确权登记颁证工作，进一步规范发展本市农村产权流转交易市场。

10 月 20 日，第六届京承农业战略合作座谈会在京举行。本次座谈会由北京市农委、承德市人民政府共同主办，围绕“深化战略合作，促进协同发展”的主题展开，两地有关部门、150 余家涉农企业参加了座谈，12 家京承两地的企业现场签订了合作协议，协议金额达到 3.9 亿元。据统计，自 2004 年启动京承农业战略合作以来，按照“市场主导、政府推动、企业主体、农民参与”的机制，累计实施投资额在1 000万元以上的农业项目119个，总额超过220亿元，极大保障了首都市场农产品的供给，有力促进了承德地区现代农业的发展。

10月25日，全国首家北京美丽乡村联合会成立并举行第一届会员大会。北京美丽乡村联合会由2006年起获“北京最美的乡村”称号的村庄组成，以“分享经验、互帮互促、合作共赢、全面发展”为宗旨，创新工作载体和方法，着力加强会员培训、搭建交流平台、构建监督体系、加强调查研究。北京美丽乡村联合会共有会员106个，其中行政村97个、企业2个、个人7人。经过选举，产生了理事会和监事会。

市农林科学院“航空施药中药雾分布与飘移趋势遥测系统及方法”取得美国专利局授权，成为该院第一个国际发明专利（PCT）授权。该专利主要涉及有害物质监测技术领域，由采集模块、光学模块和处理模块构成，能够全面反应药雾在空中的飘移情况。该专利的获得有助于提高农药施用效益，在节省经济的同时避免对环境和居民区的破坏。

11月12日，市委农工委、市农委系统举办学习贯彻十八届五中全会精神辅导报告会。邀请首都师范大学马克思主义教育学院教授、博士生导师李松林同志对全会精神作详细解读和深入阐述，引导广大党员干部深入领会十八届五中全会的重大意义、精神实质和战略部署。会上对系统学习宣传贯彻全会精神进行了动员部署并提出具体要求。市委农工委、市农委全体机关干部，系统各单位副处级以上干部共300余人参加学习。

11月17日，市委农工委、市农委“三严三实”专题教育进行第三次专题交流研讨。以“严以用权，真抓实干，实实在在谋事创业做人，树立忠诚、干净、担当的‘新形象’”为主题，结合两委职能和自身职责，围绕“三个如何”深入交流研讨。即如何坚持用权为民，自觉遵守宪法法律和党的纪律，按规则、按制度、按法律行使权力，敬法畏纪，为政清廉，任何时候都不搞特权、不以权谋私。如何坚持民主集中制，自觉接受监督，不搞大权独揽、独断专行。如何坚持从首都改革发展稳定的实际出发，谋划事业、推进工作，敢于担责、为官有为，努力创造经得起实践、人民、历史检验的实绩。下一步要突出抓好五项工作，一是把深化学习摆在重要位置，抓好五中全会精神的学习，提高推动“三农”发展的能力和水平；二是认真学习党的廉洁自律准则和纪律处分条例，自觉做守纪律、讲规矩的模范；三是做好专题民主生活会前期准备工作，深入查摆“不严不实”问题，切实制定整改措施；四是着力解决“不严不实”问题，修枝剪叶、落细落小，让工作对象和服务对象切实看到专题教育成效；五是要把专题教育同推动各项工作紧密结合起来，以“严”和“实”的精神谋划推进工作，研究制定好“十三五”时期城乡一体化发展规划。

11月20日，本市遇寒潮和持续雨雪天气，各区全力保障农村地区居民取暖。各区新农办会同相关单位组织乡（镇）、村，全面排查农村地区供煤及炉具使用的安全隐患，调配充足供暖应急设施，对燃气取暖、燃煤取暖用户加装一氧化碳报警器，预防煤气中毒，加强电取暖设备安全使用知识宣传，保障群众生命财产安全。

11月23日，市环保局、市质监局、市新农办对本市煤炭加工、销售和使用单位开展煤质检查。按照郭金龙、王安顺、张工和林克庆等同志关于“散煤煤质管控仍然存在薄弱环节”上的批示精神，对环保部专项督查的28家单位逐一进行复查，对煤炭加工、销售和使用单位进行全面检查，对无照售煤和散煤游商进行了突击暗查。通过检查，14家担负农村“减煤换煤”任务的供煤企业和3家燃煤使用单位的煤质均符合本市地方标准，煤炭加工、销售和使用单位煤炭质量合格率达到96.23%。

市农林科学院国审玉米品种京科968创出高产新记录。该院选育的国审玉米品种京科968经受住了近年来多发的干旱、风灾、病虫灾害的考验，2014年种植面积突破千万亩，2015年种植面积达1 600多万亩。经多部门专家联合测产，在新疆实现机械直收籽粒，实收测产平均亩产达到1 362千克；在内蒙古通辽实测产量每亩1 208.50千克，创出了该品种新的高产记录。

市农委、市国土资源局、市工商局联合下发《关于加强对工商资本租赁农地监管和风险防范的意见》，对工商资本租赁农地进行监管和风险防范。一是严格划定准入门槛，明确工商资本租赁农地面积上限和期限，工商资本累计租赁农地面积上限控制在1 000亩左右，租赁期限不得超过20年。二是探索建立分级备案登记制度，加强租赁农地合同签订和备案管理。三是进一步建立健全工商资本租赁农地风险防范机制，加快发展和完善多种形式的土地经营权流转交易市场，确保租赁行为公开、规范进行。四是强化事中事后监管，严格加强耕地保护，切实加强日常监督检查和查处力度。五是积极引导工商资本发展适合企业化经营的都市型现代农业。

12月3日，全市农业农村工作务虚会召开。副市长林克庆出席并主持会议。会议充分肯定全市农业农村工作成效，认为各区、各部门发展有思路、推进有力度，形成了许多可圈可点、行之有效的经验做法。会议要求：要进一步坚定信心，提高站位，在京津冀协同发展大背景下，始终站在全市大局与群众立场思考谋划“三农”，为全市转型发展服务。要深刻把握创新、协调、绿色、开放、共享五大发展理念的科学内涵，切实运用新的理念破解改革发展中的难题。各部门要加强研究，围绕制定全市“十三五”规划和专项规划，安排部署一批重大项目，研究一批重大政策，为补短板、增后劲、促均衡、上水平提供支撑。各区要进一步明确目标，细化举措，确保各项目标任务落到实处。要在全市发展大局中走在前列，勇挑重担，提高标准，提早行动，做好岁末年初各项工作，积极谋划好2016年及未来五年工作，为“十三五”规划开好局，起好步。

12月15日，副市长林克庆就低收入农户增收工作赴市委农工委、市农委调研。强调要扶真穷、真扶穷，切实解决好帮扶谁、谁来帮、怎么帮的问题，让低收入农户有更多的获得感，坚决打赢低收入农户增收攻坚战。要求：一是要精准帮扶。抓好精准识别、建档立卡这个关键环节，科学制定低收入农户认定标准，规范认定程序，本着实事求是、公开透明原则，确保将符合条件的低收入农户、低收入村全部纳入帮扶范围。二是要加强统筹。集成各部门涉农政策资金，搭建统一平台，在不改变资金渠道和用途的前提下，加大聚焦倾斜力度，形成帮扶合力。三是要提前谋划各项工作。贯彻中央扶贫开发工作会议精神，市级层面要抓紧制定本市关于进一步推进农村经济薄弱地区发展及低收入农户增收工作的意见，各区要树立大局观念，提前谋划配套措施。

12月16日，市农委与京东集团签署合作协议，成立“京东农村电商生态中心”。着力实现五个推动：一是推动农产品网上销售。京东对北京涉农商家给予上线优惠，对符合要求并有意愿的北京地区三品一标基地给予认证授牌，作为京东直供或直发基地。二是推动线上线下融合销售。支持全国各地省级特色馆在北京入驻，进行展示和销售。三是推动农产品追溯体系建设。追踪产品的“生产、存储、加工和物流”各个环节，并在北京京郊共建2～3个京东标准化生产示范基地。四是推动农资电商发展。针对农资产品采购、渠道推广环节开展电子商务合作，为北京市种养殖农户、家庭农场、合作社等农村组织的农资需求提供贷款支持。五是推动电商人才培训，培养1 000名电商高端管理和运作人才、10 000名电商一线运营人才。

12月17日，副市长林克庆带队检查农村地区减煤换煤和强化劣质燃煤执法工作。实地检查朝阳区平房乡亮马厂村、平房村“煤改电”“优质燃煤替代”和劣质燃煤治理执法工作，要求要继续加大减煤换煤工作力度，不折不扣完成全年任务。各有关部门要加大执法打击力度，切实履职，定期通报执法情况。要以城乡结合部地区为重点，加强部门配合和政策覆盖，全面清理整顿住宿餐饮、小市场、小超市等“小散”企业使用“小茶炉、小锅炉、土暖气”行为。落实2015年供暖季大气污染防治工作，做好重度污染天气的应急准备，提前谋划2016年取暖季工作，加大“煤改电”“煤改气”建设力度。

12月21日，市委农工委、市农委召开郊区农业农村工作座谈会。听取各区对2016年全市“三农”重点工作、“十三五”城乡一体化发展规划和促进低收入农户增收的意见建议，并对下一步工作提出要求。市委农工委要求各区，要全力做好低收入农户增收工作，健全精准帮扶工作机制，搞好低收入农户和低收入村的调查摸底。要扎实深入推进农业“调转节”工作，提升休闲农业和会展农业发展水平，全力办好2016年全国都市现代农业现场交流会。要推进新型城镇化和美丽乡村建设，持续推进沟域经济建设和山区险村险户搬迁。要深化农村各项改革，研究制定本市深化农村改革综合性实施方案。要科学制定“十三五”农业农村发展规划，深入研究并提出一批重点惠农政策、重大民生工程、重要改革举措，做好与各区“十三五”经济社会发展规划的对接。要充分发挥郊区各区农工委、农委和新农办的综合协调职能，密切与各相关部门的沟通联系，加强工作、政策的协调。

（张静雯）

城乡发展一体化

综　述

年内，郊区城乡发展一体化进入全面提升阶段。开展了新型城镇化研究，小城镇建设全面推进，一批特色小城镇凸显出来。积极推进国家新型城镇化综合试点，积极发挥政府投资引导作用，着力改善重点镇的基础设施和公共服务供给体制，提升综合承载能力。42 个重点小城镇完成全社会固定资产投资超过 400 亿元，成为拉动郊区投资增长的重点区域。加强总体设计，编制并启动了《北京市城乡结合部建设三年（2015—2017 年）行动计划》。城乡结合部 50 个重点村城市化建设任务基本完成，实现“安居、乐业、一体化”目标，城乡共赢格局初步形成。新型农村新区覆盖 48 个市级试点，涉及 12 个区县、41 个乡镇、89 个行政村、4.3 万户、11 万人。综合基础设施建设工程已经启动。减煤换煤、农宅抗震节能改造规模扩大。美丽乡村建设规模质量又有提升，传统村落保护机制健全、设施跟进，村容村貌治理效果明显。在率先实现城乡经济社会发展一体化道路上不断推进。

新农村建设

【新农村建设重点工作完成情况】

1. 农村改革进一步深化。农村集体建设用地使用权确权登记颁证工作全面完成。全市共调查 13 个区（东城、西城、石景山区除外），198 个乡镇（含街道），3 900 个行政村的集体建设用地宗地 47 530 宗，调查面积 44 093.18 公顷。对符合确权登记发证的宗地严格按照程序进行确权登记审批，做到应确尽确、应发尽发。农村建设用地制度改革各项试点审慎稳妥推进。在中央统一部署下，稳步推进大兴区集体经营性建设用地入市试点，组建了市区两级试点工作领导机构，编制完成了试点实施方案及相关配套措施，试点实施扎实推进，取得新进展。在大兴区西红门、丰台区长辛店等镇继续推进集体经营性建设用地区域统筹集约利用试点。积极推进盘活农村闲置住房试点，成立农宅专业合作社，积极探索“农户＋合作社＋企业”的发展模式，发展休闲养老产业，其中怀柔区田仙峪村已流转和改造院落 30 余处，实现租金收入 1 700 万元。集体林权制度改革不断深化。确定了房山区张坊镇仙栖谷沟域、昌平区的流村镇韩台村、怀柔区琉璃庙镇二台子村为家庭林场试点村，并编制完成试点方案；就山区生态林经营管理体制机制制定调研方案。新型农业经营主体加快培育。大力发展农民合作社，重点鼓励发展股份合作社、支持建立联合社，全市登记注册合作社达到 6 744 个，联合社达到 31 家。新培育创建 75 家市级示范社。提出今后一段时间新型职业农民培养的总体思路和目标，认真组织“骨干农民培养”“全科农技员培训”“阳光工程”等公益性、品牌性、示范性培育项目，积极总结推广“空中课堂”“固定课堂”“田间课堂”等多种形式相结合的培育方式，培训中高级职业农民 4 800 人。组织密云、大兴 2 个示范区县实施认证管理，共认证新型职业农民 800 名，其中青年农场主 200 人。农村财政金融改革不断创新。研究制定了《大兴区农村集体经营性建设用地融资指导意见》。申报大兴区、平谷区、密云县开展农村承包土地的经营权抵押贷款试点。推动农业保险创新，在全市推开蜂业气象指数保险、生猪价格指数保险等险种。前三季度全市政策性农业保险保费收入 4.59 亿元，同比增长 31.8%。开展信用户、信用村、信用乡（镇）的创建及评定以及“送金融知识下乡”工作，完成新增 1.7 万户信用户的评定指标。

2. 都市型现代化农业发展水平进一步提升。农业结构调整持续深入推进。在顺义区开展了永久基本农田划定试点工作。全面完成 80 万亩粮田、70 万亩菜田和 100 万亩果园的划定工作。“菜篮子”有效供给能力保持稳定。全面实施基本菜田蔬菜生产补贴，安排补贴资金 2.98 亿元，补贴面积 595 384 亩。改造和新建设施面积 7 420 亩，创建了 3 个万亩以上的蔬菜专业镇和 15 个千亩以上的蔬菜专业村，建设园艺化蔬菜园区 19 家，新建集约化育苗场 10 家，提升育苗场 4 家。稳定奶牛和蛋鸡生产，大力推进集约化和标准化改造。现代种业迎来新机遇。编制完成《北京种业发展二期规划（2016—2020 年）》。通州国际种业科技园区建设扎实推进，积极申报“国家现代种业创新示范区”，成功举办“2015 年春季新品种展示周及京津冀沪渝种业发展论坛”。乡村旅游和休闲农业加快发展。编制完成北京传统村落及小镇总体规划、房山区水峪村和密云县吉家营村古村落旅游开发策划等。组织召开了传统村落北京推介会。开展了第二批市级星级休闲农业园区评定，新评定出 102 家特色业态及 24 家民俗村户；累计对全市 335 个民俗村、703 个休闲园区在百度地图进行了免费标注。成功举办第三届北京农业嘉年华、世界马铃薯大会、中国兰花大会。农产品流通方式加快创新。流通中心项目基础工程建设正式启动。农产品垂直电商平台迅速成长，涌现出一批国内知名的农产品垂直电商企业，京东、亚马逊等龙头电商企业纷纷上线农产品频道，主打果蔬、水产等特色农产品营销。积极打造区域性公共服务平台，提供优质特色农产品服务。启动了 2015 年北京市电动物流车运营试点工作。

3. 新型城镇化和美丽乡村建设协调推进。城乡结合部改造工作扎实推进。编制实施了城乡结合部改造建设三年行动计划。50 个重点村旧村拆除任务全面完成，安置房全部开建，36 个村已经回迁，实现拆迁还绿 14.2 平方公里；35 个村完成整建制农转居工作，涉及农民 6.1 万人。一道绿化隔离地区城市化建设试点扎实推进，朝阳区 6 个试点乡累计完成拆迁 161.2 万平方米、转居 1.27 万人。在二道绿化隔离地区重点推进了丰台区长辛店镇等地区的城乡一体化建设试点。新型城镇化建设迈出新步伐。积极推进通州区、房山区国家新型城镇化综合试点。积极发挥政府投资引导作用，着力改善重点镇供给体系和综合承载能力，实施基础设施建设项目 17 个，安排市政府投资 14.4 亿元。前三季度，全市 42 个重点小城镇实际上缴税金 133.49 亿元，同比增长 4.28%，完成公共财政收入 44.72 亿元，同比增长 9.73%，完成全社会固定资金投资 369.21 亿元，其中基础设施投资完成 54.37 亿元，同比增长 5.55%和 30.06%，成为拉动郊区投资增长的重点区域。美丽乡村建设再上新台阶。继续按照 15%的村庄比例（约 500 个村庄）开展美丽乡村建设，制定了《北京市美丽乡村建设标准》。扎实推进“减煤换煤、清洁空气”行动，超额完成年度 120 万吨减煤换煤任务，全面完成 5 万户农村居民“煤改电”，10 万户农村居民液化气换气，1 000 户农村优抚、低保、五保供养对象危旧房翻建维修，8 500 亩村庄绿化美化任务。出台传统村落保护指导意见。山区经济发展实现新发展。2015 年新确定了 9 条重点建设沟域，共实施五项工程项目 237 个，完成投资 20.7 亿元，其中公益类项目193个，完成投资14.5亿元，产业类项目44个，完成投资6.2亿元。山区生态服务型经济加快培育发展。山区搬迁工作扎实推进，完成搬迁4 321户9 052人，搬迁新村已全部启动建设，市级补助资金4.2亿元。

4. **生态文明建设进一步加强**。加强绿化建设。“一道绿隔、二道绿隔、五河十路”同地同树同政策44.84万亩生态林用地面积核准工作已经完成，做到了四至清晰、类型明确、数据准确。同步开展了土地流转和生态林用地合同签订，向各区县拨付了用地补助和管护资金，由各区县落实管护责任单位并签订管护合同，目前平原生态林冬季养护管理工作正按照年度计划进行中；全面完成百万亩平原造林任务。加强流域水系综合治理。推进凉水河、清河等流域水系综合治理，建设38条生态清洁小流域，治理水土流失面积400平方公里。加强农业面源污染治理。全面落实秸秆禁烧工作，组织专家深入开展了禁烧农作物秸秆和园林绿化废弃物的专题调研，制定了《综合施策杜绝农作物秸秆和园林绿化废弃物焚烧工作方案》，建立健全了禁烧联合执法监管机制、信息沟通机制和通报制度。

5. **城乡公共服务均等化有明显推进**。大力促进农民增收特别是低收入农户增收。前三季度，农民人均可支配收入16 450元，同比增长9.3%，扣除价格因素实际增长7.4%，高于城镇居民0.8个百分点。低收入农户增收长效帮扶机制取得显著进展，在大兴区、密云县试点开展了以异地购置物业形式，支持低收入村获得长期收益，进一步明确了村级公益事业一事一议财政奖补政策优先支持低收入村，安排比例不低于60%。前三季度，20%低收入农户人均可支配收入7 358元，增长12.5%，高于农民整体3.2个百分点。农民转移就业渠道不断扩宽。将城市化建设地区农村劳动力纳入失业登记范围，全市共有836个行政村的38.4万多名农村劳动力纳入城乡统一的就业失业管理制度，可按规定享受与城镇失业人员相同的促进就业帮扶政策。结合“就业援助”“春风行动”等专项活动，加大培训政策宣传力度，针对农村劳动力（含农村就业困难人员、就业困难地区等）培训人员3.3万人次。实施了城乡统一的鼓励用人单位招用的岗位补贴、社会保险补贴政策和社会公益性就业组织“托底”安置政策。截至三季度末，全市实有登记农村劳动力41.32万人，其中转移就业32.59万人，占比为78.9%。进一步完善新型农村医疗制度。明确各区县划拨当年新农合基金筹资标准5%的额度作为大病保险资金，并纳入社会保障基金财政专户，单独核算，专款专用，同时还明确了梯度明显的差异化起付线政策。出台政策，在继续做好15类重大疾病保障工作基础上，将儿童苯丙酮尿症和尿道下裂纳入重大疾病保障范围，确保参合人员在各级定点医疗机构政策范围内住院费用补偿比例达到75%。进一步提升农村公共服务水平。实施了城乡一体化高中建设。制定实施“1+3”公共文化政策。对基层图书服务资源进行整合，在海淀区、延庆县进行试点。制定印发《北京电影公益放映供片办法》。为每个涉农区县配备了流动舞台、演出车、数字电影放映车和流动图书车共356辆。对1 000名基层文化组织员进行业务培训。全市文化志愿者为农村老年人、残疾人、外来务工子弟提供文化服务13万人次、92万小时，289万余人享受到志愿服务成果。以美丽乡村为主题，持续开展农村“十个一”文明创建活动。

6. **农村基层组织建设进一步巩固**。村“两委”换届选举工作扎实推进。召开了工作动员部署会，成立了工作领导小组，制定下发了工作意见，严肃选风选纪，集中排查整顿282个换届选举重点难点村，各项工作进展顺利，全市3 905个村党组织已有3 532个完成换届，占总数的90.5%，12月底前全部完成。乡村治理机制更加健全。健全完善村务公开机制，大力推广“四议一审两公开”工作法，增强了村务工作的透明度和公信力。按照“七有”标准，深入推进村务监督委员会规范化建设，进一步提高了村务监督工作水平。加强农村法治建设，开展了“送法制进乡村”主题月、“普法进农村”首都律师以案释法等法治宣传教育活动，深化村居法律顾问制度建设，推进基层治理法治化。健全完善乡规民约、村民自治章程等社会规范，进一步增强了农村社会的自我调节功能。

（陈杨）

【在深入推进新农村建设中，“北京美丽乡村”建设悄然兴起，提升了新农村建设的水平】北京市美丽乡村建设坚持因地制宜、分类指导，规划先行、突出特色，量力而行、循序渐进，政策集成、农民主体原则，每年计划以不低于15%的村庄比例推进建成一批“北京美丽乡村”，在上年首次启动588个村庄之后，2015年又启动了500个村庄的美丽乡村建设工作。

依据《国务院办公厅关于改善农村人居环境的指导意见》《美丽乡村建设指南》以及北京市《关于提升农村人居环境，推进美丽乡村建设实施意见》的有关要求，上半年我们请专家和各区县共同制定了《美丽乡村建设考核指标及评价标准（初稿）》，并选出一些村庄进行了试评。根据试评反馈，对《美丽乡村建设考核指标及评价标准（初稿）》进行修订，并在广泛征求相关部门及区县意见的基础上，最终形成《美丽乡村建设考核指标及评价标准（试行稿）》。该标准将美丽乡村建设细化为19类40项指标，对于一些重要指标设为否决性指标，该标准对北京美丽乡村建设评估及建设指导具有科学性、客观性和指导性。

2015年检测评估的已启动的588个村庄的美丽乡村建设，有573个村庄通过了区县自评，市检查验收组依据《美丽乡村建设考核指标及评价标准（试行稿）》对573个申报审核的村庄进行实地验收，最终通过验收的村庄为498个，未通过验收的村庄为75个，通过率为86.9%。并将通过验收的村庄分为三个等级，其中总分达到95分以上（含）为优秀，总分85（含）～94分为良好，总分80（含）～84分为一般。通过此次美丽乡村验收的村庄中，评为优秀的村庄有157个、评为良好的村庄有321个、评为一般的村庄有20个。对于未通过的75个村庄，拟对其提出具体的整改意见，待整改后重新申请验收。

各区县针对自身情况制定合理的美丽乡村推进方案，具体落实。如怀柔借助APEC会议举办，重点推进环境质量提升。设置环境建设专项资金，专款治理环境，每村资助几十万元用于环境整治。并且环境建设成效与干部的考核绩效相挂钩，带动怀柔近几年环境质量大幅提升。房山区将“减煤换煤，清洁空气”的环境工作放在首位，完不成减煤换煤和抗震节能建设计划的村庄不予评定美丽乡村，据不完全统计，91个建设村共完成减煤换煤1.5万多吨，实施农宅改造5 000多户。平谷区依据财力情况，按计划每年重点资助一定比例的村庄开展美丽乡村建设。通过资金聚集，重点扶植，成效较为显著。

各区县在美丽乡村建设过程中，结合自身情况确定建设内容、模式和标准，积极探索、努力创新。一是产业发展与产业转型。各区县认为，增强农村整体经济实力应以产业为核心，根据上位规划指导产业的发展方向，结合自身区位优势和资源优势，确定自身的产业结构，注重优化与创新发展模式，盘活农村土地资源，带动农村就业和实现村民增收。如门头沟妙峰山镇水峪嘴村依托生态涵养区及京西古道，将村内产业由原来的二产采石采矿业转型为三产旅游服务业，提高了村民就业，增加了村民收入。顺义区赵全营镇东水泉村深入挖掘该村的人文、地域、生态等特色资源，不断提升一产的附加值，形成“绿色农业、观光农业、生态农业”，一、三产联动的良性发展局面。二是村规民约创新。部分村庄注意细则的制定完善，设立奖励机制与惩罚措施，与村民利益直接挂钩，政策引导和约束作用更强，增强了村规民约的可操作性。如顺义区木林镇前王各庄村有回收村民建设余料的制度，村集体按市场价格回收村民施工后的余砖、余料，再将建材用于其他设施的建设，杜绝了宅前堆放建材的现象。顺义赵全营镇东水泉村的村规民约深入细致、针对性强，如垃圾堆放、个人品行、流动人口出租房制度等都纳入村规民约，同时将村民遵守村规民约的情况与村民奖惩福利相连，引导村民积极遵守村规民约。三是推广新产品，政府引导，农民自主决策。一些村庄在推广清洁能源与炊事产品时，注重政府引导、信息公开、村民自主决策，取得推广效果好、村民满意度高的双赢局面。如通州区宋庄，选取电采暖设备，村内设立专门的样板间，政府挑选三四家主流产品在样板间安装试运行，村民公开投票，最终选择选票最多的产品，村民普遍满意。四是养老制度的创新与养老设施的普及。养老幸福院与养老福利政策的推广成为了农村养老保障的重要举措。调研发现，很多村庄设立了老人食堂及养老幸福院，解决了老人的饮食问题，并丰富了老人的生活；一些村庄有养老福利制度，对老人有资金补贴，逢年过节给老人发福利；一些村庄养老服务较周全，公共浴室有专人为行动不便的老人洗澡。村集体积极推广和落实养老制度，并借助养老设施的平台，逐步构建和完善社会化养老体系，让老年人老有所养、老有所居、老有所乐。

（胡小标）

重点镇建设

【市农委会同市统计局北京调查总队对本市42个重点小城镇2015年经济社会发展情况继续进行监测】 及时了解小城镇经济社会发展情况，有效指导小城镇建设。截至2015年9月底，本市42个重点小城镇实际上缴税金133.49亿元，较上年提高4.28%，公共财政收入完成44.72亿元，较上年增加9.73%，全社会固定资金投资完成369.21亿元，其中基础设施投资完成54.37亿元，分别较上年增加5.55%和30.06%。

【加强行政指导和政策引领】 通过召开本市重点小城镇工作座谈会以及现场调研等方式，积极听取各镇关于推动重点镇建设发展的意见和建议，并结合本市情况，结合全市“十三五”规划以及“十三五”城乡一体化规划编制进行吸收和借鉴，更好指导小城镇下一步发展。

【积极推动特色小城镇建设】 一是市农委会同市旅游委组织各区县申报第三批全国特色景观旅游名镇。门头沟区潭柘寺镇、房山区韩村河镇、昌平区南口镇、怀柔区九渡河镇、密云县古北口镇、延庆县千家店镇等6个镇（其中4个重点镇）列入第三批全国特色景观旅游示范名镇，全市累计有14个镇（其中8个重点镇）列入示范名单（海淀区苏家坨镇、门头沟斋堂镇、房山十渡镇、大兴庞各庄镇、怀柔渤海镇、怀柔雁栖镇、延庆八达岭镇、平谷金海湖镇），通过示范建设，不断提高示范镇人居环境和旅游产业发展水平。二是组织推荐全国美丽宜居小镇，在区县申报的基础上，向住房城乡建设部推荐了大兴区魏善庄镇、密云县太师屯镇、延庆县千家店镇、房山区霞云岭乡（其中2个重点镇）作为全国美丽宜居示范小镇，结合全国美丽宜居村镇示范指导性要求不断建设完善，建设美丽宜居示范镇。

【探索小城镇基金参与二道绿隔地区统筹利用集体经营性建设用地试点】 组织协调小城镇基金与青云店镇政府编制青云店镇集体经营性建设用地试点方案。

【继续推进小城镇污水处理设施市场化建设项目】 批复通州区小城镇污水处理设施市场化建设配套管网工程，工程总投资约11.9亿元，其中水厂部分投资约4.4亿元，共涉及9个乡镇13座污水处理厂（新建9座，委托运营4座），通过“打捆”招商由社会投资人采用BOT模式负责建设、运营和维护；配套管网部分投资约7.5亿元，共涉及8个乡镇新建96.5公里污水管网和16.5公里再生水管网，由市、区两级政府共同投入（市级5.3亿元；区级2.2亿元）。项目的实施对于吸引社会资本参与村镇基础设施建设，实现通州区乡镇污水处理设施全覆盖、提高设施建设管理水平、改善城乡环境，具有重要意义。通州区正在推进水厂和管网的下一步工作，力争年底前开工建设；正在开展怀柔区小城镇污水处理设施市场化建设配套管网工程评估工作，投资约4.3亿元，共涉及6个镇新建126.3公里污水管网和3.5公里再生水管网，12月底前完成立项批复。

【开展城镇化研究】 一是开展了农村集体建设用地研究。截至2015年年底，本市现状城乡建设用地2 889平方公里，其中集体建设用地1 455平方公里（不含80平方公里特交水用地），在集体建设用地中宅基地565平方公里、产业用地488平方公里、基础设施和公共服务设施以及其他用地402平方公里。根据2004版城市总体规划，2020年，北京市农业户籍人口控制在200万人。按照农村人均建设用地控制在150平方米以内标准测算，到2020年，北京市农村集体建设用地要控制在300平方公里以内。根据2006版土地利用总体规划和全国土地利用总体规划纲要调整方案，到2020年，全市农村集体建设用地规模约730平方公里（不含特交水）。对目前集体建设用地存在的问题进行了分析，并提出了下一步的工作建议。

二是开展了北京市“十三五”时期新型城镇化专项课题调研。对“十二五”时期全市城镇建设基本情况、重点小城镇建设基本情况、新型农村社区试点建设情况、山区搬迁基本情况、农房改造基本情况进行了归纳，对存在的主要问题进行了分析。分析了“十三五”时期的发展机遇与挑战，提出下一步促进城乡一体化的发展策略和实施建议。

三是开展了北京市“十三五”农村能源“多能联动”研究。分析了北京市农村能源结构现状和农村能源需求预测，开展了北京市农村能源技术及经济性分析，提出了北京市农村能源结构调整路径及保障措施。

四是进行了北京“十三五”时期农村基础设施及公共服务建设调研。对“十二五”时期建设管理情况进行了统计分析，提出了“十三五”工作思路、目标、重点任务及对策建议。

（胡小标）

传统村落保护

北京市共有52个传统村落（门头沟区14个，密云县10个，昌平区6个，房山区5个，怀柔区、延庆县、丰台区各3个，海淀区、平谷区各2个，朝阳区、顺义区、大兴区、通州区各1个），经申报住房城乡建设部等部门审核，北京市有16个村庄入选中国传统村落名录（全国共计2 555个，北京占全国名录的0.6%），其中门头沟区10个，密云县2个，房山区、顺义区、昌平区、延庆县各1个。目前，住房城乡建设部正在开展第四批中国传统村落推荐评选工作。

【宣传引导，引起重视】一是开展组织培训。对52个传统村落候选村的村干部、所在乡镇主管领导、区县主管部门有关人员进行专题培训，在全市乡镇长培训班上进行了部署。二是加强宣传引导。分别在《北京市美丽乡村》杂志和“北京美丽乡村网”开辟专栏，会同北京电视台制作播放了《探寻北京传统村落》专题片。三是加大考核力度。将传统村落保护完成情况列为市转移支付资金使用情况考核指标之一。

【完善机制，建立传统村落保护市级部门联动机制】市农委作为牵头部门，积极与市文物局、市住建委、市旅游委、市文化局、市财政局、市规划委、市国土局、市发改委、市公安消防局等10余个部门进行协调与沟通，搭建工作平台，共同推动传统村落保护发展工作。

【健全体系，将传统村落纳入名城保护范围】在北京城市总体规划修改之际，对北京市历史文化名城保护进行专题研究，提出了名城不仅是旧城保护，还包括历史文化名镇（村）、历史街区、传统村落以及历史建筑的保护，从而，将传统村落纳入本市名城保护范围。

【记载历史，制作完善传统村落资源档案】组织相关区县，对列入中国传统村落名录的16个村庄，按“一村一档”的要求，建立传统村落资源档案。

【规划先行，科学编制传统村落保护规划】16个列入中国传统村落名录的村，有12个村编制了村庄保护规划。市名城委办牵头协调，已起草完成《关于北京市传统村落保护发展规划编制要求及审查程序的指导意见》（征求意见稿）。

【扩大范围，建立市级传统村落名录】市农委会同市文物局等相关部门开展北京市传统村落名录的调研和资料收集整理工作，下一步将适时公布北京市传统村落名录。

【加强研究，完善传统村落保护支撑】配合市规划委研究制定了《北京市传统村落保护规划设计指南》，配合市住房城乡建设委研究制定了《北京市传统村落修缮技术指导意见》，委托市规划院开展了北京传统村落分级分类研究，为下一步推进传统村落保护工作提供借鉴参考。

【加强防控，推动本市传统村落防灾减灾工作落实】市农委已会同规划、建设、文物、农委、水务等部门，制定并印发了《加强历史文化名城名镇名村传统村落及文物建筑消防安全工作的实施意见》，并组织开展了传统村落专项排查行动，消除火灾隐患。

【多措并举，促进传统村落的产业发展】配合市旅游委研究推动传统村落旅游产业发展工作。一是组织编制了《北京古村落旅游发展规划》，依据规划专门设计了传统村落旅游线路，并加以宣传推广；二是充分利用市级旅游专项资金对全市10个传统村落的旅游基础设施和公共服务设施进行提升改造；三是组织推动传统村落具有文化内涵和当地特色的民俗手工艺品向旅游商品转化。

【争取中央资金，支持传统村落保护工作】第一批、第二批列入中国传统村落的13个村都已列入中央资金支持范围，每个村平均获得300万元支持经费，重点用于改善传统村落人居环境。目前，中央下达专门支持资金3 900万元，且已经到位。爨底下村修缮工程已立项，已得到国家文物局的批复，批复修缮专项资金999万元。

【研究政策，科学推动传统村落保护工作】市农委会同市各相关部门正在研究起草《关于加强传统村落保护发展的指导意见》（征求意见稿）。

（胡小标）

新型农村社区

【新型农村社区建设完成情况】48个市级试点共涉及12个区县、41个乡镇、89个行政村、4.3万户、11万人，村域面积近40万亩，其中建设用地近5万亩，占村域面积的12.5%。原村庄占地4万亩，规划新址占地1.6万亩，节约用地2.4万亩，节地60%；48个试点中，原址翻建住宅26个，多村集并建设的有14个，山区搬迁及“7·21”灾后异地重建的有8个。已有43个试点完成规划编制，其中26个试点规划已通过区县政府审查，16个试点已由区县发改委立项。已有22个试点启动建设，完成民居建设67.63万平方米，已投入资金16.6亿元，已有10个社区试点完工并入住。同时，这些试点已启动配套道路、供电、燃气、供暖、污水处理等基础设施建设。

【新型农村社区坚持规划先行，避免未批先建】48个社区试点中，有26个试点规划已经通过区县审批，手续基本完善动工的有22个，市、区两级严格手续办理，加强动态监管，特别是规划、国土等部门充分利用卫星遥感系统对社区试点建设情况进行实时监测，适时进行核查，发现问题及时纠正，坚持完善手续，有效地杜绝了违法建设问题。如延庆县八达岭镇社区试点，根据各村的实际情况有所不同，采取“一村一议，一村一规”的方法，逐村进行相关手续的办理。

一是在自征自用国有建设用地上建设新村庄。如八达岭镇营城子、程家窑村。这两个村是依据2005年北京市旧村改造试点提出的“自征自用”的方式取得的土地手续。二是在原村庄建设用地范围内实施原地改造村庄。三是在原村庄集体建设用地上建设二层及多层住宅，集约建设用地，用于发展产业。如怀柔区庄户沟门社区，方案通过后，办理规划手续，并确定用地范围。已取得规划部门建设用地钉桩通知单完成钉桩报告、乡村建设规划条件；国土部门地质灾害危险性评估报告备案登记、土地利用规划复函，以及水务部门防洪影响评价报告批复等。

【新型农村社区坚持农民主体，体现群众意愿】新型农村社区试点建设中充分尊重农民意愿，坚持农民主体地位。如：顺义石家营社区，在社区试点建设中，充分发挥支部引领作用，召开“两委”联席会、村民代表大会，进行入户调研，在充分调研论证的基础上，编制社区试点规划方案，并设计多种住宅户型供村民选择，还组织村民与施工队、村委会签订三方施工协议书，村委会与村民共同成为发包方，监督施工，保证建筑质量和进度。同时，在实施新民居改造过程中，注重节能环保、生态宜居的理念，方案得到了全体村民的支持。社区试点建设不仅让村民满意，而且加快了新型农村社区建设步伐。

【新型农村社区坚持多元投入，保证有钱能建】一是村企合作，引入社会资本是推动新型农村社区试点建设的动力。如：密云县华润希望小镇、延庆八达岭社区、门头沟韭园社区、房山区夏村等社区，在试点建设中，引入社会资本，有力推动了社区试点建设。如，由华润集团参与建设的华润希望小镇，已建成宜居住宅 28 万平方米、基础设施和公共服务设施齐全、产业持续发展的社会主义新农村建设示范区。目前，已经投入 4.18 亿元。二是整合政策资源，聚集各方政策扶持资金是推进试点建设的保障。如：门头沟法城社区、顺义石家营、房山区黄山店社区和大石窝镇下庄社区等社区试点，以政府为主导，区县政府将“五十三”转移支付资金、抗震节能住宅、山区搬迁资金及棚户区改造等财政资金整合起来，向新型农村试点社区倾斜，集中财力办大事，有效地推动了试点建设。三是村民自主筹资，是确保新型农村社区试点发展的源泉。各区县、乡镇及村民委员会在新型农村社区建设之初，就充分征求群众意见，尊重村民意愿。试点在申报、编制规划方案的过程，以及试点建设中，鼓励村民自主进行建设，并严格按照《村民委员会组织法》等制度和要求征求村民群众意见，采取政府扶持一点、社会参与一点、农民自筹一点的方式，尊重农民意愿进行建设，不仅提高了农民的积极性，而且有力推进了社区试点建设。

（胡小标）

农宅抗震节能改造

【完成了对 2014 年农宅改造的验收】全市 2014 年农宅改造共完成 110 840 户，其中新建翻建 16 070户，综合改造 12 662 户，单项改造 82 192 户。已致函市财政局完成 2014 年农宅改造资金结算工作。

【完成了全市农宅改造的确户】全市 2015 年农宅改造共计确户 122 306 户，其中新建翻建17 725户，综合改造 9 535 户，单项改造 95 046 户。已致函市财政局，拨付了预付奖励资金。

【及时指导各区县较好地推进了全年农宅抗震节能工作】各区县较好地开展了全年工作，从确户、工程的招投标，到工程的组织实施都是按部就班，有序推进。目前，全市的农宅改造工作已近收尾阶段，三季度末，完成全年任务的四分之三，确保完成 8 万户的农宅改造。

【总结推广了各区县农宅抗震节能的典型经验及做法】一是规范操作，确保项目有序推进。怀柔区把实施程序分为审批建房、申请、村委会审核、公示、施工、监理、验收、公示、拨款等九个步骤，对各个环节认真组织和落实责任，确保了项目有序推进。二是根据实际，调整配套政策，确保工程持续推进。房山在市级补助资金的基础上，区财政匹配 1.5 亿的农宅改造资金。实行了门窗每平方米补助 210 元，外墙每平方米补助 120 元，最多不超过 8 000 元的新政策。密云经过积极争取，鉴定、检测、监理等费用从每户 1 000 元提高到 2 000 元。平谷区实行了新建和综合改造补贴 1 万元到户，保温由区县统一施工，补贴总造价的 70%，上限不超过 1 万元的政策。这些都是根据实际进行的调整。三是强化监督，确保对工程公开、公正、全面的管控。顺义区分步管控，严格把关。在确户、实施、验收等各个环节中，加入村镇审核、公示、重要节点监控与检查、施工队伍和主材招投标等管控措施，确保了工程质量。昌平区在每年工程验收后，增加了区审计局对工程的审计程序，确保了每年完成的数量准确真实。同时对施工企业收取了 5%的质保金，以保证施工后一到二年有人进行维修，上访案件数最少。大兴和怀柔两个区，审计局就是工程组织的成员单位，从工程开始，审计局就对工程进行全程的跟踪和审计。密云县不仅注重发挥基层乡镇政府和百姓的监督作用，还由县委党建工作领导小组专职成员对工程各个环节加以监督。平谷区的监理全区统一招标，分片包干。这些监督手段确保了对工程的全面管控。

（胡小标）

减煤换煤

【减煤换煤步伐加快，任务量化到区县】按照张高丽副总理和环保部要求，2015年度减煤换煤任务从120万吨提高到140万吨，完成全部任务的90%，实现“减煤换煤”工作基本覆盖；9月10日，林克庆副市长召开专题会议，启动了城乡结合部地区减煤换煤“攻坚战”，计划利用3年时间，全面治理城乡结合部地区外来人口和小散企业散烧燃煤问题，完成新增130万吨任务，2015年完成43万吨。这些任务已经量化到各区县。

【全市优质燃煤替代完成情况】截至12月4日，全市登记购买优质燃煤共计72.03万户居民，已送煤到户65.33万吨，完成年度换煤任务的89%；更换高效节能炉具10万台。针对11月北京气温下降的实际情况，市新农办要求各区县及28家企业加紧配送，目前各区县农村地区、特别是山区农民已达到“户户有煤烧”的目标。

【本市农村地区“煤改电”情况】2015年确定了5万户农村地区“煤改电”取暖工程任务，目前村庄外网电力改造、户内工程、居民选购电取暖设备等工作全部结束。为推动工程进度，国网北京电力公司高度重视，每周召开一次全市工作调度会议，此项工程于11月15日按时送电，农村地区5万户居民将彻底告别煤炭取暖方式，改用电力取暖。

【本市农村地区“煤改气”情况】按照年初计划任务，2015年力争完成22个村庄的“煤改气”取暖工程。目前，全市农村地区15个村庄已经完成工程建设，农户将实现使用天然气取暖；另外7个村庄正在加紧施工，年底前全部完工。

【本市“送气下乡”工程情况】农村地区“液化石油气送气下乡”工程全面完成，郊区90万户农村住户全部使用上了政府补贴的液化气，从此郊区农村烧水做饭结束了烧煤烧柴的历史。

【2015年本市减煤换煤、煤改电、煤改气总体完成情况】全市2013年、2014年两年共完成农村地区“减煤换煤”246万吨，达到了任务总量430万吨的57.2%，超额完成了计划任务。2015年，减煤换煤量由原计划的120万吨增加到140万吨。通过农村“五个一批”减煤换煤工作措施的实施，在全市农村地区146万户籍住户中，已实现城市化改造上楼集中供暖的约25万户，实施“煤改电、煤改气”分户供暖约16万户，实施换“优质燃煤”的约92万户，冬季转移过冬约3万户，覆盖率达到90.2%，已基本实现了农村户籍住户的全覆盖，提前完成了全市目标计划任务。

【为推进减煤换煤进度，本市层层筑高政策补贴标准】在“换煤”方面，市政府2013年确定减换一吨优质燃煤市财政奖励200元，在此基础上，区县政府以及部分乡镇、村委会逐年提高了补贴标准，目前，延庆补贴230元，平谷补贴300元，顺义、密云补贴350元，丰台、石景山、大兴、怀柔、昌平补贴400元，门头沟补贴470元，朝阳、海淀补贴500元，通州区达到650元，有力地调动了农户减煤换煤的积极性。在“换炉具”方面，在市制定更换燃煤炉具市、区、农户各承担1/3政策后（补贴上限为每台补贴2 100元），一些区县加大了炉具补贴力度，怀柔区市区补贴提高到80%，通州、昌平、海淀市区补贴提高到90%，起到了换直烧炉限制农户继续烧烟煤的作用。在“煤改电、煤改气”方面，在市电力公司晚9点至次日早6点每千瓦时电收0.3元的基础上，市、区财政又每千瓦时补贴0.1元，农户每千瓦时电只付0.1元，安装空气源热泵、水源热泵的住户每户市财政补贴1.2万元，通州、房山、昌平等区对户内线路（即电表以下至取暖设备）还予以一定补助，大大调动了农户煤改电的积极性，从根本上消除了燃煤污染问题。

【本市建立优质型煤“供应、配送、质量监督”三个体系】一是确保企业供应。经过市推荐、各区县招标等方式，全市共确定了29家企业承担加工供煤任务，确保了生产供应。二是强化配送到户。在全市农村地区建立了区域中转库、乡镇中转场、村级卸货站、户内存放点的存储中转体系以及企业送煤到库场、乡镇村组织送煤到户的配送体系。目前全市在六环路沿线建立了25个储煤中转库，多数乡镇建立了中转场，各村设立了卸货站，有效解决了“农村住户数量多、分布广，配送距离远”的问题，使农户均能及时按需得到供煤。三是严控型煤质量。2014年度，市质监局依法对煤炭生产、销售、使用单位累计监督抽查2 295批次，抽样总合格率达到95%以上，2015年进村入户已抽查2 341批次，合格率为94.3%。四是加强劣质煤打击管控。3月，市政府出台了《北京市农村地区劣质民用煤治理工作方案》，明确了民用散煤治理的目标、责任分工和具体工作要求，要求各区政府是责任主体，市区工商、城管、环保、质监等执法部门要联合执法，坚决治理农村劣质燃煤非法生产、销售、使用等行为。市新农办印制并在各村张贴了1.5万份海报，公布了执法部门的举报电话。通过加大治理和宣传力度，农村地区固定场所销售劣质燃煤的情况大大减少。

（胡小标）

都市型现代农业

综　述

年内，北京市认真学习党的十八届三中、四中、五中全会以及中央1号文件精神，贯彻落实创新、协调、绿色、开放、共享的发展新理念，深化农业供给侧结构性改革，加快农业产业结构调整，推进三次产业深度融合，都市型现代农业发展水平不断提升。

"调转节"目标逐步落实。划定农业生产空间，将80万亩粮田、70万亩菜田、100万亩鲜果园落到区县、镇村、地块，实现上图入库与数字化管理。优化农业结构布局，围绕"调粮、保菜、做精畜牧水产业"，全市粮田面积调减到125万亩，比2013年减少45万亩，特别是高耗水作物播种面积大幅调减，小麦播种面积减少到24万亩，青（黄）贮作物种植面积稳定在30万亩以上。优化畜禽养殖场布局，疏解畜禽养殖总量，生猪年出栏量调减到284万头、比2013年减少30万头；家禽年出栏量调减到6 888万只，比2013年减少1 112万只；水产养殖面积调减到5.65万亩，比2013年减少0.68万亩。采取调整种植结构和推广节水技术，农业使用新水减少4 000余万立方米。落实"一控两减三基本"目标，加快农业面源污染治理，推进畜禽粪污治理与综合利用，实施农药化肥减量工程，化肥利用率提高2.5%、化学农药施用量下降3%。全面落实农作物秸秆禁烧和综合利用，扩大秸秆肥料化、饲料化、能源化、基料化等利用方式，综合利用率达到97.7%。

"菜篮子"工程稳步推进。大力推进规模化经营、标准化生产、品牌化营销，提高"菜篮子"供应保障和质量安全。实施基本菜田蔬菜生产补贴，安排菜田补贴资金29 769.2万元，补贴面积595 384亩。提升设施生产能力，改造和新建设施面积7 420亩。提高产业区域化发展水平，创建3个万亩以上的蔬菜专业镇，15个千亩以上的蔬菜专业村，建设园艺化蔬菜园区19家，新建和提升集约化育苗场14家，改造高效节水养殖基地24个，改造面积922亩。鼓励发展外埠基地，除保留畜禽良种外，将商品性养殖向外埠转移，10家企业建设外埠畜禽基地，14家企业建立外埠蔬菜基地7.36万亩。提高蔬菜产业标准化管理，分别扶持4个区和6个区创建农机专业化服务组织、植保专业化服务组织。在全市开展23个区域性蔬菜知名品牌创建活动，培育北京自产蔬菜品牌，促进本市蔬菜产品优质优价。开展农产品质量安全监管示范区县和乡镇的创建工作，评定示范区县2个、先进区县4个、示范乡镇15个。完善市级优级标准化基地的考评指标体系，组织农业标准化基地建设与评定工作，开展"三品一标"认证，全面推进标准化基地建设，全年新评定市级优级标准化基地104家，蔬菜、畜牧和水产上市产品的抽检合格率分别达到97.5%、100%和98.8%。

"高精尖"产业蓬勃发展。稳步推进整市创建国家现代农业示范区建设，推荐大兴和通州创建市级示范区，开展示范区建设水平监测，申报第五批全国“一村一品”示范村镇，对53个北京都市型现代农业（高效农业）示范镇进行考核评价，提高示范镇、特色产业村经营者的素质与管理水平。加快通州国际种业科技园区建设，积极申报“国家现代种业创新示范区”，支持建立国家农业科技园区协同创新战略联盟子基金。深化种业体制改革，推动市农林科学院玉米中心种业企业与顺鑫农业合作建立了独立法人公司，推进北京京研益农科技发展中心改制。全年落实种子专项12个、资金720.8万元，重点支持审（鉴）定农作物新品种展示示范、玉米新品种更新换代、重点蔬菜品种的筛选示范等项目。推进“互联网＋农业”快速发展，成立北京农业互联网联盟，搭建北京农业电商综合服务平台，研究提出支持农产品电商发展的政策措施。开展北京市农业信息化龙头企业认定工作，认定龙头企业53家。推广“221物联网”应用，启动实施农业物联网建设工程，对部分基地和日光温室安装物联网设备。会展农业蓬勃发展，成功举办第三届北京农业嘉年华、世界马铃薯大会、中国兰花大会，其中农业嘉年华接待游客118.8万人次，同比增长26%；马铃薯大会接待专业观众5 756人次、达成交易意向1.5亿元。乡村旅游和休闲农业加快发展，观光休闲农业和民俗旅游接待游客4 043万人，实现收入39.2亿元，同比增长5.6%和14.2%。开展京郊休闲农业百度地图标注工作，累计对全市335个民俗村、703个休闲园区、4 021个民俗户进行标注。品牌创建成效显著，大兴区被认定为全国休闲农业与乡村旅游示范县，5家单位被认定为全国休闲农业与乡村旅游示范点，4个民俗旅游村获2015年中国最美休闲乡村称号，开展了第二批市级星级休闲农业园区、星级民俗村（户）评定工作。稳步推进山区生态服务型经济加快培育发展，加大沟域建设与提升，共实施五项工程项目237个，完成投资20.7亿元，其中公益类项目193个，完成投资14.5亿元，产业类项目44个，完成投资6.2亿元。

（胡玉根）

种　植　业

【“两田”划定工作如期完成】 2015年7月31日，在顺义区启动了粮田、菜田划定试点工作，由市农业局信息中心、市林勘院与第三方卫星遥感公司负责技术支撑与服务，对全市粮田、菜田进行新一轮遥感，为各区县每个涉及粮菜的行政村提供了6 000张彩色影像图，将核实后的地块与属性信息上图入库，最终形成两田信息管理系统与图册。

（张立新）

【第23届北京种子大会召开】 2015年10月15—18日，第23届北京种子大会在丰台举办，本次大会的主题是“打造种业之都，搭建丰收舞台”，大会采用“一场三区”的方式进行。800余家种子企业的100多名中外企业家到场参会。大会安排了六项主要内容：种子、种苗生产加工、经营等交流洽谈活动；种子检验、加工、包装等仪器设备展示洽谈；种衣剂、植物生长激素、农药交流洽谈；种业高峰论坛及新闻发布活动；大型企业集中展示；京津冀种业成就展及田间观摩。本届大会还安排了三个产业论坛：植物新品种推介及产权交易论坛；番茄种业联盟专题研讨会；中国种子贸易协会专题讲座。会上，还举办了京东集团与北京种企战略合作签约仪式，实施“互联网＋”种业新探索，利用京东销售平台实现种子线上销售。

（张立新）

【通州国际种业科技园区】 截至2015年11月底，通州国际种业科技园区共引进注册企业160家，总计纳税额为1 350余万元。园区与中国农科院、水产科学院、农业部规划设计研究院签订了入驻框架协议，协助3家公司申请高新企业认证工作，孵化1家上市企业（累计达6家）。组织了作物新品种展示以及农业科技园区创新工作交流会、首届京津冀沪渝种业发展交流会，有效促进了种业信息互通共享和现代种业协同发展。

（张立新）

【完成15个粮食高产创建万亩方建设】市农业局按照核心区、示范区、辐射区三区共建的原则推进粮食高产创建，全市建设国家级粮食高产创建万亩示范片总数15个，包括小麦（籽种）5万亩，玉米10万亩（春播5万亩、夏播5万亩），含一个整镇整建制推进试点任务4万亩，覆盖顺义、房山、通州、密云、延庆五个粮食主产区县。

（张立新）

【休闲景观农业全面推进】2015年本市新建田园景观点76个，共计1万余亩，全市已建成农业景观10万余亩，包括药用观赏植物3.8万亩、花卉作物1.93万亩、向日葵2.82万亩、油菜0.75万亩、小麦景观田1.22万亩。大田、沟域、园区三大农业景观初具规模。据初步统计，2015年农田观光人数达762万人次，带动二、三产增收3.04亿元，比2014年分别增长7.32%和6.67%。

（张立新）

【农业文化遗产申报取得突破】自2015年4月中旬开始开展农业文化遗产申报工作，本市海淀区和房山区“京西稻作文化系统”，平谷区“四座楼麻核桃生产系统”两个项目被评定为第三批中国重要农业文化遗产，实现了本市农业文化遗产申报认定工作的突破。

（张立新）

【蔬菜生产总体情况】蔬菜产业全年总播种面积81.4万亩，同比减少5.57%，总产量205.1万吨，同比减少13.2%，产值71亿元，同比增长9.2%。据市农业局农情统计，全年平均地头收购价格1.94元/千克，同比增长9.0%。供应市场的花色品种呈现多样化趋势，全市生产品种140多个，示范品种30余个；市场均衡供应的能力逐步增强，设施周年生产占总量的60.7%。

（许晓东）

【产业提质增效成效显著】一是“一控两减三基本”成效明显。2015年实现节水1 705万立方米，平均亩灌溉量控制在500立方米以下；亩均节肥3.1千克，肥料利用率达到23%，同比提高3.1%；农药利用率达到38.7%，同比提高2.2个百分点；积极推进了蔬菜残体的资源化利用，启动了农膜回收试点。二是集约化育苗占比显著提升。截至2015年11月底，全市集约化育苗数量达到1.96亿株，占全市蔬菜生产需要育苗17亿株的11.53%（2014年全国平均为10%），较2014年增加8.8%。三是4个蔬菜产业专业镇和34个专业村创建成效显著。基本实现了每村有1～3个主导品种、1个蔬菜区域品牌，规模化发展、专业化服务、标准化生产的发展态势开始呈现。四是19个园艺化园区初步实现了“四个结合”，设施蔬菜产业的多种功能得到了进一步显现。五是产业链得到进一步延伸，产后商品化处理能力有所提升，与现代冷链物流配送以及互联网直配的接口开始形成。本市蔬菜采后商品化处理包装率达30%，同比提高2个百分点，高于全国平均水平5个百分点；精（深）加工率11%，同比提高1个百分点；示范区效果明显：在采后贮运保鲜和加工方面重点示范13项技术，技术应用率达到79%，损耗率降低6.4%，附加值增加4.1%，示范点增效945万元。

（许晓东）

【实施基本菜田补贴政策引导产业持续发展】围绕保菜田保面积，一是推动实施基本菜田生产补贴，制定并印发《北京市基本菜田蔬菜生产补贴办法（试行）》和《北京市菜田补贴考核奖励实施方案（试行）》；二是根据产业实际和发展目标实行“奖补结合、以奖代补”；三是设计基础补贴，鼓励本市蔬菜生产者，对符合要求的本市蔬菜生产者予以直接补贴；四是设计三大类（创建类、指标类和管理类）考核奖励补贴，创建类补贴重点开展规模化建设、社会化服务、一控两减三基本、品牌建设等8个方面62项工作。

（许晓东）

【着力推进蔬菜产业节水工作】一是打造示范园区高效节水模式。在小汤山特菜大观园建成高效节水技术集中展示基地，集中展示工厂化番茄营养液消毒循环利用技术、西甜瓜自动控制精量灌溉施肥技术、食用菌定时微喷技术和膜面集雨高效利用技术。二是推广高效节水技术提高用水效率。在大兴、顺义等地下水严重超采区的蔬菜专业村推广应用蔬菜覆膜灌溉高效节水技术1.553 8万亩，与常规沟灌相比，示范区亩均节水42立方米，总节水65.3万立方米。三是调整种植结构减少蔬菜用水总量。地下水严重超采区没有新增菜田。四是组织编印蔬菜高效节水技术书册2 000本，编印蔬菜水肥一体化技术挂图30 000张。

（许晓东）

【开展京津冀协同拓展产业发展

空间】制定了《北京市京津冀农业协同发展实施方案》，方案立足“保供给、保安全、保生态”，从实现产业协同发展、安全协同发展、科技协同发展、生态协同发展和信息协同发展等五个方面制定农业协同发展的工作任务；从共建“菜篮子”主要农产品生产基地、推动环京津1小时鲜活农产品物流圈建设、加强监测，强化检测互认，建立长效机制，保障农产品质量安全、切实做好区域间重大动植物疫病联防联控、加强执法联动，推进行政许可协同发展、强化科技和装备支撑，促进产业发展、提升农业面源污染防治水平，推进生态农业建设、探索构建农业大数据应用平台，实现信息共享等八个方面拟定重点工作。相关部门和单位陆续开展对接，建立健全了工作联系机制，签署了《北京市农业局天津市农村工作委员会河北省农业厅关于建立京津冀一体化农作物品种审定机制的意见》《京津冀农业科技协同发展框架》，签署成立《京津冀植物疫情和重大农业有害生物防控协同工作框架协议》《京津冀土肥水协同发展创新联盟协议》《京津冀农业技术推广战略合作协议》《京津冀协同发展畜牧兽医事业合作框架协议》《京津冀动物疫情联合预警章程》等一系列行业发展和管理合作协议，明确了协同发展的目标、重点和路径等，部分领域工作取得了实质性进展和阶段性成果。

（许晓东）

畜 牧 业

【畜牧业发展综述】全市肉类总产量达到36.42万吨，鸡蛋产量19.28万吨，生鲜乳产量57.22万吨，牧业产值135.9亿元，占农业产值的36.35%。生猪、牛、羊、家禽出栏量分别为284.42万、8.44万、70.99万、6 688.44万头（只）；全年生猪、牛、羊、家禽存栏量分别为165.61万、17.48万、69.35万、2 122.44万头（只）。

（张保延）

【疏解畜禽养殖总量】以本市地下水严重超采区和重要水源保护区为重点，引导畜禽养殖逐步退出禁养区，不符合相关发展规划的散户逐步退出。全市不再新建规模化养殖场。2015年，全市无新建规模养殖建设项目。实现养殖场“定位上图”。建立规模养殖场登记备案数据库，到年底全市进行登记的畜禽规模养殖场（小区）共有2 287个，其中备案的畜禽养殖场（小区）共有1 711个，登记场576个。均明确了养殖场基础信息和经纬度，全部实现GPS定位，并纳入局信息中心数据库管理，将畜禽养殖场合理布局，落实到区县、乡镇、地块，确保养殖场“定位上图”。

（张保延）

【盘活畜禽养殖存量】利用国家畜牧业“菜篮子”资金，分别在房山、怀柔、平谷和通州支持5家种畜禽场进行改造提升，要求各建设单位必须有病死动物无害化处理设施、节水设施、粪污治理设施等，并鼓励以企业为主体建设无害化处理设施。利用转移支付支农资金，对全市55家规模畜禽场进行生产设施改造提升，实施高效集雨节水工程200个标准栋，年可有效收集雨水40万吨。推广畜禽养殖场高效节水技术，规模畜禽养殖场实现节水、循环、健康养殖。在农机补贴的支持下，重点对畜牧种业和标准化示范企业农机设备进行提升，共对11家企业配备了高新技术设备130台（套），有效提升了畜牧业装备水平。

（张保延）

【提升畜禽养殖水平】按照“企业主导，政府推动”的原则，引导畜牧产业三次产业融合发展，华都峪口蛋鸡公司创新“龙头企业+标准化基地”的流动蛋鸡超市模式，通过设施设备改造提升和全产业链服务，形成“育繁推售”一体化的全产业链模式；资源亿家集团推出养猪智能化高科技产品“PSY+资源云1.0”技术，对传统养殖业进行提升。大北农集团以互联网和金融为手段，整合蛋鸡产业生产流通销售和服务环节，创建中国蛋鸡产业第一创业孵化平台。

（张保延）

【发展畜禽良种产业】依据2015年北京市禁限目录“全市不再新

建扩建规模养殖场（籽种、科研、休闲除外）”，全市新建成畜禽良种产业园区两个：房山区建设安格斯牛原种场建设项目，围绕扩大优质纯种安格斯牛繁育群，生产高端牛肉，实施国家畜禽良种工程，加强种牛繁育基础设施建设和装备手段建设，提升优良种牛供种能力。怀柔区开展湘村黑猪原种场建设项目，引进湖南省湘村高科农业股份有限公司投资1.1亿元，推进湘村黑猪种猪基地建设，达产后年产湘村黑猪3万头。

（张保延）

【实施畜禽养殖场粪污治理】联合市环保局组织区县对108家畜禽规模化养殖场实施粪污治理和资源化利用工程，按照环保部粪污治理“五种模式”对畜禽场粪污进行治理，并创新循环利用方式，实施“种养结合（林、菜、粮）”“内部循环”“有机肥生产”等循环利用途径。全市规模畜禽养殖场实现了与种植业、林业的循环利用，为全市绿色、无公害、有机农产品提供了有机肥资源，畜禽养殖污水实现零排放，畜牧业提前三年完成了市政府与环保部签订的减排任务。

（张保延）

【加快推进京津冀畜牧业协同发展】主动与河北、天津主管部门沟通，共商产业转移事宜，就畜牧产业协同发展签订了《京津冀畜牧业协同发展合作框架》，重点从产业对接、执法联动、检测资源共享、人员科技信息协作等方面，共同推动畜牧产业京津冀协同发展。首农在河北定州建设了奶牛产业科技园区，占地3万亩，饲养规模6万头；中地种畜集团在河北、天津建设标准化规模奶牛场；北京九鼎养猪公司在河北玉田建设10万头养殖基地；顺鑫在河北建设万头生猪生产基地3个。2015年协助市农委开展外埠基地奖励工作，共对首农集团、顺鑫农业、中地集团等单位的5个外埠基地予以扶持。截至年底，北京市畜牧业外埠基地数量57个，其中生猪基地30个，年出栏60万头；肉禽基地5个，年出栏6 500万只；奶牛基地7个，存栏规模10万头，年产牛奶7.05万吨；肉牛基地9个，年出栏肉牛5.1万头；种业基地6个，年产商品代雏鸡9 600万只。实现了产业疏解和首都市场畜产品安全供应的有机结合，保障了首都肉蛋奶的市场供应和应急保障能力。

（张保延）

【优化生鲜乳收购站布局】全市41个生鲜乳收购站中，乳品企业和奶畜养殖场兴办24个，奶农专业合作社收购养殖小区和散养户17个。全市179辆运输车辆实现了生鲜乳运输专用。

（张保延）

【严格行业监管】2015年全市审批通过企业饲料及饲料添加剂生产许可证申请82个，审批产品批准文号95家，组织实施全市饲料质量安全监测计划和饲料质量安全专项整治。严格执行种畜禽生产经营许可标准（种猪、蛋种鸡、肉种鸡、种鸭、种牛），种畜禽生产经营许可工作将种畜禽质量、疫病净化监测结果作为行政许可必备条件，实施专家现场验收机制，完成种畜禽生产经营许可34个、种畜禽进口审核12批，进口种禽15.3万只，奶牛精液4.2万剂。完成草种进出口审批936批次、进口草种29 819吨，主要用于大田种植，遍布在北京、河北、内蒙古、宁夏等省、自治区，小部分用于科研。

（张保延）

【畜禽养殖与生产】继续开展畜禽养殖场（小区）登记备案工作，进行重点示范挂牌。2015年全市完成2 225个畜禽养殖场（小区）的登记备案，发放“生产管理示范单位”匾牌100多块。2015年由北京市畜牧总站承担北京市饲料工业统计信息填报，开展季报和年报工作，初步建立市区县及基层单位填报网络。

（赵有）

【良种繁育及推广】在全市94家种猪场推广应用种猪联合育种技术，新增种猪品种登记个体数16.98万头，累计达230.26万头。全市种猪性能测定达7个品种。开展大体型高效瘦肉型猪杂交组合试验（四元杂交组合模式2个，三元杂交组合模式5个），组建二元杂交猪群体9个，群体规模896头；三元杂交猪群体9个，群体规模1147头；四元杂交群体2个，群体规模240头。群体测定规模总计达到2 283头。形成一套大体型高效瘦肉型猪生产管理模式和技术规程。并在30家生猪养殖场推广应用，对8家推广基地的15个商品猪群体开展效果测定试验，测定商品猪1 650头，100～125千克之间平均日增重达到924.34克。开展畜禽种质监测选育工作。①奶牛生产性能测定。2015年测定奶牛达4.76万头次，测定量累计达25.45万头次，完成

300 份奶牛 DHI 报告。参测奶牛群的 305 天产奶量为 9 513.39 千克。②种猪精液质量监测。检测种猪精液 21 个批次，超额完成 11.58%；产品合格率为 99.4%。③种猪活体质量监测。对 26 个种猪场种猪活体质量进行了检测。

（赵有）

【加强畜牧业科技推广】一是高效微生物处理猪场污水的研究与示范，设计新型处理模式，构建桶式微生物复合湿地模型，湿地装置达到 10 立方米。经过湿地模型治理后，化学需氧量由 2 122毫克/升降至 173 毫克/升，氨氮由 385.0 毫克/升降至 54.0 毫克/升。二是生猪高效低排放生产技术集成与示范，母猪繁殖率、断奶仔猪成活率、饲料报酬均有提高，育肥阶段氨氮排放量明显降低，明显减轻了猪场环境异味。三是藏猪种质特性研究与利用，建立高端肉品生产基地 1 个，饲养规模 3 000 头，累计出栏育肥猪 473 头；完成 53 窝繁殖性能测定及 91 头肉质营养成分分析研究和肉质等级评定研究工作。四是推广应用畜牧业提活节能技术，推广应用薄床养殖 300 平方米，覆盖保育猪 1 000 头，成活率提高 9 个百分点；推广应用节能标准化地暖板 80 块，节能 30%以上。猪用干燥粉推广应用，在京津冀部分猪场进行推广应用仔猪干燥粉累积 10 000 千克，应用仔猪 13 000 窝。其中房山、延庆两地仔猪断奶成活率平均达到 90.04%，平均每窝仔猪将近多成活 0.5～0.6 头。仔猪腹泻发病率由 40%降低到 20.83%。示范推广应用 360 块标准化节能环保地暖板，集成低碳循环生态养殖技术 30 多项；2015 年累计培训人员 171 人次，覆盖 7 个区，发放材料 65 册；获得启动低碳农产品认证审核员证书的 45 人；完成 6 家养殖场低碳农产品认证现场核查和 35 家养殖场评测工作。五是加强生猪产业创新团队工作，开展新产品、新技术开发 44 项，选育黑猪新品系 1 个，成熟技术推广 16 个，示范推广覆盖全市生猪规模达 126.25 万头。需求调研 225 次，涉及人员 5 318 人次。全年获得奖项 4 项，其中省部级奖项 2 项；论著 6 部；申请专利 13 项，获得专利授权 10 项；发表论文 58 篇。各种媒体宣传 194 次，开展对外交流活动 57 次。六是深化家禽产业创新团队工作，选育新品种 2 个，研发与引进筛选新产品 14 项，研发与引进筛选新技术 41 项，覆盖家禽超过 5 511 万只。集成综合配套技术 6 项，建立相关技术规范 3 个，产蛋率提高 5%，综合效益提升 10%以上。获得中华农业科技奖、北京市科技进步奖 3 项，团队发表论文 81 篇、专著 8 本，获得软件著作权 5 项、专利 2 个。在国内主流媒体宣传 70 次，在加拿大农业部网站宣传 1 次。七是强化奶牛产业创新团队工作，开展产业需求调研 183 次，开展试验研究 108 项，撰写研究报告 53 篇，发表论文 95 篇，编撰专著 13 部；授权专利、软件著作权及制定标准 72 项，推广新技术（产品）82 个（项），覆盖牛群 395 285 头次。组织宣传 142 次，发放宣传资料 32 520 份，刊发团队信息简报 26 期，各种媒体宣传 97 次。与国内外同行交流 145 次，4 326 人次参与交流。

（赵有）

【畜禽资源保护】加快推进本市种畜禽遗传资源管理信息平台建设运行。整合种畜禽生产性能测定、遗传评估、良种登记、种畜禽遗传材料检测、地方遗传资源保护等多项业务职能，形成统一的大数据。申请具有自主知识产权的软件著作权 4 项。畜禽种质资源库建设运行，初步建立常规遗传材料保存管理工作规范，建立家禽微卫星 DNA 遗产多样性监测技术规程，开展监测 12 次，保存北京油鸡遗传血液样本 240 份，肌肉组织样品 120 份；北京鸭公鸭血液 25 份，母鸭血液 280 份；奶牛血液样品 1 628 头份，72 头荷斯坦种公牛、12 头利木赞、8 头安格斯、15 头西门达尔种公牛精液共计 700 剂。收集到青海细毛羊、卡拉库尔羊、藏系羊等品种血样 180 份，青海驴样本 90 份，提取 DNA 120 份。与深圳国家基因库（CNGB）、山东省青岛市、青海省海西州以及中国马业协会在遗传资源保护方面建立了合作平台。深入开展特色畜禽种质监测选育。对北京油鸡 5 个品系 300 个家系、12 000 只保种群，北京鸭 12 个品系 620 个家系、10 000只保种群实施了场内保护；组建新一代北京油鸡、北京鸭保种核心群。

（赵有）

【“瘦肉精”专项整治】养殖环节“瘦肉精”专项整治共采取三项主要措施：一是用好技术优势，做好快速检测工作；二是划定养殖环节饲料采样范围，监测在饲料中添加“瘦肉精”情况；三是加大养殖环节检查力度。全年共出动执法人员 2 783 人次，检查养殖场户 588 个，监测育肥猪、肉牛和肉羊 24 742 头（只），检测结果均为阴性，未发生“瘦肉精”违禁添加事件。

（张瑶瑶）

【实施生鲜乳质量安全监管】 完成生鲜乳样品抽检 622 批次，抽检范围覆盖本市大兴、顺义、房山、平谷、通州等 10 个区县，样品来源涉及北京、河北、天津等省市，涉及生鲜乳收购站 129 家次、运输车 196 辆次、奶牛养殖场 99 家次，检测项目包括生鲜乳制品国标指标、违禁添加物等 11 个参数共计 2 000 余项次，共有 8 批样品不合格，样品合格率为 98.7%。监测生鲜乳 60 批次，确立生鲜乳收购环节以三聚氰胺、硫氰酸根等违法添加物为重点监测参数，养殖环节以霉菌毒素为重点监测参数，并突出冰点、碱类物质等现场快速筛查指标，夏秋季大幅度增加 β-内酰胺酶监测数量。以生鲜乳生产、收购和运输监管为抓手，严格把好养殖环节自配料质量关，抓好大型乳制品企业入场关，加强对奶站和生鲜乳运输车的巡查，通过座谈会的形式破解不合格生鲜乳监管难题，应用“生鲜乳收购站管理系统”发挥监管效能，提高服务水平。2015 年，全市生鲜乳共检查监管对象 822 个次，出动执法人员 1 415 人次，纠正违法违规行为 6 个。

（徐理奇　张瑶瑶）

【开展饲料安全监管】 以《饲料质量安全管理规范》为主线，开展全市饲料生产企业排查、整改和规范行动，及时纠正不规范行为，以法规政策宣传、摸底调研、意见收集和专项检查为抓手，继续向监管与服务并重的模式转变，全方位提升服务意识，有效推进《规范》的落实工作。2015 年，全市饲料环节共出动执法人员 3 440 人次，检查监管单位 1 345 个，查处案件 38 起，罚没款 263 万元，其中罚没款超百万元案件 1 起，超 10 万元案件 4 起，超万元案件 20 起，没收不合格饲料 15.2 吨。

（张瑶瑶　徐理奇）

【开展饲料抽检】 年内完成饲料样品抽检 1 352 批次，抽检范围覆盖大兴、顺义、海淀、平谷、通州等 13 个区县，样品来源涉及河北、天津、云南、内蒙古等十余个省市和部分进口产品及本市 145 家饲料生产企业、17 家经营企业、391 家养殖场，检测项目包括：营养指标、微量元素、维生素、重金属、微生物、霉菌毒素、违禁添加物近 40 个参数共计 7 000 余项次，有 11 批次产品不合格，合格率为 99.2%，不合格项目为营养指标、微量元素、霉菌毒素。风险监测饲料 130 批次，品种包括配合饲料、动物蛋白饲料、植物蛋白饲料、自配料，重点检测参数为重金属、霉菌毒素、饲料中药物添加剂等 9 个项目。从结果看，大豆及制品霉菌毒素污染情况均较轻，棉粕及棉籽蛋白污染情况较为严重，玉米蛋白粉等玉米制品及副产物污染情况最为严重；“有机砷”在生猪养殖中的使用明显减少。同时，做好全国两会、国庆阅兵、世锦赛等大型活动的畜产品供应保障，对供应企业开展检测工作，共计抽检配合饲料样品 69 个，检测项目包括重金属、违禁添加物等 20 余项，累计检测 701 项次，切实保障了重大活动期间供应畜产品的质量安全。

（张瑶瑶　徐理奇）

【畜产品质量安全认证】 全年累计完成新认证的 55 家基地中已有 19 家基地取得无公害畜产品生产基地产地认定和产品认证证书，35 家复查换证基地通过检查继续保留产地认定和产品认证证书。截至 2015 年 12 月 31 日，全市共有无公害畜产品生产基地 259 家，获证畜产品 274 个，产地规模 8 861.6 万头（羽、只），产品产量达 69.6 吨。

（王全红）

【组织实施动物疫病强制免疫工作】 按照国家相关计划，对高致病性禽流感、口蹄疫、猪瘟、高致病性猪蓝耳病继续按程序实行强制免疫，应免率达到 100%；依据本市法规规定，对犬只实施狂犬病强制免疫。全市累计免疫家禽高致病性禽流感 8 556.44 万羽次、猪口蹄疫 894.54 万头次、牛口蹄疫 77.80 万头次、羊口蹄疫 233.61 万头次、高致病性猪蓝耳病 552.19 万头次、猪瘟 660.22 万头次、免疫犬狂犬病 673 248 只。对于其他重点病种，实行指导免疫。免疫鸡新城疫 7 800.01 万羽次，奶牛布病 2.71 万头次，羊布病 36.03 万只次，羊小反刍兽疫 25.68 万只次。

（王斌）

【组织实施动物疫病监测及流行病学调查工作】 年初，市农业局制定并下发《2015 年北京市动物疫病监测与流行病学调查计划》和《2015 年北京市种畜禽重点疫病监测与控制计划》，以此及时掌握全市动物疫病流行规律和疫情动态。免疫效果监测方面，市级监测 1 811 个次场户，开展免疫效果监测 3.32 万份次。区县级监测 2.52 万个次场户，共开展 33.69 万份次实验室检测，上述疫病的平均免疫抗体合格率均大于 70%，具有较好的免疫保护力；病原学监测方面，市级病原学监测 8.82 万份次，区县级病原学监测 54.96 万份，口蹄疫、高致病性禽流感等重大动物疫病病原学监测结果均为阴性；种畜禽场专项监测方面，2015 年，首次制定北京市种畜禽场重点动物疫病监测与控制计划，对全市种畜禽场进行了禽流感、新城疫、禽白血病、白痢、口蹄疫、猪瘟、猪伪狂犬病、高致病性猪蓝耳病、猪繁殖与呼吸综合征、布鲁氏菌病、蓝舌病、马传贫 12 种疫病的病原学监测，种畜禽场主要存在的疫病仍然是猪伪狂犬病、禽白血病和鸡白痢；流行病学调查方面，按计划开展全市定点流调，H7N9 流感、布病及猪流行性腹泻等专项流调和紧急流调工作。协调完成农业部组织的国家动物疫病定点监测调查、家畜布病结核病专项调查、草食动物疫病防控调研等工作。

（王斌）

【持续开展牲畜布鲁氏菌病净化工作】制定了《2015 年全市布鲁氏菌病净化工作实施方案》，对全市奶牛、羊、鹿布鲁氏菌病净化工作做出部署。全市奶牛布病共监测 13 个区（县）1 009 个次场（户）的 11.12 万份样品，阳性样品 196 份，阳性率为 0.18%，比上年下降 0.13%，降幅接近 50%。奶牛结核病共监测 1 237 个次场（户）的 16 万头奶牛，均为阴性。

（王斌）

【启动羊布鲁氏菌病紧急防控工作】针对人畜疫情上升的趋势，组织开展了全市范围羊布病专项调查，摸清了疫情状况；制定下发了《北京市农业局关于加强羊布鲁氏菌病防控工作的通知》，出台了检测、净化、疫点处置、免疫预防、检疫监管、移动控制等一系列防控策略和技术措施。截至 12 月底，全市羊存栏 84.41 万只，免疫布病 36.03 万只。市级宣传培训方面，兽医处制定并发放《科学防治羊病宣传本》40 000 册，《市民知识手册——人畜共患传染病风险防范》20 000余册。市疫控中心先后在昌平、平谷、大兴、房山等十个区县开展 15 期培训班，累计培训 1 550 人次，其中区县疫控中心和乡镇兽医站专业技术人员 208 人次，村级防疫员以及养殖场户人员 1 342 人次。

（王斌）

【依法加强犬只狂犬病防治工作】为确保 2015 年 1 月 1 日起本市犬只狂犬病强制免疫工作的顺利实施，起草下发了《关于落实犬只狂犬病强制免疫工作的通知》，通知正式启用新版免疫证明及免疫标识，要求区县开展狂犬病免疫点、免疫人员的认定，并加强监督管理。同时，为规范犬只狂犬病强制免疫信息的管理，起草下发了《北京市犬只狂犬病强制免疫信息管理制度》，明确了免疫信息管理的职责分工、工作程序、权限分配、信息安全等事项，切实保护犬只饲养者的个人信息安全。为提高公众认识，以犬只狂犬病强制免疫及文明养犬为主题的公益宣传动画短片——《狗狗的生活意见》，已经在微信、微博、视频门户网站等平台投放，点击量达到 20 万次以上。全年免疫狂犬病 673 248 只，未发生免疫犬导致疫情。

（王斌）

【制定并组织实施小反刍兽疫消灭计划】为切实做好小反刍兽疫消灭工作，有效保障养羊业稳定健康发展，按照《农业部关于印发〈全国小反刍兽疫消灭计划（2016—2020 年）〉的通知》（农医发〔2015〕34 号）要求，深入贯彻落实《北京市中长期动物疫病防治规划（2013—2020 年）》部署安排，结合本市实际，制定了《北京市小反刍兽疫消灭计划（2016—2020 年）》，此为全市小反刍兽疫消灭工作的纲领性文件。

（王斌）

【贯彻落实国家和本市中长期动物疫病防治规划】动物卫生精细化管理工程中畜牧兽医精细化管理信息平台项目按计划实施，已经具备基本功能，完成项目初步验收；养殖生物安全提升工程中养殖环节生物安全水平调研和智能防疫试点继续推进；人畜共患病防治工程中牲畜布病净化取得显著成效，净化认证和发布文件已拟定完毕，已着手开展羊种布病净化工作，狂犬病防治进入强制免疫为主的新阶段；种畜禽疫病净化工程中种猪与种鸡场主要疫病监督检测已完成；动物疫病区域化防控工程中马属动物两病防控工作继续开展。

（王斌）

【种畜禽场动物疫病净化工作取得新突破】经农业部专家组评估认证，北京爱拔益加家禽育种有限公司通州第一分场通过了禽白血病创建场的评估认证，北京市华都峪口家禽育种有限公司通过了禽白血病示范场评估认证。其中华都峪口是首家通过禽白血病净化评估的原种鸡场，将为北京市种禽场乃至全国的种禽场白血病净化起到引领示范作用。

（王斌　赵浩军）

【继续严格实施动物、动物产品检疫工作】全市累计产地检疫动物 2.58 亿头（只），其中生猪 153.8 万头、牛羊 3.5 万头（只）、禽 2.56 亿只、其他动物 92.6 万头（只）；消毒运载工具 8.2 万辆。动物产品 21.4 万吨，种蛋 1 万吨；累计屠宰检疫畜禽 5 291.9 万头（只），其中生猪 701.7 万头、家禽 4 588.3万只、牛羊 1.9 万头（只）；共检出病害畜禽 33.4 万头（只）；全市公路、航空监督检查进京动物 2 238.2万头（只），其中生猪 487.7 万只、牛羊 3.3 万头（只）、禽 1 709.1 万只、其他动物 38.1 万头（只）；动物产品 55.6 万吨，其中猪肉 18.6 万吨、牛羊肉 9.8 万吨、禽肉 24.3 万吨、其他动物产品 2.9 万吨。

（李腾）

【举办犬只狂犬病强制免疫主题大型宣传活动】5 月 17 日，市农业局联合市公安局治安总队、市养犬协会等单位，在昌平区回龙观体育公园组织共同举办了"北京农业进社区"和"文明养犬社区行"和"犬只狂犬病强制免疫主题宣传"活动。活动过程中，回龙观派出所开展居民养犬登记、年检现场服务；昌平区免疫点为居民犬只狂犬病免疫并配发免疫标识；北京市养犬协会开展科学文明养犬宣传和犬只训导等咨询服务；北京市小动物诊疗行业协会提供宠物健康义诊服务；市动物疫病预防控制中心发放了《市民养犬防疫手册》，提供防疫咨询；市动物卫生监督所提供动物检疫监督宣传材料和相关咨询。活动现场发放《犬只狂犬病强制免疫告知书》《便民手册》等宣传材料 6 000 余份；解答咨询 3 000 人次，得到了《光明日报》《农民日报》、人民网、中国网等主流媒体的大力宣传报道，对于社区居民提高宠物狂犬病等人畜共患病防疫意识和自我防护水平起到了重要作用。

（李腾）

【举办 2016 年世界狂犬病日宣传活动】9 月 28 日，市和各区农业部门组织开展了"世界狂犬病日"主题宣传活动，以新闻发布会和社区现场宣传活动相结合的方式面向新闻媒体和群众系统地介绍了全市实行犬只狂犬病强制免疫工作制度以来取得的工作进展和显著成效，同时发布了 2016 年狂犬病免疫标识样式。有关信息通过北京卫视、北京日报等媒体宣传报道。

（李腾）

【2015 年度执业兽医考试顺利完成】5 月 21 日，印发了《全国执业兽医资格考试北京考区领导小组通告》（第 6 号），向考生公布了本市各考点的地址、咨询电话、报名方式、报名时间、收费标准、缴费方式等。5 月 22 日，下发了《北京市农业局关于做好 2015 年全国执业兽医资格考试北京考区相关工作的通知》，就北京考区工作进行了具体安排部署。并根据本市执业兽医资格考试实际情况制定下发了《北京市 2015 年执业兽医资格考试工作实施方案》。10 月 11 日，考试在北京市教育考试中心和北京林业大学两个考点举行。2015 年，全市共有 2 748 人网上报名，其中 2 498 人参加了考试。

（李腾）

【制定本市病死动物无害化处理实施意见】按照《国务院办公厅关于建立病死畜禽无害化处理机制的意见》要求，根据市政府领导指示，结合本市工作实际，研究起草了《关于建立病死动物无害化处理机制的实施意见（代拟稿）》。《实施意见》分为总体思路、落实责任、加强无害化处理体系建设、完善支持政策、强化监督管理等五大部分，在国办《意见》的基础上，对基础设施建设、完善支持政策、强化监督管理等内容进行了细化。8 月 26 日，《北京市人民政府办公厅关于建立病死动物无害化处理机制的实施意见》（京政办发 2015〔44〕号）正式下发执行。

（李腾）

水　产　业

【渔业概况】渔业总产值 26.47 亿元，同比增长 7.6%；水产品总产量 6.58 万吨，同比下降 3.23%；渔民人均纯收入 15 580.85元，同比增长 2.95%。

（许中海）

【渔业功能定位与空间布局进一步明确】本市渔业围绕建设都市型现代渔业、京津冀协同发展的目标，向“生态、生活、生产、示范”的方向发展，以“小产业、大功能；小行业、大价值”理念创新发展模式，确定了重点发展籽种鱼、休闲鱼和精品鱼的目标，由过去的养殖生产型，向都市现代渔业转变。由单纯商品鱼生产，转为发展籽种鱼、休闲鱼和精品鱼。着手建设 4 个重点渔业资源养护增殖区域，6 个重点养殖观赏带，10 条重点沟域，由点状、带状布局向整体性强的圈层布局转变。空间布局更为合理。

（许中海）

【渔业健康养殖水平稳步提高】重点做好健康养殖示范场、标准化养殖示范场和无公害养殖示范场的认证工作，至 2015 年年底全市通过国家级健康养殖示范场认证的养殖场，共有 9 批 74 家 760 公顷、优级标准化养殖基地达到 62 家 567 公顷、无公害养殖基地 257 个 920 公顷。以提升“三率一能力”水平为目标，按照“四化”养殖和“三节两高”要求，大力推进池塘标准化改造及工厂化养殖等设施渔业建设。全年改造高效节水养殖基地 24 个，改造面积 61 公顷，比上年增长 11.8%。安排节水设施改造转移支付资金 3 000 万元。到 2015 年年底，全市对渔业基础设施改造共投入资金 6.02 亿元，新建和改造工厂化养殖车间 36 家、阳光温室循环水养殖场 25 家、改建标准化池塘养殖场 118 家，改造面积 533 公顷，有效提升了北京市的水产养殖集约化、标准化和产业化发展水平，同时积极引进先进节水理念和技术、推广节水养殖技术和模式，加速更新养殖品种。2015 年继续引进、试验、推广松浦镜鲤、匙吻鲟、巴丁鱼等优质节水养殖品种。目前，本市先后引进、试验、推广名优品种 50 余种，占养殖比重 45%以上。

（许中海）

【实施增殖放流以持续改善水域环境】按照生产与资源养护、生态保护协调发展的原则，突出科学性。以发挥生态涵养作用为根本，狠抓公开招标、技术规范和项目验收等关键环节。2015 年，全市共投入增殖放流资金1 913 万元，分春季和秋季两次放流鲢、鳙、青鱼、草鱼、鲂鱼、细鳞斜颌鲴、细鳞鱼等鱼苗 2 596.5万尾。为恢复濒危水生生物种群，维护生物多样性，组织开展了多鳞白甲鱼、细鳞鱼等野生保护动物的驯养繁殖工作。5 年间累计投放鲢、鳙、草、匙吻鲟、细鳞斜颌鲴等各类水生生物 1 亿尾以上。同时，进一步完善了水生野生动物监管网络，推广执法联动，对涉重点水生保护动物的养殖、经营单位实施了全面监管。

【水产种业助推结构调整与产业升级】2015 年本市籽种渔业继续得到国家和本级财政的大力扶持。围绕着建设“种业之都”的目标，本市大力推进“育繁推”一体化水产良种体系建设，至 2015 年年底，全市共完成农业部、本市种业项目 8 个，总投资 3 247.14 万元。其中：国家投资 400 万元、市区财政投资 1 902.47万元、企业和个人投资 944.67 万元，苗种繁育基础设施水平显著提升，虹鳟鱼、鲟鱼、观赏鱼等优势品种苗种产量和良种覆盖率明显提高。通过实施《北京种业发展一期规划》项目，鲟鱼苗年产量增加 2 000万尾，实现鲟鱼苗种多季孵化能力及养殖用水的循环利用水平大幅提升，进一步巩固了本市鲟鱼苗种产业在全国的优势地位。

（许中海）

【休闲渔业取得快速发展】休闲渔业作为一、二、三产业融合发展的载体，在结构调整中，取得快速发展。2015 年年底全市休闲渔业面积达到1 447公顷，占全市渔业总面积的 37%。比上年同期增长 16%。逐步形成了养殖垂钓型、休闲基地型、生态观光型、观赏鱼鉴赏型、科普旅游型、文化传播型等各有特点的多种休闲模式，为本市市民提供了更多的休闲选择。

为进一步促进休闲渔业的健康发展，结合北京休闲渔业的特点，2015 年制定了《北京市市级休闲渔业示范基地标准》并认定 13 家企业为本市第一批市级休闲渔业示范基地。北京市将通过提升休闲渔业档次，丰富文化内涵，进一步推动休闲渔业的发展。

（许中海）

【水产品质量安全水平明显提升】 推动渔政机构建立健全日常执法监管机制，加强养殖场（户）日常监督检查。2015 年，在水产养殖和水产品质量安全执法工作中，全市出动执法人员 5 019 人次，检查水产养殖场 3 182 个次。开展宣传培训 93 次，参加人员 2 195 人次，共发放宣传材料 2.58 万份。开展违禁药物残留速测筛查 4 181 个，未发现阳性样品；下发《责令整改通知书》68 份，立案 3 起，结案 3 起，罚款 900 元。全年未发生重大水产品质量安全事件。执法工作向规范化、标准化、精细化推进，执法能力和水平稳步提升，养殖者依法健康养殖意识进一步加强。2015 年在农业部组织的水产品质量安全例行监测和监督抽查（包括异地抽查和本地抽查）中，本地水产品例行监测合格率 98.75%、监督抽查合格率 100%，达到全国领先水平目标，在 4 次例行检测的 160 个样品中仅 2 个不合格，监督抽查的 110 个样品中，所有检测样品全部合格。本市已实现连续五年检测合格率为 100%。

（许中海）

农 机 业

【农机管理概述】 年内，全市农机总动力 186.05 万千瓦。拥有各类拖拉机 8 443 台，其中大中型拖拉机 6 998 台，小型拖拉机 1 445 台。拖拉机配套农具 12 348部，其中机引犁 1 178 台，机引耙 907 台，旋耕机 3 615 台，深松机 264 台，小麦播种机 1 731 台，玉米播种机 2 769 台，秸秆粉碎还田机 1 105 台。农用排灌动力机械 39 449 台，节水灌溉类机械 10 335 套。植保机械 120 593 台，其中机动植保机械 19 918 台。收获机械 1 540 台，其中小麦联合收获机 689 台，玉米联合收获机 851 台，青饲料收获机 120 台。大棚卷帘机 47 054 台。微耕机 17 779 台。农副产品加工作业机械 5 320 台，畜牧养殖机械 16 489 台，渔业机械 12 703 台，林果业机械 4 474 台。农业机械原值 24.09 亿元。主要粮经作物耕种收综合机械化水平 87.62%。机电灌溉面积 7.54 万公顷，机械植保面积 9.19 万公顷。拥有各类农机服务组织和农机户 26 412 个，其中农机作业服务组织 414 个，农机专业合作社 166 家。拥有农机维修企业及维修点 279 个。2015 年全市发生一般农机事故 10 起，伤 2 人。

（杨帆）

【落实农机购置补贴资金 1.95 亿元】 年内，全年落实中央及市级补贴资金合计 1.95 亿元（中央 1.17 亿元，市级 0.78 亿元）。全市新增农机设备 3 345 余台套，简易保鲜储藏设备 3.08 万平方米，新增农机动力约 7 万千瓦，受益农户新增 5 000 余户。通过农机贷款贴息政策新购置大型进口青贮收获机 5 台，全市进口大型青贮收获机总量达到 40 台。

（杨帆）

【主要粮经作物综合机械化水平达到 87.62%】 2015 年，主要粮经作物耕种收综合机械化水平达到 87.62%，同比增长 0.12 个百分点，玉米机收面积占可机收面积的 93.2%，同比提高近 2 个百分点。

（杨帆）

【各行业农机化水平全面提升】 年内，用于大田粮食生产机械补贴资金 2 989.1 万元，占补贴资金总额的 16.8%。更新 30 马力以上拖拉机 436 台；推进农作物秸秆综合利用，推广玉米秸秆捡拾打捆机 12 台，秸秆粉碎加工设备 12 套。用于畜牧养殖机械补贴资金 7 491.5 万元，占补贴资金总额的 42.1%，全市新增种牛智能化饲养设备 1 套，种猪智能化饲养设备 3 套，种鸡智能化饲养、孵化设备 249 套。用于设施农业及林果业设备补贴资金

4 830.8 万元，占补贴资金总额的 27.2%，全市新增温室用拖拉机 50 台，微耕机 400 台，卷帘机 2 015 台。用于水产养殖机械设备补贴资金 1 664 万元，占补贴资金总额的 9.4%，为推进工厂化养殖和水资源高效利用，净化处理等节水型水产养殖机械设备 9 套。用于农产品加工机械补贴资金共计 804.4 万元，占总补贴资金的 4.5%，围绕产后提升农产品附加值，新增谷子色选，蔬菜、紫薯、食用菌加工设备 7 套。

（杨帆）

【全市主要农作物秸秆综合利用率达到 97.7%】 年内，联合市农委、市园林绿化局、市环保局、市城管执法局、市财政局、市发改委制定了《综合施策杜绝农作物秸秆和园林绿化废弃物焚烧工作方案》，按照“调结构、转方式、全利用、严监管”的原则因地制宜，综合施策，从 2015 年起，全面实现农作物秸秆综合利用，全面杜绝农作物秸秆露天焚烧。通过农业结构调整，针对不适宜机械作业的秸秆禁烧难点区域，调减山区玉米种植面积 5.4 万亩，减少秸秆总量；同时，联合市农委、市园林绿化局、市环保局、市城管执法局出台《农作物秸秆和园林绿化废弃物禁烧联合工作机制》，成立了市级禁烧联合工作小组，建立健全了禁烧联合执法监管机制、信息沟通机制和通报制度，市区两级共开展农作物秸秆禁烧督导检查 1 029 次。同时，补贴秸秆粉碎还田机、秸秆捡拾打捆机、青贮收获机、骑乘式割草机等秸秆综合利用机具 82 台（套），扶持建设市级秸秆综合利用示范点 10 处，确保了农作物秸秆实现肥料化、饲料化、能源化利用；安排 1 000 万元新农村建设奖励资金，对完成农作物秸秆禁烧与综合利用工作的区县给予专项奖励。2015 年，全市主要农作物秸秆综合利用率达到 97.7%。

（杨帆）

【全面落实 30 万亩深松作业任务】 年内，制定了《北京市农机深松整地作业补贴工作实施方案》。全年完成深松整地任务 30.785 万亩，落实深松作业补贴 1 500 万元。

（杨帆）

【打造粮经作物生产全程机械化示范基地】 年内，重点打造了密云县“全国玉米生产全程机械化示范区”“山区经济作物（谷子、红薯）生产全程机械化示范区”，房山区“马铃薯-胡萝卜粮菜轮作新型种植模式全程机械化示范区”、怀柔区“山区粮食作物生产全程机械化示范区”，通过农机购置补贴为全程机械化示范区更新和新增拖拉机、自走式玉米收获机、青贮收获机、马铃薯播种机、马铃薯收获机、谷子收获机、秸秆粉碎机等机械近 40 台（套），确保了耕整地、播种、植保、收获、烘干、秸秆处理等作业环节全部机械化作业。

（杨帆）

【提升节水生态发展机械化水平】 年内，新建 20 处大田、设施农业、畜牧养殖、渔业养殖高效机械化节水示范点，新配套大田指针式喷灌、设施微灌、渔业水体净化处理循环利用等节水设备 20 台（套），实现示范点高效节水、节肥、节药目的。其中，为大田生产配备的指针式喷灌设备水资源利用率可达 90% 以上。在通州区、昌平区新建畜禽养殖场“污水+病死动物”无害化处理示范点 6 处，补贴污水处理设备、病死动物无害化处理设备 6 台（套）。

（杨帆）

【攻关设施蔬菜生产机械化薄弱环节】 年内，试验示范设施生产用水量远程监控技术、日光温室增温、输液式灌溉系统等 8 项技术，围绕日光温室蔬菜生产，重点在房山区、平谷区等 9 个区县标准化园区推广省力化设备、环境因子自动测控技术、物理增产设备等 800 多台（套）。

【信息化技术大力应用】 在全市推广北斗导航系统 300 套，在农业部玉米生产全程机械化示范区集成示范深松作业质量自动监测、无人驾驶、无人植保、青贮收获机短距离生命探测预警、农用电动车等先进农机化技术近 10 项。

（杨帆）

【加强各类农机化培训教育】 全年共培训各类人员 45 966 人次，其中农机操作人员 38 982 人次，技术人员 3 628 人次，管理人员 1 908 人次，监理人员 1 448 人次。组建代表队，参加 2015 年中国技能大赛——“中联重科杯”全国农业职业技能竞赛，获二等奖。

（杨帆）

【全年发生一般农机事故 10 起】 年内，发生一般农机事故 10 起，受伤 2 人，事故数量同比下降 37%。年初，组织召开华北五省农机安全监管联席会议，签订了《京、津、冀、晋、内蒙古农机安全监管联动合作协议》，构建华北五省农机安全生产监管网络，全年通过该省际农机监理工作平台，在信息交流、违章查询、跨区作业等方面互通信息45次。全年，共组织执法活动1 083次，检查各类农机生产场所1 568个次，发现安全隐患并下发《农机安全隐患通知书》342次。继续开展农机监理文明服务示范窗口创建活动，门头沟区韩云强、昌平区沈静被评为全国农机监理“为民服务创先争优”示范岗位标兵。市农业机械监理总站被市安委会评为2013—2015年北京市安全生产先进单位。

（杨帆）

【创新农机行政审批服务模式】年内，在昌平区、怀柔区、密云县、延庆县、门头沟区开展农机政审批流动服务试点，服务范围涵盖32个乡镇、95个村。全年累计现场办理各项业务1 176件，为农民机手节省办事往返里程约4.1万公里。

（杨帆）

农产品质量安全

【妥善处置“问题草莓”事件】2015年4月25日晚，央视财经频道《是真的吗》节目播出有关草莓的报道后，北京市农业局舆情监测及时发现该舆情并高度重视，立即启动应急预案。在吴宝新局长的直接领导下，迅速组成了应急工作组，并分设媒体、专家、应急处置、综合协调四个具体工作小组，重点采取了适时向社会发布应急处置措施、加强舆情监测与组织媒体正面报道、开展农药专项检查和生产督查、开展草莓产品专项检测等四项应对工作措施，降低了该报道对草莓生产经营的负面影响。同时，主动出击，正面宣传北京市农产品质量安全，在5月31日《焦点访谈》栏目播出了《为农产品构建安全网》节目，首次在央视重要栏目正面宣传北京农产品质量安全工作，取得了积极的社会反响。北京市农业局对此次事件的应急处置工作得到了农业部陈晓华副部长的充分肯定，农业部农产品质量安全监管局也将北京市此次应对工作作为案例在全国进行推广。

（甘朝亮）

【宣传周农业部主题日活动在京成功举办】2015年6月18日，由农业部主办，北京市政府协办的“全国食品安全宣传周农业部主题日”活动在北京市房山区隆重举办。本次活动以“强化生产经营主体责任，确保农产品质量安全”为主题，农业部副部长陈晓华、北京市政府林克庆副市长等领导同志出席活动并作重要讲话。会议强调，全市各级农业部门要突出强化“两个责任，一个作用”，强化生产经营者主体责任、农业部门的质量安全监管责任，充分发挥社会监督作用，确保农产品质量安全监管责任和控制措施落实到位，确保农产品质量安全水平稳步提升。此次主题日活动共设立50余个咨询台，百余位专家亲临现场开展咨询宣传，活动半天接待咨询400余人，发放标准化种养殖技术资料、宣传光盘等近万份。

（甘朝亮）

【圆满完成抗战胜利阅兵农产品服务保障工作】2015年4月中旬至9月中旬，北京市农业局按照市中国人民抗日战争暨世界反法西斯战争胜利70周年阅兵纪念活动领导小组整体部署，积极协调相关单位，按“一个确保、两级实施、三层监管、四个统一”制定详细保障方案，强化生产源头督导巡查，将监管链条前移到货源生产基地，加强检测工作，做到供应产品批批检测，严把产品质量关，共抽取了7 026个样本进行检测。在长达6个月的阅兵保障任务中，确保了供应的农产品全部合格，做到了“产品质量零事故、供应数量零中断、保障服务零投诉”，圆满完成了阅兵活动农产品安全供应任务。

（葛建军）

【圆满完成世锦赛农产品供应服务保障工作】2015年8月22—30日，北京2015世界田径锦标赛（简称“世锦赛”）在北京市举办。北京市农业局承担世锦赛农产品安全供应任务，成立了供应保障领导小组，着重强化供应产品质量安全源头控制，严格落实部门和属地监管责任，细化工作流程，定岗定责，确保供应的农产品做到源头控制有效、过程监管得力、质量绝对安全。在完成农业部门负责的农产品质量安全方面 81 个检测项次的同时，按照所有供应世锦赛的动物源性产品均要求进行兴奋剂类物质检测的要求，为从源头掌握产品兴奋剂类物质的质量安全情况，提升农业系统检测机构兴奋剂类物质检测能力，也安排开展了动物源性产品的 20 项兴奋剂类检测工作。世锦赛保障工作共抽取 722 个样本进行检测，其中定量检测样本 92 个；定性检测样本 630 个。确保了供应产品全部 100%合格，做到了“产品质量零事故、供应数量零中断、保障服务零投诉”，圆满完成了世锦赛农产品安全供应任务。

（葛建军）

【房山、平谷两区成功创建首批国家安全县】北京市农业局在积极组织各区县在创建北京市农产品质量安全监管示范区县工作的基础上，制定了《北京市农业局关于国家农产品质量安全县创建活动实施方案》和《北京市农业局创建国家农产品质量安全县考评方案》，对照国家农产品质量安全县创建活动方案，完善工作、总结经验、查找不足、提升水平。经过组织专家现场考评、第三方群众满意度测评、农产品质量安全检测合格率排名以及农业部公示，2015 年 7 月 31 日，北京市房山区、平谷区被评为第一批“国家农产品质量安全县”试点单位（全国共评出 103 个“国家农产品质量安全县”）。

（甘朝亮）

【完成国家检测体系二期规划建设任务】北京市进一步加强农产品质量安全检测体系建设，2015 年重点推进市农业环监站承担的农产品质量安全风险监测能力提升项目和海淀区、门头沟区农产品质量安全综合质检站项目建设工作。完成对朝阳、房山、密云、大兴、昌平、顺义、延庆、平谷、通州、怀柔、海淀等 11 个区县农产品质量安全综合质检站验收。同时，加强对农产品质量安全检测机构的管理，对 6 个检测机构开展了农产品质量安全检测机构能力验证，完成了对市饲料监察所、谱尼测试集团股份有限公司的农产品质量安全检测机构考核。

（孙奂明）

【第二届农产品质量安全检测技能竞赛】北京市农业局组织对全市 13 个区农产品质量安全检验检测机构的技术人员进行了 180 余人次的理论与实操培训。在培训的基础上组织开展了技能竞赛初赛和复赛，评选出了朝阳区等 6 个“团体优秀组织奖”，种植、畜禽、水产三个行业各评选出“个人奖”一等奖 1 名、二等奖 2 名、三等奖 3 名，进一步提升了基层检测技术能力和水平。

（孙奂明）

【《农业面源污染防治规划》编制完成】为贯彻落实国务院《水污染防治行动计划》（简称“水十条”）、农业部下发的《关于打好面源污染防治攻坚战的实施意见》，进一步推进北运河流域面源污染防治工作，加快全市农业生产方式转变、促进农业可持续发展，北京市农业局于 2015 年 12 月编制完成了《北京市生态农业综合建设暨农业面源污染防治规划（2016—2020 年）》，并通过专家验收。

（周景哲）

【完成农业水污染物减排年度任务】年内累计完成 173 家养殖场粪污治理，其中治理 124 家，指导密云、延庆和平谷等水源保护区关停并转 49 家。根据环保部现行测算方法，2015 年农业 COD、氨氮分别减少 17.8%（1.53 万吨）、17.9%（0.09 万吨），超额完成“十二五”农业减排目标。

（周景哲）

【认真开展农业面源污染防治】北京市农业局于 4 月 20 日下发《2015 年农业面源污染防治工作意见》，要求所有区县紧密结合全市涉农转移支付资金，做好减肥、减药、秸秆综合利用、畜禽养殖场治理等农业面源污染防治工作。全年累计投资 6 990 万元，全面完成如下任务：一是全面覆盖测土配方施肥技术，推广配方肥、有机肥等科学肥料 3 万吨，比上年亩均化肥用量减少 1.5 千克（折纯量），利用率提高 2.8 个百分点；二是推广生物、物理防治和精准施药技术 55 万亩，扩大绿色防控和统防统治面积，比上年化学农药施用量下降 3.3%；三是新建废物弃物治理工程 10 处，年处理废弃资源 3 万吨；四是建立种植、养殖、水产 221 个环境监测点等。

（周景哲）

【完成北运河治理成果汇编】10 月组织编制完成《北运河流域农业面源污染防治成效终期评估报告》。报告显示：经过近七年的建设，北京市农业局已在北运河流域落实政府资金 3.9 亿元，累计实施规模化养殖场粪污治理与资源化利用 125 家，累计减排污水约 167.5 万吨，减排 COD

12 410吨，氨氮2 102吨，实现污染物排放总量大幅削减；推广普及13项生物、物理防治技术，累计覆盖232.34万亩蔬菜种植基地，化学农药使用量降幅达55%；大力推广测土配方和培肥地力技术，累计推广有机肥、配方肥、缓释肥14.65万吨、推广二氧化碳气肥80万袋，累计覆盖耕地425万亩，亩均化肥用量减少2.4千克；建设废弃物综合利用工程45处，年处理农业废弃物7.2万吨，形成以沼气为纽带的循环利用模式；建立种植、养殖、水产等监测点670余个，为北运河农业减排核算提供科学准确的基础数据3万余条。

（周景哲）

【启动生态农业园区创建】按照国家加快推进生态文明建设意见和京津冀协同发展规划纲要的要求，为加快落实农业生态文明建设，于11月6日下发《北京市农业局关于印发〈北京市生态农业园区创建方案〉的通知》（京农发〔2015〕197号），将以种植业农业园区为主体，充分发挥政府引领带动作用，通过综合节约用水、高效施肥、绿色用药、清洁能源、废弃物循环利用和景观生物多样性等生态技术，计划在“十三五”期间打造200处生态农业示范园。根据创建方案，制定了评审方案、成立了工作小组及专家小组，全面启动生态农业园区创建。

（周景哲）

动物疫情防治

【畜禽屠宰企业升级改造】针对全市畜禽屠宰企业，特别是禽屠宰企业多、小、散、差的现状，北京市农业局以优化布局、减控总量、提升工艺水平为着力点，开展了畜禽屠宰企业升级改造达标工程。通过升级改造，全市家禽屠宰企业由原来的35家减少到23家，但产能增加7%。屠宰企业均实现了机械化屠宰、标准化管理、规模化生产，并具有官方兽医室、自检实验室、污水处理和无害化处理设施等设施。目前，全市有猪屠宰企业10家，牛羊屠宰企业6家，禽屠宰企业23家。

（闫小峰）

【做好行政许可承接工作】按照国务院简政放权统一要求，2015年3月，兽药生产许可证核发工作由农业部下放到省级兽医行政主管部门，为了做好承接工作，做到下放后质量不降，更好地服务兽药企业，市农业局提前行动，积极应对，在下放后的第一时间在官网更新了申报表格和办事指南等内容，方便企业申报。根据工作需要，组建了现场检查验收专家队伍，确保了检查验收工作的专业性。制定了材料受理、审查、审批流程，提高了办事效率。检查验收周期由农业部审批时的3个月下降到了1个月，此举得到了企业一致好评。

（闫小峰）

【兽药行业专项整治】组织开展了畜禽养殖环节兽药使用情况专项整治、兽用抗菌药物专项整治、兽药经营环节专项规范清理行动和深化兽药产品标签说明书规范行动等共4个专项整治行动。坚持标本兼治、打防结合、属地管理原则，采取巡查、抽查、联合检查方式，对兽药生产、经营企业和兽药使用单位进行监督检查和宣传告知工作。全市组织执法活动1 354个次，联合执法53个次，出动执法人员3 786人次，立案58起，罚没款53.3万元，万元以上案件4起，没收假劣兽药2 084瓶/袋。

（闫小峰）

【屠宰行业专项整治】北京市农业局组织开展了畜禽屠宰行业畜禽产品专项整治行动，并与天津、河北兽医行政主管部门于7月联合印发《京津冀生猪屠宰专项整治行动实施方案》，进一步健全“区域互查”“检打联动”“案件协办”等制度。全市共出动执法人员1 620人次，开展各类执法活动667次，检查各类屠宰加工企业560家次，下发监督笔录意见书150份，取缔非定点屠宰15个，处理违法案件14起，行刑衔接9起，抓获犯罪嫌疑人13人，罚没款4.75万元，查扣违规动物405头（只）、违规动物产品14.05吨。

（闫小峰）

【落实生猪屠宰企业无害化处理补贴资金】制定并印发了《北京市屠宰环节病害猪无害化处理补贴申报程序》，对生猪屠宰环节无害化补贴申报、统计、配套、管理、发放等细节进行了明确，细化了补贴报送流程及核查机制，有效杜绝程序不清、虚报数量、监管不严等现象的发生。2015年共屠宰生猪707.240 3万头，无害化处理37 317.11头，无害化比例控制在5.27‰，同比略有下降，发放补贴资金3 038.066万元。

（闫小峰）

【以动物防疫责任书为抓手落实各项应急管理工作】年内，以落实林克庆副市长和各区县主管区县长分别代表市、区县两级政府签订的《动物防疫责任书》为抓手，切实落实责任，切实完善各项防控措施，强化动物防疫责任制考核考评工作，确保了全年目标的实现。一是组织完成2014年度动物防疫责任考核工作。组织完成全市2014年度动物防疫责任考核工作，同时，组织开展2011—2014年度动植物防疫先进集体和先进个人评选表彰工作，表彰动植物疫情防控工作先进集体60个，先进个人123名。二是落实2015年度动物防疫责任制。针对全年重点工作，修订2015年度北京市动物防疫责任书，组织16个区县主管区县长签订责任书。同时，编制2015年度北京市动物防疫责任制综合考核考评打分标准，指导区县针对动物防疫责任书和考评打分标准，细化全年动物防疫工作，切实做到全面落实，工作不留死角。

（廉英隽）

【以春秋防工作为载体落实各项综合防控措施】年内，一是组织全市参加农业部春秋防视频工作会，同时对全市春秋防工作进行部署动员。二是开展春秋防督查督导工作，印发《关于开展春季动物防疫责任制专项督查行动的通知》，《关于开展秋季重大动物疫病防控专项督查行动的通知》，组建市级督导组分赴区县开展春秋防疫督导工作。三是筹备全市农业暨重大动植物疫情应急指挥部工作会议，部署全市重大动植物疫情防控2015年重点工作。四是紧密配合，综合汇报与现场检查相结合，完成农业部春秋季重大动物疫病防控检查工作，动物防疫工作受到农业部检查组高度肯定。五是全面完成农业部重大动物疫病防控延伸绩效考核工作，上报各类文件30余份。

（廉英隽）

【以制定基准指导价格为基础有效实施动物疫病强制扑杀工作】年内，一是公布年度强制扑杀动物补偿基准指导价格。组织召开专家会议，研讨制定2015年5月至2016年4月猪、牛、羊、禽等动物强制扑杀补偿基准指导价格并公布，指导全市开展相关工作。二是开展奶牛布病检疫净化扑杀工作。截至11月，依据市动物疫病预防控制中心检测报告，对通州等8个区县检测出的72头布病阳性牛下达扑杀令，组织开展扑杀和无害化处理工作。三是申请2014年1月至2015年6月布病阳性牛、羊（牛315头，羊2 031只）扑杀市级补助经费397.8万元，无害化处理经费155.39万元，现已拨付至各区县。

（廉英隽）

【以畜牧兽医行业安全检查为契机推进行业安全生产责任落实】天津港区瑞海国际物流有限公司危险品仓库发生特别重大火灾爆炸事故后，认真落实习近平总书记、李克强总理重要指示批示精神，落实行业主管部门直接监管责任，立即组织开展畜牧兽医行业相关安全生产专项检查工作。严格按照“党政同责、一岗双责”“管行业必须管安全、管业务必须管安全、管生产必须管安全”的要求，全面落实行业监管责任，同时督导屠宰行业、兽药行业、动物产品仓储环节和兽医实验室监管设立单位严格落实安全第一责任人的责任，强化提升意识，确保安全。通过落实责任、排查底数、严清隐患、强化监管等综合措施，全面加强危险品管理，切实把各项安全生产措施落到实处，确保了2015北京世界田径锦标赛、国庆节等重大活动和节日期间的安全。

（廉英隽）

【以宣传培训演练为手段切实提升应急处置能力】一是全面落实“预防为主，综合防治”的方针，广泛宣传动物防疫知识和动物防疫法，采用电视、板报、广播、报纸、短信、上街宣传、入户指导和“3·15”“5·12”主题宣传等形式，进行禽流感、口蹄疫、狂犬病、小反刍兽疫的防治知识宣传，累计组织各类宣传活动3场次，累计发放宣传资料共计5大类25种2万份，共免费向农民赠送种子150袋、肥料3 000份、观赏鱼1 000尾、宠物食品500份、消毒药5吨，多家媒体进行了宣传报道。二是开展多层次、多渠道、多形式的科技培训，组织开展非洲猪瘟防控专题培训，向市级、区县兽医行政管理部门、动物卫生监督机构、动物疫病预防控制机构宣传。组织应急志愿者80余人开展业务培训，提升应急志愿者综合素质和能力。三是开展全市应急演练，提升应急专业队伍的处突能力。

（廉英隽）

【以疫情风险评估为支撑强化疫病预防】近年来，北京市持续开展重大动物疫病风险评估和隐患排查工作。通过对重大动物疫情相关事件风险的科学识别和评估，定期召开各级动物疫病风险评估会议，对动物疫病发生和流行情况进行会商，并做出风险评估，形成报告，实现对重大动物疫病的科学预警。在查找风险隐患的基础上，制定并实施有针对性的控制措施，消除风险隐患或最大程度地降低风险水平。通过风险评估和隐患控制工作，增强了动物疫情应急工作的主动性、科学性和针对性，为本市逐步建立科学、规范、完整、系统、动态的重大动物疫情风险管理体系和长效管理机制奠定了基础。今年以来，多次召开专家会议，对动物疫病发生的主要风险指标进行调整，指标权重和赋值标准进行重新打分，形成全市动物疫病风险评估模板。

（廉英隽）

【抓好鸽子禁飞工作确保阅兵式中空中方阵飞行安全】8月28日，接到开展鸽子禁飞工作任务后，市重大动植物疫情应急指挥部副总指挥赵根武同志、孙文锴同志、吴宝新同志组织召开“中国人民抗日战争胜利70周年纪念活动期间鸽子禁飞工作部署会”，立即组织部署，成立9个督导组分赴各相关区县开展督查指导工作，确保禁飞工作要求落实到位。同时召开鸽子禁飞工作开展落实情况专题会，加强与体育局、城管、信鸽协会等单位的联防联控工作。强化宣传，社会动员，制发《致养鸽爱好者的一封信》，除对本市养殖场、户发放外，还通过微博、微信、报纸、网站、张贴宣传单等多种形式宣传鸽子禁飞相关政策，累计发放宣传材料35万余份，受众涉及京津冀及周边省市。可以说，在时间紧任务重的情况下，经受住了考验，较好地完成了政治保障任务。

（廉英隽）

【抓好联防联控深入推进京津冀动物防疫合作】年内，一是开展京津冀晋及北京军区动物疫病联防联控互查工作，赴天津交流动物防疫工作，召开京津冀晋及北京军区共商区域动物疫病防控会议。二是京津冀三地共商签署《京津冀动物疫情联合预警章程》，形成联合预警工作机制。三是继续夯实筑牢京城免疫隔离墙，借京津冀一体化发展机遇，与天津、河北、北京军区联手，将免疫隔离墙建设由原来的内外各5公里，建成内外各25公里，切实保障首都安全。四是以小片联防工作为基础，落实京津冀畜牧兽医协调发展框架协议要求，稳固北京11个区县与天津、河北18个区县的5个小片联防工作，组织开展《京津冀边界地区动物防疫基本状况》调研工作。五是谋划京津冀动物疫情联防联控方案，设立深化三地动物疫情联防联控一体化和无规定疫病区建设，实现区域内动物疫病相关突发事件应急处置快速、科学，确保不发生区域性重大动物疫情的中期合作目标。

（廉英隽）

【妥善处置多起动物疫病相关突发事件】年内，一是妥善处置昌平区人感染H7N9流感病例事件，针对本市一人感染H7N9流感事件，立即对该人员接触的禽类启动应急处置，进行采样和实验室诊断，共采取鸡血10份，咽喉泄殖腔双棉拭子10份，活鸡4只。对周边养殖户采集鸡血5份，咽喉泄殖腔双棉拭子5份。对该养殖户的禽类进行隔离扑杀，对该养殖户及周边场所进行彻底消毒。对该村存栏家禽进行后继采样监测。加强对该村周边村养禽情况监测。最终经实验室诊断，确定未检出H7N9病毒抗体和H7N9病毒，所有样品均为阴性。周边禽类未发生禽流感疫情。二是妥善处理丰台区王佐镇两次四家养羊户布病疫情，强制扑杀同群羊192只。三是近年来人感染病例持续增多，2015年北京市人感染布病病例已超过200例，防控形势十分严峻。针对本市养殖户感染羊布病的突发形势，立即组织召开全市牲畜布病防控工作部署会，进一步强调落实布病防控工作，提出五项要求：一是抓紧完成辖区牲畜布病普检工作；二是严格实施阳性动物应急处置工作；三是组织开展羊布病免疫工作；四是严格实施检疫和监督执法工作；五是严格落实相关人员生物安全防护措施。组织开展了覆盖全市所有养殖场户的专项监测，为实施羊布病净化措施奠定了基础。

（廉英隽）

【开展植物疫情普查】年内，通过田间普查和植物疫情监测点监测，对本市主要检疫性病虫草害进行全面普查和监测。按照往年发生规律，对常见疫情和重点防控对象进行重点监控，确保疫情早发现、早报告、早除治，保障夏秋田间生产。经全面普查，2015年本市出现植物疫情重点仍以豚草和黏虫为主。其中豚草发生面积为21 000亩，分布在密云、怀柔、海淀、房山、门头沟5个区县，本市持续对豚草疫情进行有效的控制；黏虫在本市个别地区玉米田出现了高密度发生，据统计，全市防治面积达1.99万亩，平均防治效果达96%。为提高本市重大植物疫情应急管理水平和专业应急队伍处置能力，制作《北京市突发重大植物疫情防控应急演练培训教材》教学光盘，作为今后重大植物疫情防控系统培训教材，主要内容包括北京市重大植物疫情防控概况和典型植物疫情预案实战演练。通过培训教材的制作，把应急预案的抽象文字转化成为了具体的工作步骤，起到了锻炼队伍、磨合机制、完善准备、检验预案的目的。

（廉英隽）

【开展农药相关涉恐危险品管理现状调研】年内，按照市反恐办开展2015年反恐怖调研工作要求，结合农业局反恐怖工作职责分工，开展了《北京市农药相关涉恐危险品管理现状调研》。主要包括：农药管理相关职能职责及法律法规依据；本市农药行业现状；存在涉恐风险的农药危险品种类介绍；农药危险品管理机制以及存在问题和难点等方面，并提出了加强监管、协调配合、制定《北京市高风险农药目录》等措施和建议。

（廉英隽）

【加强“5·12”防灾减灾宣传周活动工作】年内，按照《北京市突发事件应急委员会关于做好2015年防灾减灾日有关工作的通知》（京应急委发〔2015〕6号）文件要求，北京市重大动植物疫情应急指挥部办公室高度重视、周密部署，完成农业防灾减灾宣传周工作，向各区县印发了《关于做好2015年防灾减灾宣传周活动的通知》（京防指办字〔2015〕7号）部署全市农业系统开展农业防灾减灾宣传周活动，指导各区县深入广泛地开展2015年防灾减灾宣传周活动。同时，制定《2015年北京市农业防灾减灾宣传周主会场活动实施方案》，于5月12日开展了以“严控重大动植物疫情，增强农业防灾减灾意识”为主题的农业防灾减灾宣传周主会场活动，进一步提升了农业防灾减灾工作的影响力。

（廉英隽）

林 产 业

【全市林产业概况】全市春季完成果树发展366.67公顷、600.2万株。2015年年底，全市蜜蜂饲养量25.1万群，同比增长7%，其中，授粉蜂3万群，中华蜜蜂1万群。蜂蜜产量644万千克，蜂王浆产量7.18万千克，蜂授粉收入1 600万元，养蜂总产值1.8亿元，蜂产品加工产值超过12亿元，出口创汇超过1 500万美元。全市花卉种植面积0.4万公顷，产值11.7亿元；年产切花3 672万支，盆栽植物1.5亿盆。

【低效果园提升改造】年内，市委、市政府提出新发展高效节水果树6 666.67公顷、改造低效果园3.33万公顷任务。2015年完成2 000公顷试点任务，分别是在地下水严重超采区新发展高效节水果园666.67公顷，更新低效果园666.67公顷，技术改造低效果园666.67公顷。

【果树发展更新】年内，全市春季完成果树发展3 666.67公顷、600.2万株。其中，新发展果树2 266.67公顷、389.9万株，更新果树1 400公顷、210.3万株。全市新发展果树中，新发展鲜果2 000公顷，其中苹果603.87公顷、桃543.86公顷、梨236.2公顷、樱桃273.8公顷、葡萄124.13公顷、枣96.13公顷、甜柿35.86公顷；新发展干果315.5公顷，以核桃为主。更新果树中鲜果更新1 266.67公顷，其中，桃666.67公顷，苹果389.06公顷，梨79.06公顷，樱桃77公顷。

【建成首个蜜蜂产业带】年内，在密云水库一级保护区建成首个蜜蜂产业带，重点扶持保护区内7个镇32个村3年内未饲养过蜜蜂的农户，对非水库一级保护区全县农户实施养蜂普惠政策，并对养蜂农户给予养蜂技术跟踪培训服务。产业带内重点养蜂合作社给予3年以内贷款支持，对按期还款还息合作社给予全部担保费和贴息扶持。密云县蜜蜂饲养新增2万群，全县蜜蜂饲养量达10万群，占全市蜜蜂饲养总量的40%，是北京市养蜂第一大县（区）。

【各区县积极出台产业扶持保障措施】年内，密云县连续11年出台产业扶持政策，支持蜂蜂产业，养蜂业由单纯的发展蜂群数量向扩大蜂场规模和蜂产品深加工方向复合发展；房山区自2011年“7·21”特大自然灾害后，将蜂产业列为“十百千”工程；大兴区专项补贴农业授粉，推进蜜蜂授粉业发展；全市免费发放蜂农蜂箱2万套，各类养蜂机具5万个，蜂王2 000只，养蜂专业书籍2万余册。

【蜂业气象指数保险继续试点】年内，北京市蜂业气象指数保险工作扩大试点范围，又将昌平区、门头沟区和密云县纳入第二批保险试点。三个区县累计参保蜂农639户，承保蜂群61 222群。投保金额244.89万元，蜂农自缴保险48.98万元，实现风险保障2 571.33万元。年内，639户蜂农获得保险赔付170万元。

【蜜蜂授粉富民工程】年内，以顺义区蜜蜂授粉繁育基地为中心，发挥十个蜜蜂授粉专业队的作用，以草莓、西瓜、大桃三个设施作物品种为重点，兼顾大棚蔬菜制种、设施茄果类作物等，大力开展设施作物蜜蜂授粉，实施蜜蜂授粉富民工程。在昌平区兴寿镇建立3个设施草莓蜜蜂授粉标准化示范基地，在顺义区杨镇和北务镇建立3个设施西瓜蜜蜂授粉标准化示范基地，在顺义区建立3个设施茄果类蔬菜熊蜂授粉标准化示范基地，共示范授粉2 000棚。共组织授粉蜂群2万多群，熊蜂5 000多群，为设施西瓜、设施大桃及露天樱桃授粉，授粉收入400万元。在昌平区南口、兴寿应用蜜蜂为设施草莓授粉200公顷，每亩节约人工授粉费用600元，与人工授粉相比每亩提高经济收入1 500元。

【北京市蜜蜂规模化饲养技术集成与示范】年内，北京市建立30个西方蜜蜂规模化饲养管理技术示范基地，示范蜂群9 000群，研究并集成西方蜜蜂规模化饲养技术，重点解决蜂群检查、饲喂、造脾、育王、换王、分蜂热控制、病虫害防治、小转地放蜂快速装运等制约蜜蜂饲养规模的技术环节，初步形成西方蜜蜂规模化定地结合小转地饲养技术模式，开展免移虫生产蜂王浆技术、蜜蜂人工饲料配制技术、优良蜂种应用技术等新技术的示范。

【蜂业标准化建设】年内，本市园林绿化局主持起草“巢蜜”和“王台型蜂王浆”两个国家标准，其中“巢蜜”国家标准于3月18日在广州通过全国蜂产品标准化工作组的审查；“王台型蜂王浆”国家标准正在向国家蜂产业技术体系综合试验站、蜂产品企业、蜂农专业合作社和养蜂大户收集样品，进行检测和分析讨论，形成草案和征求意见稿。

【蜂业科技培训】年内，本市开展蜂业科技推广与培训工作，共组织培训班25次，聘请蜂业专家39人次，培训蜂农和蜂业主管3 000多人次。

【重点产业新型经营主体】年内，发展家庭果树农场44个、合作经营组织18个、集体组织经营8个、企业经营20个。土地向新型经营主体流转，提高适度规模经营水平。家庭果树农场经营规模在3.33公顷以上，平均达到9.27公顷。合作经营、集体经营、企业经营果树规模在13.33公顷以上，平均分别达到45公顷、28.6公顷、32.6公顷。

【规模化苗圃建设】年内，批复大兴、通州、顺义、延庆、怀柔5个区县新建设规模化苗圃46个，总面积2 666.67公顷。其中，大兴区7个，总面积362.37公顷；通州区22个，总面积1 058.65公顷；顺义区9个，总面积406.26公顷；延庆县9个，总面积878.35公顷；怀柔区新建设1个，总面积36.33公顷。

【林木种苗行政审批】年内，接受行政许可、确认事项2 009件，其中出具种用证明1 975件，涉及种苗2 853.26万株，种球3 494.2万粒，草种、花种、林木种子63 820.6吨。审核林木种子经营许可证9件，核发林木种子生产许可证1个，经营许可证3个，办理变更许可证2个，受理权限内品种审定19件，指导区县办理林木种子生产94个、经营许可证98个，行政审批事项办结率100%。

【果树有机栽培】年内，全市果园共生草4.45万公顷，幼树果园行间间作大豆等1.17万公顷，同比增长14.9%。果园花期放蜂1.25万公顷，同比增长24.8%；花期人工授粉6 266.67公顷，疏花疏果3.51万公顷。完成果实套袋 26.7 亿个。全市有 3.38 万公顷果园施用完全腐熟有机肥，同比增加 13.3%。全市 416.8 公顷果园种植罗勒、薰衣草、万寿菊等驱避植物。有 1 000 公顷果园使用黏虫带、释放天敌、挂诱芯、黄色黏虫板、挂糖醋液等有机病虫害防治技术。

【发展设施果树】年内，新发展设施果树 17.2 公顷、287 个棚室。全市共有设施果树面积 784.8 公顷，其中结果面积 482.13 公顷、6 109 个棚室。设施果品总产量 818.9 万千克，总收入 2.8 亿元。结果面积的平均亩收入为 3.8 万元。

【退耕还林生态观光园建设】年内，本市继续实施巩固退耕还林成果，建设 44 个观光采摘示范园。其中，平谷 13 个、密云 6 个、昌平 5 个、延庆 5 个、门头沟 4 个、怀柔 1 个、房山区 10 个（列入市级任务）。

（齐庆栓）

花卉产业

【花卉产业概况】2015 年是世界月季洲际大会筹备工作决战之年，全市花卉种植面积 0.4 万公顷，产值 11.7 亿元；年产切花 3 672 万支，盆栽植物 1.5 亿盆。

【北京年宵花展】2 月 4 日至 3 月 5 日，举办以“鲜花扮靓美好生活”为主题的 2015 迎春年宵花展。通过组合盆栽大赛、蝴蝶兰、梅花、水仙花卉专项展览等系列活动的举办，弘扬花卉文化，丰富市民节日活动，促进花卉消费，满足人们精神文化需求，推动花卉产业发展。年宵花品种丰富，有蝴蝶兰、大花蕙兰、红掌、凤梨、竹芋、君子兰等观花植物，还包括蕨类、吊兰、多肉植物等观叶植物。该届年宵花展包含组合盆栽大赛，多肉植物、兰花、梅花、水仙、组合盆栽展出以及全市二十余家花卉市场的特色花事活动。

【举办第四届中国兰花大会】9 月 29 日至 10 月 10 日，第四届中国兰花大会在北京房山长阳镇隆重举办。来自新加坡、马来西亚、泰国等国家和地区，天津、河北、贵阳、长沙、三亚、韶关和大理等 8 省市，展出 24 个兰属 400 余个品种约 8 万多株兰花，接待了各界游客近 20 万人，中国台湾也参与了展览。大会组织国际学术研讨和中国兰花产业经济论坛两个学术活动，共有 24 位专家，400 余位学术与产业界代表参会交流。大会打造主场馆、区县展位、喜羊羊嘉年华等 6 大功能板块，重磅推出“空谷幽兰”“兰芝品鉴”“兰花文化”等 12 个主题展区。

【筹备 2016 年世界月季洲际大会】年内，2016 年世界月季洲际大会筹备有序开展，三个功能园区全部建成。其中月季品种园已完工，具备接待能力；月季主题园和月季文化园主体基本完工。会议中心、月季主题酒店、月季博物馆（文化交流中心）及室内展馆和“三主三次”六条配套路网建成。产业基地初具规模，大兴区月季产业总规模已发展到 400 公顷。截至年底，有来自 19 个国家 110 名代表自行注册参会。有 9 位外籍专家确定做学术报告。预计届时将有来自中国、法国、美国、日本等 41 个成员国代表 1 000～1 200 人参会，其中国外代表 500～600 人。编制完成《宣传及市场开发工作方案》，确定宣传计划，组织开展“会歌征集”“摄影大赛”等多项宣传和市场招商推介活动。北京园完成主题雕塑基础浇筑，垂花门木质结构框架搭建，以及中心广场、景墙、廊架、屏风、种植池等基础结构铺装；常绿、落叶乔木、花灌木栽植完成 80%；部分树木及主题花月季和宿根地被花卉已备好待明年春季栽植。全市 16 区县已全部完成布展地块认领、方案设计和施工组织，并完成部分施工任务。

【举办第七届北京月季文化节】5 月 18 日至 6 月 18 日，第七届北京月季文化节在北京植物园、天坛公园、陶然亭公园、纳波湾园艺、繁华世金玫瑰谷、蔡家洼玫瑰情园和妙峰山森林公园、北京国际鲜花港八大会场同期举行。以“和平”作为主题花，纪念反法西斯胜利 70 周年，也弘扬了月季和平、友谊的文化特征。与大兴区月季办联合举办倒计时一周年活动，为月季大会宣传预热。文化节为期 32 天，组织主题活动50余项，展出月季2 000余个品种、325万株，展出面积466万平方米。接待游客140万人，收入330万元。

【举办首届百合文化节】 6月26日至7月12日，由市园林绿化局、北京花协和延庆县联合主办，首届百合花文化节在世界葡萄博览园开幕。园区种植237个品种、150万粒百合种球，花海总观赏面积达1 000亩，是世界最大的百合主题公园。

【举办第七届北京菊花文化节】 9月10日至11月21日为期70天，由北京市园林绿化局、北京市公园管理中心、北京花卉协会、北京菊花协会主办，北京国际鲜花港、北海公园、世界花卉大观园、北京植物园、天坛公园、五棵松社区园艺中心共同承办，第七届北京聚文化节，展出面积50万平方米；展出菊花上千个品种，56万盆；其他时令花卉近百种，140万株；累计接待游客126万人，收入1 021万元。

（齐庆栓）

农产品成本效益分析

【农产品生产综合效益水平下降】 郊区25个品种平均单位产品收入14 095.77元，比上年下降6.3%。其中：13个品种单位产品收入增加，占52%，单位产品收入增长幅度最大的是柿子，同比增长111.8%；12个品种单位产品收入减少，占48%，单位产品收入减少幅度最大的是蜂蜜，同比减少47.6%。

25个品种平均单位产品成本费用9 001.68元，比上年下降4.5%。其中：9个品种单位产品成本费用增加，占36%，单位产品成本费用增长幅度最大的是柿子，同比增长122.9%；16个品种单位产品成本费用减少，占64%，单位产品成本费用减少幅度最大的是食用菌，同比减少28.1%。

25个品种平均单位产品利润5 154.70元，比上年下降8.7%。其中：10个品种单位产品利润增加，占40%，单位产品利润增长幅度最大的是观赏鱼，同比增长232.2%；15个品种单位产品利润减少，占60%，单位产品利润减少幅度最大的是蜂蜜，同比下降96.7%。

【16个种植品种亩均利润同比下降9.1%】 2015年，16个种植品种的亩均利润为7 139.05元，同比减少716元，下降9.1%。其中亩均生产（销售）利润同比增加的品种有6个，占37.5%，亩均生产（销售）利润减少的品种有10个，占62.5%。

从亩均利润绝对数值来看，16个种植品种中，西瓜苗的种植效益位居第一，亩均利润实现24 006.6元。亩均利润在10 000元以上的还有花卉、草莓、樱桃和食用菌四个品种，分别为15 619.19元、14 594.89元、12 757.37元和11 393.58元。亩均利润最低的是小麦，仅为315.43元。

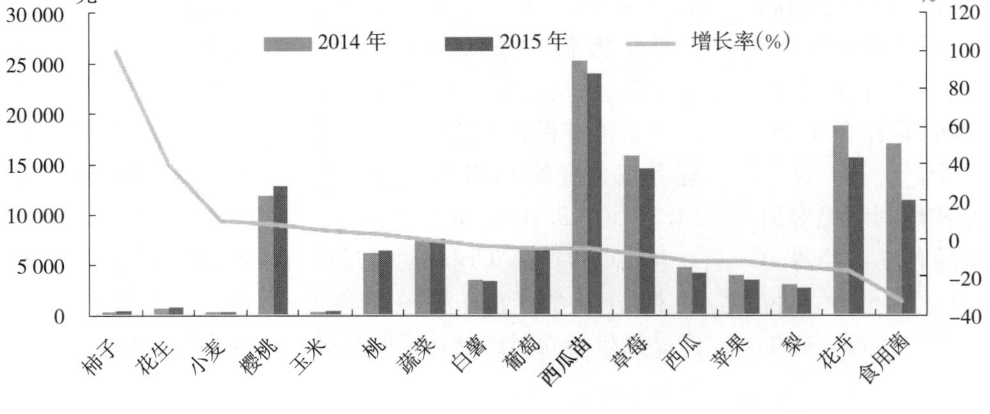

图1 2014—2015年主要种植品种单位销售利润对比

从亩均利润的增长速度来看，柿子亩均利润增长 99.6%，增幅最高；其次是花生，同比增长 39.2%；小麦、樱桃、玉米和桃增幅在 10%以内。亩均利润减少最多的是食用菌，降幅为 32.8%；其次是花卉、梨、苹果和西瓜，同比分别下降 16.8%、14.8%、11.6% 和 11.4%；西瓜苗、草莓、葡萄和白薯亩均利润出现小幅下跌。

表 1　2015 年种植品种亩均产品效益排序

指标 品种	亩均生产（销售）量（千克）	亩均生产（销售）收入（元）	售价（元/千克）	亩均生产（销售）成本（元）	亩均生产（销售）期间费用（元）	亩均生产（销售）成本费用（元）	亩均生产（销售）利润（元）
西瓜苗	64 646.67	77 129.40	1.19	53 122.80	0.00	53 122.80	24 006.60
花卉	14 188.23	37 939.24	2.67	21 184.56	1 135.48	22 320.04	15 619.19
草莓	1 520.80	50 341.83	33.10	35 478.36	268.57	35 746.93	14 594.89
樱桃	313.90	17 629.40	56.16	4 705.60	260.20	4 965.80	12 757.37
食用菌	3 891.22	34 040.17	8.75	22 058.39	588.20	22 646.59	11 393.58
蔬菜	7 558.64	15 822.82	2.09	7 950.48	302.50	8 252.98	7 569.83
葡萄	848.59	13 006.11	15.33	6 300.13	410.84	6 710.97	6 513.03
桃	2 820.00	13 001.60	4.61	6 651.00	0.00	6 651.00	6 350.60
西瓜	3 947.53	8 048.20	2.04	3 828.46	23.64	3 852.10	4 196.10
苹果	1 547.57	8 898.39	5.75	6 113.01	369.91	6 482.92	3 498.73
白薯	2 402.51	5 430.35	2.26	2 117.89	34.82	2 152.71	3 277.65
梨	1 498.91	4 472.05	2.98	1 871.47	142.35	2 013.82	2 578.61
花生	232.94	2 034.19	8.73	1 231.51	15.63	1 247.14	787.05
柿子	478.00	964.00	2.02	458.80	72.00	530.80	433.20
玉米	460.81	953.69	2.07	612.39	8.39	620.78	332.90
小麦	407.72	937.42	2.30	616.05	5.94	621.99	315.43
平均	7 083.64	19 553.31	9.36	11 489.74	208.52	11 698.27	7 855.05

注：西瓜苗的产量以棵计算，售价单位为元/棵；花卉产量以枝（盆）计算，售价单位为元/枝（盆）。

【9 个养殖品种平均单位产品利润同比下降 5.3%】2015 年，9 个养殖品种的平均单位产品利润为 1 626.97 元，同比减少 90.82 元，下降 5.3%。其中：单位产品利润同比增加的品种有 4 个，同比下降的有 5 个。

从单位产品实现利润绝对值来看，9 个养殖品种中，淡水鱼亩均销售利润 5 399.67 元，位居第一，其次是奶牛，每头奶牛的牛奶销售利润为 3 411.07 元，肉牛每头销售利润实现 3 281.76 元。观赏鱼、肉羊和生猪的单位产品销售利润分别为 1 678.95 元、575.39 元和 259.37 元。单位产品销售利润不足百元的品种有蛋鸡、蜜蜂和肉鸡，分别为 24.35 元、9.70 元和 2.45 元。

从单位产品实现利润增长速度来看，9 个养殖品种中，单位产品销售利润同比增长增幅最高的是观赏鱼，同比增长 232.2%，其次是生猪，同比增长 172.5%，肉鸡同比增长 40.8%。适逢开花期干旱，花期缩短，蜜蜂采花量跟着减少，蜂蜜产量下降，导致利润同比下降 96.7%，降幅最大。受倒奶事件影响以及部分监测点奶牛未到盛奶期，牛奶销售利润同比下降 34.8%，此外蛋鸡、肉羊和淡水鱼销售利润出现小幅下降。

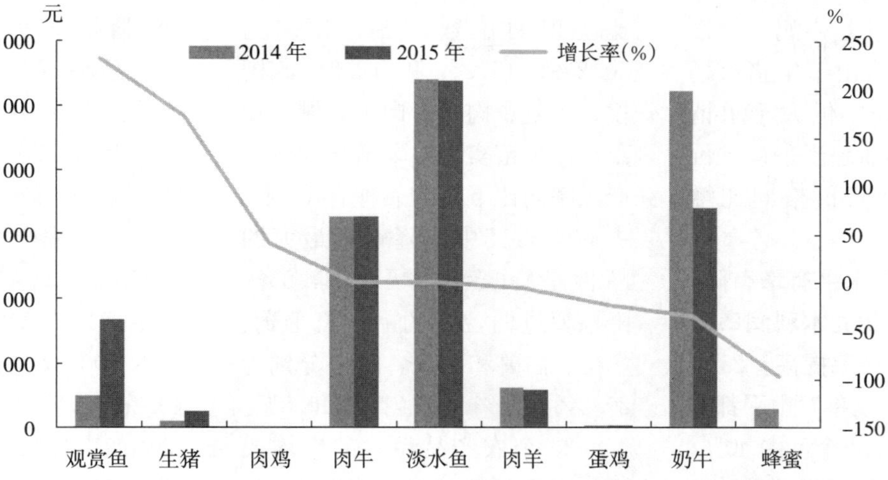

图 2　2014—2015 年主要养殖品种单位销售利润对比

表 2　2015 年养殖产品每单位已售产品成本效益情况排序

指标 品种	计量单位	单位产品 销售量（千克）	单位已售 产品收入（元）	单位产品 售价（元/千克）	单位已售 产品成本（元）	期间费用 （元）	单位已售 产品利润（元）
淡水鱼	亩	1 811.00	26 874.84	14.84	20 782.89	692.28	5 399.67
奶牛	头	3 222.13	11 534.56	3.58	7 871.16	252.34	3 411.07
肉牛	头	512.72	12 870.42	25.10	9 588.66	0.00	3 281.76
观赏鱼	亩	300.00	7 200.00	24.00	5 171.05	350.00	1 678.95
肉羊	头	36.40	1 074.34	29.51	493.40	5.55	575.39
生猪	头	101.49	1 580.37	15.57	1 311.10	9.91	259.37
蛋鸡	只	16.17	161.45	9.98	135.30	1.80	24.35
蜂蜜	箱	21.75	421.33	19.37	411.64	2.67	9.70
肉鸡	只	2.55	27.96	10.96	25.38	0.14	2.45
平均		669.36	6 860.59	16.99	5 087.84	146.08	1 626.97

【农产品销售价格小幅下跌】据监测数据显示，本市 25 种农产品平均价格同比下降 2.3%，其中 10 个品种售价同比上涨，15 个品种售价同比下降。从主要行业来看，种植业品种平均价格同比上涨 1.5%，养殖业品种平均价格同比下降 5.8%。

【种植业品种平均价格略有提高】据监测数据汇总结果显示，16 个种植品种平均销售价格同比上涨 1.5%，其中上涨的品种有 6 个，占 37.5%，下降的品种有 10 个，占 62.5%。分品种来看，玉米、小麦、白薯等粮食类产品单位价格均出现下跌，跌幅分别为 5.9%、4.2%和 1.7%。玉米产量增加，市场供应充裕，而饲料消费和深加工需求大幅下滑，致使库存压力不断加大，造成玉米价格下跌；2015 年小麦最低收购价格止涨，也在一定程度上影响了生产经营者的出售价格。蔬菜价格同比下降 9%，水果价格略有下滑，降幅为 1.3%，其中柿子、葡萄、草莓和桃价格上升，苹果、梨、西瓜、樱桃同比下降。食用菌监测点由大棚种植改为林下仿生种植，品质高，价格上升，增幅为 108.3%，最为明显。

【养殖业品种平均价格下降】养殖业产品价格同比下降。9 个养殖品种平均销售价格同比下降 5.8%，其中上涨的品种有 4 个，占 44.4%；下降的品种有 5 个，占 55.6%。分品种来看，受气候影响，花粉质量不高，导致蜂蜜口感较差，销售价格大幅下滑，与上年同比降低 30.8%。鸡蛋价格同比下降 11.6%。此外，肉羊、肉牛的价格在近几年不断上涨，促使生产增加，出现供大于求，价格有所回落，分别下降 7.5%和 2.3%。销售价格上涨幅度最大的是水产品，同比增长 9.4%，其次是牛奶，价格同比增长 8.5%。由于生猪市场长期低迷，2015 年供大于求情况得到缓解，逐渐趋于平衡，价格开始回归，生猪价格同比增长 3.1%。

【农产品“三率”水平有增有降，平均投入产出率和成本利润率降低，平均劳动生产率提高】 25 个农产品品种中，“三率”水平都有所提高的品种有 10 个，占 40%，“三率”水平都有所下降的品种有 5 个，占 20%；10 个品种投入产出率和成本利润率同比上升，20 个品种劳动生产率同比上升。

25 个农产品品种的平均投入产出率（单位产品收入/单位产品成本）为 156.6%，与上年 159.5%相比，同比下降 1.8%。投入产出率最高的品种是樱桃，实现 355%，投入产出率平均在 200%以上的还有白薯、梨、肉羊和西瓜等 4 个品种，比上年减少 2 个品种。投入产出率最低的品种是蜂蜜，仅为 102.4%。与上年相比投入产出率同比提高的品种有 10 个，占 40%，其中观赏鱼、花生和生猪投入产出率同比实现两位数增幅，分别为 20.2%、15.2% 和 12.2%，樱桃、小麦、肉鸡、肉牛、桃、蔬菜和西瓜苗实现小幅增长。投入产出率同比下降的品种有 15 个，占 60%，其中下降幅度最大的品种是蜂蜜，降幅为 34.8%，降幅超过两位数的品种有葡萄、奶牛、白薯和西瓜，降幅分别为 20.2%、12%、11.7%和 10.8%。

25 个农产品品种的平均成本利润率（单位产品利润/单位产品成本）为 57.3%，与上年 59.9%相比，同比下降 4.4%。成本利润率最高的品种是樱桃，实现 256.9%，成本利润率超过 100%的品种还有白薯、梨、肉羊和西瓜。受不利天气影响导致产量与价格下降幅度明显，2015 年蜂蜜成本利润率最低，仅为 2.4%。与上年相比成本利润率同比提高的品种有 10 个，占 40%，其中增幅最大的是观赏鱼，增幅 333.2%，其次是生猪，同比增长 195.4%，增幅超过两位数的品种还有肉鸡、花生、小麦。成本利润率同比下降的品种有 15 个，占 60%，其中下降幅度最大的是蜂蜜，降幅 95.9%。降幅超过两位数的品种有葡萄、奶牛、蛋鸡、肉羊、西瓜、白薯和草莓，降幅分别为 32.2%、31.6%、31.2%、26.5%、18.9%、18%和 16.3%。

25 个农产品品种的平均劳动生产率（单位产品收入/单位产品用工）为 340.13 元/日，与上年的 290.87 元/日相比，提高了 49.26 元，同比上升 16.9%。劳动生产率最高的品种是生猪，实现 1 179.4 元/日；其次肉牛、樱桃、蛋鸡、淡水鱼、小麦劳动生产率均超过 500 元/日。劳动生产率最低的品种是蜂蜜，仅为 133.8 元/日。与上年相比劳动生产率同比提高的品种有 20 个，占 80%，其中增幅最大的观赏鱼，由上年的 180.17 元/日提高到 360 元/日、增幅 99.8%，增幅超过两位数的品种还有柿子、肉鸡、樱桃、小麦、西瓜苗、肉牛、蔬菜、食用菌和淡水鱼。劳动生产率同比下降的品种有 5 个，占 20%，其中下降幅度最大的是蜂蜜，由上年的 192.27 元/日下降至 133.8 元/日，降幅为 30.4%。

表 3　2014—2015 年农产品“三率”情况

指标 品种	投入产出率（%）			成本利润率（%）			劳动生产率（元/日）		
	2014 年	2015 年	同比±	2014 年	2015 年	同比±	2014 年	2015 年	同比±
小麦	140.8	150.7	7.0	40.8	50.7	24.3	388.98	529.6	36.2
玉米	154.5	153.6	−0.6	54.5	53.6	−1.6	265.59	281.3	5.9
白薯	285.6	252.3	−11.7	185.6	152.3	−18.0	545.27	473.4	−13.2
花生	141.5	163.1	15.2	41.5	63.1	51.9	181.13	185.8	2.6
西瓜	234.3	208.9	−10.8	134.3	108.9	−18.9	337.76	351.0	3.9
食用菌	153.8	150.3	−2.3	53.8	50.3	−6.5	278.59	329.8	18.4
花卉	173.4	170.0	−2.0	73.4	70.0	−4.7	334.33	363.4	8.7
蜂蜜	157.1	102.4	−34.8	57.1	2.4	−95.9	192.27	133.8	−30.4
草莓	148.8	140.8	−5.3	48.8	40.8	−16.3	281.11	298.7	6.3
西瓜苗	144.7	145.2	0.4	44.7	45.2	1.2	234.33	313.3	33.7
蔬菜	190.0	191.7	0.9	90.0	91.7	1.9	268.33	312.9	16.6

（续）

指标 品种	投入产出率（%）			成本利润率（%）			劳动生产率（元/日）		
	2014 年	2015 年	同比±	2014 年	2015 年	同比±	2014 年	2015 年	同比±
苹果	150.1	137.3	−8.6	60.5	54.0	−10.7	193.94	187.2	−3.5
梨	226.1	222.1	−1.8	135.2	128.0	−5.3	284.89	298.9	4.9
桃	191.1	195.5	2.3	91.1	95.5	4.8	244.40	252.5	3.3
葡萄	242.8	193.8	−20.2	143.2	97.1	−32.2	273.17	296.6	8.6
柿子	191.2	181.6	−5.0	91.2	81.6	−10.5	220.96	412.0	86.4
樱桃	334.0	355.0	6.3	234.1	256.9	9.7	413.90	591.0	42.8
生猪	106.6	119.6	12.2	6.6	19.6	195.4	931.28	1179.4	26.6
肉牛	132.0	134.2	1.7	32.0	34.2	7.0	596.20	732.1	22.8
肉羊	256.9	215.3	−16.2	156.9	115.3	−26.5	253.18	268.6	6.1
肉鸡	106.6	109.6	2.7	6.6	9.6	45.3	561.80	932.0	65.9
奶牛	161.4	142.0	−12.0	61.4	42.0	−31.6	534.38	450.6	−15.7
淡水鱼	126.5	125.1	−1.0	26.5	25.1	−4.9	476.47	530.9	11.4
观赏鱼	108.5	130.4	20.2	8.5	30.4	257.7	180.17	360.0	99.8
蛋鸡	125.8	117.8	−6.4	25.8	17.8	−31.2	597.38	538.2	−9.9
平均	159.5	156.6	−1.8	59.9	57.3	−4.4	290.87	340.1	16.9

【农产品生产特点】

1. **受市场、天气及突发性事件等多重因素影响，农产品收入水平下降。**农业生产的特殊性，决定着农产品收入受到多重因素影响，如极端天气、市场供求、社会突发事件等。2015 年 6 月，本市部分区县遭受了冰雹袭击，致使部分梨树的果树落果，导致亩均收入同比下降 11.6%。蜂蜜也是受天气影响的主要品种之一，鲜花开花期干旱，盛花期较短，进入 7、8 月雨水勤，但已错过花期，导致产量急剧下降，又因蜂蜜品质不好，销售价格大幅下滑，致使每箱蜂蜜收入同比下降 47.6%。西瓜成熟期顺义区境内主要道路翻新致使交通不畅，西瓜成本监测点所在的区域受到不同程度影响，瓜贩货车难以进入，加之成熟的西瓜很难保存，部分农户只能选择低价销售。因受到新西兰、澳大利亚等国外奶源的冲击，伊利、蒙牛等大型乳品企业国内奶源的收购量大幅下降，致使农户缩小养殖规模或减少物质投入，牛奶出售收入同比下降 16.2%。据监测数据显示，25 个种植品种单位产品收入 14 095.77 元，与上年 15 038.35 元相比，减少 942.58 元，同比下降 6.3%。

2. **用工工值不断增长，生产经营者通过多种途径控制人工成本支出。**工业化、城镇化过程中，农业劳动力向非农产业转移，农村劳动力减少（2015 年北京农村劳动力从事农林牧渔业人数 43.36 万人，比上年减少 1.12 万人），用工成本攀升。监测数据显示，2015 年 25 个农产品平均本地工值 96.95 元/工日，比上年增长 9.7%，其中 10 个品种本地工值超过 100 元/工日。生产经营者有意识控制人工成本，通过提高劳动生产率及机械化水平，尽可能减少用工日数。2015 年 25 个农产品品种平均用工量 41.44 个工日，比上年减少 10.26 个工日，同比下降 19.8%，人工费支出同比下降 12.3%。以房山区为例，2015 年窦店村首次将捡拾堆垛机派上麦收现场，与收割机、打捆机并肩作战，通过全程农机作业服务的方式，促进秸秆综合利用，实现了农机作业“一条龙”，达到既省时又省力的效果，小麦亩均人工费用支出 301.12 元，较去年相比，减少了 88.78 元/亩，降幅为 22.8%。

3. **农产品质量安全关注度提高，对生产经营者盈利水平产生重要影响。**随着人们生活水平的提高，对农产品质量安全的要求也越来越高，人民群众的消费观念已由“吃得饱”向“吃得好、吃得安全”转变，更多地考虑农产品是否安全、是否有益于健康，农产品质量安全水平的高低，直接影响着农业生产经营者的盈利水平。2015 年草莓“乙草胺事件”被曝光后，草莓价格短期内一落千丈，草莓采摘客源减少，农产品质量安全问题引起广泛关注。“无公害、绿色、有机”的农产品为延庆县农产品带来更加广阔的发展空间，如井庄镇王木营村蔬菜种植合作社种植的蔬菜，市场价格达到了 7.7 元/千克，亩均利润达到了14 728.7元；金粟种植专业合作社寻求各有关技术部门和科研单位的技术支持和帮助，种植产出的有机葡萄市场价格高达 116.2 元/千克，亩均利润达到了14 458.6元，远高于全市平均水平。

4. **新型经营主体经营意识和盈利能力凸显**。党的十八大报告提出，要在坚持和完善农村基本经营制度的基础上，培育新型经营主体，构建集约化、专业化、组织化、社会化相结合的新型农业经营体系。2015 年通州区 6 个成本监测点均为家庭农场培育试点，通过土地流转，每个监测点经营面积在 100～200 亩之间，经营者为本村户籍的专业农民和种田能手。家庭农场第一产业为主的特点促使农场主集中精力发展农业生产，主动参加各类农业技术培训，同时农场主积极与农科院和推广站沟通咨询小麦栽培管理新技术，到房山窦店参观学习小麦高产栽培管理经验，采用水肥一体化的方式进行小麦越冬水和春季起身水灌溉，节省了用时、用工、用水量，提高了效益。监测数据显示，2015 年通州区小麦成本监测点亩均利润 495 元/亩，高于全市平均水平。

（张文华　刘鑫）

农业投入

【集体经济组织资产投入】近几年，本市郊区深化农村改革、积极转变经济增长方式、盘活农村集体资产，郊区集体资产规模进一步扩大。截至 2015 年年底，乡村两级集体经济组织累计资产投资达 5 589.8 亿元，比 2014 年年底的 5 207.9 亿元净增 381.9 亿元，同比增长 7.3%。

1. **固定资产投资**。截至 2015 年年底，本市郊区集体经济组织累计固定资产投资达1 187.7亿元，占累计资产投资总额的 21.2%。其中：乡镇级累计固定资产投资 393.3 亿元，占固定资产投资总额的 33.1%；村级累计固定资产投资 751.2 亿元，占 66.9%。

2. **流动资产投资**。截至 2015 年年底，乡村两级集体经济组织各项流动资产总规模达到 3 810 亿元，占累计资产投资总额的 68.2%。其中：乡镇级 1 691.8 亿元，占 44.4%；村级 2 118.2 亿元，占 55.6%。

【公益事业及基础设施投入】北京郊区公益事业与基础设施规划与建设迈出新步伐。郊区农村统筹安排水、电、路、通信等基础设施建设项目，优化农村环境整治工作，重点建立完善农村信息网络体系，为农村经济发展和农民增收致富创造良好的环境条件。据北京市农村经济收益分配统计结果显示，北京郊区乡镇级集体经济组织当年用于公益事业方面的支出为 10.6 亿元，用于村镇建设的有 7.6 亿元；当年财政对农业投入金额为 1.5 亿元，其中基础设施投入 0.9 亿元，生产性投入 758.9 万元。

（阎建苹）

郊区二、三产业

综　述

年内，郊区二、三产业在调整中，稳定发展，郊区实体经济呈平稳较快发展态势。农业产业化组织总数已达 3 455 个。农产品加工业不断延伸产业链条，整体推进，集聚化发展，区域分布趋向均衡，效益趋稳，服务保障功能增强。郊区旅游依据《京郊旅游发展纲要（2015—2020 年）》，以“质量抓提升、增量重转型”为主线，提升了区域开发、环境建设、品牌培育、宣传推介和素质提升等五大工作。京郊旅游 10 个区旅游接待市民总人数约 9 742 万人次，京郊旅游营业收入已达 513.2 亿元。

农产品加工业

【农产品加工业平稳发展，整体效益基本稳定】全市农产品加工企业 2 234 家，其中规模以上的农产品加工企业 311 家，规模以上企业的主营业务收入和利润总额分别为 1 098.3 亿元、42.8 亿元，与 2014 年基本持平。在主要行业中，食品制造业的主营业务收入和利润总额分别为 494.3 亿元和 22.1 亿元，北京农副食品加工业主营业务收入和利润总额分别为 407.2 亿元和 14.1 亿元，酒、饮料和精制茶制造业主营业务收入和利润总额分别为 196.7 亿元和 6.6 亿元。

（田亦平）

【农产品加工业集聚化发展，区域分布趋于均衡】截至 2015 年年末，北京市规模以上的农产品加工企业共 311 家，其中农副食品加工企业 142 家，食品制造业 126 家，酒、饮料和精制茶制造企业 43 家。农产品加工业主要集中在通州、顺义、大兴、怀柔、海淀、平谷、昌平等区。北京市充分发挥各郊区劳动力和土地优势，不断加大用地、税收等政策扶持和道路、通信等基础设施建设力度，持续提高社会化服务水平，结合园区建设重点和城镇化发展的重要方向，吸引农产品加工企业落户园区、进驻小城镇，促进农业现代化与工业化和城镇化同步发展。京郊已建立 15 个基础设施完备、优惠政策多、一条龙服务到位、以食品生产为主的国家级农产品加工业示范基地，形成 13 家农产品加工创业基地。42 个重点小城镇已成为农产品加工业的重要聚集区。

（田亦平）

【农产品加工业协调化发展，服务保障功能持续增强】2015年，以启动制订《京津冀农产品加工业“十三五”规划》为切入点，不断调整产业方向和产业布局，出台相应政策措施。产业布局立足“调”，通过政府引导，以企业为主导，调整农业生产和加工业结构，重点发展主食加工业和中央厨房模式，把高耗能、高污染、高耗水的农业生产加工业调下去。企业经营立足“转”，鼓励本市农业生产、流通企业及农民合作社在周边地区建设农副产品生产和加工基地，继续支持已建或在建外埠生产基地、乳业奶源基地建设。2015年农产品加工企业提供的农副产品及加工制品占“菜篮子”产品供给的2/3以上，共涉及粮油、果蔬及花卉、林产品、畜禽产品、水产品和其他农产品加工产品等六大类农产品品种。首农集团推进河北三元食品工业园、河北首农现代循环农业科技示范园区项目；二商集团推进的京郊高品质蔬菜基地、扩大生猪收购项目；市供销社推进的现代高效节水综合示范园区、首都农资连锁服务建设等项目，为首都农产品的供应提供切实的保障。

（田亦平）

【科技创新力持续加强，产业核心竞争力进一步提升】近年来，北京市采取多种方式推进龙头企业做大做强，尤其在科技创新、上市融资、强强联合等方面成效显著。科技创新方面，2015年龙头企业科技研发投入达19.5亿元，拥有农业科技人员3.7万人。如华都峪口研发出的“京红”“京粉1号”“京粉2号”，生产数量世界第一、跻身世界三大蛋鸡育种公司之列。上市融资方面，目前，本市在主板、中小板、创业板上市的涉农企业已有12家，其中2015年就成功上市了两家，其中农产品加工企业中地乳业在香港上市；同时，在“新三板”融资方面，2015年北京涉农挂牌企业13家，共融资3.9亿元。向资本市场的介入，对龙头企业的发展具有里程碑式的意义，是企业走向强大的重要途径。强强联合方面，如顺鑫控股公司与市农科院玉米研究中心成立了玉米种子育繁推一体化机构；旗舰集团与京东联合成立了京东绿安特产体验馆。

（田亦平）

【农产品加工业不断延伸产业链条，融合互动进一步深入】在新常态新要求下，产业融合已成为一种必然。近年来，农产品加工企业顺应发展形势，积极探索新的发展空间，产业融合互动不断深入。农业经营主体接二连三融合，吸引农民直接以资金、农产品、土地经营权入股合作社发展加工和流通业，目前，农民合作社中半数以上都已经从事产加销一体化经营。龙头企业前延后伸融合，将农户、加工企业和经销商等不同环节的经营主体，在空间上集聚形成利益共同体，你中有我我中有你相互交叉融合，打造了农业产业化升级版。“互联网＋”等新信息技术渗透融合，将电子商务、加工体验和中央厨房等新业态引入，模糊产业边界，实现网络链接，大大缩短了供求距离，降低了经营成本。如首农集团与京东集团联手成立首都农业大数据中心，旗舰集团与京东联合成立了京东绿安特产体验馆，大北农集团推出了“猪联网”生猪产业网络平台，伟嘉集团创建了“嘉农在线”蛋鸡产业网络平台。农产品加工业的发展，延长了农业产业链价值链，推动现代农业产业体系、生产体系、经营体系加快构建，实现补农建农带农。

（田亦平）

【产业化组织以中介带动型为主】从本市农业产业化发展现状看，产业化组织类型主要以中介带动型为主，它在农业产业化经营中发挥了至关重要的作用。2015年，全市农业产业化组织总数为3 455个。其中，龙头企业带动型产业化组织有201个，占总数的5.8%；中介组织带动型有3 074个，占总数的89.0%；专业市场带动型有7个，占总数的0.2%；其他类型有173个，占总数的5.0%。

【农业产业发展利益联结方式呈多样化】由于存在着不同的产业化经营组织类型和主导产业或产品结构，反映出农业产业化内部的利益联结关系也是多种多样的。一般地，农业产业化利益联结方式主要有合同关系、合作方式和股份合作方式等类型。从北京市现状看，合同关系和合作方式所占比例比较大，股份合作方式也占据一定比例。2015年，全市农业产业化组织中，合同关系为1 099个，占总数的31.8%；合作方式（按利润返还）为1 328个，占总数的38.4；股份合作方式（按股分红）为305个，占总数的8.8%；其他723个，占总数的20.9%。

【农业产业类型以种养业为主】

从产业类型看，北京市农业产业化发展仍以种植业为主，其次是畜牧业，林业和水产业所占份额非常少。2015年，全市农业产业化组织中，种植业有1 833个，占总数的53.1%；畜牧业有723个，占总数的20.9%；水产业有59个，占总数的1.7%；林业有50个，占总数的1.4%；其他类型有790个，占总数的22.9%。种植业和畜牧业合计占总数将近3/4。在种植业中，粮食类261个，占种植业总数的14.2%；油料类10个，占种植业总数的0.5%；水果类580个，占种植业总数的31.6%；蔬菜类665个，占种植业总数的36.3%；中药材类41个，占种植业总数的2.2%；茶叶类3个，占种植业总数的0.2%；花卉类72个，占种植业总数的3.9%，其他类型有201个，占种植业总数的11.0%。在畜牧业中，肉类351个，占畜牧业总数的48.5%；蛋类79个，占畜牧业总数的10.9%；奶类152个，占畜牧业总数的21.0%；皮毛类2个，占畜牧业总数的0.3%；其他类型有139个，占畜牧业总数的19.2%。可见，肉类在北京畜牧业中仍占据举足轻重的地位。

【龙头企业发挥重要作用】截至2015年，本市市级以上农业产业化龙头企业162家，其中国家级龙头企业39家。龙头企业固定资产1 321.8亿元，销售收入6 025.1亿元，上缴税金159.4亿元。其中，销售收入10亿元以上的龙头企业15个、销售收入30亿元以上的龙头企业11个、销售收入50亿元以上的龙头企业8个、销售收入100亿元以上的龙头企业6个。全市规模以上的农产品加工企业311家，主营业务收入1 098.3亿元，利润总额42.8亿元。农产品加工企业提供的农产品及加工制品占“菜篮子”产品供给的2/3以上，共涉及粮油、果蔬及花卉、林产品、畜禽产品、水产品和其他农产品加工产品等六大类农产品品种。

（田亦平）

镇村企业

【镇村企业基本情况】本市镇村企业按照稳步推进京津冀一体化协同发展战略实施，全力疏解北京非首都功能的总要求，主动适应增速趋缓、结构优化、效益提高、质量提升的经济发展“新常态”，努力克服国内外经济发展环境中诸多不利因素的影响，积极调整产业结构和空间布局，坚决淘汰落后产业，大力压缩过剩产能，着力转变经济增长方式，努力实现产业转型升级，在经济总量和总体规模大幅缩减的前提下，实现了企业提质增效，创新能力和市场竞争能力有所提升，可持续发展能力有所增强。2015年，北京镇村企业128 854家，比上年减少7.8%，其中：规模以上企业1 673家，比上年减少45.5%，规模工业企业1 062家，比上年减少36.1%；从业人员984 986人，比上年减少8.3%；完成营业收入49 244 991万元，比上年下降11.2%；完成利润总额2 887 248万元，比上年下降4.0%；实现增加值8 906 823万元，比上年下降11.1%；实现工业增加值4 912 912万元，比上年下降14.1%；完成出口产品交货值990 365万元，比上年下降13.0%；上交税金2 141 210万元，比上年下降10.5%；提供劳动者报酬3 595 538万元，比上年下降21.9%；人均劳动者报酬36 503元，比上年下降14.9%；私营以上企业资产总额66 828 364万元，比上年下降3.7%；私营以上企业负债总额44 575 381万元，比上年下降4.2%；私营以上企业资产负债率66.7%，比上年降低0.3个百分点。

【经济总量有所下降】受首都发展战略布局调整影响，京郊镇村企业经济总量呈现负增长，营业收入和增加值降幅均超过10%。全市镇村企业累计完成营业收入4 924.5亿元，比上年下降11.2%，其中工业营业收入2 619.5亿元，比上年下降10.9%；实现增加值890.7亿元，比上年下降11.1%，其中工业增加值491.3 571.7亿元，比上年下降14.1%。

【经济效益有所提升】受京郊镇

村企业经济总量下滑影响，镇村企业利润总额呈现负增长，但利润总额降幅低于营业收入降幅，企业利润率有所提高，经济效益有所提升。全年镇村企业累计实现利润总额288.7亿元，比上年下降4%；镇村企业利润率为5.9%，比上年提高0.5个百分点。镇村工业企业实现利润总额142.5亿元，比上年下降1.7%；镇村工业利润率为5.4%，比上年提高0.5个百分点。

【产业结构继续优化】京郊镇村企业主动适应经济发展“新常态”，着力转变增长方式，积极调整产业结构，产业结构继续优化。2015年北京镇村企业（私营以上）完成增加值778.4亿元，其中：一产增加值3.5亿元，占0.4%，所占比重比上年降低0.2个百分点；二产增加值531亿元，占68.2%，所占比重比上年降低4.5个百分点；三产增加值243.9亿元，占31.4%，所占比重比上年提高4.7个百分点。与上年相比，一方面，一产和二产比重下降，三产比重上升，产业结构有所优化；另一方面，二产各项主要经济指标所占比重均超过50%，仍然保持着较为显著的主体地位。

表1　镇村企业（私营以上）主要经济指标产业分布情况

单位：个、人、亿元、%

	增加值	企业个数	职工人数	营业收入	利润总额
合计	778.4	18 716	643 016	4 389.1	231.6
一产	3.5	398	6 500	21.2	−0.6
比重	0.4	2.1	1.0	0.5	−0.3
二产	531.0	9 817	432 082	2 925.4	146.7
比重	68.2	52.5	67.2	66.7	63.3
三产	243.9	8 501	204 434	1 442.5	85.5
比重	31.4	45.4	31.8	32.9	37.0

【空间布局更加合理】随着首都城市功能布局调整的不断深化，北京镇村企业空间布局和区域结构更加趋于合理。城市发展新区（通州、顺义、大兴、昌平、房山）作为全市镇村经济的主体，镇村企业营业收入、利润总额、增加值、工业增加值和出口产品交货值分别为3 369亿元、189.4亿元、626.7亿元、423亿元和82.8亿元，分别占全市镇村企业的68.4%、65.6%、70.3%、86.1%和83.6%，所占比重均在60%以上，主导地位更加显著。

表2　镇村企业主要经济指标区域分布情况

单位：亿元、%

	营业收入	利润总额	增加值	工业 增加值	出口产品 交货值
合 计	4 924.5	288.7	890.7	491.3	99.0
城市功能拓展区	802.2	55.9	150.4	16.5	0.5
所占比重	16.3	19.4	16.9	3.4	0.5
城市发展新区	3 369.0	189.4	626.7	423.0	82.8
所占比重	68.4	65.6	70.3	86.1	83.6
生态涵养区	753.3	43.4	113.6	51.8	15.7
所占比重	15.3	15.0	12.8	10.5	15.9

【镇村工业仍占主体】本市稳步推进京津冀一体化协同发展，大力疏解非首都功能，加大工业小区、工业大院清理力度，镇村工业规模大幅缩减，但在镇村企业中仍占据主体地位。

2015年京郊镇村工业企业16 148家，比上年减少14.8%；职工人数449 181人，比上年减少12.6%；完成营业收入2 619.5亿元，比上年下降10.9%；实现增加值491.3亿元，比上年下降14.1%；实现利润总额142.5亿元，比上年下降1.7%。镇村工业企业数、职工人数、营业收入、增加值和利润总额分别占镇村企业总量的12.5%、45.6%、53.2%、55.2%和49.4%，在镇村企业产业结构中继续占据主体地位。

表3　镇村工业企业主要经济指标完成情况

单位：个、人、亿元、%

	企业个数	职工人数	营业收入	增加值	利润总额
私营以上	9 070	381 028	2 480.2	464.4	130.8
个体户	7 078	68 153	139.3	26.9	11.7
合 计	16 148	449 181	2 619.5	491.3	142.5
所占比重	12.5	45.6	53.2	55.2	49.4

【规模企业下滑明显】镇村规模企业1 673家，比上年减少45.5%，占镇村企业总数的1.2%，所占比重比上年降低0.9个百分点；其中规模工业企业1 062家，比上年减少36.1%，占镇村工业企业总数的6.6%，所占比重比上年降低1个百分点。

镇村规模企业职工人数314 492人，比上年减少18.9%，占镇村企业职工总数的31.9%，所占比重比上年降低4.2个百分点；其中规模工业企业职工人数189 119人，比上年减少25.5%，占镇村工业企业职工总数的42.1%，所占比重比上年降低7.3个百分点。

镇村规模企业营业收入3 221.9亿元，比上年下降21.3%，占镇村企业营业收入的65.4%，所占比重比上年降低8.4个百分点；其中规模工业企业营业收入1 702.6亿元，比上年下降25%，占镇村工业企业营业收入的65%，所占比重比上年降低12.3个百分点。

镇村规模企业增加值521.1亿元，比上年下降22.2%，占镇村企业增加值的58.5%，所占比重比上年降低8.3个百分点；其中规模工业企业增加值302.3亿元，比上年下降28.8%，占镇村工业企业增加值的61.5%，所占比重比上年降低12.8个百分点。

镇村规模企业利润总额162.9亿元，比上年下降15%，占镇村企业利润总额的56.4%，所占比重比上年降低7.3个百分点；其中规模工业企业利润总额91.3亿元，比上年下降23.5%，占镇村工业企业利润总额的64.1%，所占比重比上年降低18.2个百分点。

【节能减排成效显著】镇村工业企业着力转变经济增长方式，积极调整产业结构，坚决淘汰落后产能，加快推进产业升级，大力发展资源节约型和环境友好型的绿色低碳产业，节能减排工作取得显著成效，能源结构趋于合理，资源消耗量明显下降。

2015年，全市1 062家镇村规模工业企业消耗水资源2 180万吨，比上年减少29.4%；消耗电能19.6亿千瓦时，比上年减少22.1%；消耗原煤49.8万吨，比上年减少43.9%；消耗焦炭3 180吨，比上年减少64.6%；消耗成品油61.4万吨，比上年增加71.5%；消耗天然气13 946.3万立方米，比上年减少23.2%。

【园区清理初见成效】本市加快疏解非首都功能，大力清理郊区镇村工业小区和工业大院，取得初步成效。2015年镇村工业园区数由上年的83个减少到79个，比上年减少了4个，降幅为6%；园区内年末实有企业1 968家，比上年减少261家，降幅为11.7%；园区内企业完成总产值1 432.9亿元，比上年下降9.5%。

【外贸出口形势严峻】受国内外经济环境及各种不利因素影响，京郊镇村企业外贸出口面临较大困难，全年出口企业数和出口产品交货值均呈现负增长，外贸出口下滑明显，形势较为严峻。

北京镇村出口企业326家，比上年减少65家，同比减少16.7%；其中，年出口交货值500万元（含）以上企业184家，比上年减少46家，同比减少20%。全年累计完成出口产品交货值99亿元，比上年下降13%；其中，年出口交货值500万元（含）以上企业出口交货值89.5亿元，比上年下降11%。出口产品交货值占营业收入的比重为2%，比上年降低0.1个百分点。

【社会贡献有所弱化】2015 年，京郊镇村企业数 128 854 家，比上年减少 7.8%；镇村企业职工人数 984 986 人，比上年减少 8.3%；支付劳动者报酬 359.6 亿元，比上年下降 21.9%；镇村企业职工人均劳动报酬 36 503 元，比上年下降 14.9%；上交税金 214.1 亿元，比上年下降 10.5%。镇村企业吸纳农民就业，促进农民增收，支持郊区新农村建设，推动京郊农村经济社会发展的作用有所弱化。

（赵颖）

农产品流通业

【推进农产品流通体系建设】设立农产品流通产业发展基金，促进全市公益性农产品批发市场建设，在 2015 年年底成功投出第一笔 3 500 万元，用于北京农产品中央物流园公司北京鲜活农产品流通中心项目。新发地农产品批发市场启动升级改造。进一步完善全市蔬菜零售网络，新建蔬菜零售网点 220 个。

（丁颖）

【完善郊区商品流通网络供应链管理平台】支持相关企业开展“万村千乡市场工程”升级改造和联合采购，引入更多的供应商进入郊区市场，吸引更多的零售店铺加盟郊区联合采购平台，形成适合本市郊区流通网络体系发展的供应链运营机制。2015 年，郊区现代流通网络总销售额 57 亿元，联合采购商品涉及 82 个品牌、9 000 个品种，联合采购商品定单 15 000 份，联合采购金额 21 亿元。

（彭峰）

【推进“农超对接”】扩大超市、电商平台与农产品骨干合作组织、企业对接，拓展本市销售渠道，组织本市流通企业参加山东兰陵、河北承德、河北廊坊、河北张家口、内蒙古乌兰察布、广西南宁的农产品对接洽谈会，在北京举办了陕西、云南、黑龙江和四川遂宁、宜宾等地特色农产品对接洽谈会，丰富了市民的“菜篮子”和“果篮子”，畅通了绿色、安全农产品销售渠道。

（于文）

【开展第五次蔬菜保供联合行动】为推进京津冀市场一体化发展，巩固扩大产销合作，保障春节和全国“两会”期间北京蔬菜市场货源充足、供应稳定，1—3 月，市商务委会同市农委、中国蔬菜流通协会与天津、河北、海南、广西等供京蔬菜主产区政府开展第五次蔬菜保供联合行动。此次保供联合行动在本市 7 家重点批发市场、14 家“农超对接”连锁超市的 720 家门店、10 家“农餐对接”连锁餐饮企业的 610 家分店和 17 家蔬菜连锁经营企业的 580 家连锁经营网点同时开展。活动期间，累计增加蔬菜供应总量约 16.81 万吨，日均增加 2 802 吨，增幅 10.7%，其中大白菜、白萝卜、土豆、洋葱等 8 个居民日常所需大路菜品种增加供应总量约 5.3 万吨，日均增加 868 吨，增幅 10.2%。

（陈泽）

【蔬菜上市总量增加】监测的 8 家批发市场蔬菜上市量达 121.4 亿千克，日均上市量3 326.7万千克，同比增长 1.3%。

（刘璇）

【生猪屠宰量减少】监测的 10 家定点屠宰企业生猪屠宰总量 711.8 万头，日均屠宰 1.95 万头，同比减少 21.8%。

（刘璇）

【牛羊肉交易量减少】监测的 7 家批发市场牛肉交易总量 7 614.7 万千克，日均交易量 20.9 万千克，同比减少 1.5%。羊肉交易总量 6 978.5 万千克，日均交易量为 19.1 万千克，同比减少 3%。

（刘璇）

【鸡蛋交易量增加】监测的 7 家批发市场鸡蛋交易总量 25 371 万千克，日均 69.5 万千克，同比增加 1.8%。

（刘璇）

【开展农村市场侵权假冒专项整治】按照全国统一部署，北京市自 2014 年 12 月至 2015 年 6 月开展农村和城乡结合部市场假冒伪劣专项整治行动，成立了农资打假协调小组和工作协调机制。在 2015 年春耕时节，市领导小组办公室会同市农业局开展了种子执法检查。农资抽检结果显示，饲料和饲料添加剂检测合格率达 99.08%；肥料监督抽检合格率为91.9%，同比提高19%；种子质量合格率91.6%，同比提高2%。

（赵文捷）

【出台《北京市人民政府关于全面落实粮食安全市长责任制的实施意见》】 根据国务院《关于建立健全粮食安全省长责任制的若干意见》（国发〔2014〕69号）要求，结合北京市粮食工作发展的新形势、新要求，按照首都城市战略定位和建设国际一流的和谐宜居之都的目标，出台了《北京市人民政府关于全面落实粮食安全市长责任制的实施意见》（京政发〔2015〕52号），进一步明确市与区县政府维护粮食安全的责任，加快完善首都粮食安全保障体系，不断提高粮食安全保障能力和水平。建立了监督考核机制，市与区分级负责、责权清晰的粮食流通管理体制进一步健全。

（张继红）

【深化粮食产销合作】 落实产销区省市间达成的粮食产销合作框架协议，与河南、河北、黑龙江、吉林等主产区加强产销合作，建立稳定的产销合作关系。组织参加“长春松花江大米推介会”和“2015·黑龙江金秋粮食交易合作洽谈会”。委托主产区代购代储市储备小麦2万吨、稻谷3万吨。加大政策引导和资金扶持力度，推动粮源基地提质增效。外埠粮源基地数量达到244个，一手粮源年收购量近300万吨。

（孔晶）

【北京市自产农产品产销服务平台上线运行】 年内，北京市自产农产品产销服务平台建设完成并试运行。该平台整合北京地产农产品、休闲采摘、农产品电商等资源，通过多维度、多形式进行推介、展示，以政府背书的形式向市民提供相关信息，重点突出推介产品自产、安全的特点，实现产销需求信息对接，促进优质优价。目前，平台已采集了本市135家优质农产品生产销售企业（三品一标）信息，431项优质农产品信息，252项休闲农业信息，48家农产品电商信息。

（王晓东）

【“信息进村入户”工程实施】 年内，北京市农业局深入推进信息进村入户工程，全年共建设益农信息社500家，其中标准型150家、专业型350家，逐步摸索出了一套具有北京特色的益农信息社建设、运营模式。重点围绕北京产业特色在蔬菜园区推广部署“农场云”系统，探索打造数字化智慧农场，采集、分析农场相关数据，服务园区的生产、销售管理。签约应用农场云系统的生产企业达350余家，在市区30家单位、30个社区配置了80台智能配送柜，覆盖及辐射用户过万；与本来生活网、京爱鲜蜂等十余家生鲜电商、社区O2O销售商建立合作关系，帮助农场对接，实现优质农产品直供社区。

（王晓东）

【京冀农产品市场信息合作启动】 年内，按照京津冀农业协同发展的总体部署，北京市农业局与河北省农业厅签订了《京冀农产品市场信息合作框架协议》，明确了长期目标、短期目标和时间表，市场信息合作正式启动。

（王晓东）

【农产品市场总体行情】 全市八大农产品批发市场的监测数据显示，2015年北京市批发市场农产品价格指数258.2，同比上升1.5%。其中蔬菜价格指数221.6，同比上升9.2%，肉禽蛋价格指数317.5，同比下降2.9%，水产价格指数218.8，同比上升4.1%，粮油价格指数181.8，同比下降3.8%。

（王晓东）

【蔬菜价格波动运行】 年内，蔬菜上市量89.1亿千克，同比减0.6%；加权平均价格每千克2.83元，同比上升9.7%。2015年蔬菜市场供应富余和偏紧交替，市场价格波动较大，总体上蔬菜价格水平居于历史高位，仅比2013年低。

（王晓东）

【猪肉市场走出低迷】 年内，猪肉上市量2.8亿千克，同比减5.2%；价格为每千克19.26元，同比升13.7%。2015年生猪养殖由亏损转入盈利，其中，3—4月开始触底反弹，8月达到本年度价格高点，走出了持续三年的低迷态势。2015年本市市场的猪肉来自北京屠宰企业比例最高，为72.5%，来自河北和天津的次之，比例依次为23.8%和3.6%。

（王晓东）

【鸡蛋价格弱势运行】 年内，鸡蛋上市量2.1亿千克，同比减5.0%；价格为每千克7.58元，同比下降17.4%。2015年鸡蛋市场总体呈弱势运行态势，市场供过于求，价格处于近几年低位水平。受2014年鸡蛋价格高的影响，养殖户蛋鸡补栏充足，导致2015年鸡蛋产能增加显著，但市场需求变化不大，出现了鸡蛋价格持续低迷的态势。

（王晓东）

【鸡肉价格弱势运行】 年内，鸡

肉上市量 0.4 亿千克，同比增长 6.7%；价格为每千克 12.05 元，同比下降 5.2%。2015 年鸡肉市场以弱势运行为主，且价格一直呈下行走势，尤其是 6 月以后，白条鸡价格不仅低于去年，且整体上低于前三年的平均水平。

（王晓东）

【牛肉价格高位平稳运行】年内，牛肉上市量 0.7 亿千克，同比减少 9.3%；价格为每千克 51.53 元，同比上升 1.2%。2015 年牛肉价格高位平稳。自 2013 年下半年以来牛肉价格一直维持高位运行态势。

（王晓东）

【羊肉价格继续回落】年内，羊肉上市量为 0.8 亿千克，同比减少 21.7%；平均价格为每千克 35.69 元，同比下降 11.7%。从 2014 年下半年开始，羊肉价格呈小幅回落态势，2015 年回落幅度有所加大，2015 年 3 月羊肉价格已经首次低于三年平均水平。

（王晓东）

【淡水鱼价格先升后降】年内，淡水鱼上市量 2.4 亿千克，同比减少 6.2%；加权平均价格为每千克 12.04 元，同比上升 1.3%。2015 年淡水鱼价格略低于近三年平均水平，呈现“中间高两头低”的走势。1—2 月元旦、春节两大节日相继发力，拉动水产品价格，在春末夏初遇到季节性供应短缺，价格在 6 月冲至每千克 12.91 元，进入秋季后市场供应量充足，价格回落明显。

（王晓东）

【粮油产品供应充足、需求不旺】年内，东北大米价格为每千克 4.8 元，上市量为 4.85 亿千克，价、量与 2014 年基本持平。富强粉价格为每千克 3.33 元，与 2014 年持平，上市量为 5.6 亿千克，比 2014 年增长 1.9%。食用油价格为每千克 6.92 元，上市量为 2.6 亿千克，呈量价齐降的走势，同比降幅分别为 7.7%和 19.1%。

（王晓东）

郊区旅游业

【京郊旅游营业收入 513.2 亿元，乡村观光民俗旅游营业收入 39.2 亿元】京郊 10 个区县旅游接待市民在京游总人数约 9 742 万人次，京郊区县旅游接待规模占全市各区县综合接待规模的约 24.3%；京郊区县旅游营业总收入 513.2 亿元，占全市各区县旅游营业总收入的 14.9%。农业观光园1 328个，比上年增加 27 个，民俗旅游接待户 1.6 万户，增加 240 户。观光民俗全年接待游客 4 043 万人次，同比增长 5.7%；营业收入 39.2 亿元，同比增长 8.3%。

【乡村旅游特色业态和等级民俗村户评定工作】年内，评定乡村旅游特色业态 102 家，5 星级民俗村 4 个，4 星级民俗村 7 个，5 星级民俗户 13 家。至 2015 年年底，全市有京郊旅游 8 种新业态（乡村酒店、国际驿站、采摘篱园、生态渔村、休闲农庄、山水人家、养生山吧、民族风苑）615 家；评定乡村旅游等级民俗户 3 944 家，等级民俗村 104 个，其中，四星、五星级民俗户 488 家，四星、五星级民俗村 20 个。

【2015 冬春季旅游养生餐电视厨艺秀活动举办】2 月 14 日，由市旅游委和市中医管理局发起，市旅游行业协会和中国药膳研究会主办的“北京 2015 冬春季旅游养生餐电视厨艺秀”活动在北京电视台新闻频道播出，活动旨在推广健康养生理念，赋予餐饮新的内涵，为百姓生活带来新鲜的元素，采用“比赛＋展示”的方式进行，邀请 21 家饭店及郊区特色餐饮企业代表参加。以电视直播节目为载体，线上与线下互动，推广报道北京旅游及北京中医养生旅游的形象、产品和资源，推出 2015 冬春季旅游的新亮点。

【调研中医养生旅游资源单位】3 月 3 日，市旅游委对中医养生旅游资源单位北京金隅凤山温泉度假村进行调研，听取度假村开发中医养生旅游产品，应对市场变化主动出击、创新方法、开拓新品、积极转型的情况汇报，与度假村领导及相关人员座谈，实地察看温泉度假村住宿、休闲和中医养生旅游的各项设施。

【对中医养生旅游资源点进行实地考察】4 月 14—16 日，市旅游委组织世界中医药学会联合会及相关旅行社负责人员、专业导游及第三方监测单位对较成熟的中医资源点（以中医养生文化旅游示范基地为主）进行实地考察踩线，深度了解北京中医养生文化资源。考察为期3天，对北京章光101药业有限公司、北京同仁堂股份有限公司亦庄生产基地、地坛公园中医药养生文化园、颐养至美美容美体有限公司、北京中医药大学博物馆、中国医学科学院药用植物研究所药用植物园、中卫御苑福膳、京朋汇健康科技集团、北京市藏医院、北京御生堂中医药博物馆、北京太申祥和山庄11个基地进行实地踩线。在踩线过程中，各旅行社详细讲解资源点开展中医养生旅游的情况，并就中医资源与旅游进行结合进行深入研讨。

【中韩北京中医养生旅游产品开发与推广研讨会召开】5月13日，市旅游委组织召开北京中医养生旅游产品开发与推广中韩旅游界代表研讨会。由中青旅、中旅联合邀请的来自韩国模德旅游公司、企业旅行社、中央高速旅行社、沃尔德旅行社、世宗旅行社、三星旅行社、茶道旅行社和世一旅行社等8家旅行社负责人组成的中医养生旅游产品测试韩国考察团，对中医养生药用种植园、地坛中医文化养生园、东直门中医院、古北水镇等中医养生旅游场所实地考察体验后，结合产品现状和韩国旅游市场情况与中方旅游界代表进行交流探讨。市旅游委、中青旅、北京联合大学旅游学院、世界中医药学会联合会以及鼓楼中医院、东直门医院国际部等中方中医养生旅游项目开发人员参加研讨。

【2015年北京国际商务及会奖旅游展览会在京举办】8月5日，由市旅游委主办，北京励德展览有限公司承办的2015年北京国际商务及会奖旅游展览会在中国国家会议中心开幕。展会以定制旅游为主打内容，重点推介北京中医养生文化旅游产品及资源，大力宣传中医传统文化。展会前推出4条国际买家考察线路，包括国子监、首都博物馆等博物馆资源，东直门中医院、同仁堂等中医资源，以及古北水镇等新兴会奖资源，向国际买家及媒体推介北京特色的会奖旅游资源。新增旅游保险服务区，举办旅游保险发展论坛。来自欧洲、美洲、亚洲等不同地区的8家会奖专业媒体，以及中央电视台、北京电视台、新华社、中国日报等国内重要媒体对展会进行采访报道。

【北京获2020年世界休闲大会举办权】9月11日，世界休闲组织主席罗杰·科尔斯在青岛莱西宣布：中国北京获得2020年世界休闲大会的举办权。瑞士、印度、日本和中国北京4个城市提出2020年世界休闲大会申办意向。1月，国务院批准北京申办世界休闲大会。5月，北京向世界休闲组织提交申办报告。市旅游委主任宋宇英语主持陈述，代表团陈述北京举办世界休闲大会的优势，以及世界休闲大会为普及休闲理念的意义。经过激烈的竞争，北京平谷赢得2020年的举办权。2020年北京世界休闲大会主题为“休闲提升生活品质”。大会提倡节约办会，利用现有基础设施条件，统筹安排，提高资源利用效率。提倡“全域、全季、全民休闲”的休闲发展理念，推进休闲的时间、空间、主体全覆盖。

（杨慧艳）

【休闲农业园区情况】截至2015年年底，北京郊区开展观光休闲服务的农业园有1 328个，其中市级星级园234个。2015年，北京市观光休闲农业园区共接待游客1 903.3万人次，同比下降0.4%；总收入26.31亿元，同比增长5.6%。收入增长的速度高于游客数量增长的速度，说明观光休闲农业园区的效益有了提高。从收入结构看，纯种植、养殖园区的门票收入大幅下降，降幅达54.8%，而健身娱乐收入增加49.5%，住宿收入增加19.6%，餐饮收入增加14.3%；出售农产品收入、出售其他商品收入、采摘收入与上年基本持平。这表明广大休闲农业园区在市场需求的倒逼下，注重体验项目、娱乐活动、餐饮住宿的开发，开始摆脱对“门票经济”的依赖。从单个园区收入看，2015年平均每个园区收入198.1万元，比上年的191.5万元增长3.4%。从人均消费额看，2015年观光休闲农业园区人均消费额为138.3元/人次，比上年的130.4元/人次增长6.1%。因此，无论是效益的总体指标，还是人均指标，同比增速都在合理区间，说明休闲农业园区的发展是平稳健康的。

（范子文）

【乡村民俗旅游情况】截至2015年年底，全市共有市级民俗旅游村227个，市级民俗旅游户9 970户，其中正常经营的民俗旅游户8 941户，从业人员22 313人。2015年，乡村民俗旅游户共接待游客2 139.7万人次，实现乡村民俗旅游总收入12.85亿元，比上年分别增长11.8%和14.2%，发展较快。

从人均消费看，2015 年乡村民俗旅游人均消费额为 60.10 元/人次，比上年的 58.79 元/人次增长 2.2%，变化不大。人均消费额低，说明住宿的客人所占比重小，未来游客停留时间和乡村旅游商品开发的潜力很大。

（范子文）

【2015 年度全国休闲农业与乡村旅游示范县、示范点名单公布】 为促进休闲农业与乡村旅游产业发展，农业部、国家旅游局 2015 年继续开展了全国休闲农业与乡村旅游示范县和示范点创建活动。通过基层单位申报、地方主管部门审核、专家评审、网上公示、农业部和国旅游旅游局认定，全国有 68 个县（市、区）被认定为全国休闲农业与乡村旅游示范县，153 家单位被认定为全国休闲农业与乡村旅游示范点，并以《农业部国家旅游局关于公布 2015 年全国休闲农业与乡村旅游示范县和示范点的通知》（农加发〔2015〕9 号）公布。其中，北京市大兴区被认为示范县，朝阳区中农春雨休闲农场，通州区花仙子万花园，顺义区欧菲堡酒庄、七彩蝶园，平谷区大华山镇挂甲峪村等 5 家单位被认定为全国休闲农业与乡村旅游示范点。

（范子文）

【北京市朝阳区高碑店村等 4 个村庄被评为中国最美休闲乡村】 为促进休闲农业集中村的发展，农业部组织开展了中国最美休闲乡村评选活动。评选标准为：以农业为基础、农民为主体、乡村为单元，围绕农业生产过程、农民劳动生活和农村风情风貌，因地制宜发展休闲农业，功能特色突出，文化内涵丰富，品牌知名度高，具有很强的示范辐射和推广作用。魅力主要体现在：多元的产业功能、独特的村容景致、良好的精神风貌。经过地方推荐、专家评审和网上公示等程序，认定 120 个村为 2015 年中国最美休闲乡村。其中，北京市 4 个村榜上有名，分别是：朝阳区高碑店村、房山区黄山店村、顺义区柳庄户村、密云区司马台村。

（范子文）

【北京创意农业展举办】 9 月 23 日至 10 月 7 日，由本市观光休闲农业行业协会和北京设计周组委会共同主办的北京创意农业展在北京吉里国际艺术区举行。本次展览以“艺术＋设计＋农业＋生活”为主题，包括北京创意农业案例展、国外创意农业文献展、奢野·创意美筵、北京创意农业座谈会四大板块，是对近年来北京创意农业成果的一次检阅。其中创意农业案例展推出平谷“醉桃园”、蔡家洼玫瑰情园、古北口村、金福艺农番茄联合国、山里寒舍、田妈妈农乐园、蓝调庄园等 7 家具有优秀创新业态的代表性企业和园区。这是本市休闲农业第一次跻身北京国际设计周这项亚洲规模最大、最具影响力的创意设计展示、推介、交流、交易平台。

（范子文）

【春节假期旅游接待】 春节假期，全市接待旅游总人数达到 901.3 万人次，同比减少 7.5%，旅游总收入 47.83 亿元，同比增长 9.1%。全市乡村民俗旅游接待 83.8 万人次，同比增长 20.4%，旅游收入 7 736.4 万元，同比增长 13.4%。

【清明假日旅游接待】 4 月 4—6 日，清明节假期全市 150 家主要景区和景点接待游客 472 万人次，同比减少 10%。

【五一假日旅游接待】 五一假期，全市 150 家主要景区累计接待游客 543.2 万人次，营业收入 1.85 亿元，其中门票收入 1.29 亿元。全市乡村民俗户接待游客 203.8 万人次，同比增长 9.9%；民俗旅游收入 2.0 亿元，同比增长 10.2%。

【端午假日旅游接待】 端午假期，全市 160 家主要景区累计接待游客 400 万人次，与上年持平。

【十一假日旅游接待】 十一假期，北京接待旅游者 1 151.6 万人次，同比增长 1.6%，旅游总收入 83.1 亿元，同比增长 7.1%。全市乡村旅游共接待游客 396.6 万人次，与上年同期持平，乡村旅游收入约 4.1 亿元，同比增长 6.8%。

【2015 京津冀游客名镇名村游启动】 4 月 25 日，由京津冀三省市发起，由河北省旅游局、廊坊市政府联合主办的游名村赏名镇触摸乡愁——2015 京津冀游客河北名镇名村首游式，在河北省霸州市胜芳古镇举行。河北省政府副省长秦博勇出席活动并宣布 2015 京津冀游客河北名镇名村游启动，市旅游委委员邹伟南参加首游式并向北京各自驾车俱乐部、户外骑行团队代表授旗。

【参加中国西部旅游产业博览会】 6 月 26—28 日，由重庆市政府联合西部 7 省区共同举办的中国西部旅游产业博览会在重庆举办。市旅游委组织通州、东城、大兴、延庆等部分区县旅游委和北京工美、高校文创基地等旅游商品企业参加，展出以“北京礼物”为主题的北京特色旅游商品，发放“吃在北京”系列手册等旅游宣传品，并与参展商和当地企业进行交流对接。

【组团参加2015丝绸之路国际旅游商品博览会】 8月7—12日，由新疆维吾尔自治区旅游局和克拉玛依市人民政府共同主办的2015丝绸之路国际旅游商品博览会在新疆维吾尔自治区克拉玛依市举办，博览会以旅游商品为主题，内容涵盖国内外特色旅游商品、户外用品、酒店用品和时尚名品等板块。市旅游委组织顺义区、昌平区、大兴区等区县旅游委以及“北京礼物”运营商、北京乾城艺苑文化发展有限公司等旅游商品企业参加博览会，推介“北京礼物”品牌，与来自国际国内的参展商进行沟通洽谈。

【参加2015中国（广东）国际旅游产业博览会】 9月11—13日，由广东省人民政府主办，广东省旅游局承办的2015中国（广东）国际旅游产业博览会在广东省广州市举办。博览会设中华馆、国际及港澳台馆、旅游大卖场馆、老字号精品馆、餐饮设备馆、桌面用品馆、酒店家具馆、清洁用品馆、酒店智能馆、餐饮美食馆、旅游交通馆11大主题展馆。市旅游委委员方泽华率领西城区、海淀区、顺义区等区县旅游委以及中塔有限责任公司等旅游企业组团参加博览会，推介北京旅游资源，展示精品旅游线路和景点，与来自国内国际的参展商进行沟通洽商。

【组团参加西安丝绸之路国际旅游博览会】 9月11—13日，由陕西省旅游局主办，以“打通新丝绸之路，探索旅游业新机遇”为主题的2015中国西安丝绸之路国际旅游博览会在西安市举办，来自33个国家和地区以及国内24个省市自治区的政府机构、旅游企业和旅行商代表等参展。展览总面积达20 000平方米，市旅游委组织八达岭特区、老舍茶馆、中央电视塔、华夏合壹（北京）文化传播有限公司、西城区旅游委等9家单位参展，以皇城文化为元素搭建北京展台，搭建北京与丝绸之路旅游营销平台。北京展团被组委员授予最佳组织奖。

【组团参加“2015年中国旅游产业博览会暨第二十届中国北方旅游交易会”】 9月18—21日，“2015年中国旅游产业博览会暨第二十届中国北方旅游交易会”在天津市梅江会展中心举办。市旅游委委员方泽华带领由区县旅游委、旅行社、景区、旅游商品研产销企业及相关旅游装备企业等19家单位120人组成的北京展团参展并出席展会相关活动。北京展区围绕北京—张家口成功申办2022年“冬奥会”的主题，重点宣传展示北京优质旅游资源、京郊10种旅游新业态、骑行旅游线路及步道、旅行社产品线路、“北京礼物”及“非遗产品”等内容。4天展期，北京展团现场发放宣传资料12.86万份，接待参观人数10余万人次，接待咨询人数万余人次。

【红色旅游讲解员及营销人员培训会召开】 12月8—9日，市旅游委组织对全市53家红色景区及待评定红色景区讲解员及营销人员、16区旅游委红色旅游主管科室负责人及市旅游委部分干部百余人进行培训。培训为期2天，采取专家授课、座谈讨论、经验交流、现场教学等方式进行。专家授课阶段，红色旅游专家针对学习贯彻习近平总书记有关发展红色旅游重要指示精神、国务院关于促进红色旅游发展指导意见，北京市红色旅游发展情况以及针对红色旅游讲解、市场营销推广等方面进行专题培训。现场教学阶段，学员集体前往中国人民抗日战争纪念馆、首都博物馆、国家博物馆等地参观学习。

【市领导调研平谷旅游业】 4月9日，副市长程红到平谷就旅游产业发展和申办世界休闲大会相关情况进行调研。程红一行先后前往挂甲峪市级民俗村、老泉口市级民俗村调研民俗旅游接待情况，并实地查看老泉樱花园景区登山步道建设情况。市旅游委主任宋宇、委员方泽华，平谷区区委书记张吉福、区长姜帆、副区长屈志奇等陪同调研。

【全市旅游休闲步道建设工作部署会召开】 5月7日，副市长程红到顺义区舞彩浅山实地调研并召开全市旅游休闲步道建设工作部署会。会议回顾全市旅游休闲步道发展情况，要求全市各有关部门要建立工作联动机制，创新投融资模式，加快推进休闲步道建设工作进度。

【京津冀旅游投融资项目推介会举办】 6月17日，北京市旅游委、天津市旅游局、河北省旅游局联合在北京国家体育场鸟巢举办的京津冀旅游投融资项目推介会。北京市旅游委主任宋宇、天津市旅游局局长阳世昊、河北省旅游局副局长赵学锋共同启动京津冀旅游投融资服务平台；承德市副市长刘新宇重点推荐北京承德协同发展重大旅游投融资项目——京承御道游项目；京津冀三地旅游部门的有关负责同志分别就本地区重点旅游项目进行集中发布；港中旅集团与首农集团就推进京津冀旅游、农业协同发展，亿利金威企业与天津市中新生态城管委会就天津中新生态旅游岛投资项目，分别举行现场签约仪式；京津冀三地旅游企业、项目单位与参加会议的投资商代表进行面对面对接洽谈。京津冀三地共有200个旅游投融资项目正式亮相，总投资金额约1 200亿元，其中：重点包装推介项目20个、重点参展项目60个，现场签约及重点推介项目的投资金额累计近500亿元，来自京津冀三地旅游部门、旅游企业、新闻媒体，承德市人民政府，国内知名投资机构、金融服务机构、产业基金，以及港中旅集团、首农集团、北京产权交易所等各方代表共500余人参加了会议。

【“旅游景区和城市形象主题”设计提升研讨会召开】6月30日，市旅游委在国家图书馆古籍馆举办“旅游景区和城市形象主题”设计提升研讨和景区文化符号宣讲会。会议旨在深入挖掘以七大世界文化遗产为核心的北京旅游景区文化资源，加强设计创新与景区文化的深度融合，提升旅游景区专属纪念品水平，通报2015年“北京礼物”旅游商品大赛启动进展情况，故宫博物院、颐和园、八达岭、北京欢乐谷和京港地铁公司等旅游企业负责人讲解景区文化内涵以及旅游商品开发的品类和合作需求。

【中国世界遗产旅游推广联盟在京成立】10月9日，由北京市旅游委牵头，联合相关省市旅游部门成立的中国世界遗产旅游推广联盟在北京颐和园成立，副市长程红，国家旅游局副局长吴文学出席联盟成立大会并致辞，市旅游委主任宋宇主持成立仪式。中国世界遗产旅游推广联盟旨在发挥中国旅游资源的优势，共同促进中国世界遗产保护与发展，促进世界遗产与中国旅游的协同发展。首批中国世界遗产旅游推广联盟有会员32个，包括北京、河北、山西、内蒙古、辽宁、吉林、江苏、浙江、福建、江西、山东、湖北、湖南、广西、重庆、西藏、甘肃、宁夏、天津、河南、广东、新疆等省市区，西安、成都、杭州、承德、洛阳、泰安、黄山等城市，以及四川都江堰、贵州荔波、赤水世界遗产景区。河北、山西等17个省市旅游局的领导来京参加联盟成立仪式。颐和园作为北京地区的代表，向联盟成员单位和社会各界发出倡议。联合国教科文组织驻华机构代表委托专人对联盟的成立表示祝贺。

【世界遗产与中国旅游主题高峰论坛举办】10月9日，中国世界遗产旅游推广联盟在北京颐和园举办“世界遗产与中国旅游”主题高峰论坛。市旅游委副主任王粤主持论坛，世界遗产景区代表颐和园园长刘耀忠，世界遗产保护专家代表、陕西考古研究院院长王炜林，世界遗产文化传承专家代表、中国国学中心副主任、国务院参事室特约研究员姚安，世界遗产继承与创新专家代表、故宫博物院院长单霁翔分别作主题发言。

【市政协领导调研全市乡村旅游转型发展】10月13日，市政协副主席闫仲秋带队就全市乡村旅游转型发展情况到平谷区调研，听取市旅游委关于全市乡村旅游转型发展情况汇报，平谷区旅游委关于乡村旅游发展情况及发展面临的难题，市政协经济委主任吴杰及部分委员参加调研，并就全市乡村旅游发展难题进行讨论，建言献策。

【传统村落旅游发展研讨暨北京项目推介会召开】11月11—12日，市旅游委、中国投资协会联合主办的传统村落旅游发展研讨暨北京项目推介会在京举办，会议旨在贯彻国务院办公厅《关于进一步促进旅游投资与消费的若干意见》中乡村旅游工作有关要求，以及住建部、国家旅游局等7部委局《关于传统村落保护利用的通知》精神，进一步促进北京传统村落的保护与特色旅游开发，会议邀请政策专家、北京重点24个传统村落，以及国内投资公司、基金公司等投资商代表，围绕传统村落保护与特色旅游开发的主线，就北京传统村落在旅游、养生及文化产业开发方面进行探讨及投融资洽谈。北京市副市长程红、中国投资协会副会长袁英华出席会议并致辞，市旅游委主任宋宇主持会议，中国投资协会会长张汉亚对当前宏观经济发展现状及趋势进行分析，市旅游委委员方泽华发布北京24个传统村落项目，北京电影学院院长张会军就传统村落的保护与传承、传统村落的宣传美学、传统建筑的文化内涵等主题进行发言。密云县甘峪沟村和怀柔区田仙峪村，分别作村落改造案例介绍。各参会代表围绕传统村落旅游发展与房地产开发的相互促进和思考、古建筑的修复与改造、养生旅游对经济增长的推动作用等内容进行大会交流。会议期间，组织51家规划、设计、开发、建设等方面的投资方与

24个传统村落现场进行合作对接、洽谈与实地考察，全面了解各传统村落的基本情况，初步确定旅游开发合作的方向和有关事宜。

【金融推动京郊旅游发展交流会召开】 11月20日，市旅游委组织召开金融推动京郊旅游发展交流会。方泽华委员出席会议并讲话，北京市农业融资担保有限公司介绍银担合作支持京郊旅游发展及融资担保服务体系运行情况，北京农商银行、北京银行、邮储银行分别介绍银担合作支持京郊旅游发展经验，门头沟区旅游委、延庆县旅游委、企业代表金福艺农、民俗户代表介绍金融助力本区旅游发展经验、融资担保服务体系本区试点工作经验、在融资担保服务体系帮助下实现设施升级改造有关情况等。企业和民俗户代表与农业担保公司及北京农商银行，现场签订合作协议。

【建立京郊旅游民俗户保险平台】 年内，市旅游委与中国人保财险合作，在延庆县试点，建立京郊旅游民俗户保险平台，共同推出北京市首个民俗户保险险种，379户星级民俗户投保，10户民俗户得到理赔。

【京郊融资担保体系建设】 年内，为促进京郊旅游的发展，京郊旅游融资担保服务批准项目169个，批准金额27 813万元，放款金额22 199万元。京郊融资体系累计批准项目236个，批准金额31 943万元，放款23 602万元。

【旅游产业工作培训会召开】 12月10—11日，市旅游委组织召开2016年产业工作培训会，会议通报2015年旅游产业工作情况和2016年旅游产业工作思路，讲解旅游产业资金管理改革及2016年项目资金工作安排，结合实际案例，就区县项目资金管理工作提出具体要求，市旅游委委员方泽华出席并讲话。各区县旅游委有关负责人、24个京郊古村落及所在乡镇负责人和旅游产业项目管理、担保、基金、资源交易等平台企业负责人参加会议，就2016年项目建设、京郊旅游等重点工作开展讨论，并实地观摩大兴区乡村旅游特色业态。

【旅游休闲步道规划建设和传统村落优化提升】 年内，市旅游委安排旅游产业资金近8 000万元对旅游步道建设和古村落进行改造，其中安排产业资金6 500余万元，先期支持通州、顺义、昌平、平谷等4个区县340余公里的旅游休闲步道建设及服务配套设施提升改造；安排产业资金1 110万元，对房山区中国历史文化名村水峪村、密云县新城子镇吉家营古村落的旅游公共服务设施进行提升改造。

【首届京津冀红色旅游联展暨卢沟晓月金秋旅游推介会举办】 9月20日，由北京市旅游委、天津市旅游局、河北省旅游局、北京市丰台区人民政府共同举办的“铭记历史圆梦中华”2015首届京津冀红色旅游联展暨卢沟晓月金秋旅游推介会在丰台区卢沟桥开幕。开幕式上，64年坚守卢沟桥义务讲解的郑福来老人和抗日战争纪念馆讲解员曹宝月声情并茂地讲述了卢沟桥的抗战故事，两位年逾九旬的抗战老战士登上舞台，唱起新四军军歌。推出联接三地的十大红色主题旅游线路，举办《北京红色旅游故事》新书发布和向红色景区和抗战老兵代表赠书活动。全国红色旅游协调小组办公室副主任胡呈军，北京市旅游委党组成员、纪检组长李艳萍、委员方泽华，河北省旅游局副局长赵学锋，丰台区区长冀岩、副区长狄涛、高峰等领导出席启动仪式，来自北京、天津、河北红色旅游景区代表、旅行社代表和新闻界记者参加活动。推介会为期4天，设置700平方米的咨询展览区，北京、天津、河北的红色景区设咨询展位，三地旅游局（委）、旅行社、北京市旅游咨询中心的工作人员向参观者进行旅游推介并开展现场咨询。550位北京市民应邀参加“京津冀红色线路”体验游；丰台区旅游委推出“万张门票免费邀您游丰台”及丰台旅游惠民券活动。

【第17届北京国际旅游节园博园分场活动举办】 10月2—4日，第17届北京国际旅游节到丰台区园博园设置分会场，来自斯洛伐克、西班牙、哥斯达黎加等表演团队的国际风情表演作为旅游节每天的保留节目的同时，分会场还连续3天推出“北京动起来”“我和北京有个约会”“我和北京旅游节的故事”等不同主题的分会场活动。

【旅游咨询服务知识竞赛】 1月14日，由市旅游委主办，市旅游咨询服务中心承办的全市旅游咨询服务知识竞赛举办，竞赛由初赛和决赛组成，旨在提高业务素质、交流工作经验。竞赛内容在往年业务知识竞赛的基础上，增加《旅游法》、京津冀旅游资源和医疗救护等方面的内容，来自16个区县和全聚德集团的旅游咨询员组成的17支代表队参加，昌平区代表队获得一等奖，东城区代表队、大兴区代表队获得二等奖，房山区代表队、顺义区代表队、门头沟代表队获得三等奖。市旅游委委员邹伟南出席竞赛活动。

【旅游公共服务设施改造建设项目需求征集】1月30日，市旅游委组织16区县旅游委召开2015年旅游公共服务设施改造建设项目征集会。会上通报2015年全市旅游公共服务工作思路和主要工作，对产业项目支持政策和方向进行解读。16区县旅游委汇报本区县2015年旅游公共服务工作计划。

【“5·19”中国旅游日旅游咨询活动举办】5月19日，市旅游咨询服务中心围绕“爱生活、爱旅游”主题，组织北京16区县旅游咨询中心在陶然亭公园主会场向北京市民展示全市旅游资源，推介旅游产品。各区县咨询中心70余人参加咨询活动，发放资料10万份，优惠券及门票2 200张。全市百余家旅游咨询站配合宣传，向过往市民和游客传达热点旅游信息，公众通过扫描活动二维码方式从手机上直接获取更多丰富内容。

【全市咨询员技能提升项目工作部署会】8月20日，市旅游咨询服务中心组织召开全市咨询员技能提升项目工作部署会，会议通报2015年旅游咨询员素质提升项目总体情况，与会人员结合所在单位就工作中的重点、难点问题、经验进行交流研讨。海淀、石景山、门头沟、顺义、平谷、延庆等旅游委相关领导、16个区县旅游咨询中心及北旅国际、全聚德等咨询中心负责人出席本次会议。

【全市咨询员技能提升培训会召开】9月25日，市旅游咨询服务中心举办全市咨询员技能提升培训会，就旅游咨询礼仪及紧急情况的处理与应对进行培训。东城、西城、海淀、朝阳、石景山、丰台、顺义、通州、房山、大兴、昌平、平谷、怀柔、密云、延庆15个区县旅游咨询服务中心的主任、副主任及骨干成员共29人参加培训。

【北京旅游咨询日活动举办】10月1日，由市旅游咨询服务中心主办，各区县旅游委、咨询服务中心联合承办的“北京旅游咨询日”活动在第17届北京国际旅游节活动现场奥林匹克森林公园举办。在北京国际旅游节开幕式活动现场，向国内外宾客展示北京各区县丰富的旅游资源及旅游产品；旅游咨询员及北京旅游志愿者向数万名游客解答各类旅游咨询、宣传引导文明旅游、发放区县旅游宣传资料近万册，并通过扫描北京市旅游委官方网站二维码，将线上旅游产品向游客进行宣传推广。

【旅游厕所建设管理工作会召开】10月10日，市旅游委组织召开全市旅游厕所建设管理工作会。会议通报2015年旅游厕所改造工作进展情况，解读《旅游厕所建设管理指南》。市交通委、市市政市容委交流介绍本系统有关厕所工作的情况和做法。延庆旅游委代表区县旅游委、凤凰岭公园分别介绍旅游厕所提升改造的经验。市旅游委委员邹伟南、国家旅游局规划财务司产业处副处长吴丽云出席会议并提出工作要求。市财政局、市发改委、市市政市容委、市交通委、市商务委、天管委、市园林绿化局、市公园管理中心、北京铁路局、首都机场、各区县旅游委、各项目单位相关负责人参加会议并实地参观凤凰岭旅游厕所改造项目。

【世界厕所日暨中国厕所革命宣传日在京举行】11月17日，由国家旅游局、住建部、北京市人民政府联合主办，北京环卫集团承办的“世界厕所日暨中国厕所革命宣传日”推广活动在北京房山举行。北京环卫集团发布“第五空间”建设与服务标准，将多项新技术和管理理念引入厕所的建设和日常管理。国家旅游局局长李金早、住房与城乡建设部副部长陆克华、北京市副市长程红等领导出席活动并讲话，市市政市容委、市旅游委、市国资委、房山区政府等相关领导，环卫员工、市民代表、新闻媒体等参加活动并参观利用“第五空间”概念建设的厕所，体验科技创新带来的便利。

【旅游志愿服务培训会召开】12月9日，市旅游委在北京联合大学旅游学院举办旅游志愿服务工作培训会，市旅游委副主任安金明出席培训会并作开班动员。培训以特色内容培训为核心，以提升培训质量为重点，邀请北京联合大学旅游学院、中日友好医院的相关专家，就志愿者应急救助、志愿者礼仪、志愿者实用英语等开展专题培训。各区县旅游委志愿服务管理人员、北京市旅游志愿者团队负责人、高校大学生志愿者骨干近200人参加培训。

【北京冬季旅游咨询活动举办】12月19日，市旅游咨询服务中心联合张家口市旅游局共同举办“冰雪结缘助力冬奥”北京冬季旅游咨询活动。向北京和张家口市民及外国游客推介北京16个区县的滑雪、温泉、度假村、民俗旅游等产品线路资源。活动现场，游客扫取二维码及微信公众号参与抽奖活动，通过卡通幸运转盘等活动免费获取景区门票以及各种其他代金券、优惠券，游客通过咨询员面对面的咨询服务，了解冬季奥运会相关知识和北京冬季旅游的信息。

【旅游行业协会景区（点）分会会长会议召开】 1月9日，市旅游行业协会景区（点）分会召开会长工作会，会议讨论2015年景区（点）分会工作计划。

【旅游行业安全生产大检查工作部署视频会召开】 1月6日，市旅游委组织召开全市旅游行业安全生产大检查工作部署视频会。贯彻落实党中央、国务院和市委市政府领导同志的关于近期国内先后发生多起重特大安全生产事故和群众聚集踩踏事件的重要批示，深刻吸取事故教训，全面做好行业安全工作。会议对一季度安全生产大检查工作进行部署，并就全市旅游行业2015年“安全工作年”工作目标、工作重点和要求进行明确。

【颐和园获“全国旅游服务质量标杆单位”】 2月2日，国家质量监督检验检疫总局、国家旅游局在深圳市举行“2013年度全国旅游服务质量标杆单位”授牌仪式，北京颐和园管理处等全国8家单位荣获“2013年度全国旅游服务质量标杆单位”称号。国家质检总局副局长陈钢、国家旅游局副局长杜一力出席并为获奖单位颁奖。

【检查春节假日旅游安全和市场秩序】 2月10日，国家旅游局局长李金早率办公室副主任单刚新、综合司司长张吉林、监管司副司长张海燕等工作组一行6人，到门头沟区就春节节前旅游安全和市场秩序进行专项检查。听取门头沟区旅游委关于春节黄金周旅游安全保障和市场秩序整治情况的汇报，实地检查双峪环岛旅游咨询站、东胡林旅游咨询站、爨柏景区、潭柘寺景区、戒台寺景区，重点从节庆活动和旅游大型集会组织管理、旅游景区游客流量监控、旅行社安全用车、游客密集场所防火防拥挤踩踏情况、安全法规知识宣传、旅游环境秩序整顿、旅游投诉处理等多个方面开展专项检查，并现场查阅景区活动方案、应急预案、安保方案等相关资料。北京市副市长程红等陪同检查。

【旅游市场秩序整治工作总结部署会召开】 2月13日，市旅游委以视频会议的形式，组织“一日游”市场治理领导小组成员单位和16个区县旅游部门召开旅游市场治理整治工作总结部署会，会议要求，市旅游执法大队总结2014年旅游市场治理工作，部署2015年旅游市场治理“七大行动”和“五项措施”，强调春节期间值班检查、信息报送等有关事项；市公安局治安总队围绕“积极发挥职能作用，联动治理旅游市场”作部署；西城区、昌平区旅游委围绕“发挥属地管理职能，净化旅游市场秩序”作交流发言；旅游质监所通报2014年旅游投诉处理情况，并对2015年投诉受理工作提出要求。

【开展旅游市场秩序联合治理专项行动】 4月3日，市旅游委联合公安、交通、工商、城管等相关职能部门集中开展旅游市场秩序治理专项行动。4月3日清晨6时，由市旅游委、市交通执法总队负责人带队，各相关职能部门在前门地区集结，分别对天安门广场周边、国家大剧院等地域进行检查。各区县旅游部门会同相关职能部门对德胜门公交总站、奥林匹克公园、颐和园、园博园、石景山游乐园、八达岭长城和十三陵等重点地域同步展开覆盖式治理行动。共检查旅游团队83个，查获非法运营旅游车辆17辆（其中：黑旅游车8辆，正规车辆为非法“一日游”提供服务9辆），查处违法违规导游6人，检查旅游商店37家。

【五一假日旅游市场专项整治】 4月29日，市旅游执法大队会同公安、交通、工商、城管以及东城、西城、昌平等相关单位，对天安门地区、居庸关长城和十三陵地区的旅游环境秩序开展专项整治行动。重点对天安门广场周边、前门地区、故宫周边、天坛景区周边、前三门大街沿线“一日游”发车点开展执法检查，对居庸关长城景区周边环境秩序进行检查。查处各类违法行为42起，其中非法“一日游”行为7起，查扣黑旅游车9台，其他违法行为17起。

【旅游行业安全生产月暨防汛工作部署会召开】 5月27日，市旅游委组织召开全市旅游行业安全生产月暨防汛工作部署视频会。会议旨在为贯彻落实市委市政府关于进一步加强安全生产工作的一系列重要指示精神，有效预防生产安全事故，对2015年全市旅游行业安全生产月活动、防汛宣传、A级景区地质灾害隐患点安全防范、景区最大承载量及安全与应急管理系统等工作进行部署。市旅游委赵广朝委员出席会议并就做好安全生产月活动及防汛相关工作提出具体时间节点、工作措施和标准要求。16区县旅游委主管主任、行管科长，四星以上饭店组长单位、等级旅游景区安全工作负责人参加会议。

【联合督查整治功德箱专项工作】5月22日，由中央统战部、国家宗教局、公安部、住房城乡建设部、国家旅游局、国家文物局等6部门组成的联合督查组，督导检查北京市贯彻落实《关于开展整治违法违规设立功德箱等借教敛财问题专项工作的通知》情况。督查组一行实地检查门头沟区潭柘寺、戒台寺景区整治情况，听取北京市宗教局、门头沟区政府的工作汇报，并提出指导性意见。北京市、门头沟区两级统战、宗教、公安、旅游、文物、园林绿化等部门的人员参加督查工作。

【安全生产月工作会召开】6月8日，市旅游委组织召开安全生产月相关活动专题会，会议通报安全生产月有关重点工作安排，对隐患排查重点、应急响应机制、行业安全隐患排查培训等提出工作要求。

【防汛及景区地质灾害隐患防治工作会召开】6月8日，市旅游委组织召开防汛及景区地质灾害隐患防治工作会议。会议传达市委书记郭金龙、市长王安顺关于防汛及地质灾害隐患防治工作的有关指示精神，部署防汛及地质灾害隐患防治工作。市旅游委主任宋宇、副主任于德斌、委员赵广朝出席会议，海淀、房山、怀柔、密云、延庆等5个区县旅游委领导，及相关的21家景区主要负责人参加会议。

【红色旅游管理人员培训】6月17—18日，市旅游委组织专家对全市红色旅游管理人员进行培训，培训为期2天，采取专家授课、经验交流、座谈讨论、现场教学等方式进行。专家授课阶段组织学习贯彻习近平总书记有关发展红色旅游重要指示精神、国务院关于促进红色旅游发展指导意见，分析国家、北京市红色旅游发展情况，开展红色旅游资源开发、线路设计、市场推广及红色旅游“三期规划”编制等专题讲座。平谷区旅游委副主任陈靖、密云县白乙化烈士纪念馆馆长李璠介绍本区（本单位）发展红色旅游的经验做法，集体前往白乙化烈士纪念馆等地参观学习。市旅游委委员方泽华出席培训会并讲话。全市23家红色旅游景区管理人员、16区县旅游委主管领导及科室负责人约80人参加培训。

【乡村旅游统计工作座谈会召开】7月9日，市统计局、北京市调查总队负责同志到市旅游委座谈乡村旅游统计工作。市旅游委有关负责同志及相关处室负责人参加会议。座谈会通报《北京市乡村旅游统计暂行办法》《乡村旅游调查表》和前期试调查等工作成果。并就《北京市乡村旅游统计暂行办法》中的乡村旅游范围界定、统计内容、职责分工等各项内容，《乡村旅游调查表》的调查表式，制定《乡村旅游统计制度实施办法》，细化统计操作流程等工作达成共识，组织部分区县统计局（队）、旅游委召开研讨会，完善《实施办法》，选取1～2个区县9月底前完成乡村旅游统计基础台账试调查工作。10月底前完成全市乡村旅游统计台账调查工作，确保与统计部门调查体系相衔接。

【开展旅游购物场所专项联合检查】8月20—21日，市旅游委会同市公安局、交通委、工商局、城管执法局、发展改革委，以及昌平区旅游市场治理小组，对“一日游”重点地域和十三陵周边购物、演艺场所进行专项执法检查。联合执法检查组采取随机抽查和重点检查相结合的方法，对碧沁玉坊工艺品有限公司、天寿雅翠、恒仕玉业世界中心、北京智慧园休闲俱乐部等10余家以售卖玉器为主的购物店和润德演艺进行突击检查，重点检查门前秩序和店内公示诚信经营承诺和投诉电话，价格标签不规范、购买协议不合理、是否可无条件退货等突出问题，重点查处黑车、黑导、旅游合同、二次收费，并每家商店随机抽取3件商品移送相关部门进行鉴定。抽查旅游车辆19辆、旅游团队26个，检查导游员11人，暂扣手续不全涉嫌“黑车”2辆，对2名导游员不按规定佩戴证件给予扣分处理，对2名导游员未携带行程单给予证件暂扣。检查结束后，联合专项检查组与昌平区旅游委及相关旅游企业座谈会，要求昌平区旅游委在“两大活动”安保期间，全员停休，对全区旅游商店逐一检查，对检查中发现问题的商店，三天后复查；召开全区旅游商店法人代表大会，通报检查情况；一周后再次重点抽查，发现问题当即重罚，通报全市旅游行业；建立重点监管和日常检查相结合的监管体系，形成长效监管机制。

【北京269个村（户）获得中国乡村旅游奖项】8月18日，国家旅游局在安徽黄山休宁状元村举办全国乡村旅游提升与旅游扶贫推进会议。会议表彰中国乡村旅游模范村、中国乡村旅游模范户、中国乡村旅游金牌农家乐、中国乡村旅游致富带头人、全国乡村旅游创客示范基地5个奖项，北京市269个（村、户、个人）分别获得5个奖项表彰。其中：昌平区十三陵镇康陵村等25个村荣获中国乡村旅游模范村，齐轩居农家乐等18家民俗户荣获中国乡村旅游模范户；绿茵溪谷等207个民俗户荣获中国乡村旅游金牌农家乐；岳长玲等187人荣获中国乡村旅游致富带头人；怀柔区雁栖镇“不夜谷”荣获全国乡村旅游创客示范基地。

【昌平区旅游购物场所诚信经营工作会召开】 8月27日，昌平区旅游委针对辖区内旅游购物场所多次发生诱导游客消费，销售假冒伪劣、以次充好的商品等行为，召开规范购物场所经营行为工作会。

【十一黄金周旅游市场整治工作部署会召开】 9月23日，市旅游委组织市公安局、市交通委、市工商局、市城管执法局以及16区县旅游委主管领导和行管负责人召开十一黄金周旅游市场整治工作部署会。会议旨在落实国家旅游局关于开展不合理低价、虚假广告、购物点违法经营专项整治工作的要求。会上，市旅游执法大队通报2015年全市旅游市场治理整顿工作情况，市旅行社服务质量监督管理所通报全市旅游投诉受理情况，并将投诉类型和数量、分布区域和范围进行具体说明，对各区县在旅游投诉受理和接待方面提出明确要求。市公安局刑侦总队和治安总队、市交通委、市工商局、市城管执法局分别对前期各部门对旅游市场存在的问题开展的行动，查处违法行为案件进行通报。东城区、西城区、朝阳区、海淀区、昌平区和延庆县旅游委汇报年内加强旅游环境整治，加大旅游环境建设，查处违法经营等工作，重点汇报对联合属地相关部门加强天安门地区、前门地区、故宫、颐和园、奥林匹克中心区、十三陵和八达岭景区的管理，打击长期存在的黑车、黑导、非法揽客、公交假站牌等非法“一日游”问题所开展的工作。市旅游委提出具体要求。

【督查怀柔区安全生产大检查】 9月22日，市旅游委会同市安全监管局、华北能监局等部门，组成督查组，对怀柔区开展安全生产大检查工作进行现场督导检查。怀柔区副区长任武军，区安全监管局、区旅游委、北房镇政府等相关部门和单位主要领导参加督查。督查组听取怀柔区和北房镇开展安全生产大检查工作情况汇报，查阅怀柔区各属地政府、各行业部门有关安全生产大检查工作方案，危险化学品、粉尘涉爆、旅游景区、建筑施工等各类专项整治实施方案，以及怀柔区“党政同责、一岗双责、齐抓共管”安全生产责任体系等文件资料。对红螺寺景区香炉灭火设施、人员疏散通道、索道特种设备设施等安全管理情况进行现场检查。市督查组要求景区严格落实企业安全生产主体责任，特别要加强特种设备安全管理和运行维护保养，做好日常巡查和重点时段寺区安全管理，切实保障游客安全。

【乡村旅游特色业态评定工作培训会召开】 9月24—25日，市旅游委、市旅游行业协会在密云召开北京市乡村旅游特色业态评定工作培训会。市旅游委委员方泽华出席会议并作培训动员。培训内容包括首都师范大学教授付华解析民俗村户及京郊八种业态评定标准，市旅游委行业监督管理处副处长贾丽梅讲解京郊八种业态现场评定实操，延庆县旅游委副调研员郑爱娟讲解民俗村户现场评定实操，北京旅游网人员讲解京郊旅游数据采集系统；实地考察密云县溪翁庄镇金巨罗村民俗旅游合作社中心及四星级民俗户北井小院、乡村酒店石城镇云水花溪，并由专家有针对性地现场指导实操评定。来自通州、昌平、大兴、门头沟、顺义、怀柔、平谷、延庆、密云等9个区县旅游委及北京第二外国语大学、北京旅游学院、北京财贸职业学院、北京市旅游行业协会、北京市餐饮行业协会、北京烹饪协会、北京市西餐协会等60余人参加会议。

【调研检查十三陵景区周边旅游市场秩序】 10月28日，市旅游委主任宋宇携相关处室负责人赴昌平区调研检查十三陵景区周边旅游市场秩序整改进展情况。听取昌平区副区长贺军和十三陵特区办事处书记王建成关于旅游市场整治情况汇报，查看大宫门附近农家院饭菜和金运通果脯店商品明码标价情况，查看长陵、定陵停车场周边经营商户兜售问题整改情况及景区厕所卫生情况，市旅游委提出改进要求。

【安全与应急管理干部培训班举办】 11月25—26日，市旅游委举办安全与应急管理干部培训班，16区县旅游委安全工作主管领导、安全科（行管科）负责人参加培训，市应急办、质监、消防等专家结合近期发生的特种设备安全与火灾事故案例，剖析各种典型事故发生的原因、预防方法与应急处置方案；阐述我国现行的相关法律、法规与标准的主要内容，并举例说明具体条款的实践作用与意义；具体介绍旅游行业应急体系建设、应急预案与应急处置方案的制定与具体实施方法。组织学员对香山饭店、香山公园进行实地模拟检查流程培训，对饭店、景区的日常监管、突发事件的应急处置、游乐设施的每日维检、应对大游客疏导、自然灾害、火灾预防等方面进行深入探讨与交流。

【2015年京郊旅游培训工作会召开】12月10日，市旅游委组织召开2015年京郊旅游培训工作会。密云区、昌平区和大兴区分别就开展京郊旅游培训工作情况作经验交流，16个区县旅游委主要领导和培训工作负责人参加会议。

【突击暗访十三陵景区旅游环境秩序整治工作】12月16日，副市长程红带队前往昌平区明十三陵景区，对旅游环境秩序整改落实情况进行突击暗访，检查昌平润德演艺购物中心、金运通旅游购物商店、定陵景区及停车场等。副市长程红结合暗访中所了解的情况指出，昌平区旅游秩序整改工作，总体上是有成效的，但仍有个别商店有假冒伪劣、仿冒品牌问题，购物中存在欺诈嫌疑，周边环境整治上还有改进的空间。要求要从维护首都旅游名誉的高度认识整改，看待整改，促进本地旅游健康发展，要强化管理，规范行为，从涉嫌商业贿赂，非法经营等环节入手，坚决打断非法经营链条。

（杨慧艳）

郊区生态与基础设施建设

综　述

本市郊区农村生态环境建设紧扣率先实现城乡发展一体化的主线，与解决首都“大城市病”紧紧联系在一起，继续加强村庄环境整治工作，强化农村环境监督检查机制，推进乡村绿化、美化、净化，特别是重点小城镇新农村绿化、美化、净化和山区生态工程建设，大幅度提高平原造林和退耕还林力度。全市深化水务改革，贯彻量水发展原则，水安全保障能力显著提高，有利保障了首都经济社会可持续发展。郊区公路建设与运输能力进一步提升，公路网密度加大，设施增强，保障了不断增大的人流、物流的畅通。气象事业与治理环境紧密结合，有效地服务了首都经济社会发展和人民生活。

农村生态环境建设

【圆满完成抗日战争暨世界反法西斯战争胜利70周年纪念活动和国庆66周年农村环境卫生保障工作】按照全市环境保障的工作方案和总体部署，结合农村地区的特点，制定下发了《中国人民抗日战争暨世界反法西斯战争胜利70周年纪念活动和国庆66周年环境卫生保障方案》。组织各区按照方案要求，针对露天焚烧垃圾、乱倒垃圾、堆放占道、私搭乱建、污水横流等严重影响村庄环境的痼症顽疾集中开展专项整治。通过整治，农村乱倒垃圾、乱堆乱放、露天焚烧等不文明的现象明显减少，环境建设和管理水平得到显著提升。

【持之以恒抓好农村日常环境整治】以重大节假日环境保障为节点，先后组织实施了“两节”(元旦、春节)、全国“两会”、五一等农村环境治理活动。对高速公路、铁路沿线可视范围内村庄、主要旅游景点周边村庄、重点小城镇驻地、民俗旅游村等重点区域开展环境集中整治，通过持续不断抓好日常环境建设，巩固提高环境治理成果。怀柔区、顺义区、昌平区、朝阳区等区还借助国家卫生区复审、第五届北京国际电影节、世锦赛等重大节日活动，先后组织开展了“春节综合整治月、夏季综合整治月、乱栽乱种集中整治月、清洁家园除草行动”集中整治活动，提升农村环境建设水平。

【积极推进农村垃圾专项治理】按照国家十部委下发的《关于全面推进农村垃圾治理的指导意见》和验收标准，市农委积极配合市市政市容委认真抓好贯彻落实。联合出台了《全面推进农村生活垃圾治理工作的意见》（京政容函〔2015〕218 号），先后组织了农村生活垃圾宣传、农村生活垃圾治理、农村生活垃圾自检等工作。

【举办农村乱堆乱放治理培训班】针对农村乱堆乱放问题，举办了“治理乱堆乱放建设美丽乡村培训班”。培训对农村乱堆乱放的表现形式、主要成因、解决方法等内容进行了讲解，使广大基层干部了解了当前农村环境建设现状，掌握了解决村庄乱堆乱放治理的方法和措施。培训分别在朝阳、房山、大兴、昌平、密云 5 个区县举办了 7 期，培训各级各类人员近 2 000 人。

【农村环境监督检查机制不断强化】把“月检查、月曝光、月排名”作为重要手段，认真做好农村环境检查工作。市农委相关处室成立环境检查小组，每月采取明察暗访等方式对各区村庄环境整治情况进行监督检查。此外，还针对中国人民抗日战争暨世界反法西斯战争胜利 70 周年纪念活动和国庆 66 周年活动开展环境专项检查，以检查促整改，及时解决突出环境问题。今年以来，累计检查乡镇 162 个次、村庄 872 个次，及时发现和纠正较大环境卫生问题 587 处。郊区各区也进一步强化农村环境建设的监督检查力度。昌平区安排专人对重点区域整体环境情况进行日常巡查，实行挂销账制度，加强各主责单位之间的对接，做到发现问题及时下发整改通知单，限期整改。大兴区成立了 4 个督导检查小组，全面督查全区环境整治工作的落实，全力保障活动期间环境的干净整洁。通州区各乡镇党委书记亲自带队，组织镇部门领导、各村书记和有关人员进行拉练检查。同时，各乡镇环境建设办以不同形式每月对辖区村庄环境建设进行打分考核，并同村党支部、村委会奖金挂钩，有效调动了村两班子的积极性，村庄环境整治力度明显加强。

【农村生态环境建设建管水平不断提升】协助指导各区结合实际，进一步完善村庄环卫制度措施和激励机制，促进全市村庄环境整治整体水平的提升。丰台区、怀柔区、海淀区、门头沟区进一步修订完善了《背街小巷环境卫生管理办法》《背街小巷保洁资金使用办法》和《背街小巷清扫保洁标准》。密云县按照《关于建立和完善新农村建设与管理长效机制的补助办法》，对排名前 9 的镇给予农村垃圾处理综合补助，并探索出了“户分类、村分类（片分类）、镇分类”三种有效垃圾分类模式。

（诸葛绪光）

【完成国家农作物秸秆综合利用年度指标任务】制定全市农作物秸秆综合利用与禁烧工作方案，并按照国家《京津冀及周边地区大气污染联防联控》的要求，指导顺义区组织实施了农业部秸秆全量化利用试点项目，年处理各类秸秆近 2 万吨；协调组织延庆德清源秸秆制沼气试点、小汤山基地万吨级秸秆综合腐熟剂示范点、平谷 5 万吨秸秆腐熟剂试点三个重点示范工程建设，同时积极组织北运河流域各种植园区开展秸秆和蔬菜废弃物综合利用近 10 万吨；经过多方共同努力，基本实现了秸秆全面禁烧，秸秆综合利用率已达 97.7%，完成了国家对北京市政府的合同任务要求。

（周景哲）

【加强秸秆禁烧工作宣传力度】为加强秸秆禁烧工作，制作了 15 秒关于秸秆禁烧和综合利用的公益宣传片，于 3 月底 4 月初及 6 月下旬等多个重点时段，在北京新闻、财经、影视、科教、文艺等栏目累计播放 100 余次。

（周景哲）

【配合编制北京市水污染防治工作方案】根据国务院“水十条”和农业部要求，在“十三五”期间实施畜禽养殖场治理、减肥、减药、结构调整、渔业治理与资源保护等工作。北京市农业局配合市环保局、市水务局编制并下发《北京市水污染防治工作方案》（北京市“水十条”），并修改完善了“十三五”期间目标责任书和 2016 年责任分工，在确保完成各项任务的情况下，努力为农业发展赢得生态、水环境的空间。

（周景哲）

【开展农业清洁生产企业审核】结合全市节能减排工作，全年共完成北京绿富农果蔬产销专业合作社、大兴农业技术示范站等 4 家清洁生产单位审核，经市发改委公示并通过，为企业争取节能减排奖励资金 240 万元。

（周景哲）

【农业生态环境评价信息化系统建设】12 月，经专家论证，全面完成了农业生态环境评价信息化系统一期建设，涉及 32 个一级评价指标，57 个关联指标，整理确定有用的环境数据 2 万多条。这是北京市农业局首个环境评价系统，为相关人员及时掌握一手农业环境资源状况，开展生态农业建设和面源污染防治打下了基础。

（周景哲）

【升级完善现有两气工程】 为推进全市“两气工程”的可持续运行，北京市农业局推进平谷、顺义、房山等区落实“两气工程”维护资金 2 100 多万元，用于 40 多个两气工程的维护、升级改造和安全设备的配备。同时还利用科技资金，开展了通州半截河、房山窦店、平谷西柏店等 20 个沼气站的在线监控建设。通过对窦店、夏村、半截河等 20 个沼气站内温度、pH、沼气成分分析等关键指标的监测，实现了沼气工程的科学管理和精细化控制，达到稳定运行和成本控制。

（周景哲）

【稳步推进可再生能源工程建设】 指导密云海华牛场，通过与专业公司中恒能的合作，启动建设 2 万立方米超大型沼气工程。年内部分工程已经投入运行。年内全市新建太阳能公共浴室 4 座，新建太阳能路灯 3 000 余盏，新装 LED 灯 3 000 余盏，新推广户用太阳能热水器 1 000 余台。同时还在昌平、顺义、通州等区县新建园区沼气工程 9 处。

（周景哲）

【农村能源新技术推广应用】 在顺义顺沿特蔬菜基地、大兴月季博览园等农业设施园区建设地源加温工程；在房山石楼村、平谷李家峪村沼气站开展空气源热泵沼气站加温等工程。在昌平川府菜缘、丰顺恒农业园区等 6 处开展太阳能光热技术在农业园区中的利用；推进房山、昌平、延庆等区县 10 处太阳能发电在农业园区中的运用。指导通州半截河沼气站将农村生活垃圾、农作物秸秆和畜禽粪污开展多原料混合发酵试验，已基本成功，每天可利用 17 立方米左右的生活垃圾、农作物秸秆和畜禽粪便等混合原料。

（周景哲）

绿化建设与管理

【绿化建设与管理概况】 2015 年，全市园林绿化完成平原造林工程、城市休闲公园、健康绿道等市政府为民办实事工程和折子工程，完成抗战胜利 70 周年纪念活动、国庆 66 周年等重大活动的景观环境服务保障任务，全市新增造林面积 1.07 万公顷、城市绿地面积 600 公顷。

【重大义务植树活动】 4 月 3 日，习近平总书记等党和国家领导人到朝阳区孙河乡参加首都义务植树活动。年内，各区县、乡镇和街道集中组织义务植树活动 400 次。首都地区有 313.5 万人次参加义务植树活动，共植树 335.3 万株、抚育树木 852.6 万株。

【营林造林情况】 2015 年全市造林工程实施任务 5.67 万公顷，公路河道绿化 300 千米，播草盖沙工程 933.33 公顷，山区森林健康经营 4 万公顷。

【绿化美化情况】 全市完成新建居住区绿化 30 余处、老旧小区绿化改造 25 处，屋顶绿化 11 万平方米、垂直绿化 71.4 千米。完成温榆河绿道（顺义、朝阳段）、清河绿道、新凤河绿道、京密引水渠绿道、运潮减河绿道、北运河绿道、平谷新城绿道等 7 条绿道方案审批；玉河、小月河、京藏高速、亮马河、北小河等绿道设计方案通过专家评审。

【公园景区建设情况】 新建丰台六里桥、通州台湖、顺义府前街等休闲公园 30 处。首次公布历史名园 25 个，全市城市注册公园达到 355 个，面积 12 859 公顷，免费率达 87%，年接待游客 2.9 亿人次。

【林业资源安全情况】 开展以美国白蛾为主危险性林木有害生物第三次全市范围普防和普查工作。与津冀林业主管部门签订《京津冀协同发展林业有害生物防治框架协议》。

【重大活动保障情况】 圆满完成中国人民抗日战争暨世界反法西斯战争胜利 70 周年纪念活动环境保障工作，完成国庆花卉布置与纪念活动花卉布置有序衔接。

【超额完成平原造林任务】 年内，完成平原地区造林工程计划任务 11.6 万亩（0.77 万公顷），2012—2015 年年底，围绕平原造林工程扫尾、绿隔地区绿化、落实农业结构调整任务和京津冀协同发展绿化建设，坚持规划建绿、挖潜增绿，坚持突出重点、聚焦绿隔，坚持创新机制、专业养护，全面推进平原地区造林绿化和林木养护管理，累计完成平原造林 105 万亩（7 万公顷），植树 5 400 多万株，超额完成规划任务。平原地区森林覆盖率由 14.85％提高到 25.6％，增加 10.75 个百分点，基本实现“两环、三带、九楔、多廊”规划布局。

【重大义务植树活动】4 月 3 日，党和国家领导人习近平、李克强、张德江、俞正声、刘云山、王岐山、张高丽等到北京市朝阳区孙河乡植树点，同首都群众一起义务植树，习总书记强调：“要坚持全国动员、全民动手植树造林，努力把建设美丽中国化为人民自觉行动”，激发首都广大人民群众绿化美化首都的热情；3 月 22 日，中央军委副主席范长龙，中央军委副主席许其亮，中央军委委员常万全、房峰辉、张阳、赵克石、张又侠、吴胜利、马晓天到大兴区魏善庄镇植树点参加义务植树劳动；3 月 29 日，中共中央直属机关，中央国家机关各部委、单位和北京市 155 名部级领导干部，参加 2015 年共和国部长义务植树活动；4 月 9 日，全国人大常委会副委员长沈跃跃、张平、向巴平措、艾力更·依明巴海和全国人大常委会、全国人大专门委员会部分组成人员到北京丰台区北宫国家森林公园全国人大绿化基地参加义务植树活动；4 月 8 日，全国政协副主席罗富和、张庆黎、李海峰、陈元、卢展工、马飚、马培华和全国政协机关工作人员近百人，在全国政协礼堂南广场开展“弘扬生态文明、建设美丽北京”义务植树活动；4 月 11 日，全国政协副主席罗富和、张庆黎、李海峰、卢展工、王正伟、马飚、刘晓峰和全国政协机关工作人员 400 余人，到北京顺义区参加义务植树活动。

【国际森林日纪念活动】3 月 19 日上午，为纪念“国际森林日”，全国绿化委员会、国家林业局、首都绿化委员会在北京市大兴区榆垡镇举行以“应对气候变化，共建绿色家园”为主题的第三次“国际森林日”植树纪念活动。来自联合国粮农组织、国际竹藤组织代表和秘鲁、加拿大、澳大利亚、印度尼西亚、加蓬、蒙古国、肯尼亚等国驻华使馆代表，国家和北京市、大兴区相关部门干部职工、群众代表约 300 人参加植树纪念活动。

【第 31 个首都义务植树日活动】4 月 4 日是首都第 31 个义务植树日，全市各级绿化委员会以“服务保障核心功能、努力建设宜居之都”为主题，组织广大干部群众开展形式多样义务植树和绿化美化活动，有 160 万余人参加整地、挖坑、植树、浇水、养护、清理绿地卫生、绿化宣传咨询等义务植树活动。共栽植各类树木 140 万余株，挖坑 179.6 万个，发放宣传材料 192.1 万份。

【开展“城乡手拉手、共建新农村”活动】年内，各区县继续多层面开展“城乡手拉手、共建新农村”活动，有 70 个中央、市属和区县属单位与 70 个村结成对子，通过提供绿化规划设计技术指导、提供绿化资金和苗木帮助、提供义务植树劳动支持、提供农产品销售市场信息、到新农村开展民俗旅游绿化，支援郊区村庄绿化美化建设，为改善农村村庄村容村貌、搭建农民增收致富新平台。共计提供扶持资金 794.9 万元，植树 5.6 万株。

【林木绿地认建认养活动】年内，全市共有 190 个单位、925 个家庭、3 629 位个人参与林木绿地和古树名木认养活动，共认建认养绿地 291 块、面积 642.6 公顷，认养树木 3.8 万株，认养古树 113 株，社会单位投入林木绿地认建认养资金达 8 545.5 万元。

【推进重点小城镇新农村绿化美化】年内，全市重点扶持小城镇绿化共 6 个，分别是门头沟区军庄镇、房山区南窖乡、顺义区赵全营镇、平谷区峪口镇、密云县石城镇、延庆县沈家营镇。完成绿化 56.2 公顷，栽植乔木 4.5 万株、花灌木 54.1 万株，地被 4 万平方米。各区县推荐参加园林小城镇创建活动共 6 个乡镇，分别是门头沟区军庄镇、房山区南窖乡、顺义区龙湾屯镇、怀柔区琉璃庙镇、密云县新城子镇和大城子镇。参加园林小城镇创建的镇共完成绿化 111 公顷，栽植乔木 8.2 万株、花灌木 70.1 万株，地被 3.5 万平方米。全市计划完成 312 个村 566.67 公顷的村庄绿化美化任务。共栽植乔木 31.7 万株、栽植灌木 90.78 万株、栽植地被 82.82 万平方米。

【山区重点生态工程建设成效显著】年内，京津风沙源治理二期工程低效林改造年度任务 3 966.67公顷，区县、乡镇级公路河道绿化完成 300 千米计划任务。

【山区森林健康经营】年内，山区森林健康经营以建设 10 处经营示范区为重点，完成森林健康经营林木抚育 2.67 万公顷。完成割灌除草 2 766.67 公顷，修枝 189 万株，松土扩堰 234 万穴，定株 210 万穴，间伐 53 万株，补植54.7万株，修建作业道路35千米。全市4.67万名生态林管护员上岗务林，开展林木抚育、森林防火、病虫害防治和资源保护。

【京冀合作造林项目】年内，按照北京市政府与河北省政府签署的《北京市、河北省2013—2015年合作框架协议》（2013年）《共同加快张承地区生态环境建设协议》（2014年）任务，京冀生态水源保护林建设计划任务6 666.67公顷，涉及张家口、承德两市8县。

【北京市公布首批25家历史园林】8月6日，北京历史名园依据1949年以前始建；北京市域范围内，曾在一定历史时期内或北京某一区域内，对城市变迁或文化艺术发展产生影响的园林；园林格局及园林要素至今尚存，具有可开放性，市园林绿化局公布颐和园、北海公园、景山公园、天坛公园、香山公园、中山公园、北京动物园、北京植物园、陶然亭公园、玉渊潭公园、紫竹院公园、圆明园遗址公园、劳动人民文化宫（太庙）、日坛公园、月坛公园、地坛公园、八大处公园、宁寿宫花园、故宫御花园、恭王府花园、醇亲王府花园（宋庆龄故居）、乐达仁宅园（郭沫若纪念馆）、淑春园、莲花池公园、什刹海公园25家历史园林为北京市首批历史名园。

【公园景区提质增效】截至2015年年底，全市城市注册公园达到355个，面积12 859公顷，免费率达87%，年接待游客2.9亿人次。全市风景名胜区27处，森林公园31处，全市精品公园达104个，提前完成“十二五”规划确定的百个精品公园目标。

【行政副中心园林绿化规划】年初，按照市政府会议要求，结合通州现状指标、《通州区绿地系统规划》及《国家园林城市标准》等标准，会同通州区园林绿化局提出城市副中心园林绿化指标体系，制定了《通州园林绿化发展规划及园林绿化三年行动计划（2015—2017）》，会同相关处室指导通州全面开展通州区行政副中心绿地系统规划研究和“十三五”规划制定等工作。

【森林防火情况】本年度森林防火期，市森林防火指挥中心共接报各类火情报警37起，构成森林火灾3起，全市提前15天进入本年度防火期，全市115支专业森林消防队按橙色预警级别备勤，全市51 300余名护林员全员上岗，对重点地区、重点地段、关键部位死看死守，严密监控林区火情动态。平均每天出动森林公安民警220余人，巡查队400余支，生态林管护员5万余人、临时增加护林员1万余人。395个森林防火临时检查站的人员，186座森林防火瞭望塔的观察员24小时上岗，APEC会议期间，派驻怀柔区雁栖湖地区的50名武警森林部队官兵和150名地方专业森林消防队员，在环雁栖湖核心区形成森林防火控制区，在昌平区、平谷区、密云县、延庆县周边形成外围区。召开京津冀森林防火工作联席会议，各地全面开展隐患排查，加大巡查密度，增加看护力度，对重点区域采取割除防火隔离带、清理林下可燃物、用水浇湿等措施消除森林火灾隐患，保证救援人员、扑火物资、运输车辆、防护装备、通讯装备全部到位。全市开展宣传活动547次，发放宣传品104.2余万份、设立固定宣传牌5 587块、电子宣传屏幕331块、语音宣传杆165个，挂横幅1.1万余条，发送手机短信242.9万条。实现北京市“确保不发生重大森林火灾，确保不发生人员伤亡事故”预期目标。

【湿地保护】年内，通州潮白河宋庄段、于家务等湿地恢复与建设，总面积140公顷。编制完成玉渊潭东北部湿地公园总体规划。平谷城北湿地公园施工75.33公顷，完成土方作业63万立方米，灌溉管线7 000余米，栽植面积13.33公顷，栽植苗木5 000余株，驳岸总计3 000余立方米。完成房山佛子庄湿地保护小区和怀柔区喇叭沟门湿地保护小区建设，组织开展密云白马关河和安达木河等2处湿地保护小区建设，全市湿地保护小区数量达到7处。

【野生动植物保护】年内，与市规划委、市公园管理中心一起，实地考察房山区青龙湖森林公园、大兴区长子营镇赤鲁村、大兴区野生动物园、海淀区鹫峰国家森林公园等区域。就大熊猫基地选址情况进行研究，形成关于基地选址以及规划建设初步成果，完成基地总体规划初稿。完成第二次全国野生植物调查北京地区调查野外调查主体任务，基本摸清重点保护野生植物资源状况、动态变化及分析与评价、野生植物生境状况、保护与管理现状以及人工培植状况，在松山、百花山重点调查自然保护区，建立一批固定样地。

【自然保护区建设情况】年内，开展汉石桥、松山以及百花山等自然保护区科普宣教示范建设。百花山国家级自然保护区与美国仙那度国家公园签署姊妹园区合作框架协议，双方将在资源保护、规划建设、科普宣传等领域加强交流合作，相互借鉴经验，共同提升管护能力，促进园区可持续发展。

【古树名木保护情况】年内，组织东城区、西城区、海淀区、石景山区等区县完成古树名木抢救复壮 600 余株。开展古树名木保护示范点建设项目，完成密云县和石景山区示范点选点，完成项目招投标工作，完成 15 处保护示范点建设。开展中南海内古树名木挂牌建档工作，初步完成外业调查工作，正在进行内业整理和档案建立。组织开展古树名木认养，全市设立 33 处古树名木认养点，提供侧柏、桧柏、国槐、银杏、皂角、古柏、楸树、榆树、枣树、油松等 10 种古树 589 株。

【京津风沙源治理二期工程】年内，京津风沙源治理二期工程安排低效林改造 3 966.67 公顷，涉及房山、门头沟、平谷、怀柔、密云、延庆六个区县和十三陵等四个林场（保护区）。

【退耕还林生态观光园建设】年内，北京市继续实施巩固退耕还林成果，建设 44 个观光采摘示范园。其中，平谷 13 个、密云 6 个、昌平 5 个、延庆 5 个、门头沟 4 个、怀柔 1 个、房山 10 个（列入市级任务）。

【全国集体林业综合改革试验示范区建设】年内，本市房山区被国家林业局正式确定为全国集体林业综合改革试验示范区。根据集体林业综合改革试验示范区要求，房山区确定张坊镇、南窖乡和十渡镇西太平村作为综合改革试验示范区试点乡、镇、村。承担新型林业经营主体培育、完善金融支持、建立森林保险制度、建立集体林权流转机制、积极发展农民股份合作，五项改革试点任务。房山区已确定成立工作机构，成立由区长担任组长、主管副区长任副组长、相关部门为成员的工作领导机构及其办事机构。在示范区内开展政策宣传，制作并下发林权抵押贷款、林下经济主要模式、农民林业专业合作社等宣传材料 1.25 万册。区政府制定了《房山区集体林业综合改革试验示范区工作方案》。

【制定北京市国有林场改革工作意见】年内，市园林绿化局组织编写《北京市国有林场改革工作意见》，对推进全市国有林场改革工作的总体思路、工作安排和工作要求进行明确。同意成立以副市长林克庆为组长的国有林场改革领导小组，并对领导小组各成员单位进行职责分工。

【编制国有林场改革实施方案】年内，市园林绿化局编制《北京市国有林场改革实施方案（草案）》，9 月 16 日，中共第十一届北京市委常委会第 171 次会议审议通过《实施方案》，同意报国家国有林场改革工作小组审批。

【开展森林保险试点】2 月 3 日，市园林绿化局会同中国人民财产保险股份有限公司北京分公司联合制定印发《关于印发森林保险防灾防损资金管理使用办法的通知》。3 月 20 日，召开全市生态林保险工作会议，全面部署 2015 年度森林保险工作下发《2015 年北京市生态公益林保险实施（试点）方案》，全市有 10 个区县（平谷、密云、怀柔、延庆、昌平、门头沟、房山、顺义、通州、大兴）和 5 个市属国有林场 75.8 公顷山区生态公益林统一纳入保险范围，3 月底完成全市统保，总保险费为 2 714 万元。

【开展林权抵押贷款试点工作】年内，在房山区开展生态林林权抵押贷款试点，尝试和探索通过以生态林林地使用权、林木所有权、使用权或林地（土地）承包合同作为抵押物进行贷款。

【城市休闲公园建设情况】2015 年继续以服务市民休闲、改善区域生态环境为目标，推进城市休闲公园建设。新建丰台六里桥、通州台湖、顺义府前街等休闲公园共 30 处，新增绿化面积约 158 公顷。

【城市健康绿道建设情况】年内，完成温榆河绿道（顺义、朝阳段）、清河绿道、新凤河绿道、京密引水渠绿道、运潮减河绿道、北运河绿道、平谷新城绿道等 7 条绿道方案审批；玉河、小月河、京藏高速、亮马河、北小河等绿道设计方案通过专家评审；推进区县绿道规划编制和评审工作，有 13 个区县完成绿道规划编制工作，其中 11 个区县通过专家评审，4 个区县正式下发审查意见。编制完成《北京绿道体系交通衔接系统规划建设要求》《北京市绿道管理办法》，分别从绿道建设、管护、运营、相关政策以及责任与监督等方面提出要求，为规范绿道建设与后期养护工作提供政策保障。

【居住区绿化美化情况】年内，全市完成新建居住区绿化 30 余处、老旧小区绿化改造 25 处。

【立体绿化】年内，全市完成屋顶绿化 11 万平方米、垂直绿化 71.4 千米。

【完成抗战胜利70周年纪念活动环境保障】 年内，完成《中国人民抗战胜利70周年纪念日绿化环境布置和保障工作方案》《天安门城楼迎宾沿线环境布置和天安门广场布置管理台搭建及观礼人员建议方案》编制工作。完成长安街沿线绿地景观提升工程，共更换乔灌木25 000株，绿篱色块1 600平方米，地被宿根花卉13 000株，铺设草坪17 000平方米，安装高栏杆500米，安装树池箅子22套，砌筑挡土墙530米，铺设道牙530米，安装防腐木花架52组，铺设痕灌18 100平方米。完成以天安门广场及长安街沿线为重点的全市花卉布置工作。活动期间，全市布置花卉1 800万株（盆），其中天安门及长安街沿线布置立体花坛9处，容器花卉200组，地栽花卉25 000平方米。

【国庆花卉布置】 年内，北京市在抗日战争胜利70周年纪念活动花卉布置的基础上，通过变换主题、更换长势不良花材、加强花卉日常养护等方式，顺利完成国庆花卉布置与纪念活动花卉布置的有效衔接，营造出国庆节温馨靓丽的景观环境，体现出节约办节的宗旨。

【完成第十届中国（武汉）国际园林博览会北京园建设】 年内，全面完成第十届中国（武汉）国际园林博览会北京园建设。武汉北京园占地4 600平方米，建设内容包括歇山式两层楼四角单檐方亭、环形长廊、花艺、脸谱景墙、象征“南水北调”千山池和歇山楼前天影池；绿化种植包括乔木144株、造型灌木143株、竹类约3 900株，木本和草本花卉2 000平方米，各类精品和水生花卉1 400盆。

【危险性病虫害防控】 年内，北京市防控危险性林木有害生物部门联席会议确认14个成员单位组成，全市共计监测诱杀越冬代、第一代和第二代美国白蛾成虫8 072头、3 374头、1 852头，分别是2014年同期的25.83%、3.44倍和50.00%；共计在920株、269株和192株树木上查处第一代、第二代和第三代美国白蛾幼虫，分别是2014年同期50.00%、72.70%和11.35%。

【林业有害生物防治基础设施建设】 年内，全市共计落实防控资金7 410.95万元。其中，市级财政投入2 538万元；区县级财政投入2 566.20万元；乡镇级财政投入2 306.75万元。落实各种类型防治队伍1 563支，落实查防人员1.59万名。全市各种类型防治机械3 350台（套），其中，林业系统已配备风送式车载高射程打药车481台。

【开展全市林业有害生物普查】 年内，组织开展三次全市范围的以美国白蛾为主的危险性林木有害生物普防和普查工作。组织普查技术、病害调查、生态摄影和标本制作等6个市级培训班，各区县园林绿化局主管领导、林保站（科）长和主要专业技术人员，部分市属有林单位、局属林场和相关单位主要专业技术人员等320余人参加培训。对全市17个区县（含亦庄开发区和首发集团）普查工作督查检查落实到人、落实到组，进行技术指导，全市全年累计出动防控人员30.71万人次、防控车辆10.45万车次，投入防治设备0.94万台（套）次、药剂361.61吨，人工地面防治70.02万公顷次；普查面积124.04万公顷次，普查树木56 600.79万株次。

【林业有害生物联防联治】 年内，与津冀林业主管部门签订《京津冀协同发展林业有害生物防治框架协议》。通过《京津冀协同发展林业有害生物防治联席会议制度（试行）》《京津冀林业有害生物协同防控信息平台管理办法（试行）》。支援河北省开展以防治第二代美国白蛾幼虫为主飞机防治200架次，涉及河北省2个地区5个市区县，包括廊坊市固安县、广阳区、永清县，保定市涞水县和涿州市。投资500万，用于为河北地区采购监测设备、防治器械和药剂。采购监测用诱虫灯550台、车载高射程喷雾器（含车）6台（套）、担架式高射程喷雾器200台、1.2%烟碱·苦参碱16吨、1.0%苦参碱16吨、5%杀铃脲15吨、20%除虫脲10吨。

【林业有害生物监测测报设施建设】 年内，全市购置并发放各种林果有害生物诱芯67 247个。其中购置美国白蛾诱芯2 093（区县另外自购4 884）个，苹果蠹蛾诱芯2 000个，国槐叶柄小蛾诱芯8 900个，纵坑切梢小蠹诱芯1 087个，油松毛虫诱芯610个，梨小食心虫诱芯10 940个，桃小食心虫等其他林果有害生物诱芯41 617个。购置各种林果有害生物诱液982.61千克。其中红脂大小蠹诱液62.22千克，松墨天牛诱液98千克，双条杉天牛诱液819.6千克，桔小实蝇诱液2.79千克。购置各种林果有害生物诱捕器15 317套。其中美国白蛾诱捕器2 018（区县另外自购4 610）套，国槐叶柄小蛾诱捕器2 882套，红脂大小蠹诱捕器 1 067 套，油松毛虫诱捕器 465 套，松墨天牛诱捕器 203 套，纵坑切梢小蠹 1 244 套，桔小实蝇诱捕器 685 套，其他诱捕器 6 753 套；购置粘虫胶 460 千克。

【林业植物检疫】 4 月 27 日至 5 月 12 日，市园林绿化局造林营林处、市林木种子苗木管理总站、市园林绿化工程质量监督站、执法监察大队及林保站等 5 个单位组成联合检查小组，对全市 13 个区县春季绿化造林工程使用苗木情况进行检疫检查，其中对 195 个批次苗木进行抽查，发现部分调入苗木有腐烂病、白蜡窄吉丁、光肩星天牛、松大蚜等，全市共开具《森林植物检疫要求书》1 014 份。在市区两级政府权力清单制定工作中，梳理并确认区县检疫机构执法主体等有关事项。整理出行政处罚职权数 19 项（其中，市区林业主管部门处罚职权 3 项、市林检机构职权 4 项、市区两级林检机构共有职权 12 项）。

（齐庆栓）

水务建设与管理

【概述】 本市水务系统主动适应经济发展新常态，紧紧围绕落实首都城市战略定位、推进京津冀协同发展、有序疏解非首都功能，以水资源安全保障为中心，以供水安全、防洪排涝安全、水生态环境改善为主线，加快推进“六个根本性转变”，全面深化水务改革，全面推进依法治水，全面提高水安全保障能力，实现量水发展原则，圆满完成了“十二五”各项任务，有力保障了首都经济社会持续健康发展。全市总用水量 38.2 亿立方米，万元 GDP 水耗较上年降低 4%，农业灌溉水有效利用系数达到 0.71，污水处理率 87%，再生水利用量 9.5 亿立方米。

（刘琼）

【全市水资源概况】 全市平均降水量 583 毫米，比 2014 年降水量 439 毫米多 33%，与多年平均值 585 毫米基本持平。全市地表水资源量为 9.32 亿立方米，地下水资源量为 17.44 亿立方米，水资源总量为 26.76 亿立方米，比多年平均值 37.39 亿立方米少 28%。全市入境水量为 4.49 亿立方米，比多年平均值 21.08 亿立方米少 79%；出境水量为 14.32 亿立方米，比多年平均值 19.54 亿立方米少 27%。全市 18 座大、中型水库年末蓄水总量为 16.23 亿立方米，可利用来水量为 4.34 亿立方米（含南水北调输水 0.53 亿立方米）。全市平原区年末地下水平均埋深为 25.75 米，地下水位比 2014 年末下降 0.09 米，地下水储量相应减少 0.5 亿立方米，比 1998 年年末减少 71.1 亿立方米，比 1980 年年末减少 94.8 亿立方米，比 1960 年减少 115.6 亿立方米。

（刘琼）

【本市水资源开发利用】 全市总供水量 38.2 亿立方米，比 2014 年的 37.5 亿立方米增加 0.7 亿立方米。其中地表水为 2.9 亿立方米，占总供水量的 8%；地下水 18.2 亿立方米，占总供水量的 47%；再生水 9.5 亿立方米，占总供水量的 25%；南水北调水 7.6 亿立方米，占总供水量的 20%。全市总用水量为 38.2 亿立方米，比 2014 年增加 0.7 亿立方米。其中生活用水 17.5 亿立方米，占总用水量的 46%；环境用水 10.4 亿立方米，占 27%；工业用水 3.8 亿立方米，占 10%；农业用水 6.5 亿立方米，占 17%。

（刘琼）

【水质监测情况】 全市地表水监测总河长 2 545.6 千米，其中有水河长 2 325.9 千米。有水河长中符合Ⅱ类水质标准河长 998.5 千米；符合Ⅲ类水质标准河长 195.2 千米；符合Ⅳ类水质标准河长 154.8 千米；符合Ⅴ类水质标准河长 53.5 千米；劣于Ⅴ类水质标准河长 923.9 千米。监测大中型水库 18 座。大中型水库除官厅水库水质为Ⅳ类外，其他均符合Ⅱ～Ⅲ类水质标准。监测湖泊面积 719.6 公顷。符合Ⅱ～Ⅲ类水质标准的面积 571.6 公顷；符合Ⅳ～Ⅴ类水质标准的面积 148.0 公顷；达标面积 625.6 公顷。浅层地下水水质（评价区面积为 6 400 平方千米）符合Ⅱ～Ⅲ类水质标准的面积 3 530 平方千米，符合Ⅳ～Ⅴ类水质标准的面积为2 870平方千米。深层地下水水质（评价区面积为3 435平方千米）明显好于浅层地下水，符合Ⅱ～Ⅲ类水质标准的面积为2 729平方千米，符合Ⅳ～Ⅴ类水质标准的面积为706平方千米。基岩水基本符合Ⅱ～Ⅲ类水质标准。

（刘琼）

【利用南水北调来水】统筹推进南水北调市内配套工程建设，建成郭公庄水厂并投入运行，建成第十水厂主体工程，启动城市副中心（通州区）供水保障体系建设，置换停用城区自备井157眼，加强水源调度、水质监测、优化配置和运行保障；建成南水北调来水入密云水库调蓄工程并投入运行，开展了密怀顺地下水源地试验性补水；累计利用江水8.8亿立方米，受益人口超过1 100万。

（刘琼）

【开展节水型社会建设】制定了全面推进节水型社会建设的意见，制定并颁布实施了高尔夫球场、滑雪场等4项取水定额；持续开展节水型单位建设和试点示范，实施社会单位和居民家庭高效节水器具换装工程；探索推进“细定地、严管井、上设施、增农艺、统收费、节有奖”的农业节水模式，在“两区一镇多园”开展了试点，建设高效节水灌溉工程5万亩。

（刘琼）

【污水处理和再生水利用情况】建成昌平阳坊北区再生水厂主体工程并试运行，完成肖家河污水处理厂升级改造，基本建成中心城区清河第二、定福庄等再生水厂主体工程，全市污水处理率达到87%，其中中心城达到97%。全市污水排放总量为16.4亿立方米，污水处理量14.4亿立方米，污水处理率87.9%，其中，城六区污水处理率96.8%。全市利用再生水9.5亿立方米，河湖生态环境、园林绿化、市政杂用不断加大再生水用量，热电厂冷却用水全部使用再生水。

（刘琼）

【水环境综合治理情况】开展河湖生态环境综合整治行动，联合市政市容、环保、城管等部门加强河湖周边环境秩序监督执法。全市共清理河湖垃圾渣土4.2万立方米，打捞水面漂浮物6 000立方米，治理污水口25个，河湖补水2亿立方米，查处私接乱排、倾倒垃圾的违法行为67起，为申办2022年冬奥会和世界反法西斯战争胜利70周年纪念活动营造整洁优美的河湖生态环境。

（刘琼）

【水土保持情况】全市山区坡地共产生地表径流6.28亿立方米，流失土壤391.5万吨，流失总氮1 622.0吨，流失总磷88.1吨，流失COD_{Mn}3 554.3吨。山区各项坡地水土保持措施共涵养水量5 050.2万立方米，减少土壤流失253.8万吨，减少总氮流失13.8吨，减少COD_{Mn}流失488.3吨。全市共审批生产建设项目水土保持方案255个，审批涉及生产建设项目水土保持方案的水影响评价文件417个，73个生产建设项目水土保持设施通过验收。

（刘琼）

【生态清洁小流域建设】以水源保护为中心，养山保水、进村治水、入川护水、构筑“生态修复、生态治理、生态保护”三道防线，将污水、垃圾、厕所、河道和村镇环境等纳入小流域综合治理内容，建设完成38条生态清洁小流域建设工程，治理水土流失面积400平方千米。截至2015年年底，全市1 085条小流域共实施了316条生态清洁小流域建设工程。

（刘琼）

【防汛安全保障情况】统筹推进中小河道第三、四阶段500千米治理任务，继续推进完成中心城区25座立交桥雨水泵站改造；完成西郊雨洪调蓄工程建设，新增蓄水能力700万立方米，提高了对西山洪水的防御能力；推进“海绵城市”建设，完成150处雨洪利用工程。进一步完善了防汛应急指挥体系，着力提升防汛决策指挥、预报预警、社会动员“三个能力”，汛期启动全市范围Ⅲ级响应1次、Ⅳ级响应12次，实现全市安全度汛，有力保障了冬奥申办、世界田径锦标赛举办、纪念中国人民抗日战争暨世界反法西斯战争胜利70周年活动顺利进行。

（刘琼）

【水务工程管理情况】规范工程质量监督管理，印发《北京市水务局关于进一步加强质量监督注册管理工作的通知》，进一步明确工程质量监督手续的办理范围和程序。加强水利工程日常维护管理，加大市属水利工程日常维护资金投入，全面实行水工设施标准化维护管理。严格工程维护项目招标程序，引入第三方监理、造价咨询机构，加强工程维护项目监管。

（刘琼）

【水务改革发展情况】全面推行

水影响评价审查制度，制定出台了《北京市建设项目水影响评价文件技术审查控制要素（试行）》《建设项目节水设施方案审查办理指南（试行）》，进一步明确了市和区分级管辖权限；严格实施水环境区域补偿制度，细化完善相关配套制度和实施细则；制定《北京市海淀区河湖管护体制机制创新实施方案》《北京市门头沟区河湖管护体制机制创新实施方案》，探索推行河湖生态环境管理地方行政首长负责制。

（刘琼）

公路建设与运输

【密兴路北京段改建工程竣工通车】 1月14日，密云连接河北省兴隆县的密兴路北京段改建工程全线完工通车。密兴路（北京密云—河北兴隆）全长54.3千米，其中北京境内（密云巨各庄镇—京冀界）28.3千米，河北境内（京冀界—承德兴隆县）26千米。北京段公路等级由原三级公路扩建为一级公路7.5千米，二级公路20.8千米，工程总投资4亿元。

（许国华）

【公路联网收费系统构成及硬件技术要求发布】 1月28日，市交通委组织编制的市地方标准《收费公路联网收费系统第1部分：系统构成及硬件技术要求》（DB11/T 1165.1—2015）由市质监局发布，5月1日开始实施。该标准规范了收费公路联网收费系统的一般规定、系统框架及构成、计算机系统硬件技术要求和通信网络系统技术要求，适用于收费公路联网收费系统的新建、改建或扩建。

（俞宏熙）

【乡村公路四项技术文件发布】 1月，市交通委组织编制的《乡村公路养护技术要求》《乡村公路养护年度消耗量计算标准及编制方法》《乡村公路技术状况评定标准》《乡村公路安全保障工程实施技术指南》四项技术文件通过专家评审并正式发布，全市乡村公路管养标准体系基本形成。

（周北灵）

【市公路客运枢纽布局规划发布】 1月，市交通委和市规划委组织编制《北京市公路客运枢纽布局规划（2014—2020年）》。结合北京城市总体规划修改和京津冀协同发展交通一体化相关工作成果，综合考虑城镇化发展、产业布局、交通需求等因素，研究确定全市公路客运枢纽的体系、层次和功能布局等内容，落实永久性占地的公路客运枢纽布局23处，规划总用地99公顷，其中枢纽站9处，辅助站4处，配客站10处。

（安志强　李高芳）

【顺义区石园一卡通充值网点恢复营业】 2月4日，顺义区石园一卡通充值网点（鑫海韵通大卖场石园店西南侧）正式恢复营业，满足市民办理市政交通普通卡购卡、充值和学生卡充值业务的需求。

（白海鹏）

【房山区公共自行车正式投入使用】 2月9日，房山区第一期800辆公共自行车同时投放并正式投入使用，其余200辆作为调度周转使用。房山区公共自行车服务项目设计为1 000套公共自行车服务系统，分布在良乡中心城区附近35个投放站点，依托地铁站、交通枢纽、公交站，向周边约3～5千米地区辐射。公共自行车租赁采取“免费＋低费”的模式，租赁1小时以内免费，1小时以上按每小时1元收费（不满1小时按1小时计算），租赁一天（自然日）最高收费10元。年内，第一期、第二期公共自行车建设项目完成，共计建设2 000套公共自行车。居民办卡数9 785张，平均每日租车1 593次，平均每日还车1 593次，租车总数519 565辆，还车总数519 617辆。

（刘玉东）

【门头沟区省际客运行业开展安全检查】 2月11日，门头沟区交通局客运所、稽查大队、芹峪口综检站组成联合执法检查组，在芹峪口检查站开展途经门头沟区省际长途客运车辆的安全检查，重点检查长途客运车辆经营的资质证件、驾驶员从业资格证明、车辆乘客的超载现象、车辆本身紧急情况逃生硬件设施以及车辆运行线路牌等内容，确保车辆安全性能和各项安全责任制落实到位。

（王元媛）

【大兴区首批插电增程式新能源公交车上路运营】2月12日，大兴区首批插电增程式新能源公交车正式上路运营。车内设有自动报站器、LED电子路牌、17寸液晶广告播放器等设备设施，能够准确、清晰地显示即将到站的站名。该车型共购置60辆，先行投入运营的4辆车用于兴46路（大辛庄专线）公交线路。

（刘涛）

【涿州—房山19路公交客运班线开通】2月，京冀两地开通19路公交客运班线，往返于涿州市火车站和房山区地铁苏庄站，线路总长46千米，沿途设置停靠站点18个，共配置16辆清洁能源公交车。

（刘玉东）

【怀柔区100座公交站亭建成】3月5日，怀柔区交通局对区内新开通线路无站亭及损毁严重的公交站亭进行新建，其中庙城、杨宋、北房、桥梓等平原乡镇新建站亭89个，汤河口、九渡河等山区乡镇新建站亭11个。站台、站牌架、顶棚、休息坐椅等配套设施齐全。

（解子仪）

【房山区电动出租车起步价格调整】3月15日，房山区电动出租汽车起步价格（3公里以内）由8元调整为10元，其他收费标准不变。出租汽车计价器新旧价格并行，已调整计价器并更换价标的出租汽车按新价格标准执行，未调整计价器或未更换价标的出租车按现行价格标准执行，3月25日前全部完成更换。

（刘玉东）

【门头沟区三项工程通过竣工验收】3月25日，市交通委路政局组织召开担下路担礼大桥新建工程、清千路（清水涧—北台）改建工程和潭王路（潭柘寺—王平村）改建工程竣工验收会。验收组听取各参建单位的竣工报告，对三项工程分别进行内外业检查，经打分评议，一致同意通过竣工验收。

（杜文龙　张真祯）

【平谷区首批分散式充电站投入使用】3月25日，平谷区8个分散充电站、47个充电桩（32个直流充电桩，15个交流充电桩）正式投入使用。充电桩分布在交通局院内、交通局驾校、国泰停车场、综合服务中心停车场、体育中心二期停车场等重点区域。市民家用电动汽车和营运电动汽车均可到各个充电点进行充电，购买IC卡后每千瓦时电支付0.87元。

（王浩）

【655路替代357路区间车并延长至土楼村】3月26日，655路公交车正式运营，始发昌平东关站，途经昌平城区，终点站设在土楼场站，将原357路区间车南口农场延长2.8千米，增加南口农场南、水南路口、土楼村3站。

（李娟）

【顺义区公租自行车项目试运营】3月，顺义区公共自行车试运营3个月，累计办理开通公共自行车租车服务卡1.35万张，租还车11.37万次。

（白海鹏）

【房山区两条公交线路调整】3月，房30路公交车首末站站点由原来的万宁桥调整至城关办事处安置房小区；房40路公交车首末站站点由原来的后朱各庄调整至城关办事处安置房小区。

（刘玉东）

【省际道路客运场站经营服务规范实施】4月30日，市交通委组织编制的市地方标准《省际道路客运场站经营服务规范》（DB11/T474—2015），由市质监局发布，11月1日正式实施。该标准规定了省际道路客运场（站）经营服务主体、经营服务人员、站务管理服务、旅客公共服务、经营服务评价等要求，适用于独立的省际道路客运站以及综合客运枢纽中的省际道路客运站。

（周北灵）

【平谷区夏各庄综检站投入使用】4月，平谷区夏各庄综合检查站建设完成并正式投入使用。该站位于京平高速公路夏各庄收费站，站内设初检磅2台，复检磅1台，具备称重数据自动采集信息系统，实现与部、市、站的三级联网，完成车牌抓拍系统，实现不停车检测。

（王浩）

【昌33路增开区间班车】5月11日，昌平区交通局协调客运企业为昌平北站至老峪沟的昌33路公交增发2班区间车，线路始发禾子涧，途经老峪沟、长峪城、马刨泉、溜石港等村庄，终点为流村中学，方便沿线各村20余名学生往返，解决西部深山区学生“跑家难”问题。

（李娟）

【公路桥梁隧道施工突发事件应急演练】5月12日，全市路政系统在丰台区鲁坨路二期施工现场举行“平安工地”建设现场经验交流暨公路桥梁隧道施工突发事件应急处置演练活动。鲁坨路承建单位中交一公局五公司介绍“平安工地”建设管理经验，施工人员完成“隧道坍塌、触电伤害、高空坠落、脚手架坍塌”四个科目的应急处置演练。

（郭浩）

【大兴区20辆新能源接驳小客车上路运营】 5月15日，大兴区组织对黄村、旧宫5条接驳线路的20辆电动新能源小客车进行更新，更新后车辆载客量提高，续驶里程延长，并全面实现一卡通刷卡服务。

（刘涛）

【大兴区公交候车亭硬件设施维护】 5月19日，大兴区交通局根据居民需求联合属地政府对公交候车亭硬件设施进行维护。主要包括清除小广告，对公共座椅、防雨棚等设施进行检查维修；设置公交举报电话；新建5个站牌和2个候车亭，并详细标注各公交线路的起停站点、发车时间、途径站点等信息。

（刘涛）

【大兴区三条新能源公交接驳线路开通】 5月22日，大兴区开通3条新能源公交接驳线路，分别为辛店至地铁黄村火车站，观音寺至地铁黄村西大街站，天堂河农场至地铁天宫院站。

（刘涛）

【昌27路调整延长至顶秀青溪社区】 5月28日，昌平区交通局与顶秀青溪家园居委会商定，在小区西门南侧隔离出公交专用区，区内公交企业将昌27路延长约1 000米至顶秀青溪家园，其间增设东辰小区站，方便周边居民出行。

（李娟）

【平蓟路大修工程完工】 5月31日，平谷区平蓟路大修工程完工。工程设计桩号为K7＋000～K23＋800，全长16.8千米。道路等级为二级公路，平原段设计速度60千米/小时，山区段设计速度40千米/小时，路基宽13～30.5米，路面宽12～16.5米。主要工程内容为病害基础处理、旧路铣刨和路面铺筑。历时两个半月，工程总投资4 238万元。

（杜文龙　张真祯）

【房25路公交线路调整】 5月，房25路公交车首末站站点由原来的霞云岭堂上村延伸至蒲洼东村。

（刘玉东）

【公路运输量小样本专项调查】 5—6月，市交通委运输管理局按照交通运输部有关通知要求，在全市范围内开展公路水路运输量小样本抽样调查工作，完成2 916辆样本车（郊区客运120辆、旅游客运200辆、省际客运100辆、货运2 496辆）外业调查任务，并进一步跟踪公路客货运输情况，掌握公路运输货类分布、高速公路货物运输量比重和客货运营车辆能耗信息，为校正公路运输量日常统计数据提供基础资料。

（高颖）

【怀柔区百辆电动出租车免费接送高考生】 6月7—8日，怀兴旺电动小客车出租公司在高考期间成立“爱心送考”车队，针对全区两处高考考点，设置固定接送点，每个考点投放30辆电动出租车接送考生。除固定接送外，其余40辆电动出租车采取流动运行的方式接送。考生出示准考证后，可免费搭乘张贴“免费接送高考生爱心车队”标识的电动出租车。

（解子仪）

【密三路大修工程完工】 6月9日，密云县密三路大修工程完工。密三路起点位于密云新农村，经东邵渠镇太保庄与平谷区相接，县域内全长18.52千米。大修工程为K0＋500～K6＋940段，全长6.44千米，路基宽12.5米，路面宽11米，设计时速80千米，施工对旧路病害进行处理后铺筑沥青混凝土路面，并更新路缘石和边沟等设施。施工中使用厂拌乳化沥青冷再生材料，并实现旧路材料100％回收再利用，为低碳环保新工艺新材料的研究和推广奠定基础。

（杜文龙　张真祯）

【迎全国干线公路养护管理检查启动会召开】 6月10日，市交通委组织召开北京市迎接“十二五”全国干线公路养护管理检查启动会。会议贯彻交通运输部国检工作要求，分析全市公路养护管理实际情况，并就迎检工作进行安排。市政府副秘书长王成国出席会议并讲话，市交通委党组书记、主任周正宇对迎国检工作进行动员部署。

（王继春）

【大兴区两条新能源公交接驳线路开通运营】 6月15日，大兴区新开通旲建路东口至地铁清源路站、联港嘉园至地铁义和庄站2条新能源公交接驳线路。全区共计开通新能源公交接驳线路11条，累计运送乘客66.3万人次。

（刘涛）

【第24届啤酒文化节公交服务专线开通】 6月，顺义区交通局组织开通石园南大街至水上公园公交专线，服务第24届啤酒文化节。线路设仓上小区、顺义医院、便民街东口等13个公交站点，市民可持市政交通一卡通刷卡乘车，老年证、残疾证等证件有效。

（白海鹏）

【房山区两条公交线路优化调整】6月，房山区971路公交车撤销低效重复路段，终点由梨村调整到地铁苏庄站；环城1路公交线路调整绕行社科院（全称）、小西庄、金地朗悦小区。

（刘玉东）

【平谷区集中整治路域环境】7月7日，市交通委路政局平谷公路分局采取多项措施，开展公路路域环境集中整治，宣贯《公路法》及《公路安全保护条例》等法律法规，与东高村镇政府、区城管、工商等部门开展联合执法，共清理公路两侧摆摊设点26处，清除非公路标志17面、公路两侧堆占物5处。

（杜文龙　闫玉婷）

【公路联网收费系统基础数据元和编码规则发布》】7月8日，市交通委组织编制的市地方标准《收费公路联网收费系统第2部分：基础数据元和编码规则》（DB11/T 1165.2—2015）由市质监局发布，2016年2月1日开始实施。该标准规定了收费公路联网收费系统中基础数据元编码要求及分类，并规范了基础数据元的定义、编码规则和值域编码集，适用于收费公路联网收费系统的新建、改建和扩建。

（俞宏熙）

【昌金路预防性养护工程完工】7月10日，平谷区昌金路预防性养护工程完工，具备通车条件。昌金路连接昌平、顺义、蓟县等地，是平谷北部山区一条重要主干道。养护工程于6月1日正式开工，全长约27.7千米，主要施工内容包括处理旧路病害，并加铺18厘米石灰粉煤灰稳定碎石，更换路缘石等。

（杜文龙　闫玉婷）

【五环路部分路段路面维修工程完工】7月15日，五环路K28～K45内环及K45～K80内外环主路路面维修工程完成全部施工任务，内环南起京沪高速，北至厢红旗桥，全长52千米；外环南起京开高速，北至厢红旗桥，全长35千米。该工程历时51天，共完成路面摊铺226万平方米，热熔及振动标线施划40万平方米，更换桥梁伸缩缝3 053米，由首发集团公司等单位实施。

（吕方舟）

【京周路预防性养护工程完工】7月15日，房山区京周路K23＋300～K48＋230段道路预防性养护施工全部完工。该工程于5月20日开工，利用预防性养护技术延长道路使用寿命，使用沥青循环利用、温拌沥青工艺有效节能环保，采取错峰施工减少交通影响。

（杜文龙　闫玉婷）

【昌19路延长至王庄村】7月15日，昌19路由原终点站沙河延长线路7 000米至王庄村，增加沙河北大桥、路庄村等9站，方便王庄和沿线群众出行。

（李娟）

【大兴区200辆新能源微公交车投入运营】7月16日，大兴区投放200辆威旺307纯电动微公交车。由北汽新能源、青岛特来电、冀东物贸3家公司设立的充电合资公司同时启用公共综合充电站，保障亦庄电动微公交的日常充电运营，为当地电动车用户提供便捷的充电服务。

（刘涛）

【门头沟公路分局紧急处置斋幽路侧山体滑坡】7月20日凌晨、21日下午及23日凌晨，受持续强降雨天气影响，门头沟区斋幽路K15～20段接连发生三次山体滑坡，造成双向交通阻断。市交通委路政局门头沟公路分局立即组织雁翅专养段抢险作业队伍赶赴现场，安排专人封闭交通并指挥绕行。23日下午4时40分，路面淤泥及碎石全部清理完毕，双向交通恢复正常。三次抢险共出动抢险作业人员55人，铲车7台，工程车6台，洒水车3台，清理淤泥3 000立方米。

（杜文龙　闫玉婷）

【京哈高速儒林桥整改工作完成】7月21日，市交通委路政局组织召开京哈高速儒林桥整改工作专家会，听取首发集团整改工作汇报，对消隐情况进行现场考查。2013年，京哈高速儒林桥被交通运输部确定为市级挂牌督办桥梁，首发集团历经两年实施引桥、主桥维修加固工程。与会专家按照部督办意见，作出最新桥梁技术状况检测评定（二类桥），表示该桥已具备摘牌条件。

（杜文龙　闫玉婷）

【大兴区十条新能源公交接驳线路开通】7月21日，大兴区10条新能源公交接驳线路正式开通。其中大兴新城新开4条线路，可满足新居里、团河农场、首座御园、天祥文玩城至地铁大兴线的接驳；亦庄新城新开6条线路，可满足生物医药园、晓康东里、鹿海园三里、大雄城市花园、马驹桥商业街、贵园小区至地铁亦庄线的接驳。10条线路共配车65辆，在早晚高峰时段运营，票价3元。全区新能源公交接驳线路达到21条，累计运送乘客75.34万人次。

（刘涛）

【昌平区58辆新能源公交车上路运营】7月24日，昌平区新增58辆液化天然气新能源公交车正式上路运营，替换途经昌平城区的原昌1路、2路、11路、67路燃油车辆。昌平区新能源公交车达到116辆。

（李娟　宋杨）

【昌平区两条公交线路优化调整】7月29日，昌平区交通局协调公交集团公司分别开通专58路、调整426路公交线。专58路始发天通北苑，终点至天通北苑一区南，接驳地铁5号线，用于解决太平庄中一街西段400米道路"有路无车"问题，线路总长6 100米，设12站。426路调整线路，在定泗路与鲁疃西路间双向增设英才南三街、鲁疃嘉园、英才南三街东口三站，方便鲁疃嘉园、未来科技城南区居民和央企员工出行。

（李娟　宋杨）

【昌金路大修工程竣工】7月30日，平谷区为昌金路大修工程竣工。工程路线呈东西走向，施工范围为昌金路K57＋000～K59＋000、K63＋000～K70＋000，全长9千米。主要内容包括旧路面铣刨、石灰、粉煤灰稳定碎石基层摊铺、基层养生、成本保护、沥青路面层摊铺。工程造价2 033万元，于3月8日开工。市交通委路政局平谷公路分局建设，北京市市政专业设计院股份公司设计，北京市政路桥管理养护集团有限公司施工，北京顺通公路交通技术咨询有限责任公司监理。

（何鑫）

【延庆四项中修工程通过交工验收】7月，延庆县年度中修工程G6辅路、康张路、昌赤路、妫川路4条道路部分路段共计29千米通过交工验收。工程主要内容是对车行道路面以及相应的附属设施进行整修，重点针对段落内车辙、龟裂、网裂、沉陷及坑槽等病害进行铣刨摊铺，修复总面积约10万平方米。验收组通过审阅内业资料，实地查看、现场检测等形式，评定工程质量等级为合格，一致同意四项工程全部通过交工验收。

（杜文龙　闫玉婷）

【怀柔区七条公交线路实现纯电动公交运营】7月，怀柔县861路、862路公交车全部更换为纯电动公交车。至此，861路、862路、863路、864路、869路、H55路、H56路等7条公交线路实现全部电动化，纯电动公交车总数达到100辆。

（解子仪）

【通房路预防性养护工程完工】8月6日，通州区通房路预防性养护工程全部完工。工程位于通州区南部，东起九周路，西至京塘路，全长20.06千米。主要施工内容包括在全线分段设置MS-2型纤维微表处罩面、ARAC-10C橡胶沥青薄层罩面、Nova-Chip超薄磨耗层罩面，旧路病害处理，局部段路基处理，完善修复排水设施和附属工程等。造价2 445万元，5月10日开工。市交通委路政局通州公路分局建设，西安长安大学工程设计研究院有限公司设计，北京路桥瑞通养护中心有限公司施工，北京仕邦工程监理有限责任公司监理。

（杜文龙　闫玉婷　何鑫）

【漷小路大修工程完工】8月11日，通州区漷小路大修工程完工。漷小路东起京塘路，南至市界，道路全长21.736千米，是通州区东南部的一条重要通道。大修工程起点为京塘路，终点为漷小路旧线，施工路段全长1.77千米，道路等级为二级公路。

（杜文龙　张真祯）

【顺义区完成多项道路施工任务】8月16日，顺平路潮白河大桥抢修加固工程完工。自4月1日开始实施的顺密路（左堤路—魏家店村北）、木燕路（顺平路—市界）、顺平南线（左堤路—木燕路，龙塘路—平谷区界）3项大修工程，机场东路（顺平路—李天路）、顺平路（天北路—枯柳树环岛，燕京桥—平谷区界）、昌金路（昌平区界—京承高速西，白良路—平谷区界）3项预防性养护工程，京沈线、龙塘路2项中修工程全部结束。

（杜文龙　闫玉婷）

【门头沟区26路快速直达公交专线开通】8月20日，门头沟区新开通快速直达专线26路（三家店—航天桥西）公交线路。线路总长19.7千米，共设站三家店、三家店东口、石景山高井、首钢小区、定慧寺东、西钓鱼台、航天桥西7站。

（王元媛　刘天通）

【房山区环城2路公交线路优化调整】8月，房山区环城2路调整绕行阎村镇二合庄、绿城百合小区、乐活城小区。

（刘玉东）

【979路早晚高峰公交开通运营】9月1日，门头沟区梧桐苑临时公交场站建设完成投入使用，由梧桐苑到玉泉路地铁的979路公交车开通运营。该线路规划为早晚高峰公交，共配备普通公交车6部，全天共运营60车次，全程票价3元。

（刘天通）

【顺义区南彩1路袖珍公交开通运营】9月6日，顺义区交通局组织开通“南彩1路”公交线路，开设前疃西、后俸伯、南彩工业区、地铁俸伯站、二手车交易市场、强制治疗管理处等站点，运营里程8.4千米，发车间隔30分钟，全程单一票制2元，市民可持市政交通一卡通刷卡乘车。

（白海鹏）

【兴45路公交线路调整】 9月7日，大兴区交通局对兴45路公交线路进行调整，方便庞各庄镇四各庄村近千名百姓的日常出行。该线路首发站由狼各庄北调整到四各庄公交场站，增设四各庄车站、四各庄村南站、四各庄北站、陈各庄南站、陈各庄北站、西枣林村站、西庄开发区站、狼各庄东口站、狼各庄站等9处公交站点。

（刘涛）

【门头沟区三条公交线路优化调整】 9月7日，门头沟区交通局优化调整959路、977路、977快车3条公交线路。重点缓解双峪路前往北辛安路，大瓦窑、小屯地区前往西四环路的公交出行需求，同时优化过长线路，加快车辆周转，提高服务水平。

（刘天通）

【全市国家干线公路交通情况调查系统推广工程启动】 9月11日，市交通委组织召开全市国家干线公路交通情况调查数据采集与服务系统推广工程启动会，推广工程总体工作方案，各高速（收费）公路管理单位汇报工作计划及现阶段工作进展，对交通情况调查推广工程进行部署。与会代表就站点布设、设备选型、数据对接等相关工作进行讨论。市交通委机关及路政局相关部门，各高速（收费）公路管理单位参会。

（杜文龙　闫玉婷）

【专70路公交开通运营】 9月16日，昌平区专70路公交上路运营，方便上东廓周边居民出行。该公交线路由百善镇上东廓村站始发，终点至沙河站，运行区间设置15个站点，共配置公交车辆8台，运营里程8.8千米。

（李娟　王悦）

【收粮沟桥改造工程完工】 9月20日，延庆县收粮沟桥改造工程全部完工。工程主要内容是在桥梁原址处新建3孔16米预应力混凝土宽腹T梁桥。

（杜文龙　闫玉婷）

【昌平区36路快速直达专线开通】 9月21日，昌平区36路快速直达专线开通，由平西王府西站往返地铁回龙观东大街站，用于缓解平西府周边居民通勤难题。

（李娟）

【密三路顺密路预防性养护工程完工】 9月23日，密云县密三路、顺密路两项预防性养护工程全部完工。两项工程总长4.4千米。其中密三路包括K0＋000～K0＋500和K6＋940～K9＋640两段，全长2.7千米；顺密路自河南寨派出所至京承高速密云出口，全长1.7千米。

（杜文龙　闫玉婷）

【京沈线两座桥梁大修工程完工】 9月24日，密云县京沈线荆子峪1号桥、3号桥大修工程完工。荆子峪1号桥位于国道京沈线K82＋792处，桥长14.8米，宽15米；荆子峪3号桥位于国道京沈线K83＋165处，桥长15.9米，宽15米。工程主要内容是对桥梁病害进行修复，并重建桥梁上部结构，提高桥梁的耐久性和安全性。

（杜文龙　闫玉婷）

【旧小路改建工程完工】 9月30日，延庆县旧小路改建工程完工。旧小路（旧县镇—小鲁庄）位于延庆县北部，属县级公路，途径旧县镇及张山营镇，也是通往石京龙滑雪场、龙庆峡等风景区的交通要道。工程全长8.8千米，设计路基全宽17.5米，在现况三级路基础上实施改建，达到二级公路标准。累计完成投资7 277.82万元。

（杜文龙　张真祯）

【顺义区一批养护工程完工】 9月，顺义区一批养护工程完工。包括顺密路、通顺路、顺平南线三项预防性养护工程和白马路、通顺路、木燕辅路三项中修工程。为尽可能减少施工对公众出行的影响，施工采用分幅作业、错峰施工、夜间施工等模式，并为公众提供了可绕行路线。

（杜文龙　闫玉婷）

【房42路公交夜班车线路调整】 9月，房42路公交夜班车开通至长阳半岛广场。

（刘玉东）

【951路公交线路优化调整】 9月，951路公交车绕行京良路，增设长阳环岛东站和篱笆房站，实现与地铁房山线接驳。

（刘玉东）

【房山区治超专项整治行动完成】 9月至10月，房山区交通局协调组织公安、交管、路政、运政4个治超主责单位，依据《路面执法工作方案》，抽调组建6个流动巡查组（每组8车24人），每天不定时对区内房易路、岳李路、长周路、顾郑路、闫东路、闫吕路、紫马路、云居寺路、107国道、108国道以及六环路、京港澳高速和京昆高速路出入口等重点路段进行全覆盖执法检查。共检查货运车辆 42 462 台次，查处超限超载 30 台次，卸载货物 5 047 吨。

（刘玉东）

【顺义区三项道路大修工程完工】 10 月 6 日，顺义区顺密路（左堤路—魏家店村北）、木燕路（顺平路—市界）和顺平南线（左堤路—木燕路，龙塘路—顺义平谷区界）三项大修工程完工。该工程 4 月 1 日开工，历时 6 个月。

（杜文龙　张真祯）

【潭柘寺镇路网主干路道路一标段竣工】 10 月 28 日，门头沟区潭柘寺镇路网主干路道路一标段竣工。工程位于潭柘寺镇内。道路全长 0.456 千米，建设内容包括道路、桥涵、雨水管线、污水管线、给水管线、中水管线工程等。造价 3 491.581 6 万元，2014 年 7 月 1 日开工。门头沟区潭柘寺镇人民政府建设，北京市市政工程设计研究总院有限公司设计，北京市市政一建设工程有限责任公司施工，北京四方工程建设监理有限责任公司监理。

（何鑫）

【896 路公交线路优化调整】 10 月，房山区 896 路末站由刘家窑桥西缩短至七里庄站，同时增设地铁良乡大学城站、理工睿府、良乡东关新村 3 站。

（刘玉东）

【快专 32 路公交线路调整】 10 月，八方达公交公司调整快专 32 路公交线路，首站由燕化星城四里调整至新镇，末站由六里桥北里调整至六里桥东，线路途经阎河路、京周路、京港澳高速。撤销燕化星城四里、燕化星城三里、大董村、紫草坞路口、六里桥北里 5 站；增设新镇、房山吴庄、六里桥东 3 站。线路长度由原 34.5 公里缩短为 33.6 公里。

（刘玉东）

【兴延高速公路 PPP 项目投资签约】 11 月 3 日，兴延高速公路 PPP 项目投资协议签约仪式在京举行。市交通委代表市政府与中铁建股份有限公司联合体正式签约兴延高速公路 PPP 项目投资协议。该项目为 2015 年 9 月 25 日财政部下达的政府与社会资本合作模式第二批示范项目库重点项目，是自 2014 年国家层面力推 PPP 模式并出台一系列新的相关制度法规以来，全国首例通过公开招标建设的高速公路 PPP 项目，吸引社会资金 97 亿元。

（王继春）

【杨雁路预防性养护工程完工】 11 月 5 日，怀柔区杨雁路预防性养护工程完工。工程全长 6.6 千米，面层摊铺施工 14.6 万平方米，路面整体铣刨拉毛 1 厘米，加铺 3 厘米温拌沥青混凝土 WAC-10C。工程采用多项先进技术，温拌沥青混凝土技术可节省 20%的燃油消耗，降低 50%的温室气体排放量，减少 80%的“沥青烟”污染；旧料厂拌热再生技术可减少铣刨旧料对环境的污染，节约资源；高黏乳化沥青黏层同步摊铺技术通过路面面层、黏层撒布同步实施，提高施工效率、缩短工程工期，降低对交通出行的影响，减少道路安全隐患。

（杜文龙　闫玉婷）

【专 63 路公交线路开通运营】 11 月 16 日，八方达公交公司开通房山于庄至六里桥东无人售票定制专线车，工作日运营，节假日停驶，执行单一票制，免费乘车证件无效，线路长度 39.1 千米，单程行驶 60 分钟。

（刘玉东）

【延庆公路分局及时清理道路塌方】 11 月 7 日清晨，延庆县滦赤路 K135＋100 处发生塌方，阻断交通。市交通委路政局延庆公路分局启动应急预案，出动抢险人员 25 人，车辆 6 台。40 分钟后外侧单车道恢复通行。8 时 15 分，现场落石全部铲除，共清理塌方 400 立方米。

（杜文龙　闫玉婷）

【邵古路大修工程完工】 11 月 9 日，密云县邵古路大修工程完工。该工程位于密云县不老屯镇，起于黄下路，止于史庄子村口，全长 1.83 千米，属乡级公路。通车后将改善村民出行环境，有利于当地民俗旅游业的发展。

（杜文龙　闫玉婷）

【延庆道路交通安全隐患治理工程验收】 11 月 13 日，延庆区昌赤路、刘干路交通安全隐患治理工程通过交工验收。该工程按照市交通关于事故黑点治理，消除道路交通安全隐患的要求，在昌赤路、刘干路共设置 A 级钢板护栏 448 米，SB 级钢板护栏 1 104米。

（杜文龙　闫玉婷）

【环湖路罗汉石段路面大修工程完工】 11 月 14 日，平谷区环湖路罗汉石段路面大修全部完工。起点位于平谷区金海湖镇罗汉石村北口 10.69 千米处，终点位于平蓟路红石坎桥南头 13.91 千米处，全长 3.21 千米，道路等级为 4 级。主要施工内容为路基整修、二灰基层、热再生沥青混凝土面层摊铺。该工程 10 月 21 日开工。

（杜文龙 闫玉婷）

【刘干路中修工程完工】 11月16日，延庆区刘干路中修工程全部完工。刘干路位于延庆县东北部，南起延琉路，北至滦赤路，是通往百里山水画廊的一条重要联络线，也是刘斌堡乡、千家店镇居民出行的主要路线，全长17.42千米。刘干路裂缝、龟裂等路面病害集中在面层及底面层，中修工程旨在恢复沥青混凝土面层的使用功能，保护道路基层不受损坏，改善行车的舒适性。该工程10月10日开始施工，采用半幅作业方式，交替放行社会车辆，油面铺筑施工全部在夜间进行，以减少对交通造成的影响。

（杜文龙 闫玉婷）

【门头沟区两条快速直达专线开通运营】 11月16日，门头沟区开通67路和68路两条公交快速直达专线。

（刘天通）

【密云县年度首批乡村公路工程竣工】 11月19日，2015年密云首批34项乡村公路工程竣工通车。其中道路大修工程33项，全长44.4千米。另有一座桥梁路面大修384平方米。工程自9月5日开工，历时两个半月完工，惠及不老屯、新城子等16个镇的30余个村。

（杜文龙 闫玉婷）

【区县公路分局应对强降雪天气】 11月22日，顺义、平谷、延庆、房山等地区普降大雪，局部地区积雪深度达10～15厘米。市交通委路政局顺义公路分局连夜组织除雪单位开会，研究部署具体工作方案，确保除雪工作有序开展。平谷公路分局密切注视雪情，全员备勤，平地机、扫雪刷、防滑料等铲冰除雪设备、物资全部提前就绪。延庆公路分局铲冰除雪应急指挥小组安排养护备勤人员190名，配备车辆、机械设备121台，液体融雪剂900吨，固体融雪剂700吨。房山公路分局累计投入除雪人员1 505人次，机械、车辆342台（辆）次，融雪剂980余吨。

（杜文龙 闫玉婷）

【徐尹路二期主体工程全部完工】 11月23日，徐尹路二期道路工程全线完工。工程起点位于东六环，与徐尹路一期工程相接，向东平交张采路、规划五路、任李路等道路后，从南马庄村内经过至市界，全长约4.876千米。道路等级为一级公路，设计时速为60千米/小时。2013年12月21日开工建设。待河北省潮白河大桥、徐尹路河北段修通后，将直接打通河北省燕郊地区北部与北京市的东西向交通要道，从河北省出发的车辆可直接沿徐尹路进入北京市城区，减少过境绕行成本，方便两地百姓出行。

（杜文龙 闫玉婷）

【延庆县乡村公路年度大修工程完工】 11月25日，延庆区乡村公路2015年度大修工程完工。其中包括道路大修13条18千米，新建桥梁1座，旧桥改造2座，涉及9个乡镇。

（杜文龙 闫玉婷）

【顺义区三项预防性养护工程通过验收】 11月26日，市交通委路政局顺义公路分局交工验收小组分别对机场东路、通顺路、顺平南线三项预防性养护工程进行交工验收。验收组进行现场查看，听取参建单位的汇报，对各工程建设情况给予肯定，同意全部通过交工验收。顺义公路分局相关负责人及各项目管理、设计、施工、监理单位人员参加验收。

（杜文龙 闫玉婷）

【门头沟区三条公交线路优化调整】 11月28日，运通101线调整，蓝龙家园末站更改为城子，调整后取消蓝龙家园、兰龙小区、城子职高3站。运通112线调整，蓝龙家园首站更改为城子，调整后取消蓝龙家园、绿岛家园、城子大街南口3站。运通116线调整，蓝龙家园首站更改为城子。为继续方便绿岛家园、蓝龙小区居民出行，116线路调整至滨河路行驶。调整后增设蓝龙小区1个站位，取消蓝龙家园、城子职高2个站位，线路长度增加0.7千米。

（刘天通）

【房山区篱笆房公交客运站竣工】 11月，房山区篱笆房公交客运站建成并投入使用。该项目于2013年11月开工建设，总建筑面积14 122.93平方米，其中地上建筑面积5 176.85平方米，地下建筑面积8 946.08平方米。公交车可驻车42辆，公交发车位9个，小汽车停车位228个（地上停车72辆，地下停车158辆），自行车位350个。

（刘玉东）

【大兴区乡村公路大修工程通过验收】 12月3—15日，2015年度大兴区乡村公路大修工程项目通过验收。涉及10个乡镇，57条道路，总里程82.32千米，其中13条路段共计安装钢板防护栏9.828千米。验收结果显示，大修后的乡村公路路面平整、纵坡顺畅、道牙直顺、路肩整洁，均达到竣工验收标准。

（杜文龙 闫玉婷）

【延庆区两项新建道路工程通过竣工验收】12月4日，市交通委路政局组成公路工程竣工验收委员会，对延庆区西铁路（西二道河—铁炉村）道路工程、八达岭收费站出口与110辅路连接线工程进行竣工验收。西铁路道路工程位于延庆县大庄科乡，全长15.889千米，设计等级为山区三级公路，桥涵设计荷载为公路-Ⅰ级，设计速度为30千米/小时，属新建道路。八达岭收费站出口与110辅路连接线工程位于北京市延庆县八达岭镇，路线全长0.275千米，设计等级为公路三级，设计速度为30千米/小时，属新建道路。竣工验收委员会听取汇报、查阅资料、现场评议，一致同意两个新建项目均通过竣工验收。

（杜文龙 闫玉婷）

【专86路公交线路开通运营】12月7日，八方达公交公司开通梨村至夏家胡同无人售票专线车，线路由梨村至夏家胡同，途经凯旋大街、京周路、京港澳高速、四环路、三环路；设良乡东关、昊天温泉家园、良乡火车站、黄辛庄、长阳路口、长阳环岛南、七里庄、地铁西局站、夏家胡同9站，线路长度28.4公里，单程行驶60分钟。工作日营运，节假日停驶，执行单一票制，使用市政交通一卡通乘车有效（不享受折扣），免费乘车证件无效。

（刘玉东）

【平谷区出租车电召服务开通】12月10日，平谷区出租车电召服务正式开通。前期仅限于平谷城区范围，东至下纸寨路口、南至早市大桥 、西至岳各庄大桥 、北至水务局。电召服务时间为7：00—20：00。

（王浩）

【顺义区乡村公路建设年度工程全部完工】12月15日，顺义区2015年乡村公路建设工程历时半年全部完工。共完成道路大修90千米、危桥改造4座、涵洞改造2道，涉及全区19个乡镇，总投资1.33亿元。

（杜文龙 闫玉婷）

【杨镇1路袖珍公交开通运行】12月16日，顺义区交通局开设杨镇1路（城市学院—顺鑫朗郡）袖珍型公交线路。该线路填补了北京城市学院（顺义校区）无公交出行空白，基本实现与区内外多条公交线路无缝衔接，城市学院师生只需通过一次换乘就能到达北京市区、顺义城区或前往乘坐地铁15号线。

（白海鹏）

【京平高速马坊镇路段声屏障工程完工】12月17日，京平高速马坊镇回迁小区路段新建声屏障工程完工。安装声屏障（隔音板）长度为260米，钢立柱支撑，采用金属板及金属板与PC板结合的结构形式。工程10月19日开工，总投资109.07万元。

（杜文龙 闫玉婷）

【通马路台湖进出口段拓宽改造工程完工】12月21日，通马路台湖进出口段拓宽改造工程竣工通车。该工程10月16日开工，主要是在京哈高速台湖收费站外出入口处各增加一条左转车道，同时在通马路东侧丁字路口南北两端各增加一条渠化车道，提高京哈高速台湖进出口通行能力。

（杜文龙 闫玉婷）

【军红路水峪1号桥主体工程完工】12月25日，房山区军红路水峪1号桥主体工程完工。该桥始建于1975年，为双曲拱桥，是进出大安山乡的唯一通道，桥梁使用功能和技术状况明显降低，存在较大安全隐患，经检测被评定为四类危桥。拆旧建新工程于9月9日开工，同时采用箱梁盘扣支架搭设临时钢便桥，跨越30余米深的泄洪山沟，施工难度大，安全隐患高。市交通委路政局房山公路分局请专家评审排架搭设可行性，制定施工安全方案，并在钢便桥两端设置专人24小时值守，进行交通疏导，确保施工期间群众出行和消防等应急通行。

（杜文龙 闫玉婷）

【舞彩浅山旅游公交专线开通】12月26日，顺义区舞彩浅山旅游专线（顺5路）开通试运营。线路全长41.5千米，首末站分别设在河南村小区和山里辛庄客运站，途经水上公园、鲜花港等观光旅游景点和桥头、道仙庄、白塔等多个行政村，方便市民前往水上公园、鲜花港、舞彩浅山等地观光游览。

（白海鹏）

【通州区七条纯电动微型公交线路开通】12月26日，通州区交通局新开通7条纯电动微型公交线路，投放100辆纯电动车通勤纯电动公交线路，解决重点区域百姓早晚高峰出行不便的问题。

（陈颖）

【省际客运行业推出手机购票系统】12月30日，全市省际客运联网售票系统增设手机APP购票服务终端，实现省际客运发车信息查询、在线实名制购票、购买出行保险、电子结算、线上退票及停复班信息公告、出行安全常识宣传等多种功能一体化。

（刘嵩 徐晓婉）

【怀柔区新增100辆电动出租车】 12月30日，怀柔区新增100辆电动出租车上路运营。全区电动出租车总数达到350辆，能够满足汽车站、医院、学校、商场等人流密集场所的乘客需求。经招投标，北汽新能源E200车型成为选用车型，续航里程可达200千米。

（解子仪）

【收费公路联网收费系统构成及硬件技术要求发布】 12月30日，市交通委组织修订的市地方标准《公共交通客运标志第2部分：城市轨道交通》（DB11/T 657.2—2015）由市质监局发布，2016年4月1日开始实施。该标准规定了城市轨道交通客运标志的一般要求以及位置标志、导向标志、综合信息标志、劝阻标志、禁止标志、警告标志和指令标志等标志的设计与设置要求，适用于轨道交通客运服务设施和场所。

（马瑞樯）

【怀柔区两用停车场建成使用】 12月，怀柔区交通局在兴怀大街桥下建设的停车场正式建成使用。停车场建设占地面积为10 400平方米，其中4 400平方米为公交停车场，6 000平方米为电动出租车停车场，可满足约50辆公交车、150辆电动出租车停放。场内设置153个充电桩，其中90个快充桩，63个慢充桩。与葛各庄充电站、庙城充电站形成电动出租车充电群落，为怀柔区内350辆电动出租车提供充电服务。

（解子仪）

【怀柔区汤河口公交候车室建成使用】 12月，怀柔区交通局投资建成汤河口公交候车室。候车室高5米、长25米、宽10米，建筑造型简洁、美观，以米色、亮白色为主色调。室内设有LED电子屏、调度室、票务室、监控装置、休息室等设施。

（解子仪）

【顺义区80部气电混合式公交车上线运营】 12月，顺义区80部气电混合式（新能源）公交车上线运营。新增车辆分别投放至顺1路、18路、22路、38路4条线路运营。该车型具有尾气排放小、安全性能高、承载能力大等三个特点，符合节能减排要求。

（白海鹏）

【房山区20辆纯电动公交车上路运营】 年内，房山区凯捷风公交公司新增20辆纯电动公交车，并陆续投入到环城2路运营。

（刘玉东）

【房山区31个新增备案停车场运行】 年内，房山区新增备案停车场31个，停车位15 397个。全区备案经营性停车场总计176家，共有停车位72 529个。其中备案居住小区停车场99家，停车位61 311个；备案路外停车场66家，停车位7 400个；其他类11家，停车位3 818个。

（刘玉东）

【房山区公交站亭建设及站牌更新】 年内，房山区在长阳路、房易路等地建设公交站亭106个，根据897路、951路、房30路、40路、环城1路、环城2路等线路的优化调整，更新线路牌6 462个。

（刘玉东）

【房山区357辆出租车更新】 年内，房山区累计更新出租车357辆，其中北方出租公司254辆、北新出租公司45辆、万建出租公司9辆、银华出租公司49辆。

（刘玉东）

【地铁长阳站P＋R停车场建设完成】 年内，地铁房山线长阳站P＋R（停车换乘）停车场建设完成并投入使用，可提供500个停车位。地铁房山线站点周边共有5个P＋R停车场，分别在苏庄站、良乡南关站、良乡大学城站、篱笆房站、长阳站，累计提供2 784个停车位。

（刘玉东）

【房山区公交专用道施划】 年内，房山区交通局在良乡东路、东环路两条主要道路施划公交专用道，线路总长15千米。

（刘玉东）

【通州区14条公交线路优化调整】 年内，通州区交通局协调开通快速直达专线1路、5路、7路、12路、15路、55路、69路、通47路共8条公交线路。优化调整342路、582路、587路、986路、通28路、通43路共6条公交线路，解决重点区域到轨道交通短途接驳问题。郊区客运企业新增、更新新能源和清洁能源车辆126辆。

（陈颖）

【通州区新增72处电动出租车充电设施】 年内，通州区交通局新增充电桩72处，用于完善充电设施，保障运营需求，主要分布在亚太花园酒店、运河源酒店、中国民兵武器装备陈列馆等11处。

（陈颖）

【顺义区公共自行车二期工程建设完成】 年内，顺义区交通局完成公共自行车二期工程建设，新建、扩容公共自行车站点38个，新投放公共自行车1 400辆。建成后，全区公共自行车租赁点达到93个，分布在地铁站、公交站、居民小区、医院、办公楼宇等场所，覆盖城区出行密集区域。

（白海鹏）

【大兴区公交候车环境优化维护】 年内，大兴区交通局出资530万元新建公交候车亭及站牌140处，对全区380处候车设施开展常态化巡查工作，确保候车设施破损率不高于5%，破损站牌、候车亭维修率达到100%。与新媒体产业基地管委会签订《区域候车亭及站牌维护管理协议》，由其全权对其辖区候车设施进行维护、修缮和使用。

（刘涛）

【平谷区区域电动出租车新增100辆】年内，平谷区新增100辆电动出租车上路运营，总数达到250辆。运营期间，返还乘客遗失物品60余件，其中手机30部，收到锦旗6面，感谢信6封。

（王浩）

【平谷区公交线路图印制发行】年内，平谷区交通局印制发行区内公交线路图5万册，向全区百姓进行分发，方便乘客选乘公交出行。

（王浩）

【平谷区两条公交新线路开通运营】年内，平谷区新开通平63路（客运总站一夏各庄新城）、平62路（客运总站一白云寺）两条公交线路。

（王浩）

【密8路公交线路调整】年内，密云区交通局调整密8路公交车，起始站由石桥西区迁址到区医院。

（杨爽　肖强）

【密9路公交线路调整】年内，密云区交通局调整密9路公交车，终点站由华远市场向东延伸到区医院。

（杨爽　肖强）

【延庆区三条公交线路优化调整】年内，延庆区交通局开通延庆至上虎叫、延庆至马匹营村两条公交线路，优化Y03路1条公交线路，将终点由高庙屯延伸至宗家营村，解决了当地2 000余名居民出行难问题。

（王亚娜）

【燕山道路运输市场秩序整治】年内，燕山交通管理处对燕山地区道路运输市场秩序进行整治，共出动1 085人次，发现违章车辆1 283辆，纠正违章1 686次，规范燕山地区道路运输市场秩序。

（晁浩宇　肖培）

【公路安全生命防护工程实施方案印发】年内，市交通委贯彻落实《国务院办公厅关于实施公路安全生命防护工程的意见》（国办发〔2014〕55号），组织编制《北京市公路安全生命防护工程实施方案》，并由市政府办公厅印发，组织力量集中对现有公路安全隐患进行排查，摸清存在安全隐患的公路路段数量、分布情况，并建立安全隐患基础台账，开展动态排查、定期复查。针对排查出的安全隐患，制定全市公路安全生命防护工程整治规划，明确年度建设任务、投资计划、资金来源渠道等。

（周北灵）

【四好乡村路建设活动启动】年内，市交通委按照交通运输部关于开展“四好农村路”建设要求，制定《北京市推进“四好乡村路”建设实施方案》，并印发区（县）农村公路主管部门、公路分局和交通局等相关单位，明确指导思想、工作目标和工作任务以及组织保障和工作要求。各区（县）制定辖区内落实方案并报市交通委备案。

（周北灵）

【乡村公路安全生命防护工程建设规划编制】年内，市交通委组织技术支持单位，编制《北京市2015—2020年乡村公路安全生命防护工程建设规划》，依据10个远郊区（县）乡村公路隐患排查结果，开展基础资料搜集和隐患路段核查，对全市乡村公路安全生命防护工程现状进行定性定量分析，依据交通运输部《公路安全生命防护工程建设技术指南》（试行版），运用指标综合判别法对乡村公路隐患路段进行分类，提出处治措施，统筹安排各区年度建设任务并对投资进行估算，提出规划的政策与保障措施。

（周北灵）

气候概况和气候评价

【概况】年内，北京平均气温较常年（1981—2010年平均值，下同）偏高，降水量偏多，日照时数略偏少。年内高温、连阴寡照、雾等高影响天气气候事件出现较频繁。2015年气候条件总体对于冬小麦、春玉米和夏玉米的生长发育及产量形成较为有利，北京地区大部森林植被长势偏好或正常，生态质量较2014年改善。

【气温】 年平均气温偏高。2015年北京市20站平均气温为12.2℃，较常年偏高0.7℃。与常年相比，全市大部分地区年平均气温偏高0.5℃以上。观象台年极端最高气温为38.9℃，出现在7月13日；年极端最低气温为－9.2℃，出现在2月8日和9日。

除6月和11月气温偏低、7月和9月气温与常年持平外，其他各月气温均偏高，其中1月和3月显著偏高，分别比常年偏高2.6℃和2.1℃。

冬季（2014年12月至2015年2月）全市平均气温为－1.7℃，比常年偏高1.4℃。春季（3—5月）为14.0℃，比常年偏高1℃。夏季（6—8月）为24.6℃，接近常年同期。秋季（9—11月）为11.5℃，接近常年同期。

【降水】 年降水量偏多。年内北京市20站降水量为598.1毫米，比常年偏多1成。全市大部分测站年降水量在550～700毫米之间，昌平降水量最多，为721.3毫米；斋堂降水最少，为419.3毫米。

年降水日数比常年偏多。观象台年降水日数77天，比常年69.6天偏多一成。

冬季全市平均降水量为7.9毫米，比常年偏少近一成。春季为73.8毫米，接近常年。夏季为329.8毫米，比常年偏少一成。秋季为184.2毫米，比常年偏多1.1倍。

【日照】 年内全市20站平均年日照时数为2 381.1小时，比常年偏少116.6小时，比近十年和上年分别偏多32.8小时和33.8小时。

冬季全市平均日照时数为571.2小时，接近常年。春季为780.0小时，比常年同期偏多近一成。夏季为628.6小时，与常年同期基本持平。秋季为468.1小时，比常年同期偏少2成。

【主要天气气候事件】 沙尘暴天气。4月15日，受外来大范围沙尘暴影响，北京时隔13年再次受到沙尘暴影响，大部分地区能见度在短时间内迅速降至1千米左右，PM10最高浓度达到2 000微克/立方米，造成严重空气污染（上次出现是2002年3月20日）。

高温天气。7月11—14日全市持续出现高温天气。其中11日为局地高温；12日发展为全市性高温；13日达到顶峰，包括城区在内有半数以上测站超过39.0℃，北部地区的汤河口和上甸子超过40.0℃，分别为其历史第二高值（并列）和第三高值；14日高温减弱，城区基本在35.0℃以下。高温天气使得全市用电用水增加，7月13日北京地区电网最大负荷突破了2013年的历史最高纪录，供水系统也呈高位运行态势。

极端日降水量。9月4—5日全市迎来年内最大降水，全市20个测站中有10个测站日降水量达到大雨量级，其中4个站日降水量达暴雨级别，石景山站日降水量108.1毫米，突破9月日最大降水量历史极值（86.3毫米，1986年9月1日），海淀、门头沟两站日降水量分别是建站以来历史同期第二高值和第三高值。

连阴寡照。11月全市持续多日出现连阴寡照天气，对交通、空气质量、设施农业等造成一定不利影响。观象台5—22日连续18天阴天（日照时数小于3小时），创1951年以来最长连阴天记录。

降雪天气。年内观象台初雪日为11月6日，比常年（11月29日）提前23天。11月观象台出现8个雪日，创1951年以来11月最多雪日记录。11月19—23日出现持续雨、雪天气，大部分地区降雪量级达大雪，北部、西部和城区部分地区为暴雪，给市内路网、高速公路、铁路、机场都带来不同程度的影响：首都机场多架次航班延误，数百架次航班被取消；多条高速公路封闭。

多天雾日。12月观象台共出现14个雾日，比常年同期（1.8天）显著偏多，为1951年以来同期最多。大雾天气对交通造成一定影响，加剧了空气质量的下降。

大风灾害。4月11—12日，北京地区出现大风天气，12日14时40分许，大风把西三环玉渊潭公园西门前的大型广告牌刮倒，7名正在广告牌前摄影的游客被砸伤。

5月3日14时许，石景山区的首钢厂区内，一栋废弃楼房上的砖头被大风刮落，砸中1名首建三公司职工，后经抢救无效死亡。

12月3—4日，北京地区出现大风天气，3日11时许，朝阳区青年路珠江罗马家园小区46号楼的一段天台护栏被大风刮落，砸死1名路过的女性老人。

【气候影响评价】 年内北京地区降水偏多、气温偏高、日照时数略偏少，气候条件总体对于冬小麦、春玉米和夏玉米的生长发育及产量形成较为有利，也有利于北京生态环境的改善。

气候与冬小麦。年内气候条件对冬小麦生长发育及产量形成较为有利。2014/2015年度冬小麦入冬至2月中旬前期，气温持续偏高，秋冬连旱不断发展，但2月19—21日出现一次全市性降雪过程，2月27—28日麦区再次出现降水过程，这两次过程降水量总和达到8.7毫米，基本解除前期旱情，有效改善了土壤墒情，奠定了小麦返青期需水条件。3月8日小麦返青，返青期间气温偏高、日照充足，气象条件有利于小麦生长发育，麦苗分蘖数、个体素质均好于常年。孕穗至抽穗期间气温偏高、降水偏多、光照充足，对小麦形成合理群体、充分穗分化以及籽粒形成十分有利。由于气温偏高，小麦生育期整体提前，麦收期间天气条件较好，有利于小麦收晒。

9月气温略偏低、降水显著偏多，土壤墒情对于冬小麦播种有利。10月上、中旬气温偏高，降水偏少，但9月底降水充足，土壤墒情适宜，对冬小麦播种后出苗有利，下旬主产麦区气温接近常年，降水偏多，对冬小麦苗期生长有利。11月持续降水充足，为冬小麦越冬奠定了良好的水分基础，但因月内雨雪以及雾霾天气造成日照明显不足，对小麦冬前生长造成一定不利影响，部分地块麦苗长势偏弱，分蘖较少。至12月气温偏高、降水偏多、日照偏少，有利于冬小麦安全越冬。

气候与春、夏玉米。年内气候条件对春玉米生长发育和产量形成有利。2015年春玉米播期始于4月29日，较常年略偏早，春季气温回暖明显，温度条件较为适宜，但部分地块播前底墒略显不足，大部分地区采用等雨播种、造墒播种等技术，保障了玉米出苗需水。5月上旬春玉米主产区降水丰沛，春玉米出苗整齐。5月15—30日，玉米主产区平均降水量仅为2.4毫米，平均气温达到23.5℃，高温少雨的天气特点造成土壤墒情不断下降，但由于此时春玉米处于苗期，需水量不大，因此气象干旱并未对玉米生长造成明显不利影响，还起到了适度“蹲苗”作用，有利于玉米根系向下生长，提高吸水能力。7月15日至8月中旬，北京地区出现了多次明显降水过程，全市20站的平均降水量为213毫米，对春玉米灌浆非常有利。

年内气候条件对夏玉米生长发育和产量形成总体有利。夏玉米全生育期降水量偏多、气温偏高、光照条件充足，保证了玉米充分灌浆和产量形成。6月下旬主要夏播区气温及降水条件对夏玉米的播种出苗较为有利，夏玉米出苗整齐，长势良好。7月上旬至中旬前期本市气象干旱不断发展，但由于夏玉米处于苗期，需水量不大，未造成太大影响。7月15日至8月中旬，北京地区出现了多次明显降水过程，全市20站的平均降水量为213毫米，对夏玉米生长非常有利。9月全市气温大部偏高，日照偏多，气象条件总体对夏玉米后期灌浆和成熟有利。

局地强对流天气。年内北京地区出现多次大风、冰雹、暴雨等局地强对流天气，多个区县受灾。据不完全统计，2015年北京因气象条件受灾人口12 435人，转移安置人口13 634人，农作物受灾面积3 984.5公顷，直接经济损失达6 547.64万元，其中较为严重的有：6月11日房山琉璃河遭受冰雹灾害，农业受灾面积约907.7公顷。7月1日，大兴、房山等地出现雷雨大风天气，造成约400公顷果树、玉米受灾，直接经济损失800余万元。7月13日昌平出现大到暴雨，并伴有短时大风和冰雹，30.7公顷蔬菜、果树受灾，经济损失100万元。7月16—17日本市出现强降雨，暴雨中心房山区转移1 517人，门头沟区转移117人。7月27日丰台、房山、平谷出现暴雨天气，多辆汽车被淹；房山、平谷250公顷农作物受灾，畜牧水产损失234万元。8月7日本市出现雷阵雨、局地伴有短时大风和冰雹，农作物受灾面积366.7公顷；延庆县、朝阳区、海淀区、丰台区出现短时积水断路情况，23处道路出现积水，泡车69辆，首都机场延误进出航班991架次，取消125架次。8月18—20日，通州、怀柔和密云遭受冰雹灾害，受灾人口9 885人，农作物受灾面积1 180.8公顷，直接经济损失2 008.04万元。8月22日平谷遭受冰雹灾害，农作物受灾面积715.3公顷，直接经济损失4 292万元，受灾人口1 800人。8月28日平谷出现风雹天气，受灾人口750人，农作物受灾面积133.3公顷，成灾面积66.7公顷，农业直接经济损失200万元。9月24日昌平、平谷出现短时冰雹，蔬菜、果树遭受雹灾，直接经济损失达47.6

万元。

气候与生态环境。2015 年气候条件总体对北京生态环境改善有利。年内北京市各区生态质量指标值为 43.4～65.3，平均值为 56.1；与 2014 年度相比，全市生态质量指标值增加，表明北京市 2015 年生态质量较上年改善。

气候与供电。年内高温天气给北京供电造成很大压力。7 月 11—14 日本市持续出现高温天气，使得全市用电增加，7 月 13 日北京地区电网最大负荷突破了 2013 年的历史最高纪录。2015 年 8 月 10—12 日观象台最高气温分别为 35.4℃、34.4℃ 和 35.5℃，8 月 12 日北京地区电网最大负荷突破了 7 月 13 日的历史最高纪录。

气候与森林。年内北京地区大部森林植被长势偏好或正常；林区气象代表站气候湿润指数在 0.67～1.16，较 2014 年明显增加；年最大植被覆盖度大部分在 70%以上；叶面积指数绝大部分在 4.0 以上；气候生产潜力在 830～1 000 克/平方米，较 2014 年明显增加。

（杨姝　曹冀鲁）

山 区 建 设

综 述

山区建设工作紧紧围绕市委市政府“建设和谐宜居之都，形成生产、生活、生态空间合理布局”和市农村工作会议精神，坚持生态优先，坚持建设山区“高精尖”产业，以沟域经济建设和山区农民搬迁为抓手，以环境整治和生态建设为基础，以产业融合发展为重点，以农民安居乐业为根本，扎实工作，努力创新，山区生态环境水平提升，农民持续稳步增收，山区生态服务效应进一步彰显。山区沟域经济统筹推进，培育特色产业，全力打造经济品牌收到良好效果。实施生态造林、流域治理、绿化、美化、净化等系列工程，山区林木绿化率已达 77.22%，90%以上水土流失面积得以治理，建成生态清洁型小流域 291 条，山区生态屏障进一步巩固。山区地质灾害易发区和生存条件恶劣地区农户搬迁工程，动作大，效果好，保障了山区农民安居乐业。

沟 域 经 济

【基本情况】沟域范围涉及 8 个山区县、15 个乡镇、178 个行政村，总面积 1 269 平方公里，常住人口 13.2 万余人。沟域名单有：幽岚山、妙峰山玫瑰谷、羊台子、白桦谷、九里山桃花谷、酒乡之路、云蒙风情大道、四季花海和舞彩浅山。各区县在沟域内主要实施了环境整治、生态建设、基础设施、村庄节点和特色产业等五项工程。7 条沟域共实施各项工程项目 237 个，完成投资 20.7 亿元。其中，公益类项目 193 个，完成投资 14.5 亿元，产业类项目 44 个，完成投资 6.2 亿元。

【主要工作举措】按照年初两委对“三农”工作的总体部署和沟域建设“上层次、创品牌、出效果”的要求，着力抓了以下四个方面的工作：

1. **抓项目，搭建平台多渠道吸引资金。**一方面，带动各级政府职能部门向沟域经济集成政策。其中，市发改委投资 8 000 万元提升沟域基础设施服务水平，市园林局、市水务投资 2.3 亿元完成了小流域治理、植树造林等生态建设工程，市旅游委投资 2 000 万元实施旅游基础设施改造提升工程。另一方面，带动和吸引社会力量投资。中国远大置业集团在云蒙风情大道已投资 1.1 亿元建设远大黄金酒店，陕西画院在妙峰山沟域已投入 4 500万元，桃花谷项目北京龙虎峡生态旅游度假区已投入6 000万元。

2. **抓服务，统筹推进沟域经济持续发展**。坚持市、区县、乡镇分级负责、共同推进。在市级层面突出了“引导、交流、示范”三个环节。①搞培训引导。年初，集中3天时间，采取职能部门负责人解读政策、专家专题辅导、典型沟域介绍经验等方式方法，对区县、乡镇和重点村负责人进行了集中培训，注重对北京沟域经济的背景、特征、原则以及建设方向、建设模式、建设内容和建设要求进行灌输和强化，为2015年沟域建设起到了很好的导向作用。②搞拉练交流。先后两次进行沟域经济拉练，统一组织各区县山区办主任到怀柔、延庆、密云等沟域观摩，召开了“取长补短、扬长避短”交流会。及时发现问题，提出了改进办法和建议，建立台账，坚持了跟踪指导和督导制度。③树典型示范。组织力量对全市沟域进行了综合评估，总结了6种模式下30条典型沟域的经验做法，形成沟域经济建设研究报告和典型案例汇编。

3. **抓宣传，聚力打造沟域经济品牌**。适应科技信息发展新形势，通过电视、报刊、网络、短信、微信平台和农业节庆、专题研讨活动等渠道，加大对沟域经济的宣传推介力度，打造了沟域经济品牌。一是大做主题宣传。协调北京电视台等传媒中心摄制《至美山乡行》4集专题片，在北京电视台财经频道连续播出。二是细做信息发布。及时采集、编辑和发布沟域经济信息，中央电视台、新华网、千龙网和《农民日报》《北京日报》《京郊日报》等多家媒体宣传沟域经济，“沟域经济”网页链接超过百万条。三是勤做成果转化。结合检查指导工作，开展沟域经济调研活动，分阶段组织区县农委主管主任、山区科科长研讨，并以拉练、半年总结等形式进行了集中论证，形成了《北京沟域经济发展模式研究》等一系列研究成果，先后在《前线》《北京调研》《北京农村经济》等期刊发表。目前，贵州、辽宁、河北、山西、内蒙古等省（自治区）来京学习考察后，力推沟域经济建设。

4. **抓考评，有效调动区县乡镇积极性**。创新“以考代评、以奖代补、以评促建”的工作机制，注重调动区县和乡镇主体的积极性，着力抓三个环节：①评审定对象。年初，组织专家和沟域建设联席会议成员单位，对2015年沟域建设进行了系统评审，明确了建设对象、建设内容和建设目标。②暗查摸底数。6月中旬，市农委组织专家采取不打招呼、不听汇报、只通报问题的方式，组织专家行程1 700余公里，对全市2015年建设沟域逐一进行了实地查看，掌握了沟域建设任务进度，摸清了真实情况。③考核评成效。9月底，由市农委、市农业局等相关部门组成考评组，对五项工程建设逐一进行了考评。

【工作成效】沟域经济模式的成型，是沟域经济发展的实践，印证了市委、市政府发展沟域经济的科学决策和战略实施，激发了区县发展沟域经济的主动性和创造性，铺就了山区经济转型和持续发展的康庄大道。

1. **提升生态环境**。实施生态造林，流域治理，绿化、美化、净化等系列工程，使山区生态屏障进一步巩固。目前，山区林木绿化率达到77.22%，90%以上的水土流失面积得到治理，建成生态清洁型小流域291条。沟域内蔡家洼等3个“中国最具魅力休闲乡村”、双文铺等25个“北京最美乡村”、白河北等52个搬迁新村，成为北京沟域的一张张个性十足、特色鲜明、生态隽美的靓丽新名片。

2. **培育特色产业**。都市型现代示范农业、现代旅游服务业、文化创意产业、生态友好型加工业相继落户重点沟域，已经形成了密云酒乡之路的葡萄、延庆四季花海的花卉、怀柔天河川的“天河八宴”及平谷丫髻山道教养生谷的道教养生、密云古北水镇、怀柔国际文化村等特色产业，成为沟域经济发展的品牌。

3. **富裕山区农民**。沟域经济为山区农民带来了实实在在的实惠。实施沟域经济新民工程，帮助农民实现了“住新房、谋新业、换新颜”的“三级”跳；推进沟域经济产业发展，引导农民探索了“公司＋合作社＋农户”的经营模式，帮助农民实现了“租金＋薪金＋股金”的“三金”收入；带动民俗旅游业快速发展，农民在做承包地经营者的同时，还实现了勤勤恳恳当服务员、体体面面当民俗老板的“三重”身份。全市沟域内发展民俗经营户7 000余家，户均年收入10万元以上，最高年收入达到117万元。2010年以来，市级建设沟域内的农民人均增幅保持两位数增长，均高于全市山区平均增长水平。

4. 服务首都市民。沟域经济建设，把北京过去人见人愁的穷山沟变成了人见人爱的生态谷。先后涌现了百里画廊、四季花海、白桦谷等沟域品牌，酒乡之路沟域的玫瑰情园成为中西结合的精品休闲观光园，被社会各界赞誉为“除了语言，其他与西欧庄园完全一样，甚至更好”。一条条沟域、一批批靓丽节点，成为生态环境优美、文化创意厚实、历史底蕴厚重的郊野公园，丰富了市民休闲度假的选择，搭建了山区农民就业创业平台。

（王景辉）

地质灾害易发区农户搬迁工程

【全年搬迁农户 4 321 户】 全市计划搬迁 4 321 户、9 052人，涉及密云、怀柔、门头沟、延庆、平谷 5 个区县，市级补助资金 4.2 亿元。自 2004 年实施山区农民搬迁工程以来，市级累计投入 24.6 亿元，共完成搬迁 3.8 万户、9.3 万人，建成新村 200 余个，三分之一的新村发展为民俗旅游专业村，其中 15 个新村荣膺“北京最美的乡村”称号。

【完成搬迁信息化管理系统研发】 2015 年，山区搬迁信息化管理系统研发完成，2016 年将正式投入运行，对搬迁工程涉及的农户档案、工程进度、工程资金、搬迁成效进行动态监测管理。

【搬迁工程加强培训宣传】 2015 年，编制完成《奔向安康》系列光盘、画册、书籍，对 2004 年以来的工程进行了系统的总结，用于指导全市的搬迁工程。2015 年 4 月初，举行搬迁培训班，宣传相关政策并对搬迁工程的组织实施及产业培育进行详细指导，请典型村分享经验。

【召开市级山区农民搬迁联席会议】 召开了本市 2015 年度山区农民搬迁工程联席会议。会上通报了 2015 年山区农民搬迁工作进展情况。联席会议审定通过了 2016 年山区农民搬迁计划。2016 年，计划搬迁 3 811 户 7 687人，涉及门头沟区、延庆县、怀柔区、密云县、平谷区 5 个区县的 15 个乡镇 28 个行政村。

【实施搬迁工程的好典型】

1. 密云区巨各庄镇巨各庄村郝家庄自然村。该村坐落在铁矿山上面、水源匮乏，春秋两季无法保证村民的生活需要。因为其位于矿山尾矿库的下游，每到汛期又必须转移度汛。2011 年的“7・24”、2012 年的“7・21”连续两次五十年不遇的洪水把道路基本损毁，群众的生命财产安全受到威胁、生产生活不能有序进行。郝家庄自然村的搬迁新村规划占地 140 亩、设计建设新民居 260 套。2016 年 5 月底之前，260 套新民居可全部交工并动迁。工程组织方面，镇党委政府成立由镇人大、镇纪委、镇重点工程建设办公室、村“两委”、监理单位、第三方评审单位、施工方构成的搬迁工作指挥部；村成立搬迁工作领导小组，同时由村民代表组成质量监督小组。

根据“搬得出、稳得住、能致富”的要求，镇村两级在规划新村时，就以“生态民俗旅游示范村”为标准，对新村的生态环境、户型结构、配套设施、旅游标识进行了科学的设计。同时对原有村庄腾退后的开发利用进行了谋划，同步开展了招商引资工作。村民搬迁入住后就可以全身心地从事民俗旅游产业发展，从而实现“安居、致富、乐活”的美丽乡村梦。

2. 延庆县大庄科乡铁炉村。该村 2013 年纳入本市山区农民搬迁工程计划，冬季取暖设施积极响应本市压减燃煤文件精神和清洁空气行动计划，建设地源热泵集中供暖系统，取得显著效果。一是彻底改变农村传统燃煤、烧柴的取暖方式。喜迁新居的村民通过集中供热享受到与城市居民同样的清洁、便利的生活方式。二是大幅减少山区农民冬季取暖费用，室内温度达到 20℃以上时，按峰谷电价测算每平方米一个采暖季取暖费用 7～8 元，远低于目前城市居民供暖每平方米 19.6 元的价格。三是实现大气污染物零排放，建设生态环保“无煤村”。据初步统计，仅铁炉村，每个采暖季可压减燃煤 400 余吨。

目前本市山区新建搬迁村冬季采取电地暖、空气源热泵、电热膜等清洁能源供暖，为北京清洁空气做出了贡献，对改变农村取暖方式提高新能源利用效率进行了积极探索，为今后破解农村地区冬季取暖问题积累了宝贵经验。

3. 门头沟区王平镇东马各庄村。该村位于门头沟区王平镇东南部，区域面积3平方公里，现有村民142户，242人，“两委”班子共5人。作为农村科学发展的“领头羊”，村领导带领村“两委”班子成员、全体党员和村民，紧抓机遇，积极推进险村险户搬迁工作，极大地改善了村民居住环境。

一是掌握政策、入户宣传，让村民明明白白建房。该村被确定为险村搬迁村后，村党支部书记兼村委会主任刘路军同志带领村“两委”立即主动与区、镇相关部门沟通联系，深入了解险村搬迁相关政策，并多次召开党员会、户代表会进行系统研究和学习，真正吃透、学透搬迁政策，为制定全村搬迁方案打下了坚实的基础。

在政策宣传初期，很多村民不了解政策，不同意搬迁建房，村党支部认为应该抓住这个千载难逢的好机会，来改善村民生活条件，为发展村庄旅游经济打下基础。于是刘路军带领村“两委”班子先后召开党员大会、村民代表大会、户代表会，向村民宣传政策，讲解政策的好处，并亲自到村民家中为村民讲解不明白的地方，保证村民对政策的理解无盲点，让他们明明白白地做出是否建房的决定。最后通过努力，全村142户全部决定搬迁。

考虑到该村地处山脚，可利用村庄土地资源有限，村内原有房屋坐落紧致，村民居住条件较差，往往一个院子住了三五户村民，采取什么模式搬迁成为一大难题。经过深入研究，最终该村“两委”班子在充分吃透搬迁政策、结合村庄自身特色的基础上，提出了“一户一策、原拆原建”的搬迁方式。即将符合搬迁条件的村民原有房屋拆除，在“统一规划设计、统一建筑风格、统筹取暖方式、统筹村内道路”的基础上，村民可根据自己意愿设计新房内部结构（在确保道路畅通、停车场等基础设施完备的前提下），一户一策建设平房或二层小楼；同时按照市级民俗旅游村的标准，配套古桥、古道、马致远故居等景点风格，整村统一风貌采用灰色仿古格调，保持了错落有致、古风古貌的田园景观。

二是分片管理、资金倒算，充分保障村民的利益。确定目标后，村内实行“分片责任制”，对建房的村户进行分片，“两委”成员和村官对相应的片进行负责，包片干部定期开会，汇总各类意见，提交党员会、村民代表会反复论证。经过多次调查研究，最终形成了一套“资金倒算”的搬迁方案。方案确定后，再交由党员大会审议、村民代表会决议，得到了大家的一致赞同。

根据政策资金补贴情况与每户人口数，该村分别算出每户能免费置换的房屋面积，确定了四种免费置换标准：1人户60平方米，2人户64平方米，3人户76平方米，4人户88平方米，规定每户根据人口数，所建住房面积不得小于标准面积，多建部分由村民按1 500元/平方米的价格自行购买。同时预留了搬迁每户3万元的基础设施费用，由村集体统筹使用，用做统一供暖、上下水、电、路等基础设施建设。

三是创新方式、服务百姓，充分让老百姓得实惠。整村搬迁工程启动以后，村“两委”干部每天12小时以上的时间在现场盯班，最终利用8个月的时间，完成了140户的主体结构建设，其中60户实现了入住。在这个过程中，村“两委”班子创新服务方式，为百姓服务，让百姓得实惠。一是村党支部当担保。以往村民建房都是村民自筹资金，但是考虑到大部分村民自筹资金困难的情况，村里联系施工队，在党支部做担保的情况下，由包工队垫付资金为村民建房，等政府补贴资金拨付后再付给施工队，让村民100%能建房，同时施工方与每户要有“13个签字”，充分保障了施工队的利益。二是施工队“摆擂”，进行“比武招亲”。村“两委”推荐了5支施工队伍，供村民自由挑选，倒逼着施工队以最低的价格，提供最优的质量与服务，在这种竞争机制下，将实惠最大程度地留给了搬迁村民。三是设立村级“建材超市”。引入多家建材厂家，进村展卖瓷砖、桌凳、坐便、门窗、水龙头、电器开关等建材，明码标价，实现了“足不出村、自由选择、低价团购、产品进家”的装修新模式，受到了普遍欢迎。以瓷砖为例：该村多次与经销商“砍价”，将800毫米×800毫米的地砖价格控制在了50元上下，远远低于市场上动辄二三百的价格。四是采用新型的空气源热泵新型采暖方式。一开始，老百姓不接受，村里就组织村民代表到密云县司马台村和清华同方空气源热泵厂家考察，让村民亲身去感受。村里还设立了空气源热泵样板间，让村民充分体验、逐渐接受空气源热泵，同时对比出价格最优、效果最佳的厂商，供村民自行选择。在最终的村民代表大会上，所有村民一致同意安装空气源热泵这种新型环保设备。老百姓告别了燃煤取暖，也为首都“减煤换煤、清洁空气”行动贡献出一份力量。

四是完善程序，民主管理，发挥村民主体作用。在险村搬迁工作中，村里十分注重发挥村民的主体意识，从政策申请、动员宣传、讨论搬迁村民范围、确定搬迁模式、确定补贴政策模式、制定搬迁协议书、制定建房施工合同、聘请监理、空气源热泵使用等方面，村里严格执行“四议两公开”程序，及时召开支部会议、村委会会议、党员大会、村民代表会议进行讨论决议，并及时进行公开，每项决策都充分尊重村民的意愿，真正做到了“公平、公开、公正”，真正达到了“人民当家做主”，真正地让党和政府放心。现在的东马各庄村旧貌换新颜，村民们住上了宽敞明亮的大房子，村民们还自编了三句半《险村搬迁好》在村中广泛传唱，纷纷赞扬党的政策好，感谢党的好领导。

（王景辉）

农 业 科 技

综 述

农业科技工作紧紧围绕市委市政府《关于调结构转方式发展高效节水农业的意见》（京发〔2014〕16 号）和《关于进一步创新体制机制加快全国科技创新中心建设的意见》（京发〔2014〕17 号）等文件精神，结合京津冀协同发展和北京市农林水重点工作，不断强化科技创新对都市型现代农业产业发展的支撑作用；进一步完善农业科技服务推广体系、创新科技项目管理方式，有效促进了京郊农业科技水平。

科技推广与科技成果

【农业科技推广成效显著】 结合农业结构调整，组织实施一批农业科技推广项目，有力支撑了首都“菜篮子”工程建设。年内，围绕农业综合节水、“菜篮子”产品高效益、生态农业可持续、农业高端技术转化、“菜篮子”新型生产经营主体科技能力提升等五个方面组织实施农业科技项目 66 项，其中农业科技推广项目 63 项，“菜篮子”新型生产经营主体科技能力提升项目 3 项。

【编制种植业节水优质高产品种目录】 为满足种植业结构调整对品种节水、优质、高产、生态等多方面的需求，联合有关部门共同编制《2015 年北京种植业节水优质高产品种目录》。其中包括粮经作物、蔬菜作物、西甜瓜、草莓、景观生态作物、中草药等各类作物品种 260 个，为京郊产业的发展提供品种支撑。

【“菜篮子”新型经营主体科技能力提升明显】 年内，继续实施“菜篮子”新型生产经营主体科技能力提升工程，建立市级专家团队与“菜篮子”新型生产经营主体建立长期、稳定、直接的对接平台，实现农技专家入百户、高效技术到百社、科技成果进百村。截至目前，已经有市农科院、市农学院、市农职院等单位的 220 名专家，与农业生产大户（或家庭农场）、农民专业合作社、一村一品专业村（或农业企业标准化生产基地）对接成功，为新型经营主体提供全方位的农业科技服务，进一步提升了新型生产经营主体的科技能力。

【加强村级全科农技员绩效管理】 年内，组织 10 个远郊区县农业主管部门，从本市都市型现代农业转方式、调结构和京津冀农业协同发展大局出发，坚持为“三农”服务的方向，加强人员队伍培训，创新运行机制，加强绩效考核管理，解决农民身边和产前、产中、产后全过程的生产技术难题。一是全科农技员队伍调精调优。严格依照人员设岗标准，对因结构调整、不足 50 户从事一产农户的专业村，撤销所在村的全科农技员服务岗位。据统计，2015 年全市在岗人数 2 498名，比 2014 年调减了 89 名，实现人员调精；各区县根据本地区、本行业服务需求，加强农业内部村级公益性服务队伍的整合和内部岗位的重新配置，实现人员调优。二是提高全科农技员服务标准。为增强全科农技员服务与带动能力，动员区县将全科农技员队伍纳入新型职业农民队伍进行管理，将“三率”服务指标考核纳入专业服务型新型职业农民的培训课程设置，通过建立专业技能型新型职业农民培训、认定、扶持“三位一体”试点工作制度，加强对现有合作社骨干、种养大户、农村实用人才等的培育提高全科农技员服务能力。

【新型职业农民培养进展顺利】结合都市型现代农业产业发展需求，会同有关部门围绕设施果菜、食用菌、有机果品、水产养殖、畜禽养殖等主导产业，选择产业基础较好的重点区域，遴选有一定生产经验、知识水平较高、带动能力较强的生产技术骨干和全科农技员，开展系统化的技术培训；采取“集中培训＋实操培训”相结合、“培训＋农时”相结合的应时应季培训方式开展重点培训，建立农技员培训档案和日常培训记录，规范培训程序和内容，进一步提升全科农技员的技术水平和业务素质，更好地发挥农技员的作用，帮助提升当地产业效益，助力农民增收。年内，共培训中高级职业农民 4 800 人。其中，生产经营型 1 420名，专业技能型和专业服务型 1 380 名，新型职业农民技术人员 960 人，新型职业农民高级研修人员 940 人 ，全科农技员 100 人。

【围绕“调转节”，进行新型职业农民需求预测】按照市委、市政府《关于调结构转方式，发展高效节水农业的意见》（京发〔2014〕16 号）目标要求，对 80 万亩高效生态粮经、70 万亩“菜篮子”、现代林业、健康畜牧、休闲农业等产业发展对新型职业农民的需求进行了详细预测。并提出今后一段时间新型职业农民培养的总体思路和目标。

（董艳华）

【本市创新团队成果展活动举办】市农业局联合市财政局于 9 月 21—23 日举办了“现代农业产业技术体系北京市创新团队成果展示活动”，农业部科教司司长唐珂，市农村工作委员会、市农业局、市财政局、市科学技术委员会、市农林科学院、北京农学院、北京市农业职业学院等单位领导出席了开幕式，并全程观摩了本次展出的成果。本次成果展突出体现了团队建设成效，一是研发转化的技术成果多，涉及新品种、新技术、新产品 624 项。二是研发转化的实物产品多，涉及优新品种、高效产品、新型机械 348 项。三是研发转化的农机设备多，集中展示了农作物、蔬菜从种到收全程的农业机械，以及畜牧和水产生产的关键机械，共涉及 167 台（套）。本次成果展与科普互动相结合，10 个创新团队分时段举行了形式多样的主题活动，如奶牛创新团队的“养健康牛　喝放心奶”，西甜瓜创新团队的“评推优质西瓜　乐享都市田园”等竞猜、品评互动活动。本次成果展期间参加观摩的人员涉及农业部、市、区县、乡镇农业技术推广人员、种植大户和市民 5 000 余人。媒体给予了广泛的关注和报道，千龙网、北京日报等媒体报道 8 次，京郊日报 10 次专版报道。

（张猛）

【京津冀农业科教协同迈出新步伐】12 月 18 日北京市农业局科技教育处牵头组织召开了首次“京津冀农业科技协同发展工作座谈会”，京津冀三地的农业科教部门参加，分别介绍了各自的资源优势与现状，并初步达成了《京津冀农业科技协同发展框架》，明确了未来合作的方向和重点。组织各创新团队加强对津冀有关研究推广单位的主动对接与服务，并在年度工作任务书中明确。叶类蔬菜创新团队与河北蔬菜团队共建张北蔬菜生产核心技术示范区 2 400 亩，生产基地 15 万亩，提升北京夏季蔬菜供应能力。生猪创新团队召开了“首届京津冀一体化养猪业发展论坛暨京津冀一体化养猪产业联盟筹备会”，建立了联席会议制度，探索资源和成果共享。家禽创新团队联合河北康达畜禽养殖公司、廊坊市农业产业化龙头企业协会、天津农学院召开“首届京津冀肉鸡产业科技创新协同发展峰会”，形成对接技术 6 项；参与研发的节粮蛋鸡品种“农大 3 号”在京津冀地区推广 260 万只，强化了北京种业之都对津冀的辐射效应。观赏鱼创新团队与河北省曹妃甸区第四农场签订观赏鱼育种基地协议，在锦鲤产供销环节上全程提供技术支撑。

（张猛）

【新型职业农民培育见成效】10个项目区共培养新型职业农民2 800名，认定650名，共培训14 405人次。大兴、密云试点区建设，培训1 762人，加快探索培训、认定、扶持“三位一体”管理模式，分别制订了认定管理办法；加快探索初、中、高级职业农民“三级贯通”的认定方式；加快推进市、区县、乡镇“三级共管”。全市培养出了一批扎根基层、综合表现优秀、服务效果突出、农民满意的基层技术骨干；并涌现出一批青年创业优秀典型：大兴青年农民贾维亮、顺义青年农民石鄢被农业部评为“风鹏行动·新型职业农民”，获中央“风鹏行动”计划资金资助。密云青年孔博2015年2月荣获团中央、农业部评选的“全国第九届农村青年致富带头人”称号，12月被市新农办评为2015年返乡创业新型职业农民典型，并获80万元奖励资金；新型职业农民许刚代表北京代表队在2015年“中联重科”全国农业职业技能竞赛中获得竞赛二等奖。同时，本市还涌现出一大批如贾建军等学历高、会经营、懂技术的青年职业农民，以及王付清等既能生产又能服务的复合型职业农民先进典型。

（初蔚琳）

【加强基层农技推广服务体系建设】组织实施基层农技推广改革与建设补助项目。密云、大兴2个基层农技示范区共创建示范乡镇26个，密云17个，大兴9个，全部达到创建标准；村级农业综合服务站100个，密云65个，大兴35个，实现统一建设标准、统一管理、统一挂牌“三统一”管理模式。全市健全完善首席岗位专家38名，岗位技术指导员352名，聘用国家级、市级专家107名，培训科技示范户2 360名。推广农业新品种、新技术434个（项），其中：种植业推广面积20.57万亩，养殖业推广规模717.1万头（只），涉及145个农业乡镇、1 243个行政村。主导品种、主推技术的平均覆盖率达到80%以上，主导品种、主推技术到位率达到95%以上，辐射带动18 707户学习和推广新品种、新技术。认证蔬菜、蛋鸡等主导产业核心示范基地55个。推荐基层优秀农技员40名，优秀科技示范户23名。

（初蔚琳）

【调精调优村级全科农技员队伍】2015年，根据调转节和农村产业规模、农户数量等变化情况，将本市村级全科农技员岗位总数调减到2 498名，比2014年减少89名。优化队伍，开展规范管理，从签定岗位责任书、“二本手册”印制发放、定期核查、收集填写情况备案、按季度组织所在乡镇、服务对象对服务“三率”达标情况等流程进行打分，基本实现了规范化、制度化。本市全科农技员在岗合格率达到95%以上，全年开展技术指导80.96万次，解决生产难题182 961个；依托补助项目组织开展全科农技员岗位培训以及应时应季、实践操作、理论提升等亟需紧缺培训4 029人次，推广普及“农业科技网络书屋”4 082个，比上年增加1 454个；探索一线“多级”技术支撑机制，密云等区县采取1名全科农技员向上无缝对接1名岗位专家、1名技术指导员、1名全科农技员指导员的工作机制，通过“一对三”统一调度、科学组合、分工协作，发挥整体效力。

【农业科技主要获奖成果简介】

1. **中国玉米标准DNA指纹库构建及关键技术研究与应用。**获得2014—2015年度中华农业科技奖科研成果一等奖，是由市农林科学院玉米研究中心赵久然、王凤格等主持完成的。该成果首次提出和采用核心引物组合法，确定了适于建库和真实性鉴定的一套核心引物组合，确定和设计了40对SSR核心引物组合，同时研制出国内第一个玉米真实性检测试剂盒；建立了中国玉米标准DNA指纹库构建的技术体系，并形成标准和规范，完成了国内第一个DNA指纹鉴定技术的行业标准制定；构建了国内首个、国际入库量最大的玉米SSR指纹数据库，包括12 703个国家和各省区试组合、1 587个品种权保护品种、3 500多个农业部审定品种的18 000多个样本；研制出兼容多技术平台、多物种、多业务，功能强大、查询方便的DNA指纹数据库管理系统，并实现了网络化，库容数据量已经突破百万，为国内首个植物DNA指纹数据库管理系统。该技术成果获得国家发明专利1项，软件著作权1项；参与主持制定标准6项。

2. **禽用系列灭活联苗的研究与应用。**获得2014—2015年度中华农业科技奖科研成果二等奖，是由市农林科学院畜牧兽医研究所姜北宇、章振华等主持完成的。经中国农学会组织专家评价，该成果整体技术达到国际先进水平。该成果研制成功“鸡新城疫、传染性支气管炎、减蛋综合征、传染性脑脊髓炎四联灭活疫苗”“鸡新城疫、禽流感（H9亚型）二联灭活疫苗”“鸡新城疫、传染性支气管炎、减蛋综合征三联灭活疫苗”“鸡新城疫、传染性支气管炎、禽流感（H9亚型）三联灭活疫苗”及“鸡新城疫、传染性支气管炎、减蛋综合征、禽流感（H9亚型）四联灭活疫苗”五种新疫苗，其中“鸡新城疫、传染性支气管炎、减蛋综合征、传染性脑脊髓炎四联灭活疫苗”为国内首创。建立了禽用灭活疫苗生产新工艺：应用鸡胚接种收获一体机进行病毒接种与毒液收获，实现了疫苗抗原生产的自动化。在国内兽医界率先采用盒式超滤浓缩系统进行试验研究，建立起了禽用疫苗多种病毒抗原的浓缩工艺，解决了常规疫苗抗原含量不足及免疫剂量过大的问题。建立了真空乳化罐及管线式乳化新工艺，与旧工艺相比，乳化效率提高了10倍，同时疫苗保存期从12个月提高到了18～27个月，避免了传统设备产热较高对疫苗质量不良影响。创建了禽病病毒毒种种质资源库，分离及保存了262株不同病毒毒株，选育出了具有自主知识产权、免疫原性强、抗原谱广、保护性好的H9亚型禽流感病毒WD株及减蛋综合征病毒HSH23株等制苗毒种，为禽用新疫苗的研发奠定了重要物质基础。该研究成果获得北京市科学技术一等奖1项；制定了5种疫苗的兽用生物制品质量标准，获得5项国家新兽药注册证书；发表相关论文41篇；5种联苗在全国应用免疫鸡数达10.52亿羽份。

3. **葡萄重要病害发生机理和控制技术的研究与应用**。获得2014—2015年度中华农业科技奖科研成果二等奖，是由市农林科学院植物保护环境保护研究所李兴红、燕继晔等主持完成的。该成果率先在国内系统鉴定了葡萄溃疡病和炭疽病的病原菌种类，共描述新种1个，国际上侵染葡萄新纪录种1个，中国侵染葡萄新纪录种1个，纠正1个种的定义；证明了国内葡萄霜霉病和灰霉病菌存在种内遗传分化；明确了葡萄灰霉病的抗药性特点。制订了葡萄溃疡病的抗性评价标准，率先在国内完成了我国25个主栽葡萄品种对溃疡病菌优势种的抗性评价；在国际上率先完成了葡萄溃疡病菌3个种的全基因组测序、组装和注释工作，并构建了其优势种最大的REMI转化子库，筛选获得了164个表型变异突变体；明确了毒素是葡萄溃疡病菌的重要致病因子，克隆了2个葡萄溃疡病菌致病相关基因。筛选和研制出了防治葡萄溃疡病、炭疽病、霜霉病和灰霉病的高效低毒环保药剂，突破了上述4种病害的绿色防控关键技术瓶颈；构建了适合我国葡萄霜霉病的流行预测预报体系和信息化平台，研发出了适合我国葡萄产区的绿色综合防控技术。该研究成果制定无公害生产标准3项；发表论文39篇；出版专著7部；获得专利授权2项；研制化学和生防制剂2个。研制的6个绿色防控规程在全国11个省市的24个主要葡萄种植区推广应用916.9万亩。

4. **土壤墒情监测关键技术研究与应用**。获得2014—2015年度中华农业科技奖科研成果奖三等奖，是由市农林科学院智能装备技术研究中心郑文刚研究员等人主持完成的。该成果以“信息感知→采集→传输→统计分析、管理决策→信息服务”为主线，研究了关键技术、开发了关键设备，集成构建了系统平台，形成了具有自主知识产权的土壤墒情监测和采集产品，建立了具有数据快速上报、统计分析、评价决策、直观展现和个性服务等功能的土壤墒情监测系统。项目开发了低功耗土壤水分、土壤温度、土壤三参数以及系列无线环境传感器，显著提高了传感器的测量精度和稳定性；开发了远程墒情监测站、无线墒情监测站以及手持墒情采集器等产品，实现了农田气象与墒情信息的同时采集、远程采集，填补了该领域的空白，提高了技术水平。开发了基于地理信息技术的土壤墒情监测系统，并成功业务化运行全国土壤墒情监测系统，填补了我国土壤墒情自动监测系统的空白。该研究获得发明专利5项，实用新型专利12项，软件著作权登记10项，出版专著1部，制定标准规范1个，发表相关学术论文16篇，获得各项奖项3项。项目研究成果在全国20个省市建立500多个固定远程墒情监测站和2 000套区域移动墒情监测站，推广使用各种感知传感器30 000多套。

5. **蔬菜流通关键技术研究与应用**。获得2015年度北京市科技进步三等奖，是由市农林科学院蔬菜研究中心和农业信息技术研究中心的高丽朴、王开义研究员等人主持完成的。该成果通过研发多种蔬菜混合配送关键技术参数，率先建立20种主要蔬菜从产地—配送中心—超市等直销配送的配套技术，涵盖了产地采收、净菜、分级、包装、预冷、短期存放、配送、销售等操作环节，制定了茄果类、瓜类、豆类、花菜类、叶菜类、根菜类以及其他类共7个《蔬菜采后处理技术规程》。通过研发蔬菜远距离保温运输产地预冷和在途保温关键技术，完善了远距离货车保温运输配套技术体系。研发了蔬菜采后处理与流通技术在线服务平台；制定了农业行业标准《瓜类蔬菜采后处理与产地贮藏技术规程》。通过将信息技术与蔬菜产供销管理技术相结合，率先研发出蔬菜供应链信息管理系统，实现了从田间采收到终端销售的全程信息化管理，并在大型行业龙头企业成功推广应用。项目实施中指导培训了全国2 800多个蔬菜标准园、农民合作组织和流通企业等，提高了我国蔬菜流通的整体技术水平。

6. 系列优质甜玉米品种选育与示范推广。获得2015年度北京市农业科技进步三等奖，是由市农林科学院玉米研究中心的史亚兴、卢柏山、赵久然等人主持完成的。该成果广泛收集了国内外优异种质资源，通过鉴定筛选和种质创新改良，选育出具有品质优、配合力高、抗病抗逆性强、适应性广等突出优点的T2、T68、SH-251等10个优良甜玉米自交系。探索出“国内血缘种质×国外血缘种质”甜玉米育种杂优模式。育成京科甜126、京科甜158、京科甜183等8个优良甜玉米品种，通过了国家及北京、湖北等审定。研究建立了以“精准错期、适时收获、控温烘干、机械色选”为核心的甜玉米高产高质高效制种技术规程，实现甜玉米大面积制种平均亩产150千克以上，最高253千克。种子发芽率≥93%，质量达到国标一级及以上水平。提出以“隔离种植、精细播种、合理密植、适时采收”为核心的甜玉米良种良法配套栽培技术规程，实现了甜玉米生产高产优质高效。京科甜系列玉米品种在全国累计示范推广509.6万亩；在京津冀累计推广130万亩；在北京累计推广38万亩。京科甜183、158等连续多年被北京市列为甜玉米主推品种、农作物补贴品种、鲜食玉米更新换代新品种。

7. 农业环境精细化光学监测技术与产品。获得2015年度北京市科技进步三等奖，是由市农林科学院智能装备技术研究中心、农业信息技术研究中心的赵春江、董大明、郑文刚等人主持完成的。项目以先进光学方法为传感机理，以“物理机制研究—传感机理研究—技术实现研究”为主线，开展了农业源气体、水质、农业作业过程等精细化监测技术研究和设备研制。在农业源气体监测方面，发明了对畜舍恶臭气体实时监测的光学电子鼻阵列、基于激光后向散射原理的粉尘传感器，创建了畜舍有害气体遥测系统、实现了200米外甲烷等气体ppm量级监测，结合激光光谱和CT重构方法，首次实现了畜禽舍气体浓度空间分布在线监测；创建了专用于农业中衡量气体监测的抽取式长光程FT-IR方法。在农业水质监测方面，发明了水体溶解氧的荧光淬灭传感方法、水体叶绿素的激光诱导荧光传感方法、浑浊度的介电频谱和光学透过率传感方法、亚硝酸盐的光纤倏逝波传感方法，研制了传感器，传感器主要性能达到国外同类产品水平；研制了自动水质寻污机器人，实现了湖泊、水库等大面积水域水质的立体监测、污染源的探查和定位。在农业施药作业过程监测方面，首创了基于扫描成像傅立叶变换红外光谱的药雾探测系统，实现了远距离药雾空间浓度的实时监测；提出了农药残留的红外光谱、LIBS光谱快速检测方法，实现1 000倍稀释农药残留的快速检测。研究成果获得国际专利1项（美国授权），国家授权发明专利8项、实用新型11项，发表SCI论文20篇。项目的研究成果在北京市畜禽养殖场气体排放监测、水产品养殖和生态涵养水域水质监测、农业航空施药作业监测等领域应用，推广传感器和监测系统210套，水质监测面积60平方公里、监测施药作业面积5 200亩。

（郭建强）

表1　2015年度通过审定、鉴定或认定新品种名录

序号	单位	品种名称	完成人	审定/认定	（审定、认定）时间	通过审定级别
1	玉米中心	NK971	玉米研究中心	国审	2015年	国审
2	玉米中心	京科糯569	玉米研究中心、华奥农科玉	国审	2015年	国审
3	玉米中心	京科甜179	玉米研究中心	国审	2015年	国审

（续）

序号	单位	品种名称	完成人	审定/认定	（审定、认定）时间	通过审定级别
4	玉米中心	农科玉 368	玉米研究中心	国审	2015 年	国审
5	草业中心	"绿秀"横果苔草（国 R-SV-CT-004-2014）	武菊英、袁小环、杨学军、滕文军、陈超	国审	2014 年 12 月	国审
6	蔬菜中心	秋甘 7 号	简元才、康俊根、丁云花	鉴定	2015 年 6 月 18 日	国审
7	小麦中心	京麦 9 号	赵昌平、张风廷、秦志列、孙辉、叶志杰、任立平、廖祥政、高新欢、张胜全、王拯、王永波、陈兆波、高建刚	审定	2015 年 7 月 29 日	国审
8	玉米中心	MC703	赵久然、王元东	审定	2015 年	北京市审定
9	玉米中心	MC812	赵久然、王元东	审定	2015 年	北京市审定
10	玉米中心	京科青贮 932	赵久然、王元东	审定	2015 年	北京市审定
11	植保所	食用菌：奥德京 1 号	王守现、荣成博、刘宇、许峰、赵爽、宋爽、牛玉蓉	鉴定	2015 年 9 月	北京市审定
12	蔬菜中心	玉簪"京科紫雀"	周涤、熊敏、卫尊征、王贤	审定	2014 年 12 月 5 日	北京市审定
13	蔬菜中心	玉簪"京科紫苑"	周涤、熊敏、卫尊征、王贤	审定	2014 年 12 月 5 日	北京市审定
14	蔬菜中心	京欣 5 号	许勇、宫国义、张海英、郭绍贵、任毅、张洁	审定	2015 年 7 月 29 日	北京市审定
15	蔬菜中心	勇凤 1 号	许勇、宫国义、张海英、郭绍贵	审定	2015 年 7 月 29 日	北京市审定
16	生物中心	菊花：燕山京黄	罗昌、黄丛林、吴忠义、程曦、陈东亮、张秀海、梁宏霞、张志栋	审定	2014 年 12 月 5 日	北京市审定
17	草业中心	"芊芊"芒（京 S-SV-MS-024-2014）	武菊英、滕文军、袁小环、杨学军、陈超	审定	2014 年 12 月	北京市审定
18	林业果树研究所	樱桃砧木"兰丁 1 号"	张开春、张晓明、闫国华、周宇、王晶、姜立杰等	审定	2014 年 12 月 5 日	北京市审定
19	林业果树研究所	樱桃砧木"兰丁 2 号"	张开春、张晓明、闫国华、周宇、王晶、姜立杰等	审定	2014 年 12 月 5 日	北京市审定
20	林业果树研究所	草莓"京桃香"	张运涛、王桂霞、董静、常琳琳、钟传飞、王丽娜	审定	2014 年 12 月 5 日	北京市审定
21	林业果树研究所	草莓"粉红公主"	王桂霞、张运涛、常琳琳、董静、钟传飞、王丽娜	审定	2014 年 12 月 5 日	北京市审定
22	林业果树研究所	葡萄"瑞都早红"	徐海英、张国军、闫爱玲、孙磊	审定	2014 年 12 月 5 日	北京市审定
23	林业果树研究所	葡萄"瑞都红玉"	徐海英、张国军、闫爱玲、孙磊	审定	2014 年 12 月 5 日	北京市审定
24	林业果树研究所	麻核桃"京艺 2 号"	郝艳宾、齐建勋、周志军、吴春林、陈永浩、董宁光	审定	2014 年 12 月 5 日	北京市审定
25	林业果树研究所	麻核桃"京艺 6 号"	董宁光、郝艳宾、周志军、齐建勋、吴春林、陈永浩	审定	2014 年 12 月 5 日	北京市审定
26	林业果树研究所	麻核桃"京艺 7 号"	齐建勋、郝艳宾、吴春林、陈永浩、董宁光	审定	2014 年 12 月 5 日	北京市审定
27	林业果树研究所	麻核桃"京艺 8 号"	郝艳宾、邢彦峰、齐建勋、李福芝、吴春林、陈永浩、董宁光	审定	2014 年 12 月 5 日	北京市审定
28	蔬菜中心	国禧 109	陈斌、耿三省、张晓芬	鉴定	2015 年 8 月 5 日	北京市鉴定
29	蔬菜中心	国禧 113	耿三省、陈斌、张晓芬	鉴定	2015 年 8 月 5 日	北京市鉴定
30	蔬菜中心	美瑞特	耿三省、陈斌、张晓芬	鉴定	2015 年 8 月 5 日	北京市鉴定

（续）

序号	单位	品种名称	完成人	审定/认定	（审定、认定）时间	通过审定级别
31	蔬菜中心	国福 901	耿三省、陈斌、张晓芬	鉴定	2015 年 8 月 5 日	北京市鉴定
32	蔬菜中心	国福 908	陈斌、耿三省、张晓芬	鉴定	2015 年 8 月 5 日	北京市鉴定
33	蔬菜中心	京研迷你 6 号	毛爱军、温常龙、丁海凤、张丽蓉	鉴定	2015 年 7 月 7 日	北京市鉴定
34	蔬菜中心	京研迷你 7 号	毛爱军、温常龙、王德欣、张丽蓉	鉴定	2015 年 7 月 7 日	北京市鉴定
35	蔬菜中心	京研 407	毛爱军、温常龙、王德欣、张丽蓉	鉴定	2015 年 7 月 7 日	北京市鉴定
36	蔬菜中心	京研春秋绿 2 号	刘立功、贾长才、张峰	鉴定	2015 年 7 月 7 日	北京市鉴定
37	蔬菜中心	京研夏美	张峰、丁海凤、刘立功	鉴定	2015 年 7 月 7 日	北京市鉴定
38	蔬菜中心	京冠红 6 号	刘凡、韩硕、王桂香、张月云、宗梅、郭宁	鉴定	2015 年 1 月 13 日	北京市鉴定
39	蔬菜中心	京冠白 3 号	刘凡、韩硕、王桂香、张月云、宗梅、郭宁	鉴定	2015 年 1 月 13 日	北京市鉴定
40	蔬菜中心	京羽粉 2 号	刘凡、韩硕、王桂香、张月云、宗梅、郭宁	鉴定	2015 年 1 月 13 日	北京市鉴定
41	蔬菜中心	京葫 6 号	李海真、张帆、张国裕、贾长才、姜立纲	鉴定	2015 年 7 月 7 日	北京市鉴定
42	蔬菜中心	京葫 8 号	李海真、张帆、张国裕、贾长才、姜立纲	鉴定	2015 年 7 月 7 日	北京市鉴定
43	蔬菜中心	京葫 9 号	李海真、张帆、张国裕、贾长才、姜立纲	鉴定	2015 年 7 月 7 日	北京市鉴定
44	蔬菜中心	早熟京红栗	李海真、张帆、张国裕、贾长才、姜立纲	鉴定	2015 年 7 月 7 日	北京市鉴定
45	蔬菜中心	早熟京绿栗	李海真、张帆、张国裕、贾长才、姜立纲	鉴定	2015 年 7 月 7 日	北京市鉴定
46	蔬菜中心	春油 5 号	赵岫云、张凤兰、余阳俊、张德双、于拴仓、汪维红、苏同兵、卢桂香、徐家炳	鉴定	2015 年 8 月 5 日	北京市鉴定
47	蔬菜中心	京研快菜 5 号	余阳俊、张凤兰、张德双、赵岫云、于拴仓、汪维红、苏同兵、卢桂香、徐家炳	鉴定	2015 年 8 月 5 日	北京市鉴定
48	蔬菜中心	京研快菜 6 号	余阳俊、张凤兰、张德双、赵岫云、于拴仓、汪维红、苏同兵、卢桂香、徐家炳	鉴定	2015 年 8 月 5 日	北京市鉴定
49	蔬菜中心	京红 5 号	张丽、王庆彪	鉴定	2015 年 11 月 24 日	北京市鉴定
50	蔬菜中心	京红 6 号	张丽、王庆彪	鉴定	2015 年 11 月 24 日	北京市鉴定
51	蔬菜中心	京脆 2 号	张丽、王庆彪	鉴定	2015 年 11 月 24 日	北京市鉴定
52	蔬菜中心	绿快 2 号	张凤兰、汪维红、余阳俊、张德双、赵岫云、于拴仓、苏同兵、卢桂香	鉴定	2015 年 11 月 24 日	北京市鉴定
53	蔬菜中心	京绿 1 号	赵岫云、张凤兰、余阳俊、张德双、于拴仓、汪维红、苏同兵、卢桂香、徐家炳	鉴定	2015 年 11 月 24 日	北京市鉴定
54	蔬菜中心	京研黑叶 3 号	赵岫云、张凤兰、余阳俊、张德双、于拴仓、汪维红、苏同兵、卢桂香、徐家炳	鉴定	2015 年 11 月 24 日	北京市鉴定
55	玉米中心	MC703	赵久然、王元东	审定	2015 年	内蒙古审定
56	玉米中心	MC4592	赵久然、王元东	审定	2015 年	辽宁省审定

（续）

序号	单位	品种名称	完成人	审定/认定	（审定、认定）时间	通过审定级别
57	玉米中心	MC703	赵久然、王元东	审定	2015 年	河南省审定
58	玉米中心	京科糯 929	赵久然、卢柏山等	审定	2015 年	广东省审定
59	玉米中心	京科糯 369	卢柏山、史亚兴	审定	2015 年	广东省审定
60	玉米中心	农科玉 368	卢柏山、史亚兴等	审定	2015 年	福建省审定
61	蔬菜中心	京玲西瓜	许勇、宫国义、张海英、郭绍贵、任毅、张洁	审定	2015 年 6 月 26 日	广西壮族自治区审定
62	蔬菜中心	京葫 CRV4	李海真、张帆、张国裕、贾长才、姜立纲	认定	2015 年 4 月 13 日	甘肃省认定
63	蔬菜中心	春甘 4 号	康俊根、简元才	认定	2015 年 4 月 13 日	甘肃省认定
64	蔬菜中心	春甘 5 号	康俊根、简元才	认定	2015 年 4 月 13 日	甘肃省认定
65	林业果树研究所	桃“华玉”	姜全、郭继英、赵剑波、任飞、王真	认定	2015 年 4 月 13 日	甘肃省认定
66	林业果树研究所	桃“早玉”	姜全、郭继英、赵剑波、任飞、王真	认定	2015 年 4 月 13 日	甘肃省认定
67	林业果树研究所	桃“夏至早红”	姜全、郭继英、赵剑波、任飞、王真	认定	2015 年 4 月 13 日	甘肃省认定
68	玉米中心	京单 38	赵久然、王元东	引种	2015 年	天津市引种
69	蔬菜中心	红芯 110	梁毅	登记	2015 年 8 月 31 日	天津市登记

（郭建强）

信息化建设

【信息网络建设】 按照市政府办公厅下发《关于贯彻落实国务院办公厅开展第一次全国政府网站普查工作的通知》的要求，进行自查整改，优化升级市农委和市农经办政务网站前后台，提高了采、编、发效率。根据查找出的问题，制定了解决方案，实现了栏目设置的调整、信息内容的丰富、更新机制的完善、网站互动性的增强。市农委网和农经网在第二轮监测中分别得分 91.2 分和 89.9 分。

【北京农经网运行正常】 截至 12 月底，北京农经网发布信息 4 168条次，同比下降 6%。网站总点击量 1 193 万次，同比上升 38%；总页面浏览量 581 万页，同比上升 1.16%；总访问次数 71 万次，同比上升 29%；总访问者数 52 万人，同比上升 27%。

【市农委政务网站运行正常】 截至 12 月底，市农委政务网站共采集、编辑、发布图文信息 10 464条次，同比增长 3.0%。网站总点击数为 9 231 万次，同比下降 32.18%；总页面浏览量为 6 017 万次，同比下降 35.56%；总访问者数为 128 万人，同比上升 12.28%；总访问次数 52 万次，同比上升 2%。

【北京现代农业信息网运行正常】 全年网站页面总点击数 4 190 万次，发布信息 50 081 条，注册会员 2 285 家；北京移动农网共有信息机 188 台，农信机 4 902 台，全市共发送实用信息超过 2 611万条，同比增长 15.64%。

（党纯）

【农业农村信息化】 统一认识，整合资源，加强政策引导。印发《2015 年北京市农业农村信息化重点工作》及任务分工的文件，加强与市级涉农部门和郊区县的业务体系建设，多次组织召开工作座谈会和专题工作会，对重点任务内容进行详细讲解和研究，推动落实。研究起草本市“互联网+”现代农业的实施意见。强化顶层设计，形成发展战略。

2015年完成对“十二五”时期本市农业农村信息化工作的全面评估，总体上看，完成了规划提出的重点任务，实现了规划目标，本市农业农村信息化整体水平居全国前列。成立“十三五”规划编制工作组，广泛征集各界的意见建议，形成了以数据资源开发利用为主线，深化信息化与农业农村各领域深度融合的“十三五”发展思路，提出工作目标和17项重点任务。总结基层经验，树立发展典型。2015年，由本市推荐的大兴区农村工作委员会、市农业局信息中心、灵之秀生态农业专业合作社、农信通科技有限责任公司，以及任我在线电子商务有限公司等5家单位被认定2015年度全国农业农村信息化示范基地。有22家单位被认定为北京市农业农村信息化示范基地。

（党纯）

【舆情信息服务】全年，梳理涉农舆情关键词500余个，采集抓取涉农舆情信息近20大类，共监测到相关农业新闻15 594条。其中，正面新闻1 606条，中性新闻13 275条，敏感/负面新闻713条。制作“每日三农舆情快报”249期，收录涉农舆情信息3 701条，其中敏感信息713条，发送手机短信提示713条，完成涉农舆情月度分析报告12期，并结合社会热点，撰写舆情专题分析报告5期，包括“互联网＋”专报、央视财经“是真的吗”节目报道“草莓农药残留致癌”专题分析报告两期、天津消协发布“2015年蔬菜比较试验报告”专报、“京津冀农业一体化”等。

（党纯）

【政府信息公开】截至12月底，市农委网站政府信息公开频道主动公开政府信息973条，市政府信息公开工作系统上主动公开信息711条。在政府信息公开接待大厅完成窗口接待131人次，其中：来访咨询47人次，来电咨询78人次，来信咨询6人次。受理并答复申请政府信息公开事项6件，完成《关于2015年政府信息公开工作要点》落实情况的报告，均按《条例》规定予以答复，取得良好效果。市农委网站网络信箱（领导信箱、投诉信箱、咨询信箱、农村法律咨询信箱）共接收群众来信封86封，全部答复。

（党纯）

【221信息平台建设】拓展“221物联网应用服务平台”应用范围和服务能力。编制完成《技术标准文档》，提高平台的开放性和可扩展性，经过一系列推广活动，目前平台已有用户468家，据部分应用单位反馈，在节本增效等方面已产生实效。“221物联网应用服务平台”与“农场云”实现应用与数据的对接；与百度公司的合作，提升了京郊休闲农业与乡村旅游信息服务能力和水平，每周检索量约150万次。制定《北京市农业信息化龙头企业认定和动态监测管理办法》，首次认定53家单位为北京市农业信息化龙头企业。此外，北京市城乡经济信息中心作为全国农业信息化联盟的发起单位之一，组织推荐66家单位加入全国农业信息化联盟成员、214人加入全国农业信息化智库。9月14日，汪洋副总理到北京调研“互联网＋”农业时，演示介绍了农场云、绿色履历追溯等应用。继续与百度公司合作，开展京郊休闲农业与乡村旅游地图服务应用建设。按照98%准确率的要求，共发布上图点5 059个（其中民俗村335个、休闲农业园区703个、民俗户4 021个），通过公共信息平台，有效连接了城市与乡村的服务资源，促进了休闲农业与乡村旅游产业的发展。针对“互联网＋”现代农业、农业电子商务等发展趋势，面向京郊新型农业生产经营主体、大学生“村官”、信息员等，开展多次培训和产销对接活动，累计达到900多人次。

推进涉农数据中心一期工程建设。2015年，对14个信息系统的数据进行全面调查梳理，形成信息资源梳理报告和导图，汇总数据专题、数据指标、数据类型、数据来源等信息，并进行统一编码，共617个数据类、5 342个数据项；以村为单位，对221信息平台现有数据资源进行专题统计，整理出可拆分到村的基础数据和专题数据共56个，提取出以村为单位存储的一套数据集。

开展业务与信息资源目录梳理。开展市级涉农单位的涉农业务与信息资源目录和信息资源需求与共享目录修订编制工作，整理后形成涉农业务目录1 837条、信息资源目录11 503条、信息资源需求25条、共享目录25条。

（党纯）

【网络安全保障】提升信息安全保障能力。开展信息安全建设顶层设计，引入信息安全运维机制，定期开展网络和安全设备的巡检，对重要网站和应用系统开展渗透测试，及时发现漏洞并修复，定期进行网络信息系统安全加固。完善应急预案，加强网络、网站、应用系统的监控，临时关停部分影响面较小的网站和系统；加强与相关单位联系，明确各应用系统应急联系人，较好地完成了抗战胜利 70 周年纪念活动期间的保障工作，全年未发生重大事故。

（党纯）

【信息服务体系建设】 以点带面整体推进智慧乡村建设。智慧乡村建设首次被列入全市财政转移支付资金农业领域重点工作，市城乡经济信息中心负责整体推进，发布《北京智慧乡村建设指南》（试行版），建立由市城乡经济信息中心和区县农委联合组成的协调联系人制度，及时掌握动态情况，加强 49 个村建设的统筹协调和服务指导。作为全市转移支付资金重点工作检查组成员，两次对智慧乡村建设情况进行阶段性指导。继续加强试点建设。完成美丽智慧西柏店二期建设，优化升级手机 APP，对菊花种植农户开展六期应用培训；完成房山区黄山店村京西幽岚山休闲农业信息化建设，布设网络和视频监控环境，在部分景点设置了二维码；完成了密云区不老屯镇、穆家峪镇水漳村和门头沟区涧沟村的主要设备安装调试、网站及微信公众号的上线运行。加强应用系统建设统筹服务工作。统筹做好市农委系统使用财政资金信息化项目前置审核工作。3 个单位共申报 9 个项目，其中 8 个项目函复通过，申报经费为 3 860.199 万元。完成了《北京市山区搬迁管理信息系统》和《北京市农村土地承包经营权确权登记颁证信息系统》的调研、设计、方案制定、项目申报和开发工作。做好两个局域网、三个机房及多个网站、应用系统的日常运维，提供终端运维服务 1 100 多次，完成北京农联服务中心展厅的网络建设工作。明确职责、规范管理，服务水平不断提高，得到各服务对象的好评。拓展服务渠道，加强信息员的管理与培训，组织召开北京农村经管系统年度信息工作会议，结合网站内容管理系统升级，分别对农村经管系统和农委系统的信息员队伍进行培训，内容涉及信息采编发、信息安全、摄影基础知识、新媒体营销、智慧村庄等方面。加强调查研究与课题分析的针对性。2015 年，顺利完成了《北京市“美丽智慧乡村”建设理论与实践研究》《休闲农业数据库构建和价值分析》《北京发展农村电子商务实证研究》课题研究工作。承接农业部信息中心 2015 年农业信息化战略研究《大城市郊区农村电子商务发展路径研究——以北京市为例》课题，完成中期报告。配套完成《北京郊区涉农电子商务情况摸查》问卷调查，形成《京郊农产品电子商务问卷调查分析报告》。完成郊区农村经济分析、农民收入、农产品市场行情、农产品市场舆情监测等常规分析报告 13 篇，专题分析报告 6 篇，调研报告 8 篇。开展了官方微博微信公众号维护。信息报送工作质量、数量发展并重。2015 年，编发《北京城乡经济信息》84 期（普刊 71 期、增刊 13 期），共计超过 13 万字；编发《城乡经济通讯》39 期，共计 60.2 万字，采用各类稿件 608 篇，图片 490 张，报刊编辑发行质量和时效性均有较大提高。

（党纯）

农村改革与管理

综　　述

郊区农村继续推进农村改革，坚持现阶段党在农村的基本经济制度，稳定完善农村土地承包政策与管理，积极推进农村土地承包经营权确权登记领证工作，已完成此项工作的村达1 049个，占应完成总数的三分之一。继续开展农村土地流转和适度规模经营，加强农村土地承包经营纠纷调解与仲裁，已发生的土地承包经营纠纷调处率已达98.5%。开展农村土地制度改革创新试点，旅游用地股份合作和土地信托化经营试点不断深入。农民专业合作组织进一步规范发展，在工商登记注册的农民专业合作社已达6 330家，其中专业联社已发展到29家；市级示范社的示范效应明显；市农民专业合作社联社工作稳步推进。集体经济管理由弱转强，集体经济审计、经济合同清理整改、规范农村会计管理、明晰“三资”管理权力清单、完善“三资”监管平台等工作进一步规范和强化。集体经济产权制度改革稳步推进。新型集体经济组织股份分红持续增长，赋予农民集体资产股份权能改革明显推进，对完善农民对集体资产股份有偿退出及继承、抵押、担保权等进行制度设计；农村产权交易流转取得新进展，乡镇级产权制度改革也在探索中。

农村土地承包与管理

【积极推进确权登记颁证工作】 全面加大确权登记颁证工作力度，市委办公厅印发了《关于认真做好本市农村土地承包经营权确权登记颁证工作的意见》，市农委等五部门联合印发了《北京市农村土地承包经营权确权登记颁证工作实施方案》，对全市工作进行了总体部署。从2015年起，计划用三年左右的时间基本完成全市农村土地承包经营权确权登记颁证工作任务。各区按照全市的总体工作部署，制定了工作方案，倒排工期，分年度安排工作任务。到年底全市共有76个乡镇1 049个村开展了确权登记颁证工作，已开展确权登记颁证工作的村数占应开展此项工作村数的比例达到32.2%，涉及承包土地面积106.5万亩，占全市确权土地总面积的30%。其中，平谷区、大兴区进展较快，平谷区基本完成此项工作任务，大兴区完成80%。

（市农委体改处）

【参加全国农村土地确权登记颁证工作视频会议】 2月11日，市农委组织全市确权相关单位在市农业局收看全国农村土地承包经营权确权登记颁证工作视频会议，贯彻落实农业部等六部门《关于认真做好农村土地承包经营权确权登记颁证工作的意见》，部署做好 2015 年及今后一段时期的农村土地承包经营权确权登记颁证工作。市委农工委、市农业局、市农经办主要领导、主管领导，确权登记颁证工作指导小组成员单位主管领导，大兴、平谷区主管区长，各区县农委主任、经管站长参加视频会议。

（土地承包管理处）

【全市成立农村土地承包经营权确权登记颁证专项小组】 8 月 14 日，市农委成立本市农村土地承包经营权确权登记颁证工作专项小组，明确市农经办的职责是负责承包合同管理、信息系统建设和相关工作指导。

（土地承包管理处）

【两办下发农村土地确权登记颁证工作意见】 10 月 19 日，下发了《北京市委办公厅、北京市政府办公厅印发〈关于认真做好本市农村土地承包经营权确权登记颁证工作的意见〉的通知》（京办字〔2015〕10 号）。同日，由市委农工委、市农委、市国土局、市政府法制办和市档案局联合下发了《关于印发〈北京市农村土地承包经营权确权登记颁证工作实施方案〉的通知》（京农发〔2015〕17 号）、由市农委和市档案局联合下发了《关于印发〈北京市农村土地承包经营权确权登记颁证档案管理实施办法〉的通知》（京政农发〔2015〕19 号）。

（市农委体改处）

【全市召开农村土地承包经营权确权登记颁证工作动员部署会】 10 月 19 日，全市农村土地承包经营权确权登记颁证工作动员部署会在北京会议中心召开，市有关部门负责同志、各区县主管区县长和区县农委、经管站负责同志参加会议，会议由赵根武副秘书长主持，副市长林克庆、市农委主任孙文锴出席并讲话。要求用三年左右时间基本完成确权登记颁证工作任务。

（土地承包管理处）

【市农委举办土地确权登记颁证培训班】 10 月 26—30 日，市农委在北京农学院举办全市农村土地承包经营权确权登记颁证工作培训班，解读中央确权登记颁证工作相关政策文件精神，讲解确权登记颁证工作相关技术规程及验收办法，讲解本市关于确权登记颁证工作相关政策文件要求。

（土地承包管理处）

【参加全国农村土地承包确权登记颁证培训班】 11 月 1—4 日，农业部经管司在江苏省常州市举办了农村土地承包经营权确权登记颁证培训班，市农委经管处、市农经办、大兴区经管站等有关单位参加。培训班上，农业部经管司孙邦群处长对目前全国农村土地承包经营权确权登记颁证工作的形势和任务进行了分析；农业部规划设计研究院裴志远站长对测绘技术要点及信息平台建设难点与要求进行了讲解；国家档案局王冰处长对确权登记颁证过程中档案管理工作要求进行了培训；江苏省农委经管站和四川省安县代表进行了交流发言；培训期间现场参观学习了江苏省常州市金坛区方边村和谢桥村在确权登记颁证工作中的做法和经验。

（万敏波）

【完成农村土地确权与流转情况分析】 到 2015 年年底，全市农村土地确权面积 431.5 万亩，比上年减少 9.1 万亩。其中，确权确地 250.5 万亩，确权确利 131.8 万亩，确权确股 49.2 万亩。林地工程、果园、散生果树等各类林业用地 134.4 万亩，占确权总面积的 31.1%，比上年增加了 0.8 个百分点；耕地 264 万亩，占 61.2%；其他用地 33.1 万亩，占 7.7%，均比上年略有减少。郊区土地流转总面积 235.2 万亩，占全市确权面积的 54.5%，受确权总面积减少影响，流转面积比上年减少 1.7 万亩，土地流转率增长 0.7 个百分点。流转面积中，集体经营 51.2 万亩，占 21.7%；专业合作社直接经营 1.6 万亩，占 0.7%；大户承包 52.3 万亩，占 22.2%；外部租赁 85.8 万亩，占 36.5%；其他主体经营 44.4 万亩，占 18.9%。从确权土地的经营规模看，10 亩以下（不含 10 亩）的 228.1 万亩，占确权面积的 52.9%；10～50 亩的 50.6 万亩，占 11.7%；50～100 亩的 19.6 万亩，占 4.5%；100～200 亩的 24.2 万亩，占 5.6%；200 亩以上的 109 万亩，占 25.3%，其中，1 000 亩以上的 47.4 万亩，占 11%。

（陈娟）

【继续开展农村土地流转价格监测】 全市 53 个监测点共上传土地流转信息 18 436 条，土地流转面积 72 169 亩，平均流转价格每亩1 589元，较上年下降 88 元。从这些土地流转后的用途看，78.2% 的土地用于林木，17.5%用于种植业。从经营内容看，蔬菜用地的土地流转价格最高，为 2 063 元；其次为花卉用地，土地流转均价为 2 008 元；

再次为林木用地，土地流转均价为1 838元；平原造林的土地流转均价为 1 498 元。从接转方看，村集体是土地流转的主要接转方，接转均价为 1 494 元。本镇企业和外部企业的接转均价较高，接转均价分别为 2 500 元和 2 035 元，专业合作社接转土地均价较低，接转均价为 811 元。

（王丽红）

【继续开展农业适度规模经营监测工作】12 个乡镇的 73 个规模经营主体中，农业企业 25 个，占 34.3%，专业合作社 19 个，占 26%，专业大户 15 个，占 20.5%，家庭农场 3 个，占 4.1%，村集体 4 个，占 5.5%，其他主体 7 个。土地经营总面积 32 878.1 亩。其中，耕地 23 236.6 亩，占 70.7%；园地 4 168.9 亩，占 12.7%；林地 2 996.9亩，占 9.1%；水面 148 亩，占 0.5%；其他土地2 330.7 亩，占 7%。平均经营规模 450.4 亩，具体经营面积从 30 亩至 3 000 亩不等，其中 200 亩以下的 30 个，占 41.1%，平均规模 111 亩；200～499 亩的 24 个，占 32.9%，平均规模 282 亩；500～999 亩的 10 个，占 13.7%，平均规模 612 亩；1 000亩以上的 9 个，占 12.3%，平均规模 1 849 亩。监测主体年经营总收入 33 226.6 万元，平均经营收入为 455.2 万元，亩均经营收入 10 106 元，均与 2014 年基本持平。净利润总额为 2 866.9万元，平均净利润 39.3 万元，同比增长 142.6%，亩均净利润 872 元，比上年增加 504 元。从业别看，种养结合业效益明显高于种植业，62 个种植业主体总经营收入 16 973.1 万元，平均经营收入 274 万元，亩均经营收入 5 909 元；净利润总额 1 937.1万元，平均净利润 31.2 万元，亩均净利润 674 元。11 个种养结合主体的总经营收入为 16 253.5 万元，平均经营收入为 1 477.6 万元，亩均经营收入为 39 119元，净利润总额为 929.8 万元，平均净利润为 84.5 万元，亩均净利润为 2 237 元。

（万敏波）

【全年发生农村土地承包经营纠纷 949 件】全市共发生农村土地承包纠纷 949 件，已调处 935 件，调处率 98.5%。其中：乡村调处 739 件，区县调处 81 件，仲裁调处 115 件。共受理仲裁案件 115 件，目前已全部调处解决。其中，因订立、履行、变更、解除和终止农村土地承包合同发生的纠纷 19 件，因农村土地承包经营权转包、出租、互换、转让、入股等流转发生的纠纷 80 件，因收回、调整承包地发生的纠纷 1 件，因确认农村土地承包经营权发生的纠纷 6 件，因侵害农村土地承包经营权发生的纠纷 5 件，法律、法规规定的其他农村土地承包经营纠纷 4 件。从仲裁调处情况看，仲裁裁决 29 件，仲裁调解 82 件，撤诉、和解 4 件。仲裁涉及人数 122 人，其中农民 88 人。

（陈娟）

【房山刘海亮获全国十佳“群众信赖的农村土地承包仲裁员”】5 月，按照《农业部办公厅关于开展“群众信赖的农村土地承包仲裁员”公开推介活动的通知》（农办经〔2015〕17 号）要求，市农经办积极组织各区县仲裁员报名并准备相关材料。经过初审、网络公开投票、专家评审等严格的评选程序和环节，房山区经管站刘海亮荣获了全国十佳“群众信赖的农村土地承包仲裁员”光荣称号。刘海亮的主要工作事迹有：主持制定房山区仲裁委员会土地承包纠纷受理、回避、裁决等具体办法，庭审程序、仲裁庭纪律等内部管理制度；指导使用统一仲裁文书样式；推动建立与人民法院定期沟通机制；主动建立农村土地承包纠纷的预警、排查机制，制定农村土地承包纠纷排查调处工作预案，为健全房山区调解仲裁体系做出突出贡献。自 1999 年被聘任为农村土地承包仲裁员以来，化解农村土地承包纠纷 652 件，仲裁 135 件。

（陈娟）

【参加全国土地承包仲裁国家职业资格鉴定考评员培训班】10 月 28—31 日，农业部经管总站在上海市奉贤区举办土地承包仲裁国家职业资格鉴定考评员培训班。从 2016 年起，农业部将按照国家职业资格从业要求逐步开展农村土地承包仲裁员国家职业技能资格鉴定工作。为保证鉴定工作顺利开展，尽快建立职业资格鉴定考评员队伍，农业部经管总站和人力资源开发中心举办了此次培训。培训班上，农业部经管总站副站长戴军作了开班讲话；农业部人力资源开发中心职业技能鉴定处何兵存处长和谢颜副研究员分别就农业职业技能鉴定管理体系政策规定、国家职业资格证书制度、基础建设工作体系和农业职业技能鉴定考务管理、考评技术与方法、考评员管理等内容进行了培训；农业部经管总站仲裁指导处刘玉萍处长对调解仲裁工作规范进行了讲解；现场参观学习了上海市奉贤区农经站仲裁庭建设与工作开展情况。市农经办农村土地承包合同管理处万敏波、大兴区经管站副站长张春红、平谷区经管站副站长张加祥参加了培训并取得全国首批仲裁考评员资格。

（万敏波）

【市农经办举办农村土地承包经营纠纷仲裁培训班】 11 月 2—4 日，市农经办在昌平举办了农村土地承包经营纠纷仲裁培训班，各区县经管站主管站长、仲裁办工作人员、仲裁员共 150 人参加了培训。市农经办熊文武副巡视员出席开班仪式并讲话。农业部经管司土地承包管理处孙邦群处长、农业部经管司仲裁指导处呼倩、河北省农业厅蔡建基研究员分别就确权登记颁证政策、仲裁文书中的法律问题、农村土地承包有关典型法律问题进行了讲解。

（刘瑶）

【首家旅游用地股份合作制试点合作社挂牌经营】 12 月 2 日，全市首家旅游用地经营权股份合作制试点合作社——北京云谷水寨民俗旅游专业合作社在怀柔区琉璃庙镇二台子村挂牌，市农经办土地承包合同管理处刘睿文副处长参加挂牌（揭牌）仪式。本次揭牌意味着北京云谷水寨民俗旅游专业合作社正式成立并成为市农经办首家土地股份合作制试点社。以该社为平台，二台子村将加强基础设施建设，开发旅游资源，努力打造集观光休闲、健身娱乐、餐饮住宿于一身的高品质京郊民俗旅游胜地。市农经办也将在继续完善该社各项制度的基础上，推动该社进一步开展闲置农宅经营利用权入股以及村企股份合作等下一阶段试点工作。

（刘睿文）

【土地信托化经营试点工作进行中期评估】 12 月 17 日，市农经办召开土地信托化经营试点工作中期评估会，对全市土地信托化经营试点工作开展一年来的进展情况进行了评估。评估会邀请了中国人民大学金融法研究所所长徐孟洲教授，中国人民大学法学院教授，经济法教研室主任朱大旗教授，首都经济贸易大学法学院教授、中国法学会财税法学研究会常务理事、北京市法学会环境与资源法学研究会副会长高桂林教授等多位知名专家学者作为评审专家，与会专家对市农经办开展的土地信托化经营试点工作给予了高度评价，对密云县穆家峪镇水漳村土地信托的运作模式和经验给予了肯定，并对下一阶段的土地信托化经营试点工作提出了建设性的意见和建议。

（刘睿文）

农民专业合作组织

【郊区农民专业合作社呈现良好发展态势】 近年来，全市认真贯彻《农民专业合作社法》，在各级党委、政府的引导扶持下，农民专业合作社持续稳步健康发展。据农经部门统计，截至 2015 年 12 月底，全市工商登记注册的农民专业合作社发展到 6 330家（其中专业联合社 29 家），比 2014 年的 6 044 家增加 286 家。在 13 个区县中，密云县、平谷区最多，分别达到了 1 261家和 1 199 家，其余分别为：怀柔区 788 家、大兴区 664 家、延庆县 627 家、房山区 569 家、昌平区 458 家、门头沟区 276 家、通州区 273 家、顺义区 203 家、朝阳、海淀、丰台三个区 12 家。合作社正式登记注册的成员 19.6 万名，辐射带动农户 23.7 万户，占全市从事一产农户总数的近 3/4。合作社资产总额 78.9 亿元，其中成员出资额 30.9 亿元。2015 年合作社总收入 79.6 亿元，实现盈余 9.2 亿元，其中提取公积金 0.9 亿元，盈余返还总额 4.2 亿元，分红 1.4 亿元，成员户均纯收入 1.4 万元。

经过多年的培育发展，全市农民专业合作社已经具有一定的基础和规模，在发展过程中形成了自己的特色：①以传统农业为主导，多元化产业共同发展。6 330家合作社中，以种植业为主业的3 782家，占59.7%；以畜牧业为主业的1 505家，占23.8%；以上两类合作社占全部合作社总数的83.5%；以服务业为主业的372家（其中农机服务159家，民俗旅游171家），占5.9%；以渔业为主业的127家，占2.0%；以林业为主业的180家，占2.8%；以手工业为主业的56家，占0.9%；综合性合作社308家，占4.9%。值得注意的是，按照北京市农业“调、转、节”政策要求，一些规模小、散养或者不达标的畜牧养殖场要退出北京，畜牧业为主的合作社已经出现减少的苗头，占合作社总数的百分比较上年同期下降了1.2个百分点。②农民领办成为主体，多方带动促进发展。6 330家合作社中，领办人为农民的合作社有5 688家，占89.9%；领办人为企业法人的有347家，占5.5%；领办人为村集体经济组织的211家，占3.3%；领办人为事业和社会团体代表的有84家，占1.3%。值得关注的是，随着合作社日益发展壮大，发挥作用日渐明显，合作社的市场地位越来越被认可，很多工商资本、社会团体开始进入合作社领域，领办或者是参与合作社。企业法人领办的合作社、事业单位和社会团体领办的合作社占合作社总数的百分比均比上年同期增加了0.1个百分点，而农民领办的合作社占合作社总数的百分比同比下降了0.3个百分点。③成员大多分布在村域内，跨乡镇、区县的合作社略有增加。成员分布在村域范围内的合作社3 630家，占57.3%；成员分布在乡镇域范围内的1 815家，占28.7%；成员分布在本区范围的有748家，占11.8%，比上年同期的707家增加了41家；成员分布在全市以及跨省范围的有137家，占2.2%，比上年同期的119家增加了18家。④产加销一体化服务为主导，服务功能日益增强。实行产加销一体化服务的合作社5 565家，占总数的87.9%；以生产为主的合作社394家，占6.1%；以信息技术服务为主的合作社207家，占3.3%；以购销服务为主的合作社129家，占2.1%；以农产品加工为主的合作社35家，占0.6%。2015年，合作社为成员统一购买农业生产投入品总值22.1亿元，统一销售农产品总值52.5亿元。有88家合作社开展内部资金互助服务，互助资金总额4 520.59万元。通过集中授课，观摩学习、示范指导等方式培训成员37.8万人次。⑤生产规模逐步扩大，农业标准化生产水平不断提高。2015年，合作社种植农作物总面积182.7万亩，比上年同期的177.2万亩增加了5.5万亩，增长3.1%。全市拥有注册商标的合作社356家，比上年同期的334家增加了22家，增长6.6%；实施农产品生产质量标准的合作社227个，比上年同期的202家增加了25家，增长12.4%；21家合作社获得专利技术；全市合作社拥有各类农产品质量认证达689个，其中得到有机产品认证132个、无公害产品认证299个。⑥依法规范办社，示范社带动作用显著。2015年，新培育创建市级示范社75家；截至目前，全市共有市级示范社216家，占全市合作社总数的3.4%。示范社成员总数39 795个，社均184个；带动社外农户69 902个，社均324个；资产总额15.5亿元，社均717.6万元；经营收入39.8亿元，社均1842.6万元。比非示范社分别高4.9倍、7.8倍、4.8倍和13.7倍。示范社在建立健全“三会”制度，规范财务管理、生产基地建设、标准化生产、统一各项服务等方面规范化程度高，引领作用显著，大多数示范社达到了“可学、可看、可比”的示范标准。

（王宇新）

【培育创建第四批农民专业合作社市级示范社】按照市农委《关于开展2015年农民专业合作社市级示范社培育创建工作的通知》（京政农发〔2014〕15号）要求，市农委与市农经办共同开展农民专业合作社市级示范社培育创建工作，并制定了《2015年农民专业合作社市级示范社的培育和创建方案》，明确了培育创建市级示范社的条件要求，一是规范性要求：包括依法登记设立满2年、制定规范的章程、设立成员账户等8项。二是规模要求：包括入社农户数量、发展规模、统一服务水平等5项。同时提出了区县培育创建、合作社申报、区县审核推荐等培育创建程序，为新一批市级示范社的培育创建奠定了良好的基础。2015年7月，组织召开农民专业合作社专家指导组工作会议，由专家组审议和评定新一批农民专业合作社市级示范社。2015年8月，组织召开了市级农民专业合作社示范社培育创建联席工作会议，与市发改委、市财政局、市科委、市商委、市工商局等部门共同审议了新一批市级示范社名单。12月，由市农委等11个部门下发了《关于公布2015年北京市农民专业合作社市级示范社名录的通知》(京政农函〔2015〕61号)，北京市门头沟区北京东胡林蜜蜂养殖专业合作社等75家农民专业合作社被评为第四批北京市农民专业合作社市级示范社。

(王宇新)

【市农民专业合作社联合会工作稳步推进】联合会按照“一年起步、二年起跳、三年起飞”的建设目标，主要完成的工作有：①完善内部制度。建立健全了办公室、财务部、综合业务部、信息培训部、营销服务部等职能部门；从10月开始，对秘书处及各业务部门人员进行了重新调整，实行岗位工作制，公开竞聘上岗；制定完善了《北京农联服务中心运营使用管理办法》等各项管理制度。②创建展销平台。完成了“北京农联服务中心”建设和4个区县名特优农产品展销大厅的特装工程，为郊区农民服务创造了条件。③推广北京农联品牌。组织10个区县的20余家合作社参加了为期3个月的第三届北京农业嘉年华；配合市观光休闲农业协会完成了首届北京“农园会”的策划、动员、新闻发布会等工作，组织50多家合作社、农业园区在玉渊潭公园举办了郊区农产品展销会；开展京郊合作社名特优农产品进社区展卖活动4次；组织8家合作社参加了市龙头企业协会和市社工委主办的全国龙头企业展会和北京社会公益会活动。

(王宇新)

【深入基层做好合作社规范化指导服务】为了促进郊区农民专业合作社规范管理，2015年，市农经办多次深入基层合作社调研，认真做好指导服务工作。①分别赴昌平、延庆、门头沟、房山、平谷、通州等地对北京谷氏獭兔养殖专业合作社、北京魅力珍珠山水乡村旅游专业合作社、北京村村牛种植专业合作社和北京河海猪苓种植专业合作社、北京灵之秀生态农业专业合作社、北京利民恒华农产品种植专业合作社等合作社进行了调研考察和规范化指导。②参加了平谷区北京绿谷沃丰果品产销农民专业合作社联合社成立大会，并对联合社运行及发展情况进行跟踪调研和服务指导。③与昌平区经管站、平谷区农合中心共同指导成立了北京古韵流村乡村旅游开发专业合作社联合社和北京互联农业服务专业合作社联合社，并将两个联合社作为北京市农民专业合作社联合社示范建设推广项目单位给予扶持，力争通过试点总结经验，推动全市农民专业合作社联合社又好又快发展。

(王宇新)

【加大对合作社管理人员的培训力度】市农经办共组织开展了3次大规模的集中培训：①与北京财经专修学院电子商务人才促进中心共同举办了2015年“互联网+农业”农民专业合作社发展专题培训班，帮助参训学员全面了解和把握“互联网+”的理论、技术和方法。②与农业部管理干部学院共同举办了国家级示范社监测信息统计系统操作使用培训班。培训班邀请了农业部管理干部学院农民合作社发展中心的专业人员讲授了《全国农民合作社示范社监测信息统计系统》指标解读及《全国农民合作社示范社监测信息统计系统》上机指导和实操训练，为做好国家级示范社的统计监测工作奠定了良好的基础。③举办了2015年农民专业合作社市级示范社理事长培训班。培训班邀请了农业部经管总站领导及大专院校、科研院所的知名专家教授，就当前农民合作社发展的形势与任务、“互联网+”时代的农产品营销、农民合作社发展及法律修订的思考及合作社的规范化管理与品牌化建设等内容进行了专题讲座。通过培训，使学员加深了对农民专业合作社规范化建设内涵的理解和认识，进一步明确了农民专业合作社发展的重点和方向，增强了办好农民专业合作社的信心和决心。

(王宇新)

【农民专业合作社统计改革工作取得新进展】市农经办完成了2014年全市农民专业合作社统计监测工作，撰写了《2014年北京市农民专业合作社统计分析报告》。为适应农民专业合作社的发展现状以及出现的新情况、新问题，确保农民专业合作社统计数据的真实性、完整性和有效性，同时，配合北京市农村“三资”监管平台的升级改造，组织各区县召开了农民专业合作社建设工作半年总结暨统计报表制度改革研讨会，采纳了大家对农民专业合作社卡片提出的修改意见，确立了新的农民专业合作社统计报表指标体系。

(王宇新)

【农民专业合作方面调查研究工作有序开展】市农经办在农民专业合作组织方面，主要完成了以下专题调研工作：①开展了“北京市农民专业合作社联合社发展问题研究”的课题研究。向各区县下发了《关于开展北京市农民专业合作社联合社发展问题调研的通知》，共收集 10 个区县 29 份有效调研问卷；分别赴平谷、昌平、通州等地就联合社的组建与运行情况进行专题调研；组织召开北京市农民专业合作社联合社发展座谈会，充分了解了农民专业合作社联合社的组建背景、运行情况、存在问题及政策建议等。②组织了北京市合作社考察团赴吉首市学习考察农民专业合作社建设工作。考察团先后参访了湖南省吉首市城市规划展览馆、吉首市农民合作社联合会、湘西八月食品有限责任公司、保靖县龙海成养殖专业合作社以及吉首市金鲩水产养殖专业合作社，详细了解了吉首市农业发展概况和农民合作社建设情况，学习了吉首市农民合作社联合会的发展历程、组织架构和运作状况。③与北京市农村商业银行合作研究建立北京市农民合作社信用评级体系。年内 4 次召开北京市农民专业合作社信用评级体系研讨会，与北京农村商业银行初步确定了共同建立北京市农民合作社资信评价体系的合作方案。④完成了《“十二五”时期农民专业合作社规划实施评估报告》，并参与《“十三五”时期农村合作经济经营管理工作规划》和《北京市乡村集体（合作）经济发展第十三个五年规划纲要》的制定。

（王宇新）

【积极宣传北京市农民专业合作社发展建设成果】为了总结多年来本市农民专业合作社发展的历史，宣传展示农民专业合作社的建设成果，市农经办与市农委宣教中心合作拍摄了《北京市农民专业合作社巡礼》宣传纪录片。同时，为了进一步增强北京市农民专业合作社在社会上的知名度和影响力，与市农业局合作，编印了《农民专业合作社进社区》画册。另外，市农经办有关负责同志还做客北京市政务门户网站“首都之窗”，就本市郊区农民专业合作社的发展、合作社规范化建设和市级农民专业合作社联合会运行等三个方面内容接受了专题访谈。全面而系统地介绍了市农经办在农民专业合作社发展建设、指导服务、行业管理等方面所做的主要工作，取得了较好的宣传效果。

（王宇新）

集体经济管理

【农村集体资产稳步增长】截至年底，郊区农村共有账内集体资产总额 5 589.8 亿元，比 2014 年增长 7.3%。其中，乡级集体资产 2 259.8 亿元，所占比重为 40.4%，同比增长 7.2%；村级集体资产 3 330 亿元，所占比重为 59.6%，同比增长 7.4%。农村集体净资产 2 084 亿元，比 2014 年提高了 8.6%。其中，乡级集体净资产 559.5 亿元，所占比重为 26.9%，同比增长 10%；村级集体净资产 1 524.5 元，所占比重为 73.1%，同比增长 8.1%。

【“集体经济审计年”各项工作顺利开展】按照全市加强农村集体资产管理工作会议确定的 2015 年“集体经济审计年”的目标任务，制定了集体经济审计年工作方案，下发了审计通知。组织召开了工作动员会，进行了统一安排部署，同时下发了《农村集体经济审计参考资料》。为了督促审计方案落实到位，每季度召开一次“集体经济审计年”工作进展情况汇报会，各区普遍成立了审计工作领导小组，强化了农村审计队伍建设，进一步理顺了农村审计体制机制，各项审计工作顺利完成。

【深入开展问题经济合同清理整改】按照全市加强农村集体资产管理工作会议的要求，在近两年开展合同清理规范的基础上，对全市农村集体经济合同中存在的问题进行统一的深入清理整改，下发了《市农经办关于开展农村集体经济合同清理整改工作的通知》，各区高度重视此项工作，积极敦促整改进度，清理整改工作取得显著成果。2015 年共整改经济合同 12 678 份，涉及合同总金额 147.3 亿元，占问题合同总量的 64.3%，超额完成了 50%的整改任务。通过整改规范，增加合同总金额 1.8 亿元，保障了农村集体和农民的权益。

【规范农村集体财务会计管理】继续推进农村集体财务管理规范化建设，全市已有 142 个乡镇、2 988 个村完成了规范化建设任务，完成比例分别达到 73%和 75%。全市村级普遍实行了财务公开，其中按月和按季公开的村有 3 028 个，占全市总村数的 76.4%。组织开发了北京市农民专业合作社财务管理软件，在平谷区和昌平区选取了六个农民专业合作社试点运行，并对试点单位相关人员进行了培训。

【开展“村级干部三资管理权力清单”试点】为明晰农村集体经济管理活动内容和事权范围，进一步规范农村基层干部管理行为，在房山区开展北京市村级集体三资管理权力清单试点工作，形成了《村级集体经济事项运行管理手册》《房山区关于进一步加强农村集体资产管理的意见》《房山区村级集体经济组织资金管理办法》《房山区村级报账工作规范》《房山区村级集体经济组织网上银行管理办法》等一系列规范性文件，健全、完善了村级经济事务管理制度体系。

【完善农村“三资”监管平台建设】启动农经统计完善和“三资”监管平台升级改造，广泛征求升级意见，搭建制度框架，不断完善建设方案，在通州召开了北京市农村“三资”监管平台应用现场会，平台升级改造和统计报表制度完善建设方案基本确定。对丰台、海淀、石景山、延庆、门头沟五个区县进行在线审计建设，项目按要求组织了招标、设备配发、系统培训、组织实施和专家验收，在线审计基本实现了郊区全覆盖。

（吴汝明）

集体经济产权制度改革

【稳步推进产权制度改革工作】截至年底，全市累计完成改革的单位达到 3 911 个，其中村级 3 892 个，完成比例达到 97.9%；乡镇级 19 个，完成比例为 9.7%。正在进行改革的单位有 76 个，其中：村级 64 个，乡镇级 12 个。城乡结合部 50 个重点村完成产权制度改革的村 46 个，完成比例为 92%。

【新型集体经济组织股份分红持续增长】全市有 1 334 个村集体经济组织实现股份分红，占改制村集体经济组织的 34%。股份分红总金额 45 亿元，比上年增加 3.2 亿元，增长 7.8%。在改制村中有 134 万农民股东获得红利，人均分红3 368元，比上年增加 259 元，增长 8.3%。

【开展赋予农民集体资产股份权能改革试点】确定大兴区为全国开展积极发展农民股份合作赋予农民对集体资产股份权能改革试点单位，建立健全了组织领导机构。广泛开展调研，完善农民对集体资产股份有偿退出及继承、抵押、担保权等进行制度设计，编制完成《大兴区关于积极发展农民股份合作赋予农民对集体资产股份权能改革试点工作方案》。先行先试，瀛海镇 18 个转非村启动了集体资产股份权能改革试点。

【农村产权交易流转取得新进展】截至年底，北京市累计成交农村产权交易 134 笔，成交金额近 15 亿元，流转土地面积 4.4 万亩，实物资产房屋面积 4.3 万平方米。其中：土地流转类项目占 73.1%，集体资产类项目占 26.9%。

【开展乡镇级产权制度改革问题调研】召开了乡镇级产权制度改革研讨工作会，与会人员就乡镇级产权制度改革工作的进展情况、经验做法、存在的问题和改革措施进行了研讨。对乡镇集体经济产权制度改革相关情况进行了专项调查研究，形成《北京市乡镇集体经济产权制度改革调查报告》和《北京市深化乡镇集体产权制度改革研究报告》。

（吴汝明）

农村金融创新

【本市农村金融组织不断完善，农业信贷体系稳步提升】截至年底，本市已批准设立11家村镇银行、105家小额贷款公司、1家“三农”信贷专营机构。全市涉农贷款余额2 635亿元。

【政策性农业保险发展健康】截至年底，政策性农业保险险种增加到23大类，保费收入4.59亿元，参保农户9.6万户，保险金额106.3亿元，理赔额3.39亿元，理赔农户1.6万户次。

【市农业投资公司注册资本29.5亿元，拉动社会资金100亿元持续投向“三农”】截至年底，累计完成投资28亿元，参与设立18家小额贷款公司，设施农业项目生产状况良好。

【农业产业基金募集资金合计8.95亿元投资9家企业】已投资北京中地种畜有限公司等9个农业龙头企业，投资额5.3亿元，无项目退出，有力支持了农业龙头企业发展。

【政策性农业担保公司作用明显】截至年底，在保项目3 384个，在保余额48.9亿元，持续改善“三农”融资条件。2015年第一期集合票据发行成功，融资2.4亿元。

【积极推进“三信”工程】截至年底，北京市信用户评定面达到30.57万户。共评定信用户14.11万户，信用村284个，信用乡镇12个。

【加强涉农企业上市培育】北京地区A股上市涉农企业65家，其中，农业企业11家，镇村企业54家，首发募集资金539.7亿元。13家涉农企业在全国中小企业股份转让系统挂牌，6家涉农企业在北京股权交易中心挂牌、22家展示。

【积极推进涉农要素市场建设】农村产权交易所本年累计完成交易业务135笔、15亿元；农副产品交易所本年累计完成现货挂牌交易业务164笔，成交金额1.74亿元。

【推动大兴农村金融综合改革试验区建设深入开展】围绕第二批农村金融制度改革实验任务，在金融服务农村经济社会发展方面进行有益探索。

【稳妥推进农村基本金融服务村村通工程】截至年底，“村村通”工程惠及752个行政村，为农民提供取款、查询、转账、缴费等基本金融服务。

【推进农村合作金融试点发展】大兴区赤鲁村、平谷区西柏店村和东四道岭村开展合作社内部资金互助试点，已完成方案制定、章程起草和新成立的农民专业合作社工商登记注册工作。大兴区梨花村和东辛屯村成立“农村信用互助合作社”，参与农户80户，共筹集社员股金206万元，申请银行贷款145万元，实现合作金融与商业金融有机结合。

（路漫）

【北京农商银行涉农贷款资产质量持续改善】为保障农村金融改革逐步向纵深推进，本市“新三起来”、农村土地改革试点工作逐步落地，北京农商银行继续保持涉农贷款投放力度，全年累计投放涉农贷款385.97亿元，截至年末，涉农贷款余额为600.3亿元。其中，农户贷款全年累计投放6.62亿元，贷款余额12.12亿元。截至2015年年末，北京农商银行涉农贷款不良余额为5.96亿元，较年初下降2.69亿元；涉农贷款不良率为0.99%，较年初下降0.28个百分点，实现不良双降。其中，农户贷款不良余额为3.61亿元，较年初下降0.53亿元；农户贷款不良率为29.77%，较年初下降1.16个百分点。

（郑海峰）

【北京农商银行充分发挥金融支农主渠道作用】北京农商银行大力改善京郊支付环境。一是优化金融服务渠道建设，年内新建乡村自助店5家、乡村便利店145家，累计建成乡村自助店26家、乡村便利店283家、助农取款服务点340个，在城乡结合地区新增185台ATM机，占本行新增机具总量的68.8%，跨行清算笔数列全市第二位，有效弥补了京郊农村地区金融服务空白。二是克服高成本运行压力，加强偏远山区金融服务，不断优化物理网点布局，继续保持全市所有182个乡镇金融服务全覆盖。三是加大“凤凰乡村游”的推广力度，活动开展九年来，共计投入3 000万元，累计引领6 100万人次到乡村旅游消费、休闲度假，通过乡村旅游刷卡消费 119 亿元，同时创造了数以万计的大众创业机会。

（郑海峰）

【北京农商银行积极支持首都新农村建设】北京农商银行积极跟进在“重点村”改造、五项基础设施建设、旧村改造、农民回迁安置、集体产业建设等过程中的大额资金需求，创新推出“新农村建设贷款”系列特色产品，基本覆盖城镇化建设不同阶段的资金需求。截至 2015 年年末，新农村建设贷款余额 184.6 亿元，约占全行涉农贷款的三分之一。同时，跟进大兴区集体经营性建设用地入市试点工作，探索农村集体资产经营权质押担保方式创新，支持农村全面深化改革。

（郑海峰）

【北京农商银行全力助推首都现代农业发展】一是持续加大对首农、顺鑫、京粮等国有大中型涉农企业的信贷支持力度，同时围绕其产业链和供应链进行拓展营销，将金融服务逐步向其上下游延伸。截至 2015 年年末，全行国有大中型涉农企业贷款余额为 229.72 亿元。二是积极扶持大北农、御食园、新发地等农业产业化龙头企业发展，满足其在农业生产、加工、流通等环节的资金需求，间接带动相关产业发展。截至 2015 年年末，全行农业产业化龙头企业贷款余额为 58.61 亿元。三是积极支持民俗旅游、生态农业、休闲农业等农业产业项目，依托市、区（县）政府，以“新农家”四大系列、21 款农户贷款产品为支撑，开展农户特色贷款业务。四是创新推出专为涉农经营者量身打造的凤凰福农卡，满足其存贷款、保险、理财、投融资等多元化金融需求。截至 2015 年年末，福农借记卡实现发卡 97 482 张，福农信用卡发卡 3 586 张，累计用信 13 亿元。

（郑海峰）

【北京农商银行积极支持农村集体经济发展】北京农商银行坚持优化农工商公司综合金融服务，积极支持农村集体经济发展。始终将农工商公司作为战略核心客户，不断加强对农工商公司的综合金融服务，为其提供存款、结算等传统金融服务的同时，积极支持其城乡一体化过程中的旧村改造、农民安置、集体产业建设等项目资金需求，还结合其发展需要逐步拓展投行业务、理财业务、现金管理等综合金融服务。截至 2015 年年末，全行农工商公司类客户贷款余额达 190.82 亿元。

（郑海峰）

【北京农商银行加强农民专业合作社信用评级体系建设】应北京市农研中心委托，北京农商银行启动农民专业合作社信用评级系统的建设工作，该项目建设既可以解决北京市众多农民专业合作社的信用评级问题，为全行后续授信服务工作奠定基础，也可以为政府对农民专业合作社的管理提供参考，同时还可以为全行积累大量有价值的原始数据。

（郑海峰）

私营个体经济发展和改革

【私营经济持续发展，私营企业户增长 25.94%】截至年底，市私营企业和个体工商户登记注册的户数累计 169.72 万户，其中私营企业 103.78 万户，个体工商户 65.94 万户。私营企业和个体工商户从业人员累计 951.73 万人，其中私营企业 848.6 万人，个体工商户 103.13 万人。私营企业和个体工商户注册资本金累计 84 213.61 亿元，其中私营企业 83 986.93 亿元，个体工商户 226.68 亿元。全市私营企业户累计比上年增加 18.97 万户，增长 22.37%；私营企业从事第一产业的有 4 647 户，占总户数的 0.45%；从事第二产业的有 64 259户，占总户数的 6.19%；从事第三产业的有 968 883 户，占总户数的 93.36%。户数在前三位的分别是朝阳区（23.63 万户）、海淀区（20.65 万户）、丰台区（12.39 万户）。

（李萌垚）

【私营企业从业人员增加 16.95%】截至年底，全市私营企业从业人员累计 848.6 万人，比上年增加 123 万人，增加 16.95%。

（李萌垚）

【私营企业注册资本金增长 94.01%】截至年底，全市私营企业注册资本金累计 83 986.93

亿元，比上年增加40 697.62亿元，增长94.01%。

【个体经济保持平稳，个体工商户增加0.92%】截至年底，全市个体工商户累计65.94万户，比上年增加0.6万户，增加0.92%；个体工商户从事第一产业的有32 670户，占总户数的4.95%；从事第二产业的有21 214户，占总户数的3.22%；从事第三产业的有605 473户，占总户数的91.83%。户数在前三位的分别是朝阳区（8.64万户）、丰台区（7.65万户）、昌平区（7.16万户）。

（李萌垚）

【个体工商户从业人员增加0.13%】截至年底，全市个体工商户从业人员累计103.13万人，比上年增加0.13万人，增加0.13%。

（李萌垚）

【个体工商户注册资金增长3.94%】截至年底，全市个体工商户注册资金累计226.68亿元，比上年增加8.6亿元，增长3.94%。

（李萌垚）

【进一步扩大中小企业发展基金规模】市财政局在原有中小企业创业投资引导基金、中关村现代服务业中小微投资基金等资源的基础上，进一步扩大基金规模，年内，本市公共财政已出资设立支持中小企业发展的基金规模达75亿元，吸引社会投资330亿元。

（李萌垚）

【立项支持小微企业技术创新】年内，市财政局充分利用科技型中小企业技术创新资金1.19亿元，对小微企业技术创新项目进行立项支持，重点支持企业技术创造，结构调整和产业升级，引导企业向“专、精、特、新”方向发展。安排“首都科技创新券”专项资金3 000万元，降低企业研发成本，方便其购买在京高校、院所的科研服务，激发企业自主创新能力。安排“小微企业创新创业及创新型产业集群培育支持资金”3 500万元，引导资金通过参股方式，运用市场机制，发现和支持一批高成长的企业创业。

（李萌垚）

【利用市场机制和金融工具服务科技型小微企业】年内，市财政局安排中关村创业投资引导资金1亿元、创业投资风险补贴3 112万元、中关村中小企业融资存进支持资金8 370万元、中关村信用体系支持资金300万元，物联网金融产业发展支持资金1 000万元、中关村小微企业信贷风险补偿资金1 000万元等，运用市场机制和金融工具服务科技型小微企业，分担企业融资风险，拓宽企业融资渠道，引导社会资本对科技型中小企业的投入，解决科技型中小微企业融资难问题，增强企业的风险防范能力。

（李萌垚）

【搭建首都科技条件平台】年内，市财政局安排首都科技条件平台资金7 040万元，中关村开放实验室资助资金1 500万元，用于鼓励院所高校和专业服务机构为中关村示范区企业提供新产品的研发和分析、检测、认证、开发工具和人才培养等服务，降低小微企业的创新成本。

（李萌垚）

【支持小微企业知识产权工作】年内，市财政局通过安排专利申请资助金、中关村企业专利、技术标准、商标、品牌等，投入资助资金1.1亿元，通过知识产权质押贷款贴息、专利保险等手段，支持中小微企业申请专利、开展专利战略研究、数据库建设、专利产业化和专利权质押贷款等工作，全面提升企业知识产权创造和经营能力。

（李萌垚）

【北京市中小企业公共服务平台正式开通】5月14日，本市中小企业公共服务平台网络正式开通运营，正式构建成为“一厅”（2 000平方米的市中小企业服务大厅）、“一网”（平台业务系统）、“一联盟”（市中小企业服务联盟）的立体化服务体系。平台汇集了全市33个委办局的服务资源，联通了16个区县和实际认定的平台基地等154家窗口平台。年内，在政策服务方面，发布政策200余项，开展“政策通”系列培训35期、培训企业4 000家，线上、线下解答企业政策咨询问题7 000多项；在融资服务方面，引入银行、担保、创投、证券等各类金融服务机构40多家，通过集合信托、融资租赁、私募债等渠道为380多家企业融资55亿元；在场地服务方面，梳理适合于创业的场地空间10万平方米、开放实验室1万平方米，已帮助80多家企业找到满意的办公、生产、试验场所；在人才服务方面，举办定期的人才对接会、便捷的互联网人才分享方式，帮助56家企业快速找到人才。在平台聚集的企业已经达到10 000家，市级枢纽平台直接服务企业900家以上，合作服务机构及窗口服务平台服务企业11.8万家。

（李萌垚）

【加强平台和基地认定工作】根据《北京市中小企业公共服务平台管理暂行办法》《北京市小企业创业基地管理暂行办法》的要求，年内，市经信委开展了第四批北京市中小企业公共服务平台、小企业创业基地认定工作，最终认定市级中小企业公共服务平台 4 家，年服务企业 689 家；认定市级小企业创业基地 5 家，建筑面积 9.97 万平方米，入驻企业 497 家。

（李萌垚）

【推进营改增试点与小微企业发展减免税收政策】自 2012 年 9 月 1 日全市实施营改增试点以来，改革工作平稳推进，截至年底，全市 62.4 万户试点纳税人顺利完成税制转换，试点纳税人总体税负下降 44.8%，约 97.4%的试点纳税人税负下降或持平。改革以来减税累计 1 036.9亿元，全年减税 375.8 亿元。另外按照小微企业发展的税收减免政策，全市全年共减免小微企业增值税、营业税 17.79 亿元，减收所得税 10.85 亿元。

（李萌垚）

【鼓励中小企业参与政府购买】年内，市政府积极鼓励中小企业参与政府购买，实施了包括“预留中小企业市场份额”“为小微企业提供评审优惠”“鼓励大中型企业联合小微企业参与政府购买”等购买优惠政策，并在上述政策的基础上进一步规定预算金额在 300 万元（含）以下的政府采购项目，应从小微企业采购，预算超过 300 万元的项目，在同等条件下优先从小微企业采购。

（李萌垚）

【大力开展高新技术产品政府采购工作】年内，针对全市以新技术新产品为代表的高新技术成果应用推广工作面临的新形势、新特点、新需求，借助政府采购政策推进包括私营个体企业在内的各类创新主体发展，市财政局出台了《关于在中关村国家自主创新示范区深入开展新技术新产品政府采购和推广应用工作的意见》。为落实意见要求，相关政府部门先后出台了《中关村国家自主创新示范区新技术新产品政府首购和订购实施细则》（京财采购〔2015〕43 号）、《关于落实〈在中关村国家自主创新示范区深入开展新技术新产品政府采购和推广应用工作的意见〉的工作方案》（创新平台发〔2015〕1 号）等文件，完成了第一批北京市新技术、新产品（服务）共 773 项的认定工作。

（李萌垚）

【加强勘察设计资质相关服务】年内，市规划委在勘察设计行业管理方面，主动加强设计资质审批和从业人员注册服务，积极受理私营个体企业设计资质申请审批。全年受理行政许可事项 1 246件；受理各类注册师注册事项 6 600 件；受理建设工程招投标项目 932 项，共完成房屋建筑施工图设计文件审查 1 472 项，近 4 763 万平方米，其中，新建建筑约 4 040 万平方米均基本达到绿色建筑一星级标准；完成勘察项目施工图审查约 916 项，完成市政基础设施工程项目施工图审查约 479 项。

（李萌垚）

【举行规划沟通会】年内，市规划委深入开展规划下基层、政务公开、信息公开等工作，不断完善规划服务体系。针对私营个体经营者对拆迁改造是否会影响经营发展的忧虑，主动举办规划咨询、听证会议等，向私营个体经营者讲解区域用地规划情况和商业街规划情况，张挂规划图，回答与会者提问，让私营个体经营者了解发展动向、规划安排。

（李萌垚）

【成立个体税源管理科】市国税局为贯彻落实京津冀协同发展战略，有效疏解非首都功能，成立了疏解非首都功能领导小组，北京市西站地区国家税务局原有职责不变的基础上，设立个体税源管理科，以进一步规范全市个体税收征管、服务纳税人、提高纳税遵从为目标，加快征管改革、创新管理方式，统筹加强全市有形市场和个体工商户的管理工作。个体税源管理科主要职责一是负责制定个体及市场税收管理制度和管理办法，二是考核督导各区（地区）国家税务局个体和市场税收管理，三是组织开展个体和市场税收重点检查等工作。

（李萌垚）

【规范税收政策执行口径】年内，市国税局个体税源管理科针对一些年代久远的个体税收政策法规、文件、制度已不适用于实际的情况，在原《个体管理文件汇编》基础上，结合 12366 纳税服务热线税收知识库，对涉及个体税收管理的政策法规、文件、制度等进行梳理，剔除失效条文，编纂《有效个体集贸征收管理税收规范性文件汇编》下发各分局，统一规范政策执行口径。

（李萌垚）

【强化有形市场和个体工商户税收管理】年内，市国税局为充分发挥税务稽查净化市场税收环境的作用，加强个体工商户日常基础管理，与市地税局联合发布《关于加强有形市场和个体工商户税收管理的通知》，并制定了《北京市国家税务局有形市场和个体工商户稽查工作管理办法》。及时、准确掌握纳税人经营状况，落实税收优惠政策，同时掌握风险高的疑点案源，做到有的放矢，准确开展税务稽查。

（李萌垚）

【支持各类创新主体发展】年内，市发改委积极对接国家和全市相关政策安排，启动“全面创新改革试验”“互联网＋”等全市支持包括私营个体企业在内的各类创新主体发展政策研究，以及北京市“十三五”时期高技术产业发展规划、军民融合深度发展规划两个市级专项规划编制工作，并出台了《关于大力推进大众创业万众创新的实施意见》。

（李萌垚）

【支持科技成果转化和产业化】年内，市发改委根据全市《国民经济和社会发展第十二个五年规划纲要》，统筹安排94.7亿元财政资金，支持了包括集成电路投资基金、高新技术成果转化项目补助等在内的50多个重大科技成果转化和产业项目，支持私营个体企业等各类主体的科技成果加快在京的转化和实施。此外，年内国家批复同意中关村发展集团发行企业债5亿元，用于面向中关村园区内私营个体企业开展融资租赁服务，支持园区内企业的业务发展。

（李萌垚）

【更新新增产业禁止和限制目录】年内，市发改委深入贯彻落实首都城市战略定位，加快构建“高精尖”的经济结构，切实推动京津冀协同发展，按照市政府的统一部署，在2014年出台的《北京市人民政府办公厅关于印发市发展改革委等部门制定的〈北京市新增产业的禁止和限制目录（2014年版）〉的通知》（京政办发〔2014〕43号）的基础上，研究制定了《北京市新增产业的禁止和限制目录（2015年版）》（京政办发〔2015〕42号），加大对包括私营个体企业在内的各类市场主体在京发展的引导力度。

（李萌垚）

【深化工业生产许可制度改革工作】年内，市质监局依据《质检总局关于深化工业产品生产许可证制度改革的意见》（国质检监〔2015〕364号），制定并印发《北京市质量技术监督局关于贯彻落实工业产品生产许可证制度改革意见的工作方案》，建立工作机制，从压缩时限、优化流程、减少许可前置条件、强化企业落实主体责任和加强事中事后监管等方面进行了规定和明确，并通过门户网站、召开专题宣贯会等形式向社会进行宣传。

（李萌垚）

【开展“特种设备安全大检查”】年内，市质监局开展了北京市“特种设备安全大检查”专项执法行动，重点整治了全市电梯、燃煤锅炉和油气输送管道三大领域隐患。执法行动共出动执法人员2 359人次，检查特种设备生产使用单位960家，检查发现安全隐患192处，督促相关单位迅速采取措施完成整改，消除了隐患；开展了“安全生产月”“防灾减灾日”“大型游乐设施安全专项执法行动”等主题安全活动，发放特种设备安全宣传折页15万份、宣传海报2 000余张。

（李萌垚）

【推动京津冀地区产品品牌建设】年内，市质监局召开了“京津冀有机产品认证示范区建设和地理标志产品示范区建设交流研讨会”。将北京市延庆县成功创建“国家有机产品认证示范区”的经验推广给河北省质监局，全力支持河北丰宁、隆化两县创建有机产品认证示范区，会同地方质监、农业等相关部门共同推动区域有机产品品牌建设；支持北京市平谷区、天津市蓟县和河北省三河市在地理标志保护工作上开展区域合作；鼓励北京市平谷区与河北省保定市蠡县共同研究推进中国一欧盟“10＋10”地理标志互认产品平谷大桃、蠡县麻山药的国际化运用。

（李萌垚）

【减免小型、微型企业代码证书工本费】年内，市质监局严格执行《质检总局关于贯彻落实国家停征和免征行政事业性收费政策有关工作的通知》（国质检财〔2014〕686号）和《关于取消和暂停征收一批行政事业性收费有关问题的通知》（财税〔2015〕102号），分别于1月1日起停止对小微型企业（含个体工商户）收取组织机构代码证书办理费用和11月1日起停止收取所有组织机构代码证书办理费用，据统计，享受免费政策的小微型企业（含个体工商户）共计315 400家。

（李萌垚）

【提高科技成果转化效率】年内，市科委发布实施《关于进一步创新体制机制加快全国科技创新中心建设的意见》《关于大力推进大众创业万众创新的实施意见》，以及“京科九条”“京校十条”，深化科技成果使用、处置和收益管理改革，鼓励科研人员在岗创业。积极落实高新技术成果转化项目认定政策，全年认定 150 个高新技术成果转化项目，认定的项目获国家和北京市各类科技奖项 95 项。取得专利、软件著作权、集成电路布图设计专有权、国家新药等各类知识产权 900 余项。

（李萌垚）

【建立众创空间联盟】 年内，北京众创空间联盟成立，成员已达 85 家。依托众创空间联盟，围绕创业价值链，市科委积极引导社会主体构建全链条创业服务生态，实施北京市创新创业服务机构建设专项，对全市 51 家孵化器、大学科技园及众创空间等新型创新创业服务机构进行支持，支持金额 2 200 万元。

（李萌垚）

【出台加快科技服务业发展政策】 年内，市政府出台《关于加快首都科技服务业发展的实施意见》，提出实施技术支撑工程、实施创业支持工程、实施优势引领工程、实施业态培育工程、实施市场拓展工程五大工程，推动科技服务业发展。市科委设立北京市科技服务业促进专项，支持工程技术服务企业、科技服务企业、技术转移机构在各领域开展专业化服务。年内新注册科技服务企业超过 4 万家，较上年同期增长 25%。

（李萌垚）

【政府资金支持中小企业科技创新】 年内，市科委继续开展北京市科技型中小企业促进专项（以下简称“创新资金”），进一步聚焦初创期企业，首次将创新资金分为创新和创业两种类型，降低申报门槛，全年申报企业 2 509 家，较上年申报数量翻番；立项支持 559 家企业，立项总金额近 1.5 亿元；吸引社会投资近 23 亿元，资金放大比例近 1∶16，有效实现了政府资金的放大效应；获支持企业中，50%为成立 2 年之内的初创期企业。

（李萌垚）

【保障劳动者合法权益】 年内，市人保局指导企业严格执行劳动合同法，鼓励创新创业企业、小微企业与职工签订较长期限的劳动合同，严肃查处拖欠工资行为，维护职工合法权益。全市企业劳动合同签订率为 98%，其中：小企业劳动合同签订率为 94.4%，城镇职工劳动合同续订率为 95%。开展集体合同制度攻坚计划，6 万户企业订立集体合同，涉及职工 327 万人；加强对调解组织建设和指导，重点对 16 家非公企业示范单位进行调解效能评估，推动非公企业商会（协会）建立劳动争议调解组织。全年受理涉及个体私营企业劳动争议案件 23 624 件，同比增长 34.4%；规范劳动保障监察执法行为，加强日常巡查、重点时期专项检查、重点区域源头治理。落实重点时期信访维稳工作机制，促进矛盾源头化解。加强 12333 咨询服务标准、人员素质和信息系统建设，提供咨询服务 301.5 万件。

（李萌垚）

【加强对非公企业法律服务力度】 年内，市工商联制定了《北京市工商联关于加强和改进法律服务工作的意见》，与市司法局签订了《关于共同推动行业性专业性人民调解组织的合作协议》，成立了 16 家维权调解中心，建立了调解组织与仲裁机关衔接制度，与市法院、司法局、人力社保局等部门完善了联席会议制度、协调劳动关系三方机制、劳动争议预防调解机制、诉前调解对接工作机制，形成了部门间的工作合力和服务非公经济的长效机制。

（李萌垚）

【引导非公企业履行社会责任】 年内，市工商联积极倡导非公企业履行社会责任，组织了“甜蜜的事业——延庆光彩行”活动，通过蜂业养殖、捐资助学等项目，帮助农民脱贫致富，帮助困难学生完成学业，促进了延庆新农村建设，并开展了“南水北调对口支援”“十堰南阳光彩行”等多个公益活动项目，形成了《北京市工商联关于动员我市民营企业参与对口支援工作情况及实施意见建议》。

（李萌垚）

【开展非公经济金融服务周活动】 年内，市工商联第六次开展非公经济金融服务周活动，以“京津冀协同发展金融服务”为主题，聚焦“双创”“互联网＋”等经济热点，开辟中小企业金融服务绿色通道，形成京津冀三地金融机构对企业在京津冀跨区域发展进行服务的无缝对接，助推非公经济实现非首都功能的有序疏解和顺畅转移。

（李萌垚）

【开展京津冀多领域产业对接活动】 年内，市工商联先后组织了 20 多批次民营企业赴天津、河北，进行科技、文化、经贸考察交流，北京石材商会、木业商会的产业转移项目均已成功落户天津、河北。抓住京津冀协同发展和“一带一路”重大国家战略机遇，建立了42家京外境外非公经济发展服务基地，为非公经济发展提供综合服务。

（李萌垚）

【发挥再贴现和支小再贷款的政策导向作用】年内，市人行营管部优先对涉农票据、小微企业签发和收受的票据办理再贴现；优先对生产性企业之间、生产性企业与贸易性企业之间背书转让的票据办理再贴现；针对中关村科技型小微企业推出专项再贴现；优先为中小企业尤其是小微企业信贷投放占比高的金融机构办理再贴现，引导资金流向中小微企业。

（李萌垚）

【稳步推进商事制度改革】年内，市政府出台《关于做好先照后证改革衔接工作加强事中事后监管的实施意见》，确定了“一个平台、两个闭环、三个机制”的工作模式，148项“先照后证”事项落实到全市各级登记窗口，实现工商登记和许可审批无缝衔接。共办理“先照后证”业务8.05万件，超过7.25万户市场主体享受到了“先照后证”改革便利。9月29日，全市全面推行“三证合一、一照一码”登记制度改革，优化审批流程，加大数据共享，实现工商、国税、地税、质监和统计“五证合一”，企业办理各类证照的时限由原来的近30个工作日缩短至3～5个工作日，截至年底，全市共发放“一照一码”营业执照18.25万张。

（李萌垚）

【开通网上工商登记服务】年内，市工商局启用新版网上登记服务系统，搭建公司登记网上快捷通道，实现名称登记全流程电子化办理，开通微信预约平台，采取寄递服务、“零见面”等非现场服务举措，开发企业登记档案远程查询服务平台，网上登记已占全市登记业务量的六成以上。

（李萌垚）

【建立小微企业名录】年内，按照《国家工商总局关于进一步做好小微企业名录建设有关工作的意见》的要求，市工商局在“全国企业信用信息公示系统北京站”上增设了“小微企业名录”模块，在全国率先提供小微企业库查询和扶持政策集中公示服务，加强了对私个经济针对性扶持服务。

（李萌垚）

【推动企业信用体系建设】年内，市工商局按照“主体名下归结果”的工作思路，将登记注册、许可审批、行政处罚等94大类信息归集在企业名下，信息涵盖了全市55家政府部门和司法机关、24家行业协会，企业信用信息归集总量突破6 000万条，年增速达35%；企业信用信息网已累计向社会提供信息查询7.4亿户次，日均查询量超过75万户次；建立了企业经营异常名录制度，将存在未履行公示义务等违法问题的8.5万户企业列入经营异常名录并向社会公示，将7.2万户个体工商户标记为经营异常状态，已有近6 000户企业在登记注册、银行开户、申请贷款、招投标等领域受到限制，主动纠正错误、请求移出；在全国率先建立犯罪人员工商登记任职限制数据库，锁定犯罪记录人员超过6万人，信用约束作用初步显现。

（李萌垚）

【推进社会资本办医工作】年内，市卫生委先后下发《关于做好营利性医疗机构审批先照后证改革衔接工作的通知》（京卫医〔2015〕140号）和《关于进一步做好医疗机构审批和医疗床位调控有关工作的通知》（京卫医〔2015〕161号），完善和理顺与工商、商委等部门间的审批流程，并放宽诊所设置要求，明确全市设置诊所不受规划布局限制，实行市场调节的管理方式，全面放开社会办医配置乙类大型医用设备审批，已批准全市59家社会资本举办医疗机构配置相关的乙类大型医用设备；积极探索包括将社会办医疗机构纳入医疗联合体、公立医院以特许经营方式与社会资本合作、医疗领域的政府和社会资本合作等多种公立医院与社会办医的合作路径，促进机构之间的交流和社会办医的发展；支持社会办医疗机构科研和教育培训，将社会办医机构纳入科研立项和继续医学教育项目申报，支持社会办医疗机构申请成为市属医学院校的附属医院、教学医院和临床教学基地，在人才培养政策方面对社会办医疗机构和公立医院均采取相同的政策，在经费投入政策上也一视同仁，住院医师规范化培训各项保障性政策全面覆盖社会办医疗机构。

（李萌垚）

【引导私个经济参与市政基础设施建设】年内，市市政市容委积极推进市政市容管理领域向社会资本开放，采取切实措施鼓励和支持社会资本参与市政市容委相关市政基础设施建设和运营，私个经济参与市政基础设施建设和运营总体上不断增加。在供热领域，全市私个经济参与投资的供热单位约有700家，占供热单位总数的45.2%，运行管理的锅炉房约1 500余座，占锅炉房总数的48%；在垃圾处理领域，私个经济充分利用调头快、参与方式灵活、效率高等特点，积极参与垃圾分类工作，全市共有40多家私个经济参与垃圾分类相关工作；在城市照明领域，市属景观照明设施分别委托给16家私个经济负责运行维护，另有4家私个经济参与了景观照明消隐项目施工。18家私个经济中标户外广告设施使用权招标，占全部中标企业的72%。市市政市容委还积极推动私个经济参与城市运行保障、环境建设、城市管理信息化和办公设备的政府采购项目，共有74家私个经济中标并签定合同，占总签定合同单位的56.9%，

（李萌垚）

【企业出京介绍信和诚信证明网上办理系统上线】年内，市住建委开发了企业出京介绍信和诚信证明网上办理系统，4月1日起，中央在京及北京市各建筑业企业开具出京介绍信和诚信证明提供网上办理服务。在线申请出京介绍信和诚信证明，经系统自动审核，符合条件的（近三年年度违法违规行为积分均不超过8分、无相应安全责任事故、无质量责任事故）可在线即时打印。

（李萌垚）

【打击影响私个经济发展的犯罪涉恶案件】年内，市公安局刑侦部门在打击涉枪、涉爆等暴力犯罪中，做到快侦快破、坚决打击，相继组织侦破了“3·24”瑞丰速递持爆讨要加盟费案、“11·13”中通快递发现可疑爆炸装置案，参与侦破侵害私营个体人员命案24起，严打严治，以实际行动促进了私营个体经济的健康发展。

（李萌垚）

【规范旅游住宿业环境】年内，为保护民俗旅游接待户合法有序经营安全，防止成为违法犯罪人员的落脚点和藏匿地，市公安局治安管理部门积极会同市旅游委、农委、乡镇政府，组织相关派出所全力推进装机联网工作，全市3 455家民俗旅游接待户已全部完成装机联网工作。并严厉打击“黑开”旅馆违法问题，开展了为期5个月的旅游住宿专项清理整治工作，期间发现黑开旅馆线索202条，打击取缔169家，行政拘留123人。

（李萌垚）

【启动民营经济统计监测工作】年内，为及时反映全市民营经济运行、“走出去”等情况，满足有关部门对民营经济数据和信息需求，市统计局启动了对民营经济的监测工作，撰写了上年年度报告《民营经济运行平稳“走出去”步伐加快》，按月度加工整理民营经济相关数据，主动走访北京海关，商定提供民营企业进出口数据事宜。

（李萌垚）

【私营个体经济协会开展融资贷款服务】年内，北京市私营个体经济协会利用多方渠道开展融资服务，全年共为304户提供贷款担保9.77亿元；与邮储银行合作，为3 596户企业提供贷款金59.56亿元；与其他金融机构合作为3 548户提供贷款金额6.73亿元。全年全系统共为7 448户提供融资贷款76.06亿元。

（李萌垚）

【积极争取政府专项资金支持】年内，各区私营个体协会积极与区财政局、发改委、科委、农委等政府有关部门取得联系，将政府扶持资金的政策、申报程序、条件等相关信息向会员宣传，对符合条件的企业向有关部门推荐，为630户私营企业和个体工商户申请专项政府资金275.8万元。

（李萌垚）

【深入开展法律服务工作】年内，市私个协发挥法律服务中心的作用，全系统共培训会员22 737人次，受理来信、来访396人次，接待咨询服务5 340人次，诉讼案件99件，为34户私营企业挽回经济损失429.1万元。

（李萌垚）

【广泛开展“亮身份、亮职责、亮承诺”活动】年内，市私个协积极贯彻国家工商总局《关于指导小微企业个体工商户专业市场党组织开展“亮身份、亮职责、亮承诺”活动的通知》（工商个字〔2015〕46号）（以下简称“三亮”）工作部署，各区县积极筹划、指导“小、个、专”党组织和党员，加强“四个全面”战略布局的学习教育，党员亮出身份，亮出岗位职责，亮出承诺。全年共有461户小微企业、44家专业市场、共计1 336名党员参与“三亮”活动。

（李萌垚）

【助推首都经济发展转型升级】年内，为实现首都加快转变经济发展方式，市私个协积极推进个体工商户向公司制企业转型升级，对有一定规模的科技型企业和有自主知识产权、有发展前景的个体工商户进行重点引导，并帮助他们争取政府和相关部门支

持，共完成个体工商户转型升级3 987户。

（李萌垚）

【积极推动区域协同发展】年内，市私个协积极落实中央《京津冀协同发展规划纲要》战略精神，积极推进多种形式的京津冀合作，助推产业升级转型。市私个协积极贯彻优势互补，立足合作共赢，开展京津冀对接洽谈会等多项跨地区多领域交流合作活动，并根据《2015年全国民营经济发展合作促进大会方案》要求，组织企业参加了全国民营经济发展合作促进大会。

（李萌垚）

【组织开展全市非公党建巡讲和党性教育活动】5月26日，市私个协"让党旗在非公经济领域高高飘扬"非公党建工作巡讲会第一站在朝阳区拉开帷幕，共有100余名朝阳私个会员代表出席巡讲会。10月11日，第二次非公党建巡讲大会在井冈山成功举行，共产党员会员代表现身说法，场面热烈，反响强烈。10月8—12日，市私个协举办了以"弘扬井冈山精神红色主题教育"为主题的企业党组织书记及协会系统党务工作者实践大会。来自全市16个区县协会和市直属分会的共产党员代表及协会党建工作者百余人参加活动。通过培训交流和实践，党员代表们体验红色文化，强化党性教育。

（李萌垚）

【广泛开展诚信经营教育活动】年内，市私个协系统积极结合"3·15消费者权益保护日"和"10·18光彩服务日"，教育引导会员认真履行《首都企业社会责任行动指南》，并于10月组织会员参加了国家工商总局和中个协组织的"'贯彻新《消费者权益保护法》，企业在行动'北京市建材行业健康发展与消费者权益保护"宣讲会，组织"糯米网""乐视网"等三十余家互联网企业参加中个协组织的网络经营者"诚信守法经营"宣传活动。

（李萌垚）

【组织私企参加"知名民企泰和行"活动】为落实国家工商总局《关于做好第二届"知名民企泰和行"活动的通知》。9月7日，市私个协接待了泰和县赴北京市考察调研团并陪同走访了北京京汉投资集团有限公司，11月5—6日，市私个协组织海淀、石景山的企业前往江西省泰和县参加"知名民企泰和行"活动。企业家们深入泰和县电子科技产业园、江西渴望科技有限公司进行考察对接，共同促进泰和县经济社会发展。

（李萌垚）

【开放多种平台加强舆论宣传引导】年内，市私个协会编辑发行《北京私营个体经济》31期，及时宣传政策法规、报道组织活动、宣传先进典型，全面反映各级协会工作和广大会员的精神风貌。同时，围绕市工商局中心工作，市私个协会专门编辑印发了《北京私营个体经济》小微企业政策宣传专刊，对商事制度改革后的企业登记注册、年报制度、信用监管、小微企业政策扶持等问题进行了全面深入的介绍和解读。

（李萌垚）

农村生活与农村社会保障

综　述

为缩小城乡差距，促进城乡均衡性发展，调动各方面力量，大力促进农民增收特别是低收入农户增收。农民转移就业渠道不断拓展，加大农村社会保障力度，加快推进城乡基本公共服务均等化，进一步改善农村民生。2015年，全市农民人均可支配收入达到20 569元，同比增长9%，扣除价格因素后实际增长7.1%，增速连续7年快于城镇居民。

一是不断拓展农民转移就业渠道。将城市化建设地区农村劳动力纳入失业登记范围，全市共有836个行政村的38.4万多名农村劳动力纳入城乡统一的就业失业管理制度范围，可按规定享受与城镇失业人员相同的促进就业帮扶政策。实施了城乡统一的鼓励用人单位招用的岗位补贴、社会保险补贴政策和社会公益性就业组织“托底”安置政策。结合“就业援助”“春风行动”等专项活动，加大劳动力培训力度，培训农村劳动力3.3万人次。

二是探索低收入农户增收长效帮扶机制，着力促进低收入农户增收。加大政策资金投入力度，市级安排资金9 000万元，开展项目试点，通过购置经营性物业，取得长期稳定的租金收益，扶持低收入农户的发展。2015年，20%的低收入农户人均可支配收入达8 494元，同比增长12.1%，增速连续5年快于农民整体水平。

三是农村社会保障水平不断提高。在全国率先实现居民最低保障标准城乡统一，大幅度调整农村社会救助标准，全市13个涉农区县全部实现城乡低保标准一体化。全市城乡居民基础养老金和福利养老金分别提高40元和35元，受益农民达到71万人。加快完善农村合作医疗制度，继续提高筹资标准，农民就医难，看不起病或因病致贫的问题得到初步解决。

四是农民生活质量又有提升。郊区农民收入水平稳定增长，农村消费水平日益提高，消费环境逐步改善，消费理念文明健康。2015年，农村居民人均生活消费支出为15 811元，增长8.8%，教育、文化、娱乐、交通、通信支出比例增加。

农村劳动力就业

【郊区农村参加分配劳动力182.8万人】同比减少20 320人，下降1.1%。其中，已就业劳动力171.5万人，同比减少17 028人、下降0.98%。已就业劳动力占劳动力总数的93.8%。

【郊区农村从事一产的劳动力43.4万人】占已就业劳动力的25.3%，同比降低0.4个百分点；从事二产的劳动力有37.9万人，占22.1%，同比下降0.2

个百分点；从事三产的劳动力有90.3万人，占52.6%，同比提高0.6个百分点，郊区农村参加分配劳动力就业岗位继续由一产向三产转移、就业结构进一步优化。

【郊区农村从事农业的劳动力30.2万人】占已就业劳动力的17.6%；从事林业的劳动力6.9万人，占4%；从事牧业的劳动力5.5万人，占3.2%；从事渔业的0.9万人，占0.5%；从事工业的劳动力23.6万人，占13.8%；从事建筑业的劳动力14.3万人，占8.3%；从事交通运输业的劳动力14.7万人，占8.6%；从事商饮业的劳动力14.3万人，占8.3%；从事服务业的劳动力48.6万人，占28.4%；从事其他行业的劳动力12.6万人，占7.4%。

【城市功能拓展区农村从事一、二、三产的劳动力分别为2.1万人、2.7万人和17.7万人】所占比重分别为9.5%、12.1%和78.3%；城市发展新区农村从事一、二、三产的劳动力分别为23.9万人、25.5万人和46.1万人，所占比重分别为25.1%、26.7%和48.3%；生态涵养发展区农村从事一、二、三产的劳动力分别为17.3万人、9.7万人和26.4万人，所占比重分别为32.3%、18.2%和49.5%。

（阎建苹）

【农民转移就业渠道不断扩宽】将城市化建设地区农村劳动力纳入失业登记范围，全市共有836个行政村的38.4万多名农村劳动力纳入城乡统一的就业失业管理制度，可按规定享受与城镇失业人员相同的促进就业帮扶政策。结合“就业援助”“春风行动”等专项活动，加大培训政策宣传力度，针对农村劳动力（含农村就业困难人员、就业困难地区等）培训人员3.3万人次。实施了城乡统一的鼓励用人单位招用的岗位补贴、社会保险补贴政策和社会公益性就业组织“托底”安置政策。截至2015年年底，全市实有登记农村劳动力41.21万人，其中转移就业状态33.07万人、阶段务农状态3.19万人、无业求职状态4.95万人，分别占总数的80.3%、7.7%和12%。

（王磊）

农民人均所得

【郊区农民人均劳动所得为18 653元】郊区农民人均劳动所得同比增长8.8%。其中，从第一产业获取的所得为2 929元，占农民人均劳动所得额的15.7%，同比下降0.4个百分点；从第二产业获取所得3 702元，所占比例为19.9%，同比下降0.1个百分点；从第三产业获取的所得为12 022元，所占比例为64.4%，同比提高了0.3个百分点。

【城市功能拓展区的农民人均所得达25 839元】，从三大功能区看，比全市平均水平高出38.5%；城市发展新区为17 739元，相当于本市平均水平的95.1%。生态涵养发展区为17 380元，相当于本市平均水平的93.2%。从各区县看，14个区的农民人均所得均在万元以上，其中，石景山、朝阳、海淀和丰台四个区的农民人均所得超过了2万元，分别为42 790元、29 906元、23 480元和23 453元，位居郊区前列；农民人均所得增速最高的是石景山区，达17%；增速在10%以上的有石景山、通州、密云和丰台四个区。

【郊区农民人均劳动所得不同梯次】通过对195个乡镇级集体经济组织的农民人均劳动所得分组显示，人均劳动所得低于5 000元的有1个，占乡镇级集体经济组织总数的0.5%；位于5 000～10 000元之间的有13个，占6.7%；位于10 000～15 000元之间的有35个，占17.9%；位于15 000～20 000元之间的有78个，占40%；位于20 000～30 000元之间的有53个，占27.2%，30 000元以上的有15个，占7.7%。

（阎建苹）

农村居民收入水平

【农民收入实现较快增长】农村居民人均可支配收入20 569元，同比增长9.0%，扣除价格因素后实际增长7.1%，高于城镇居民0.1个百分点；20%低收入农户人均可支配收入8 494元，同比增长12.1%，高于全市农民收入增速3.1个百分点。

【农民收入结构】一是工资性收入15 491元，同比增长8.6%，所占比重为75.3%。主要促进因素有：北京市继续提高最低工资标准和企业工资指导线，落实用人单位招用就业困难人员的补贴政策，加大对新机场、城市副中心等重点项目地区农民就业扶持力度，落实平原造林管护工作中本地农民就业不低于60%的规定。二是经营净收入1 959元，同比增长5.6%，所占比重为9.5%。其中：一产净收入546元，同比下降3.5%，主要是农民牧业收入减少；二产净收入80元，同比下降49.4%；三产净收入1 333元，同比增长18%，主要是乡村旅游的蓬勃发展，带动了交通运输、餐饮业、批发零售业的快速增长。三是财产净收入1 204元，同比增长47.2%，所占比重为5.9%。其中：出租房屋净收入551元，同比增长54.3%；红利收入403元，同比增长62.5%；转让承包土地经营权租金净收入175元，同比下降15%。四是转移净收入同比下降1%，所占比重为9.3%。城乡居民养老金、低保标准等继续上调，新农合报销医疗费增加，拉动农民人均转移性收入同比增长11.6%。因农民收入增长带动个人所得税、社会保障等支出增幅较大，机关事业单位人员养老保险改革后补扣养老保险金，农民转移性支出同比增长32.3%。

（王磊）

农村消费

【农村居民收入水平和消费能力提高】据市农调队农民家计调查资料显示，2015年农村居民人均可支配收入为20 569元，比上年增长9%。其中，20%低收入户实现人均可支配收入8 494元；20%中低收入户人均可支配收入15 589元；20%中等收入户人均可支配收入20 177元；20%中高收入户人均可支配收入25 735元；20%高收入户实现人均可支配收入36 534元。收入水平的高低和前期收入积累的多少是决定消费能力高低的最直接因素。因此，收入水平的提高无疑会使农村居民的消费能力得到相应提高。

从消费支出看，2015年农村居民人均生活费支出15 811元，比上年增长8.8%，比农村居民人均可支配收入增速低0.2个百分点。

【农民人均生活消费支出同比增加】农村居民人均生活消费支出为15 811元，增长8.8%。其中，食品烟酒支出4 372元，增长8%；衣着支出996元，增长8.5%；居住支出4 636元，增长6.3%；生活用品及服务支出993元，下降0.1%；交通和通信支出2 140元，增长18%；教育、文化和娱乐支出1 145元，增长4.4%；医疗保健支出1 336元，增长22.7%；其他用品及服务支出193元，下降10.2%。

（阎建苹）

农村社会保障

【调整城乡居民养老保障相关待遇标准】 1月1日起，调整城乡居民养老保险基础养老金和城乡居民老年保障福利养老金标准。城乡居民基本养老保险金基础养老金增加40元，从每人每月430元提高到每人每月470元；城乡居民老年保障福利养老金增加35元，从每人每月的350元提高到385元。享受城乡居民基本养老保险待遇人员，中央确定的基础养老金最低标准70元不计入享受最低生活保障待遇人员家庭收入核定。已经领取老年保障福利养老金的人员，其中每人每月200元的福利养老金不计入享受最低生活保障待遇人员家庭收入核定。

（冯晓晴）

【发布2015年缴费标准，实行定额缴费机制】 年内，结合全市城乡居民收入实际情况，考虑参保人经济承受能力，城乡居民基本养老保险仍维持最低缴费标准为年缴费1 000元，最高缴费标准为年缴费7 420元。

（冯晓晴）

【完成城乡居民养老保险基金资产调查】 为进一步加强城乡居民养老保险基金管理，摸清全市基金资产的底数，年内会同北京市财政局印发了《关于开展城乡居民基本养老保险基金账户资产调查工作的通知》（京人社居发〔2015〕111号），开展城乡居民基本养老保险基金资产调查工作。

（冯晓晴）

【城乡居民养老保险工作运行正常】 截至年底，城乡居民养老保险参保累计人数187万人，比上年同期净增1万人。在参保人员中，其中，领取养老金人数43万人，比上年同期净增5万人。另外，领取老年保障福利养老金人员46万人，比上年同期净减少3万人。上述城乡居民养老保险制度覆盖人群总数为233万人，其中领取待遇人员总数为89万人，领取待遇人员比上年同期净增2万人。当年参加城乡居民养老保险的续保率为99%。

（冯晓晴）

【率先在全国实现居民最低保障标准城乡统一】 2015年继续大幅调整农村社会救助标准，7月1日，延庆县实施了城乡低保标准统一，农村低保标准由家庭月人均670元调整为710元，标志着北京市13个涉农区县全部实现城乡低保标准一体化。

【农村社会保障水平稳步提升】 从1月起，全市城乡居民基础养老金和福利养老金每人每月分别提高40元、35元，分别达到470元和385元，受益农民合计达到71万人。加快完善农村合作医疗制度，继续提高筹资标准，2015年全市新农合筹资标准由去年的不低于1 000元/（人·年）调整为不低于1 200元/（人·年），其中，政府补助标准由不低于900元/（人·年）调整为不低于1 040元/（人·年）。

（王磊）

【长远谋划农村社会救助工作】 为贯彻落实《社会救助暂行办法》，推动北京市社会救助立法，在2014年立法调研的基础上，梳理现行的政策法规，研究重点难点问题，起草完成《〈北京市社会救助实施办法〉立项报告》，并通过了市政府法制办组织的立项论证，纳入2016年市政府立法项目，为下一步整合制度体系，优化顶层设计奠定了基础。此外，编制完成《北京市“十三五”时期社会救助事业发展规划（审议稿）》，根据首都功能定位、经济社会发展水平，以及全面建成小康社会的目标要求，确定了未来五年社会救助事业发展的基本原则、目标、主要任务、保障措施，“十三五”期间全面推进首都社会救助事业法治化、体系化、规范化、社会化和信息化。

【适时调整农村低保和农村五保供养保障标准】 一是按照现行社会救助相关标准调整机制，经市政府批准，从1月1日开始，上调城乡低保标准。城市低保标准从家庭月人均650元调整为710元，增幅达9.2%；农村低保最低标准从家庭月人均560元调整为670元，增幅达19.6%；其中，继朝阳区、海淀区、丰台区、大兴区、顺义区、通州区、密云县、昌平区实现城乡低保标准并轨之后，门头沟区、房山区、平谷区、延庆县也相继实现了城乡低保标准统一。截至7月1日，全市13个涉农区全部实现城乡低保标准并轨，提前完成了“十二五”规划的任务目标，进一步促进了城乡统筹发展。二是依据《北京市实施〈农村五保供养工作条例〉办法》，全市各区农村五保供养标准按照上年度农村居民人均消费支出情况，从7月1日开始，对本区农村五保供养最低标准进行了调整，13个涉农区农村五保供养标准最低为年人均11 190元，最高为年人均20 313元（表1）。

表1　2015年北京市各区农村五保供养标准及供养人数统计表

单位：户，人，元

各区	供养户数	供养人数	年供养标准
全市	4 330	4 450	14 529
朝阳	24	24	20 313
丰台	28	28	18 303
海淀	55	56	20 193
门头沟	313	323	12 326
房山	568	583	12 529
通州	182	186	12 702
顺义	174	180	12 453
昌平	102	105	14 206
大兴	171	178	12 743
怀柔	1 050	1 087	11 254
平谷	252	262	12 615
密云	667	682	12 150
延庆	774	756	11 190

【全面实施低保分类救助】按照《关于规范和统筹本市城乡居民最低生活保障分类救助制度的通知》（京民社救发〔2014〕484号）要求，对分散供养的城乡特困人员、罹患重大疾病人员，以及重残人、老年人和未成年人等特殊困难群体，按照城市低保标准的15%～40%上浮救助金，进一步提高救助水平。截至12月底，全市共有农村低保对象29 802户、48 823人，农村五保对象4 330户、4 450人，共计支出资金约4.7亿元。

【农村低收入家庭认定工作扎实推进】从2015年1月1日起，城乡低收入家庭认定标准从家庭月人均850元调整为930元，增幅达9.41%。各区依据《北京市低收入家庭认定暂行办法》开展低收入家庭认定的具体工作。并按照救助对象的救助申请需求，民政、住房、教育等部门均及时按照程序给予救助，缓解了低收入家庭面临的临时性和暂时性生活困难。截至年底，全市经认定的城乡低收入对象共17 246人。

【深化开展医疗救助工作】根据《北京市政府办公厅关于印发〈北京市深化医药卫生体制改革2015年重点工作安排〉的通知》要求，各级有序推进2015年医改任务，积极完善救助政策、扩大救助范围、创新救助机制，有效缓解城乡特困群众就医困难。一是联合市人保局、市卫计委、市财政局印发《关于调整规范城乡社会救助对象医疗救助申请审批程序有关问题的通知》。简化并统一资助城乡社会救助对象参保参合程序，方便社会救助对象享受医疗保险待遇；优化住院押金减免和出院即时结算流程，将审批环节改为直接出具证明，同时将原有5个工作日压缩为1个工作日，确保社会救助对象及时住院接受治疗；规范事后医疗救助待遇申请审批程序，压缩审批时限，明确资金发放方式。二是按照《国务院办公厅转发民政部等部门关于进一步完善医疗救助制度全面开展重特大疾病医疗救助工作意见的通知》（国办发〔2015〕30号）有关要求，经市政府批准，在全国率先出台《关于开展因病致贫家庭医疗救助有关问题的通知（试行）》（京民社救发〔2015〕403号），将因家庭成员罹患重大疾病发生高额医疗费用，超过家庭承受能力，导致家庭基本生活出现严重困难的家庭纳入医疗救助范围。对经城镇职工基本医疗保险、城镇居民基本医疗保险、新型农村合作医疗、城乡居民大病保险，以及商业保险报销赔付和各种救助后的家庭负担的合规医疗费用，按照3万元（含）以下30%、3万元以上至5万元（含）以下40%、5万元以上50%的比例分段给予医疗救助。全年救助封顶线8万元。实现了医疗救助认定标准从“收入”向“刚性支出”的转变，扩大了医疗救助覆盖面。经统计，2015年全市享受医疗救助为20.86万人次，支出医疗救助资金18 937.55万元。其中，共有56 745名农村特困人员分别享受了资助参合待遇，支出资金878.99万元；享受门诊救助74 336人次，支出资金5 440.91万元；享受住院救助13 469人次，支出资金5 167.78万元；农村享受重大疾病救助2 987人次，支出资金1 491.02万元；全市定点医疗机构共为特困群众减免住院押金422.53万元；通过“一站式”服务获得医疗救助1 471人次，支出医疗救助资金434万元；全市共有76名贫困孕产妇享受了孕期检查、剖宫产等生育救助，支出救助资金19.17万元。

【继续开展教育救助工作】认真落实《北京市学前教育资助管理办法》，低收入家庭中的子女进入公办和民办普惠幼儿园，可获得政府资助。其中，低保家庭的儿童，免交保教费。低收入家庭的儿童，免交50%的保教费。继续开展高等教育新生入学救助工作，全年共救助贫困大学生1 312人，支出救助资金584.64万元。

【继续开展农村困难家庭住房救助工作】农村翻建房屋以每户3间、每间15平方米、每平方米1 000元给予补助，每户补助4.5万元。维修房屋以每户3间、每间15平方米、每平方米补助300元，每户补助1.35万元。全年为1 023户农村住房困难的社会救助家庭翻建维修危旧房屋3 448间，支出救助资金3 989.93万元。

【全面实施冬季采暖救助】为贯彻落实市政府办公厅《北京市优抚、低保和分散供养特困人员集中供热采暖补助暂行办法》（京政办发〔2015〕48号），研究制定《北京市优抚、低保和分散供养特困人员集中供热采暖补助实施细则》（京民社救发〔2016〕50号）。配合北京市“减煤换煤、清洁空气”行动，综合考虑冬季采暖用煤价格上涨幅度等因素，提高城乡低保等困难家庭冬季燃煤自采暖救助标准，下发《关于提高城乡低保等困难家庭冬季燃煤自采暖救助标准的通知》（京民社救发〔2015〕422号），将救助标准由500元/户/采暖季提高到1 000元/户/采暖季，进一步加大救助力度，切实缓解困难群众冬季取暖实际困难。当年救助依靠燃煤自采暖过冬的城乡低保家庭33 612户，支出资金3 437.73万元。同时为依靠清洁能源分户自采暖过冬的城乡低保家庭发放补贴456.5万元、惠及3 646户。全年通过实施各项救助政策，共计支出救助资金143 559.65万元。

【确保临时救助政策落实到位】以市政府名义出台《关于进一步完善本市临时救助制度的通知》（京政发〔2015〕26号），对遭遇突发事件、意外伤害、重大疾病或其他特殊原因导致生活陷入困境的家庭或个人，通过发放临时救助金、提供救助服务和转介服务等形式，给予应急性、过渡性救助。在全面落实城乡低保和实施专项救助政策的同时，继续开展多种形式的日常临时救助工作，确保实现城乡困难群众“应保尽保”的目标要求。经统计，全市全年共实施临时救助6.25万人次，支出救助资金6 185万元。

【开展“两节”走访慰问送温暖活动】走访慰问继续采取普遍走访与重点慰问相结合的方式。各级民政部门对辖区所有享受城乡低保待遇的困难家庭进行了普遍走访慰问；市民政局、市残联组成联合慰问组重点走访了城乡低保家庭中的200户特困家庭。城乡低保对象慰问金按户发放，单人户每户400元，2人以上户每户800元。所需资金由市、区县财政各负担50%。同时，各区县根据不同情况，还购发了形式多样的慰问品。截至2015年春节前，全市各级走访慰问城乡低保对象及困难家庭157 951户、219 462人，发放慰问金及慰问品折款累计10 540.47万元，确保了城乡低保对象及困难群众过上祥和快乐的节日。

【开展救助政策培训和宣传】加大政策培训力度，举办两期全市社会救助工作人员业务培训，通过政策解读、案例分析、重点剖析等方式，提高工作人员的政策理解力和执行力，区县、街乡层面共800余人次参加了培训。对现行社会救助政策进行全面梳理，印制政策汇编2 000套、社会救助政策宣传单52 500套，分别发放到区县和乡镇（街道），及时更新政策信息，加大政策宣传力度，提高群众对社会救助政策的认知和了解。

【加强规范管理提升工作水平】一是建立健全社会救助监督检查长效机制。印发《北京市民政局关于建立健全社会救助监督检查长效机制的通知》（京民社救发〔2015〕370号），全面、系统地开展社会救助监督检查工作，在有效防范和遏制各类违纪违规行为方面做出了全面部署。二是开展社会救助专项治理。按照民政部等13部门联合下发的《关于开展社会救助专项治理的通知》要求，在市社会救助联席会议成员单位和全市民政系统两个层面，分别开展专项治理自查工作，进一步确保社会救助政策措施落实到位、资金发放到位、困难群众得到实惠。三是开展社会救助绩效考评。委托社会组织，从社会救助政策落实、规范化管理、工作效果、工作保障等方面，对区县开展社会救助工作进行绩效考核，全面、科学地衡量区县社会救助政策落实情况。四是加快推进社会救助信息化建设。开发新的社会救助管理系统，完成了低收入家庭救助系统的开发建设工作，实现了医疗救助系统、教育救助系统和资金管理系统的功能升级，并完成了临时救助系统和社会救助报表分析系统的原型开发工作。根据政策调整，优化社会救助基本生活救助系统，根据2015年最低生活保障标准城乡并轨的要求，完成分类救助政策的系统调整和资金补发工作。升级完善居民经济状况核对系统，完成业务办理平台预警、查询、统计等功能的开发，并将数据应用平台立项报告报市经信委。探索低保人员信息采集“无纸化”，结合市局“一区一品”工作在顺义进行试点，做好移动客户端应用程序的开发，指导区县做好前端综合信息采集设备采购工作。

【深入推进“救急难”工作】作为唯一在全市范围内开展“救急难”试点的省级单位，按照民政部和财政部的要求，印发通知，全面部署综合试点。建立健全部门联动工作机制，调整市级社会救助联席会议成员单位至32个，在区县及乡镇层面建立部门联席会议机制和部门定期会商制度，重点解决跨部门协调难度大、现有救助制度无法满足的救助需求或缺乏相应救助制度安排的急难事项。各乡镇均建立统一的“救急难”受理服务窗口，指定专人办理困难群众急难事项，规范“一明显、三上墙”的具体内容，建立民政与其他社会救助管理部门间的分办、转办、结果反馈流程，及时受理、转办申请事项。依托救助管理机构开展跨省（市）救助对象的救助，做好与外省（市）政府的联动对接救助工作。

进一步完善主动发现和先行救助机制，依托社区党组织、居民自治组织、“96156”社会救助热线，发挥社区工作者、慈善工作者、社区网格员、志愿者作用，治安巡逻、流浪乞讨救助巡查、城市管理执法等优势，建立以“十支队伍”为主体的主动发现网络，实现“求助有门”全覆盖，确保“受助及时”无死角。

【引入社会力量推进社会救助社会化】加大政府购买服务力度，委托社会组织开展低保低收入家庭社会工作综合服务项目、低保人员就业创业援助支持网络建设和社工参与低保家庭入户调查工作实务探索等3个试点项目，为社会救助对象提供社会融入、能力提升、资源链接等综合性专业服务，做好基本保障的同时，促进服务多样化，有效满足社会救助对象的需求。积极引导慈善力量参与，有效衔接慈善救助与社会救助，建立市、区、乡镇三级联动慈善救助工作机制，规范慈善救助对象发现、受理、审核、推介、救助等程序，避免重复救助和无序救助。建设首都慈善救助信息平台，完善区、乡镇慈善资源数据库，实现慈善信息平台与社会救助信息系统数据共享，有效对接和共享慈善救助供需信息。推进乡镇和有条件的社区（村）设立慈善救助专项基金，发挥联动作用，形成救助“套餐”。

（张贵国）

【扎实推进公办养老机构改革】出台《北京市人民政府办公厅印发关于深化公办养老机构管理体制改革的意见的通知》及配套文件《北京市养老机构“公建民营”实施办法》《北京市公办养老机构入住及评估管理办法》《北京市公办养老机构收费管理暂行办法》等和《关于特殊家庭老年人通过代理服务入住养老机构的通知》等政策，进一步明确了公办养老机构职能定位，将困境家庭保障对象（低保、低收入家庭中孤寡、失能或高龄老年人）、优待服务保障对象（享受市级及以上劳动模范待遇人员、因公致残人员或见义勇为伤残人士等为社会作出突出贡献人员中失能或高龄的老年人），以及计划生育特殊困难家庭失能或70

周岁以上老年人纳入了保障范围。

【大力加强养老机构建设】全市新增养老床位19 271张，使得全市养老床位总量达到123 200张，每百名老年人拥有养老床位达3.8张，超额完成“十二五”时期12万张养老床位建设任务。新建养老床位主要集中在远郊区，有效满足了农村老年人入住养老机构的需求。

【进一步强化养老照料中心建设】出台《2015年养老照料中心建设方案》《养老照料中心建设三年计划（2014—2016年）》，分三批向58个养老照料中心建设项目下拨建设支持资金11 660万元，推动养老照料中心建设。

【积极推进农村养老机构医疗设施建设】乡镇敬老院资助政策专设新建、改造医务室专项资金，扶持敬老院完善内设医疗服务设施。截至2015年年底，养老机构配置内设医疗机构的139家，其中独立申请并被批准为医疗机构且具备医保定点资质的76家，引入医疗分支机构或待卫生部门审核后发放执业许可证的63家，缓解了机构老年人看病难、报销难问题。

【保障社会办养老机构运营资助】加大对社会办养老机构的扶持力度，按收住一名老人每月300～500元给予运营补贴。完成2015年度非营利性社会福利机构运营资助审核拨款工作，核拨运营资助金1.16亿元。

【稳步推进儿童福利制度建设】出台《关于贯彻落实民政部〈家庭寄养管理办法〉的通知》《关于促进家庭寄养儿童转收养工作实施意见》《关于建立北京市困境儿童分类保障制度的意见》，加强对农村孤残儿童、困境儿童的服务保障力度。

（李树丛）

【全市减灾救灾能力显著提高】本市部分区县不同程度遭受了风雹、干旱、洪涝自然灾害。经核定，53 945人受灾；农作物受灾面积6 194公顷，成灾面积5 057公顷，绝收面积868公顷；一般损坏房屋491间，其中一般损坏农房66间；死亡羊40只，直接经济损失1.267 7亿元，其中农业损失1.217亿元。平谷区自然灾害直接经济损失0.797 55亿元，占全市经济损失的62%，灾情较重。救灾处认真贯彻落实2015年全国救灾工作会议及2015年全市民政工作会议精神，按照“完善体系、做实板块、精细管理、定向发力、提质增效”思路，加强救灾工作机构和队伍建设，加强减灾救灾政策创制，做实防灾、减灾、救灾各项工作板块，极大提升全市减灾救灾工作整体水平。

【进一步规范和完善防灾减灾工作，全市防灾减灾工作法治化水平不断提高】以市政府办公厅的名义印发《北京市因灾死亡人员鉴定、统计和报送管理办法》（京政办发〔2015〕13号），全面规范因灾死亡人员的鉴定、统计和报送工作。制定《北京市救灾物资储备管理办法》《北京市突发事件应急救助预案》《北京市四级救灾储备目录》等政策。海淀印发《海淀区突发事件应急救助预案》《海淀区自然灾害救助资金管理办法》，顺义区印发《顺义区自然灾害生活救助资金管理办法》，全面提升全市减灾救灾工作法治化、规范化、精细化水平。

【完善汛期综合保障管理机制，安全度过汛期】印发《关于做好2015年度安全度汛工作的通知》《北京市防汛综合保障分指挥部工作方案》，与区县民政局签订《北京市安全迎汛责任书》，加强汛期应急值守和灾情报送，建立上下贯通、左右联动、职责分明、运作有序的防汛综合保障管理机制，形成防汛综合保障工作的强大合力。各区民政局积极按照《通知》的要求，修订《防汛综合保障工作方案》，加强应急值守和信息报送，确保安全度汛。

【完成灾情报送工作和自然灾害季度形势分析工作】积极推进乡镇（街道）的网络报灾试点工作，严格按照《自然灾害情况统计制度》的要求，基本做到及时、准确、客观、全面地报送自然灾害情况。今年全市总计有8个受灾区，其中平谷、延庆、怀柔报灾质量较高，其中怀柔区专门印发《自然灾害灾情统计与报送工作方案》，对全区灾情统计和报送工作进行全面系统的规范。根据市应急办工作部署，及时汇总水务、气象、地震、园林、国土等部门的季度自然灾害材料，做好每个季度自然灾害形势分析，并上报市应急办，为领导决策提供参考。

【圆满完成“5·12”“10·13”防灾减灾宣传演练活动】认真贯彻国家减灾委、市应急委关于防灾减灾宣传演练工作的决策部署，在房山区长沟镇、昌平区南口镇主办北京市防灾减灾宣传演练主会场活动，展示救灾物资、救灾装备及防灾减灾知识展板。据统计，各区民政局全年共举办100余场防灾减灾演练活动。开设 96156 社区防灾减灾知识大课堂，截至目前，总共开设 1 000 余堂课，全市共发放 80 万册防灾手册、挂图、海报、折页等宣传品，扩大防灾减灾宣传的覆盖面，有力提升了社区居民的防灾减灾意识和自救互救能力。

【加强应急救助和灾害信息员队伍建设】采取政府购买服务形式组建一支由 46 人组成的北京市应急救助保障队伍，参与了两次防灾减灾应急救助保障演练，对专用救灾装备进行了日常维护保养。委托民政教育管理学院完成 2 000 余人灾害信息员的培训工作，其中，延庆、大兴、海淀、怀柔等区培训力度大，培训人数多。在延庆开展北斗手机报灾终端应用试点工作，实现了在紧急状态下（如网络瘫痪、信号中断等无法与外界联系等状态下）有效定位、灾情报送和实时通信，提高了基层灾情管理水平。

【完成综合减灾示范社区创建工作】与北京市减灾协会合作，共同推进综合减灾示范社区的创建工作，提升综合减灾示范社区的创建水平。全年共创建 50 个国家级综合减灾示范社区，181 个市级综合减灾示范社区。

【探索建立京津冀减灾救灾协同发展联动机制】召开京津冀减灾救灾协同发展研讨会，邀请北京师范大学史培军教授、国家减灾中心总工程师杨思全做专题学术报告，京津冀三地民政部门积极探索建立灾情信息共享、救灾物资统筹、宣传演练联动、毗邻区县合作等领域的协同机制，提升京津冀区域的综合减灾救灾能力。

【积极推进综合减灾示范区建设】延庆区认真贯彻《共建综合减灾示范区县合作框架协议》，积极推进减灾救灾机构、人员队伍、减灾政策、减灾社区、物资储备等方面的建设工作，提升本区的综合减灾救灾能力。全区为 14 个乡镇 360 个村安装有线广播（村村响工程），为全县 31.6 万常住人口购买了自然灾害公众责任险，逐步建立点（社区）、线（乡镇）、面（全县）相结合的综合减灾网络体系。

【救灾物资仓储条件有了较大改善】各区积极采取新建、改扩建、租赁、军地共建等多种形式加强救灾物资库房建设，通州积极改造区政府的公务仓库，东城、石景山、门头沟积极通过军地共建模式推进救灾物资库房，海淀、朝阳、平谷、房山、顺义、怀柔积极推进救灾库房的规范化建设，丰台区积极推进救灾物资库房的搬迁改造，密云、延庆积极推进市级救灾物资储备库分库的选址工作，各区的救灾物资储备管理水平有了较大提升。

【积极援助西藏地震灾区】4 月 25 日，尼泊尔发生 8.1 级地震，给西藏自治区造成重大人员伤亡和财产损失。为帮助西藏自治区灾区做好抗震救灾工作，及时启动应急援助响应机制，紧急援助西藏地震灾区救灾资金 500 万元。4 月 30 日，紧急调拨 3 000 顶棉帐篷（12 平方米）、5 000 床棉被、5 000 件棉大衣等救灾物资发往西藏拉萨，用于支援西藏抗震救灾。

（许林）

农村社会事业

综　述

农村社会事业以公共产品提供和公共产品服务均等化为目标，全面推进农村社会事业，取得明显进展。宣传工作和精神文明建设紧紧围绕"三农"中心，生动开展农民艺术节、乡村大舞台、文化试点村、寻找美丽乡村、乡风文明宣传等系列活动；农村文化教育工作别开生面，搭建郊区"安康社区"教育平台，继续开展"文化助乡"工程，开展高级农村实用人才知识更新工程、农村实用人才能力素质提升工程；提升新型农村合作医疗作用，农民医疗保障水平进一步提高；农民体育健身运动扎实开展，提高了农民健康水平。

宣传工作及精神文明建设

【围绕"三农"中心工作，加强新闻宣传】

一是加强动态新闻宣传。组织召开"北京市农村工作会新闻通气会"，通报2015年全市农村工作会议筹备情况，全面总结了2014年"三农"工作主要成果，并提炼整理了14篇亮点工作新闻素材提供给中央及市属近30家媒体，在农村工作会前后进行集中宣传报道，形成了良好的舆论氛围。通过开展农民艺术节、"美丽乡村　筑梦有我""普法进农村"等活动，组织集中采访报道活动20余次。

二是加强策划重点宣传。与农民日报策划推出了深度报道"在首都战略腹地绘就大美画卷"——北京市统筹城乡发展推进美丽乡村建设纪实，在农村工作会召开当天头版头条刊登此文。协调北京日报、京郊日报，推出"美丽乡村・金秋去哪儿"——京郊最美休闲游线路推荐专版。以"美丽乡村　筑梦有我"大型公益宣传活动为平台，开展了以抗战、慈孝、艺术、法制等为主题的现场宣传活动8场，电视、广播、网络、报纸及各类新媒体等累计报道上千篇次。

三是加强新媒体阵地宣传。继续巩固传统宣传阵地的同时，不断加强新媒体的应用。继续与《农民日报》合办"都市型现代农业"专版（全年刊发48个专版，每周六第八版），与北京电视台合办《美丽乡村》栏目，全年由周播变成周双播节目（全年播出约100期），与北京人民广播电台合办《生态北京》栏目，

（全年播出 104 期），常年为北京“三农”工作提供舆论支持。

“北京美丽乡村”政务微博共编发信息一千余条（次），覆盖人次近 3 000 万，开设并不断丰富“周末去哪儿”“三严三实”“美丽乡村　筑梦有我”“乡村美图秀”等话题。截至 11 月底，北京美丽乡村网站不断创新改版升级，设计推出“村里那些事儿”“周末去哪儿”“二十四节气”等专题，浏览量近 50 万次。美丽乡村微信公众订阅号共推送信息 74 期，发表文章 300 余篇。

四是加强舆情监控。截至目前，共形成《北京“三农”要闻》476 期，收录涉农舆情信息 3 444余条，其中敏感信息约 742 条，围绕“延庆倒奶事件”“有毒草莓事件”等敏感舆情，编制舆情专报 5 期。整理完成了《2015 年农村工作会前后新闻报道专题汇编》《“美丽乡村　筑梦有我”专题新闻报道汇编》《2015 年上半年全市涉农新闻报道汇编》。

【组织开展 2015—2016 年度“寻找‘北京最美的乡村’宣传评选活动”】组织各区县召开“北京最美的乡村”评选座谈会，研究制定了《2015—2016 年度“寻找‘北京最美的乡村’宣传评选活动”的安排意见》并正式下发至各区。继续以“共建美丽乡村，共享美好生活”为主题，组织开展 2015—2016 年度“寻找‘北京最美的乡村’宣传评选活动”，计划分“候选村庄推荐”“集中宣传报道”“多种形式评选”“活动总结表彰”四个阶段有序展开工作。

【“美丽乡村联合会”成立】10 月 25 日，“北京美丽乡村联合会”在“中国最美的乡村”——房山区韩村河村召开了第一届会员大会暨成立大会。106 名会员认真履行选举程序，自愿选举产生了理事会和监事会。在一届一次理事会上选举产生了会长、副会长、常务理事、秘书长，在一届一次监事会上选举产生了监事长。“北京美丽乡村联合会”共有会员 106 个，其中行政村 97 个、企业 2 个、个人 7 人。会议选举出会长、副会长、常务理事、秘书长、监事长、监事等。

筹建“北京美丽乡村联合会”是基于全市新农村建设和美丽乡村发展的实际情况及迫切需要出发的。2006 年，为有效促进新农村建设，市委农工委、市农委、市旅游委等单位联合创办了“寻找‘北京最美的乡村’宣传评选活动”，以“共建美丽乡村、共享美好生活”为主题，连续 9 年成功举办了 7 届宣传评选活动，93 个村庄从全市近 4 000 个行政村中脱颖而出，被社会公众评选为“北京最美的乡村”，全面展示了“生产美、生活美、环境美、人文美”的美丽风采，其中的佼佼者，还获得了全国“美丽乡村”建设试点、“中国最美（最具魅力）休闲乡村”等殊荣；近年来，随着获奖村庄逐步增加，越来越多的“北京最美的乡村”希望市委农工委、市农委指导并牵头成立一个联合组织，促进获奖村庄之间的交流互鉴、合作共赢，同时作为活动主办方，也迫切需要有一个组织依托，有计划有安排地开展“北京最美的乡村”这支先进典型队伍建设，以进一步深化提升“寻找‘北京最美的乡村’宣传评选活动”，促进最美乡村始终保持“最美”，始终成为北京“三农”的亮丽名片，更好地发挥好引领示范作用。顺应这些需求，“北京美丽乡村联合会”于 2014 年 8 月开始筹建。“北京美丽乡村联合会”成立后，紧紧围绕“分享经验、互帮互促、合作共赢、全面发展”的宗旨，想方设法创新工作载体和方法，尽可能多地满足广大会员的需求，帮助乡村解决更多的发展问题。

【组织开展 2015 年度“北京最美乡村故事”主题征文展播活动】以“讲好乡村故事、展示美丽风采”为主题，与北京人民广播电台故事广播联合开展 2015 年度“北京最美乡村故事”主题征文展播活动，活动共征集到稿件约 730 篇，优秀稿件在北京人民广播电台故事广播和北京美丽乡村网站专题展出。同时，还在北京人民广播电台故事广播策划播出了 25 期特别节目。

【开展“美丽乡村　筑梦有我”大型主题公益宣传活动】为了培育和践行社会主义核心价值观，与北京广播电视台、北京农商银行联合主办了“美丽乡村　筑梦有我——北京广播电视主持人牵手双百乡村（美丽乡村＋低收入村）年度大型主题公益宣传活动”。活动自 2014 年 12 月底启动以来，共有 133 名北京广播电视台主持人牵手了 148 个乡村（其中低收入村 26 个），范围覆盖 13 个涉农区县。主持人走进牵手乡村累计行程万余公里，利用自身优势资源，组织智囊团队与牵手村庄紧密配合开展不同主题的公益活动，帮助村庄解决实际困难，挖掘并宣传优势资源，基本完成了“五个一承诺”（助力一件乡村实事、实现一次宣传推广、开展一次公益行动、挖掘一个乡村故事、提出一份改进建议)。由主办单位牵头以阅读、艺术、慈孝、环保、抗战、法制、消防和休闲旅游为主题,策划开展了 11 场现场公益活动,3 000余人次参与其中。

活动得到了广泛宣传,共出版“美丽乡村 筑梦有我”活动专报 14 期;牵手主持人在各自节目中累计播出“美丽乡村 筑梦有我”特别节目上千分钟;北京卫视《北京您早》开辟专栏进行报道;制作活动宣传片 60 余部,在北京广播电视台所属北京电视台全频道和北广传媒移动电视、城市电视、地铁电视等平台播出 1 000 余次。活动官方微博、微信以及北京网络广播电视台专题页面积极推送主持人进乡村系列报道,共发布宣传片 40 余部,照片素材近 8 000 张。活动还在其他中央、市属平面媒体和网站等平台宣传报道千余条次。北京电视台财经频道专门开辟栏目《美丽乡村好计划》,将每一位主持人走进美丽乡村的亲身经历摄制成真实生动的小故事,在周末黄金时段播出,年内播出 28 期,每期 30 分钟。

【组织开展第 25 届农民艺术节】 第 25 届农民艺术节以“文化乡村,美丽绽放”为主题,坚持统分结合、重在基层的原则,把活动重心下移,注重发挥群众的主体作用和文化志愿者的引领作用,年初顺利谢幕。

一是开展第 25 届农民艺术节“乡村大舞台”群众文艺会演系列活动。组织开展了第 25 届农民艺术节“乡村大舞台”复赛、决赛及汇报演出。选送 39 个原创节目参加“乡村大舞台”市级复赛,其中 13 个具有浓郁的京郊农村乡土特色优秀节目进入市级决赛暨“乡村大舞台”汇报演出。决赛作品于羊年春节期间在“BTV 新闻”频道播出,感染力强,影响力广。据统计,13 个涉农区有近百个乡镇(街道)组织开展了百余场初赛选秀活动,有近两万名群众进行了现场观看,形成了“村村有演出、镇镇搭舞台”的乡村文化繁荣景象,提升了活动的覆盖面和参与率。

二是举办“乡风文明”宣传系列活动。继续开展“聚焦美丽乡村”摄影大赛,以展示首都新农村建设成果为主题,以“北京最美的乡村”及候选村为拍摄重点,以“生产美、生活美、环境美、人文美”为拍摄内容,五年来共征集作品 28 000 余幅,其中7 035幅作品入围,345 幅作品获得了奖项,成为京城摄影界最具特色和影响力的赛事之一。第五届“聚焦美丽乡村”主题摄影展于年初在中华世纪坛举办,展览以“美丽乡村”为主题,突出“中国梦”,甄选“聚焦美丽乡村”摄影大赛历届获奖作品和反映北京山区发展建设的航拍作品近 100 幅,集中展出。据统计,仅元旦三天假期观展人数 1 万多人。

三是继续开展文化试点村建设活动。本着文化服务产业发展、服务群众生活、服务乡风文明建设的要求,组织文化志愿者 20 余人成立了 3 支专业团队,分别为密云区蔡家洼村、房山区西白岱村、怀柔区西台子村三个文化试点村创编了以《玫瑰情缘》《美丽西白岱 筑梦新房山》《欢庆在大地的舞台上》为主题的群众文化演出,带动和培训了近 300 名农民走上舞台。

(马一为)

农村文化工作

【加强顶层设计,出台“1+3”公共文化政策文件】 年初,中共中央办公厅、国务院办公厅印发《关于加快构建现代公共文化服务体系的意见》后,北京市高度重视,经市政府常务会议审议通过后,率先在全国第一时间制定了贯彻两办意见的配套文件“1+3”公共文化政策文件,从指导意见、示范区创建平台、设施建设标准、服务规范四个方面加强公共文化建设顶层设计。“1+3”文件是北京市加强公共文化服务体系建设的指导性文件和基本遵循。目标是到 2020 年,率先完成国家基本公共文化服务指导标准的达标任务,基本建成均衡发展、供给丰富、服务高效、保障有力的现代公共文化服务体系。“1+3”文件是北京市根据实际需要，推动重心下沉，提前聚集基层公共文化服务体系建设的文件，具有较强的前瞻性和针对性。其中，《北京市人民政府关于进一步加强基层公共文化建设的意见》明确了要推动城乡公共文化服务一体化，具体提出：一是推动城乡之间公共文化服务资源整合，逐步将乡镇（行政村）综合文化中心（室）纳入全市管理与服务体系，实现一体化配送与运营。二是加强城市对农村文化建设的帮扶，支持农村文化艺术创作，形成城乡文化交流常态化工作机制。《北京市基层公共文化服务设施建设标准》和《北京市基层公共文化设施服务规范》从硬件、软件两个方面对基层综合文化中心进行了加强和规范。

【提升农村公共文化设施覆盖率，完善设备配备】本市覆盖城乡的全市四级公共文化服务体系一体化水平明显提升，农村的文化设施建有率及使用情况得到进一步改善，全市农村群众的基本公共文化权益获得有效保障。全市四级文化设施建有率 98.14%，率先在全国实现基本全覆盖。其中，13 个涉农区文化馆，国家一级馆 12 个，国家二级馆 1 个，另有 2 个正在建设中；图书馆 14 个和 2 个少儿图书馆，均为国家一级馆；乡镇文化站 182 个，建有率 100%；行政村文化室 3 770 个，建有率 95.66%，面向农村地区的文化信息共享工程市分中心、区县支中心、基层服务点总数 4 295 个，实现“村村通”，年服务 16 万人次，率先在全国实现了农村文化设施全覆盖。

【强化技能培训，完成群众文化组织员和非遗传承人培训任务，提高整体业务能力】为加强基层文化干部队伍建设，着力强化业务技能，提高服务能力，按照会做群众工作、会组织活动、会指挥合唱、会演奏乐器、会编排舞蹈、会使用计算机“六会标准”，举办了千名群众文化组织员培训班，培训 1 000 人。安排人员参加全国新任文化局长、文化科长、文化馆师资、图书馆师资等专题培训班，提高业务水平。千名群众文化组织员培训工作为首都基层文化建设打造了一支素质过硬的基层文化干部队伍，以此带动了首都村社区文化活动的开展。第一期共计培训 500 名学员，分两个阶段进行。第一阶段 2015 年 7 月 13—22 日，开设戏曲、音乐两个班；第二阶段 2015 年 7 月 24 日至 8 月 2 日，开设舞蹈班。本着“学得会、用得上、有实效”原则，培训班开设了包括《“1＋3”公共文化政策讲解》《大型文化活动策划》《剧目赏析》《京剧剧目》《评剧剧目》《葫芦丝演奏》《合唱与指挥》《舞蹈欣赏》等公共课程和专业实践课程，并配备了全市最优秀的师资为学员授课。通过培训，使来自北京市 16 个区各街道、乡镇、社区、村的 500 名基层文化组织员，了解了我国公共文化方面的政策法规和首都公共文化发展现状，并通过不同专业的实践课程，快速掌握了一门回到岗位后可面向广大群众普及的文化技能。

为提高非遗代表性传承人的传承能力和保护工作人员的业务水平，举办了“非遗代表性传承人培训班”和“非遗文委主管主任培训班”。培训内容设置丰富，采取课堂教学、交流座谈、现场教学＋意见反馈的“3＋1”培训模块，结合受训人群实际情况，首次引入学院派美学课程，帮助非遗传承人，特别是农村地区非遗传承人提高艺术素养、审美能力和创新能力，取得了良好的效果；各区非遗保护工作人员，尤其是郊区非遗工作者通过学习，了解了目前非遗保护工作整体形势，吸取了非遗保护工作先进经验，明确了下一步工作发展方向和重点任务。

【建立农村公益性群众文化活动品牌，提升惠民服务效能】举办了首都市民系列文化活动，引领市、区、街乡、村社区品牌活动四级联动，覆盖全市。活动包括“舞动北京”“歌唱北京”“戏聚北京”“艺韵北京”“影像北京”五大系列，涵盖各艺术门类，举办活动 2 万场，参与人数 3 000 万人次。其中，以抗战胜利七十周年为主题，开展了一系列纪念活动。我们积极扶持各涉农区文化品牌建设，周周有活动，月月有比赛，满足农村群众文化需求。围绕重要节庆日，组织开展一系列文艺演出、展览展示等文化活动，元旦、春节、五一、十一、中秋节平均安排活动项目 200 余个、受众百万人次。针对不同人群，结合三八妇女节、六一儿童节等节日，组织开展专项专题文化活动。面向农村等基层的公益品牌演出平均达到 1 万场。以区文化馆为载体，建设全市群众音乐、舞蹈、美术、文学、戏剧、曲艺等文化培训基地，推动全市群众文化活动向系列化、大众化、常态化方向发展。2015 年，为贯彻落实《北京市人民政府关于进一步加强基层公共文化建设的意见》等“1＋3”文件要求，激发基层文化活力，推动出精品、出品牌、出人才，市文化局制定了《北京市优秀群众文化项目扶持办法（试行）》，对在基层群众文化艺术创作与文化活动开展等方面取得优异成绩的原创作品、文化团队、品牌活动予以扶持。

为贯彻落实《京津冀协同发展规划纲要》，推动京津冀三地文化领域协同发展，打造京津冀非遗文化品牌活动，在文化遗产日期间，联合天津、河北两地文化部门举办京津冀非物质文化遗产展暨传统手工艺作品设计大赛。大展集中呈现了京津冀十年来的非遗保护成果，三地具有代表性的70个非遗项目和140位传承人的220件（套）作品参加展览、展示和设计评比，最年长的参赛者已达87岁高龄，年龄最小的参赛者只有7岁，32件作品荣获大赛“传承奖”金奖、银奖、铜奖及特别奖。其中，琉璃烧制技艺作品《九龙壁》、房山大石窝石作文化村落作品《静苑小僧》等多个具有北京郊区特色的非遗项目参展、参赛。中央电视台、北京电视台等各类媒体广泛关注，活动系列专题报道61篇，新闻转载246篇。活动扩大了京津冀三地农村非遗项目的社会影响力，为拓宽三地非遗保护工作的交流与合作提供了成功经验，为三地合力打造非遗活动品牌奠定了基础。

【落实文化资金财政转移支付及补贴，保障农村文化经费】本市按照有关标准，落实文化资金财政转移支付，保障农村文化经费。根据财政转移政策，全市13个涉农区市财政转移支付资金2.03亿元，主要包括基本补助和专项补助。基本补助包括文化馆经费补助，每馆25万～30万元；基层文化活动经费，每个社区村5 000～10 000元，每个乡镇街道5万～10万元；基层图书购置经费，每个区图书馆50万～150万元；培训经费，每个文化馆10万元。专项补助包括非物质文化遗产保护工作经费，每个区20万元；文化信息资源共享工程运维费，每个街道乡镇10 000元，村基层1 000元（不含歌华维护费用），支中心维护费每个120万元/年；大型特色品牌文化活动经费，每个区200万元；农村文艺演出星火工程经费，每村演出2场，每场补贴5 500～6 000元；文化设施设备更新、运维费，每个区100万元；露天剧场演出补助，按照25万元/个剧场，每场补助0.5万元。采取措施，推动区县文图两馆、乡镇（街道）综合文化中心和行政村（社区）综合文化室免费开放，取消公共图书馆办证费等十类收费，提供免费服务或优惠服务，吸引更多的群众走进公共文化设施。

市文化局在实施《北京市非物质文化遗产保护专项资金管理暂行办法》的基础上，结合本市非遗保护实际情况，与市财政局共同修订、颁布了《北京市非物质文化遗产保护专项资金管理办法》（以下简称《办法》）。在内容上突破以往常规性补贴方式，实行以奖代补对开展非遗保护工作取得明显成效的单位予以资金支持；市级非遗代表性传承人补助费由原来的每人每年1万元，提高至2万元，非遗单项一次性奖励金额高达100万元；资金补贴范围进一步扩大，包括非遗代表性传承人、非遗项目单位及积极参与非遗保护工作的社会单位；明确非遗认定奖励，鼓励和引导项目单位、大中小学、培训机构等更多社会力量参与北京非遗保护工作。《办法》对专项资金的使用范围、申领程序、发放标准等都进行了明确细化，有效提高了资金管理的安全性、规范性和有效性。依据该《办法》，丰台区王佐镇庄户村村民委员会、门头沟区妙峰山花会协会等17个农村非遗项目保护单位获得了年度资金支持，拨付专项资金356万元。其中，拨付国家级专项资金160万元，补助敛巧饭习俗、穆桂英传说等5个农村非物质文化遗产项目开展保护工作；拨付北京市级专项资金196万元，奖励妙峰山庙会、密云蔡家洼村五音大鼓等13个农村非物质文化遗产项目在非遗保护工作中所取得的成效。认定北京顺鑫农业股份有限公司牛栏山酒厂为“非遗生产性保护示范基地”，奖励100万元，以鼓励其在开展非遗生产性保护活动中起到示范引领作用。认定南窖乡南窖村南窖中心校、喇叭沟门满族乡中心小学等3所学校为“北京市非物质文化遗产培训基地”，对其在开展“非遗进校园”活动中取得的成效及在培训非遗传承人才，提升其文化艺术素养、综合能力，提升在校学生对传统文化的认知和传统艺术的运用等方面取得的成果，分别予以30万元奖励。

【以创建国家和首都示范区为抓手，推动新农村文化发展建设】根据文化部部署，海淀区获得第三批国家公共文化服务体系示范区创建资格，石景山区和房山区获得第三批示范项目创建资格；推动东城区继续创建第二批国家示范区，海淀区、延庆区继续创建第二批国家示范项目；朝阳区继续完成第一批示范区后续巩固加强工作。落实“1＋3”文件要求，创新机制，为各区搭建平台，做好首都示范区创建工作的智力工作。通过实施国家示范区（项目）创建，基层的公共文化设施软硬件建设水平得到明显提升，从而带动了农村文化事业的发展。

【整合资源、强化对接，建立公共图书馆、文化馆站、公益演出三大服务配送体系】以满足基层群众文化需求为导向，2015 年，市文化局加强了公共图书馆服务配送、文化馆服务配送和公益演出服务配送体系，搭建配送平台，强化服务对接。一是首都图书馆积极引领构建“首图—区县图书馆—街乡分馆—社区基层馆”四级公共图书馆服务配送体系，协调有条件的网点加入图书“一卡通”服务体系，提高基层图书服务效能。截至 12 月初，全市“一卡通”服务网点达到 178 个，其中通还成员馆已经达到 120 家，新增持卡读者超过 13 万个，实现通借图书 710 余万册，通还图书 688 余万册；以统一规划、统一标准、统一组织、统一管理为模式，提供一站式认证、一站式检索、一站式获取数字图书馆服务；由首图牵头，对全市益民书屋现状进行全面调研，完成了《北京市基层图书服务资源现状调研报告》，并召开专题工作会听取区县图书馆馆长对整合基层图书馆与益民书屋整合的意见与建议，研究起草了《北京市基层图书服务资源整合实施方案》《北京市基层图书服务资源整合管理办法》，逐步将“益民书屋”纳入公共图书馆服务体系，提高服务效能，进一步丰富群众精神文化生活。二是为特殊人群配送服务。致力于保障未成年人、残疾人等特殊群体的基本文化权益，构建了多样化的读者服务模式，有力地保障了公共文化服务均等化。2015 年首图接待未成年读者近 50 万人，流通图书超过百万册，组织各类文化活动 180 余场、近 3 万名小读者参加，解答未成年读者各类咨询超过 7.2 万次。三是搭建市级群众艺术培训平台，制定了全年公共文化活动计划，构建优秀艺术人才库，制定培训课程和原创节目培训方案等。四是输送优秀师资。为区文化馆制定基层文化辅导教材，输送优秀辅导教师，提供创作指导。

【继续开展文化共享工程站点和资源建设，提升基层文化设施数字化水平】截至年底，全市建立共享工程站点 4 295 个，率先实现了“村村通”。首都图书馆还对“北京市文化信息资源共享工程信息内容传输服务平台”“数字文化社区高清交互平台”进行维护，完成了对基层服务点的数据广播，并不断增容数字资源，年内完成了龙源电子期刊原文原貌版数据、龙源电子期刊馆外服务、CNKI 流量、方正报纸全文库、读秀知识库等商用数据库的采购，使这些资源在全市范围均可共享使用。为了保障专项资金的利用率和实际效能，北京市分中心对全市共享工程4 000个基层服务点，以及 300 个数字文化社区进行全面巡检工作，并对全市公共电子阅览室（数字文化社区）开展调研，对运行良好、绩效突出的 27 个基层电子阅览室（数字文化社区）进行资源奖励。持续开展北京地方特色资源建设，先后开展了“北京故事—国韵京剧”多媒体资源库、梨园子弟口述专题片、爱新觉罗后裔专题片、“北京会馆”专题片、“千年科举”专题片、北京春节庙会专题片等资源建设。启动《街道社区综合文化中心（室）数字化建设方案》编制工作，计划通过提高基层数字化建设水平，促进基层公共文化服务效能有效提升。

【惠民演出异彩纷呈，丰富农村群众精神文化生活】市文化局坚持把公益惠民演出体系建设作为政府公共文化服务的一项重要内容，以公益性、基本性、均等性、便利性的“四性”要求为出发点，加快实现公共文化服务城乡一体化的进程，广泛开展“农村文艺演出星火工程”“周末场演出计划”等公益惠民演出项目，送戏进村镇、送戏下社区、送戏到基层，不断满足广大人民群众日益增长的文化生活需求，基本形成了覆盖全市城乡、惠及全市人民特别是来京务工人员和京郊边远地区的公益惠民演出体系，受到了广大人民群众的欢迎。一是“农村文艺演出星火工程”，面向本市农村地区的 3 950 余个行政村开展，每个行政村每年安排 2～3 场免费的文艺演出，其中至少安排一场政府招标采购的专业文艺团体演出。在市政府确定的“边、少”地区及生态涵养区每场演出补贴 6 000 元，在其他地区每场演出补贴 5 500 元，每年总计演出 9 000 余场。

专业院团和经过考评的区文艺演出团队直接进入乡村，村民们不出村、不花钱就能够欣赏到精彩的文艺演出。二是“周末场演出计划”，在12个郊区（不含东城、西城、朝阳、海淀四区）的室内营业性剧场，采取政府补贴与剧场运作相结合形式开展的低票价公益惠民演出，票价普遍为二三十元。演出单位均为政府招标采购的专业文艺团体。根据演出形式和内容的不同，每场演出分别给予演出单位2万元、3万元、3.5万元的演出补贴，另有演出场地补贴7 000元，每年安排演出750场。“周末场演出计划”培育了京郊的演出市场，培养了郊区群众购票观演的消费习惯，受到了广大郊区群众的热烈欢迎。三是“百姓周末大舞台”，在全市16个区县城镇露天剧场、社区广场开展的免费文艺演出，演出时间为每年4—10月期间周末，演出单位均为政府招标采购的专业文艺团体，每场演出补贴2万元，演出场地补贴5 000元，每年安排演出291场。“百姓周末大舞台”与商业演出市场相互弥补、相得益彰，满足了城镇低收入群体和来京务工人员享受文化权利和文艺演出服务的需求。四是“民族艺术进校园”，由市委宣传部、市文化局、市教委共同主办，市教委北京学生活动管理中心承办，市文化局业务指导。面向全市所有大中小学校，采取将文艺演出及讲座送进学校与组织学生走进专业剧场免费观看高水平文艺演出相结合的方式开展，根据观演学校所在城区的不同，分三档给予1万元、1.5万元、2万元文艺表演团体演出补贴，经过批准进入专业剧场进行的演出按照实际支出支付演出补贴，每年安排演出600余场。

【有序开展各类丰富多彩的文化志愿活动，有效满足农村群众文化需求】按照“服务对象所需、志愿者所能”的要求，北京文化艺术活动中心利用各节点日，与有关委办局合作，并倡导各区广泛参与，在全市范围内开展了互动文化志愿服务主题活动。一是举办了第七届“送福到家”主题文化志愿服务活动。本次“送福到家”活动首次覆盖全市16个区。21个文化志愿者分中心开展了送春联、送“福”字、送摄影、送文艺演出、送艺术培训等百余项丰富多彩的文化志愿服务，近万名文化志愿者参加志愿服务，送春联、福字各4万余幅，近10万户百姓享受到了“送福到家”志愿服务成果。二是借助“3月5日雷锋纪念日”“12月5日国际志愿者日”开展“文化感动生活”主题文化志愿服务活动。大力弘扬雷锋精神和北京精神，广泛深入开展学雷锋活动，推动学雷锋活动常态化，进一步推进首都精神文明建设开展。全市有300名文化志愿者参加了学雷锋活动。三是“加强残疾人文化服务，保障残疾人文化权益”助残月活动。“助残月”期间，全市各分中心专门组建了为残疾人服务的文化志愿者队伍，结合“学雷锋志愿活动日”，开展文化志愿服务走进“温馨家园”服务，对辖区内“温馨家园”做了细致的调研，根据其实际情况，开展包括生活技能培训、社会交往培训、文化知识讲座、文化艺术辅导培训以及演出、联欢、拍摄肖像照等内容的文化志愿服务，为残疾人搭建学习生活技能、开展社会交流、展示才艺以及获得就业渠道的平台，帮助他们以更加积极向上的生活态度融入社会。与此同时，各分中心以文化馆、文化站、图书馆及其他相应设施免费开放为依托，设立开放日，专门为残疾人量身打造文化志愿服务项目，邀请他们走进公共文化设施，共享文化发展成果。在“助残月”期间，全市各分中心共开展了40余项文化助残服务项目。四是“关爱特殊儿童艺术教育志愿服务月”活动。在“六一国际儿童节”，北京市文化志愿者服务中心开展了北京文化志愿者“关爱特殊儿童艺术教育志愿服务月”活动。在对打工子弟学校、特殊教育学校的常规服务的基础上，注重特殊儿童的实际需求，真正做到文化艺术零门槛。五是开展“敬老月”活动。为大力弘扬中华民族尊老敬老的传统美德，营造新时期养老、敬老、爱老、助老的良好社会环境与文化氛围，增强全社会的老龄意识和敬老意识。北京市文化志愿者服务中心广泛组织和动员文化志愿者为老年人办实事、做好事、献爱心，组织“最美夕阳红”摄影活动，文化志愿者走进社区、走进远郊区、走进敬老院，寻找优秀退休职工、社区工作者、劳模、危困人员等，为这些老年人拍摄照片，并制作统一的镜框，赠送给老年人。六是首都图书馆积极加强文化志愿服务工作，支持和发展文化志愿服务组织，加强文化志愿服务制度化建设，建立文化志愿服务长效机制。2015年，首图分中心开展志愿服务活动近700次，超过4 000人次志愿者累计提供近22 000小时的志愿服务时长。首图还创设了“法律专家志愿者咨询”“播撒幸福的种子”“图书交换”志愿服务项目等9个备受好评的特色品牌志愿服务项目。

【完善名录体系建设，促进非遗活态传承】 传承人是非物质文化遗产传承发展的主体，代表性传承人则是这一主体的核心力量，进一步完善代表性传承人名录体系是加强传承人队伍建设、推进非遗传承发展的一项重要工作任务。市文化局组织开展了第四批北京市级非物质文化遗产代表性传承人申报评审及第五批国家级代表性传承人申报推荐工作。经过各区县推荐申报、30位北京市非物质文化遗产保护工作专家委员会专家评审、社会公示等程序，市级项目白庙村音乐会传承人贾廷信等15位郊区非遗项目传承人入选第四批市级代表性传承人，太子务武吵子的市级代表性传承人赵建军等3位郊区非遗项目传承人推荐申报第五批国家级代表性传承人。本项工作有助于鼓励和支持农村地区的代表性传承人更好地开展保护传承工作，推进北京市农村地区非物质文化遗产代表性传承人队伍建设。

【推动非遗保护成果利用与出版】 非遗保护理论研究是非遗保护工作的重要组成部分。市文化局完成了《北京非物质文化遗产丛书》（十册）及《北京非物质文化遗产传承人口述史》（十册）的编纂出版工作，共约180万字，已由北京出版集团、首都师范大学出版社正式出版。这两套丛书涵盖北京非遗的各门类，包括《磨石口传说》《葫芦範制技艺》等代表北京农村非遗项目的书籍，分别以非遗代表性项目和代表性传承人为记述主体，有效地整理、保存了本市非物质文化遗产相关资料，并向社会公众宣传非遗相关知识，扩大了北京农村非遗项目的影响力。其中传承人口述史是北京市首次以口述史研究方式系统记录代表性传承人，丰富了北京非物质文化遗产保护及研究方式。

（张悦）

农村人才培养

【开展村办园教师培训】 8月24—27日，市教委举办北京市村办园教师培训。该培训针对近年来村办园新增数量较多、园所管理和保育教育活动质量有待提高的现象开展培训。培训通过授课、幼儿园开放等形式开展，讲授园所管理和教育教学等内容。至10月，共有14个区县的村办幼儿园教师460人参加培训。

（彭兴蕊）

【启动远郊区县学生到城区学校游学项目】 10月11日，市教委启动远郊区县学生到城区学校游学项目。首批郊区县深山区学生300人游学北京市广渠门中学、北京市第二十中学、首都师范大学附属丽泽中学。本学期共安排26批次游学活动，每批次游学时间为一周。来自门头沟、平谷、怀柔、密云、延庆等区24所山区学校的学生1 600人，与北京市第二十中学、广渠门中学、京源学校、人大附中朝阳学校、中科院附属实验学校、十二中科丰校区、首师大附属丽泽中学5个城区7所优质校的学生，通过共享优质课堂，参与社团活动，体验特色课程，走进社会大课堂，感受学校文化氛围，实现城乡学生同学习、同实践、同体验，共分享、共快乐、共成长。

（陈德时）

【启动城区初中学生到郊区学农项目】 10月18日，市教委启动城区初中学生到郊区学农项目。学农项目主要面向东城、西城、朝阳、海淀、丰台和石景山城6区，每个区县选取2～3所项目学校，组织项目校初二部分整建制班级学生到郊区的劳动教育基地进行为期5天的学农教育实践活动。至年底，共完成5批次学农任务。12月23日，市教委召开“城区初中学生到郊区学农”项目工作总结交流会，北京农业职业学院和7所参加学农活动的学校做学农工作汇报，总结活动经验和特色。

（韩景毅）

【继续开展“文化助乡”工程】 至年底，市教委继续开展“文化助乡”工程。对房山区西白岱村、怀柔区西台子村、密云县蔡家洼村3个文化村试点建设。

（陈斌）

【实施农村实用人才培养和新型职业农民培育工程】至年底，市教委实施农村实用人才培养和新型职业农民培育工程。举办农村成人教育干部教师培训班4期，培训368人，市级高级农村实用人才培训班5期，培训600人，培育新型职业农民1 535人。

（陈斌）

【搭建“安康社区”教育平台】至年底，市教委搭建“安康社区”教育平台，积极推进社区教育发展。该平台与中国广播数字联盟、丰台社区学院共同搭建。

（陈斌）

【实施农村实用人才培养和新型职业农民培育工程】至年底，市教委实施农村实用人才培养和新型职业农民培育工程。开展新型职业农民学历教育的大纲制定、课程改革、教材编写、课件制作等工作，共举办农村成人教育干部教师培训班4期，培训368人，市级高级农村实用人才培训班5期，培训600人，培育新型职业农民1 535人。

（陈斌）

【继续实施新建、改扩建工程】至年底，市级财政共计投入2.96亿元用于幼儿园新建、改扩建工程。投入0.65亿元用于村办园建设；针对未纳入一期行动计划达标改造项目的公办性质幼儿园，继续实施达标改造工程，市级财政及中央奖补共投入2.31亿元用于改善办园条件。

（孙艳云）

【开展高级农村实用人才知识更新工程】5月5日至6月5日，按照《首都中长期农村实用人才发展规划纲要（2010—2020年）》（京组发〔2011〕26号）中关于“实施分级分类培训，按照农村实用人才类别，市级每年举办农村实用人才示范培训”的要求，根据本市郊区发展对人才的实际需求，组织农民专业合作社组织运营、民俗旅游、农村社区管理、都市农业、创业兴业5个专题，采取专家授课、现场教学、研讨交流等形式，全面提升高级农村实用人才的能力素质，助推领军型农村实用人才成长，共培训600人左右。

【开展第四批北京市有突出贡献的农村实用人才评选表彰活动】2015年5月20日至7月10日，按照《北京市有突出贡献的农村实用人才评选表彰办法》（京发〔2007〕2号）的要求，与市委组织部、市人力社保局联合开展全市第三批“有突出贡献的农村实用人才”评选表彰活动，在区县推荐的基础上，成立评审委员会，采用实地查看、走访调查、专家论证、组织评审等方式，确定10名拟表彰人选名单，由市委、市政府予以表彰。

【举办北京市优秀农村实用人才创业项目评选资助活动】6月20日至8月16日，从全市选取50个左右的农村实用人才创业项目，通过组织专家实地考察、评审，评选出14个左右的北京市农村实用人才优秀创业项目，每个项目给予5万元的资金资助，通过聘请专家团队等形式，从技术、管理、市场策划等多方面助推实用人才创业项目发展。

【开展农村实用人才中长期发展规划纲要中期评估活动】6月10日至8月20日，市人才工作领导小组将开展全市人才发展规划纲要中期评估。按照市人才工作领导小组的要求，开展了《首都中长期农村实用人才发展规划纲要（2010—2020年）》（京组发〔2011〕26号）中期评估活动，组织专家组，对各区县落实农村实用人才中长期发展规划纲要情况进行调研和评估，并形成书面调研评估报告，根据评估情况，对原规划纲要进行修订。

【开展农村实用人才工作者能力素质提升工程】9月，针对全市区县层面的农村实用人才工作者人员变动较多，人才工作知识匮乏的实际，选调区级农村实用人才工作者，依托农业部全国农村实用人才基地，赴外埠学习当地农村实用人才队伍建设先进经验，并探讨互联网+农业、大数据与京郊农村人才创业合作空间。组织乡镇农村实用人才工作者学习研讨，邀请农业部、市委组织部领导讲解农村人才工作形势与政策；参观考察农村实用人才工作创新典型。

【举办全市大学生“村官”新农村建设培训班】11月16—21日，与市委组织部、市人力社保局在韩村河培训基地联合举办全市大学生“村官”新农村建设经验交流活动，从全市抽调大学生“村官”120人，围绕北京郊区城乡一体化以及创业致富等主题开展经验交流，现场案例分析，并请相关专家进行讲解，时间1周。

（李晟龙）

农村卫生、新型农村合作医疗

【提高新农合筹资标准及补偿水平】全市新农合统一人均筹资标准为年人均不低于1 200元，较上年提高200元。其中个人缴费不低于160元，政府年补助不低于1 040元。全市共参合223.94万人，农业人口参合率99.29%。全年总筹资29.11亿元，总支出26.37亿元，住院实际补偿比49.99%，门诊实际补偿比36.27%，17类重大疾病实际补偿比达60%以上。

（朱文伟）

【扩大并进一步规范重大疾病保障范围】本市将儿童苯丙酮尿症和尿道下裂纳入重大疾病保障范围，自此，本市已将17类疾病纳入重大疾病保障，并规定，患有重大疾病的参合患者在各级定点医疗机构政策范围内住院费用补偿比例达到75%。同时，印发《关于进一步规范新型农村合作医疗重大疾病保障范围的通知》，按照国际疾病分类标准编码（V6.01版）制定了《北京市新型农村合作医疗重大疾病分类标准编码》，进一步规范本市各区新农合重大疾病保障范围，统一报销范围。

（朱文伟）

【开展新农合大病保险】继续开展新农合大病保险补偿工作。各区县共筹集新农合大病保险资金1.6亿元，覆盖所有参合人口，人均筹资额70元以上；大病保险支出9 181万元，享受大病保险补偿13 806人，人均补偿6 600余元，实际补偿比达56%，较未实施大病保险之前提高7个百分点，与2014年基本持平。

（朱文伟）

【商业保险参与新农合经办】截至年底，本市除朝阳、通州、延庆三个区外，其余10个涉农区均引入商业保险参与新农合经办。其中，丰台和海淀采取政府购买服务的方式与中国平安养老保险公司合作，其余区均采取“共保联办”的方式与中国人保健康股份有限公司合作。

（朱文伟）

【推进新农合综合支付方式改革】为进一步推进新农合综合支付方式改革工作，本市印发《关于进一步推进新型农村合作医疗综合支付方式改革的通知》，明确了目标任务、改革内容以及工作机制，并开展人员培训。继平谷区于2013年试点开展新农合综合支付方式改革（按病种、按人头及按床日）后，本市又将试点范围扩大至怀柔区，测算及信息化建设等各项准备工作已于年底之前完成，按照工作计划，怀柔区将于2016年正式启动试点改革工作。另外，针对平谷区试点运行情况，经研究论证，调整了各项付费改革措施的支付标准。

（朱文伟）

【新农合信息系统升级改造】本市立项对新农合信息系统进行升级改造，通过了经信委以及财政部门的评审，正式启动项目建设，建设周期为两年。主要建设目标是，完善和升级市、区两级平台功能以及费用审核与监管等功能，支持支付方式改革等医改需求，确保基金安全、可控；建设新农合信息管理系统与医疗机构信息系统实时结算报销接口系统，逐步实现全市范围的新农合实时报销结算。

（朱文伟）

【开展新农合跨省就医费用核查工作】落实国家卫生计生委、财政部《关于做好新型农村合作医疗跨省就医费用核查和结报工作的指导意见》，推进与国家新农合平台的互联互通工作，积极开展参合人员跨省就医费用核查服务，制定了《北京市新型农村合作医疗跨区域就医费用核查工作方案》，组织人员培训。通过建立健全工作机制，运用信息化手段，实现北京地区二级及以上医疗机构参合患者住院病案首页信息共享，通过与全国参合患者跨省就医费用信息数据库的对接，为患者参合地新农合经办机构提供跨区域住院就医费用核查服务，确保基金安全，维护广大参合农民切身利益。按照计划，自2016年1月1日起，全国各省市新农合经办机构提供跨省参合患者就医信息费用核查服务。

（朱文伟）

【研究制定乡村医生队伍建设政策】为做好乡村医生培养，开展了乡村医生岗位需求情况调查（需求测算依据：行政村内无任何医疗机构、且村民在30分钟内无法到达任何医疗卫生机构的村可设置村卫生室，每个村卫生室配置1名乡村医生；或行政村内有村卫生室但执业人员预计在“十三五”前退出，退出后将导致村内就医无法达到上述要求的）。调查结果为，各涉农区对乡村医生培养的需求总数2 080人，符合培养条件人选2 799人（年龄在30岁以下，具有高中或中专学历，自愿接受培养、自愿成为本村乡村医生的人选）。根据《国务院办公厅关于进一步加强乡村医生队伍建设的实施意见》，结合市十四届人大三次会议提出的“关于提高农村医疗卫生服务水平，构建城乡一体化医疗卫生服务体系”议案的办理工作安排，市卫生计生委牵头，与市医改办、编办、财政局、发改委、教委、人力社保局共同研究，起草《北京市关于加强村级医疗卫生机构和乡村医生队伍建设的实施方案（征求意见稿）》，广泛征求各有关部门和涉农区政府意见。

（李志敬）

【办理市人大关于农村医疗卫生服务议案】按照市十四届人大三次会议提出的“关于提高农村医疗卫生服务水平，构建城乡一体化医疗卫生服务体系”议案的办理要求，在市人大常委会农村办公室督促下，会同市编办、发改委、财政局、人社局、医改办等13个市有关部门和13个涉农区县政府，就推进城乡一体化的基层医疗卫生服务体系建设提出了一系列发展思路，重点包括：以建设847个医疗卫生机构空白村为主要任务，加快推进农村基层卫生网底建设；以乡村医生队伍建设为突破，加大基层卫生人才队伍建设；以缩小城乡差距为目标，推动城乡基层医疗卫生服务均等化；以激励机制为抓手，强化基层医疗卫生服务能力。议案办理报告于9月底通过市人大常委会第二十一次会议的审议。

（李志敬）

【研究制定村卫生室服务规范】为进一步加强村卫生室和乡村医生管理工作，明确村卫生室的功能定位和服务范围，更好地为农村居民提供基本公共卫生服务和基本医疗服务。2015年，基层卫生处委托市社区卫生协会研究制定北京市村卫生室服务规范（初稿）。

（李志敬）

【乡村医生岗位培训】组织论证、编写了2015年乡村医生岗位培训大纲和《2015年乡村医生岗位培训讲义》，并印制5 000册，在岗乡村医生、各区管理人员、各教学点师资每人一册。编制《乡村医生岗位培训见习实习指导意见》，全市60周岁以下乡村医生全部参加见习或实习，60周岁及以上自愿参加。拍摄、制作2015年乡村医生岗位培训远程教学视频课件，共27学时。对全市60岁以下的近2 000名乡村医生进行历时245学时的岗位培训，培训内容包括全科医学相关知识、内科常见疾病的临床诊疗思维（病史采集、体格检查、实验室检查和影像学检查、诊断和鉴别诊断、诊疗方案等）、中医适宜技术治疗常见病知识、应用中医适宜技术治疗常见病的基本方法和基本技术操作等，参加培训的乡村医生全部通过理论和技能考核。

此外，为保证乡村医生岗位培训的质量和效果，提高临床带教基本功和中医适宜技术的规范操作，2015年，还对各区教学点的乡村医生岗位培训的师资进行了培训，共145名师资人员参加，全部取得结业证书。

（王凯峰）

【组织乡村医生见习和实习】为拓展乡村医生培训范围，提高实践能力，2015年，安排部分乡村医生到社区卫生服务中心、乡镇卫生院或县级医院进行见习和实习，内容包括：常见病、多发病、传染性疾病、急诊急救的诊断和应急处理，基本公共卫生服务、基本临床技术操作等方面。见习、实习从6月启动，9月结束。学员见习学时计入培训总学时管理。

（王凯峰）

【加大定向医学生培养力度】2015年，续按照《关于北京市开展农村订单定向医学生免费培养工作的意见》开展农村定向医学生培养，招生专业由医学专业扩大到医学相关专业（公共卫生、影像、检验、康复治疗），学历层次由专科扩大到本科。学生在校学习期间免学费、免住宿费，并补助生活费，费用由市财政承担。学生毕业后按照协议到定向基层单位就业不少于6年，本市农业户口转为非农业户口。2015年，共招收各类定向生336名，其中山区半山区44人。有306名医学生

（237 名专科生、69 名本科生；其中山区半山区 85 名）已完成学业回到农村基层医疗机构工作，一定程度上缓解了基层医学人才短缺的困境。

（王凯峰）

农村体育工作

【首届北京市农民体育健身运动展示周取得圆满成功】 9 月 12 日，在北京携手张家口申办 2022 年冬奥运成功的喜悦气氛中，在带给国人自信与豪气的“9·3”大阅兵的“震波”激荡下，首届北京市农民体育健身运动展示周在房山区良乡体育中心盛大开幕。原全国政协常委、农业部部长、中国农民体协顾问陈耀邦，市委副书记吕锡文，市人大常委会副主任柳纪纲，市政府副市长林克庆，市政协副主席闫仲秋，中国农民体协副秘书长陈直，北京市农民体育健身运动展示周组织委员会领导，市直有关单位领导，13 个区县主要领导、农委主任、体育局局长出席活动。本次开幕式表演，场面恢宏、大气，做到了简约而不简单，隆重而不奢华。开幕式演出分为《耕耘》《丰收》《梦想》3 个篇章，由来自房山区的 3 640 名群众演员完成。在开幕式上，自行车骑行、太极、广播操、广场舞、健身操等元素悉数登场，无不体现着全民健身和环保出行的理念，土地河流交错的田地、禾苗涌动、瓜果草帽、水果大鼓等更是农味十足。在成熟的麦浪包围下，中幡表演、二魁摔跤、龙狮、太平鼓、开路等京郊各区县的非物质文化遗产也一一出现，展现了北京文化的丰富多彩和独有特色。

【农民体育健身运动会】 本次比赛共有象棋、围棋、篮球、台球、羽毛球、跳绳、拔河、健身秧歌、健身操舞、传统武术以及田径特定项目等 11 个体育大项，在 5 个体育场馆进行。来自房山、朝阳、通州、延庆、顺义、丰台、海淀、昌平、平谷、密云、门头沟、大兴、怀柔 13 个区县的 1 900 余名农民体育健儿和 7 800 名首都各界观众欢聚一堂，共同见证着这一盛事。作为田径特定项目的 80 米推轮胎跑、60 米抢收抢种赛、50 米搬运粮食、50 米动感五环、50 米毛毛虫竞速等更具有鲜明农村特色的纯朴项目，令健身展示周更像一次农民趣味运动嘉年华。在比赛中，无论是田径赛场上的争分夺秒，还是象棋比赛中的排兵布阵，抑或是插秧比赛中的诙谐乐趣，选手们都在为团队赢得荣誉的同时，也享受着比赛的乐趣。不少曾多年参加过北京农民运动会的选手们明显感受到，推陈出新的农民健身展示周氛围更轻松、服务更人性化、收获也格外多。

【农民体育健身运动会比赛结果】 本届农民体育健身运动展示周奖项的设置以鼓励为主，每个参赛队、每个队员都获得相应奖励，赛事类项目分别设置了一等奖和二等奖，展示类项目设置了最佳表演奖和优秀表演奖，其中顺义区获得一等奖和最佳表演奖的次数最多，东道主房山区紧随其后。

房山区、朝阳区、平谷区、门头沟区、大兴区、怀柔区获得了优秀组织奖。

海淀区、丰台区、通州区、顺义区、昌平区、密云县、延庆县获得了体育特色展示奖。

房山区、朝阳区、通州区、顺义区、丰台区、海淀区、昌平区、平谷区、密云县、门头沟区、大兴区、怀柔区、延庆县获得了体育道德风尚奖。

作为东道主的房山区通过精细的赛前准备、周到的赛场服务，展示了京郊农村的精神风貌，检阅了农民体育健身成果，获得体育工作突出贡献奖。

（许胜卓）

少数民族乡村工作

【三部门联合举办少数民族乡村经济发展专项资金使用管理培训班】 1月28—29日，为加强少数民族乡村经济发展资金的使用管理工作，促进少数民族乡村经济快速发展，市民委联合市农委、市财政局共同召开2015年少数民族乡村经济发展专项资金使用管理工作研讨会。12个有民族乡村的区县民宗办、农委和财政局的主管领导和具体负责同志共60余人参加了会议。市级相关部门同志详细介绍了2015年少数民族乡村经济发展专项资金使用管理的扶持原则和扶持范围，明确了专项资金使用管理的具体要求，部分区县对专项资金的使用管理工作提出了意见和建议。会议要求，一是要发挥好专项资金的撬动、带动和汇集作用，加快促进民族乡村经济又好又快发展。二是要进一步认清当前工作形势，少数民族乡村发展水平全面提升任重道远，需要加倍努力。要在确保“十二五”规划目标顺利完成的前提下，努力推动特色发展。三是各区县民族工作部门要更加积极主动地与农委、财政等相关部门沟通交流，汇聚发展合力。

（沙海涛）

【市民委举办全市少数民族特色村镇建设培训班】 1月29—30日，市民委、市农委共同举办了全市少数民族特色村镇建设培训班。全市12个有民族乡村的区县民委（宗办）、财政局、农委主管领导和具体负责同志，123个民族村支书或主任以及所在乡镇的主管领导共230多人参加了培训。培训工作突出特色发展的主题，紧紧围绕“三特一创”（即通过特色产业发展、特色民居改造和特色文化保护、传承与发展，来促进民族团结创建），市民委、农委相关处室负责人及专业规划公司设计人员分别进行了北京市少数民族特色村镇建设与发展、山区搬迁和沟域经济发展、北京美丽乡村建设、特色民居建设与培育等专题讲座。会议还安排了首批获得“中国少数民族特色村寨”的古北口村和慈母川村进行了经验交流。组织参会人员实地参观考察了密云县司马台村和古北口村的村庄建设与旅游产业发展情况。

（沙海涛）

【市民委积极助推对口帮扶民族乡村活动】 为认真贯彻落实中央民族工作会议精神，深入推进对口帮扶民族乡村活动，市民委会同怀柔区政府，积极促成民革中央和民革本市委赴本市怀柔区喇叭沟门满族乡，组织开展了“文化贺春和捐赠高效有机肥”活动。

2月7日，民革中央、北京市委统战部、民革北京市委、民革中央画院、北京中山书画社、民革西城区委第30支部、民革市委农业支部、北京市民委、怀柔区政府、怀柔区政协、中共怀柔区委统战部、民革怀柔支部、喇嘛沟门满族乡村等有关领导和同志约60人齐聚喇叭沟门满族乡。民革中央画院、北京中山书画社的艺术家们举行了“福在民族乡村”专场书画笔会，现场为满乡人民泼墨挥毫送福。民革北京市委在2014年向怀柔区汤河口镇小梁前村赠送600亩高效有机肥的基础上，此次又组织捐赠1 000亩高效有机肥，持续推动对口帮扶工作。

民革中央、市政协、民革北京市委、市委统战部、市民委和怀柔区委、区政府、区政协有关负责人出席活动。

（沙海涛）

【市民委召开少数民族特色村寨产业规划编制工作汇报研讨会】 为加快推动全市少数民族特色村寨建设，促进民族村特色产业提升，在市科委的大力支持下，市民委甄选了有资质、有经验的规划设计公司，为密云县古北口村和怀柔区古洞沟村编制产业发展规划，在前期工作的基础上，2月11日，市民委组织召开了规划编制工作汇报研讨会，市民委，怀柔区、密云县、延庆县民族工作部门，乡镇和民族村干部有关负责同志以及规划设计公司有关人员约20人参加了会议。围绕两个村产业规划编制，设计公司汇报了前期工作及策划方案，与会同志进行了研讨。会议拓展了思路，提出了意见建议，为规划编制打下了基础。市民委对后续工作进行了部署。

（沙海涛）

【市民委调研通州区民族乡村经济工作】 3 月 13 日，市民委负责同志赴通州区于家务回族乡调研民族乡村经济发展。实地考察了于家务回族乡国际种业园区，听取了通州区有关同志情况汇报并就于家务回族乡未来发展等问题进行了研讨。

（沙海涛）

【2014 年度全市少数民族乡村经济发展专项资金以奖代补考评工作顺利完成】 3 月 26 日，市民委、市农委、市财政局在北京会议中心，组织召开了 2014 年度北京市少数民族乡村经济发展专项资金以奖代补考评会。市民委、市农委、市财政局、12 个有民族村的区县民族工作部门以及参评乡镇、民族村的有关负责同志共约 60 人参加。市民委会同市农委、市财政局根据工作实际，在保持政策连续性、进一步完善“三级主体”和“双指标”考核体系的基础上，对考核方案进行了调整：一是将“新三起来”列入考核内容；二是将示范村与特色村评选结合；三是加大区县项目组织工作考核分值。更加突出以“新三起来”为总抓手，巩固发展成效、提升整体水平、引导民族乡村坚定不移地走特色发展之路的政策导向。考评组听取了各单位汇报，依据考评指标打分，顺利完成了各项考核内容。

（刘刚）

【市民委推进北京市少数民族乡村特色产业融合发展科技示范项目】 为了贯彻落实全市民族乡村经济工作会议和市领导指示精神，更好地促进“十三五”时期本市民族乡村经济科学发展，在市科委的大力支持下，在全市选择了一乡两村开展特色产业融合发展科技示范工作。4 月 1 日，市民委赴怀柔区喇叭沟门满族乡召开了喇叭沟门乡特色产业融合发展示范项目启动会，市民委、怀柔区民族工作部门、市农林科学院综合所、喇叭沟门满族乡和中榆树店、对角沟门两个民族村有关人员约 20 人参加了会议。与会同志结合区域、乡域实际，围绕产业规划编制、产业融合科技示范和人才培训等项目内容进行了研讨。市民委强调了项目的重要意义，明确了相关工作的思路和要求。

（沙海涛）

【市民委调研大兴区民族村牛羊肉养殖情况】 4 月 2 日，市民委有关负责同志赴大兴区调研牛羊肉养殖情况。实地考察了北京穆森伟业清真食品公司畜牧养殖基地、大兴区安定镇东白塔村养殖小区，并与大兴区民委和清真食品企业、民族村的有关同志进行了座谈研讨。调研中肯定了大兴少数民族村和清真食品工作。大兴清真食品企业和少数民族村，能够在激烈的市场竞争下，舍小利而顾大义，坚守牛羊肉品质，维护首都牛羊肉市场秩序特别是少数民族群众合法权益的做法实属不易、值得肯定。要加强政策研究，积极探索，努力破解牛羊肉价格持续上涨对 10 个有清真饮食习惯少数民族群众生活的影响问题。

（沙海涛）

【市委市政府连续第七年召开全市少数民族乡村经济工作会议】 4 月 30 日上午，市委市政府在通州区于家务回族乡召开全市少数民族乡村经济工作会议，总结表彰了 2014 年度全市少数民族乡村经济工作发展先进单位，部署了 2015 年的工作。市委常委、统战部部长、副市长戴均良同志出席会议并作了重要讲话。市台办、市发改委等 23 个市级相关部门主管负责同志和北京农学院、北京市农林科学院有关负责同志以及全市 16 个区县主管民族工作的区县长和民委（民宗办）主任，12 个有少数民族乡村的区县统战部、财政局和农委等相关部门的负责同志，全市 5 个民族乡、49 个有少数民族村的乡镇领导和 9 个获奖民族村代表约 180 人参加了会议。

会上，市民委主任池维生同志作了全市少数民族乡村经济发展工作报告。2014 年，全市少数民族乡、民族村农民人均劳动所得均超过 1.9 万元，同比增长 10.9%，分别较全市平均水平高 2 000 余元和 2 个百分点，连续第 6 年数额、增幅高于全市平均水平。已有 89.5% 的民族村达到了全市或所在区县农民人均劳动所得平均水平，基本实现提前一年完成“十二五”规划目标。于家务回族乡和喇叭沟门满族乡分别获评北京新农村建设先进乡镇和山区发展先进乡镇，怀柔区中榆树店村等 12 个少数民族村被区县列入北京市美丽乡村重点建设村，房山区窦店村、顺义区回民营村、密云县古北口村和延庆县慈母川村等 4 个民族村获得国家民委首批命名的“中国少数民族特色村寨”称号。在总结经验和成绩的同时，池主任针对当前的形势和存在的问题，对今年及今后一个时期全市民族乡村经济工作进行了部署和要求。会议还表彰了 2014 年度全市少数民族乡村经济工作发展先进单位，通州区政府做了典型发言，市水务局、民革北京市委分别代表市级相关部门和民主党派交流了本单位对口帮扶少数民族乡村经济发展的做法。

戴均良同志充分肯定了过去一年我市少数民族乡村经济发展取得的显著成效。他强调，要着眼全局、明确任务、理清思路，研究施行有效的举措来加快促进少数民族乡村科学发展。首先，要把少数民族乡村发展放在首都经济社会发展大局中来认真谋划。其次，要正确认识少数民族乡村发展的特殊性。第三，要以改革创新为动力引领首都民族乡村经济新常态的发展。第四，少数民族乡村要坚持绿色化的发展理念。他要求，在今后的工作中，一是要深入贯彻落实中央民族工作会议精神，进一步提高对少数民族乡村经济发展重要性的认识。二是要进一步明确任务。确保少数民族乡村“十二五”规划任务圆满完成，科学做好“十三五”规划的编制工作。三是要进一步完善机制。市级相关部门和单位要将民族乡村经济发展纳入整体工作中，优先考虑，优先安排，优先实施，进一步的加大扶持力度。区县各级党委政府要更加充分的发挥好主体作用。区县要安排专项资金，在资金安排和政策扶持上要增加民族方面的因素，要把建立专项资金增长机制和帮扶机制作为考评区县乡镇工作的重要指标，要切实加强乡村两级党组织班子和干部队伍的建设。

（刘刚）

【市民委积极开展落实京津冀民族宗教领域对接交流活动】为贯彻落实京津冀一体化发展战略，加强京冀两地民族宗教工作交流，8月11日，市民委有关负责人赴石家庄市与河北省民委开展学习交流活动。双方介绍了近年来在民族和宗教事务工作中，特别是特色村镇建设清真牛羊肉生产和供应、伊斯兰教事务管理、回民殡葬服务管理及宗教房产落实政策等方面的作法和成效，并就进一步按照京津冀一体化发展要求，加强两地合作互动机制进行了深入研讨。

（沙海涛）

【市民委召开北京市民族村产业发展规划专家论证会】12月10日，市民委组织市农委、科委、财政局等有关处室负责同志，清华大学规划设计院等部门有关专家，召开了民族村产业发展规划专家论证会。前期，市民委围绕首都少数民族特色乡村发展，立足不同的旅游产业发展资源和类型，甄选了怀柔区长哨营满族乡古洞沟村和密云县古北口镇古北口村两个民族村，聘请专业的旅游规划公司为两个民族村编制了产业发展规划。在规划文本获得两个民族村以及所在乡镇和区县民族工作部门认可的基础上，与会专家分别听取规划公司关于两个民族村产业发展规划编制的情况汇报，对规划提出了进一步的修改意见，并通过了对规划的专家论证。怀柔区民宗办、密云县民宗办、长哨营满族乡政府、古北口镇政府、古洞沟村和古北口村有关同志参加了论证会。

（沙海涛）

【本市圆满完成“十二五”规划少数民族乡村经济发展任务】2015年是“十二五”收官之年。本市圆满完成了“十二五”时期少数民族事业发展规划确定的各项目标任务，民族乡村发展取得了明显成效。2015年，民族乡村经济总收入较“十一五”末增长37.8%，逐步从单一传统农业向一、二、三产融合发展转型升级；民族乡村基础设施、居住条件等有了明显改善，生态环境质量有了明显提升；全市民族村人均劳动所得首次超过2万元，达到2.1万元，较“十一五”末增长69.9%，连续7年数额、增幅高于全市平均水平，95.9%的民族村达到全市或所在区的平均水平，达标率较“十一五”末成功翻番，超额完成“十二五”规划目标。3个民族乡、42个民族村被评为北京市优美乡村、文明生态村和北京最美乡村，24个民族村被列入建设“四美”乡村行列，培育了20个市级民族特色发展示范村，4个民族村获得国家民委首批命名的“中国少数民族特色村寨”称号。

（李灵犀）

农村社会管理

综　述

农村社会管理工作认真践行"三严三实"专题教育活动，始终坚持以维护群众利益、创新社会管理、保证安全稳定为出发点和落脚点，深入开展专题调研，研究各类村庄治理模式，完善重点地区社会服务管理体系，进一步推动农村地区社会服务管理与社会建设科学发展；有效畅通群众诉求渠道，健全完善信访工作机制，加强基层信访干部队伍建设，进一步提升信访矛盾纠纷调处工作水平；全面落实安保维稳责任，完善社会稳定风险评估机制，加强农村地区消防安全宣传教育，"两气"工程安全运行管理、农机安全监管服务工作力度，进一步维护农村地区和农委系统持续安全稳定。

维护稳定

【圆满完成抗战胜利70周年纪念活动期间安保维稳工作任务】召开系统安保维稳工作专题会议，及时启动市农委系统抗战胜利70周年维稳情报信息战时会商机制，各单位及时提高安全防控等级，增强应急保障能力，全力加强对特殊人群、法轮功等邪教组织人员、人影炮点、科研站所、试验基地、学生宿舍、批发市场、演播大厅、建筑施工工地、出租房屋等重点人员、重点场所的监管力度，实现了纪念活动期间安全稳定。

【扎实做好重点时期安全稳定工作】为做好元旦、春节、全国"两会"、国庆等重点时期安全稳定工作，多次组织召开系统安全稳定工作会议，会商研究各单位在综治、维稳、公共安全方面的突出问题和隐患，全面部署了重点人员管控、安全生产、消防安全等重点工作。各单位积极从安全稳定工作制度上查漏补缺，进一步加强对各类安全隐患和薄弱环节的排查整治力度，实行一事一招、一人一策的重点时期维稳举措，从根本上杜绝了安全事故和涉稳突出情况发生。

【努力确保涉农重大决策社会稳定风险评估应评尽评】为认真贯彻落实重大决策社会稳定风险评估机制，组织第三方通过基础调研、公开征求意见、专家论证等方式，全面评估了《关于认真做好本市农村土地承包经营权确权登记颁证工作的意见》及其配套的《北京市农村土地确权登记颁证工作总体方案》《关于村干部基本待遇和基本保障的实施办法（试行）》等政策执行的社会风险，为促进涉农重大决策更加科学、合理，预防和减少矛盾纠纷提供了有力保障。

（杨帆　李旭辉）

综合治理

【综治维稳工作责任落实到位】建立安全稳定工作一岗双责制度，与系统各单位签订责任书，层层明确主管领导和牵头处室，将综治和安全稳定工作情况作为系统领导干部年度述职与考核的重要内容。进一步完善了系统内部消防、交通安全管理、安保检查、应急值守、督查考核等各项制度，定期组织召开系统安全稳定工作会议和综治工作专题会议，部署不同时期综治维稳重点工作，加强对各单位的督导考核。

【稳步开展京津冀协同发展中的农村社会治理工作调研】重点围绕协同发展中的涉农问题开展调研，梳理出京津冀协同发展中可能产生的与农相关的主要问题，并就主要问题提出对策建议，最终完成《京津冀协同发展中的涉农社会稳定问题及应对思考》的调研报告。根据京津冀协同发展规划中提出的疏解产业、控制人口规模的目标，探讨新背景下农村社会治理工作面临的情况，为下一步研究制定有针对性的对策措施奠定了基础。

【持续深入城乡结合部村庄社会治理工作调研】为全面提升农村地区广大群众的生活和居住水平，积极推进地区经济社会协调可持续发展，特别是针对流动人口数量倒挂严重的城乡结合部对地区的治安秩序、经营秩序和环境秩序等各类安全隐患问题，深入城乡结合部对流动人口服务管理工作进行调研，撰写完成《关于进一步加强我市城市结合部地区村庄社会治理的调研报告》，通过挖掘总结典型经验和有效做法，促进城乡结合部地区资源优化配置、环境整洁舒适。

【逐步完善农村社会治理联系点建设】按照首都综治办《关于继续开展首都社会管理综合治理联系点帮扶工作的通知》（首综办〔2014〕31号）文件要求，高度重视综治联系点顺义区南法信镇的帮扶工作，会同首都综治办对南法信地区进行深入调研，协调相关部门多次听取乡镇、村有关工作汇报，实地考查村设施、设备，对南法信镇“智慧南法信”建设提出进一步指导意见。

（杨帆　李旭辉）

信访工作

【到市上访情况】1—12月，郊区县到市以上部门集体访共419批5 077人次，与上年同期439批6 999人次相比，批次和人次分别下降4.6%和27.5%。反映的主要问题有：①占地拆迁安置及补偿分配问题146批1 983人次，占34.8%；②住房（回迁房、违法建设）问题59批725人次，占14.1%；③反映农村基层干部管理问题46批583人次，占10.9%；④违法违纪（基层换届选举）问题34批245人次，占8.1%；⑤转非转工安置28批342人次，占6.7%；⑥土地征占引发的问题23批376人次，占5.5%；⑦反映土地承包及流转纠纷20批220人次，占4.8%；⑧反映农村管理（产业调整）问题16批100人次，占3.8%；⑨社员身份界定问题8批51人次，占1.9%；⑩新农村建设问题5批55人次，占1.2%；⑪农村集体资产分配问题5批45人次，占1.2%；⑫山区搬迁问题5批25人次，占1.2%。⑬政策性转居问题3批26人次，占0.7%；⑭劳资纠纷（劳动社保）问题2批118人次，占0.5%；⑮产权制度改革问题1批36人次，占0.2%；⑯其他（纠纷）等社会管理问题18批152人次，占4.3%。

从到市的集体访来看，围绕反映占地拆迁安置补偿、基层干部管理、住房回迁房建设、违法违纪、土地征占、土地承包流转纠纷等问题较为突出，需要引起我们的高度关注。

【到市农委上访情况】1—12月直接到市农委上访共计77批135人次，与上年同期107批317人次相比，批次和人次分别下降28%和57.4%。反映的主要问题：①土地承包流转矛盾纠纷问题20批25人次，占25.9%；②土地征占补偿问题19批41人次，占24.7%；③山区搬迁问题8批12人次，占10.4%；④社员身份待遇问题7批7人次，占9.1%；⑤新农村建设问题4批5人次，占5.2%；⑥设施农业问题3批3人次，占3.9%；⑦农村基层干部问题2批2人次，占2.6%；⑧政策性转居问题1批7人次，占1.3%；⑨资产处置问题1批1人次，占1.3%；⑩其他各类纠纷问题12批32人次，占15.6%。

从到市农委直接来访的情况来看，土地征占、土地承包流转、设施农业等问题较为突出，这与当前全市深入推进城乡统筹和"新三起来"的大背景相吻合。

【网络信箱来信情况】1—12月，市农委网站各网络信箱共接收群众有效来信86封，与上年同期69封相比增长25%。其中：领导信箱共接收群众来信35封，同比增长220.0%；咨询信箱共接收群众来信43封，同比增长59.3%；投诉信箱共接收群众来信1封，同比下降96.0%；农村法律咨询信箱共接收来信7封，同比持平；领导信箱和咨询信箱接收群众来信数量约占全部群众来信数量的91%，是群众来信的主渠道。特别是6—9月，是群众来信较为集中的时间段。反映的主要问题：

【信访分类情况】1—12月群众来信中，共涉及农村经济管理类来信17封，占来信总量的20.0%；农村民主管理类来信10封，占来信总量的12.0%；土地承包类来信1封，占来信总量的1.2%；土地征占类来信12封，占来信量的14.0%；农村产业发展类来信7封，占来信总量的8.14%；农村基础设施建设类来信9封，占来信总量的11.0%；农村民生类来信15封，占来信总量的17.4%；农村精神文明类来信0封；涉农行政审批类来信0封；其他类来信15封，占来信总量的17.4%。

从群众来信涉及的问题来看：农村经济管理，农村民生问题和其他类来信居多。特别是集体经济组织成员身份认定问题、集体资产收益分配不公问题、户籍变化导致的集体资产收益分配变化问题、农村宅基地审批与变更问题、征地补偿标准及发放问题、举报投诉基层干部非法占用耕地问题、贪污腐败坑害农民问题较为突出。此外，咨询本市各类支农政策、旧村改造、环境整治、涉农产业发展的来信数量呈明显上升趋势。

【土地承包经营矛盾纠纷化解及仲裁情况】全市共发生农村土地承包纠纷949件，其中土地流转纠纷243占25.6%。经调处解决935件，调处率98.5%。其中，乡村调处739件，区县调处81件，区县仲裁委员会调处115件。从纠纷原因看，因订立、履行、变更、解除和终止农村土地承包合同发生的纠纷19件，因农村土地承包经营权转包、出租、互换、转让、入股等流转发生的纠纷80件，因收回、调整承包地发生的纠纷1件，因确认农村土地承包经营权发生的纠纷6件，因侵害土地承包经营权发生的纠纷5件，法律、法规规定的其他农村土地承包经营纠纷4件。目前已调处完成115件，其中，仲裁裁决29件，调解解决42件，经做工作当事人双方和解或当事人自愿撤回申请44件。

【认真落实领导干部接待群众来访制度】市委农工委、市农委每年坚持把信访和维稳作为和系统各单位签订综治责任书的一项重要内容，强化对系统单位矛盾纠纷化解工作的督导检查。工作中坚决贯彻落实《关于领导干部定期接待群众来访的意见》。坚决按照全市开展领导干部接访的要求和部署，继续完善落实好领导接待群众来访工作，结合市委农工委、市农委自身工作特点，变群众上访为主动下访，并结合工作实际将下访贯穿于基层调研的全过程。制定了《市委农工委市农委党员干部定期接待群众来访制度》，进一步规范接待人民群众来访的有关程序，进一步畅通了机关党员干部倾听基层群众呼声和民意的渠道，从制度上为机关党员干部了解社情民意，解决群众诉求，化解矛盾纠纷奠定了坚实基础。2015年以来，市农委结合年度工作任务，共开展赴系统基层单位领导下访18次，有力推动了化解矛盾纠纷的工作力度，促进了系统和郊区农村和谐稳定。还先后4次召开办公会定期研究矛盾纠纷化解和维稳等工作；在全国“两会”期间制定完善市委农工委会议期间安保维稳工作方案，并先后5次深入系统单位研究化解矛盾纠纷等工作。

【扎实开展涉农重大决策社会稳定风险评估】根据《北京市重大决策社会稳定风险评估实施细则（试行）》（京办发〔2012〕12号）、市维护稳定工作领导小组《北京市2015年重大决策社会稳定风险评估工作实施方案》（京稳组文〔2015〕2号）文件精神，《市委农工委市农委关于实施重大事项社会稳定风险评估机制的实施意见》（京农发〔2010〕20号），《中共北京市委农村工作委员会北京市农村工作委员会贯彻落实北京市重大决策社会稳定风险评估实施办法》（京农发〔2012〕18号）有关要求，对涉及“三农”工作政策和重大改革措施的制定和重大调整、对直接关系人民群众切身利益且涉及面广、容易引发社会稳定问题的重大政策制定，重大涉农项目实施建设等，要进行信访和社会稳定风险评估。2015年1月以来，市委农工委、市农委对出台的涉及重大公共利益、人民群众切身利益的决策事项，委托第三方北京农学院文法学院通过基础调研、公开征求意见、专家论证等方式，全面评估了《关于认真做好本市农村土地承包经营权确权登记颁证工作的意见》及其配套措施《北京市农村土地确权登记办证工作总体方案》的社会稳定风险评估，正在进行关于市委组织部、市委农工委、市农委、市民政局、市财政局、市人力资源和社会保障局起草的《关于村干部基本待遇和基本保障的实施办法》（试行）及《关于村干部基本待遇和基本保障的实施办法》（试行）法律风险点及防范建议。以上已经完成或正在进行的评估报告为促进涉农重大决策更加科学、合理，预防和减少矛盾纠纷提供了有力保障。

【深入开展矛盾纠纷排查化解工作】为进一步做好全市农村纪念中国人民抗日战争暨世界反法西斯战争胜利70周年系列活动期间矛盾纠纷排查化解维护稳定工作，按照全市联席会议办公室的统一部署，结合2015年全市“三农”重点工作和当前面临形势，两委印发了《中国人民抗日战争暨世界反法西斯战争胜利70周年纪念活动全市涉农矛盾纠纷排查化解维稳工作方案》的通知。工作中坚持按照诉求合理的解决问题到位、诉求无理的思想教育到位、生活困难的帮扶救助到位、行为违法的依法处理的总要求，及时就地解决群众合法合理诉求，维护正常信访秩序。在定期排查和专项排查的基础上，结合农委自身实际和工作特点，在农村和系统内部认真开展矛盾纠纷排查化解等工作。工作中，更加注重借鉴以往矛盾纠纷排查化解的成功经验和做法，将矛盾纠纷排查化解工作经常化、动态化。注重从建立工作台账，实施动态跟踪管理、定期通报、销账报备等制度入手，从体制机制上将矛盾纠纷纳入经常性工作，始终做到底数清、情况明。在全面排查的基础上，特别是对直接涉农的矛盾和问题积极会同有关部门从源头研究化解矛盾的治本之策。为涉农决策出台更加科学，更加贴近实际，最大限度地减少因决策失误和不当引发的矛盾和问题，为构建和谐奠定坚实基础。按照市信访办《关于开展北京市人民建议征集工作先进集体和先进个人评选表彰工作的通知（京信〔2015〕48号）》，市农委农村改革与经营管理处为先进集体，市农委信息中心信息采编处党纯同志为先进个人。在市信访办《关于开展北京市信访工作先进集体和先进个人评选表彰工作的通知》（京信〔2015〕86号）评比中，市农委社会管理处、市农林科学院保卫处被评为先进集体，李旭辉、杨帆同志被评为先进个人。

【走进12345现场接听群众来电，解答群众诉求】按照全市非紧急救助服务中心《关于印发〈12345需求与反馈〉专栏暨“听民意 解民忧”特别报道第二季活动实施方案的通知》要求，2015年新年头两天，两委主要领导带领机关相关处室负责同志走进市非紧急救助服务中心，接听群众来电，就我市当前有关涉农政策和新农村建设中有关问题现场和群众互动交流。现场解答群众提出的问题，认真听取群众对“三农”工作的意见和建议，有效回应群众关切问题。对群众来电反映的问题全部打包交由有关处室和部门认真办理，切实做到“事事有回音，件件有着落”。通过接听群众来电，进一步拉近两委机关和基层群众的距离，进一步密切党和人民群众的联系，丰富了两委联系群众的形式，使得两委党员干部心里普遍受到教育，同时也得到基层群众的充分肯定。

【开展农村信访维稳工作培训】 为进一步创造良好的工作环境和秩序，全面推进全市农村土地确权登记颁证工作顺利进行，10月21—23日，市农委举办全市农村信访维稳工作研讨培训班，重点围绕市农村土地承包经营权确权登记颁证工作的实施，就当前信访形势及工作要求等内容邀请相关业内专家进行了专题讲座，各区县农委、经管站及部分乡镇80余名从事信访维稳的干部参加了此次培训。培训通过丰富的案例分析，从全国农业和全市信访形势和特点，以及京津冀背景下社会稳定问题及对策，特别是针对全市农村土地承包经营权确权登记颁证工作的实施，进行了细致讲解和深入交流。参加培训的人员表示，通过培训，一方面提升了自身的业务水平，对当前信访维稳工作有了更深的认识；另一面，为做好土地确权登记颁证工作，积极稳妥排查化解因此项工作而引发的矛盾纠纷，从而确保农村土地承包经营权确权登记颁证工作的顺利进行。

【加强涉农信访调研工作】 市政府转来林克庆副市长在市信访办报送《关于对农村"新老户待遇争议"信访诉求答复口径的建议》上的批示——"请市农委认真调研"后，我们对涉及有关建议进行了认真调研，并请市信访办相关业务处室负责同志就有关问题进行深入沟通，在此基础上起草了《关于集体经济组织成员身份及有关权益的调研报告》。通过深入调研，力求从政策源头破解相关政策在执行过程中，影响地区经济社会协调发展的制约因素，通过加强顶层制度设计，积极完善相关配套政策制度，切实维护群众合法权益，为农村经济社会又好又快发展奠定了坚实基础，为领导决策提供了第一手资料。

【加强涉农信访件复查复核工作】 信访复查复核是《信访条例》修订实施以来赋予信访人的一项基本权利，在实施的过程中切实保障信访人对政府机关作出的信访答复进行申诉，维护信访人合法权益。2015年以来，我们收到市信访办转来涉农信访复核函2件，基本维持了区县的复查意见。

（杨帆　李旭辉）

安全生产

【认真组织、科学部署安全生产工作】 按照市安委会的统一部署，制定并印发《2015年市农委系统"安全生产月"活动方案》，面向系统各单位迅速部署开展了安全生产宣传教育、安全事故应急演练等活动，宣传普及安全生产法律、法规及专业知识，增强应急处理突发事件能力，全面打牢系统安全保障工作基础。根据国务院安全生产委员会《关于深入开展危险化学品和易燃易爆品安全专项整治的紧急通知》（安委明电〔2015〕3号）和市政府办公厅《关于深入开展安全生产检查的通知》精神，及林克庆副市长的具体工作要求，制定并印发《北京市农村工作委员会关于深入开展安全检查的通知》（京政农发〔2015〕17号），及时对各系统单位开展安全生产检查工作进行了全面部署，深刻汲取天津"8·12"特别重大事故教训，举一反三，排查隐患，严防各类安全事故的发生。

【不断加强安全生产隐患排查整治力度】 根据中央、市委市政府关于开展安全生产大检查的通知精神，及时组织系统各单位深入开展安全生产大检查，认真梳理本单位在安全生产全过程中存在的隐患和薄弱环节，特别是严格落实易燃易爆危险化学品的储存、使用环节的监管责任，切实加强对易燃易爆场所的监督检查和管理。市委农工委书记、市农委主任孙文楷逐一向各系统单位主要负责人安排部署安全生产检查工作，主管领导带队到各单位督导检查安全稳定工作，召开系统单位安全生产工作会，结合"打非治违"和油气等危险化学品罐区专项安全大检查等重点工作，按照"全覆盖、零容忍、严执法、重实效"的总体要求，对各单位、各相关行业存在的安全隐患逐一进行了会商研讨，通过明察、暗访等多种形式，加强对系统单位的人员密集场所、易燃易爆危险品储存场所和其他事故易发场所的安全检查督查力度，及时排查发现并整治了一批安全隐患，做到真正了解实情、真正发现问题，确保了农委系统安全稳定。

【创新推进安全管理工作】 为进一步创新公共服务供给模式，有效强化安全生产监督管理工作，采取向社会力量购买服务方式，对去年开展的农村沼气工程安全运行管理服务进行专项评估，并委托第三方制作《〈农村消防安全知识系列讲堂〉第一集 教您如何应对后厨的小火苗》专题片，印制海报、环保袋等农村消防宣传材料及物品。结合“119”消防系列宣传活动，集中组织开展农村消防安全主体宣传教育活动，并借助农民田间学校培训模式，采取专题讲座、播放课件、发放宣传品等形式，组织农民群众开展多元化的消防安全教育培训。

【有效确保农机生产安全】 加强全市农机安全督导检查，开展对无牌行驶、无证驾驶、安全设施不全等违章行为的整治以及农忙季节农机安全检查和整改，排查事故隐患，避免较大以上农机事故的发生。开展联合执法，与工商、质监、安监、环保以及公安交管等部门联合，围绕农机安全生产“执法检查、隐患排查、宣传教育”开展联合活动，建立农机安全联合行动长效机制，强化对农机生产、销售、维修和使用各环节的全程监管。2015 年农机安全生产形势持续稳定。

（杨帆　李旭辉）

农村法制建设

依法行政工作

【综述】农村法制工作稳步推进。认真贯彻依法治国的基本方略，农村各项工作全面纳入法制轨道。立法工作主动适应农村改革和发展需要，着力做好农村决策与立法的衔接。继续推进依法行政工作，突出抓好行政执法和行政执法监督。“六五”普法任务有效落实，全市“三农”大普法格局初具规模。农业执法理念不断提升，农民法律素质不断提高，农村法治化管理和服务水平不断进步。

【推进依法行政工作】起草《市农委2015年推进依法行政工作要点》，提出全面推进依法行政工作的指导思想、基本原则和基本要求。成立依法行政领导小组并定期召开会议，研究和部署推进依法行政工作的具体任务和措施，加强对依法行政工作的组织领导。努力做到合理行政、合法行政，为社会主义新农村以及城乡一体化建设营造良好的法治环境。

【积极参与间接立法】全年共完成市人大、市政府法制办及其他部门立法征求意见12件。主要包括《职务发明条例草案（送审稿）》《北京市制定政府规章程序办法（草案送审稿）》和《北京市生产安全事故隐患排查治理办法（草案送审稿）》等的征求意见工作。

【开展编制权力清单责任清单工作】根据《北京市编制权力清单责任清单工作方案》的安排部署，开展两委编制权力清单、责任清单工作。按照职权法定、权责一致和公开透明的原则，将两委外部行政职权即对公民、法人和其他组织权利义务产生直接影响的具体行政行为进行认真梳理，共梳理两委外部职权事项10项，编制权力运行流程图和责任清单，经法制办审核后，在两委门户网站上对社会公示，主动接受社会监督。

【行政规范性文件和重大决策事项合法性审核及备案工作】对研究室起草的市委一号文件、产业发展处起草的《关于印发〈北京市基本菜田蔬菜生产补贴办法〉（试行）的函》2份文件进行了合法性审核并报市法制办备案。全年对两委专项资金项目合同进行合法性审核共计148件。

【积极做好行政案件应诉工作】完成了通州区马驹桥镇小杜社村外来村民诉农委申请办理农村土地承包经营权证及确认该土地承包经营权应诉工作。经过调查、实地了解，应诉、答辩，一审判决原告败诉。原告在市三中院提起上诉，我委到庭应诉，最终案件维持了原判。

【水务法规体系建设】完成《北京市水土保持条例》立法工作。《条例》由北京市第十四届人民代表大会常务委员会第十九次会议于2015年5月29日通过，自2016年1月1日起实施。启动《北京市水文管理办法》《北京市城乡供水条例》等法规立项的前期调研、法律制度设计的基础性研究，做好立法项目储备。

（刘琮）

【水行政执法】组织开展河湖水环境、排水等专项行政执法活动，共制止违法水事行为3 680起，立案查处427起，罚款620.39万元。其中市级查处违法水事案件116件，罚款

189.84 万元；各区查处违法水事案件 311 件，罚款 430.55 万元。坚持以“零容忍”的态度严肃查处污水、污泥违法排放等行为，维护了正常的水事秩序。

（刘琼）

【水行政审批制度改革】取消“水文、水资源调查评价机构乙级资质认定”和“水文、水资源调查评价机构甲级资质认定初审”2 项行政许可，取消“水利工程建设监理单位资质初审”1 项非行政审批方案已经报送市政府审改办，市级审批事项精简为 21 项。组织开展中介服务事项清理工作，促进涉水中介服务市场健康发展。

（刘琼）

【林业执法】年内，全市森林公安共受立案 525 起，刑事案件 59 起，行政案件 466 起，抓获刑事案件嫌疑人 107 人，刑事拘留 82 人，取保候审 61 人，逮捕 33 人，移送起诉 75 人，行政处罚 761 人次，涉案单位 71 个。其中，破获案件 51 起，同比减少 23.9%，包括重大案件 6 起，特别重大案件 8 起，有效遏制破坏野生动物资源违法犯罪的高发态势。北京市将严厉打击象牙等非法交易活动作为重点，对多种渠道的流通环节布控出击；对野生动物非法交易的上下线链条进行全程打击，破获以“5·21”非法收购、运输、出售野生动物制品系列专案为代表的重大案件，共计查扣象牙及其制品 804.4 千克，犀牛角 11.3 千克，熊掌 35 只，以及盘羊角、红珊瑚制品、穿山甲片、独角鲸牙等国家重点保护野生动物制品，涉案价值 2 439万元。是迄今北京市森林公安机关起获数量最大、抓获涉案人员最多的野生动物制品犯罪案件，也是全国森林公安系统侦破的涉案数额最大、价值最高的一起非法贩卖象牙制品案件。

（齐庆栓）

【开展地方性法规及非行政许可审批事项清理工作】按照市人大常委会农村办要求，北京市农业局开展地方性法规清理工作。对 6 部地方性法规设定的 23 项行政审批事项进行清理，同时对 2008 年 1 月 1 日前制订且此后未作全面修订的 4 部地方性法规进行适应性评估，提出保留、修改、废止的处理意见；组织完成非行政许可审批事项清理工作，并提出将“农药登记资料初审”等四项调整为行政许可，将“无公害农产品产地认定”调整为行政确认等建议。

（魏鹏）

【开展农业执法活动义务监督工作】为加强社会各界对全市农业行政执法工作的监督，促进农业执法部门和农业行政执法人员依法履行职责、规范执法行为，北京市农业局出台《北京市农业行政执法监督员任用办法》，从各社会团体、行业协会、新闻媒体等部门以及农业从业人员中聘任执法监督员，对全市农业执法部门及其执法人员所开展的农业执法活动进行义务监督。

（魏鹏）

【完成行政处罚、行政审批两个权力清单的梳理并予以公布】按照国务院和北京市的统一要求，完成“7＋X”权力清单的梳理工作，梳理出农业执法职权 803 项，其中：行政审批 78 项、行政处罚 417 项。

（魏鹏）

【落实“先照后证”制度改革工作相关职责】北京市农业局落实相关处室站所及区县相关部门在“先照后证”制度改革工作中的相关职责。经过几次改革，其中涉及市农业局“先照后证”事项共有 15 项。

（魏鹏）

【圆满完成农业系统内案卷评查工作】在农业部组织的全国农业行政处罚优秀案卷评查中，全市有 2 卷被评为优秀案卷（全国共 40 个）；在市政府法制办组织的行政处罚优秀案卷评查中，参评案卷均被评为优秀案卷。

（魏鹏）

【农业行政审批事项正式进驻市政务服务中心】共进驻事项 71 项、人员 5 名，落实窗口 3 个。为确保进驻工作稳步推进，衔接有序，印发《北京市农业局关于进驻市政务服务中心有关工作安排的通知》，同时正式启用“北京市农业局行政审批专用章”，并出台《北京市农业局行政审批专用章管理办法（试行）》。

（魏鹏）

【农业立法工作扎实推进】按照年初计划和工作的有序推进，《北京市耕地质量保护条例》完成立法调研报告第 5 稿；《北京市农业机械监督管理办法》（修订）完成立项论证报告第 9 稿，有关法条的对照比较、相关调研报告的起草等基础工作，为下步立法工作的推进奠定扎实的基础。

（魏鹏）

【完成农业行政处罚事项自由裁量基准的制定】按照市政府法制办的要求，将全市农业系统 419 项行政处罚事项划分为 931 个阶次，形成《北京市农业行政处罚裁量基准（2016年版）》和《北京市农业行业违法行为处罚裁量基准表（2016年版）》两个成果。

（魏鹏）

【农业执法技能大比武系列活动成功举办】北京市农业局举办了由13支区县代表队参加的全市农业执法技能大比武系列活动。大比武系列活动贯穿全年，由全员行政法笔试、案卷审查挑错、专业执法现场评判、大比例案卷评查、执法责任制考评、大比武决赛等系列活动组成，最终的决赛于12月30日举行。

（魏鹏）

【农业执法、农业行政审批及调研课题评审等工作顺利完成】据统计，1—12月全年全市农业系统共出动执法人员6.38万人次，组织执法活动1.64万次，检查门店（单位）2.44万个次，印发宣传资料41万份，新闻媒体报道383篇次，做出行政处罚421次，罚款金额214.95万元，其中罚款额度5万元以上的大要案有5起。2015年全市全年共作出农业行政审批477.46万件，其中市级14.84万件，区县452.61万件。主要是动物和动物产品检疫，占全部审批业务量的96.7%。2015年全局共收集调研课题64个，较上年增加5个，内容涵盖全局各项业务；组织完成2013年调研课题成果评比，共收到参评课题30个，涉及18家单位，评选出一等奖2名、二等奖4名，三等奖6名。

（魏鹏）

【红盾护农】加强农资市场监管，保护农民切身利益。按照国家工商总局的精神，2月2日印发了市局《关于深入开展2015年红盾护农行动的通知》，随后与市发改委、经信委、农业局、公安局、质监局、供销合作社等部门联合印发《2015年北京市农资打假和监管工作要点》，部署安排红盾护农工作。加强对农资经营单位的监督检查，建立健全农资经营者档案，认真做好农资经营主体资格核查工作，依法查处无照经营、超范围经营农资的违法行为。监督农资经营者执行"两账两票一卡一书"等可追溯制度，以及按照国家法律法规规定或者与消费者的约定，承担修理、更换、退货等"三包"责任和赔偿损失等农资产品质量责任。全年，共检查农资经营主体10 964户（次），取缔无证无照经营76户，立案查处24起，罚没金额9万余元，处理群众农资商品纠纷4起，为农民挽回损失2万余元，全年市局组织抽检样品174组样品，检测完的130组中不合格17组。区县分局自行抽检116组。共巡查农资经营网站664家（次）。

（汪凌波）

【农村立法调研工作】根据《中共北京市委关于印发〈北京市地方性法规五年立法规划（2013—2017年）〉的通知》（京发〔2013〕14号）精神，将《农村集体经济组织条例》列入北京市地方性法规五年立法规划中的"任期内调研起草、根据国家立法进程适时安排或条件成熟制定、修订的法规"目录中。继续加大立法调研力度，会同北京市社科院开展了《北京市农村集体经济组织条例》立法课题研究，撰写的课题报告也同时得到了市人大农委领导的认可，为下一步立法工作打下了坚实基础。为保证郊区农村土地承包经营权确权登记工作依法顺利进行并在城乡一体化进程中赋予农民更多的财产权利，会同中国政法大学开展了《农村土地承包制度中相关问题法理研究》课题调研，从法理层面为各项工作的开展提供依据。

（胡皓）

农村法制宣传

【法制宣传队伍与宣传基本情况】截至年底，全市有专职法治宣传干部84人，兼职法治宣传干部16 572人，区县级"六五"普法讲师团成员1 422人；有法治宣传志愿者78 847人，大学生"村官"担任普法宣传员6 222人；全市有法治文艺骨干队伍2 771支，新创作法治文化产品572种，举办群众性法治文化活动7 779场；举办法律"六进"活动66 006次，发放法治宣传品25 880 018份。全市已建立法治教育培训基地488个，建有普法广场（公园）705个，法治宣传橱窗11 639个。

（王春华）

【开展“三下乡”活动，丰富农村地区法治文化建设】1月30日，由市委宣传部牵头举办的市“三下乡”集中示范活动在顺义区马坡镇石家营村举行，市局主管领导带领法宣处干部和部分法治宣传志愿者代表参加并启动了“送法进农村”法治宣传专项活动。以此次“三下乡”示范活动为起点，全市16个区县的法治宣传教育部门在通过组织法治文艺表演、律师以案释法、法治春联入户等多种形式，春节前集中开展“送法进农村”活动，给农民群众送去一道丰富的法治文化大餐。

（王春华）

【加强农村普法工作考核】2—8月，“六五”普法验收期间，全市将法律下乡工作纳入评估指标体系进行专项考核。考核组听取汇报、实地检查。农村普法呈现出：阵地不断丰富，普法长廊、影背墙、宣传栏吸引了大量村民驻足；普法明白人、村官普法宣传员见缝插针地开展工作取得了明显成效；普法网络平台“村村通”充分发挥作用，农村基层的民主法治建设有了明显的增强。

（王春华）

【密云区各村居建立法治图书角】4—12月，密云区司法局投入63万元购买了27 000册法律图书，为全区326个行政村、79个居委会建立法治图书角，为基层群众学法提供了资源和平台。

（王春华）

【举办首都律师以案释法“普法进农村”主题宣讲活动】6月5日，市法宣办、市农委联合启动“普法进农村”首都律师以案释法宣讲活动，并组织首场宣讲。自此，“普法进农村”首都律师以案释法宣讲团队和农委的网络平台精诚合作，依托市农委“村村通”网络平台，组织律师通过以案释法的形式，以法论事、以法说理、以法育人进行普法宣讲，告诉农民朋友在生产生活过程中遇到纠纷应该做什么，怎样合理合法的维护自身权益。使每一次的宣讲，都成为广大农村朋友接受有针对性的法治宣传教育的过程，不断提升广大农村群体对涉农法律法规的认识。截至2015年年底，全市共开展律师以案释法进农村活动近3 000场，现场参与超20万人。

（王春华）

【指导“美丽乡村　筑梦有我”暨“送法治进乡村”主题活动】11月5日，由市委农工委、市农委、北京广播电视台、北京农商银行共同主办，市司法局、中国民主同盟北京市委员会等单位协办的“美丽乡村　筑梦有我”暨“送法治进乡村”主题活动举行。活动对当前全市乡村普法工作进行了点评总结，并为普法志愿者颁发荣誉证书。公益律师代表、北京广播电视台的主持人记者代表、基层综治工作者代表等参与活动，丰台区长辛店镇的群众演出团体表演了精彩的法治文艺节目。当地群众300余人参加活动。

（王春华）

【加大新媒体宣传教育力度助推农村普法】年内，法宣网4个频道24个一级栏目共发稿22 095篇，平均每日更新发布普法信息近百篇，相比上年的发稿量有了大幅提升，网站点击量达6 895 577次；“北京普法”微博平台发布微博2 800条，其中原创886条，转发1 914条，阅读量达1 152.7万次，转发量达54.6万次，其中多条微博被“平安北京”“京法网事”“与法同行”“北京政法”等转发；全年累计推送图文内容810条，阅读数达304 375人次，开展法律知识有奖竞答10期，阅读总数7.6万次，转发收藏数6 051次。截至12月初，“北京普法”三网微博共拥有粉丝237.4万，较2014年年底增长86.04万人，其中有很多粉丝是农民朋友，充分利用新媒体的手段开展法治宣传，对农村的经济社会发展起到一定的助推作用。

（王春华）

【深化法治文化建设】年内，在基层社区打造了一批法治文化示范点。在区县层面，涌现出如通州区的郊野法治公园、密云区的环滨河法治宣传栏等一大批法治文化阵地。继续加大法治文化产品创作力度。与北京电视台合作创作拍摄六集普法微电影，并于春节期间在科教频道播出；创作拍摄“做讲法治守秩序的好市民”普法电视公益广告，在北京电视台播放；继续创作编印12期《法治宣传挂图》，重点宣传宪法、控烟条例、环境保护、治安防控、老年人权益保护等相关法律法规，挂图张贴到社区（村），持续为基层普法提供宣传资料。

（王春华）

【实现村居法律服务制度全覆盖】年内，与市财政局联合印发《关于进一步做好村居公益法律服务的通知》，明确“村居公益法律服务工作实行律师公益法律服务与政府补贴相结合、政府补贴由区财政予以保障”的基本原则。全市6 878个村居普遍建立工作网络，实现村居法律顾问制度全覆盖。村居法律顾问共提供法律咨询服务 13.1 万人次，发放法律宣传资料 7.9 万份，帮助修订村规民约 9 000 件，举办法治讲座近 7 000 场次，代写法律文书 7 000 余份。

（王春华）

【法治文化公园被评为通州区十佳基层宣传文化示范点】年内，通州区法治文化公园在区委宣传部、区文明办、区文化委联合开展的十佳基层宣传文化示范点评选中被评为示范点。法治文化公园于 2014 年 11 月正式落成，公园位于通州区潞城镇古城村，约 18.6 万平方米。

（王春华）

【开展农业执法及相关宣传活动】为深化“绿剑行动”执法品牌，年内组织开展“3・15”农业执法集中整治专项行动、农资打假春季行动、“放心农资下乡进村宣传周”等活动，并进行工作督导。

（魏鹏）

【全市农业行政执法业务骨干人员培训】北京市农业局安排、落实以《农业行政执法程序操作规范》和《农业行政执法技术操作规程》为重点的 2015 年全市农业行政执法业务骨干人员（继续教育）培训工作。

（魏鹏）

【开展法制宣传教育活动】制发农委“六五”普法规划责任分解书。借助市法宣办“首图市民普法讲堂”平台，启动北京市农业政策法规专题法制宣传月活动。围绕新颁布的《北京市动物防疫条例》，从制定条例的必要性、食品安全监控、部门防疫联动及市民关心的养犬问题等多个方面向市民朋友们进行解析。联合市司法局、北京广播电视台等部门，开展“送法制进乡村”月度主题活动。与市法宣办联合启动“普法进农村”首都律师以案释法宣讲活动，利用市委农工委视频网络平台，将律师以案释法讲座通过互联网广泛传播进郊区农村，并要求 13 个涉农区县及所属镇村组织基层党员干部及京郊农民及时观看。活动对促进农村法治环境的建设起到了推动作用。

（胡皓）

人大议案、人大代表建议、政协委员提案办理

【承办建议提案 73 件】市农委共承办市十四届人大三次会议代表建议、政协十二届三次会议委员提案 73 件（主办单办 40 件）。其中：人大代表建议 38 件（主办 18 件、会办 18 件、参考 2 件）；政协委员提案 35 件（主办单办 22 件、会办 13 件），包括党派提案 2 件（主办 2 件）。建议提案重点集中在农村产业发展、环境建设、城镇化建设、现代农业发展、农村改革创新等五个方面。

【精心组织建议提案办理工作】市农工委、市农委高度重视人大建议、政协提案的办理工作，始终把建议提案办理当作了解和体察社情民意的重要途径、当作加强和改进机关工作的重要方式重点推进，圆满地完成了 2015 年建议提案的办理工作，代表和委员对答复结果同意率达 100%，部分代表委员所提的问题得到有效解决。一是认真分析。结合历年来建议、提案办理情况，对建议提案进行了综合分析，梳理出了 2015 年建议提案集中的农村产业发展、环境建设、城镇化建设、现代农业发展、农村改革创新等五个方面重点，为建议提案办理工作打下良好基础。二是规范程序。始终把“办理及时不及时、答复认真不认真、落实到位不到位、代表满意不满意”作为衡量办理工作的标准。一方面加强对承办人员的培训，采取专题会议部署、集中学习等方式，围绕办理程序、答复方法、撰写报告等内容对具体承办人进行了培训，提高承办人员的素质，明确了办理工作的要求，做到建议办理工作定人、定责、定标准。三是严格时限。建议提案办理的过程，既是与代表委员沟通取得工作理解的过程，也是与代表委员主动征询意见取得工作支持的过程。要求承办人做到办理前联系、办理中征求意见、办理后跟踪回访，通过集中答复、座谈会汇报、邀请代表视察等方式，加强与代表沟通交流，使代表及时了解工作进展和最新情况，提高建议办

理效率，确保按时办结。

【建议提案重点督办情况】市农委负责办理的第0521号、第2066号建议及第0320号提案属于代表、委员多次反映的问题，作为重点督办的建议提案，内容均是呼吁提高村级干部工资报酬。

在办理过程中，两委领导高度重视，要求在正常办理的前提下，进一步加强与代表、委员的沟通、联系，及时反馈建议提案办理工作进展情况。同时，积极主动与市财政局、市民政局和市人力社保局等相关部门沟通，争取政策支持。在市相关部门的协助下，市农委对本市现有的村级干部工资报酬、职数及参加社会保险的有关政策进行了系统梳理，提出了进一步完善村级干部补贴报酬机制的具体措施。按照事权和财力相匹配的原则，村级干部工资报酬的事权和支出责任属于区县政府，市级将继续完善市对区县转移支付政策体系，指导区县合理确定村级干部工资报酬水平。同时，积极引导和鼓励区县加快发展壮大农村集体经济，提高收益分配水平。

【建议提案办理工作成效显著】按照市政府、市人大的要求，市农委提高认识，严密组织，力争高质量完成建议提案的办理工作。一是借"势"。充分利用社会关注、群众关心、代表呼吁的重点工作，把代表关心的问题和"三农"工作的重点有机的结合起来，把建议纳入到日常的工作中去，更好的推动工作的开展。二是借"智"。力争充分发挥人大代表的资源优势、智力优势，认真吸收代表提出的建议中的优秀成果，不断丰富"三农"工作的政策体系、工作机制，努力解决新农村建设中遇到的新情况新问题。三是借"力"。充分利用代表对"三农"工作重点、难点、创新点关注的"东风"，借力争取相关部门的支持和配合，推动工作的开展，使建议真正办出成效。

（陈杨）

组 织 建 设

综 述

市委农工委、市农委直属机关委员会认真贯彻十八大以来中央和市委十一届六次全会精神和市直机关党建工作会议精神，突出全面从严治党这一主线，围绕服务中心、建设队伍两大任务，以落实党员干部直接联系群众八项制度中关于《市委农工委市农委直属机关党支部和党员承诺制度（试行）》工作为切入点，以开展“践行三严三实、争做五个表率”主题教育实践活动为抓手，进一步强化思想政治学习，加强党风廉政建设，强化机关作风建设，强化严肃党内政治生活，强化机关党内监督，强化机关党建责任。以奋发有为的精神状态，坚持不懈地推进新形势下的机关党建工作，为完成本市农村工作会议提出的2015年全市农业、农村工作的总任务提供了思想政治和组织保障。充分发挥党建工作的引领作用，深入扎实开展农村党建“三级联创”活动，充分发挥农村基层党组织在新农村建设、最美乡村建设和都市型现代农业建设中的组织引领作用，使党风廉政建设、精神文明建设和经济社会建设全面推进。

领导班子建设

【建立健全机关党建工作责任制】面对全面从严治党提出的新任务、新要求，建立机关党建责任制，明确主体责任，落实“一岗双责”，形成了“党委管党建、书记抓党建”，一级抓一级，层层抓落实的党建工作格局；研究制定了“班子成员基层联系点制度”“支部和党员‘进村入户’制度”“党员干部定期接待群众来访制度”和“广泛征求群众意见制度”等8项制度规定，有效提高了党建工作的规范化水平。

（王东　李发）

【党委、支部建设进一步加强】进一步强化严肃党内政治生活，扎扎实实做好党建日常基础工作，认认真真抓好党建制度细节落实。从严抓好“三会一课”、民主评议党员、党员党性定期和党员组织生活会分析、领导干部参加双重组织生活制度等各项党内生活制度的落实。进一步规范程序、严格标准开展组织生活，发挥党内生活的应有作用；坚持发扬我党实事求是、理论联系实际、密切联系群众、开展批评和自我批评、坚持民主集中制等优良传统，提高党内生活质量，使每名党员都在党内生活中受到教育；以机关服务型党支部建设为重点，组织党员联系实际，以本职工作作为主要阵地，以服务中心工作、服务基层群众为着力点，开展主题党日活动，在着力推动农村改革、调结构转方式，推动新型城镇化与美丽乡村建设、乡村依法治理和一、二、三产业融合发展、区域协同发展、城乡一体化发展上建功立业；以支部书记、副书记为重点，加强对两委机关专兼职党务干部的培训，进一步增强在党言党、在党为党的责任感、使命感和抓好党建工作的素质能力。

（王东　李发）

【抓党建促发展的理念进一步深入】秉承“围绕发展抓党建、抓好党建促发展”“抓党建就是抓发展、抓发展就必须抓党建”的理念，坚持把两委机关党建与郊区经济社会发展相结合，使党建工作服务于“三农”事业发展和城乡一体化建设，在“十三五”开局之年取得好成绩。坚持创新发展，用机关党员干部喜闻乐见的各种形式学习党的十八届四中、五中全会精神，特别是习近平总书记的系列讲话精神。通过学习，使机关党员干部坚定理想信念，提高能力和水平，为“三农”事业发展做出新贡献。

（王东　李发）

【思想政治建设和作风建设成效明显】组织开展形式多样的学习教育活动：参观抗日战争纪念馆、通州运河廉政清风主题公园、参加“展示今日乡村风采——走近京郊抗战村”等，开辟网上《党员课堂》、微信学习群、政务微博“北京美丽乡村”等新的党员学习教育阵地；组织青年党员开展了党章宣讲活动，开展岗位评优“比贡献、看作风”活动，激励党员干部争做爱岗敬业、作风优良表率；各支部坚持开展“进村入户”活动，将市直机关组织的“三进两促”落到实处，为党员干部争做服务基层表率搭建好平台。走访郊区群众 203 户、415 人，解答基层农民群众政策问题 200 多条次，帮助解决或正在解决的问题 80 多件次；组织党员进社区，与建功北里社区党委结对共建，开展社区笔会、食品安全讲座、专题党课、送新春联等活动。春节前夕走访慰问孤寡、病残等困难户家庭，以支部为单位为郊区困难群众送去 2 万多元的慰问品；积极参加为灾区贫困群众“春风送暖”、慈善捐助等活动，捐款总额达到 2.3 万多元。

（王东　李发）

【市委农工委、市农委和系统单位专题教育成效显著】组建了“三严三实”专题教育协调小组及办公室，明确了主责、主管领导和相关责任处室。采取集中学习与分散自学相结合的方式，每个专题集中学习的次数都不少于 4 次，班子的三个专题集中学习达到 19 次。组织全体党员观看了《筑梦中国——中华民族伟大复兴》《红色家书》《正风肃纪教育片》等正反两方面典型的专题片。坚持“边学边查边改”，对“不严不实”问题及时发现、及时整改。开展“为官不为”“为官乱为”专项整治，两委机关各支部进行了自查自纠，对苗头性、倾向性问题都进行了认真的整改。

（王东　李发）

【机关党建服务推进两委重点工作成效显著】结合“十二五”收官、规划“十三五”，积极推进服务型党组织建设，发挥党支部的战斗堡垒作用，从政治高度、大局角度谋划推进首都“三农”工作，将习近平总书记“一心一意抓党建、全力以赴谋发展”要求落到实处：创新农业产业发展方式，逐步开展互联网＋农业试点；农村土地承包经营权确权登记颁证工作取得新进展；加快农村财政金融改革创新；小城镇建设加快发展，吸引社会资本参与，完成投资 11.9 亿元；对培养新型职业农民、发展农业职业教育了解情况、摸清底数，探索创新了“五种课堂”“一村一案”“走出去”等新型培训模式。

（王东　李发）

【党风廉政建设措施进一步完善】出台了《关于落实党风廉政建设责任制党委主体责任和纪委监督责任的实施意见》《关于 2015 年党风廉政建设和反腐败工作的意见》《2015 年党风廉政建设和反腐败工作主要任务分工》等政策文件，不但有总体要求、任务部署，而且明确了牵头领导、责任处室、具体工作等，并做到了有制度规定就有落实执行，不让制度规定成为“稻草人”。

（王东　李发）

【严格落实党风廉政建设主体责任】全面推进廉政风险防控管理，加强权力结构科学化配置体系、权力运行规范化监督体系、廉政风险信息化防控体系建设；全面梳理了权力清单，严控了风险点，从源头上有效预防和遏制腐败现象的发生。元旦、春节、端午、中秋等易发生吃喝、请送等违纪、违规的时点，及时用书面通知、会议部署、支部传达等方式，从严要求全体党员。目前，两委机关继续保持无违纪违法现象发生的好态势。

（王东　李发）

【反腐倡廉宣传教育成效显著】坚持正面宣传与反面教育并重，及时发放书籍、手册、单行页等学习教育资料。组织观看《杨善洲》《任性区长——王洪钟》等专题片，增加思想教育的直观感和有效性。利用楼道墙面空间，增设宣传展板，把《廉政准则》《处分条例》等贴上墙，机关干部在等电梯、上下楼之际就能得到潜移默化的宣传教育。

（王东　李发）

【抓好敏感问题督办检查】结合"为官不为""为官乱为"专项整治，强化效能监察，重点对"菜篮子"工程、农民住宅抗震节能改造、集体经济产权制度改革、土地承包确权登记、流转合同纠纷调解、农民权益保护等进行督办检查、考核评价，有奖有罚确保重点任务顺利完成。

（王东　李发）

【全面落实联系基层、进村入户制度】引导党员干部自觉践行党的根本宗旨和群众路线，眼睛多向下看、脚步多往下走，深入开展多种形式的调研活动，研究制定实用管用的强农惠农政策，帮助农民群众解决实际困难，筑牢党与农民之间的"连心桥"。

（王东　李发）

基层组织建设

【农村基层服务型党组织建设深入推进】坚持基层党组织政治属性和服务功能的有机统一，以服务型党组织建设引领基层党建工作，切实做到服务改革、服务发展、服务民生、服务群众、服务党员，推动基层党组织在强化服务中更好地发挥领导核心作用，不断巩固党在农村的执政基础。加快推进百家单位帮扶百村、百家企业对接百村等党组织引领发展"六个一百"工程，进一步提升了基层党组织引领发展、服务群众的能力。适应农村产业布局、行业分工、党员流向的新变化，推广区域联合型、产业带动型、村居联动型、双向共管型等组织设置方式，不断扩大党的组织覆盖和工作覆盖，进一步健全了基层组织服务网络。推广大兴区外出务工人员入党"双联系双培养双发展"机制，采取"联推共荐、联帮共培、联考共示、联接共管"的"四联四共"措施，进一步拓宽了农村党员发展渠道。加强和改进乡村便民服务工作，推广进村入户、结对帮扶、群众事项党员代理制等做法，深入开展党员示范岗、党员责任区、党员承诺践诺等活动，畅通了联系服务群众的最后"一公里"。实施党员意识提升行动，使广大党员受到了深刻的党性洗礼，作用发挥更加突出。

【村"两委"换届选举工作进展顺利】会同市各有关部门召开了村"两委"换届选举工作动员部署会，成立了北京市村党组织和村民委员会换届选举工作领导小组及其办公室，制定下发了村党组织换届选举工作意见，提出了"两保持、两提高、两确保、两降低"的目标要求。统筹村"两委"候选人资格条件，细化候选人限制性条件，全面推行资格联审制度，明确了候选人资格条件"五不能、六不宜"要求，从源头上防止不符合条件的人选进入村干部队伍。严肃选风选纪，全面实行竞职承诺制度，出台了"十项禁令"，制定下发了《北京市防止和查处村"两委"换届选举贿选行为的暂行办法》，着力营造风清气正的换届环境。集中排查治理 282 个换届选举重点难点村，实行领导包干、分类施治，逐村摸底排查，逐村分析研判，帮助重点难点村做好换届选举工作。各区县、乡镇（涉农街道）也都对换届选举工作高度重视，成立了相应的组织领导机构，构建了党委统一领导，组织部门牵头抓总，农工委、民政局具体指导，相关部门密切配合的工作机制，建立了工作例会、调查研究、信息报送、信访接待、工作会商等制度，形成了一级抓一级、层层抓落实的工作局面。截至 12 月底，全市村党组织换届选举工作基本完成。

【农村基层干部队伍活力持续增强】在选拔任用上，会同市委组织部、市人力社保局完成面向村党组织书记招录乡镇机关公务员试点工作，共录用27名优秀村党组织书记担任乡镇机关公务员，激发了农村基层干部干事创业热情，拓宽了农村基层干部发展空间，进一步充实了乡镇机关干部队伍。会同市委组织部开展村党组织“第一书记”选派工作，坚持统一选派和自行选派相结合，从各级机关优秀年轻干部、后备干部，国有企业、事业单位的优秀人员和退居二线的领导干部中选派人员担任“第一书记”，为加强软弱涣散村整顿建设、推动农村脱贫致富注入新活力。举办了北京市村党组织“第一书记”履职培训班，设立了北京市村党组织“第一书记”联络办公室，组建了北京市支援农村建设志愿服务总队以及总队临时党委，协调各区县提供了“第一书记”专项工作经费，为“第一书记”创造了良好的干事创业环境。首批选派的407名村党组织“第一书记”已陆续驻村，帮助建强基层组织、推动精准帮扶、提升治理水平。在教育培训上，健全“市级示范培训、区县重点培训、基层普遍培训”的工作体系，注重整合资源、创新载体、改进方法，举办了全市乡镇党委书记培训班、乡镇长培训班、村党组织书记廉洁履职专题培训班，指导各区县普遍开展基层干部轮训工作，截至目前全市共培训乡镇、村干部9.4万人次，提高了农村基层干部队伍推动改革、引领发展、服务群众和依法治理的能力。加强农村党员干部远程教育平台建设，开设了“农村大讲堂”栏目，制作了解读中央1号文件、全面深化农村改革等12期专题节目，扩大了“三农”政策宣传覆盖面。在激励保障上，会同市委组织部、市财政局等部门，研究起草了《关于村干部基本待遇和基本保障的实施办法（试行）》，明确提出将按照不低于本区农民人均纯收入两倍的标准，落实村党组织书记基本报酬，规范绩效奖励办法，并分层分类落实其他村“两委”干部基本待遇，建立正常增长机制；完善村干部保障制度，按照自愿参保、个人缴费和财政补贴相结合的原则，将在职村“两委”干部纳入城镇职工基本养老、医疗和失业保险制度体系，确保村干部工作有合理待遇、退岗有一定保障。

【党组织领导下的乡村治理机制进一步健全完善】健全完善村务公开机制，大力推广“四议一审两公开”工作法和基层党建全程记实系统，推进公开内容精细化、公开程序规范化、公开形式多样化、公开时间具体化，增强了村务工作的透明度和公信力。按照“工作有人员、办公有场所、对外有牌子、监督有制度、监审有公章、工作有台账、经费有保障”的“七有”标准，深入推进村务监督委员会规范化建设，规范监督内容、权限和程序，积极探索参与式、动态式、审核式、全程式等监督方式，进一步提高了村务监督工作水平。加强农村法治建设，深入开展法治宣传教育活动，推进基层治理法治化，提高了党员干部运用法治思维和法治方式深化改革、推动发展、化解矛盾、维护稳定的能力。健全完善乡规民约、村民自治章程等社会规范，进一步增强了农村社会的自我调节功能。

【基层党建支撑保障机制更加有力】会同市委组织部，完成了2014年度“三级联创”活动检查调研，指导各涉农区县普遍开展了各级党组织书记抓基层党建工作述职评议考核工作，健全完善了基层党建工作“三级联述联评联考”机制。会同市委组织部，召开了全市农村基层党建工作座谈会，开展了2012—2014年度全市农村基层党建“三级联创”活动评选表彰工作，评选出“五个好”乡镇党委40个、“五个好”村党组织200个。完成了2013—2014年度社会主义新农村建设基层党建类先进集体评选表彰工作，评选出北京农村基层党组织建设先进乡镇10个、北京农村基层党组织建设先进村10个、北京管理民主先进村10个。开展了新农村党建创新项目评选，评选出朝阳区东坝乡建立党群志愿服务协会、通州区探索“小支部大党建”模式等6个创新项目。完成了郊区党建有奖征文评选活动，评选出60篇获奖文章，编印了优秀征文集。加强典型经验宣传推广，《北京推动农村基层党建全面过硬》《突出党组织引领功能 服务“三农”改革发展》等文章在中国组织人事报、北京日报等媒体发表。加强党建研究工作，完成了市党建研究会立项课题《农村基层党组织政治功能和服务功能相统一问题研究》，会同市委组织部开展了村“两委”干部后继乏人问题研究。完善北京市农村基层组织信息系统运行维护机制，为农村党务村务日常管理提供了信息支撑。扎实推进农委系统单位党建工作，提升了服务“三农”工作水平。

【农委系统“三严三实”专题教育成效显著】“三严三实”专题

教育开展以来，坚决贯彻落实中央和市委的部署要求，紧密结合“三农”中心工作和干部队伍建设实际，精心组织、狠抓落实，把专题教育不断引向深入，以“严”和“实”的作风凝聚起推动“三农”改革发展的强大动力。市委农工委、市农委领导班子从自身做起，坚持高标准、严要求，工委书记带头讲专题党课，带头开展“田间调研”，带头参加学习研讨，带头查摆解决不严不实问题，为两委机关和农委系统党员干部作出示范、当好榜样。在两委领导班子的示范带动下，两委机关和农委系统各级领导班子、领导干部自觉行动起来，认真落实中央关于全面从严治党各项要求，履行党建工作主体责任，以严肃认真、极端负责的态度做好专题教育各项工作。围绕学习习近平总书记系列重要讲话精神，市委农工委举办了农委系统基层党组织负责人“三严三实”专题培训班，各级党组织广泛开展党课教育、专题研讨、宣讲交流，局级干部人人上讲台，讲专题党课；处级干部个个写心得，谈学习体会；每位普通党员都参加了所在支部的主题活动，学习“三严三实”、践行“三严三实”蔚然成风。注重抓好统筹兼顾，把开展专题教育与做好当前农村改革发展稳定各项工作结合起来，与完成各项重点工作结合起来，与推进群众路线教育实践活动整改落实工作结合起来，努力做到专题教育与日常工作两手抓、两不误。制定了《市委农工委、市农委关于深化“四风”整治、巩固和拓展教育实践活动成果的工作安排》，健全上下联动工作机制，继续督促落实好各级领导班子整改方案和党员领导干部个人整改措施，健全完善反对“四风”、改进作风的长效机制，推动了作风建设常态化长效化，进一步巩固和扩大了教育实践活动成果。截至目前，两委承担的 97 项整改工作均进展顺利，取得明显成效，没有尚未进行的整改项目。其中领导班子整改方案中 60 项整改任务，已落实阶段性整改任务 27 项，并列入常态化管理，其他需中长期整改的 33 项任务也已取得明显进展；20 项专项整治任务，已落实 15 项，其他 5 项正在持续推进；承担市委专项整治工作任务 6 项，已全部落实；承担市政府党组整改工作任务 3 项、上下联动整改项目 8 项，已落实 4 项，其他需中长期整改的 7 项任务也已取得积极进展。圆满完成了两委机关群众路线教育实践活动整改落实情况自查和迎检工作，受到市委第二检查组充分肯定。

【全市村党组织换届选举工作圆满完成】按照市委统一部署，全市村党组织换届选举工作从 2015 年 9 月启动，到 2016 年 1 月中旬圆满结束。在换届选举工作中，市委高度重视、指导有力，各部门紧密配合、齐抓共管，各区委加强领导、统筹推进，基层党组织把握主动、维护稳定，广大党员踊跃参与、发挥作用，确保了换届选举工作顺利完成，为农村改革发展稳定提供了坚强的组织保证。全市有 3 906个村党组织参加换届选举，全部采用“公推直选”方式，共选出村党组织班子成员 13 644 名，其中，书记 3 906 名、副书记 1 192 名（含专职副书记 432 名）。新当选村党组织书记 902 名，占 23.1%；连选连任 3 004 名，占 76.9%。

【全市新农村党建工作创新取得新成果】9—12 月，市委农工委、市新农办开展了全市新农村党建创新项目评选活动，通州区探索“小支部大党建”模式、大兴区创新搬迁村党组织设置模式和运行机制、朝阳区东坝乡建立党群志愿服务协会等 6 个项目，被评为 2015 年度北京市新农村党建创新项目。这些项目坚持围绕中心、服务大局，聚焦基层党组织推动科学发展的第一线，聚焦广大党员干部群众创新创业的第一线，积极探索破解农村基层组织建设中的热点难点问题，取得了明显效果，具有很好的学习借鉴和示范推广意义。

【通州区探索“小支部大党建”模式】通州区委及时跟进农村经济社会新变化，积极探索城乡统筹区域化党建新机制，通过“小支部大党建”模式，以村党组织为核心，团结凝聚村域党员群众，实施村党组织与驻村企事业单位、高校等各类社会组织联动共建，实现党建工作全覆盖，让基层党组织充分运转起来，让党员作用发挥出来，把农民重新组织起来，走出了一条城乡统筹的区域党建科学发展的新道路，有力推动了村级党组织建设，促进了农村经济社会的和谐健康发展。

【大兴区创新搬迁村党组织设置模式和运行机制】大兴区委主动转变思路，探索破解农村城镇化建设中的搬迁村党建工作难题，针对搬迁村不同形态，创新搬迁村党组织设置模式和运行机制，形成了村转社区、村居并行社区和农村社区化三种模式，并通过“安置就业有岗位、经营增收有资产、稳定生活有保障、服务管理有组织”的“四有”机制，保证搬迁村组织不散、阵地不丢、活动不断、作用不减，切实维护了搬迁群众的长远利益，使搬迁群众有了更多的获得感。

【怀柔区全面推行发展党员全程质量管理机制】怀柔区委适应党要管党、从严治党新常态，不断创新和完善发展党员的工作机制和工作方法，全面推行发展党员全程质量管理机制。通过从人、事以及各项制度的科学衔接三个方面入手，严格落实个人事项报告、入党动机评估、两级联审、全程纪实等10余项工作制度，使党员群众更加明确了什么样的人可以发展，什么样的人不可以发展，基层党组织更加明确了发展党员工作中所承担的责任义务，从根本上杜绝了“带病入党”和“违规发展”问题，全面提升了新发展党员质量。

【朝阳区东坝乡建立党群志愿服务协会】朝阳区东坝乡党委成立了朝阳区首家党群志愿服务协会，把志愿服务作为创新社会治理的重要组成部分、创建文明乡村的重要平台载体、培育良好风尚的重要有力抓手来谋划和推动，在全地区营造出“人人争当志愿者、个个传递正能量”的良好氛围。通过党员志愿者的实际行动，影响动员身边群众主动参与志愿服务，集聚和放大社会正能量，涌现了红松园社区“梦之翼”党员志愿服务队、东坝家园社区“并蒂莲”群众服务队、朝阳新城社区“朝馨社”为老服务队等一批志愿服务精品项目，涌现了以李振林、王和、王桂荣等为代表的一批志愿服务领军人物，实现了志愿服务为群众所需、替政府分忧、受社会欢迎。

【房山区良乡镇实行“三序”工作法】房山区良乡镇党委针对农村基层干部“为官不为”问题，从加强作风建设入手，创新推行“三序工作法”，建立“时序推进”“次序动员”“末序淘汰”机制，引导基层干部把精力集中到谋发展、干事业上来，激发了干部“为官有为”的思想自觉和行动自觉，营造出想干事有条件、能干事有机会、干成事有舞台的氛围，促进了全镇各项事业平稳快速发展。

【顺义区高丽营镇开展党建联络员驻村工作】顺义区高丽营镇党委着眼于夯实农村基层党建工作力量，深入开展党建联络员驻村工作，为全镇25个行政村各配备1名驻村党建联络员，搭建机关干部深入农村、深入基层、深入群众的实践平台，协助开展各项村务工作，切实把党的路线方针政策宣传到村、把思想政治工作开展到户、把各项惠民政策落实到人，密切了党群干群关系，增强了基层党组织的执行力，锻炼了机关干部实际工作能力，推动了全镇经济社会发展。

【本市选派407名优秀机关干部担任村党组织第一书记】为深入贯彻全国农村基层党建工作座谈会精神，落实中央关于做好选派机关优秀干部到村任“第一书记”工作的通知要求，进一步深化农村基层组织建设，培养锻炼年轻干部，构建城乡一体化发展格局，本市从今年起，分批选派市、区县、乡镇机关优秀干部到村担任第一书记。从2015年11月初开始，首批选派的407名村党组织“第一书记”陆续驻村，正式开展帮扶工作，推动农村基层建设全面进步、全面过硬。

坚持统筹谋划，精心认真实施。市委和各级各部门充分认识开展选派“第一书记”工作的重大意义，坚持把选派“第一书记”作为夯实农村基层基础的迫切需要、推动农村改革发展的重要举措、培养锻炼机关干部的有效途径，加强统筹谋划，强化工作责任，完善工作机制，确保选派“第一书记”工作落到实处。市委组织部、市委农工委制定下发了《关于选好选派机关优秀干部到村担任“第一书记”的意见》，专门召开了全市选派村党组织“第一书记”工作动员部署会。各单位、各区县把选派“第一书记”工作摆在重要位置，加强领导，精心组织，保证了选派工作顺利进行。市委市直机关工委、市国资委党委和东城、西城、石景山区把选派“第一书记”与深化“三进两促”活动等工作有机结合，深入开展宣传动员。各区县广泛开展调查摸底，对农村基层组织建设情况进行综合分析，筛选出软弱涣散村和发展落后村作为派驻村，确保选派干部有施展才干的舞台。

严格选人标准，派出精兵强将。坚持精挑细选，好中选优，把好人选政治关、品行关、廉政关和能力关，真正把精兵强将选了出来、派了下去。坚持标准选人。按照“思想好、素质高、能力强、作风实”的标准，从各级机关优秀年轻干部、后备干部，国有企业、事业单位的优秀人员和退居二线的领导干部中选派人员担任“第一书记”，为软弱涣散村整顿建设、推动农村低收入农户增收致富注入新活力。上下联动派人。选派“第一书记”坚持统一选派和自行选派相结合，采取个人自荐、单位推荐、组织选拔等方式，推动更多优秀干部下基层、转作风、促发展。市级层面，按照统筹城乡、以工补农、以城带乡的原则，结合市级单位开展的联系镇、村等活动，统一选派部分优秀干部到村担任“第一书记”。各区县结合实际，根据干部队伍情况，选派区县、乡镇优秀干部到村担任“第一书记”。人岗相适配人。针对派驻村在组织建设、经济基础、农业设施等方面存在的问题，坚持从破解最难问题、突破最大瓶颈的角度出发，遴选具有相关优势和特长的干部到村任职，努力做到单位职能、个人特长及村情特点相吻合，有效增强了选派工作的针对性和实效性。此次全市共选派“第一书记”407 名，其中市级层面选派 102 名；区县层面选派 305 名。从市级层面选派的“第一书记”看，市直机关 37 名，市属国有企业 55 名，东城、西城、石景山区属机关 10 名。这 102 名选派干部中，正处级 1 名、副处级 11 名、正科级 57 人、副科级 33 名。平均年龄 40 岁，全部具有大学本科以上学历，从事的职业和所学专业涵盖规划、商贸、农林、交通、金融、法律、行政管理等多个领域。强化培训育人。市委组织部、市委农工委举办了为期 3 天的全市村党组织“第一书记”履职培训班，各区也普遍组织开展了岗前培训，采取形势教育、专题辅导、经验交流、分组讨论、参观学习等形式，帮助“第一书记”增强了工作信心，开阔了视野思路，学到了有效方法，为今后更好地履职尽责奠定了基础。

明确职责任务，强化日常管理。明确“第一书记”任期为 2 年，任职期间全职到村工作，主要职责是坚持以“抓党建、强基础、促发展”为主题，履行好吃透村情民意、加强组织建设、推进强村富民、维护农村稳定、开展结对共建等五项任务，努力成为熟悉情况的村里人、推动发展的领路人、群众认可的贴心人、村两委班子的带头人。制定《北京市村党组织第一书记管理办法(试行)》，落实“第一书记”管理责任，由市委组织部、市委农工委进行宏观管理，区县委组织部和乡镇党委进行直接管理，派出单位协助进行间接管理。实行“第一书记”工作纪实制度，要求记好“民情日记”，建立工作台账。普遍建立目标承诺制度，由“第一书记”与乡镇党委签订帮扶目标承诺书，明确工作目标和推进措施。建立“第一书记”工作考核制度，年度考核由区县委组织部负责，任期考核由派出单位组织人事部门会同区县委组织部共同进行，考核结果作为“第一书记”评先评优、提拔使用、晋升职级的重要依据，对任职期间表现优秀的在同等条件下优先使用。通过强化考核奖惩，督促“第一书记”立足农村、干事创业，形成良好的工作导向。

强化支持保障，激发工作动力。坚持真正重视、真情关怀、真心爱护“第一书记”，加大支持帮扶，完善保障机制，及时解决困难，为“第一书记”开展工作创造良好的干事创业环境，确保“第一书记”下得去、待得住、干得好。搭建服务平台。市委组织部、市委农工委设立北京市村党组织“第一书记”联络办公室，做好对“第一书记”的联络服务工作。以选派到村任职“第一书记”为骨干，组建北京市支援农村建设志愿服务总队，在各区县设立分队，推动城市优质志愿服务资源向农村流动，使“第一书记”推动发展有资源、凝聚群众有抓手、发挥作用有平台。落实经费保障。选派到村任职干部，原来的工资福利待遇不变，同时由市、区县财政给予一定的生活补助。各区县每年为每名“第一书记”提供 2 万元专项工作经费，同时设立“第一书记”工作项目资金，支持和帮助“第一书记”开展工作。加大项目扶持力度，对“第一书记”申报的项目，市、区有关部门按照相关规定优先给予安排。强化政治激励。明确驻村工作作为培养锻炼年轻干部的重要措施，驻村时间视为基层工作经历和岗位任职经历，同等条件优先提拔使用驻村干部，进一步激发年轻干部投身基层、服务奉献的积极性。深化结对共建。动员和鼓励派出单位党组织与“第一书记”任职村党组织开展结对共建活动，切实当好“第一书记”的坚强后盾，整合资金、技术、信息、人才等资源，对结对共建村进行长期持续帮扶，建立党员干部经常深入基层、服务群众的长效机制。

【召开农村基层党建工作座谈会】 10 月 20 日上午，本市召开农村基层党建工作座谈会，深入学习习近平总书记关于农村基层党建工作重要指示，贯彻落实全国农村基层党建工作座谈会精神，总结经验，分析形势，部署当前和今后一个时期农村基层党建工作。这是近些年来首次有市委书记参加的农村基层党建工作会议。

中共中央政治局委员、市委书记郭金龙同志出席会议并作重要讲话，市委常委、组织部部长姜志刚作全市农村基层党建工作报告。会议表彰了2012—2014年度全市40个“五个好”乡镇党委和200个“五个好”村党组织。房山区市政市容委、密云县穆家峪镇、丰台区南苑乡东罗园村党总支负责人在会上作交流发言。市委各部委、市政府有关部门、市级工青妇部门主要负责同志，各区县委常委、组织部部长，各区县政府主管“三农”工作的副区县长，各区县委组织部主管副部长，各区县委农工委书记，各区县民政局局长，各乡镇党委书记以及部分“五个好”村党组织书记代表共500余人参加了会议。

郭金龙同志从国家发展大势谈起，充分肯定了近些年来全市农村基层党建工作成效，畅谈了学习习近平总书记重要讲话的体会，分析了首都农村发展的阶段性特征，并就做好农村基层党建工作提出了四点意见。第一，切实增强做好新形势下农村基层党建工作的责任感和使命感；第二，充分发挥农村基层党建工作的领导核心和战斗堡垒作用；第三，切实走好新形势下的群众路线；第四，切实加强对农村基层党建工作的组织领导。

姜志刚同志在会上了作了全市农村基层党建工作报告，总结了全市农村基层党建工作的成效和经验，部署了今后一个时期农村基层党建工作的总体要求和重点任务。

（席俊克）

【全市村民委员会状况】 据统计，截至2015年12月底，全市共有村民委员会3 936个。其中朝阳区154个、海淀区84个、丰台区65个、门头沟区178个、房山区459个、通州区475个、顺义区426个、昌平区301个、大兴区527个、平谷区273个、怀柔区284个、密云县334个、延庆县376个。

【村务公开和民主管理工作的不断开展】 为深入贯彻落实党的十八大和十八届三中、四中、五中全会和习近平总书记系列讲话精神，不断扩大农村基层民主，强化自治功能，坚持依法治村，健全村党组织领导的充满活力的村民自治机制，维护农村社会和谐稳定，根据首都农村改革发展的新形势、新要求，坚决按照市委组织部、市委农工委、市民政局联合印发的《关于进一步加强村务公开和民主管理工作的意见》（京民基发〔2014〕499号）的要求，及时发现村级民主自治制度建设中存在的矛盾和问题，进一步加大对全市村务公开和民主管理工作的力度，加强检查督促。在检查中发现：有的村村务公开制度不健全、公开内容不全面、公开程序不规范，村务不公开、半公开甚至假公开的现象依然存在；有的村决策过程不民主、决策程序不规范，村民会议、村民代表会议作用发挥不够好；有的村村务监督委员会工作制度不健全，功能作用没有得到很好发挥等，这些问题影响了全市农村基层民主政治建设的深入发展。针对这些问题，我们注重加强整改，积极指导各区制定出台贯彻落实《关于进一步加强村务公开和民主管理工作的意见》的实施细则，并纳入全年基层政权建设绩效任务考核范围。强调始终坚持把村务公开和民主管理作为加强基层民主政治建设、基层政权建设和基层党风廉政建设的一项基础性工作来抓；始终坚持实行村务公开和民主管理，是贯彻落实中央和市委、市政府“三农”政策、维护农村群众根本利益的具体体现，是完善村民自治机制、发展社会主义民主的重要内容，是全面深化农村改革、加快城乡发展一体化进程的必然要求，是促进农村党风廉政建设、密切党群干群关系的有效途径，必须抓紧抓好；始终坚持把进一步推进村务公开和民主管理工作作为不断健全和完善村党组织领导的村民自治机制，促进首都农村经济社会协调健康发展、积极维护农村社会稳定的重大举措。全市各级各部门和广大农村干部群众必须高度重视农村基层民主政治建设工作，不断增强做好村务公开和民主管理工作的紧迫感和责任感，扎实推进村务公开和民主管理制度化、规范化、科学化建设，全面提高村务公开和民主管理工作整体水平，实现好、维护好、发展好广大村民群众的根本利益。

【扎实做好北京市第十届村委会选举准备工作】 根据《中华人民共和国村民委员会组织法》（以下简称《村民委员会组织法》）和《北京市村民委员会选举办法》（以下简称《选举办法》）关于“村民委员会每届任期三年”的规定，本市第九届村民委员会任期即将届满，2016年应进行第十届村民委员会选举。按照

《村民委员会组织法》《选举办法》和相关法律法规及政策的要求，为了确保全市第十届村委会选举工作平稳有序开展，着重做了以下准备工作：一是深入开展调研，全面摸清换届选举工作情况。组织开展村委会换届选举前调研工作，真正了解和掌握全市村委会选举工作面临的主要形势、存在的主要问题及深层次的矛盾。为了解掌握各涉农区县村“两委”换届选举筹备工作情况，2015年5月，市委组织部、市委农工委、市民政局组成了两个调研组，利用两周时间，对13个区县村“两委”换届选举筹备工作进行了调研。此次调研通过听取汇报、召开座谈会、个别谈话等形式进行，共召开区县、乡镇、村各层面座谈会39场，参加座谈人员达210人，访谈党员代表、村民代表104人。从调研情况来看，各区县、乡镇对村“两委”换届选举工作高度重视，做到了早启动、早准备、早安排，重点在研判选情、谋划人选、摸排重点难点村、梳理化解矛盾纠纷等方面开展了相关工作，为顺利完成本届村“两委”换届选举奠定了较为坚实的基础。同时，通过调研走访，共收集基层提出的问题62条，意见建议45条。二是研究提出村委会候选人限制条件（比如：被判处刑罚的、丧失行为能力的、受到党纪处分和治安处罚的、违反国家计划生育政策的等）。明确选民资格（研究提出城乡结合部地区农、居混杂选民参选，村民和股民参选，村（居）委会参选鉴别等问题）。研究提出不参选村范围，制定全市不参选村限制性条件，缩小不参选村范围，坚持做到“应选尽选”。三是提前开展相关法律法规和政策的宣传。重点宣传党的十八大、十八届三中全会、四中、五中全会，习近平总书记系列重要讲话和对北京工作的重要指示精神，宣传《村民委员会组织法》《若干规定》《选举办法》等选举相关法律法规和有关政策，宣传村民委员会在农村社区建设、村民自治、加强和创新社会管理方面的积极作用等，提高广大村民对村民委员会工作职能的认识，认清村民委员会选举工作面临的形势和重大意义，使村民深入理解换届选举对于维护自身合法权益、实现自我管理、自我服务的重要意义，引导和吸引村民群众广泛参与，提高参加选举村民的民主法制意识和依法自治能力，营造良好选举氛围。四是加强警示教育，严肃换届纪律。各区县坚持教育在先、警示在先、预防在先，广泛宣传换届选举纪律要求，加强农村基层党风廉政制度建设，使农村基层干部对廉洁履职工作的认识更加深化、行动更加自觉，进一步增强了宗旨意识、党性观念、法治思维，深化了守纪律、讲规矩的意识，提高了自我净化、自我完善、自我革新、自我提高的能力。五是起草了北京市第十届村委会选举工作调研报告、北京市第十届村委会选举工作计划安排和实施意见等相关材料准备提交市委常委会、市政府常务会讨论研究。

【村务公开和民主管理“难点村”治理工作取得了突破性进展】 根据中组部、民政部关于开展村务公开和民主管理“难点村”治理工作的统一安排和部署。北京市新一轮“难点村”治理工作从2014年开始，在全市3 940个建制行政村中，共排查出村务公开和民主管理“难点村”122个，今年是“难点村”治理工作的最后一年：一是要加大对“难点村”治理检查督促力度，组织市相关部门对全市开展治理工作情况进行检查，重点是检查各区县贯彻落实“难点村”治理实施方案和工作计划，特别是领导重视程度如何；二是有效指导各区县有计划、有步骤、有举措做好“难点村”治理的收尾工作，并搞好总结验收；三是积极推广“难点村”治理工作过程中的一些创新做法、工作亮点和先进经验。到2015年年底，全市村务公开和民主管理122个“难点村”治理工作取得了突破性进展，实现了根本性转变的目标，使全市农村基层政权建设进一步加强，基层群众自治制度进一步健全，村民自治机制进一步完善，村民群众的民主权利得到保障，有效化解了农村基层社会矛盾，促进了农村经济社会发展，维护了首都农村的社会稳定。

【表彰2015年度北京市先进村民委员会、先进村民委员会主任】 2015年，全市村民委员会在各级党委和政府的领导下，以党的十八大和十八届三中、四中、五中全会精神为指导，认真贯彻落实习近平总书记系列讲话精神，紧紧围绕《中华人民共和国村民委员会组织法》《北京市村民委员会选举办法》和《北京市实施〈中华人民共和国村民委员会组织法〉若干规定》，市委办公厅市政府办公厅印发的《北京市村务监督办法（试行）》（京办发〔2013〕17号），市纪委、市委组织部、市委农工委、市民政局联合印发的《北京市村务监督委员会工作规则（试行）》《北京市村民代表会议规则》（京民基〔2013〕330号），继续深化农村改革，不断完善基层社会治理格局，探索村民自治民主决策新机制，积极筹备第十届村民委员会选举工作，认真开展村务公开和民主管理“难点村”治理工作，全市农村基层自治组织的制度建设、队伍建设、设施建设得到全面加强，创新和完善基层群众自治模式，农村基层社会治理体制得到进一步完善，有效发挥了村民委员会在村民自治中的主体组织作用，为促进首都改革发展稳定、加强基层社会治理体系现代化建设做出了积极贡献。

为了表彰先进，树立典型，发挥先进村民委员会集体和先进村民委员会主任示范作用，进一步调动农村基层群众性自治组织和广大基层干部工作积极性，北京市民政局、北京市人力资源和社会保障局决定：授予朝阳区东坝乡东风村村民委员会等110个单位“先进村民委员会”荣誉称号；授予朝阳区东坝乡东风村村民委员会主任张成等60名同志“先进村民委员会主任”荣誉称号。

（甘国冉）

【社会组织登记体制改革带动涉农社会组织快速发展】“十二五”时期，本市按照党的十八大和十八届三中、四中、五中全会精神，在全国率先推进城乡社区服务类等“四类社会组织”直接登记改革，有效的促进了社会组织积极开展服务“三农”活动，进一步推动了城乡一体化建设进程。统计显示，截至2015年12月31日，全市共登记涉农社会组织499个，占到全市社会组织总量的5.0%，其中，市级涉农社会组织42个，区县涉农社会组织457个。它们在农业产品生产加工、技术信息、市场营销、生态保护等方面为农民和农民经济组织提供了大量的资金、人才、技术、咨询等服务，有力的推进了北京市的新农村建设。

【加大社会组织涉农服务项目购买扶持力度】市民政局建立了福彩公益金资助社会组织长效机制。2015年，市民政局累计安排福彩公益金129万元，累计资助了北京土壤学会、北京致诚农民工法律援助中心等17个社会组织申报的17项涉农公益服务项目，涉及农村环境整治、农业技术服务、农村文化建设等多个领域。

（李雪华）

党风廉政建设

【市委农工委、市农委认真贯彻落实党风廉政建设主体责任和监督责任】4月7日，市委农工委、市农委印发《关于党风廉政建设责任制党委主体责任和纪委监督责任的实施意见》（京农发〔2015〕4号），将党委（党组）主体责任细分为领导班子责任、主要负责人责任和领导班子其他成员责任，其中确定党委（党组）领导班子责任7项，党委（党组）主要负责人职责5项，领导班子其他成员责任4项，纪委（纪检组）监督责任4项。根据两委领导班子成员调整情况，及时调整充实了两委反腐倡廉建设领导小组及其办公室的组成。

同日，市委农工委、市农委印发《市农委系统党风廉政建设责任制检查考核办法（试行）》（京农发〔2015〕5号）、《2015年党风廉政建设和反腐败工作意见》（京农发〔2015〕6号）、《2015年党风廉政建设和反腐败工作主要任务分工》（京农发〔2015〕7号），就落实好2015年党风廉政建设主体责任和监督责任进行全面部署。

【市委农工委、市农委建立党员干部直接联系群众八项制度】3月16日，根据中共北京市委办公厅印发的《北京市关于完善党员干部直接联系群众制度的实施意见》（京办发〔2014〕37号）要求，市委农工委、市农委结合实际，进一步制定和完善了两委直接联系群众的八项制度，巩固和深化党的群众路线教育实践活动成果，促进党员干部联系群众工作制度化、规范化和长效化，引导和激励党员干部立足岗位履职尽责服务群众。这八项制度具体包括：市委农工委市农委调查研究工作制度、市委农工委市农委班子成员基层联系点制度、市委农工委市农委支部和党员“进村入户”制度（试行）、市委农工委市农委机关干部到基层挂职任职制度、市委农工委市农委党员干部定期接待群众来访制度、市委农工委市农委党员领导干部与干部群众谈心制度、市委农工委市农委广泛征求群众意见制度、市委农工委市农委直属机关党支部和党员承诺践诺制度（试行）。

【市委农工委、市农委加强对机关干部岗位廉政教育】市委农工委、市农委主要负责同志、市农村纪工委书记为两委机关和市农委系统单位党员干部讲廉政党课。开展警示教育，组织机关干部观看今年市纪委制作的反腐倡廉警示教育片，参观通州“运河清风”主题公园，提高机关干部遵纪守法、廉洁自律、自觉接受监督和拒腐防变的意识。市农村纪工委对市委农工委、市农委机关新提拔任职的4名处级领导干部开展任前廉政谈话，两委机关党委、机关纪委换届后，又及时对全体机关党委委员、机关纪委委员进行了集体廉政谈话，做好廉洁从政提醒。坚持抓早抓小，对反映党员干部的苗头性、倾向性问题及早谈话提醒，防止小错酿成大错。按照市纪委的要求，组织系统单位开展了“廉洁颂——我身边的好规矩”宣传教育活动工作，共上报作品35件。

【开展“为官不为”“为官乱为”问题专项治理】6月23日，按照全市统一部署，市委农工委、市农委印发《关于开展“为官不为”“为官乱为”问题专项治理工作方案》（京农发〔2015〕13号），成立了由市委农工委书记、市农委主任孙文锴同志任组长，市委农工委副书记刘福志同志、市农村纪工委书记尚延华同志任副组长的两委“为官不为、为官乱为”专项治理工作领导小组，对“为官不为”“为官乱为”问题开展专项治理。通过此次专项治理，两委机关的整体效能进一步提升，全体党员干部的守纪律讲规矩意识进一步增强。

【深化中央八项规定精神和市委实施意见的贯彻落实，防止“四风”问题反弹】市委农工委、市农委持之以恒纠正形式主义、官僚主义、享乐主义和奢靡之风问题，在元旦春节、五一、中秋等节假日前，以两委名义发文对狠抓节日期间“九个严禁”提出要求，组织处级以上领导干部传达学习市纪委通知精神。特别是对公务用车管理方面，从今年春节开始两委机关和系统单位全部落实了节假日期间集中停放、统一登记、封存管理，杜绝了公车私用现象，在市有关部门组织的几次抽查中得到了好评。6月26日，市委农工委、市农委印发《两委会议制度》（京农发〔2015〕14号），对两委会议制度进行了修改，形成了工委委员会议、两委办公会议、两委专题会议和两委碰头会议四项制度，进一步改进会风。8月3日，市委农工委、市农委印发《进一步严格执行请销假制度》（京农发〔2015〕15号），进一步严肃工作纪律。

【市委农工委、市农委组织机关干部学习党章党规党纪】11月，新修订的《中国共产党廉洁自律准则》和《中国共产党纪律处分条例》颁布后，市委农工委、市农委及时组织机关党员干部认真学习党章党规党纪，并为每名党员购买了学习辅导用书，要求领导干部带头落实全面从严治党责任，带头严守纪律和规矩底线，将改进作风落到实处。

【市委农工委、市农委对2016年元旦、春节期间廉洁自律工作提出“十个严禁”要求】12月，市农村纪工委会同市委农工委、市农委办公室就2016年元旦、春节“两节”期间严明纪律，确保节俭文明廉洁过节提出具体要求，要求全体党员干部严格执行“十个严禁”：严禁违规公款吃喝、旅游和参与高消费娱乐健身活动；严禁用公款购买赠送贺年卡及烟花爆竹等年货节礼；严禁用公款接待、走亲访友、外出旅游等非公务活动；严禁公车私用或“私车公养”；严禁违规收受礼品、礼金、消费卡等；严禁违规出入私人会所；严禁违规操办婚丧喜庆事宜并借机敛财；严禁违规参加老乡会、校友会、战友会；严禁用财政性资金举办年会、经营性文艺晚会；严禁年底突击花钱和滥发津贴、补贴、奖金和实物。

【对市农委系统单位落实党风廉政建设责任制情况开展检查考核】12月7日，市委农工委、市农委召开两委办公会，研究部署2015年党风廉政建设责任制检查考核工作，决定于2015年12月至2016年1月，对市农委系统各单位2015年落实党风廉政建设责任制情况开展检查考核。本次检查采取各单位自查自评、现场检查的方法进行，现场检查由市委农工委领导带队组成检查组，通过听取各单位党委（党组）落实主体责任、纪委（纪检组）落实监督责任的情况报告，以及查阅工作资料、召开座谈会、实地检查走访基层单位等方式，具体了解各单位工作落实情况。按照工作要求，检查考核结果和各单位整改情况向两委办公会进行专题汇报。

【市农村纪工委加大对市农委系统单位纪检监察工作的指导力度】 市农村纪工委坚持与市农委系统6个局级单位纪检监察组织工作的沟通联系机制，每季度召开一次市农委系统纪检监察工作会议，学习传达中央和市委市纪委关于党风廉政建设的工作部署和要求，了解各单位工作开展情况，推动工作任务落实。在查办案件工作中，从基层抽调纪检监察干部，培养办案能力，提高基层单位的办案水平。积极推进农村基层党风廉政建设，参与制定《防止和查处村“两委”换届选举贿选行为的暂行办法》，进一步严明换届纪律，积极营造风清气正的换届环境。

【市农村纪工委书记为乡镇基层干部讲党课】 市农村纪工委书记尚延华同志以“深刻理解和正确把握反腐倡廉斗争形势，增强廉洁自律、廉洁履职的自觉性”为题，为全市乡镇党委书记、乡镇长培训班、第一书记履职培训班，以及两委机关干部、市农委系统单位的干部讲党课10余场2 000余人次，受到基层干部的欢迎。

【市农村纪工委强化监督执纪问责，严肃查处违纪案件】 市农村纪工委坚持将纪律挺在前面，认真做好信访线索受理和案件审查工作，全年立案查处违纪案件9件，处分党员干部9人，其中正处级干部6人。查办案件工作得到市纪委表彰，市农村纪工委荣获2013—2014年度办案先进单位，荣立集体三等功；一人获办案先进个人，荣立三等功。全年开展谈话提醒和诫勉谈话等廉政谈话13人次，约谈1人次，下发纪律检查建议书2份，督促整改问题6个。

（张迪飞）

老干部工作

【农口系统老干部数量】 截至年底，农口系统共有离退休干部72 975人，离休干部共有1 706人，平均年龄86.3岁，其中局级92人、处级880人、科级306人、其他429人。退休干部总数为71 269人，其中局级255人，处级9 661人，科级6 838人，科员3 213人，事业单位45 742人，企业5 560人。

【两项建设不断加强】 思想政治建设求实求效，通过组织离退休干部全面系统地学习党的路线方针政策，不断强化理想信念、党性意识、规矩意识，农工委系统老同志保持良好的思想政治风貌。党组织建设求严求活，灵活设置党组织。在市老干部党校举办了2期支部书记轮训班，对240名支部书记进行了系统培训，进一步强化了这些老同志的党性观念，提高了他们开展党务工作的能力。积极鼓励支持离退休干部参加社区两委换届选举，通州区建立起了党支部委员会、互助小组、兴趣小组三位一体的学习、生活管理体系，为本支部身体弱、年岁高、行动不便的老同志及时提供帮助，得到了广大老同志的响应和认可。

【正能量活动有序开展】 年初，组织农工委系统老同志和工作人员参加了全市离退休干部为党的事业增添正能量活动启动仪式。2015年紧紧围绕“展示阳光心态、体验美好生活、畅谈发展变化”主题，开展各项活动。门头沟区重视发挥老干部的政治优势和经验优势，组织动员退休干部撰写出了北京地区第一部冀热察挺进军抗战历史的书籍——《八路军冀热察挺进军》。延庆区依托在区团委和文明办注册的13支专业志愿者队伍（3.5万余人），为离休干部提供日常的服务。农业局在12316农业服务热线上安排农口老专家在线解答有关渔业、畜牧业协会、低碳协会等有关问题，受到农民朋友的欢迎。农口离退休干部中蕴藏的正能量得到有效凝聚、广泛释放和快速传递。

【精心服务离休干部】 认真抓了解困救急帮扶工作，加大了对空巢、独居、失能和重病老同志的关心照顾力度。完成了市委、市政府为离休干部办实事的任务。完善特困帮扶机制，为有特殊困难的老同志雪中送炭、解燃眉之急。做好重大节日和离休干部重病期间的走访慰问工作，春节及“七一”前后共走访慰问离休干部、远郊区县四套班子老领导110余人次。看望重病住院老干部20余人。按市委要求，及时准确地给农工委系统参加抗战的离休干部发放纪念章和慰问金。平谷区建立了“小帮大、健帮病、强带弱”的互帮互助体系，较好地解决子女不在身边老同志的生活困难。

【纪念系列活动有声有色】 按照中央和市委的统一部署，积极组织农口老同志参加了纪念中国人民抗日战争暨世界反法西斯战争胜利70周年天安门阅兵观礼、招待会和文艺晚会。参加了全市老干部健身活动展示大会，北京市农业职业学院、北京市气象局60名离退休干部参加北京市离退休干部纪念中国人民抗日战争暨世界反法西斯战争胜利70周年歌咏大会。围绕“铭记历史、缅怀先烈、珍爱和平、开创未来”主题，组织召开座谈会、报告会、访谈、文艺演出等10场次，参与各类活动的老同志多达数千人。另外，还组织了农口老干部“迎春杯”门球赛和“金秋杯”台球赛，虽然是农工委组织的传统比赛项目，但老同志参与的热情很高。

【认真落实老干部工作的领导责任】 各级党委进一步加强对老干部工作的领导，各单位领导班子普遍认真贯彻执行离退休干部工作领导责任制，发挥了很好的示范作用。各单位老干部工作领导小组成员密切配合，积极为老干部办实事，主动研究解决老干部工作的重点难点问题，指导和推进老干部工作有序开展。市委农工委分管领导一年两次向本系统老同志通报全市农村经济建设情况。

【切实加强老干部工作部门自身建设】 深入贯彻全国老干部工作“双先”表彰大会精神，按照建设模范部门、打造过硬队伍的要求，加强老干部工作队伍思想、能力和作风建设。自觉践行“三严三实”的要求，不断增强为老同志服务的意识和本领。

（王岚）

郊 区 农 情

朝 阳 区

概 述

朝阳区总面积470.8平方公里，农村地区面积350.5平方公里，占全区总面积的74.4%，辖19个乡（地区办事处）、154个行政村、197个社区。农村地区常住人口170.5万人，其中户籍人口64.7万人。2015年，在区委区政府的坚强领导下，农村地区广大干部群众深入贯彻落实《京津冀协同发展规划纲要》和首都“四个中心”功能定位，围绕“四增五减”阶段性目标，突出调整转型，注重改革攻坚，强化创新驱动，全力推进“六位一体”建设，实现了全年各项目标任务，农村经济社会取得了新的进步。农村地区全年实现经济总收入1 329.2亿元，农民人均纯收入29 906元，形成区级财政收入74.8亿元。

城乡发展一体化

【概况】朝阳农村城市化进程取得积极进展，农村经济实现稳中向好，城市建设管理水平不断提升，农村社会建设不断加强，党的基层执政能力不断提高。

【城乡建设】年内，试点乡以外13个乡“一乡一策”规划调整方案初步形成，三间房、东风2个乡“一乡一策”规划调整方案报送市级审批，城市化路径探索持续深入。重点区域棚户区改造和环境整治积极推进，十八里店乡白墙子等4个项目完成腾退91.39万平方米。9个重点村剩余拆迁和绿化任务基本完成。新型农村社区试点稳步推进，黑庄户定辛庄村等3个项目规划设计方案进一步完善。

【基础承载能力提升】年内，5处“三起来”工程、11个新农村基础设施建设和300户抗震节能改造全部完工。广渠路二期五环外段、东坝南二街实现开工，京哈高速豆各庄出口完成改造，农村地区路网实现程度得到提升。水、电、气、热等配套管线持续延伸，公厕、路灯等公共设施不断完善。全力保障重点工程建设，定福庄等3座再生水厂配套管线拆迁全面完成。

【经济提升】年内，2015年农村地区实现经济总收入1 329.2亿元，农民人均劳动所得29 906元，完成区级财政收入74.8亿元。

【功能疏解力度加大】年内，坚持率先作为、迎难而上，多措并举全力疏解非首都功能，做好“退”的文章，全年拆除清退低级次市场39家、出租大院96处、废品回收场站24个，腾退建筑239.5万平方米。西直河石材市场、沙子营综合市场等一批区域性、大体量市场实现清退拆除，形成十八里店“12345”等疏解腾退工作模式，农村经济结构和空间结构进一步调整优化。

【产业发展层级提高】年内，创新产业发展投融资机制，设立全市首支城乡结合部产业发展引导基金，农村产业转型升级得到新助力。加快重点项目建设，大望京商务中心等4个产业项目相继启动，朝来科技园二期等3个项目建成招商。

【集体“三资”监管加强】年内，持续加大土地资源和合同管理力度，新签续签合同联预审实现全覆盖。规范清理存量合同352份，收回集体土地2 717.05亩，增加收益1.86亿元。强化集体资金管理，村级财务规范化管理全面实施，150个村级预算编审顺利完成，乡级集体经济组织审计扎实有效。黑庄户等3个乡29个村级产权制度改革全部完成，常营等 4 个乡 27 个村集体经济组织进一步健全。

【人口调控力度加大】年内，建立信息采集登记管理机制，动态跟踪流动人口基础数据。全面落实“拆、控、管”综合举措，超额完成调减指标，减少流动人口 17.16 万人。保持打击违法建设高压态势，完善违法建设技防措施，实现区乡联动闭环式管理，强力拆除违法建设 350 万平方米。

【区域环境质量持优化】年内，聚焦“美丽乡村”建设，完善环境考核机制，加强环境常态化管理，11 个环境项目建设全部完工，516 个环境脏乱点位得以有效治理，19 个垃圾中转站全面建成。落实清洁空气行动计划，实现减煤换煤 22 万吨。全力开展水环境综合治理，通惠河、温榆河出境断面主要污染物指标下降 50%以上。

【安全管理】年内，圆满完成“两项重大任务”服务保障，基层社会治安防控体系更加完善。集中开展消防等重点领域安全检查，建成 9 个应急消防水池，安全防灾能力切实提高。完成 8 个乡级综治维稳中心升级改造、8 个平安示范小区建设和 7 个小区“防爬刺”安装，群众安全感持续增强。加大矛盾纠纷化解稳控力度，妥善化解重点维稳问题，农村地区信访压力有效缓解。加强农业综合执法检查，动物疫病防控和农产品安全工作扎实有效。

【基本公共服务水平提高】年内，积极争取政策支持和资金倾斜，崔各庄等 3 个乡 5 500 名农民实现转非安置。强化医疗服务保障，新型农村合作医疗筹资标准增至 1 385 元。持续扩大优质教育资源覆盖面，十八里店向阳幼儿园等 6 所中心幼儿园建成开园，北京二中朝阳学校落地农村。

【社区服务管理水平提升】年内，完善社区服务功能，15 个社区获批成立，15 个社区服务站建设和 36 个社区用房改造稳步推进。41 个智慧社区和 7 个市级社区规范化试点建设全面完成，71 个社区“三社一体化”和 35 个社区农民市民化工程深入实施，21 个邻里之家引入专业社会机构参与社会治理模式初见成效，社区专业治理能力不断增强。154 个社区居委会换届选举圆满完成。

【文化文明和谐建设】年内，建成 6 个文化广场和 9 个乡情村史陈列室，“乡村大舞台”等一批农村文化品牌活动蓬勃开展。扩大东坝“长青藤”等志愿服务队伍影响力，设立 8 个文化能人志愿服务工作室和 38 个学雷锋志愿服务站，农村地区精神文明建设再上新台阶。

【“三严三实”专题教育】年内，加强工作统筹，把改进领导干部作风和推进农村重点工作同部署、同推进，成立三个巡回指导组，强化二级班子统筹指导，深化专题教育成果，查摆解决问题 294 个，有效保障农村工作开展。

【班子队伍结构优化】年内，领导班子建设持续深化，年轻干部选拔力度不断加大，圆满完成 156 个社区党组织和 154 个村级党组织换届选举工作，首次将“两公开一承诺”纳入村党组织换届选举要求，严把选人用人关，基层党组织班子进一步选优配强。

【基层组织建设】年内，深入落实农村基层基础工作“1+10”系列文件，强化基层年终考核，制度导向作用有效发挥。38 个软弱涣散基层组织建设水平明显提升，党组织的凝聚力和战斗力不断增强。统筹做好 10 个乡 15 个村“第一书记”选派工作，基层服务型党组织建设进一步增强。加强党建工作创新，培育形成以平房“同舟共益”、十八里店“弘善屋”、东坝“党群志愿服务”为代表的 47 个具有影响力的基层党建项目。

农业经济发展

【概况】落实国家补贴、惠农政策，加强农用地调研，加大基本农田保护力度，保护农民种粮积极性；巩固和发展都市型现代农业，丰富群众菜篮子，为群众休闲提供好去处；加强动植物检疫防疫，保证动植物食品安全。

【金桥项目奖项】年内，朝阳区种植业养殖业服务中心承担的“朝阳区农产品质量安全监管追溯体系建设”项目荣获北京市金桥工程项目奖一等奖。

【防疫宣传】年内，开展动物疫病防疫宣传，发放“至养犬户一封信”13.6 万份、宣传手册 6.9 万份、宣传小礼品 1 万个、宣传光盘 1.1 万张，参与活动人数达 1 900 余人。

【检疫净化】年内，对辖区内 1 608 头奶牛进行布鲁氏杆菌病和牛结核病监测；对 13 家马术俱乐部的 643 匹马进行马传染性贫血、马鼻疽监测。监测结果 100%阴性。

【防疫物资发放】年内，区疫控中心发放 H5N1 禽流感疫苗 8 000 毫升；新城疫疫苗 100 000 余份；O 型-亚洲Ⅰ型口蹄疫双价疫苗 5 000 毫升；A 型口蹄疫疫苗 1 000 毫升；消毒药品 16.2 吨，消毒面积达到123.2万平方米；给各街乡800余名防疫员发放防护用品2 000余件。

【狂犬病集中免疫】年内，对辖区内的56 704只犬进行两次狂犬病集中免疫注射并且佩戴免疫标识。

【疫病动物尸体无害化处理】年内，覆盖43个街乡的病死动物暂存场所网络建立完毕，并配备冰柜。已无害化处理病死牛1头、羊4只、犬3条。

【防疫免疫技术培训】年内，对全区11个养羊乡的防疫员及养殖户开展羊布病免疫技术培训；为辖区内的签约兽医、马场防疫人员、检疫人员，马术运动比赛人员举办“2015年秋季马场防疫知识”培训。

【重大动物疫病防控应急演练】12月17日，区种养中心举办“2015年高致病性禽流感防控应急演练”。市防治重大动植物疫病指挥部副总指挥、市农业局副局长马丽英出席，市农业局、区指挥部办公室和部分成员单位领导、各区县农业局（动监局）、动物疫病预防控制中心、动物卫生监督所、津冀联防联控外埠区县领导，各街乡动物疫病防控工作主管领导和朝阳区一线动物疫病防控工作人员160余人观摩演练。

【行政审批】年内，审批《动物诊疗许可证》15件，《兽药经营许可证》3件，《农作物种子经营许可证》3件，《生鲜乳准运证》1件，检疫标志审批11家，注册执业兽医师315人，助理执业兽医师69人，为本区47家狂犬病免疫点发放铜牌。

【村级（社区）动物防疫员培训】4月22—23日在蟹岛会议中心举办全区村级（社区）动物防疫员培训。488名村级（社区）动物防疫员和各街乡防疫主管62人，共550人参加。培训内容有狂犬病、禽流感、布鲁氏杆菌病等人兽共患重大动物疫病的疫情形势、基层动物防疫人员的职责和任务、防疫人员防护措施等知识。

【狂犬病防控工作部署会召开】4月27日，区重大办召开全区2015年度狂犬病防控工作部署会。43个街乡动物防疫工作主管领导、主管科室负责人、区种养中心、区农业综合执法大队、区养犬办、区卫计委、区工商局、区城管大队等重大办成员单位负责人等150余人参加。会议分析朝阳区近几年狂犬病防控形势，部署2015年度防控重点工作。

【动物医院管理工作会召开】4月29日召开动物医院管理工作会，全区74家动物诊疗机构负责人参会。会议通报一季度流行病学调查样本监测结果和执法检查中发现的问题；部署二季度流行病学调查工作和免疫定点单位更换免疫铜牌工作；落实《北京市动物诊疗机构管理办法》。会议要求各免疫单位对免疫不合格的动物进行补免，对人畜共患弓形虫病进行监测。

【家庭宠物喂养与防疫知识进校园】10月27日，区种养中心动物卫生科、特养科、区动物疫控中心联合朝阳区田华小学举办“家庭宠物喂养与防疫”知识进校园活动。指导孩子认识狗的行为，学习如何与陌生动物接触以及被动物抓伤、咬伤处理办法。师生400余人参加。

【农业科普进社区】年内，在日坛公园组织“畅享农业新生态、电商服务零距离”公益活动。在三间房双柳社区、香河园光北社区和磨北社区举办3场农业科普进社区系列活动，300多位社区居民参与活动，发放宣传和互动材料1 000余份。

【农产品质量安全检测工作会召开】年内，召开农产品质量安全检测工作会。区种养中心、疫控中心、植保站以及8个乡公共事务服务中心、15家企业、8个农贸市场50余人参加会议。会议传达市农产品质量安全检测工作会精神，制发《2015年朝阳区农产品质量安全检测管理工作方案》。

【农产品质量安全普法宣传】年内，开展“3·15”食品安全宣传周活动，倡导经营者诚实守信、依法经营。向消费者宣传农产品质量安全知识。发放《农产品质量安全100问》《三品一标简介》《农产品质量安全法律法规选编》等宣传手册、学习资料近万份。

【农产品质量安全培训】年内，对17个园区生产基地、加工配送企业、大型农贸市场负责人及基层农产品检测员70余人进行农产品质量安全培训。重点讲解植保技术、果蔬检测、畜禽、水产品检测相关知识，发放学习材料1 000余份。

【农产品生产基地互查互学】年内，举办“朝阳区农产品生产基地互学互查系列活动”。组织6个乡15个生产、加工配送企业40余人参加。活动聘请专家讲解生产记录填写规范；市、区、乡专业人员对各企业填写的记录进行点评；观摩学习房山、延庆优秀生产企业经验。

【标准化基地建设】年内，对全区现有符合条件的两家“菜篮子”工程标准化生产基地按照《标准化生产基地等级划分与评定考核表》的10大项66条标准进行检查与评定。区自然乐章基地被评为

“2015年北京市‘菜篮子’工程优秀级标准化生产基地”。

【“三品”认证管理】年内，对龙吉特、圣露葡萄酒庄的两个品种进行网上申报、文书申报以及现场认定检查。推行“三品”备案规范管理制度，对9家园区基地的17个无公害、19个绿色、39个有机食品认证品种进行备案；对全区从事三品认证管理的23名检查员、18名内检员进行备案。

【农产品优质优价推介】年内，推介区内5家有特点、有实力的企业参与“互联网＋”农业行动，并组织企业参加北京市农产品产销培训班和“优农佳品APP”上线活动。

【农产品质量安全自检】年内，全区12家生产、加工配送、销售单位全年自检农产品样品158 898个，合格率99.6%；其中蔬菜样品126 878个，合格率99.5%；水果样品13 973个，合格率99.9%；畜禽样品18 047个，合格率100%。

【阳台菜园项目进社区】年内，引进高产型观赏蔬菜品种40余个。在姚家园举办“阳台菜园进社区”活动。为姚家园、红松园、康营社区居民150余人讲解阳台菜园种植技术。发放种苗700株。开展农业走进校园活动，为呼家楼中心小学200名教师举办阳台菜园培训。

【引进蔬菜景观品种】年内，在蓝调庄园和蟹岛种植10公顷百日草；在平房京城梨园周边推广油葵，形成向日葵景观带；在蟹岛、京城梨园、高碑店西社区居民推广耐寒性羽衣甘蓝10 000株，开发蔬菜景观功能。

【特色蔬菜品种示范与推广】年内，引进心里美萝卜、大核桃纹白菜、小核桃纹白菜、鞭杆红胡萝卜、苹果青番茄、老北京刺瓜六个品种，在蟹岛、总装备部农副业基地、金天茂、中农春雨、农耕园、京城梨园等园区公园种植60亩。北京电视台、北京日报、农民日报等8家媒体在蟹岛进行专访和报道。

【粮农直补】年内，落实国家惠农政策，粮食直补资金足额发放到农户手中。全区玉米补贴资金计12 610元，菜田补贴资金613 106.5元。

【水产品检测】年内，对全区六个乡23个渔场、垂钓场进行鱼产品质量抽检。检测项目包括孔雀石绿、氯霉素、硝基呋喃、喹诺酮和磺胺类。采集50个样品送检。合格率为94%。对检测结果不合格企业提出整改意见。

【开展增殖放流活动】年内，在奥林匹克森林公园开展景观水域增殖放流活动，放流鲢鱼、鳙鱼、草鱼鱼种8 000千克，约8万尾。

【推广观赏鱼养殖技术】年内，在郁金香锦鲤养殖中心和京朝花园农业发展中心分别试验工厂化养殖锦鲤和热带鱼；在郁金香锦鲤养殖中心和黑专户观赏鱼养殖发展中心示范增色饲料试验；在黑庄户观赏鱼养殖发展中心示范小池精养技术；在京朝花园农业发展中心示范养殖一龄鳄龟500只。

【落实农机购置补贴政策】年内，落实市级农机补贴工作资金6.25万元。购置农机具7台，其中大中型拖拉机4台、微耕机3台。

【三夏三秋及秸秆禁烧】年内，三夏、三秋农机作业投入机具15台次，培训农机操作人员30人次。机播玉米33公顷。作物秸秆全部综合利用，实现秸秆全面禁烧。

【植物检疫】年内，在瓜类作物上进行黄瓜绿斑驳病毒病、瓜类果斑病等危险性有害生物田间检测和实验室测试，未发现黄瓜绿斑驳病毒病、瓜类果斑病等危险性有害生物。在蟹岛、都市农汇、自然乐章农庄等20公顷保护地实施果蔬生物农药与天敌防控技术筛选与示范应用。

【调运检疫】年内，在省间调运检疫34批次（455千克蔬菜和种子），未发现危险性有害生物。

【农药残留检测】年内，检测农贸市场、基地及配送企业、超市2万多个蔬菜水果样品，合格率99.9%。统一监测本区62个样品；异地抽检，定量抽检延庆、房山、门头沟等区县蔬菜样品240个。

【毒饵站灭鼠】年内，完成6 666.7公顷春季农区灭鼠工作；完成1 333.3公顷秋季农区灭鼠工作；毒饵站使用面积2 000公顷。

【完善植物疫情视频监控系统】年内，完善植物疫情有线网络视频通讯系统，更换变焦摄像头，并将监测点视频接入了互联网。

【淡水鱼供应】为北京“两会”、全国“两会”、国庆阅兵供应淡水鱼15 076.37千克。

农村改革与管理

【概况】扎实推进农村产权改革、农村集体“三资”管理、政策研究等工作，农经改革与管理工作迈出了重要步伐。

【农村地区经济收入情况】年内，农村地区实现经济总收入1 329.2亿元，增长4.7%；农民人均劳动所得 29 906 元，增长 9.2%。

【集体资产管理】年内，组织开展 2015 年农村集体资产产权登记证年检工作。应检并实检乡村集体经济组织 173 个，其中乡级集体经济组织 19 个，村级集体经济组织 154 个。年末，全区农村集体资产总额 992.5 亿元，所有者权益 240.9 亿元，集体资产总额同比增加 186.7 亿元，增长 23.2%，农村集体资产实现保值增值。以来广营乡为试点，加强集体账外资产管理。来广营乡 5 个村完成账外的国有土地、房屋建筑物、房屋底商、道路、管道沟槽、机械设备、车辆及其他资产八类清查外业工作。

【产权制度改革】年内，重点推进常营、来广营、南磨房、豆各庄、太阳宫、将台等 6 个“一绿”城市化建设试点乡产权制度改革。稳步推进来广营、东坝、黑庄户等乡产权制度改革，在完成社员登记、劳动年限统计、清产核资工作的基础上开展各村第一次社员代表大会筹备工作。三间房乡开展产权制度改革劳动年限统计工作。太阳宫乡原麦子店村资产处置工作启动，完成社员登记、劳动年限统计、社员代表选举工作。十八里店、高碑店（高井、高碑店、半壁店 3 个村）、常营 3 个乡各村和三间房乡剩余的三东、三西、定东、定西、褡裢坡、白家楼等 6 个村完成社员代表换届选举工作，27 个村共登记社员 29 534 人，选举产生社员代表 1 074 人，选举产生了各村经济合作社社长、管委会委员以及监委会主任、监委会委员。

【集体资金管理】年内，全区 17 个乡 150 个村完成年度预算的编审工作，2015 年村级预算总额 37.89 亿元，预算总支出金额 36.24 亿元，资金使用效率得到提高。对 2013 年村干部经济责任审计发现问题的整改基本完成，整改金额 60.38 亿元。聘请中介对全区 269 家乡级集体经济组织实施审计。开展 2014 年度村级组织正常运转专项补助资金和新型集体经济组织审计工作。对全区村级财务管理状况及人员进行了调查，据调查，全区共有村级财务人员 304 名，其中报账员 154 名，具有会计师职称的 135 人。

【农村经济政策研究】年内，围绕农村“三资”管理重点工作，推进“1+7”政策贯彻落实，对农村“三资”管理、农村集体经济组织民主管理、农经队伍建设等政策进行调查研究，筹备《关于二道绿隔地区乡镇试点工作组调研铁路大环内环境整治项目》赴朝阳调研工作；围绕集体资产项目管理和招投标管理工作，开展集体投资建设项目专题调研，研制《关于加强农村集体投资建设项目和集体资产监督管理的指导意见》；开展违法用地地上物管理专题调研，起草《关于加强朝阳区农村集体违法用地地上物的管理意见（征求意见稿）》，推进管理工作规范化。完成市农经办布置的“十三五”规划编制的材料收集整理工作，编制《朝阳区“十三五”时期农村合作经济发展和经营管理规划整体设想》《“十三五”时期朝阳区农村集体经济调查研究工作规划》，为科学制定管理制度，提高农村“三资”管理水平奠定基础。

【合同联预审】年内，充分发挥农经办职能部门作用。各乡新签、续签合同 569 份，金盏、太阳宫、来广营等 14 个乡联预审执行率达 100%，仅此一项措施就为农村集体增收 1.9 亿元。

【清理规范调整农村集体经济合同】按照“瘦身健体”“腾笼换鸟”思路，指导各乡开展集体经济合同清理规范调整工作，引导传统产业转型升级。十八里店、金盏、崔各庄等 13 个乡调整合同 312 份，合同占地面积调增 241.65 亩、建筑面积调增 20 816.22平方米，年租金增加 6 833.39 万元。围绕非首都功能疏解、拆违控违等重点，落实《北京市新增产业的禁止和限制目录》，指导各乡加快土地向集体流转。崔各庄、东坝、孙河等 10 个乡通过拆违、协商解除、到期解除等方式解除合同 271 份，收回集体土地 3 955.24 亩。

【土地确权与流转】年内，全区 15 个乡 87 个村农用地实行确权确利落实农民土地承包经营权，履行确权确利协议 41 835 份，涉及农民 92 682 人，土地面积 91 655.8 亩，确权确利收益 4 853.9 万元。

【信息化建设】年内，按照市农经办要求，完成农村人口信息、农村劳动力信息、农民家庭详细资料、农经统计资料等 15 个数据库的数据更新和上传任务，完成各乡农经平台新服务器配发、验收、调试等工作。完成乡村两级 211 名农村信息化管理人员培训工作。对村管电脑、乡农经平台服务器及触摸屏、扫描仪进行了系统维护。

朝阳区领导名录

区委书记　吴桂英

副书记　陈宏志　王　灏

常委　吴桂英　王　灏　陈宏志

	陈　涛　张　革　宋铁健
	甘靖中　何　明　马继业
	刘军胜　高　岩　史连雪
区人大常委会主任	陈宏志
副主任	苑文新　朱春霞　常树奇
	胡良森　叶　青
区长	王　灏
常务副区长	甘靖中
副区长	马继业　王志勉　李俊杰
	杨树旗　孙其军　黄晓伟
区政协主席	谢　莹
副主席	汪　洋　张永新　王文远
	邢念增　高向宇　连玉明
区委农工委书记	胡良森
区农委主任	张克斌

朝阳区各地区办事处（乡）党政正职领导

	工委（党委）书记	办事处主任（乡长）
高碑店地区（乡）	李云飞	郭光辉
南磨房地区（乡）	郑　勇	张启顺
将台地区（乡）	连文胜	刘　涛
太阳宫地区（乡）	张宏明	贾恩松
小红门地区（乡）	李贺清	王小红
十八里店地区（乡）	张克斌	李万军
王四营地区（乡）	张　奎	邢志新
平房地区（乡）	马国勇	寇　晔
东坝地区（乡）	黄宏春	刘　伟
金盏地区（乡）	于志刚	孙玉辉
来广营地区（乡）	左景全	王　刚
东风地区（乡）	张士华	郭　君
孙河地区（乡）	李　欣	易湘林
崔各庄地区（乡）	吴选辉	李　华
三间房地区（乡）	张小峰	张军茹
常营地区（乡）	刘大庆	方　泽
豆各庄地区（乡）	陈　杰	于建国
黑庄户地区（乡）	路　军	秦　涛
管庄地区（乡）	高永荣	于　军

（朝阳区农委　冯岳）

海　淀　区

概　述

海淀区总面积 430.77 平方公里，农村地区面积 261.11 平方公里，占全区总面积的 60.6%，辖 7 个镇、7 个地区办事处、84 个行政村，农业人口 6.5 万人。2015 年，海淀区农村在区委、区政府的正确领导下，全区上下积极推进城乡发展一体化，农村改革发展各项工作取得了显著进展。2015 年，全区农村经济总收入 272.6 亿元，同比增长 5.7%。

城乡发展一体化

【新农村建设及城乡一体化发展领导小组成立】 4 月 8 日，经区委、区政府同意，海淀区城乡一体化领导小组（指挥部）、海淀区绿化隔离地区建设推进工作领导小组、海淀区社会主义新农村建设工作领导小组、海淀区农转非工作领导小组、海淀区“提升农村人居环境，推进美丽乡村建设”工作领导小组五个议事协调机构整合设置为海淀区新农村建设及城乡一体化发展领导小组，同时将海淀区北部地区开发建设委员会下设的北部新农村建设分指挥部职责整合并入海淀区新农村建设及城乡一体化发展领导小组，领导小组办公室设在区农委，主要负责起草全区新农村建设和城乡一体化工作规划、年度计划和政策建议；协调开展建设中重大问题研究；督促检查领导小组决定事项的落实情况；承担领导小组日常工作及领导交办的各项工作任务。

【集体土地上企业整治】 年内，区农委牵头制定《海淀区集体土地上企业整治工作方案》，计划通过清退、收回、关停、提值增效、拆除、规范合同和城市化改造拆迁等 7 项措施，对 1 410 家业态低端、合同不规范以及违章建设多的企业进行整治，其中：清退 2 家，收回 34 家，关停 106 家，提值增效 361 家，拆除 29 家，规范合同 24 家，城市化改造拆迁 854 家。计划疏解外来人口 2.7 万人左右，其中前 6 项措施 2015 年疏解外来人口约 7 000 人，随着城市化改造拆迁疏解外来人口约 2 万人。

农村经济发展

【基本农情数据】 2015 年，全区农田面积 5.53 万亩，同比减少 2.6%。果树面积 27 950.12 亩、露地蔬菜 2 864.99 亩、设施农业 7 324.21 亩、粮田 6 100.96亩、苗圃10 390.87 亩、其他670.09 亩。果树总产量 538.62 万千克，同比增长 6.91%，产值 7 346.17万元，同比增长 3.88%。其中：樱桃产量 76.82 万千克，同比减少 18.5%；产值3 192.38万元，同比减少 11.06%。；蔬菜播种面积 10 237 亩，产量 2 353 万千克，总收入 5 368 万元；粮食收获面积5 996 亩，同比增 15.2%，总产量237 万千克，其中：小麦 622 亩，玉米 3 461 亩，水稻 1 913 亩。

【保护性发展京西稻】按照“生产优质产品、建设优良生态、打造优美景观、承载历史文化”总要求，从品质提升、品牌建设、重点项目等方面保护性恢复“京西稻”种植。一是恢复提升京西稻品质。开展月光、紫金箍等原种收集，恢复传统优质品种；开展越富品种选纯工作，确保京西稻米品质。同时进行越富品种高畦滴灌栽培试验示范，示范建设节水型稻作模式。通过 12 个点位测土配方、增施有机肥，提高稻米品质。二是保护京西稻品牌。推进北京京西稻作农耕文化系统申报中国重要农业文化遗产，已通过农业部评审。按照《农业部农产品质量安全中心关于开展 2015 年农产品地理标志示范样板创建工作的通知》（农质安函〔2015〕122 号）要求，京西稻（北京）等 6 个农产品地理标志被授予 2015 年国家级农产品地理标志示范样板创建资格，目前正积极推进。三是实施建设御稻苑项目。打造了 700 亩的稻田油菜花景观，花期日接待游人过千人。

【“菜篮子”工程】一是认真做好菜田划定工作。积极组织上庄镇、西北旺镇、温泉镇、苏家坨镇等 4 个有菜田的镇，开展菜田划定工作，共划定菜田 158 块、面积 6 605 亩。二是狠抓蔬菜质量安全工作。全年农药残留检测抽样 23 次、种植基地 55 个次，样品 259 个，合格率 98.1%。各蔬菜生产基地利用农药残留快速检测仪自检蔬菜样品 6 912 个，合格率 100%。三是认真抓好菜田补贴工作。研究制定并印发《海淀区 2015 年菜田补贴实施方案》。拨付菜田补贴及市考核奖励资金 130.575 24 万元：其中：市补资金 74.605 44 万元（菜补 50.588 44 万元、考核奖励资金 24.017 万元），区补资金 55.969 8 万元。

【政策性农业保险】年内，全区政策性农业保险承保面积 4 017.01 亩、273 户次，总保费为 215.46 万元，拨付区级保费补贴合计 87.83 万元。出险面积 2 104.3 亩、247 户次，理赔金额 176.936 万元。

【休闲农业发展与田园科普体验】设计制作海淀田园图册和园区宣传册。组织推荐北京三元农业科技园申报全国休闲农业与乡村旅游示范点，组织推荐北京一品香山农产品销售有限责任公司、四季青果林所御林观光园、北京海舟慧霖农业发展有限公司、尚庄金地观光农业园和京西稻耕读文化园等 5 个园区申报北京市休闲农业与乡村旅游特色经营场所。组织开展樱桃节、金秋节暨首届美丽田园体验季，在北京新闻广播、首都经济报道、网媒等媒体进行宣传。金秋体验季，与亲农耕合作组织稻香小镇等 6 个园区开发亲子农事体验线路，设计 18 项田园体验活动，在携程等 23 家旅游亲子类平台上线，带动游客在园区进行二次消费。与科技园区合作，组织农庄幼儿园亲子体验活动等。

【农事节庆活动】海淀区第十五届樱桃文化节、第十四届金秋采摘节暨首届美丽田园体验季分别于 5 月下旬、9 月 29 日盛大开幕。通过举办节庆活动，搭建满足市民休闲、度假、体验农事等需求的桥梁，360 度全面链接市民与农庄。通过丰富休闲农业与乡村旅游的文化内涵和体验内容，利用乡村自然环境、田园风光、农业耕作、农家生活等资源条件，提供观光、休闲、度假、体验、娱乐、健身等服务，增加市民对海淀农业的参与性，更好的了解海淀农业、海淀农村。

【智慧农业】四季青海舟慧霖葡萄园依托“221 信息平台”物联网数据采集系统，结合实际生产数据及日常生产记录，投资 90 万元，建设全园智能痕灌系统，实现所有农业生产采用地下浇灌技术，降低生产环境的湿度及温度，同时保证了植物充分浇灌，减少了水资源的浪费。上庄镇大道农业探索智慧农业大田生产新模式，在京西稻生产大田安装物联网数据采集设备，通过云农场系统进行大田生产管理，并开发电子商务平台，扩大销售渠道和知名度。东升科技园柳林智慧农庄以现代化、产业化、智慧化的产业新模式为目标，建设完成 10 800 平方米连栋温室并进入了试验运营阶段。温室配套系统应用了 23 项先进技术设备，实现了生产管理自动控制和农产品的安全可追溯。按照市城乡经济信息中心《关于申报 2015 年北京市农业农村信息化示范基地的通知》要求，海淀区农委组织东升博展集团申报 2015 年北京市农业农村生产应用型示范基地，目前已进入专家评审阶段，为海淀区智慧农业模式树立新的标杆。

【发展涵养型节水农业】土壤是农业的根本，不断提高土壤的保墒能力，是发展节水农业的前提。一是沃土。继续在区特色精品示范基地和“菜篮子”基地实施沃土工程，采购生化腐殖酸肥、菌肥等有机肥 3 400 吨。根据定位监测结果，2014 年蔬菜、果树土壤有机质比 2013 年提高 0.2 克/千克。二是节水。开展痕量灌溉示范点建设，在经过六年试验的前提下，扩大痕量灌溉示范点，解决滴灌渗水口被堵的问题，同时比滴灌节水 40%左右。痕量灌溉抗泥沙、抗生物堵塞技术得到水利部科技推广中心认可。在今年示范点建设的基础上，又在四季青御丰园 34 栋温室进行应用推广（适合日光温室草莓种植，有效控制土壤湿度，减少病虫害）。

【支农项目管理】建立支农项目咨询服务机制，进一步完善项目管理制度及流程。召开两次支农会，确定农林水项目 108 项，其中农业项目 56 项，已签订 28 个项目合同书。落实粮食直补、农田种植与流转补贴、结构调整、“菜篮子”基地等农业政策补贴资金。实施沃土工程、应急农药储备。积极推进上庄御稻苑、苏家坨薰衣草庄园、温泉景观生态采摘园等农业生态项目。

【加强龙头企业服务工作】组织推荐大北农、派得伟业、农信通、伟嘉人四家企业申报北京市农业信息化龙头企业。组织推荐万丰大地、挑战生物、蓝波绿农四家企业申报第四批北京市农业产业化龙头企业。组织已通过认定的 18 家农业产业化龙头企业填报季度监测数据、211 平台企业数据。旗舰、挑战牧业、嘉博文三家企业获得市农委农业产业化贴息资金。

【农业自主创新品牌】继续做好具有自主知识产权的蔬菜新品种选育推广工作。两个辣椒品种通过蔬菜新品种鉴定，推进适地适栽的韭菜、茄子品种在四季青双新、苏家坨周家巷等园区推广种植。

【推广新品种新技术】一是启动了京西稻提纯复壮恢复优良品种种性工作。从中国农科院资源库引种越富、紫金箍等水稻品种 5 个，在水稻开花期和成熟期进行了穗选。试种及示范种植蔬菜品种 45 个，试种玉米品种 20 个。推广蔬菜新品种 10 个、超甜玉米品种 2 个，推广面积 300 亩。嫁接果树新品种 5 个 2 000 余株，引种山东潍坊安丘 150 株文冠果。恢复老北京品种 3 个。二是建立苹果矮砧早果、优质、高效轻简化栽培技术体系和防灾栽培技术模式，为在海淀区推广苹果矮化砧进行技术储备。三是开展果树微润灌溉节水技术试验示范。试验基地安装了储水罐、压力泵、减压阀和土壤湿度传感器，通过三年的微润灌溉试验，从设施草莓种植到目前的矮化苹果，基本做到了微润灌溉的物联网自动化控制，并分别在温泉镇和苏家坨镇试点推广了三个园区。经运行测试，可保证作物在关键时期浇到水，每亩节水约 30%。四是农科所与农机研合作进行小型插秧机试验，促进京西稻机插秧工作。通过在农科所基地、上庄稻香小镇进行的水稻钵苗插秧机插秧试验取得成功。

【规范农产品生产企业】全年深入开展了水产品质量安全专项整治，蔬菜质量安全专项整治，农药打假专项整治等农产品质量安全专项整治活动。对各镇农产品质量管理站建设情况，种、养殖基地的生产记录和农（兽）药库房及农业投入品储存、使用情况进行了彻查；针对农产品质量安全管理人员和从事一线生产技术人员，举办 4 次 250 余人次农产品质量安全培训，组织 50 余人次参加市级各类无公害检查员培训并获得证书；组织大型宣传活动 2 次，发放各类宣传材料 50 余种、8 000 余份，设置宣传展板 90 余块，为群众提供现场咨询服务 560 人次。

【养殖业】年内，全区有猪场 6 个、总存栏 17 896 头；有牛场 2 个、总存栏 3 383 头；羊散养户 172 户，存栏羊 6 372 只；全区养禽场 2 个、养禽户 442 户，总存栏禽 12.6 万只。

【动物疫情风险评估】年内，区农委完成海淀区突发重大动物疫情的风险评估工作，撰写《海淀区 2015 年度动物疫情风险评估报告》。《报告》通过对重大动物疫情风险和 10 家兽医实验室设立单位生物安全风险的系统分析，对可能发生高致病性禽流感、新城疫、口蹄疫、猪瘟、高致病性猪蓝耳病、狂犬病等疫情情况以及动物源性病源微生物实验室生物安全情况进行风险识别、评估，提出要建立联防联控机制的建议。

【动物免疫】全年全区畜禽重大动物疫病累计免疫 151.210 9 万头（只）次。其中累计免疫禽类高致病性禽流感 47.592 2 万只次、偶蹄动物口蹄疫疫苗 14.953 4 万头次、猪高致病性蓝耳病 2.658 6 万头次、猪瘟 6.143 4 万头次、鸡新城疫 76.267 1 万只次、犬狂犬病 3.596 2 万条。重大动物疫病强制免疫率达 100%。全年共监测免疫抗体样品 4 151

份、检测场户 210 个次。其中：监测高致病性禽流感免疫抗体样品 1 567 份，样品整体免疫抗体合格率为 96%；新城疫免疫抗体样品 732 份，样品整体免疫抗体合格率为 95%；猪瘟免疫抗体样品 250 份，样品整体免疫抗体合格率为 100%；口蹄疫样品 1 433 份，样品整体免疫抗体合格率为 98%。

【动物流行病学调查】根据市农业局提出全面掌握北京市动物疫病的流行规律和疫情动态要求，定期、不定期对辖区内养殖场户开展流行病学调查。全年共进行流行病学调查场户 231 个次，动物流行病学调查覆盖面达 100%。

【疫情防控】根据重大动物疫情风险评估结果，建立风险源台账。全年处理各类群众举报 55 起，无害化处理病死动物 6 607 头（只），取缔活禽交易窝点 8 个；开展宣传 5 次，发放宣传材料 11 000 份，上报送信息 40 篇，组织突发重大动物疫情演练 1 次，开展应急处理预备队、村级动物防疫员培训、应急志愿者培训各 1 次，组织动物疫情风险评估 2 次。

【农产品安全监管】对农产品质量安全情况进行风险评估；开展农产品质量安全监管示范区县创建工作，四季青镇被评为北京市农产品质量安全监管示范乡镇，海洲慧林农业发展有限公司被评为北京市优级标准化基地；5 家企业新获得无公害以及绿色认证，7 家企业进行了复查换证，目前，全区有“三品”（无公害、绿色和有机食品）认证基地 45 家；完成综合质检站招投标及房屋改造工程，完成了物资器材采购安装，并在 8 月进行了验收；全年共抽检农产品样本 585 个，合格率 99.4%，进行 10 000 余个农产品样本的快速检测，合格率 99.8%，对检测出的农残超标企业依法作出了相应行政处理。

【渔业】全区水产养殖水面为 645 亩，养殖户数 40 户，养殖模式以垂钓为主，养殖品种：花白鲢、草鱼、青鱼、鲤鱼、鲫鱼、罗非鱼、甲鱼等 10 余个品种，年产量 332 吨。设渔业环境监测点 5 个，检测面积 150 亩，占总养殖水面的 23%；监测 14 次 70 个水样，未发生水质疫情。抽取鱼样 22 个进行常规检测，快速检测鱼样品 186 个，检测结果符合国家规定标准。接群众举报 8 起，没收并销毁禁用渔具地笼 12 个、600 米以及电捕工具、橡皮筏、电瓶、升压器等 1 套，罚没款 300 元。制作案卷 1 卷。

【保护消费者合法权益宣传】为保护消费者合法权益，加大农业法律法规的宣传力度，严厉打击违法行为，3 月 14 日，海淀区农委、区动物卫生监督所、动物疫病预防控制中心、植保站、农科所、水产技术推广站、种子站等部门联合温泉镇农业综合服务中心 30 余人在西北旺镇六里屯回迁小区开展了以“3·15”消费者权益保护为主题的宣传活动。

【农业企业安全标准化建设】年内，区农委加快推进安全生产标准化创建工作，组织对全区各镇安全生产负责人、农业行业管理负责人和企业负责人开展安全标准化建设培训工作。2015 年有 15 家农业企业通过了企业安全标准三级评审。

农村改革与管理

【“三资”管理】改革完善农资监管政策体系，建立健全了区、镇两级农资委组织架构，制定了考核评价、股权管理等新政策。完成农村土地承包经营权确权登记调研，清查核实北部四镇土地承包确权情况和土地利用现状，进一步梳理规范土地承包经营关系。继续推进集体经济产权制度改革，开展玉渊潭换届、四季青清产核资、温泉镇级改制等工作，开展村级组织账务分离可行性研究，维护改革正确方向和地区稳定和谐。《玉渊潭股份经济合作社——以现代企业管理理念助推集体经济腾飞》获市级新农村建设创新奖励。

【农转非工作】年内，全区农转非共计 28 175 人，其中征地农转非 728 人、整建制农转非 27 302 人、大中专学生农转非 103 人、投靠亲属农转非 30 人、城镇购房农转非 12 人。四季青镇和东升镇八家村、温泉镇温泉村、辛庄村实现了整建制农转非。

【农村社会管理】年内，区农在对海淀区腾退村庄和回迁安置小区社会管理情况全面调研的基础上，起草了《海淀区关于做好腾退回迁安置小区社会治理工作的指导意见》。并在此意见指导下，在温泉镇温泉水岸社区开展腾退回迁安置社区社会治理全新试点工作。温泉镇党委、镇政府在坚持“行政区域不变、居民自治主体不变、集体资产产权不变”的前提下，成立温泉水岸家园地区工委、管委会和社区服务站，努力构建以党组织为核心、村居相互融合、各类社会组织协调发展的社区服务体系，形成“党组织统领全局、社区管委会进行管理、社区服务站提供服务”的工作格局。

【农田生态补偿、菜田补贴机制】建立农田生态补偿机制，大幅提高补贴标准；调整基本菜田补贴政策，完善支农项目管理制度及流程，涉农补贴政策进一步完善。

【党风廉政】 认真落实党风廉政建设“两个责任”，加大责任和压力传导力度；开展“为官不为”“为官乱为”等专项治理，坚决整治侵害群众利益的不正之风和腐败问题。

村镇建设

【美丽乡村建设】 年内，在农村地区重点推进“减煤换煤”、农村电网改造、农宅抗震节能改造、农村污水处理、村庄绿化美化、农村环境整治、农村医疗卫生服务、村落文化遗产保护和农村基础设施管理9个方面工作，苏家坨镇车耳营村和上庄镇永泰村、八家村、常乐村的美丽乡村建设取得较好成果，各级投入我区美丽乡村建设资金共计4.58亿元。

【农村基础设施管理】 年内，区相关部门组成农村基础设施工作联合检查组，每季度检查镇、村农村基础设施运行和管理情况，累计检查村庄191村次，印发村民调查表772份，区、镇、村投入农村基础设施养护资金共计5 980.35万元，农村基础设施管理村民满意率达到98.75%，农村基础设施运行基本正常。

【9个项目获得新农村建设创新奖励资金】 年内，经市新农办评选，我区推荐的“农作物秸秆焚烧与综合利用奖励”“农民体育健身运动展示周体育特色展示奖”“绿安农展运用互联网＋模式升级传统市场”“京西稻作文化系统”“借鉴四季青镇整建制农转非试点工作经验，加快推进海淀区城镇化进程”“玉渊潭股份经济合作社以现代企业管理理念助推集体经济腾飞”“坚持‘四项原则’，稳步推进七王坟村新型农村社区建设”“东升科技园在互联网＋农业上的践行”和“小蘑菇做出大文章延长食用菌产业链开拓市场新局面”9个项目，被评为2015年北京市社会主义新农村建设创新项目，获得市级奖励资金共计790万元。

【新型农村社区建设试点】 年内，区农委按照市新农办的工作部署，开展苏家坨镇新农村建设试点情况评估。其中，七王坟村已确权户共141户，签约118户，占确权户的83.69%；75%以上的七王坟村签约户已拆除房屋并腾交土地40.43亩，剩余签约户正在进行房屋拆除。车耳营村的整体建设规划方案在设计论证之中。

农村民生

【农村地区早期防空洞治理】 年内，区农委牵头组织北部办、国土局、温泉镇以及专业勘测公司针对温泉镇白家疃村地面塌陷问题进行了多次座谈和协商，制定了《温泉镇白家疃村防空洞上危险房屋解危方案》，获得区委区政府的批准。根据方案要求，白家疃村涉及高危级别的17家农户落实北部搬迁腾退政策。对温泉镇白家疃村和苏家坨镇南安河村又发生的几处防空洞塌陷，进行了妥善处置。2015年与国土分局共同治理白家疃村地质塌陷一处，治理资金50余万元。

【村庄腾退】 持续推进重点功能区建设。南部以中关村科学城为核心加强低效用地挖潜，推动东升科技园二期、京昌路楔形绿地棚户区改造、五路居玲珑巷改造等重点项目，为高精尖产业提供科技创新空间。北部生态科技新区的战略腹地作用进一步增强，周家巷、徐各庄等村庄腾退收尾，西玉河村庄腾退启动，前沙涧等50万平方米安置房竣工入住，“一镇一园”建设扎实开展，北京协同创新园前期手续加快办理，温泉租赁房项目建设收尾。

【环境整治】 “三山五园”历史文化景区建设深入推进，玉泉山周边环境整治效果明显，园外园生态环境提升和交通优化顺利推进，一亩园地区搬迁腾退基本完成。同时，巩固拓展全国文明城区创建成果，持续开展环境秩序综合整治，着力提升生态环境质量。强化“街镇统筹、部门联动”联合执法模式，严查各类市容环境违法行为。韩家川村等5个人口倒挂重点地区完成“摘牌”任务。新建改造绿地林地657.4公顷，完成南沙河滨水绿廊、西山森林景观提升等工程。

【水治理】 完成稻香湖再生水厂建设，实施南沙河流域污水治理工程和10条河道生态治理，全面推行“河长制”，海淀区被水利部确定为全国第一批河湖管护体制机制创新试点区。

【农村教育、文化、体育事业】 坚持将新增教育经费向农村学校倾斜的政策，农村学校的教师培训费、生均公用经费高于城区。北部文化中心顺利完工。永丰美食广场等一批餐饮、购物、娱乐配套服务设施相继建成。深入开展“亿万农民健身”活动。

【农村医疗】 积极做好新农合门诊区级统筹，在9

家医院开通门诊即时结报。

【农村养老保险】落实促进就业优惠政策，及时将农转非人员纳入灵活就业补贴政策，城乡居民养老保险基础养老金调增到每人每月 737.5 元，位居全市第一。

基层组织与民主政治建设

【农村社区“两委”换届选举工作完成】2—8 月，协调指导农村社区完成“两委”换届选举工作，参加选举的 48 个社区党组织、51 个社区居委会均一次性选举成功，当选的社区党组织负责人吻合度为 100%，社区党组织直选率为 100%。

【农村基层党组织推进城乡一体化发展调研】3—12 月，在区委组织部牵头下，与各镇一起调研农村基层党组织推进城乡一体化发展情况，形成调研报告《农村基层党组织引领发展问题调研》，并结合调研成果，与区委组织部一同制定下发《发挥农村基层党组织引领发展作用推动城乡一体化发展的意见》（海组通〔2015〕23 号）。

【“三严三实”专题教育】5—12 月，区农（工）委组织开展“三严三实”专题教育处级以上党员干部参加。“三严三实”专题教育围绕“严以修身、严以用权、严以律己”三个主题开展为期 6 个月的集中学习。

【村级干部培训】建立东莞异地挂职培训基地，连续第 4 年组织 15 名农村基层干部到东莞挂职，采取集中学习、实地走访、参观座谈和村（社区）挂职锻炼的形式，学习东莞地区在经济建设、党建创新和社会治理等方面的经验。与东升镇合作开办北大经营管理干部研修班，30 名镇集体经济组织及二级单位负责人将参加 9 个月的培训，提升基层干部发展集体经济的素质能力。结合村“两委”换届选举工作，举办了农村基层干部廉洁履职专题培训班，确保“两委”换届选举工作风清气正、圆满顺利。在人大开展基层党组织书记轮训班。

【后备干部队伍建设】制定《村级组织后备干部考核评议实施办法》，从 2015 年开始，对年度考核合格以上的村级组织后备干部发放补贴 2 万元/（人·年）。

【新型农业实用人才培养】年内，在发挥已有实用人才实训示范基地功能的基础上，新增四季青镇西冉村、温泉镇白家疃村、四季青镇青东物业、西北旺镇北京盛智丰苑物业共 4 个农村实用人才示范基地，新增农村实用人才 126 人。我区上庄镇“京西稻产业深化项目”获得“北京市优秀农村实用人才创业项目”荣誉称号，并将得到资金扶持和专家团队的长期跟踪指导和技术支持。

【村党组织换届选举完成】7—12 月，指导农村完成村党组织换届选举工作，海淀区共有 7 个镇，84 个行政村的村党组织换届选举工作全部顺利完成，84 个村党组织共选举产生书记 84 名，副书记 67 名，委员 238 名。

【农村基层党建工作】9—12 月，在广泛征求镇、村意见基础上，结合农村基层党建工作实际，制定下发《进一步加强村党组织建设的三项制度》（海农工发〔2015〕1 号）、《农村党员干部联系群众制度》（海农工发〔2015〕2 号）。

“三农”工作部署和实施

【召开城乡一体化工作会】4 月 10 日，召开海淀区 2015 年城乡一体化工作会。会议总结了 2014 年全区城乡一体化工作，部署了 2015 年工作任务。副区长龚宗元同志代表区委、区政府做工作报告，区委副书记、区委政法委书记刘长利同志宣读《关于 2014 年度海淀区城乡一体化建设先进单位的通报》，区委书记隋振江同志做总结讲话。区委、区政府相关委办局、街道、企事业单位的主要领导，各镇科长以上干部、农服中心主任、村书记、主任，各镇的派出所所长、工商所长、城管分队长参加了会议。

海淀区领导名录

区委书记	崔述强
副书记	于　军　刘长利
常委	尹燕京　吴祖安　刘　勇 芦育珠(女)　穆　鹏　陈名杰 傅首清　孟景伟
区人大常委会主任	关成启
副主任	王鲁豫　臧桂武　朱春生 杨　莉（女）
区长	于　军
副区长	穆　鹏　陈　双(女)　孟景伟 龚宗元　徐永全　王际祥
区政协主席	彭兴业
副主席	刘　恪（女）　丁志明　肖熙之
区委农工委书记、区农委主任	王桐慧

海淀区各镇党政正职领导

	党委书记	镇　长
四季青镇	胡淑彦（女）	苏国斌
东升镇	高念东	武　凯
海淀镇	赵　寒	梁　爽
西北旺镇	赵小云（女）	魏　星
温泉镇	方海强	林　航（女）
苏家坨镇	祝的春	张春明
上庄镇	刘　涵(女)	杜陈生

（海淀区农委　秦冬梅）

丰　台　区

综　述

丰台区总面积 305.56 平方公里，其中河东三乡总面积 160.86 平方公里，河西两镇总面积 125.38 平方公里。集体土地 153.64 平方公里，占全区面积的 50.3%，其中农用地 74.59 平方公里，建设用地 79.02 平方公里。耕地 32 693.84 亩，基本农田 14 000 亩，基本菜田 800 亩。丰台农村地区辖三乡两镇一个地区办事处、70 个集体经济组织、65 个行政村，其中：卢沟桥、花乡、南苑三乡和宛平城地区办事处及下属 48 个行政村位于永定河以东，属于规划城区；长辛店、王佐两镇及下属 17 个行政村位于永定河以西，属于生态涵养区。全区常住人口 232.4 万人，其中常住外来人口 83.8 万人，农业户籍人口 8.7 万人。2015 年，全区各级认真学习贯彻习近平总书记视察北京重要讲话精神，按照区委区政府决策部署，紧紧围绕首都城市战略定位，以农村城市化为主线，全面深化新型城镇化改革，加快推进"新三起来"，扎实做好稳增长、促改革、调结构、惠民生各项工作，农村地区经济社会持续稳定健康发展。全年实现农村经济总收入 362.5 亿元，同比增长 4%；税费 15.7 亿元，同比增长 6.4%；农林牧渔业总产值 1.9 亿元，同比下降 26.3%；农民人均纯收入 24 617 元，同比增长 9.2%，增速居近郊区首位。

城乡发展一体化

【概况】丰台区通过新型城镇化改革、重点功能区和重点项目带动、绿隔政策实施、重点村城市化推进、整建制农转居及征地转非等途径，稳步推进城乡发展一体化进程。

【统筹推进城乡一体化】南苑乡城市化统筹试点方案和时村、东罗园城市化改造疏解方案报市政府审批，卢沟桥乡、花乡城市化统筹方案初步制定，长辛店镇统筹利用集体经营性建设用地试点方案通过市新型城镇化体制改革专项小组备案。小屯、张家坟等棚户区和环境整治项目完成规划调整。六里桥、造甲村完成整建制转居，东管头村整建制转居获市政府批复，全区累计 22 个村完成整建制转居。全年完成农转非 4 323 人。

【全力推进重点村城市化建设】年内，实现土地入市 108 公顷、建筑规模 120.3 万平方米；白盆窑北地块、石榴庄二期等 2 个地块完成供地，槐新一期 A、B 地块正式挂牌，西局三期具备供地条件。基本完成搬迁腾退，累计腾退宅基地 8 181 宗，241.66 万平方米；累计搬迁集体企业 1 041 家，占总数的 97.4%，市属国企 45 家，占总数的 80%。回迁房 211 万平方米全部竣工，回迁 4.2 万人、占总安置人口的 90%。产业手续进一步完善，西局，石榴庄还建产业项目完成立项、土地手续和建筑方案设计；夏家胡同自建产业项目土地定向出让手续获得批复，正在办理供地手续；槐房村 2 个自建项目取得立项批复。实施绿地面积 659.36 公顷，绿化实现率 90%。

【积极推进农转非工作】年内，全区累计农转非总人数 4 323 人。其中，河东地区共有 8 个村整建制转非 3 811 人，征地转非 9 人，消减 148 号文征地转非指标 2 303 人；河西地区征地转非 168 人；全区其他学生转非、投靠亲属等 335 人。

农村经济发展

【概况】围绕稳增长、调结构，加强经济发展统筹，推进发展方式转变，集体经济稳中有进。全年实现农村经济总收入 362.5 亿元，同比增长 4%；税费 15.7 亿元，同比增长 6.4%；农民人均纯收入 24 617元，同比增长 9.2%。集体经济增幅提高，实现总收入126.6亿元，同比增加3.8亿元，增长3.1%，增速与上年同期相比上升了1.2个百分点。非公经济总量继续增加，实现总收入235.9亿元，同比增加10.2亿元，增长4.5%。年内农村地区引进亿元以上企业20家。重大产业项目建设取得新进展，花乡永旺梦乐城购物中心开业，南苑乡南苑村宝苑国际试营业，卢沟桥乡C9公建项目、花乡赛尔奥特莱斯等项目完成主体建设进入装修招商阶段，国家数字出版基地实质运转，注册文创企业15家。

【农村产业结构进一步优化】 第一、二、三产业分别完成收入2.6亿元、57.2亿元、282.1亿元，第一、二产业所占比重分别为0.8%和16.7%，同比分别下降0.7和2.1个百分点，尤其是工业受市场竞争大，业务量减少，雾霾天气和阅兵期间停产等因素影响，收入减少4.2亿元，下降幅度达12.2%。第三产业实现收入同比增加18.8亿元，占主营业务收入的比重达82.5%，同比上升了2.8个百分点。第三产业所占比重继续加大，对农村经济的支撑和带动作用进一步增强，主体地位明显提高。

【积极推进非首都功能疏解】 落实非首都功能疏解要求，农村地区市场调整疏解36家（不含大红门地区），其中拆除关停市场19家，升级改造12家，转型5家；涉及建筑45万平方米，从业人员约1.3万人。大红门地区11个市场疏解，涉及从业人员1.5万人。新发地农副产品批发市场内升外延，上线电子商务平台“新发地生鲜网”，高碑店物流园建成面积110万平方米，正式运行。榆构集团主动谋变，生产基地迁至河北固安。玉泉路构件厂、布朗尼搅拌站、民合盛空心砖厂、元和永福汽车用品市场等一大批不符合首都功能定位的低端企业、市场陆续关停。

【农村集体资产运营平稳】 年内，农村集体资产总额达到1 067亿元，比上年同期增加67.1亿元，同比增长6.7%。其中：乡级集体资产总额为109.7亿元，比上年同期增加12.9亿元，同比增长13.3%，占全区农村资产的10.3%；村级集体资产总额为957.4亿元，比上年同期增加54.2亿元，同比增长6%，占全区农村资产的89.7%。农村集体所有者权益335.6亿元，比上年同期增加22.7亿元，同比增长7.2%。其中：乡级集体所有者权益为39.3亿元，比上年同期增加0.7亿元，同比增长1.9%；村级集体所有者权益为296.3亿元，比上年同期增加21.9亿元，同比增长8%。人均所有者权益超过40万元的村有14个，比上年同期增加1个，花乡六圈村最高，为201.7万元；超过10万元的村共有35个，比上年同期增加1个，其中卢沟桥乡有12个、花乡有10个、南苑乡有10个、王佐镇有2个；人均所有者权益在万元以下的村有8个，比去年同期减少1个，其中卢沟桥乡2个、花乡有1个、长辛店镇有4个、王佐镇有1个。

【乡镇企业发展平稳】 年内，乡镇企业共计260家，其中，集体企业93家，股份合作企业100家，联营企业3家，有限责任公司49家，股份有限公司5家，私营企业9家，外资投资企业1家。乡镇企业从业人员2.67万人，总产值63.65亿元，营业收入88.82亿元，利润总额12.34亿元，上交税金5.6亿元。

【都市型现代农业】 年内，农林牧渔业总产值完成18 503.6万元，同比下降26.3%。其中，农业产值完成6 034.6万元，同比下降31%；林业产值完成9 906.8万元，同比下降21.5%；牧业产值完成1 111.1万元，同比下降51.3%；渔业产值完成36万元，同比下降61.3%；农林牧渔业服务业产值完成1 415.1万元，同比增加3.2%。全区农业设施1 319个，同比下降17%，设施农业产值4 008.6万元，同比下降28.5%，其中温室产值为3 817.9万元，大棚产值为190.7万元。

【种植业】 全区粮食播种面积1 295亩，同比下降33.5%；粮食产量386.8吨，基本持平；蔬菜产量2 871.8吨，同比下降25.6%。

【养殖业】 全区禽蛋产量396.1吨，同比下降41.9%；牛奶产量218.9吨。同比下降53.1%；生猪出栏1 985头，同比下降38.3%；水产品产量18吨，同比下降41.9%。

【花卉干果业】 全区花卉产量161.8万盆，产值0.2亿元，同比下降22.9%；干鲜果产量1 205吨，同比下降14.2%。

【观光休闲农业】 全区15个农业观光园共接待136万人次，同比上升99.7%；采摘产量为12.5万千克，同比下降16.2%；实现总收入6 397.3万元，同比上升206.8%。

【荣获系列花展奖】 3月，受北京市园林绿化局、北京市花协委托，代表北京市参加2015年香港花展室内展览，并荣获室内布展金奖。9月，参加第四届中国兰花大会室外布展，获得了室外展区的最佳设计奖。参展重点展示室外立体花坛与现代化花艺相应用，并“以花为媒”宣传我区花卉新成果，促进我区花卉产业发展。

【落实农业补贴政策】年内，全区粮食直补、农资补贴 84 438.5 元，其中：粮食直补资金 27 856 元，农资综合补贴资金 48 977.5 元，中央财政良种补贴资金 8 705 元。补贴面积（玉米）870.5 亩，共涉及 6 个村。全区享受基本农田保护补贴面积 7 928.228 4亩，基本农田流转补贴面积12 113.198 7亩，共涉及王佐镇和长辛店镇 14 个村，补贴资金共计 5 197 519.68 元。新购置 4 台 30 马力拖拉机，总金额 113 200 元，享受补贴56 600元。

【无公害认证与标准化建设】年内，共有 7 家无公害认证企业，其中 6 家为市优级标准化蔬菜生产基地，全部位于河西地区，认证面积 77 公顷，包括粮油、蔬菜种类在内的认证产品共 32 个。河东地区的花乡有 1 家市良好级标准化基地。

【农业政策性保险】年内，由人保财险丰台支公司承保花乡和长辛店镇区域，中华联合保险公司承保卢沟桥乡、南苑乡、王佐镇区域。全区政策性农业保险投保总面积 1 818 亩，共涉及 9 个险种，总保费 121.16 万元，区级补贴资金 24.23 万元。

【举办第二十三届北京种子大会】10 月 15—18 日，举办第二十三届北京种子大会，主会场设在大成路九号酒店，分会场设在丰台体育中心、新品种展示基地和鲜食玉米品种展示区。本届大会继续由中国种子贸易协会、北京市种子协会、丰台区种子协会三级协会主办。共举办 8 项主题活动：开幕式、产业论坛、招待晚宴、新品种展示观摩、企业形象展示、现货交易、京津冀沪渝种业成果展、鲜食玉米专场。大会参展企业 800 余家，展示品种 813 个，交易品种 5 000 余个，交易内容涵盖大田类、蔬菜花卉类种子以及农资、机械、农业图书等多个领域，总交易金额估算达 5 亿元。

【农村金融】年内，区内小额贷款公司累计发放贷款 620 笔，金额 24.27 亿元，其中涉农贷款金额 3.26 亿元，占贷款发放总量的 13.43%。重点村项目新增、置换银行贷款累计 58.2 亿元。积极开展“丰台区防范打击非法集资宣传月”“北京市金融安全巡展丰台站”和“打击防范经济犯罪宣传日”等多项金融安全宣传活动，发放宣传品近 11 万份，覆盖全区全部社区村。

村　镇　建　设

【概况】按照城乡一体化的发展要求，加强新型农村社区建设和基础设施建设，继续实施“三起来”工程，开展“减煤换煤、清洁空气”行动，营造优美整洁的环境。

【加强农村社区建设】年内，建立了农村社区建设工作推进机制，选派 8 名熟悉社区建设工作的街道干部到乡镇挂职。在草桥村等 6 个村开展农村社区建设试点，逐步探索规范农村社区建设和管理的模式，并初见成效。积极推进已转居村社区筹建，福海棠社区、双石二社区、大红门锦苑一社区、大红门锦苑二社区、纪家庙社区、丽泽景园社区、西局玉园社区、西局欣园社区等 8 个新建社区已获区政府批复。网格化社会服务管理实现农村地区全覆盖。

【积极推进美丽乡村建设】依据《丰台区“美丽乡村”建设实施意见（2014—2020 年）》（丰新农办发〔2014〕1 号），年内在 5 个乡镇 11 个行政村组织开展美丽乡村创建工作，并顺利通过市级考核验收。李家峪村、魏各庄村进入“北京最美乡村”候选公示阶段。

【积极推进智慧乡村建设】依据“各具特色、多种形式”的原则，加大专项资金支持力度，以信息化为手段推进智慧乡村建设，促进农村产业发展、社会治理、民生改善。年内，启动西局、周庄子、小瓦窑、郭公庄、赵辛店等五个智慧乡村建设试点，主要建设公共服务 APP。

【积极推进基础设施建设】年内，马家堡西路南延等道路竣工，大红门南路、卢沟桥北路、大灰厂搅拌站门前路等道路完成大修，郭公庄、大红门 110 千伏变电站建成。完成大灰厂地区、太子峪地区等 34 条道路养护工作，养护面积 5 万多平方米，投资约 812 万元。在农村地区新建 5 座公厕，大修改造 12 座公厕，改造旱厕 3 座，区财政投资约 360 万元。

【加强中小河道治理】完成小清河（丰台段）、九子河等 11 条中小河道治理主体工程，完成小龙河、佃起河、小清河南北支沟等河道防洪治理，积极推进黄土岗灌渠、水衙支沟 2 条河道治理工作。

【继续实施“三起来”工程】年内，投入 754.91 万元在长辛店镇李家峪村麦秀农业观光园和王佐镇魏各庄村洛平精品采摘园安装 2 座太阳能光伏发电系统，球场灯、路灯、庭院灯 228 盏；投入 48.15 万元在河西两镇为 8 个村安装 LED 节能路灯 450 盏；投入 61.95 万元用于维修维护太阳能路灯。

【积极推进“减煤换煤、清洁空气”行动】年内，全区减煤换煤 5.79 万吨，超额完成市政府下达的目标任务。其中，优质无烟煤订购 3.01 万吨（蜂窝煤 1.02 万吨，煤球 0.2 万吨，块煤 1.79 万吨）；平房拆迁上楼 5 309 户，压减燃煤 1.59 万吨；拆除违建 99.18 万平方米，压减燃煤 1.09 万吨；煤改电 337 户，压减燃煤 0.1 万吨。

【大力推进农村绿化美化工作】完成平原造林 1 050 亩，栽植苗木 29 255 株，其中南苑乡 70 亩，花乡 84 亩，卢沟桥乡 86 亩，长辛店镇 260 亩，王佐镇 550 亩。完成园博绿道建设 64.5 公里，建设总面积 143.67 公顷，其中，绿地面积 125.7 公顷，广场道路铺装面积 17.88 公顷，建筑物占地面积 0.09 公顷。完成公路河道绿化 10 公里、彩叶树种绿化工程 500 亩以及林下经济工程 350 亩。

【加强农村环境综合治理】年内，共整治 12 条农村胡同街巷，规范广告牌匾 49 块，粉饰建筑外立面 14 296平方米，拆除破旧房屋 150 平方米，修整道路 30 268.6 平方米，绿化补植 164 平方米，改造各类管线 1 775.2 平方米，拆除违法建设近百万平方米。

农村改革和管理

【概况】积极推进农村集体经济产权制度改革，加强农村集体“三资”管理，加大对农村财务管理和审计力度，规范合同管理，提高农村管理信息化水平。

【积极推进产权制度改革深化】着力构建适应新常态和城市化进程的新型生产关系，长辛店镇赵辛店村和辛庄、李家峪村分别完成有限责任公司变更、注销；南苑乡、王佐镇基本确定深化乡镇级集体经济产权制度改革方案。

【开展农村土地承包经营权确权登记颁证调研】结合丰台区大部分土地是确权确股并且已经流转到村集体经济组织经营的实际，在市农委的支持下，多次邀请农业部、市农研中心，对我区农村土地承包经营权确权登记颁证工作进行研究探讨；配合市农委完成了土地承包经营权确股不确地课题研究，提出了确股土地确权的建议。

【土地整理与耕地占补平衡】年内，共完成征（占）地 5 宗，审批用地面积 167.893 7 公顷。其中 1 个项目使用耕地 2.122 7 公顷，且实现占补平衡工作。严格农转用审批程序，严格执行土地利用总体规划，分别与丰台区 5 个乡镇人民政府、1 个办事处、2 个国有农场及 36 个村委会签订了耕地保护目标管理责任书，确保全区 2 600 公顷耕地保有量的实现。

【积极调整完善林业用地养护政策】认真贯彻落实北京市《关于完善本市绿化隔离地区和“五河十路”生态林用地及管护政策的通知》精神，结合丰台区实际，制定实施方案。按照“一张图”“一张表”的要求，绘制图表，建立数据库，完善生态林用地合同及管护合同的签订。通过完善政策，年增加补贴收入近亿元，林权收益权得到进一步巩固。

【清理规范农村集体经济合同】年内，共检查乡镇级集体经济组织合同 120 份，涉及合同年租金 3 475万元，合同总金额 5.1 亿元。对被检查单位在机构的设立、制度的建立、程序的履行、文本的规范、台账的建立以及区位价的制定等方面存在的问题进行了反馈。

【积极推进农村集体产权交易】年内，为规范农村集体产权交易，保护集体资产权益，出台了《丰台区进一步规范农村集体经济组织产权交易的实施意见》（丰政办发〔2015〕3 号）。共完成产权交易总额 4.5 亿，占全市产权交易资产类成交总金额的 88%。其中，花乡草桥村欣园二区回迁房底商项目溢价 4.8%，合同期内溢价总额为 1 650 万元；花乡葆台村欣葆家园底商项目交易金额达 8 900 万元。

【稳步推进农村集体财务预决算】年内，出台了《丰台区农村集体经济组织财务预算管理办法（试行）》。选择了 25 个有代表性的村集体经济组织开展财务预决算试点。研发了预决算管理系统，其中单机版已在长辛店镇进行了试运行，网络版已进行了初步测试。

【深入开展“农村集体经济审计年”工作】年内，对 68 个村级组织 2014 年的村级公益事业专项补助资金进行了专项审计，审计金额 2 782.16 万元。完成了 2014 年新型集体经济组织年度专项审计工作，经审计，50 家被审计乡村新型集体经济组织总资产量和净资产增速放缓，但经营效益较 2013 年大幅增长，增长了 86.85%。组织开展了对长辛店镇、王佐镇和宛平城地区办事处三个乡镇的乡级集体经济组织的财务收支审计。加大了农村征地补偿费专项审计工作力度。组织开展了农村审计人员的业务培训。

农 村 民 生

【概况】把改善民生放在更加突出的位置，注重弥补短板，增加公共产品和公共服务供给，促进农民增收，加强新型农民培养，完善农村就业、养老和医疗保障体系，农村民生持续改善。

【农民收入持续增长】年内，农民收入持续增加，农民生活水平不断提高。农民人均所得达到 23 453 元，比上年同期增加 2 106 元，增长 9.9%。其中从集体所得为 17 952 元，比上年同期增加 1 664 元，增长 10.2%，占人均劳动所得的 76.5%，比上年同期上升了 0.2 个百分点，集体所得仍是农民收入的主要来源。

【积极推进经济薄弱村帮扶工作】年内，投入 1 825.8万元支持了经济薄弱村 9 个民生和基础设施项目建设，包括赵辛店村朱家坟菜市场升级改造、大灰厂村、庄户贺照云村道路翻修改造、西庄店村环境综合整治等工程。经济薄弱村农民收入同比增长 11.8%。

【促进农村劳动力就业】年内，农村劳动力全部纳入城镇就业失业管理系统，促进培训、就业、创业的补贴标准进一步提高。将社区公益性岗位政策向农村延伸，开发保洁等公益岗位 1 000 个。将河西地区农村转移就业免费班车线路增至 5 条，日均接驳 1 000 人次。农村劳动力总数为 88 778 人，其中就业人数为 83 025 人，就业率为 93.5%，就业率进一步提高，比上年提高了 0.8 个百分点。在集体就业的有 59 509 人，占就业劳动力的 71.7%，集体安置仍是农村劳动力就业的主渠道，其中在村集体就业的有 56 570 人，占就业劳动力的 68.1%。待业人数为 5 753 人，失业率为 6.5%，比上年同期下降 0.8 个百分点。

【加强新型农民培养】年内，圆满完成区实事中新型农民培养工作任务，共计完成培训 3 278 人，其中引导性培训 1 229 人，职业技能培训 1 083 人，特种作业和特种设备培训 606 人，农村中层管理人员 360 人。

【加强农村文化设施建设】投资 293 万元改造王佐镇综合文化中心，投入 457 万元为长辛店镇东河沿文化活动中心购置设备。为 5 个乡镇拨付文化设施、设备运维专项补助 5 万元。通过基层文化建设“六个十”示范工程，对评选出的村级优秀文化室、图书室、广场给予文化方面资金奖励 8 万元。

【积极开展农村文化活动】2 月，组织开展文化、科技、卫生“三下乡”活动，以文化“六送”到农家为主题，以弘扬北京精神为主线，开展送演出、送图书、送期刊、送光盘、送年画等活动。区文化馆为 5 个乡镇送去文艺演出 5 场、区图书馆为农村地区赠送宣传资料千余份。3—10 月，与中国戏曲学院、中国视协电视戏曲委员会合作，开展“戏曲进社区（村）”活动。4—10 月，开展农村“星火工程”文艺演出 136 场，使百姓在家门口能欣赏到内容丰富、形式多样、自己选择的文艺演出，切实满足广大基层群众多样化的文化需求。5—10 月，“周末百姓大舞台”活动在 5 个乡镇组织了 10 场高质量的文艺演出。

【大力推进教育优质均衡发展】加大农村学校建设力度，推进教育资源均衡发展。中央民族大学附中在王佐地区举办分校，人大附中丰台学校开工建设。落实学前教育三年行动计划，新增 1 200 个幼儿园学位。

【积极推进农村社会保障】年内，继续落实普惠和倾斜补贴政策，城乡居民养老保险参保率达到 98%，6 321 名农民参加城镇职工社会保险。调整社会保障金额度，城乡无社会保障老年居民养老金上调 35 元，达到每人每月 385 元，同比增长 10%；城乡居民基础养老金由每人每月 430 元调整为 470 元，同比增长 9.3%。

【加强农村社会救助工作】年内，农村低保标准为 710 元，农村地区共有低保 213 户、344 人，年救助资金支出 276 余万元。农村五保标准为 1 525.25 元/月。城乡低收入家庭认定标准从家庭月人均 850 元调整为 930 元，全区共有城乡低收入家庭 152 户、363 人。

【积极推进新型农村合作医疗】年内，新农合筹资标准达到 1 420 元/人，其中政府补助提高至 1 040 元/(人·年)，较上年增加 140 元，筹资水平位居全市前列，参合率 99.7%。积极推进“智慧新农合”工作，实现区域内医疗费用即时结算报付。新农合定点医疗机构数量达到 136 家，比上年增加 9 家。

【加强动物防疫】年内，动物诊疗机构 49 家，饲料生产企业 3 家，大中型动物产品经营性冷库 7 家，兽医实验室 1 家，乳制品加工企业 1 家，兽药经营企业 5 家。对高致病性禽流感、口蹄疫、猪瘟、鸡新城疫实施强制免疫，免疫率达 100%。采样 454 份，监测 1 159 项次，检疫净化 3 174 头（只、匹）家畜，全区未发现重大动物疫病阳性病例。累计向各乡镇和养殖场户发放强制免疫疫苗 27 万毫升，防疫物资 1.45 万余件；组织开展养殖场环境消毒、除虫、灭鼠 4 次，发放消毒药 3.3 吨。圆满完成申办2022冬奥会、2015年世界田径锦标赛、纪念人民抗日战争暨世界反法西斯战争胜利70周年大会等重大活动期间，以及全国“两会”，党的十八届五中全会、国庆66周年等重要时期动物卫生安全保障工作。配合公安部门开展无主动物收容。

【行政许可审批工作】年内，共受理办结行政审批事项699件，按时办结率100%。其中动物产品检疫受理办结420件；农业植物的产地检疫及农作物调运检疫受理办结247件；农业机械牌照、驾驶证核发受理办结27件；动物诊疗许可证核发受理办结5件。

【加强农产品质量安全监管】年内，组织执法单位分别开展了“病死动物无害化处理专项整治”“饲料、兽药、农药及肥料等投入品安全监管和专项检查行动”“无公害农产品及地理标志农产品标志使用专项检查”“丰台区2015年农资打假专项治理”等专项行动；共开展执法检查1 079次，出动执法检查人员2 920余人次，检查各类生产与经营单位2 003家次，查获违法农药252.1千克，没收违法所得763元，做出处罚案件10起，处罚款28 600余元，责令改正26起。对经营不规范的单位提出书面及口头警告32个；全面落实产地检疫工作制度，共发放各类检疫证明21.4万份；产地检疫各类动物22 586只，动物产品7.5万吨；共采集饲料、蛋、乳、尿液样本529份，进行三聚氰胺、克伦特罗、莱克多巴胺、等各类检测，经检测全部样本均未发现问题。

【农村法制宣传工作】年内，组织5个基层执法单位、相关乡镇农产品质量安全管理站开展了“3·15”“食品安全宣传周”“农资打假”等宣传活动。共发放宣传手册、宣传材料10万余份。

基层组织与民主政治建设

【概况】继续深化“三级联创”活动，党组织的核心作用进一步强化。深入开展“三严三实”专题教育活动，强化党组织为民务实服务理念。着力加强干部队伍建设，严格落实党风廉政建设责任制。

【加强基层组织建设】继续深化“三级联创”，评选了27个五个好村党组织，加强农村基层党组织党建服务专项经费管理，全面推进农村基层党建创新和服务型党组织建设，完成5个软弱涣散村党组织转化，强化“第一书记”职能作用发挥。

【加强基层干部队伍建设】加强农村基层干部队伍作风建设，深入开展“三严三实”专题教育活动和群众路线教育“回头看”工作。加强农村基层干部人才队伍建设，组织开展了乡镇党委书记、乡镇长和村党务副书记、后备干部等各层次教育培训，首次开展了农村青年人才培训，全年培养、开发农村实用人才69人。

【圆满完成村党组织换届选举工作】65个村党组织全部完成换届选举工作，共选出村级党组织班子成员420人，全部为正式候选人当选，实现“两保持、两提高、两确保、两降低”目标。新一届班子文化水平有所提高，大专及以上文化水平达93%，提高4%，本科及以上文化程度达58.6%，提高4.8%。新生力量扩大化，共92人新进班子。“梯次结构”渐稳固，班子平均年龄45.7岁。下派村党组织书记成为新常态，共10名乡镇机关干部被选为村党组织书记，其中9名为新任，下派干部主要来自乡镇党办、组织部及经济部门，政治素质过硬，作风扎实，被党员群众广泛认可。

【在全市率先实行农村基层干部报告个人有关事项报告工作制度】出台《丰台区关于农村基层干部报告个人有关事项的暂行规定》，在全市率先推行农村基层干部报告个人有关事项。农村基层干部需于每年1月31日前报告上一年度从村集体领取的工资、奖金及承包和使用本村集体土地、借贷村集体资金等事项。报告事项须层层审签，并进行抽查核查，对无正当理由不按时、如实报告和隐瞒不报的依规严肃处理。全区共有754名村“三套班子”成员完成个人有关事项报告。

【加强党风廉政建设】严格落实“三重一大”“四议一审两公开”制度，规范权力运行。严格基层组织公务用车管理，出台了《丰台区农村村级组织公车管理指导意见》。加强反腐倡廉教育培训，组织了800人次的基层干部反腐倡廉专题培训，广泛开展了廉政警示教育。坚持以零容忍态度惩治农村腐败，严肃查处“小官贪腐”案件，全年纪检立案40件，移送司法机关2人。

【加强基层民主政治建设】加强基层民主政治建设，深化乡镇、村党组织书记“联述联评联考”，进一步完善乡镇领导包村制度和“民主日”活动制度。严格落实“四议一审两公开”，推进村务监督委员会规范化建设。

“三农”工作部署和实施

【召开城乡一体化建设工作座谈会】4月28日上

午，区委书记杨艺文主持召开城乡一体化建设工作座谈会，听取了丰台区及各乡镇城乡一体化建设工作情况汇报。区委副书记顾晓园，区委常委、常务副区长刘宇、区政协副主席李新民出席会议。艺文书记指出，丰台区坚持在推进城乡一体化进程中求发展、攻难关、破难题，取得了显著成效。但是，城乡一体化建设任务依然艰巨，需要找准关键点和突破口，力争一举多得解决各方面问题。艺文书记强调，要统筹研究拆迁推进难、产业发展难、农民就业难、财政压力大、村域发展不均衡等城乡一体化面临的难题，尽快明确今后发展方向、路径、方式和目标。要改变解决问题的惯性思维，树立全局意识，敢于担当，做好服务；要做好“十三五”规划编制工作，乡镇规划要与全区规划实现有机统一，村域规划要实现乡镇统筹；要进一步加快城乡一体化进程，统筹各发展阶段政策，深入研究如何平衡政策之间的差异，尽快确定适合我区现阶段情况的政策方案。

【完成人大建议、政协提案办理工作】年内，区农委共承办丰台区人大代表建议 9 件，政协委员提案 4 件，全部按时办结，人大代表和政协委员对办理结果满意率达 100%。

【区农委与区绿指办合并】为整合资源，加快推进丰台区城乡一体化，8 月，区绿指办并入区农委。合并后，农委增加了协调推进重点村建设、河东地区城市化建设等职能。

丰台区领导名录

区委书记　杨艺文（女）

副书记　冀　岩　顾晓园（女）

常委　李　军　刘　宇　钟百利　朱继明　张建国　肖辉利　杨　猛

区人大常委会主任　王苏维

副主任　吕跃进　苗　华（女）　郭振江　李　杜　薛　明（不驻会）

区长　冀　岩

副区长　刘　宇　钟百利　杨　猛　王新元　狄　涛　张　婕（女）　高　峰　吴继东　李　岚（女）

区政协主席　李昌安（侗族）

副主席　李新民　邢方岭　李秀瑛（女）　刘占良（不驻会）　张兆旗（不驻会）　程留恩（不驻会）

区委农工委书记　肖文燕（女）

区农委主任　吴建英

丰台区乡镇党政正职领导

	党委书记	乡（镇）长
卢沟桥乡	李春生	李惠松
花乡	李　智	王世义
南苑乡	王振华	刘永宗
长辛店镇	王　萍（女）	
王佐镇	吴　恒	纪亚辉
宛平城地区	陈　阳（工委书记）	王　华（办事处主任）

（丰台区农委　唐解霞）

门头沟区

综　述

门头沟区辖区总面积 1 448.8 平方公里，其中山地面积占 98.5%，平原面积占 1.5%。全区共有 9 个镇、4 个街道办事处，178 个行政村。2015 年年末，全区常住人口为 30.8 万人，比上年年末增加 0.2 万人，增量较上年减少 0.1 万人。其中，常住外来人口 4.8 万人，较上年末减少 0.1 万人。全区城镇人口 26.7 万人，占常住人口比重达到 86.7%，较上年末增加 0.4 个百分点。从年龄结构来看，0～14 岁、15～64 岁和 65 岁及以上人口比重分别为 11.1%、75.6%和 13.3%。其中 15～64 岁人口比重较上年末下降 0.9 个百分点，65 岁及以上人口比重较上年末提高 0.9 个百分点，呈现老龄化趋势。

全区深入贯彻市委、市政府一系列部署要求，紧紧围绕生态涵养区功能定位，加快推动转型发展，积极推进产业结构战略性调整，扎实促进民生改善，全区经济社会保持健康稳定发展。初步核算，全区实现地区生产总值（GDP）144.1亿元，按不变价计算比上年增长8.6%。全区实现公共财政预算收入26.1亿元，比上年增长18.3%。分产业看，第一产业实现增加值0.8亿元，比上年下降28.3%；第二产业实现增加值69.7亿元，比上年增长8.5%；第三产业实现增加值73.5亿元，比上年增长9.3%。

城乡发展一体化

【概况】初步核算，全区实现地区生产总值（GDP）144.1亿元，按不变价计算比上年增长8.6%。其中第一产业实现增加值0.8亿元，比上年下降28.3%；第二产业实现增加值69.7亿元，比上年增长8.5%；第三产业实现增加值73.5亿元，比上年增长9.3%。三次产业结构为0.6∶48.4∶51.0。居民收支稳步提高，城镇居民人均可支配收入为42 350元，同比增长7.5%。在企业离退休人员基本养老金上调的带动下，城镇人均转移净收入较快增长，全年收入为10 187元，同比增长25.3%，成为拉动城镇居民收入上涨的主要因素。城乡居民人均消费支出为28 364元，比上年同期增长9.1%。从消费结构来看，城镇居民医疗保险消费支出、农村居民交通和通信增长较快，增速分别达到22.3%和43.2%。

【财政收支】全区实现公共财政预算收入26.1亿元，比上年增长18.3%。税收收入完成20.2亿元，同比增长11.8%，其中，实现增值税3.0亿元、营业税8.7亿元、企业所得税2.7亿元，增速分别为3.4%、22.8%、42.9%。非税收入完成5.9亿元，比上年增长48.0%。全区区级政府性基金预算收入完成81.2亿元，同比下降54.9%。全区完成公共财政预算支出93.3亿元，比上年增长35.4%。其中一般公共服务支出6.6亿元，比上年增长21.8%；社会保障和就业支出13.2亿元，比上年增长27.2%；教育支出13.2亿元，比上年增长43.1%；文化体育与传媒支出2亿元，比上年增长2.1%。

【投资总量再上新台阶】全区项目建设地全社会固定资产投资累计完成292.1亿元，比上年增长9.1%。完成城镇投资276.4亿元，比上年增长10.4%，其中房地产投资217.4亿元，比上年增长29.2%。完成社会投资242.4亿元，比上年增长35.7%。完成生态建设投资14.0亿元，同比增长9.2%。

【房地产开发投资持续攀升】全区项目建设地房地产企业完成开发投资额217.4亿元，比上年增长29.2%。房屋施工面积445.6万平方米，比上年增长30.7%。房屋竣工面积59.2万平方米，比上年增长7.2%。商品房销售面积72.1万平方米，比上年增长20.3%，其中住宅销售面积51.9万平方米，比上年下降3.0%。

【社会消费稳步增长】全区实现社会消费品零售额（产业在地口径）57.5亿元，比上年增长8.4%。按限额标准分，限额以上企业及个体实现零售额37.3亿元，比上年增长5.8%；限额以下企业及个体实现零售额20.2亿元，比上年增长13.5%。按行业分，批发业实现零售额1.2亿元，比上年增长11.7%；零售业实现零售额50.8亿元，比上年增长8.5%；住宿业实现零售额1.3亿元，比上年增长6.5%；餐饮业实现零售额4.1亿元，比上年增长7.0%。

【工业下行压力继续扩大】年内，全区规模以上工业实现产值83.5亿元，比上年下降15.2%。实现销售产值76.1亿元，比上年下降9.1%，其中出口交货值实现20.9亿元，同比增长23.5%。都市型工业、现代制造业、高新技术产业和资源型工业分别实现产值5.7亿元、44.8亿元、74.0亿元和25.2亿元，分别比上年下降28.8%、12.9%、13.7%和17.4%。从行业来看，纺织业、煤炭开采和洗选业降幅较大，同比分别下降46.5%和14.4%。从长期来看，门头沟区通用设备制造业发展前景较好。

【建筑业】全区有资质的建筑业企业实现建筑业总产值92.6亿元，比上年增长9.7%。其中，建筑工程产值90.5亿元，比上年增长9.6%，安装工程产值2.1亿元，比上年增长15.0%。房屋建筑施工面积268.1万平方米，比上年增长1.1%，房屋建筑竣工面积76.2万平方米，比上年增长65.2%。

【交通运输业】年内，全区运输企业拥有货运车辆5 400辆，客运车辆882辆。货运量769万吨，货运周转量23 698万公里；客运量15 950万人次。

【邮电业】截至年末，全区共有邮政局所17处，其中局1处，支局6处，所10处。全年邮政业务总量6 678万元，通信业务总量7 404万元，出口函件416万件，包件4万件，汇票1万张，报纸累计数1 004万份，杂志42万份，特快专递3万件。

农村经济发展

【概况】全区农村经济总收入实现96亿元，比上年同期的90.8亿元增加5.2亿元，增长5.7%。全区农林牧渔业总产值初步预计为24 146.4万元，同比下降31.7%。其中，农业产值为9 740.5万元，同比下降10.3%；林业产值为4 007.7万元，同比下降58.9%；牧业产值为9 515.7万元，同比下降31.3%；农林牧渔服务业产值为882.5万元，同比增长2.0%。

【持续推动农游融合发展】全区观光休闲农业运行良好，观光园和民俗旅游共接待游客118.9万人次，同比增长3.7%；实现总收入11 199.8万元，同比增长3.8%。其中，观光园实现收入4 672.6万元，同比下降6.5%。民俗旅游实现收入6 527.2万元，同比增长12.7%。

【水果产量稳定增长】年内，全区园林水果产量2 809.6吨，比2014年的2 768.1吨增加41.5吨，增长1.5%。园林水果产值为4 615.8万元，同比下降7.9%。园林水果产值下降的主要原因是葡萄和樱桃产量的下降。葡萄产量同比下降16.2%，葡萄大镇斋堂镇部分村葡萄遭遇病虫害，产量下降严重。樱桃产量同比下降28.4%，在开花坐果期，遭遇大风，吹掉部分花蕾，全区樱桃主要产地均有不同程度的减产。2015年年末，门头沟区果园面积20 333亩，比2014年的21 657亩减少1 324亩，下降6.1%。其中：苹果园面积3 684亩，增加200亩；梨园面积4 278亩，减少179亩。2015年年末，实有零星果树数量52 283株，比上年58 200株减少5 917株，下降10.2%。果园面积和果树数减少的主要原因是城市化建设用地，部分村拆迁征地，导致果园面积有所减少。

【积极发展景观农业】采取“先种后补”“全程监理”方式，在清水镇、斋堂镇景区周边、国道沿线集中连片地块，种植以万寿菊、百日草、波斯菊、硫化菊、鸡冠花等5种景观植物1 560亩。集中展现出了多彩沟域效果，吸引了各界游人休闲观光，聚集了旅游文化休闲主导产业发展人气，实现了经济效益和景观效益的双丰收。

【养殖产业逐步规范化标准化】投资150万元，完成2个养殖场规范化标准化建设，包括安装自动料线、更换网床、棚舍消毒池及紫外线消毒灯、解剖室、兽医室、水帘、办公室、饲料加工车间等标准化建设。投资100万元，对3个养殖场实施包括雨污分离，建设污水管道、污水池、污物堆积池，完善厂区消毒等设施内容的污染源治理工程。

【开展农业服务下乡入户】组建义务送种服务队，根据农户预定品种和数量，集中安排车辆、人员配送，及时将包括玉米、花生、黄豆、红小豆、绿小豆等10多个春耕优质品种配送至各镇。累计配送种子8 000多千克，惠及9个镇。实施农机补贴工作，发放30马力拖拉机6台，发放田园管理机14台。发放生物农药3 450千克，补贴有机肥3 000吨。维护太阳能路灯2 143盏。其中，更换电瓶993块、控制器466个、光源1 325个、其他（太阳能电池板、灯头等）62个，路灯完好率在98.5%以上。

【扎实做好基层农业技术推广】年内，建立金银花种植基地2处，分布在清水镇和潭柘寺镇，培育示范户100户。为全区147名全科农技员配备了农技员工具箱，组织了使用培训。针对不同农时做好应时应季培训，及时解决农民生产中遇到的各种问题，累计展开各种实用技术培训73次，培训农民2 000余人次。积极推动新型职业农民培育工作，持续培养一批素质优良的现代农业劳动者，为本市都市型现代农业和新农村建设提供人才支撑，完成100人培训目标。

【重大动植物疫病防控】年内，完成15次集中强制免疫，累计免疫各种畜禽63.7万头（只、次）。完成羊布鲁氏杆菌病普检工作，并以辖区有养羊存栏村100%的覆盖率进行采血检测。发放狂犬病疫苗8 500头份，犬免疫标识8 500个。共采集血样等1 538份，检测样品3 216份，总体合格率达到80%以上。共对121个养殖场户开展392次流调工作。发放消毒药1.7吨、口罩2 275只、手套1 850副、防护服395套、护目镜425个、喷雾器83个及注射器等物资。发放《北京市动物防疫条例》、狂犬病主题宣传折页等宣传材料2 500余份。完成4 000亩豚草防除工作，42 100亩农区灭鼠工作。

【落实惠农政策补贴】年内，全区申报玉米粮食直补及农资综合补贴面积为6 320.7亩，粮食直补资金202 262.4元、农资综合补贴资金347 638.5元，合计549 900.9元；申报中央农作物良种补贴面积为6 320.7亩，中央农作物良种补贴资金63 207元；申报生态补贴面积为8 866.64亩，补贴资金310 332.4元。同时，制定《门头沟区2015年菜田补贴实施方案》，在全区范围内，对纳入基本菜田信息系统的蔬菜生产地块按照露地菜田450元/亩，设施菜田650元/亩的标准补贴。

【加强优质农产品标准化生产】年内，有6个无公害产品处于认证程序中。截至目前，全区已有14个农产品生产基地被评为市级“菜篮子”优级标准化基地。累计完成农产品认证共计37个，其中，无公害4个，绿色产品2个，有机31个，农产品地理标志2个。

【加大对进京路口检查及对责任主体监督】全方位推进运输检疫监管，加强产地检疫许可宣传培训，立案查处违法案件2件，完成动物产地检疫动物160.93万头（只），动物产品2.21吨，检查过境动物2.84万头（只），检查消毒过境运输动物及动物产品车辆602车次。深入推进畜牧兽医精细化管理工作，针对全区5类60家动物卫生社会责任主体，共开展动物卫生监督执法93次，检查各类场所234场次，出动执法人员324人次，保障畜禽及禽畜产品质量安全。

【开展无主动物收容】依法同辖区5家动物诊疗机构签订《门头沟区无主动物收容暂存场所委托协议》，发放登记表，开展相对人培训，并提供收容暂存工作所需笼具、饲料用品及相应标志，公示收容举报电话。

【强化植物疫病防控】落实重大虫情监控、病虫测报、植物检疫等植保工作措施，未发生重大病虫害；完成4 000亩豚草防除工作，并进行了三裂叶豚草锈菌侵染循环试验；完成42 100亩农区灭鼠工作。

【开展农产品质量安全现场检查及样本检测】持续强化区镇两级农产品质量安全体系建设，实现对监管主体市、区、镇三级检测的全面覆盖，农产品质量安全抽检合格率持续位居全市前列。年内，完成快速检测样本量10 000个，定量检测样本量320个。区级监管部门到生产单位（农户）进行现场检查390人次，对95家重点监管对象检查覆盖率达到100%。

【积极开展渔业放流工作】年内，向珍珠湖、斋堂水库增殖放流32万尾鲢、鳙、草、青鱼种。进一步补充和恢复了增殖水域的水生生物资源群体，改善了种群结构，有利于维护生物多样性。

【旅游收入稳步增长】实施国家步道、交通服务站、旅游港湾等一批项目，完成潭戒景区整体修复，推出南石洋大峡谷、定都峰等一批景区，精品旅游村、旅游户建设和古村落保护开发成效明显，爨底下等10个村成为中国传统村落。持续推进农游融合，重点培育以玫瑰产业为代表的景观农业。2015年全区乡村旅游累计接待游客303万人次，实现旅游综合收入18.85亿元，与上年同期相比分别增长2.1%和5.6%。其中住宿业实现营业收入1.7亿元，比上年下降7.2%；旅游景区实现营业收入2.6亿元，比上年下降0.7%；旅行社实现营业收入2.6亿元，增长1.7%；旅游餐饮实现营业收入2.2亿元，增长8.4%；旅游商业实现营业收入6.3亿元，增长8.4%；旅游交通实现营业收入2.2亿元，增长22.5%；乡村旅游实现营业收入1.1亿元，增长3.8%。

【民俗旅游】截至年末，全区实际经营的观光园为66个，民俗旅游农户1 079户，全年共接待游客118.9万人次，实现经营收入1.1亿元。

【金融业】截至年末，金融机构存款余额达到571.2亿元，比上年末增长19.8%，其中单位存款314.4亿元，比上年末增长32.8%，个人存款256.8亿元，比上年末增长6.9%。全区金融机构贷款余额96.4亿元，比上年末下降12.9%。其中，短期贷款19.8亿元，比上年末下降8.6%，中长期贷款76.6亿元，下降14.0%；对公贷款66.1亿元，下降25.0%，个人贷款30.3亿元，增长33.9%。

村镇建设

【概况】小城镇发展模式不断创新，推动一批重点镇与大企业合作，潭柘寺镇与京投公司、斋堂镇与华侨城集团、军庄镇与万科集团陆续开展战略合作，着力打造风貌统一、功能齐备、宜居宜业、各具特色区域节点。新型城镇化建设步伐进一步加快，“一事一议”项目投入力度逐年加大，累计创建市级美丽乡村28个。扎实推进险村搬迁工程，涌现出“法城模式”“东马模式”“炭厂模式”等先进典型，为相关村提供了参考样板。全区生态环境持续改善，成为国家可持续发展实验区，国家生态文明示范区、水生态文明试点城市创建工作全面推进。完成压减燃煤、节能减排任务，万元 GDP 能耗累计下降 32.8%，PM2.5 年均浓度同比下降 6%。全区森林覆盖率、林木绿化率分别达到 41.18%、64.27%，城市人均公共绿地面积提升到 33 平方米。

【生态环境得到新巩固】生态环境质量得到持续提升，区域可持续发展能力不断增强。累计完成 2014、2015 两年的国家级公益林管护工程 2.86 万亩。完成玫瑰栽植 5 000 亩。完成 13 平方公里废弃矿山修复，实施京津风沙源治理 28.35 万亩，建成生态清洁小流域 40 条，治理中小河道 40 公里，新改建城市公园和集中绿地 43 个，滨水山城和百里画廊初步形成。落实清洁空气行动计划 64 项重点任务，累计压减燃煤 8.5 万吨，送气下乡、优质燃煤实现全覆盖，完成 5 个镇共计 12 个村庄“煤改电”工作，受益群众达 3 167 户。据区环保局监测数据显示，由燃煤产生的二氧化硫由 2013 年的 24.6 微克/立方米下降到 2015 年的 11 微克/立方米。

【沟域经济建设】近年来，全区坚持生态优先、高端低碳，突出特色、富农惠农，政府主导、市场运作等项原则，采取政策集成、资金聚焦等项措施，积极引进社会资本参与沟域开发，每年有计划地打造一条重点特色沟域。目前，我区清水镇达摩沟域、雁翅镇田庄沟域、妙峰山镇玫瑰香谷沟域等一批重点沟域已取得了一定成效。

【险村险户搬迁】全区计划的 39 个搬迁村，5 个村已竣工陆续入住，21 个村开工建设，其中 7 个村主体已接近完工，10 个村正在制定方案和编制规划设计，3 个古村落正在调整方案。

【小城镇建设加快推进】采取“一镇一企”模式，加快重点镇建设，潭柘寺镇、斋堂镇、军庄镇分别与京投银泰、华侨城、万科等大型集团开展战略合作，镇域整体开发建设有序推进。

【美丽乡村】全区 8 个镇 28 个村已通过美丽乡村验收。现有中国传统村落共计有 10 个，占全市 3/5，分别是斋堂镇爨底下村、灵水村和龙泉镇琉璃渠村。

【林地保护工作】1 月 6 日，门头沟区园林绿化局结束了在全区范围内组织开展为期一个月（2014 年 12 月起）的非法侵占林地清理排查专项行动。共排查地块 175 块，其中卫片线索 166 块，现场线索 9 块。发现有工程立项但未办理过征占用林地许可的地块 17 个，涉嫌违法侵占林地地块 27 个；已立案处罚 12 件，刑事拘留 14 人，行政处罚 2 人。

【森林防火指挥中心建设】1 月 14 日，门头沟区园林绿化局建成森林防火预警指挥监测系统，森林防火指挥中心投入使用，共完成新建森林防火基站 50 座，升级改造老基站 21 座，安装防火宣传牌 110 块。

【公益林管护】4 月 1 日，市园林绿化局生态林建设管理办公室带领市级核查验收小组，到门头沟区实地抽查小龙门林场、清水镇和斋堂镇的七个作业小班，抽查面积共计 128.87 公顷。抽查地块全部符合工程建设标准，通过 2013 年度国家级公益林管护工程市级核查验收。

【义务植树工作】截至 4 月 20 日，区绿化委员会办公室共接待社会单位、个人参加义务植树活动 2 300余人次，植树 3 300 株，植树面积 4 公顷；抚育活动 570 余人次，抚育树木 2 000 余株。

【野生动物保护】就潭柘寺、永定、妙峰山、王平、雁翅、斋堂、清水等 7 个镇的农作物和家禽受到野猪和猛禽等野生动物不同程度的破坏进行统计，共造成损失 57.721 8 万元。4 月 22 日，统一进行了补偿款发放，累计补偿农户资金 46.177 3 万元。

【古树名木保护】年内，全区共有军庄、斋堂和妙峰山三个镇四个村发生古树维护费用，涉及砸房修缮费和古树断枝清理费共计 9.578 万元，全部补偿到位。

【平原造林工程】截至 5 月 15 日，春季林木养护工作已全部完成，主要涉及 5 个乡镇，养护面积 173.94 公顷，已完成浇水 167.94 公顷，补植补造株树 13 915 株，修枝整形株树 9 562 株，垃圾清理 31 处共计 2.01 吨，树木涂白 7 765 株。

【玫瑰花示范工程】截至 6 月 17 日，玫瑰花示范工程全面完工，总面积 28.89 公顷，共铺设 2 米路 3 767米、4 米路 5 141 米，围砌挡墙 1 707 延米，种植玫瑰 187 522 丛、月季 284 218 株。

【公园环境治理】6 月 19 日，园林绿化服务中心积极协调城管、工商、药监、安监、质监以及公安等单位，集中对永定楼周边商贩占道非法经营进行集中整治。联合执法队共分为八组，其中七个执法小组分别对永定河公园的七个入口进行实时监控，第八执法小组在公园内巡逻检查。执法时间集中在 16：30 至 20：30，每天出动执法人员 50 人。

【林下经济】7 月 9 日，北京灵之秀文化发展有限公司通过国家林业局的审批，成为区第一个国家林下经济示范基地，也是北京市首批七个示范基地之一。

【有害生物防治】 8月18日，区夏季林业有害生物飞防工作圆满结束。此次飞防50架次，重点区域是永定镇和潭柘寺镇，莲石路、滨河路、109国道、108国道、六环路等重点公路两侧的绿化带，防治面积达2 000余公顷。

【京津风沙源治理工程】 11月26日，全区累计完成京津风沙源治理造林工程1.89万公顷，累计总投资21 260万元，涉及全区9个镇和5个林场。其中人工造林0.38万公顷，爆破造林173.33公顷，封山育林1.39万公顷，低效林改造0.11万公顷。

【公园绿地养护】 年内，门城地区公共绿地养护管理总面积达到363万平方米。各公园全年累计出动检查车辆1 000次、人员2 200人次，补植苗木4 307株，补植草坪15 560平方米，维修配套设施200余处，清理垃圾、小广告等545处。

【创建工作】 年内，创建首都绿色村庄4个、花园式社区2个、花园式单位3个；完成村庄绿化57.53公顷，涉及全区69个村，其中：沟边绿化9.66公顷、路边绿化17.17公顷、河边绿化11.31公顷、村边绿化9.97公顷、庭院绿化4.87公顷、其他绿化4.55公顷。

【退耕还林】 年内，累计建设四个退耕还林成果观光采摘园，完成退耕还林钱粮兑现工作，兑现退耕还林补助资金70余万元。

【应急救援】 年内，门头沟区应急救援大队各种执勤活动35余次，累计出动人员3 115人次，动用车辆477台次。全年共接警96次，出现场85次，其中扑救大小山火56起，扑救民房及其他着火10起，野生动物救助19起，累计出动人员1 588人次，动用车辆192台次。

农村改革与管理

【概况】 全面推进农村"新三起来"建设，强化农村集体"三资"监管，夯实农村经管工作基础。在全国率先实现农村集体资产信托化经营管理，探索出一条新时期农村集体资产经营管理的创新发展之路。几年来，组织实施六批"富民系列"资金信托项目，涉及全区4个镇45个村，惠及农户26 417人，投入资金21.176亿元，每年信托收益1.89亿元。建立农村产权交易平台，农村土地及实物资产纳入平台进行交易，确保农村集体资产对接优质资源、实现保值增值。已组织实施6批50个项目，涉及土地类38项、资产类12项，涵盖全区7个镇35个村，35个项目实现签约，成交总额达到1.1亿元。同时，强化农民专业合作社指导服务工作，将农民组织起来共同探索致富道路。

【农村产权交易】 年内，共组织实施4批、29个项目，涉及土地类24个、资产类5个，涵盖清水、斋堂等7个镇21个村，25个项目实现签约，成交总额达到5 932万元。

【"富民系列"资金信托】 年内，实施"富民8号"和"富民11号"资金信托，信托期限均为两年。其中，"富民8号"资金信托年收益率为8%，涉及资金3 400万元；"富民11号"资金信托年收益率为8.5%，投入信托资金3.47亿元，每年可获收益2 950万元，两年期总收益5 900万元。

【农民专业合作社】 年内，完成农民专业合作社联合会工商登记、账户设立等各项手续，组织召开理事会研究确定规章制度、人员分工等；组织申报并获评市级农民专业合作社示范社8家；完成19家合作社挂牌及制度上墙等工作。

【"三资"监管平台】 年内，共查看850个村次、22 223笔账目，向镇、村发出预警72次，涉及金额1.14亿元。

【"三资"监管常态化】 年内，完成90个村的"三资"监管定期检查工作。

【村干部任期和离任经济责任审计】 年内，完成9名离任村干部经济责任和4名拟转任公务员村干部的审计工作。

【农村集体经济审计】 年内，完成5个镇41个村征地补偿费的收入、管理和使用情况的审计工作。

【村级财务公开情况】 年内，抽查65个村的村级财务公开情况。

【农村集体经济合同租金催缴】 年内，开展农村集体经济合同租金催缴工作，收缴合同租金共计142.37万元。

【农民负担监督管理执法检查】 年内，按照市农村负担监督管理领导小组办公室的统一部署，组织开展春、秋两季农民负担监督管理执法检查工作。

【低收入农户监测】 年内，全区10 977户低收入农户全部脱贫，人均可支配收入实现11 372元，比上年同期的10 397元增加975元，增长9.4%，高于全区人均所得增长率2.8个百分点。

【农村管理信息化】年内，完成 2014 年度 8.2 万人、4.2 万个劳动力、2.7 万份家庭资料数据、专项补贴和 186 个村社会综合管理库的数据更新工作。

【培训工作】年内，举办农村“三资”管理、财务基础知识、村级管理信息化等各类培训班共 23 期，培训 900 余人次。

农　村　民　生

【概况】2015 年，全区农村经济总收入实现 96 亿元，比上年同期的 90.8 亿元增加 5.2 亿元，增长 5.7%。全区农民人均所得实现 14 581 元，比上年同期的 13 680 元增加 901 元，增长 6.6%。在“十二五”监测周期内的全区 10 977 户低收入农户全部脱贫，人均可支配收入实现 11 372 元，比上年同期的 10 397 元增加 975 元，增长 9.4%，高于全区人均所得增长率 2.8 个百分点。全区农村居民人均可支配收入为 20 167 元，比上年增长 8.2%，其中人均工资性收入为 13 938 元，同比增长 7.0%，占农村居民人均可支配收入比重达到 69.1%，拉动农村居民人均可支配收入增长 4.9 个百分点。

【低收入农户集中在深山区】根据北京市“十三五”期间低收入农户人均可支配收入低于 11 160 元认定标准，经过前期调查摸底，全区“十三五”期间共有低收入农户 8 077 户，15 617 人，分别占全区农户总户数和总人数的 32.1%和 34%。低收入农户分布在 8 个镇，134 个村。其中，深山区清水、斋堂、雁翅三镇 6 157 户，占低收入农户总数的 76.2%；浅山区妙峰山、王平、军庄、潭柘寺四镇 1 859 户，占低收入农户总数的 23%；门城地区龙泉镇 61 户，占低收入农户总数的 0.8%，永定镇无低收入农户。

【劳动和社会保障】截至年末，城镇登记失业率为 3.8%；5 213 名城镇登记失业人员实现就业，年末实有城镇登记失业人员 3 434 人。全区养老、失业、工伤、医疗和生育保险参保人数分别比上年增长 2.2%、1.4%、3.3%、0.6%和 1.8%。城乡最低生活保障应保尽保，城镇、农村居民最低生活保障人数分别达到 6 082 人、1 941 人，农村五保户人数为 323 人。

【卫生事业】2015 年年末，全区共有医疗卫生机构 118 个，其中医院 13 个。医疗卫生机构实有床位 2 858张，其中医院 2 413 张。全区卫生技术人员达到 3 367 人，其中执业医师 1 064 人，执业助理医师 98 人，注册护士 1 439 人。全区卫生医疗机构总诊疗量 294 万人次，出院人数 31 841 人。

【文化事业】2015 年年末，门头沟区现有 221 个村居文化室。全年共开展星火演出、周末场演出、百姓周末大舞台等不同形式的公益演出 604 场，受众 10 万余人。下乡下基层辅导演出 70 余场，为镇街、村居、机关、学校、部队、敬老院、工地更新、配送图书 1 万余册，放映数字电影 1 万场。图书馆馆藏总量达到 85.6 万册，当年新购入图书 10.9 万册，办证 997 个，流通读者 13 603 人，馆舍面积 1 355 平方米。全区共有重点文物保护单位国家级 5 个，市级 8 个，区级 71 个。

【体育事业】2015 年年末，全区有各类体育健身场地 10 个，其中体育馆 1 个、游泳场馆 4 个、各种训练房 5 个。全区有等级裁判 635 人，其中国家级 5 人、一级 71 人、二级 559 人。全年组织区级比赛 49 次，参赛人数 10.1 万人次；参加市级比赛 20 项，共获金牌 52 枚、银牌 45 枚、铜牌 58 枚；向上一级体校输送优秀运动员 3 人。

【科学技术】2015 年，门头沟区组织各级科技项目 18 个。其中区级科技计划项目 7 项，市级科技计划项目 10 项，国家级科技计划项目 1 个。培训农村实用人才 100 人次，技术合同成交金额 0.6 亿元，认定高新技术企业 18 家，申请专利 300 项，授予专利 235 项。全区科技经费筹集总额 2 761.3 万元，科技经费支出总额 2 749.1 万元。

【教育事业】年末全区共有幼儿园 33 所，班数 218 个，全年入园（班）人数 2 418 人，在园（班）幼儿 5 943 人，离园（班）1 521 人，教职工 923 人，其中专任教师 528 人。小学学校 22 所，班数 381 个，毕业生 1 549 人，招生数 2 223 人，在校学生数 11 747 人，教职工 1 140 人，其中专任教师 881 人。高中阶段学校 6 所，其中普通高中 4 所，毕业生数 733 人，招生数 846 人，在校学生数 2 311 人；职业高中 1 所，毕业生数 142 人，招生数 90 人，在校学生数 151 人。初中阶段学校 11 所，毕业生数 1 531 人，招生数 1 446人，在校学生数 4 605 人。全区中考及格率达到 89.55%，优秀率达到 43.39%。全年专科毕业 202 人，本科毕业 217 人。全年参加岗位培训、技术培训 25 618 人次。

基层组织与民主政治建设

【概况】年内，全区组织工作在区委的坚强领导下，充分发挥区委党建工作体系统筹协调作用，严格贯彻落实中央、市委和区委各项决策部署，坚持围绕中心、服务大局，从全区阶段性发展需求出发，以“三严三实”专题教育为契机，严格落实全面从严治党各项要求，着力把最讲认真贯穿到全区领导班子和干部队伍、基层党组织和党员队伍、人才队伍建设以及组织系统自身建设各个方面，努力为推动全区经济社会转型发展提供了坚强组织保障。

【推行镇党代会年会制工作】1—2月，全区9个镇陆续召开了镇党代会年会，共计862名镇党代表参会，占实有镇党代表总数的89.79%，非镇党代表的镇领导班子成员、镇机关中层以上干部、所属事业单位主要领导成员、所辖村（社区）“两委”班子主要领导成员及部分一般干部群众代表395人列席了各镇党代会年会。各镇共收到提案29件，确立16件；根据工作需要，各镇共补选党委委员9名，纪委委员1名。2月10日，中组部、市委组织部领导全程参加并现场指导了王平镇党代会年会，对年会的组织给予了高度评价。

【开展2014年基层党建工作述职评议考核工作】1—3月，组织全区各级党组织开展基层党建工作述职评议考核，共有289名党组织书记通过集中述职、书面述职等多种形式进行了述职，并接受上级领导、班子成员、党建领导小组成员、“两代表一委员”代表以及基层党员干部和群众代表的评议。1月20日，召开2014年门头沟区镇（街道）、系统党（工）委书记抓基层党建工作述职评议考核会。会上，各镇（街）党（工）委书记及区直机关工委、区委教工委、区国资委党委书记共16人进行了述职并接受评议，区领导韩子荣、张贵林、付兆庚、陈国才、丁勇、赵潮英、张永、彭利锋、郑伟革同志出席会议，区委党建工作领导小组成员、区“两代表一委员”代表及基层党员干部群众代表参加了会议。2—3月，各镇党委分别召开述职承诺大会，全区175名村党组织书记进行述职并接受评议；同时，区直机关工委、区委教工委及区委卫计工委分别召开述职评议会，组织下属基层党组织书记向党（工）委委员、党员和群众代表述职并接受评议。

【开展党的群众路线教育实践活动整改落实情况“回头看”工作】1月15日，下发《关于对教育实践活动整改落实情况进行“回头看”的通知》（门群办发〔2015〕2号），组织全区各单位对照市委和区委关于认真落实整改任务的要求，对照领导班子整改方案、整改落实台账和领导干部整改措施、整改清单，检查领导班子和领导干部整改落实情况，对整改落实的进展、效果和存在问题进行全面深入的“回头看”。4月28日，召开全区党的群众路线教育实践活动整改落实专项检查动员部署会，部署全区教育实践活动整改落实专项检查工作，区领导韩子荣同志出席会议并讲话，各专项检查组组长及成员、各单位主要领导参加了会议。4月底至5月中旬，区委派出6个专项检查组，对全区各单位教育实践活动整改落实情况进行专项检查。

【完成社区“两委”换届选举工作】社区“两委”换届于3月启动至7月底结束，门头沟区共有118个社区，116个社区党组织，参加社区党组织换届选举的社区93个，参加社区居民委员会换届选举的社区77个，社区党组织和社区居民委员会同步换届的社区76个，共选举产生社区党组织成员299名，其中社区党组织书记93名，副书记72名，支委134名；选举产生社区居民委员会成员443名，其中社区居民委员会主任77名，副主任77名，委员289名。4月18日，召开社区党组织和社区居民委员会换届选举工作动员大会，区领导韩子荣同志出席大会并讲话，区领导丁勇、李昕出席会议。7月29—31日，举办了全区社区党组织书记、居委会主任培训班。

【做好区派村党组织“第一书记”工作】5月，向全区下发《关于面向优秀党员干部选拔第三批村级党组织“第一书记”的通知》（门组发〔2015〕6号），经过资格审核、面试、业绩报告评价等环节，从16名报名人员中最终确定了5名正科级干部入村担任“第一书记”，进一步充实了农村基层干部队伍的力量。7月22日，召开全区区派村党组织“第一书记”座谈会，区领导丁勇同志出席会议并讲话，区委组织部、区委农工委等单位相关领导、各镇党委副书记、各派出单位主管领导及全体区派村党组织“第一书记”共计50余人参加了会议。会议简要总结了选派“第一书记”工作开展情况，宣布了“第一书记”调整和选派方案，并部署了下一阶段工作安排。11月5—6日，举办全区村党组织“第一书记”培训班，组织5名市派村党组织

"第一书记"和 15 名区派村党组织"第一书记"，围绕农村党建创新、农村产业发展等内容开展了课堂讲解、参观考察及座谈交流等培训活动。

【举办全区党员发展对象示范培训班】 6 月 12 日，举办全区党员发展对象示范培训班，对全区 419 名党员发展对象进行了为期一天的集中示范培训，进一步提升党员发展对象综合素质，提高发展党员质量。

【纪念反法西斯战争胜利 70 周年系列活动】 7 月 7 日，组织 500 余名党员、团员、少先队员在雁翅镇田庄村中共京西第一党支部开展了"重温入党（团、队）词重走抗战路"门头沟区纪念中国人民抗日战争暨世界反法西斯战争胜利 70 周年党团队员集体宣誓活动。

【建设科级干部选拔任用记实监督系统】 8 月 10 日，与北大软件公司签订《门头沟区科级干部选拔任用记实监督系统技术开发合同》，开始建设"记实监督系统"。"记实监督系统"记实系统包括干部信息管理、职数管理、记实监督、综合统计查询等功能，对干部选拔任用各个环节的主要工作和重要情况进行记实记录，能够客观反映选人用人全过程和相关责任主体履职情况，为开展选人用人监督检查和实行责任追究提供重要依据。5—8 月，区委组织部、区人保局对科级干部的选拔任用流程进行系统梳理，确定了动议、民主推荐、考察、讨论决定、任职等各重要环节需要记实的内容，形成了《门头沟区科级干部管理系统需求规格说明书》。"记实监督系统"预计 2016 年 4 月建设完成，2016 年上半年在全区范围推广使用。

【顺利完成村党组织换届选举工作】 9—12 月，门头沟区 175 个村级党组织全部参加并顺利完成了换届选举工作，共选举产生新一届村党组织委员 616 人，其中，党组织书记 175 人，副书记 16 人，其中专职副书记 10 人。9 月 28 日，召开 2015 年村党组织和村民委员会换届选举工作动员大会及培训会，对村党组织换届选举工作做出全面部署，区领导韩子荣同志出席会议并讲话，付兆庚、丁勇、张永、李昕出席了会议，区村党组织和村民委员会换届选举工作领导小组成员、领导小组办公室及相关工作组成员、各镇党委书记、副书记及相关负责同志共 130 余人参加了会议。10 月 28 日，召开 2015 年全区村"两委"换届选举工作专题会，会议听取了各镇村"两委"换届工作进展情况的汇报，区选办对联审工作方案及防止贿选方案进行了部署，与会相关单位围绕相关事项进行了研讨。区领导韩子荣出席会议并讲话，付兆庚、丁勇、郑伟革同志出席了会议，区村"两委"换届选举工作领导小组相关成员单位负责同志及各镇党委书记参加了会议。10 月中旬至 11 月底，开展 2015 年村党组织换届选举集中宣传月活动，通过开辟一批宣传专栏，创作一批文艺作品，发放一批宣传材料，开展一轮巡回宣传，组织一次廉政教育等"五个一"系列活动，使换届选举政策纪律人人皆知，努力营造村党组织换届选举风清气正的良好氛围。

【顺利完成党内统计工作】 12 月，开展 2015 年度党内统计工作，截至 12 月 31 日全区共有党员 33 839名，基层党组织 1 268 个，其中党委 71 个、党总支 41 个、党支部 1 156 个。

"三农"工作部署和实施

【召开全区农村工作会】 5 月 5 日，区农村工作会召开。区四大部门领导韩子荣、张贵林、罗斌、张冰、付兆庚等同志，各镇领导班子、农民专业合作社市级示范社负责人，各村党组织书记、村委会主任、区派第一书记参加会议。会上，付兆庚同志宣读了关于表彰 2014 年度先进基层党组织与优秀农民专业合作社的决定。张永同志作题为《主动适应新常态　加快建设新农村　全力推进农业现代化新征程》的工作报告。

【清洁空气行动】 在实现全区减煤换煤全覆盖的基础上，2015 年继续提升"减煤换煤"工作，完成妙峰山镇下苇甸、南庄、桃园三村 1 019 户取暖"煤改电"改造工程，水峪嘴村 321 户 555 人享受到燃气供暖。完成新增减煤换煤 1.3 万吨的任务。同时鼓励各村积极使用新型清洁能源替代燃煤采暖，倡导创建无煤村。一是设立新型能源试点村或户。在清水镇杜家庄村、斋堂镇高铺村针对相变储能热库、直热式、储能式电暖气等 4 种电取暖设备进行试点试验。在王平镇东马各庄村建立空气源热泵试点，并连续两年监测了采暖数据。二是加大调研监测力度。采取监测采暖供热数值和消费支出情况与群众反映相结合方式，摸清底数情况，总结清洁能源替代值得推广的经验。三是提前应对市场价格变化，调整型煤售价，挤压劣质燃煤市场。球形煤：1 430 元/吨，蜂窝煤：1 120 元/吨，分别下降到 990 元/吨、1 090 元/吨。销售给农户价格为

400元/吨、500元/吨，财政补贴590元/吨。作为原产煤大区，为首都清洁“减煤换煤，空气行动”做出了贡献。

【农村实用人才培训及获奖情况】年内，累计举办各类培训班12期近800人余次，其中农村“两委”干部培训3期159人次，农村实用人才培训9期600余人次。雁翅镇寇红艳获得第四批“北京市有突出贡献的农村实用人才”。北京山茶文化科普旅游创意园建设项目获此殊荣和资金奖励5万元。军庄镇《调整人才培养方向 培育新的经济增长点》苗芽菜种植项目被评为2015年度北京市农村实用人才工作创新项目二等奖，王平镇《老乡亲艺术团唱响和谐之声》被评为2015年度北京市农村实用人才工作创新项目三等奖。

【工作创新】年内，共获得“农作物秸秆禁烧与综合利用”奖励1项、“农民体育健身运动展示”奖励1项、“区级创新项目”奖励8项（分别是：控制劣质煤探索新能源项目、探索六个创新推进险村险户搬迁项目、金融服务农村产业项目、精准帮扶项目、专业合作社培养农村实用人才项目、潭柘寺镇王坡村发挥帮扶资金效能项目、清水镇低收入村（户）产业增收项目、雁翅镇黄土贵村“京西土盖儿”黄土贵村旅居农家项目），共获得市级奖励资金785万元。

【主导产业培育】共计完成玫瑰基地建设面积5 021亩，其中，已完成苗木栽植3 811亩，平整土地1 210亩。具体是：2014年国家农业综合开发项目450亩，2015年国家农业综合开发项目610亩，景观提升项目601亩，农业产业化基础设施建设项目3 360亩，总投资7 476.48万元。涉及清水、斋堂、雁翅、王平、妙峰山、龙泉、潭柘寺等7个镇20个村。

门头沟区领导名录

区委书记 韩子荣（女）
副书记 张贵林 付兆庚
常委 韩子荣 张贵林 付兆庚 陈国才 丁 勇 赵潮英 刘群立 张 永 李庆广（4月免） 彭利锋 郑伟革 李世栋（4月任）
区人大常委会主任 罗 斌
副主任 韩生辉 谭 杰 许 彪 何 渊（2月任） 李 轶（女，不驻会）
区长 张贵林（2月任）
副区长 陈国才 张 永 陈卫东 石 军（3月免） 李 昕 张兴胜（3月任） 张满仓
区政协主席 张 冰（女）
副主席 翟云峰（1月免） 张乐春 冯 飞 高连发（2月任） 野京城（不驻会） 朱德友（不驻会，1月免） 孙善民（不驻会） 顾慈阳（不驻会，2月任）
区纪委书记 赵潮英（女）
区委农工委书记、区农委主任 耿新民

门头沟区乡镇党政正职领导

	党委书记	镇 长
潭柘寺镇	占永谦	杜春涛
永定镇	陈 波（8月免）	李文凯（7月免）
	王 涛（8月任）	周 杨（7月任）
龙泉镇	刘军生	张 伟（女）
军庄镇	王 涛（8月免）	刘甫通
	付军利（女，8月任）	
妙峰山镇	卢佳强（3月免）	曹子扬（5月免）
	曹子扬（3月任）	姜春山（5月任）
王平镇	韩兴无	朱 凯
雁翅镇	亓建军	张书军
斋堂镇	杨少培	谢晓东
清水镇	张慧军（5月免）	贾卫东（8月免）
	贾卫东（5月任）	崔兴珠（8月任）

（门头沟区农委 张立彬）

房 山 区

概 述

房山区设建制乡 6 个、镇 14 个、街道办事处 4 个、办事处 1 个，有居委会 123 个、村委会 461 个。2015 年，全区出生 6 853 人，比上年减少 1 999 人，人口出生率为 8.64‰，比上年下降 2.56‰。死亡 4 392人，比上年减少 996 人，人口死亡率 5.49‰，比上年降低 1.3‰。

2015 年，全区地区生产总值（GDP）实现 554.7 亿元，比上年增长 7.5%。“十二五”期间，全区地区生产总值年均增长 8.3%，低于“十一五”时期平均增速 3.9‰。2015 年，全区财政收入完成 109.4 亿元，比上年下降 19.1%。其中，一般公共预算收入完成 50.2 亿元，增长 10%；政府性基金预算收入完成 59.1 亿元，下降 33.9%。“十二五”期间，全区财政收入和财政支出累计分别达到 629.2 亿元和 1 171.1 亿元，分别是“十一五”时期的 2.3 倍和 2.4 倍。全区区域税收完成 242.9 亿元，比上年增长 19.9%。其中，房山地区完成 110 亿元，增长 14.6%；燕山地区完成 132.9 亿元，增长 24.6%。农村居民人均可支配收入 19 161 元，增长 9.2%。农村居民恩格尔系数为 28.5%，与上年基本持平。

农村经济发展

【概况】全区农林牧渔业总产值 39 亿元，比上年下降 25.7%。粮食播种面积 18.5 万亩，比上年减少 2.9 万亩；粮食产量 6.4 万吨，比上年下降 9.5%。全区粮食直补面积 16.3 万亩，粮食直补资金1 937.5万元，共涉及全区 20 个乡镇 324 个村的 5.3 万个农户，全部发放到农户手中。食用菌栽培面积 954 万平方米，总产量 47 890 吨，实现产值3.798 5亿元。全区蔬菜播种面积 7.75 万亩，总产量 2.01 亿千克，实现产值 3.53 亿元。牧业产值 13 亿元，同比减少 32.6%，渔业产值 1.9 亿元，同比增长 2.7%。全区规模畜禽养殖备案场 178 家，渔业养殖面积4 171亩。

【春耕嘉年华活动协调会】4 月 30 日至 5 月 3 日，“四季房山・大美田园”——春耕嘉年华活动在韩村河镇尚大・沃联福生态农场举办，开展了“农业与时尚、农业与趣味、农业与生态”多项农事体验活动。

【航天蔬菜供应基地签约仪式暨“房山蔬菜”商标使用权授权仪式】6 月 9 日，“航天食品（蔬菜）供应基地落户房山签约仪式”和“房山蔬菜”商标使用权授权仪式在房山区举行。房山区副区长卢国懿出席签约仪式。中国航天员中心与北京首诚农业发展有限公司达成航天食品供应协议，共同构建安全食品产业链。同时，将“房山蔬菜”商标品牌授权给首诚农业以及芦村泰华等 3 家蔬菜种植基地。签约仪式上，副区长卢国懿与中国航天员中心、北京首诚农业发展有限公司相关领导签订了蔬菜供应协议。区种植中心主任杨文淑与首诚农业和 3 家蔬菜种植基地代表签订了授权使用合同书。此次“航天食品（蔬菜）供应基地落户房山签约仪式”标志着房山区农产品生产水平迈上了一个新的台阶。作为北京市首个农产品质量安全示范区，房山区全力推进农业标准化生产，扶持打造了一批如芦村泰华、惠欣恒泰、慧田蔬菜等农业精品园区。提高了全区农产品质量安全总体水平，加快了农业的转型升级，实现了农民增收致富的目标，推动房山农村经济又好又快发展。

【房山区蝉联北京小麦单产冠军】6 月 17 日，市农业局组织专家对高产示范点——房山区窦店镇窦店村二农场进行实收测产，品种为轮选 987，窦店二农场示范面积 253 亩，实收测产面积 3.22 亩，小麦平均亩产 630.7 千克，为全市历史上小麦单产第二高，连续 5 年蝉联全市小麦单产冠军。示范田平均亩穗数 51.6 万个，千粒重 42 克，每立方米水产出 2.56 千克小麦，据计算亩效益达 1 237.1 元，高于全市平均水平 449.1 元，增幅 57%，不仅在产量上连续蝉联冠军，也实现了节水、高产与高效的有机结合。

【房山区被认定为国家农产品质量安全县（市）创建试点单位】7 月 31 日，房山区被农业部认定为国家农产品质量安全县（市）创建试点单位。房山区高度重视农产品质量安全监管工作，2011 年被评为北京市唯一的农产品质量安全监管示范区，2012 年提出了举全区之力创建全国农产品质量安全示范区的目标，监管工作列入区政府折子工程。工作中，房山区坚持顺向推动、逆向监管的理念，努力探索有效的农产品质量安全监管机制和模式，不断在基地建设、农业执法、监测检测、宣传培训等方面加大工作力度，切实提高监管能力和水平，确保人民群众“舌尖上的安全”。2015 年 3 月，房山区通过农业部国家级农产品质量安全示范县考核验收，7 月，被农业部正式认定为国家农产品质量安全县（市）创建试点单位。

【“乡村美丽汇”启动】7 月 31 日，2015 年房山区“乡村美丽汇”启动仪式在周口店镇黄山店村举办，市委农工委副书记刘福志，房山区领导吕守军、卢国懿出席活动，区直有关单位领导参加活动。“乡村美丽汇”是旨在推介房山区最美乡村建设成果、带动提升新型农村城市化建设水平的主题宣传活动，通过邀请专家把脉农村发展、组织“乡村美丽汇”峰会、影视拍摄和“百名节目主持人牵手百个美丽乡村”等形式，进行深入宣传推介乡村资源，进一步提升全区最美乡村的知名度和影响力。

【新增全国“一村一品”示范村 2 个】8 月，农业部公布第五批全国“一村一品”示范村镇名单，房山区长阳镇夏场村（夏家场葡萄）、长沟镇北甘池村（胜龙泉薄皮核桃）成功获选。

【城市农业“阳台三小”进社区活动】9 月 24 日，为了进一步发展城市农业，打造阳台多彩园艺种植，推进现代都市型农业发展，区农委、区种植中心等单位在北潞园小区开展房山区城市农业“阳台三小”进社区活动。副区长卢国懿和区农委、区种植中心、区社工委、区农业局、区财政局、区经管站、西潞街道相关领导为社区居民代表发放家庭盆栽蔬菜等物资 100 余份。区种植中心系统农环站、种子站、农科所、植保站、农机化学校 5 家单位及北京小雨滴农业科技有限公司、北京惠欣恒泰种植专业合作社等 4 家基地，现场共发放各类盆栽 500 余盆，种苗 2 000 余株，种子 1 100 份，种植工具及肥料物资 2 000 份，500 余名居民参与活动。通过社区推广活动，提高了市民参与家庭阳台种植的积极性，增强了市民家庭生态意识。

【新建渔业养殖生态循环水处理系统】9 月，河北镇“北京海墨威养殖场”建成生态循环水处理系统。该生态循环水系统建成生态净水池 300 余立方米，可带动本场循环水池 8 亩。生态循环水处理系统通过汇水管网将各鱼池用过的水汇入沉淀池，上层水溢到渗透池，经渗透池进行过滤渗透，再经渗透池内的取水井抽取到高位曝气充氧池处理，最后经供水管网供给各鱼池重复使用。近年，房山区周边地区地下水位下降、地表径流减少，海墨威养殖场由流水养殖模式转变为循环流水养殖模式，减轻对水土资源的依赖性，保证了产量，且较以前节水 80%，做到养殖用水零排放，缓解了对自然水域造成的不良影响。

【“胡萝卜狂欢节”活动】10 月 16 日，区种植中心在琉璃河镇庄头村北京金利农机专业合作社，举办房山区第二届秋收节之“胡萝卜狂欢节”为主题的农耕休闲旅游体验亲子活动，共有 500 多名在校学生参加活动。活动中，学生们体验了拔胡萝卜比拼、农作物知识科普、农机农耕体验、萝卜绘画、萝卜美食文化体验等内容。“胡萝卜狂欢节”的举办，推广了北京金利农机专业合作社的有机蔬菜。

【中国北京农业生态谷中粮智慧农场开园】10 月 20 日，中国北京农业生态谷中粮智慧农场开园。中国北京农业生态谷位于古老北京的发源地——京西南重镇琉璃河，是房山区重点打造的五大功能区之一的都市型现代农业示范区核心区。此次开园的中粮智慧农场坐落在“中国北京农业生态谷”的中部，以“自然、生态、健康、绿色”为理念，秉持“科技、生态、环保、节约”的宗旨。该农场占地面积近 800 亩，投资 3.8 亿元，是集高科技农业展示应用、现代农业科普教育、高品质生态田园休闲为一体的都市农业园区，建设了农业科技示范中心及 6 个不同示范功能的室外园区，涵盖 7 项世界领先技术、11 项国内领先技术和 9 项中国农业科学院专利技术，为房山区都市现代农业发展起到示范带动作用。

【20 家农业标准化基地通过验收】10 月 28 日，区农业局、区质量技术监督局、区园林绿化局等单位组成的联合验收组对全区 2015 年申报的 20 家农业标准化基地进行考核验收。2015 年新建的 20 家农业标准化基地按照《2015 年农业标准化基地建设工作安排意见》的要求，明确了组织管理责任，设立了橱窗，建立健全了各项制度并上墙明示，制定了标准体系，各种生产记录清晰完整。在硬件方面配备了电脑、打印机、档案柜、投影仪、培训桌椅、摄像头等现代化办公设备。验收组通过听取基地工作汇报、审查相关材料、现场检查等程序，一致认为基地做到了责任明确，制度健全，标准体系严谨可操作，生产记录清晰完整，并在现代化办公、档案管理、培训展示、产品检验检测等方面有了明显提升，对周边农户起到较好的示范带动作用。验收组一致

同意通过验收。2015 年，房山区新建农业标准化基地 20 家，其中种植业 10 家、畜牧业 6 家、水产业 4 家。截至 2015 年，全区有农业标准化基地 215 家，其中种植业 130 家、畜牧业 65 家、水产业 17 家、其他类 3 家。

【房山区被授予京西贡米保护区】11 月 16 日，房山区被农业部授予中国重要农业文化遗产北京京西稻作文化系统房山京西贡米保护区。房山种植水稻的历史最早可追溯至西周时期。到辽、金时代，开始大面积种植，水稻成为房山地区主要的粮食作物之一。被清朝康熙钦定为“御塘贡米”。御塘贡米几百年来久负盛名，至今仍有很高的知名度。北京京西稻作文化系统包括房山稻作文化系统、海淀稻作文化系统，北京房山京西稻作文化系统涵盖北京市房山区西南部的长沟镇、大石窝镇和十渡镇 3 个乡镇。长沟镇、大石窝镇和十渡镇为核心保护区，辐射带动房山区长阳、石楼为代表的其他乡镇以及河北省的涿州、涞水一带，通过规模化、产业化发展全面提高水稻生产的经济效益。为发展全区生态休闲农业，区农委、区种植中心适时推出了“四季房山大美田园五田六园”的发展思路，将京西稻作文化与生态休闲旅游相结合，在十渡镇西河村建立了稻作文化展示馆、稻田景观区、稻作文化艺术区、亲子活动区和稻作文化主题餐厅，举办了房山区水稻插秧节、稻作文化节等活动，展示了房山农耕文化的丰富内容，突出了“追梦田园、农游房山”主题，实现了游农业文化，游农业生态，体验农业安全。那山、那水、那田，解乡愁，体验快乐，怡情健身，品味幸福，打造休闲景观农业品牌，促进农民就业增收。

【南河北星公司获全国主食加工业示范企业称号】11 月，全国主食加工业示范企业（第四批）名单公布，经农业部农产品加工局认定，北京南河北星农业发展有限公司获“全国主食加工业示范企业”称号。

【3 个村镇成为“北京一村一品一电商”试点单位】12 月，房山区张坊镇（磨盘柿）、窦店镇芦村（燕都泰华蔬菜）、大石窝镇南河村（蔬菜）被确定为“北京一村一品一电商”试点单位。

【发展林下经济】年内，房山区以提高林地利用率为核心，根据不同林地的现状，采用林药、林菌、林粮等间作种植模式，突出特色，发展附加值高的林下经济，推动全区林下经济的发展，促进农民增收致富。利用项目资金，打造林地食用菌亮点工程，在现有规模林地种植基地的基础上，在城关、韩村河等镇开展的林下仿野生特色食用菌栽培示范，发展了 3 家食用菌林地种植示范基地，引进了适合林地生产的优良菌种，探索标准化栽培技术。在周口店、长沟、霞云岭、南窖、佛子庄等山区和丘陵地区种植黄芩、金银花等中药材 2 万余亩。在窦店等 5 个乡镇 7 个村建设的中草药建设项目基础设施建设和 2 000 亩中药材播种工作全部完成。进一步增强琉璃河、史家营等镇的中草药龙头企业产销能力，开发的黄芩茶、金银花茶等产品已走向全国。提高土地利用率和林地经济效益。利用林地生态的多功能性发展林下景观经济，扶持区内草根堂中草药种植基地，发展集林下休闲、观光、娱乐为一体的生态观光产业。

【葡萄酒产业】截至 2015 年，房山区已签约酒庄 33 家，在建酒庄 22 家，有 18 家酒庄进入生产、试生产阶段。2015 年，葡萄酒产量 900 吨，117 万瓶。新增葡萄种植 2 500 亩，总面积达到 2 万亩。

【房山区被授予“粮食生产先进单位产粮大县”称号】2015 年，房山区被农业部授予“粮食生产先进单位产粮大县”称号。多年来，房山区高度重视粮食生产，认真落实各项强农惠农政策，充分发挥首都科研技术优势，加大对农田基础设施建设的投入，充分挖掘粮食生产潜力，粮食单产水平逐年提高，保持了粮食生产持续稳定发展。把粮食高产攻关作为提高粮食生产的重要措施来抓，注重抓典型、树样板、促带动。发展籽种产业，不断提高粮食产业化发展水平。推广综合配套技术，推动粮食生产科技进步。大力推广优良品种和测土配方施肥、水肥一体化、病虫害统防统治等综合配套的实用技术，确保全区主要粮食作物实用技术应用率达 95%以上。

【完成农业部土壤有机质提升补贴项目】2015 年年底，区农科所完成农业部土壤有机质提升补贴项目的实施，项目共实施三年（2013—2015 年），累计补贴资金 375 万元，推广玉米秸秆腐熟还田技术 27.04 万亩，发放补贴秸秆腐熟剂 769.92 吨，培训农民 6 630人次。通过对项目监测点土壤数据的分析比较，应用秸秆腐熟还田技术的地块比不还田地块土壤有机质含量平均提高 1.34 克/千克。推广应用秸秆腐熟技术，秸秆还田施用腐熟剂后加快了秸秆的充分发酵、腐熟、分解和转化，改善了土壤的物理性质，使土壤耕性变好，提高了土壤养分特别是土壤有机质，提高了肥料利用率。

村 镇 建 设

【“城乡手拉手，共建新农村”启动仪式】 1月27日，房山区举行“城乡手拉手，共建新农村”启动仪式。仪式上，东城区园林绿化局与房山区南窖乡水峪村、门头沟区斋堂镇法城村签订“城乡手拉手，共建新农村”合作意向书。东城区发挥区域优势，在村庄绿化、美化、规划、建设上提供支持和帮助，利用春节庙会提供农副产品交流平台，宣传村庄特色和村庄文化，扩大知名度和影响力，促进旅游产业发展。

【管水员队伍改革】 2月11日，房山区完成管水员队伍改革。管水员队伍从589人增加到1 100人，设立片级管水员100名、村级管水员1 000名。进一步提升村级水务设施管理水平，其中片级管水员每月补贴由2 500元调整到3 000元，并增加“五险”；村级管水员每月补贴由500元调整到1 200元，进一步调动管水员工作积极性。争取到市财政每人每月1 200元标准补助，共计1 584万元，并一次性补贴330万元巡查交通工具和技术装备资金，不足资金部分由区财政配套解决。

【节水教育基地对公众开放】 3月19日，房山区节水教育基地对公众开放。该基地位于北京市房山区长阳镇水碾屯村，占地近百亩，是全市第一家综合性节水教育基地。基地由水展馆、雨洪利用工程以及农田节水试验区等部分组成，是集供水、排水、再生水利用、雨水利用、节水灌溉等多种节水方法于一体的节水科普教育中心。

【污泥处置工程】 6月4日，房山区污泥处置工程初步设计概算取得市发改委批复。该工程建设地点位于良乡镇南刘庄村东良乡污水处理厂院内东南角，项目总占地规模为18 995.03平方米，设计日处理污泥120吨。主要建设内容包括生产车间、原料产品仓库、配电室等的建设施工以及生产车间所需设备、除臭装置、化验室检测设备等的购置、安装和调试。8月，该工程开工建设。计划2016年3月竣工试运行。可对区管污水处理厂的污泥进行无害化处理和资源化利用，改善区域环境。

【小型水利工程管理体制改革】 6月17日，区水务局完成小型水利工程管理体制改革工作。小型水利工程管理体制改革工作，明晰了农户作为农业水权的持有者，依据限额将用水总量控制指标分解至镇、村。完成试点区内181眼灌溉机井取水许可证的核发及200余个小型水利工程权属证书的发放工作。

【小城镇污水处理市场化建设配套管网工程取得市发改委批复】 6月29日，房山区小城镇污水处理市场化建设配套管网工程取得市发改委初步设计概算批复。该工程建设地点为青龙湖镇、河北镇、周口店镇、十渡镇和长阳镇，建设规模为新建污水管网43 001米，再生水管网37 834米，破除路面并恢复总面积52 070平方米，工程建设总投资14 554万元（不含征地拆迁费用）。

【应对旱情发展】 截至7月上旬，因持续干旱，导致房山农村地区饮水受到严重影响，由5月底的14个乡镇68个村、15 962户、34 796人增至14个乡镇76个村、16 736户、36 470人。据统计，用拉水车保障基本供水的有28个村，比5月底增加9个村。通过加强供水设施管理，铺设临时输水管线，更新机泵、增加下泵深度等措施暂缓旱情。

【良乡污水处理厂（二期）投入运行】 8月24日，良乡污水处理厂（二期）工程竣工并通水调试。良乡污水处理厂（二期）工程位于良乡镇南刘庄村村东，刺猬河东岸，良乡污水处理厂南部预留用地内。工程总投资14 880.78万元，设计处理规模每日4万吨，占地面积3.6万平方米，总建筑面积约4 663平方米，主要建设净水间、脱水机房、鼓风机房、变配电间、活性炭投加间等设施。该工程于2013年12月1日开工建设，于2015年8月24日竣工并通水调试，10月正式投入运行。该工程建设完成可满足良乡组团污水处理现状及发展需求，有效缓解良乡组团污水治理现状，改善整体生态环境。

【黄山店村获中国最美休闲乡村称号】 10月，由农业部开展的2015年中国最美休闲乡村评选揭晓，北京市共有4个村入选，黄山店村作为房山区唯一入选村，获中国最美休闲乡村——特色民俗村称号。

【窦店高端现代制造业产业基地再生水厂（一期）工程投入运行】 窦店高端现代制造业产业基地再生水厂（一期）设计处理规模为每日6 000吨，于2012年年底竣工。但由于长安汽车、京西重工等基地内企业污水排放总量每日仅约1 300吨，不能达到每日4 500吨（设计规模的75%）进水量的环保验收要求，至今仍未环保验收。针对再生水厂环保验收问题，对再生水厂进、出口水样进行实验检测并编制改造方案。7月13日，开始实施改造。9月23日，完成优化，优化后处理量稳定在每日1 500吨。11月，该工程取得区环保局环保验收批复，标志着窦店高端现代制造业产业基地再生水厂（一期）正式投入运行。

【第二阶段中小河道治理工程的绿化工程启动】年内，房山区第二阶段中小河道治理工程的绿化工程启动。该工程共涉及拒马河、南泉水河、牤牛河、夹括河、马刨泉河、丁家洼河、良乡城东护城河 7 条河道 86.2 公里，工程总投资 30.93 亿元，绿化面积 207 万平方米，涉及张坊镇、大石窝镇、长沟镇、琉璃河镇等 10 个乡镇。

【生态清洁小流域治理面积增加 34 平方公里】房山区生态清洁小流域治理面积增加 34 平方公里。2015 年，共治理完成两条生态清洁小流域，分别是：万景仙沟生态清洁小流域，该工程治理面积 23 平方公里，涉及七渡村、八渡村、九渡村和新村；芦子水生态清洁小流域治理工程位于房山区蒲洼乡的西北部，涉及芦子水、鱼斗泉、东村 3 个行政村，治理面积 11 平方公里。治理完成后，有效减少水土流失，使流域环境得到改善。同时为当地老百姓发展经济林产业、生态观光以及采摘等创造了有利条件，带动经济发展。

【节水目标任务完成】房山区计划用水指标为 30 090 万立方米，其中新水指标为 25 830 万立方米，再生水指标为 4 260 万立方米。于年初下达给 23 个乡镇（街道办事处）和 697 个用水单位。截至 12 月 31 日，全区用水量为 28 853 万立方米，未突破全年用水指标。其中，再生水用量 4 795 万立方米，约占全区用水总量的 17%，节约了新水用量。2015 年对用水单位共发出预警 65 户次，预警率 100%，收取用水量超计划加价费 39.42 万元。共批准 9 个建设项目临时用水指标 97 万立方米。新增计划用水管户 36 家，下达用水指标 468 万立方米。

【房山区第八次园林绿化普查基本情况】房山区国土面积为 198 954 公顷。林地面积为 137 021.59 公顷，其中，有林地面积为 60 947.24 公顷，灌木林地面积为 64 067.81 公顷，未成林地的面积为 673.19 公顷，苗圃地面积为 2 078.4 公顷，无立木林地的面积为 987.73 公顷，宜林地面积为 8 267.22 公顷，非林地面积为 61 932.41 公顷。森林覆盖率为 30.63%，林木绿化率为 58.54%。

【“减煤换煤、清洁空气”行动】“减煤换煤”范围由农村住户向所有企事业单位及公共场所延伸。同时，打破“每户 3 吨”限制，实行“换多少、补多少”，力争实现平原地区农村住户全覆盖、山区住户基本覆盖。突出工作重点，以城乡结合部（六环路外延一公里可视范围以内地区）为重点，涉及 6 个乡镇街道、64 个村庄 2.3 万个住户和上千家工商企业，减煤换煤量约 6 万吨。重点措施是摸清底数，重排任务，全面实施，实行台账式管理。城乡结合部地区做到无烟雾缭绕、无粉尘排放、无烟煤使用。该地区减煤换煤工作已经全面启动，全区减煤换煤工作取得了阶段性重要成果，继续走在全市的前列。

【农民住宅抗震节能改造工程完成】2015 年是继续通过“以奖代补”开展农民住宅抗震节能工作重要的一年，为实现到 2017 年基本完成全区农宅抗震节能改造的工作目标，使房山区农村地区基本达到每个农户或集体经济组织成员都有一处符合抗震或节能要求的住房，房山区农民住宅抗震节能建设全面开展，完成 28 800 户，其中新建翻建项目完成 3 465 户、综合改造项目完成 12 748 户、节能保温改造项目完成 12 587 户。

【美丽乡村建设工作】房山区配合北京市新农村办完成 2014 年 91 个行政村的美丽乡村检查验收工作，从考核结果看，绝大部分村村庄面貌发生了较大变化，体现了上级要求，体现了自身特色，体现了农民意愿，也有个别村庄建设结果与相关建设标准差距较大，转为下年续建。2015 年确定的 80 个美丽乡村建设村，在村庄规划的基础上，以减煤换煤、农宅改造、设施建设、环境整治为重点，全面开展建设工作，取得了新的成效。

【新型农村社区试点建设】农村社区试点建设坚持“科学规划、创新驱动、民主决策、依法建设、有序实施”的建设方针，取得了重要进展，周口店镇黄山店、大石窝镇下庄、拱辰街道南广阳城等社区完成新居民楼室内外装修，并抓紧建设水、电、路、气、暖等配套设施建设，做好村民搬迁上楼的准备工作。大石窝镇半壁店、南河，窦店镇窦店、韩村河镇“龙门新村”、石楼镇“盛夏新村”、河北镇三福村等社区在规划编制、方案制定、手续办理、资金筹措等方面做了大量工作，为新社区启动做了认真准备。

【农村饮水健康行动项目全部竣工】房山区农村改水工程共 27 项，总投资 2 942.7 万元，其中区域优化供水项目 2 个（霞云岭乡北直河村、韩村河镇孤山口村）、水质处理项目 15 个（城关镇马各庄村、瓜市村；青龙湖镇北车营村、西庄户村、沙窝村；石楼镇石楼村；史家营乡莲花庵村；佛子庄乡陈家坟村、佛子庄村、西安村、西班各庄村；琉璃河镇五间房村；良乡镇鲁村；青龙湖镇小苑上村、张坊镇广录庄村）、风险管理项目 10 个（周口店黄山店村；韩村河镇郑庄村；青龙湖镇四合村；十渡镇九渡村、西河村；大石窝镇南河村；史家营乡曹家坊村；长沟镇黄元井村；霞云岭乡堂上村；窦店镇窦店村）。截至 2015 年年底，工程全部竣工，实现受益村 27 个、受益人口 32 887 人。

农村改革与管理

【概况】房山区制定《房山区村级集体经济组织资金管理办法》《房山区村级报账工作规范》《房山区村级集体经济组织网上银行管理办法》《房山区关于进一步加强农村集体资产管理的意见》等规范性文件，进一步完善农村集体资产财务管理制度体系。做好农村土地承包经营权确权登记颁证前期准备工作，进一步扩大登记颁证试点范围，蒲洼、大安山、霞云岭、南窖、史家营 5 个乡镇完成确权登记颁证前期准备工作。构建农村经济合同评价体系，在十渡镇 21 个村自 1990 年以来签订的 143 份经济合同进行了评价，并在全区推广应用。为全面促进产业结构调整，清退疏解低端产业，从农业承包合同源头上堵住低端产业进入，会同区法制办对《北京市房山区农村土地承包经营合同等 8 个合同（范本）》中承包方的义务、发包方的权利、违约责任、资产处置等八大项内容进行了修改、完善。向 23 个乡镇 466 个村集体经济组织发放《2015 版经济合同规范文本》，原使用的各类农村经济合同文本停止使用。继续坚持“多调少裁”的原则，认真化解矛盾纠纷，维护合同双方当事人合法权益，共接待群众来电来访 143 起，374 人次。受理土地承包纠纷 53 起，其中调解 37 起，仲裁 16 起；参与、指导乡镇纠纷调解员调解纠纷 188 起。完成 12345 非紧急救助转来信访复查案件 12 起。启动合作社“五化”建设活动，明确 17 家合作社作为“五化”建设试点单位，进一步提升农民专业合作社内部管理、成员素质、产品质量、食品安全等方面的水平及质量。围绕“绿色、安全、直供”主题，举办首届“农民专业合作社市集”活动。开展农民专业合作社示范社规范管理工作检查，重点对示范社各项规章制度、组织机构设立、财务规范内容等九类内容进行检查。举办农村管理信息化村级信息员培训班，509 人参训。

【7 家农民专业合作社获“国家示范社”称号】1 月，农业部、国家发展改革委、财政部等 9 部委联合发文，公布 2014 年国家农民专业合作社示范社评选结果，房山区北京利民恒华农产品种植专业合作社、北京开晟鑫农副产品专业合作社、北京峪龙苑林果专业合作社、北京周庄蔬菜种植专业合作社、北京韩继养殖专业合作社、北京琉璃河宏利肉鸭专业合作社、北京市玉茹养殖专业合作社 7 家农民专业合作社获“国家示范社”称号。至此，房山区共有国家级示范社 11 家、市级示范社 14 家。

【《房山区村级集体经济组织资金管理办法》出台】2 月 2 日，房山区出台《房山区村级集体经济组织资金管理办法》。该管理办法包括总则、资金收入管理、资金及账户管理、资金支出管理、内部制度建设及附则 6 个部分，对村级集体经济组织资金管理工作进行了细化，并提出了明确要求。

【村集体经济组织用电价格实现同网同价】4 月，区经管站组织 23 个乡镇开展春季农民负担执法检查。针对城乡居民同网不同价的问题，重点对农村村委会及村级公益设施用电情况进行检查。检查中发现，多年来全区农村村委会与城镇居委会用电价格不同，村委会用电平均每千瓦时高出居委会 0.25 元，并将检查结果及数据上报市减轻农民负担监督管理办公室。市发改委、市农委、市农经办等部门与国家电网北京市供电公司协调后，国家电网北京市供电公司承诺：从 1 月 1 日起，全市农村村委会用电价格统一降至每千瓦时 0.51 元，多收部分退还村集体；村级公益设施用电要进一步甄别，弄清实际情况，完成甄别的从 6 月 1 日起，村级公益设施用电价格统一降至每千瓦时 0.51 元；涉及到混表改装的，村委会及时向供电部门提出申请，从改装完成之日起，执行每千瓦时 0.51 元的用电电价标准。8 月底，全区 461 个行政村共有 1 208 块电表执行每千瓦时 0.51 元的新电价，全区农村每年可节约开支 1 400 余万元，极大地减轻了农村村集体的经济负担。

【规范村级集体经济组织报账行为】5 月 28 日，区经管站制订《房山区村级报账工作规范》，明确村级报账员岗位职责、报账程序、工作要求，为报账员更好地开展工作提供制度依据。同时，编印《房山区村级报账工作手册》。手册中收录了相关法律、法规及制度条款，以漫画形式详述了报账员重点工作流程，以知识问答形式突出注意事项，并附有典型案例警醒报账员依法、依规履行职责，恪守职业道德。

【“村集体经济组织成员管理台账”建立】 5月28日，区经管站印发《关于建立健全村集体经济组织成员登记管理台账工作的通知》，以进一步保障农民集体经济组织成员权利，落实、体现农民对集体资产股份占有、收益的权利。针对社区股份制改革、土地股份制改革和经营机制改革三种改革模式，分别设计了“村集体经济组织成员管理台账”，在全区推广应用，要求已经完成产权制度改革的村集体经济组织建立台账。

【开展农民专业合作社“五化”建设】 6月9日，区农委与区经管站联合印发《关于农民专业合作社开展“五化”建设活动的工作意见》，即在全区合作社中开展以“管理规范化、生产标准化、产品品牌化、经营规模化、社员知识化”为目标的“五化”建设行动，进一步提高全区农民专业合作社规范管理水平，提升运营质量，增强引领农民增收致富能力，促进全区农民专业合作社事业的发展。年内，全区确定17家“五化”建设试点合作社。

【“三资”监管工作检查】 6月20日至8月10日，区经管站委托中铭洲会计师事务所对23个乡镇“三资”监管工作进行检查，并对34个村进行抽查。重点对各乡镇“三资”监管制度建立健全情况、涉农专项资金管理情况、经济合同管理情况等9个方面进行检查。

【开展农民专业合作社示范社规范检查】 6月29日，区经管站印发《关于开展农民专业合作社示范社规范管理工作检查的通知》，对全区56家区级以上示范社规范管理情况进行系统全面检查。包括各项规章制度、组织机构设立、财务规范内容、各类会议记录、成员账户及台账、服务社员内容、带动社员能力、档案规范管理等相关内容。通过检查，进一步提升了示范社规范化管理水平。

【首届“农民专业合作社优质产品市集”活动】 7月3—5日，区经管站协同房山区“华冠商业”举办以确保“绿色、安全、直供”为主题的全区首届“农民专业合作社优质产品市集”活动，11家合作社作为代表参加。市集上销售的产品全部通过了无公害认证，确保老百姓“舌尖上的安全”。副区长卢国懿、区政协副主席李惠英参加“开集”仪式，并参观市集了解合作社及产品实况。

【《房山区村级集体经济组织网上银行管理办法》出台】 9月10日，为应对监管新情况，规范网银账户管理使用，房山区制定出台《房山区村级集体经济组织网上银行管理办法》。该管理办法分为总则、网银的工作职责、网银的申请开通、网银的日常使用、网银的监管维护、附则等六部分内容，针对村级集体经济组织和监管服务中心网银的相关薄弱环节和重点环节等方面进行了具体规定。

【规范农村土地承包经营合同文本】 为全面促进产业结构调整，清退疏解低端产业，从农业承包合同源头上堵住低端产业进入，区经管站会同区法制办对《北京市房山区农村土地承包经营合同等8个合同（范本）》中承包方的义务、发包方的权利、违约责任、资产处置等八大项内容进行了修改、完善。11月16日，向23个乡镇466个村集体经济组织发放《2015版经济合同规范文本》。要求：凡村集体经济组织发包土地或出租集体资产的，一律使用2015版经济合同文本，并纳入农村集体“三资”监管范围进行管理，原使用的各类农村经济合同文本停止使用。合同（范本）中的固定内容不得私自修改，因特殊情况需添加内容的，需经当地街道办事处、乡镇政府批准。11月16日之前签订的所有经济合同也要按照相关程序一律更换为2015版经济合同文本。

【《关于进一步加强农村集体资产管理的意见》出台】 11月17日，房山区出台《关于进一步加强农村集体资产管理的意见》。内容包括管理职责、完善各项制度、规范资金管理和加强农地监管等内容。首次提出将农村集体资产监督管理的职责落实到个人。创新性的提出针对农村集体资产经营管理过程中的重要环节和关键节点，通过编制《村集体经济事项管理手册》和《村集体经济事项权力清单》，规范农村集体资产管理权限。

【化解农村土地承包矛盾纠纷】 2015年，房山区累计调处农村土地承包纠纷241起，其中：53起进入仲裁程序，仲裁裁决16起，仲裁调解37起，纠纷案件结案率均达到100%。同时，还参与、指导乡镇土地纠纷调解土地纠纷188起。

农　村　民　生

【北京市农民体育健身展示周在房山区举办】 9月12日，首届北京市农民体育健身运动展示周在北京房山开幕。原全国政协常委、农业部部长、中国农民体协顾问陈耀邦，市人大常委会副主任柳纪纲，副市长林克庆，市政协副主席闫仲秋，中国农民体协副秘书长陈直，北京市农民体育健身运动展示周组织委员会领导，市直有关单位领导，13个区县主要领导、农委主任、体育局局长出席活动。北京市农民体育健身运动展示周以“健康乐生活，时尚新农民”为主题，于9月12—18日在房山区良乡体育中心举办，来自房山、朝阳、通州、延庆、顺义、丰台、海淀、昌平、平谷、密云、门头沟、大兴、怀柔13个区县的1 900余名农民体育健儿和7 800名首都各界观众欢聚一堂，共同见证这一农民健身盛事。

【一事一议财政奖补工作】房山区进一步健全“政府奖补、农民参与、社会支持”的多元投入机制，明确职责、合理安排、规范操作、加强审核，调动农民自己动手建设美好家园的积极性，支持农民干成事、办好事。分两批启动64个建设项目，项目总投资6 779万元。建设项目主要集中在与民生直接相关的道路修建、村内排水等工程，完成路面硬化9.6万平方米，新建及整修排水沟33.6公里，铺设排水管道1.3公里，新建护坡4.5公里，集雨池1.8万立方米，挡墙6.4公里，新建桥涵5座，村内公共活动场所800平方米等。

【农村居民可支配收入增速居发展新区第二】与通州、顺义、大兴、昌平四个城市发展新区相比，房山区农村居民人均可支配收入增速排名第二。5个城市发展新区农村居民人均可支配收入依次为：顺义22 648元，同比增长9.5%；房山19 161元，同比增长9.2%；昌平20 115元，同比增长9.1%；通州21 648元，同比增长9.0%；大兴17 796元，同比增长8.8 %。

【农村居民百户拥有家用计算机同比增长13.1%】据调查资料显示，2015年房山区农村居民家庭百户拥有家用计算机72.2台，同比增长13.1%。

【农村居民家庭百户拥有家用汽车同比增长】据调查资料显示，2015年房山区农村居民家庭百户拥有家用汽车24.9辆，同比增长33.4%。

基层组织与民主政治建设

【农村“两委”届前审计】9月23日，区经管站与区委组织部联合印发《关于做好农村“两委”换届选举前村干部任期和离任经济责任审计工作的通知》。提出换届前必审的原则，组织23个乡镇开展村干部任期经济责任审计工作。审计主要内容包括：经济指标及财务收支计划完成情况、财经法纪执行情况以及集体资产出租及处置、债权债务管理、土地发包和租赁、专项资金管理等农民群众关注的热点问题。审计对象主要包括：村党组织、村民委员会的主要负责人及农村集体经济组织的主要负责人。

【完成村党组织换届选举工作】9月30日，房山区召开村党组织和村民委员会换届选举工作动员部署会议，全面启动村党组织换届选举工作。截至12月底，全区23个乡镇（街道），451个村级党组织全部完成换届选举工作。共选举产生新一届村党组织成员1 585人，其中书记451人，配备专职副书记32人。村党组织班子成员中，大专以上学历的685人，占43.2%，较上届提高7.6%；女委员343人，占21.6%，较上届提高0.6%；平均年龄48.3岁，较上届降低0.2岁。村党组织书记中，连选连任的375人，占83.1%，较上届降低4.3%；大专以上学历的283人，占62.7%，较上届提高6.2%；女书记33人，占7.3%，较上届提高1.1%。

【编制《村级集体经济事项管理手册》】年内，为进一步规范村干部管理行为，增强“内生”监管，将纷繁复杂的农村经济事项进行梳理、汇总，并结合法律法规、政策文件，区经管站编辑《村级集体经济事项运行管理手册》。该手册由认识集体经济，资金、资产、资源管理，日常收支管理，民主监督，审计监督等5个部分组成。

【推进“村集体经济事项权力清单”试点工作】年内，房山区在西潞街道开展以村级集体经济管理、决策事项为核心的“村集体经济事项权力清单”试点工作。将与村集体成员日常生产生活密切相关的28项集体资产财务管理重要事项以“权力清单”形式向成员公开，让成员进一步明确村干部权力边界、有效参与村集体经营管理、监督村干部权力运行，提升监管力度。

【新型农民培养工作】房山区农机化学校在进行20所农民田间学校建设的同时，努力做好房山区新型农民技术培训。培训中结合农村地域特点和农民自身特点，有针对性的开展不同内容的培训，全年共完成各类农民培训8 320人次。

【开展“连心共建”工程】房山区进一步巩固扩大“连心共建”工作成果，结合软弱涣散基层党组织整顿帮扶工作，各单位按照相关工作要求，切实从以单纯的物质援助向支持培育产业项目转变，从集中走访慰问向常态化、长效化联系群众转变，从少数领导干部参与向全体机关干部共同参与转变，着力帮助基层党组织解决实际问题、培育主导产业、壮大集体经济、提高农民收入、服务党员群众。据统计，2015年全区开展各类共建活动900余次，健全完善制度机制110余项，累计投入资金3 000余万元，解决就业900余人。在此基础上，对2012年5月以来，全区开展“连心共建”工程情况进行了总结，对180余名驻村指导员进行了考核鉴定，并筹备开展新一轮“连心共建”工程，不断扩大共建范围和帮扶力度。

【实施“基层干部素质提升行动计划”】房山区在23个乡镇范围内实施“基层干部素质提升行动计划”。年初，各乡镇结合实际上报学习计划，采取分组研讨、课题调研等多种形式，提升乡镇干部的素质能力。在此基础上，开展网上在线学习和个人自学。截至年底，乡镇100%完成全年任务，形成了大规模、多层次、多渠道、覆盖广的干部教育培训工作新格局。结合各乡镇、街道全年举办专题辅导讲座次数、聘请师资等级、工作创新、基础工作、日常管理、信息报送、培训效果等方面情况，设立一等奖6名，二等奖17名，并分别给予5万元和3万元，共计81万元的干部教育培训师资补助。

“三农”工作部署和实施

【政策性农业保险工作部署会】2月9日，房山区召开2015年政策性农业保险工作部署会，区财政局、区农业局、区园林绿化局、区种植中心、区气象局相关负责人，各乡镇主管农业副乡镇长、农发办主任及区内5家承保公司负责人参加会议。会上，对2014年农业保险工作进行了总结，并对2015年农业保险工作进行安排部署。2014年，全区共开办政策性农业保险险种24个，参保农户22 291户次，共实现保费收入3 734万元，16 738户次农户因灾得到2 800万元赔偿。2015年，房山区政策性农业保险工作继续实行以乡镇为单位划分市场格局，从而进一步规范全区政策性农业保险市场，更好的完成全年工作任务。

【《提升全区农产品质量安全成果的建议》的提案办理情况】4月28日，政协常务副主席高维魁、副主席李惠英带队督办《提升全区农产品质量安全成果的建议》的提案办理情况。实地考察了琉璃河慧田蔬菜种植合作社、泰华芦村种植合作社、窦店防疫站，听取了区农业局关于提案办理情况和农产品质量安全示范区创建相关工作的汇报，并就创建国家级农产品质量安全示范区工作召开了议政座谈会。

房山区领导名录

区委书记	刘　伟
副书记	曾赞荣　李　江（满族，3月任）
常委	赵佳琛（女）　鹿进宝　高云峰 吴会杰　赵　军 于　波（1月任）　郝恭平 吕守军（3月任）
区人大常委会主任	孙　强（1月任）
副主任	刘欣国　刘顺林　苗宗启 郭志族（1月任） 王淑红（女，不驻会）
区长	曾赞荣（1月任）
副区长	李　江（满族，4月免） 吴会杰　赵　军（4月任） 卢国懿　曹　蕾（女） 吕守军（4月免）　刘胜国 翟　东（兼）　魏广勋（4月任）
区政协主席	唐淑荣（女）
副主席	高维魁　李惠英（女，彝族） 周文海　任振秋 赵润东（不驻会） 肖　武（女，不驻会）
区纪委书记	高云峰
副书记	李　学　汤连成 栗桂平（女）
区委农工委书记	郭志明
区农委主任	刘宝忠

房山区办事处、乡镇党政正职领导

	党委（工委）书记	乡（镇）长、主任
燕山办事处	史全富（3月免） 翟　东（3月任）	翟　东（3月免） 王明哲（10月任）
城关街道办事处	陈广利	高武军
西潞街道办事处	李　军	肖　丹（女）
拱辰街道办事处	魏广勋（5月免） 马春雷（5月任）	刘松华（12月免） 米忠诚（12月任）
新镇街道办事处	王广健	王广健
良乡地区办事处、良乡镇	耿纪民	任国强
周口店地区办事处、周口店镇	方玉祥（满族）	许志华

琉璃河地区办事处、琉璃河镇	陈立新	周有成
窦店镇	李进伟	宋爱茹(女)
石楼镇	樊会来	刘荣秀(女)
长沟镇	臧金凤(女)	隗合红(3月免) 高运华(5月任)
张坊镇	慈建民(5月免) 樊宗军(6月任)	游向荣(女)
十渡镇	刘　金	许金涛
河北镇	胡建光	翟凤航
大石窝镇	安保良	薛满德
阎村镇	柳铁良(12月免)	张　杰
韩村河镇	豆宝才	邵志杰(满族)
青龙湖镇	苏秀春(11月免) 刘松华(12月任)	王春年
长阳镇	齐文东(5月免) 慈建民(5月任)	王永民(3月任)
佛子庄乡	杨生军	薛全英
大安山乡	韩继华	隗合庆
南窖乡	刘永玘	霍奇国(3月免) 张喜利(4月任)
史家营乡	钱新宇	吴长明(11月免)
霞云岭乡	马春雷(5月免) 李雪生(6月任)	张福利
蒲洼乡	于吉顺	陈慧明(7月免) 刘　芳(女,12月任)

（房山区史志办　蔡晓东）

通　州　区

概　述

通州区位于北京市东南部，京杭大运河北端，面积905.95平方公里（土地面积数据为2009年全国第二次土地调查数）。辖10个镇、1个回族乡、4个街道、475个行政村、115个居委会。年末，全区户籍人口71.76万人，比上年增长1.8%。其中，农业人口27.81万人，非农业人口43.95万人。全年地区生产总值595.4亿元，比上年增长8.7%；地方公共财政预算收入实现70.8亿元，比上年增长16.3%；全社会固定资产投资额实现800.8亿元，比上年增长16.4%；社会消费品零售额实现355.5亿元，增长10%；城镇居民人均可支配收入实现37 608元，农村居民人均可支配收入实现21 648元，分别增长9.2%和9%。

通州迈入建设城市副中心的新阶段，迎来了又一次实现跨越式发展的历史性机遇，开展了一系列卓有成效的工作，取得了城市副中心建设的初步成果。一方面，《中共北京市委北京市人民政府关于贯彻〈京津冀协同发展规划纲要〉的意见》将通州放在京津冀协同发展的更大平台中加以谋划，通州配合市规划委启动城市副中心综合规划的编制，对城市副中心的发展进行统筹布局；与市规划委、市交通委合作编制城市副中心综合交通规划，强化区域交通枢纽定位；与市水务局合作编制城市副中心水务发展规划及三年行动计划，系统解决供水、排水和水环境治理等问题，部分工程已开工建设；与市园林绿化局合作编制城市副中心园林绿化发展规划及三年行动计划，充分体现了“城在绿中”的理念，明年将全面实施；与市教委、市卫计委、市文化局合作编制城市副中心教育、卫生、文化等公共服务发展规划，进一步优化资源配置、提升服务质量和水平。这一系列工作，为城市副中心实现高起点、高标准的谋篇布局提供了坚实可靠的顶层设计。另一方面，围绕“交通便捷、生态宜居”的新要求，开展了大量基础性工作。采取最严厉的环保措施，在大气治理、水环境综合整治、低端产业退出、城乡环境建设、打击违法用地和违法建设以及人口调控等方面重拳出击，取得明显成效。大力度实施以道路交通为重点的市政基础设施建设，加快配置教育、医疗、文化、体育等公共服务设施，城市功能配套和综合承载力步入跨越式提升的轨道。扎实推进重点功能区建设，举全区之力完成行政办公区一期的拆迁，并具备开工条件；商务中心区重点项目进入全面建设和逐批竣工阶段；文化旅游区北京环球主题公园及度假区实现开工；环渤海高端总部基地土地一级开发基本完成；宋庄文化创意产业集聚区A1地块完成上市交易。积极推动京津冀协同发展，与河北廊坊、天津武清达成合作协议，在水系治理、水系连通和园林绿化等方面全面开展合作。全国文明城区创建迈出坚实步伐，民生状况持续改善，社会治理体系不断完善。

城乡发展一体化

【概况】 紧密结合城市副中心建设思路，持续提升梨园、永顺等地区的城市化水平和发展质量。加快城乡一体化进程，与市农委合作完成农业结构调整方案，编制完成新型城镇化综合试点实施方案，确定台湖镇、潞城镇、于家务乡为先行先试区，着手研究南部乡镇中心区城镇化问题，大力构建城市副中心生态屏障与发展纵深。

【城乡经济发展水平比较】 全区经济实现快速增长。地区生产总值 595.4 亿元，同比增长 8.7%。全社会固定资产投资额 800.8 亿元，同比增长 16.4%。社会消费品零售额达到 355 亿元，同比增长 10%。税收总额 209.4 亿元，同比增长 11.9%。实有市场主体达到 13.4 万户，同比增长 11.7%。实际利用外资 3.1 亿美元，五年累计利用外资 9.8 亿美元。

乡镇经济发展不断加快。1—11 月，11 个乡镇累计实现投资 633.6 亿元，同比增长 27%，高于全区平均增速 10 个百分点；11 个乡镇累计实现税收 156.3 亿元，同比增长 16.2%，占全区总税收的比重为 78.8%，比上年同期提高 2 个百分点，其中，永顺、台湖、马驹桥、梨园 4 个乡镇税收突破 20 亿元。11 个园区实现税收 70.3 亿元，为乡镇税收的 45%。

【农村城市化发展水平】 一是镇村建设加快。国家新型城镇化综合试点方案编制完成，于家务乡中心区、西集镇中心区、永乐店镇中心区、张家湾古镇建设全面加快，漷县古镇规划方案、梨园镇全面城市化方案加快编制。推进农宅抗震节能改造，完成 6 100 户农宅保温改造，全区实现农宅抗震节能改造全覆盖。按照“五个一批”的方式推进农村地区“减煤换煤”工作，制定并出台《通州区 2015 年农村地区减煤换煤清洁空气行动实施方案》《通州区农村地区减煤换煤清洁空气行动补充意见》。全年完成优质煤订购 20 万吨，使用优质煤取暖的平房户 9.4 万，基本完成全覆盖。全区有 14 个村 2 118 户农村住户冬季取暖使用上清洁能源。同时，完成台湖镇外郎营村“煤改气”试点建设 298 户。二是积极开展美丽乡村建设工作。年内，制定了《通州区提升农村人居环境推进美丽乡村建设的实施意见》《通州区美丽乡村考核验收实施方案（试行）》，通过政策保障使美丽乡村建设工作得到强有力的推进，基本建成 53 个美丽乡村建设村庄。

【城乡管理体制改革】 深入破除发展障碍。一是完成“一事一议”、筹资筹劳、财政奖补项目 51 个，通过一事一议财政奖补项目争取财政奖补资金 4 255万元。工作开展 5 年来，累计批复建设项目 167 项，争取财政奖补资金9 532万元，项目投资总额 13 449 万元，给百姓带来了真正实惠。二是加强农民专业合作社规范化建设。建立健全制度规范，下发《通州区 2015 年度农民专业合作社规范发展工作意见》；逐级推进示范社建设，年内新发展 7 家市级示范社，9 家区级示范社。三是指导农村土地承包经营权规范、有序流转。推进农村土地确权办证工作，以区政府名义印发《通州区农村土地承包经营权登记颁证工作实施方案》。四是农村产权流转市场成功试运营。研究制定《北京市通州区农村改革试验实施方案》，探索建设通州区农村产权流转交易市场。

【城乡结合部改革与发展】 深入推进城乡结合部四个重点村建设工作，按照市城乡办的责任书要求，并根据区长专题会工作安排，针对四个重点村滞留户拆迁扫尾工作，各相关单位积极配合，形成合力在扫尾工作汇总取得良好效果。4 个重点村上楼 3 131户，14 699 人，全部实现清洁供热；2015 年，新完成历史遗留农转非 7 289 人，对接社保安置 3 691人，累计完成历史遗留农转非 35 433 人，完成率列全市前列。

农村经济发展

【概况】 全区农林牧渔业总产值达 50.12 亿元，同比下降 13.3%。农民人均可支配收入达21 648元，同比增长 9%，“三农”（农业、农村、农民）工作取得较好成效。

【都市型现代农业】 推进农业结构调整，建设都市型现代农业。围绕“调粮、稳菜、强种、增绿、精畜、节水”工作思路，以打造城市副中心绿色屏障为目标，加快农业生态空间结构调整步伐。完成农业综合开发 5 000 亩，创建粮食高产田 2 万亩，扶持基本菜田 2.6 万亩，建成规模化苗圃 1.6 万亩，发展林下经济 2.1 万亩，建成农业节水三级管理平台，改造农业用水智能设施 2 400 套，实施潞县镇高效节水示范镇建设。通过国家现代农业示范区验收。此外，国家现代种业改革创新示范区项目取得立项批复，研发中心、科技成果孵化基地等加快建设，国家种业科技成果产权交易中心组建完成。

【非农产业】 加大镇村产业集聚区整治工作力度。2015 年，完成 6 个镇村产业聚集区（潞城镇留庄村、马驹桥镇郭村、宋庄镇六合村、台湖镇碱厂村、西集镇大灰店村、张家湾镇西定福庄村）整治任务，涉及 131 家企业。10 月 15 日，区经信委、区环保局组成联合验收小组对 6 个镇村产业集聚区进行验收，达到市级验收标准。区乡村旅游接待单位评定小组对区内 9 个乡镇申报的 3 个民俗村、35 家休闲旅游业态单位进行实地评定。最终确定于家务仇庄村、台湖镇外郎营村 2 个村为区级民俗旅游村，确定北京华世奥业生态科技有限公司、北京洪运绿洲种植园、北京绿蜻蜓特色果蔬产销专业合作社、北京鸿天瑞翔生态农业发展有限公司等 20 家单位为区级休闲旅游业态单位。

【农业服务体系】 一是以责任落实为着力点，巩固农村实用人才工作格局，构建四级联动领导体系；二是以等级评定为切入点，强化农村实用人才分级分层管理；三是以基地、园区为主阵地，着力发挥农村实用人才带动作用；四是以先进典型为引路标，引领农村实用人才共同成长。截至 2015 年年底，通州区新增农村实用人才 232 名，全区实用人才总数达到 4 857 名。

【农村金融】 面对农村地区金融服务渠道匮乏的实际现状，结合市政府金融服务“村村通”工程，创新服务模式，按照农村地区客户特点量身打造了“乡村便利店”全新的农村金融服务模式。北京农商行通州支行开通运行 35 家乡村便利店，覆盖辖内各乡镇，未来还将陆续开通，最终实现通州地区金融服务全覆盖，满足农村地区客户日常金融服务需求；农商行通州支行代理发放农村地区各项政策性资金，包括农村地区无保障人员养老金、城乡居民养老保险、民政部门各项低保金、抚恤金等 30 余项政策性资金，涉及城乡居民达 15 万余人，每年发放金额超过 7 亿元。

村镇建设

【概况】 加快特色小城镇建设，启动潞县、台湖、西集、永乐店等乡镇中心区地块的规划建设。村镇基础设施和环境建设稳步推进，新型农村社区建设不断发展。

【小城镇建设】 2011 年，北京市有 182 个小城镇，其中，31 个纳入中心城范围，43 个纳入新城规划范围，其余 108 个相对独立发展的小城镇中，市政府确定 42 个重点小城镇。其中，通州区有 4 个：潞县镇、台湖镇、西集镇、永乐店镇。潞县镇，通过开展工业地块的文物勘探、涉水论证等工作为世博金属、海澜科技等工业地块上市做准备。委托北京工业大学对上版规划开展实施评估和规划修编研究工作，编制完成《镇域规划修编研究》工作，并上报区规划分局。潞县村棚户区改造项目通过市重大办组织的联席会审查，并纳入 2015 年棚户区改造前期研究项目，项目总投资约 75 亿元，区政府授权新城基业为项目实施主体。深入开展各专项规划的实地调研，启动控制性详细规划编制、村庄规划编制的前期准备工作，进一步完善一级开发实施方案。通州区养老院开工建设。西区集中供热项目总投资约 1.24 亿元，签订特许经营协议，项目正在申报征地。觅子店组团路网工程总投资约 3 亿元，委托北规院完成三条路的规划条件编制工作。潞于路道路定线完成，正进行道路设计方案编制。潞台路完成道路规划方案编制，正进行道路定线工作。投资 100 万元的潞城西三路进场施工。投资 200.94 万元完成 4 类危旧桥梁改建工程，改建面积 420.14 平方米。通过全面完善基础设施建设，使城镇综合承载力得到有效提升。台湖镇，光机电一体化产业基地引进宝塔集团等 121 家重点项目，召开转型升级研讨会和创新创业资源推介会，与清华启迪科技园签订合作协议，设立 50 亿元的产业升级基金，转型升级迈出坚实步伐。“飞地经济”模式探索初见成效，与“庆云通州园”“邢台通州园”“曹妃甸北京园”“廊坊永清园”等达成合作意向，为园区企业转型外迁打好基础。国家车联网产业基地项目正式落地环渤海高端总部基地，上海合作组织活动中心等重点项目进展顺利。新华联集团总部入驻星湖科技园，国家大剧院舞美基地主体结构封顶，京视传媒、山东卫视等一批文化创意项目入驻，煤矿文工团、北京儿艺等重点项目顺利推进，文化演艺原创基地已见雏形。强化组织领导，举全镇之力推进文化旅游区拆迁扫尾，取得突破性进展，田府村实现场清地平，按时完成工作任务。环渤海 B1、D1 地块和车联网地块，光机电 B－07

地块完成供地，B30地块实现场清地平，两个地块滞留户完成裁决，具备强执条件。西集镇，一级开发取得实质进展。综合配套区C、E、F地块保障性住房项目，总建筑面积36万平方米，已经开工；D地块准备入市交易；A、B地块西集村棚户区改造项目，投资39.66亿元，棚改方案已通过市重大办审核。基础设施建设全面铺开。110千伏输变电站工程站点室外施工及设备安装竣工；杜望路项目开工建设；配套区路网一期、中心区路网一期、新堤路3个项目前期手续取得实质性进展；中心区污水处理厂完成项目选址规划方案、周边道路定线工作。配套设施建设快速推进。企业服务中心、郎府幼儿园、中心区文体活动中心、文化广场改扩建4个项目完工；潞河医院分院、郎府中小学、配套区文体中心等项目前期手续正在积极办理。永乐店镇，永乐店镇中心区G地块已取得土地一级开发授权及规划条件，并以授权主体北京市土地储备中心通州分中心签订土地一级开发实施协议，正在办理发改委立项等手续。村民安置楼项目前期复垦土地确定并启动复垦程序，正在编制可行方案。镇中心区工业用地征地工作完成，正在组织土地上市材料，上会通过计划明年上市交易。德仁务片区确定安置楼位置，棚改实施方案编制完成，等待批复。2015年，新引进项目1家：比亚迪新能源客车基地项目，选址在永乐店园区工业二期，一期占地600亩，投资20亿元，入住协议通过区政府审议，联东U谷永乐产业园2015年新引进产业项目13家并出售了标准厂房，其中，1 000平方米以上的6家。镇文体活动中心、镇中心幼儿园、永德路南段、北段项目已完工，正在办理其他后续手续，乡、村公路大修工程已完成30%。小务幼儿园和永乐店镇敬老院项目完成征地结案手续。永乐大街（永黄路—孔兴路）正在完善市政工程综合设计、项目立项。小务小学、北内环路、柴厂屯幼儿园、镇供热中心及供热管网建设项目正在积极推进。

【新型农村社区建设】台湖镇，定海园一里、二里居委会设立工作稳步推进，定海园楼门长队伍正式上岗，完成华馨园小区天然气改造工程。开展社区环境综合整治，楼道环境明显改善。全面做好社区安全保卫，实现社区治安防控全面覆盖。倡导绿色出行。投资476万元，在镇内设立20个公共自行车租赁点，投入1 000辆自行车，镇财政每年投入170万元用于运营保障维护。张家湾镇建设6个农村社区文化站，创建文化示范村、村级文化大院和精品文化广场、文化长廊9个。漷县镇，10个社区参加七型农村社区的评比，毛庄、杨堤、吴营、翟各庄、西定安和后元化村被评为四星级农村社区。6个项目获得扶持资金，共计51万元。漷县村获得市级农村社区服务管理试点达标项目专项资金6万元。同时，申报“历史文化农村社区建设实训基地”，开展漷县村门球队和社区书法协会两个社区社会组织，并已纳入到区民政局2015年品牌创建单位。争取区扶持资金54万元，为18个村增添老年人娱乐设备、健身器材等。关爱农村社区群众，满足社区群众的精神文化需求。马驹桥镇，建成130个社区精品文化楼门，扩建新海北里、新海南里、新海祥和3个社区居委会，新建东亚瑞晶苑和宏仁家园2个社区居委会。

【基础设施建设】新农村能源建设工作稳步推进。一是“两气”（沼气集中供气和生物质气化集中供气工程）工作。针对各气站消防器材、避雷设施进行定期年检，确保安防设施有效。为运行气站加装消防水箱和燃气加臭装置，完善主被动安全设施。完成沼气工程配电箱、电路系统改造，加装安全护栏及警示牌。二是太阳能浴室管护工作中按照标准化原则，定期开展巡排查，定期组织人员培训，增强管理人员安全操作技能，强化安全意识。完成所有浴室的配电系统照明线路升级改造，加装安全警示标识，并将所有浴室的照明改为36伏弱电，重新铺设防滑垫6 000余平方米，制作“小心地滑”提示牌180块，配备消防设施和消防专用箱60余套，购置浴室常用易损件进行免费发放；同时给每个浴室安装浴室安全管理岗位责任制和运行管理制度标牌。在巡视巡查中，发现问题及时解决，先后修复19个浴室3 500余平方米顶棚塌落，4个浴室600余平方米地面下沉，14个浴室2 500余平方米屋顶防水漏水等问题，给60处浴室添加硅滤晶解决管道堵塞问题，为10余处浴室的上下水管道及连接箱清理水垢，按照浴室实际使用需要，将永乐店镇应寺村原有15吨水罐更换成18吨水罐、潞城镇东刘庄村3吨水罐更换成10吨水罐，将潞城镇武疃村、东刘庄村；西集镇肖林村；宋庄镇吴各庄村4个地暖采暖浴室改造为空调风机盘管采暖，更换老旧机组，提升使用效率。三是对农村清洁户厕专业人员进行集体培训，使他们能熟练掌握对户厕各环节的管护维护技能，网点人员的服务素质、专业技能及咨询问题的解答能力得到提高，电话咨询、接线服务的文明用语进一步规范到位。

【环境建设】深入开展城乡环境建设。实施北运河、运潮减河健康绿道工程，完成1.4万亩平原地区造林任务及商务中心区路网绿化一期工程，实施屋顶绿化1.25万平方米，建设50个美丽乡村。健全完善城市管理服务外包常态化机制，狠抓脏乱点治理，整治市、区两级环境脏乱点826处。强化“门前三包”责任制落实，针对无证照经营、占道经营和临街店铺超范围经营等开展专项整治，纠正违法违规行为1.1万余次。扎实开展区域环境综合提升工程，完成32个老旧小区环境提升、32座城区旱厕拆改、19个地埋式垃圾站升级改造及京哈铁路沿线垃圾渣土清理工作，完成37个居住小区垃圾分类达标建设，完成新华大街等16条城市道路公共服务设施整治，拆除违法户外广告2 000余块，城乡环境面貌持续改善。

农村改革与管理

【概况】农村经管工作是党的“三农”工作的重要组成部分，是贯彻党在农村各项方针政策、统筹城乡发展、深化农村改革、加快农村经济发展、率先形成城乡经济社会发展一体化新格局的重要基础工作。2015年，围绕农村“新三起来”（土地流转起来、农民组织起来、资产经营起来）工作，区经管站完成农村集体经济体制改革和“三资”（资金、资产、资源）管理等工作任务，农村审计和农民负担“两项监督”得到进一步强化。

【农民专业合作组织】2015年，新发展农民专业合作社2家，累计发展278家，现有核心社员1.6万余户，带动社外农户3.5万余户。7家合作社被评为市级示范社，9家合作社被评为区级示范社。给予23家承担规范化建设项目的合作社共600万元扶持资金，重点扶持产业延伸、市场开拓、新品种引进推广等；北京聚牧源养殖专业合作社被评为国家级冷链建设类示范社项目，北京裕群养殖专业合作社被评为市级“农超对接”类示范社项目，共获得扶持资金25万元。通州区农民专业合作社联合会承租了市农联216平方米的联合展销厅，委托北京裕群养殖专业合作社统一负责专营店的经营管理，进一步宣传通州区农民专业合作社产品品牌，专营店于2016年1月试运营。

【产权制度改革】2014年底，通州区被列入全国第二批农村改革试验区，承担“农村产权流转交易市场建设”试验任务。2015年，在总结宋庄镇集体资产交易市场成功经验的基础上，研究制订《北京市通州区农村改革试验实施方案》，探索建设通州区农村产权流转交易市场。搭建“中心＋站点”的网络架构，成立北京通州农村产权流转交易中心，辐射11个乡镇，各乡镇设1个农村产权流转交易服务站。同时，依托通州区农村集体“三资”监管信息系统和通州区产权交易网，搭建农村产权流转网络交易平台，涵盖农村产权交易信息汇集发布、综合业务审批、网络竞价服务三大系统。交易市场及网络平台于2015年年底进入试运营阶段，按照边筹建边试验的原则，2015年，市场完成交易事项120宗，为村集体增收节支1 518万元。

【土地确权与流转】以区政府名义印发《关于农村土地承包经营权确权登记颁证工作中变更发包方的通知》和《通州区农村土地承包经营权登记颁证工作实施方案》两项文件，就工作原则、工作流程、时间节点等进行明确规定；成立由主管区长为组长、14家委办局及11个乡镇主要领导为成员的工作领导小组，明确工作职责，强化组织保障；通过公开招标程序，确定3家中标测绘单位，启动188个村的确权登记工作。

【农村集体资产管理】围绕农村集体经济审计年，完成全区2014年度村级组织正常运转专项补助资金和粮食直补资金的专项审计，资金到位率100%；完成45个新型集体经济组织运营情况的审计，不存在违纪违规现象；完成2014年度农村集体经济组织征地补偿费管理使用情况和乡镇会计委托代理机构资金监管情况的审计，对发现的问题，向相关乡镇下达限期整改通知书。

农　村　民　生

【概况】民生状况持续改善。新增就业超过2万人，城镇登记失业率控制在1.99%的较低水平，各项社会保险参保达87.76万人，解决13 755名征地转非人员安置。不断完善社会救助体系，制定实施《关于加快推进养老服务业发展的意见》，残疾人职业康复中心基本竣工，区养老院实现开工。完成市下达保障性住房建设任务，公租房实现“当月申请、下月配租”。完成68个老旧小区公共区域改造，实施抗震加固3.2万平方米，分批推进20万平方米的住宅节能改造。深入实施37项为民办实事工程，切实解决群众的实际困难。

【农民收入和消费】2015年，农村居民人均可支配收入21 648元，同比增长9.0%，绝对额在五个发展新区中排名第二，增幅排名第四。从收入构成看，四项收入“三升一降”，其中，人均工资性收入16 177元，同比增长11.7%；人均经营净收入1 299元，同比下降11.9%；人均财产净收入1 584元，同比增长8.8%；人均转移净收入2 588元，同比增长5.8%。农村居民人均消费性支出为15 544元，同比增长8.6%，八类消费均呈增长态势。其中食品、居住、交通通信占比位列前三位，分别为5 122元、4 487元、1 734元，分别占消费性支出的33.0%、28.9%、11.2%。增幅前三位是文教娱乐、衣着、居住，分别增长12.9%、12.7%、12.3%。农村居民人均文教娱乐支出882元，同比增加101元，增长12.9%，增幅在八项消费支出中排名第一。其中，人均文娱用品支出155元，同比增长82.4%；人均文娱服务消费支出209元，同比增长50.4%。数据表明，随着农村居民生活水平的逐步提高，人们对文化娱乐用品及服务的消费需求也日益增长。

【农村劳动力非农就业】年内，城乡劳动力就业14 861人，其中，登记失业人员就业9 941人，农村劳动力转移就业4 920人，完成任务指标的129%。全年为198家（次）用人单位招用的1 168人（次）符合政策的城乡就业困难人员申请享受社会保险补贴637.8万元、1 002人（次）符合政策的城乡就业困难人员申请享受岗位补贴272.1万元。社区公益性就业组织累计安置326名就业困难人员，申请市、区两级岗位补贴1 262.9万元。新增5 857名自谋职业（自主创业）、灵活就业人员，累计享受补贴18 657人，累计享受补贴金额1.09亿元。

【农村社会事业】年内，制定《通州区推进教育综合改革的实施意见》及配套工作方案，明确了到2020年成为北京市教育强区的发展目标。探索建立多元办园体制，新建、引进、整改了一批幼儿园。扩充优质教育资源，北京二中通州校区、首师大附中通州校区实现与本校一体化管理，梨园中学、大杜社中学改扩建工程竣工投入使用，运河中学南校区、第一实验小学、运河小学改扩建工程加快建设，北京五中通州校区、景山学校、杨庄小学工程有序推进，北京二中国际部完成选址。以构建全民学习为重点，形成职成融合教育氛围。宋庄成人学校建成并投入使用，通过了市教委对8所市级乡镇成人学校示范校复查验收。积极开展“新型职业农民”培训；召开“通州区职业教育与成人教育融合发展推进会暨北京新城职业学校职业教育基地成立工作会”，11个乡镇职业教育基地挂牌。教育教学质量稳步提升，高考本科上线率达到84.7%，加大教师培养和表彰力度，评选认定了一批教育系统优秀人才。通过国家级义务教育均衡发展区认定。

医疗卫生事业快速发展。成立区卫生和计划生育委员会。坚持以患者为中心，加快推进四大区域医疗中心建设，潞河医院正式成为首都医科大学附属医院及临床医学院，综合门诊楼建成投入使用，新华医院、东直门医院东区二期、第四区域医疗中心主体工程完工，妇幼保健院新建工程确定选址。积极承接中心城区优质医疗资源整建制转移，明确提出医疗资源“243”的发展目标，区级医院与市级三甲医院实现全面合作。落实医疗人才引进和培养计划，获批国家自然科学基金4项、市级以上科研课题23项。通过国家卫生区复审。

文化体育事业取得新进展。宋庄、西集等乡镇文化中心投入使用，区文化中心二期加快前期手续办理。明确了在台湖建设北京文化演艺中心区的规划发展思路，国家大剧院舞美基地主体封顶。大力弘扬运河文明，设立“京杭大运河北起点”标志，张家湾博物馆建成开放，成功举办“曹雪芹与张家湾”红学学术研讨会。全面推进“通州味儿”传统文化圈建设，区博物馆、静安寺、宝通银号修缮工程竣工，瓮城博物馆开工建设。完成全国第一次可移动文物普查阶段性任务。广泛开展全民健身活动，组织运河绿道骑游周、徒步嘉年华等活动。档案馆、科技馆、青少年活动中心、工人文化宫、传媒大厦、公共卫生服务中心完成方案设计。

【农民社会保障】年内，全区城乡居民养老保险累计参保22.15万人，续保率达99%。累计收缴基金5.25亿元，有5.14万人享受居民养老保险待遇。及时上调养老、失业、工伤等社会保险待遇标准，其中，全区6.13万名企业离退休人员月人均领取养老金达3 024.23元，同比增长9.0%；城乡居民养老保险待遇人员基础养老金调整为每人每月470元，同比增长9.3%；无保障老年人福利养老金调整为每人每月385元，同比增长10%；工伤职工伤残津贴和工亡供养亲属抚恤金标准分别调整为月人均 2 670.5 元和 1 192.8 元，分别同比增长 13.6%和 14.4%；失业保险金月发放标准每档上调 110 元，平均增长 10.3%。

基层组织与民主政治建设

【概况】大力加强基层党组织建设。制定了党的基层组织建设三年规划，对加强农村、社区、非公等各领域党组织建设作出全面部署。在深化“四评机制”“小支部大党建”的基础上，探索打造“第一书记”“双向积分”“六进家门”等党建新品牌。完成社区换届，全面启动村“两委”的换届工作。

【基层干部队伍建设】完成村党组织和社区“两委”换届工作，各项指标全面提升，班子结构得到进一步优化，基层基础进一步夯实。机关企事业单位基层党组织换届有序推进，机关党建的规范化水平不断提升。大力推进基层党建创新，投入 150 万元对 41 个创新项目进行扶持培育，总结提升了“第一书记”等优秀项目。全面实施乡镇党代会年会制，基层党内民主质量不断提高。从严党员发展和教育管理，组织开展集体宣誓、主题党日等活动，加大对生活困难党员、建国前老党员的关爱帮扶力度，开展“最美基层党员”风采展示活动，党员队伍素质不断提升。特别是在市行政办公区拆迁、创建全国文明城区等重点工作中，充分发挥党组织的战斗堡垒和党员先锋模范作用，带动全区群众参与中心工作，形成以群众工作统揽副中心建设的良好局面。

【民主政治建设与组织建设】在全市率先制定《通州区 2016—2018 年党的基层组织建设工作规划》，明确了今后三年基层组织建设的目标要求和具体举措，加快构建部门统筹、区域统筹、层次统筹的基层党建新格局。全面落实党建责任，强化书记首责抓党建的导向，建立健全述、议、查、改“四位一体”工作模式，积极推动述职主体向基层延伸，实现党组织书记述职评议考核全覆盖。坚持“月检查、季点评、年抽查”制度，强化过程督导，确保党建责任与任务“双落实”。

【党风廉政建设】围绕潞城棚户区改造等全区重点工作加强监督检查，确保各项重点工作廉洁高效推进。深入纠“四风”，紧盯时间节点，严格监督执纪问责，有效防止“四风”反弹回潮。进一步加大对违纪违法行为查处力度，2015 年全区各级纪检监察组织立案 98 件，给予党纪政纪处分 64 人，同比分别增长 165%和 88%，彰显了区委以零容忍态度惩治腐败的决心。在全区推行“一把手”不直接分管人财物、“一把手”末位表态等限权制约制度，民主决策的科学化水平不断提高。监督推动行政审批事项重新确认、规范和取消，在全市率先向社会公开 10 292 项行政权力和便民服务事项、8 814 项行政处罚职权以及工作流程图。大力推进农村“三资”监管信息系统正式运行，否决不合理资金使用 625 笔，否决不合理经济合同 183 份，在全市率先实现对农村集体资金、资产、资源交易变动情况的时时监管、全程留痕，形成对农村基层权力运行的全过程监控。

“三农”工作部署和实施

【概况】通州区从实际出发，强化政策研究和贯彻执行，新出台多个政策文件——《通州区基本菜田补贴方案》《关于 2015 年加快农业结构调整、提升农业产业、促进农民增收的意见》等，这些政策完善了通州区强农惠农富农政策体系，为推动城市副中心建设中的“三农”工作营造了良好的环境、注入了强大的动力。

【惠民、惠民政策落实】一是积极推进农业结构调整工作。围绕“调粮、稳菜、强种、增绿、精畜、节水”目标，制定《关于 2015 年加快农业结构调整、提升农业产业、促进农民增收的意见》，重点实施改造老旧设施农业 780 亩，落实优质小麦换种面积 2 万亩，创建家庭良田农场 1 家，提升改造养殖场 10 家。开展农业领域低端落后产能清查整治工作，摸清各类经营主体、经营状况，为发展高效农业奠定基础。二是实施基本菜田补贴政策。探索建立蔬菜生产补贴机制，研究制定《通州区基本菜田补贴方案》，对区内常年从事蔬菜生产的基本菜田给予一定的补贴，根据菜田的性质、规模、产品的质量安全认证和节水等情况制订相应的补贴标准和奖励政策。三是进一步加强设施农业项目和设施农用地管理。制定通州区设施农用地备案管理办法，明确通州区设施农用地的备案流程和各参与单位的职责，进一步完善和规范设施农业用地的使用和管理，支持农业适度规模经营，有效遏制以设施农业为名的违法建设。四是开展两田划定工作。制订粮田划定的工作方案，以区政府的名义将市级分配的 14 万亩粮田、菜田划定任务分配到各乡镇政府，将能够确认的地块在地图上标注并填写相关地块的信息。五是进一步规范政策性农业保险工作。新开设樱桃树体保险，对果树因灾造成树体死亡或主枝折断给予损失补偿。规范畜牧业保险承保工作，促进畜牧业保险与规模化生产和标准化生产相结合，逐步淘汰小散低养殖。2015 年签单总保费 3 118万元，实现保险金额 7.14 亿元。

【实践创新】一是支持种业科技园区打造国家种子硅谷，创建国家现代种业创新试验示范区。重点支持种业园区基础设施建设和科技能力提升工程，推进研发中心等重点项目建设。成功举办首届京津冀沪渝种业发展论坛暨 2015 年农作物新品种观摩周、北京农科城五周年成果发布以及首届京津冀沪渝种业发展交流会；二是创建北京现代农业示范区，组织申报了北京市现代农业示范区申报工作并通过了工作联席会议专家组评审，专家组一致认为通州区现代农业示范区达到北京市现代农业示范区发展水平，基本实现农业现代化。

【区人大执法、政协提案办理】代表建议的督办工作，是人民代表大会行使国家权力的重要形式。区五届人大五次会议期间，代表提出建议、批评和意见 159 件，闭会期间提出建议 5 件，全部依法办复。常委会高度重视建议办理工作。一是按照法定程序和时限，及时转交办理。二是及时分类，确定督办重点，交由常委会各工作机构分口督办。三是多措并举加强监督检查。代表提出的《关于加强通州区农村地区文化建设》的建议，区政府高度重视，不断加大农村地区公共文化设施建设，将更多资源向农村地区倾斜。代表提出的《关于解决边远村庄病人急救难》的建议，区政府投入 240 万元，购置 4 辆救护车及车载设备，缓解了紧张状况。代表提出的《进一步提高农民合作医疗起报线和报销比例》《在土桥中路与易达路连接道路，修建跨玉带路桥梁》《对如意园和吉祥园居民小区楼顶做防水》《八里桥南街 62 号院安装路灯》等一批建议，都得到有效落实，代表和群众给予高度好评。

区政协收到提案 207 件，经审查立案 189 件，未立案 18 件，立案率 91.3%。其中，党派团体、界别提案 20 件，委员提案 169 件。未立案的提案中，有 4 件超越通州区承办权限转化为市政协提案，其余 14 件以信息形式报市政协和送区政府有关部门参考。立案的 189 件提案全部办复完毕。党派团体界别提案办理满意率 100%，建议平均采纳率 80.4%；委员提案办理满意率 100%，建议平均采纳率 80.9%。研究制定《区政协关于开展提案办理“扩面协商”工作的实施意见（试行）》，明确“扩面协商”的协商程序、工作流程和职责分工。健全完善提案办理工作的指标评价体系，制定出台《通州区政协关于调整和完善提案办理指标评价体系的意见》，对原有两项指标“提案办复率”和“提案办理满意率”的内涵、统计主体、统计时间进行调整完善，并增加“提案建议采纳率”这一新指标来反映承办单位落实效果和提案人建言水平。

【社会力量参与】区煤炭公司以“减煤换煤、清洁空气”惠民工程为契机，完成洁净型煤配送 18.5 万吨。农发行通州支行积极参与通州区农业生态环境建设和农民集中住房建设，发放平原造林项目农业综合开发贷款 1 亿元，进一步改善区域生态环境；向北神树农民定向发放安置楼地市级农民集中住房固定资产建设贷款 25 569 万元，实现 830 户，3 150 人的搬迁上楼工作，有效改善农民住房问题。北京农商行通州支行全力支持民生项目融资需求，向永顺镇杨庄村旧村改造项目授信 25 亿元，已投放 16.5 亿元。中国人民财产保险股份有限公司北京市通州支公司进一步巩固发展农业保险良好势头，2015 年，为全区 1 974 户农民提供保险保障，承担政策性农业保险风险责任 2.22 亿元，其中，承保小麦、玉米、果树、温室大棚等农作物面积 1.5 万亩，承保奶牛、生猪、种猪 9.4 万头，农业保险市场份额在区内名列前茅；同时投入大量资源在各乡镇推广自有门店服务模式，实现产品、服务、人员“三下乡”。2015 年张家湾、漷县“三农”营销服务部正式挂牌成立，全面启用集保险咨询、出单、定损为一体的标准化服务流程，同时还将保险的覆盖面扩大到张家湾镇，有效满足广大乡镇居民和农民群众的保险需求。

通州区领导名录

区委书记　杨　斌

副书记　岳　鹏　李玉君（3 月免）
杨静慧（女，3 月任）

常委　杨　斌　岳　鹏
李玉君(3月免)　杨静慧(女)
赵玉影(3月免)　于世疆
付晓辉（5 月任）

张春秀（女）　李耀光
崔志成　芦　峰
王杰群（女，7月免）
洪　波（3月任）
肖志刚（7月任）

区人大常委会主任　张文山（1月辞职）
李玉君（1月任）

副主任　张秀余（1月辞职）　罗明光
宋京璋　刘汝林
刘　卉（女，1月任）
张晓燕（女）

区长　岳　鹏

副区长　崔志成　于世疆
洪　波（3月免）
肖志刚（10月免）
李亚兰(女)　崔松光
刘贵明（4月任）
王岩石（10月任）

区政协主席　王春元（1月免）
赵玉影（1月任）

副主席　张振泉　韩振福（1月免）
季志会（女）
贾君刚（1月任）
杜少勋（不驻会）
王子江（不驻会）
田春华（女，不驻会）

区委农工委书记　杨泽军（2月任）

区农委主任　刘雪峰

通州区乡镇党政正职领导

	党委书记	镇（乡）长
永顺镇	张若冰（9月免）	邓忠义(12月免)
	邓忠义（9月任）	邓小民(12月任)
梨园镇	于立东	周东振
宋庄镇	李　霞（女,9月免）	柳德利
	孙奎亮（10月任）	
张家湾镇	程为民	杨　利(回族,6月免)
		阳　波(6月任)
漷县镇	孙奎亮（10月免）	孝　军(11月免)
	孝　军（10月任）	朱春彬(11月任)
马驹桥镇	鲁新红	王德松(11月免)
		孙　伟(11月任)
西集镇	张德启（2月免）	孙　伟(10月免)
	杨　利(回族,5月任)	张全启(12月任)
潞城镇	雷晓宁(女)	关　平
台湖镇	倪德才	曹东波
永乐店镇	禹学河（2月免）	刘德昉
	魏　国（5月任）	
于家务乡	甄　宇（6月免）	何海龙（回族）
	王德松（9月任）	

（中共通州区委党史工作办公室　肖姗姗）

顺　义　区

综　述

顺义区位于北京市东北郊，城区距北京市区30千米，面积1 019.89平方千米。区辖19个镇(地区办事处)、6个街道办事处、426个行政村。年平均户籍人口614 872人，其中男性304 883人，女性309 989人。农业人口254 143人，非农业人口360 729人。全年出生6 407人，出生率为10.47‰，其中男性3 261人，出生率10.75‰；女性3 146人，出生率10.19‰。地区生产总值完成1 440.9亿元，按不变价同比增长7.8%，三次产业比重为1.5∶40.1∶58.4。一般公共预算收入完成124.8亿元，同比增长12.8%。全区城乡居民人均可支配收入28 257元，同比增长9.3%。其中城镇居民人均可支配收入33 394元，同比增长9.2%；农村居民人均可支配收入22 648元，同比增长9.5%。城镇登记失业率控制在1.5%以内的较好水平。万元地区生产总值能耗下降3.92%。积极引导和撬动社会投资进入基础设施、生态环境、公共服务等领域和河东地区、新城中心区、镇中心区、机场周边等区域，全社会固定资产投资完成465.2亿元，增长7.6%。消费市场繁荣稳定，电子商务、商业综合体等新业态快速发展。居民多元化消费需求进一步释放，社会消费品零售额累计实现 410 亿元，同比增长 8.8%。全区属地财税收入累计完成 576.42 亿元，同比减收 91.03 亿元，下降 13.6%。其中：一般公共预算收入完成 124.76 亿元，同比增收 14.15 亿元，增长 12.8%，完成预算的 100%；政府性基金预算收入完成 85.68 亿元，同比减收 111.84 亿元，下降 56.6%，完成预算的 60.8%；国有资本经营预算收入完成 0.95 亿元，增长 87.2%，完成预算的 164.1%。一般公共预算支出完成 225.11 亿元，同比增加 57.27 亿元，增长 34.1%，完成预算的 120.1%。政府性基金预算支出完成 77.88 亿元，同比减少 108.02 亿元，下降 58.1%，完成预算的 51.2%。国有资本经营预算支出完成 1.36 亿元（含上年结余 0.41 亿元），同比增长 2 倍，完成预算的 135.4%。

原有 11 个经济功能园区整合为临空经济核心区、科技创新产业功能区、绿色生态产业功能区三大板块。中关村顺义园区（科技创新产业功能区）拥有科研创新基地 7 个，海外专家主持的研发机构 2 个，战略合作产业园 1 个，航空发动机国家重大科技专项 1 个，国家重点实验室 6 个。北京临空经济核心区与天竺综保区进行国家临空经济示范区申报工作。全区经济功能区实现属地财税收入 308.1 亿元，增长 5.1%，占全区总数的 53.4%；实现一般公共预算收入 64.7 亿元，增长 11.4%，占全区总数的 51.8%。

城乡发展一体化

【概况】 扎实推进以人为核心的新型城镇化，统筹新城、重点镇、新型农村社区三个梯次建设。围绕重点新城功能定位，加快推进重点公共服务设施建设，区医院急诊病房综合楼全面竣工并投入使用。创新完善人口综合调控机制，既积极稳妥推动就地城镇化，有序推进农业转移人口市民化；又不断深化人口服务管理，引导人口合理分布、有序流动。进一步健全完善城市管理综合执法机制，统筹推进交通秩序、市容环境等综合治理。创新社区治理方式，启动“八型社区”建设，社区治理能力不断提高。加大农村改革创新力度，积极推进“新三起来”工程，规范农村产权流转交易，新农村建设更加深入。加快推动区域协调发展，建立健全推动河东河西协调发展的体制机制，推动优质市政基础设施和公共服务资源向河东地区辐射、延伸。稳步推进浅山综合开发，富民惠民效果日益显现。

【推动新城开发建设】 重点工程建设稳步推进，顺平辅线俸伯桥主体工程完工，市民之家（政务中心）开工建设，京沈客专顺义段拆迁启动。完成乡村公路大修 90 公里，改造危桥 4 座。完成 94 万平方米老旧小区建筑节能综合改造，1.3 万户居民受益。完成 4 个居民小区天然气改造置换和供热管网改造，惠及 1.7 万户居民。强化电力保障，梁庄 110 千伏变电站竣工，庄子营 110 千伏变电站完成土建工程，马坡 220 千伏和新城、军营 110 千伏变电站启动建设。土地开发切实加快，入市交易 14 宗，成交金额 119 亿元。处置清理闲置土地 35 宗，处置率达到 100%。

【公交场站设施和线网优化】 新建 50 座公共候车亭。加强智能交通建设，“顺义公交”APP 正式上线。大力推进公共自行车建设，新建、扩容站点 42 个，投放自行车 1 700 辆，累计达到 3 300 辆。

【人口调控加强】 全区流动人口总量得到有效控制，完成市政府下达的 102.2 万人的调控任务。针对首都机场、城区周边等人口增势较快的区域，采取坚决措施，清理违法出租、违法经营，整治低端市场，开展村庄综合治理试点，全年关闭疏解市场 3 家、清理废品回收站 95 个、整顿违法群租房 121 处。

农村经济发展

【概况】 顺义区小麦收获面积 9.8 万亩，销售产值 8 604.3 万元；玉米收获面积 16.2 万亩，产值 1.3 亿元；白薯种植面积 335 亩，产值 123.6 万元；大豆种植面积 1 119.8 亩，产值 156.8 万元；花生种植面积 1 158 亩，产值 255.3 万元。全年粮经类总产值 2.2 亿元，同比减少 26.7%；2015 年蔬菜播种面积 17 万亩，上市量 7.26 亿千克，同比增加 1.66%，销售收入 14.38 亿元，同比增加 6.36%。农业机械化工作以农机购置补贴政策为引领，继续调整农机装备结构，服务都市型现代农业能力进一步提高。机具配备继续向设施农业、林果业、养殖业倾斜，农作物秸秆禁烧及综合利用程度再上新水平，试验示范一批农机化新技术。全区农机总动力为 26.8 万千瓦，农机资产原值 5.38 亿元，拥有各业农业机械 3.5 万台（件）和农机社会化服务组织及农机户 169 个。

【粮食高产创建】 落实小麦—夏玉米高产示范方 4.5 万亩，建设核心区 5 000 亩。通过优良品种和高产栽培技术的推广，项目区内小麦、玉米产量与全区产量相比有较大增幅。①部级万亩方小麦亩产459.6千克，较目标产量增产59.6千克。玉米亩产594.6千克，较目标产量增产74.6千克。②市级万亩高产方小麦亩产441.5千克，较目标产量增产41.5千克；玉米亩产577.9千克，较目标产量增产57.9千克。③部级整建制小麦亩产407.7千克；玉米亩产489.7千克。

【种植结构调整】以创建现代农业节水示范区为契机，深入推进种植结构调整，建立地下水超采核心区高耗水作物有序退出机制，小麦种植面积减少2.3万亩，农业用水减少2 000万立方米。

【第六届国际社区支持农业大会】举办第六届国际社区支持农业大会。浅山开发稳步推进，运营维护机制进一步完善，全年累计接待游客24万人次。

【农业执法工作】对种子、农药、肥料等农业投入品质量进行市场监管。开展执法活动166次，出动执法人员543人次，对种子、农药、肥料生产企业、经营单位、蔬菜基地等进行682个次检查，当场行政处罚25起，立案处罚9起，处罚金额2万余元，全部上缴国库，没收及下架假劣农资产品货值近3万元；受理农民关于种子质量投诉14起，经调查均非种子质量问题。围绕“3·15”、农资打假、科普赶集、送法下乡、进村入户、日常检查等活动，宣传农业法律法规知识和农资常识、推广高品质高质量农业投入品，发放宣传材料5万余份，增强农民知法、守法和维权意识。

【节水管理】发展和改善节水灌溉面积2.02万亩，其中大田喷灌1.96万亩，果树滴灌150亩，微喷444亩。灌溉用水亩均减少30立方米。实施小型农田水利项目和水源地保护区工程等，2015年更新农业机井133眼，配套水泵和控制设备，新建泵房，铺设输水管道、田间管道等。完成2915眼农业机井智能水表安装，建立农业机井水量村级镇级平台。出台农业水价综合改革指导意见，建立“农业用水总量控制、节水有奖励、超量另加收”的模式。创建节水型单位市级节水型单位5家，区级节水型单位44家、村庄7个。

村镇建设

【概况】根据马坡镇南陈路沿线新型农村社区试点建设规划方案，石家营村、庙卷村两村以农宅原址翻建为主建设新型农村社区，良正卷等五村在现有基础上进行整体改造，全面提升社区人居环境和生活品质。2015年，各项工作正在稳步推进，石家营村农宅新建翻建工作基本完成，村内污水管网铺设工作、村内路面修复工作已经完成。天然气主管网已铺设到村口，村内天然气管网已铺设完成，现正安排管网对接。良正卷、姚店等村庄环境进行全面治理，绿化水平和宜居条件得到提升。

【新农村建设】针对河东河西发展不平衡的问题，制定出台协调发展实施意见和任务方案。深入推进新农村建设，完成农宅抗震节能单项改造、新建翻建及自建楼综合改造1.5万户，马坡镇石家营村、庙卷村新型农村社区建设取得阶段性成果。

【大气治理】全年投入77亿元，完成38项年度重点任务，各项污染物平均浓度实现全面下降。狠抓源头治理，否决不符合环保要求的项目750个。完成1 200蒸吨燃煤锅炉清洁能源改造，压减燃煤28.1万吨，中心城区实现无煤化。农村减煤换煤扎实推进，实现优质燃煤替代全覆盖，完成6 000户农宅煤改电工程。

【垃圾综合治理】加大垃圾坑和垃圾堆放点治理力度，完成18处市级挂账非正规垃圾填埋场整治，高标准实施5个拆迁村垃圾整治工程。开展建筑垃圾规范化管理，合理布局消纳场所，强化执法检查，垃圾清运基本实现全覆盖、全消纳。加强农村地区生活垃圾管理，强化清运环节监督、检查和考核，基本实现农村生活垃圾清运日产日清。生活垃圾焚烧二期工程污水处理系统完工。

【水环境治理】顺义区污水处理厂升级改造工程竣工，北小营再生水厂完成主体工程。实施河道排污口治理，38处排污口治理工程开工。一、二阶段中小河道治理基本完成。南水北调水源回补工程试验性补水。

【环境整治】累计投入2.3亿元，完成2 906项市区两级环境建设台账任务。全年累计拆除违法建设1 409宗、379万平方米，腾退土地5 312亩。制定出台代履行费用追缴办法，有效震慑违法行为人，坚决遏制违法建设。

【农宅抗震节能改造工程】2015年顺义区农宅抗震节能建设项目包括农宅单项改造、农宅新建翻建和农宅综合改造三项建设内容，共实施农宅建设1.53万户。其中，农宅单项建设项目改造9 963户；农宅新建翻建建设项目改造909户；实施自建楼房综合改造工程4 473户。

【新型农村社区试点建设】根据马坡镇南陈路沿线

新型农村社区试点建设规划方案，石家营村、庙卷村两村以农宅原址翻建为主建设新型农村社区建设取得阶段性成果，良正卷等五村在现有基础上进行整体提升工程已经启动。

【美丽乡村建设】2014 年申报的 50 个美丽乡村创建村经过全面建设，已通过市联合检查组的验收。2015 年美丽乡村建设工作，共有 17 个镇、59 个村申请参加 2015 年美丽乡村创建工作，各相关单位整合政策资金，全面推进村庄发展和建设，村庄整体条件得到提升。

【供水保障】区自来水公司和镇级水厂供水 5 005 万立方米，农村地区自备井供水 2 648 万立方米。推进农村居民用水计量收费，发放供水补贴 408.4 万元。

农村改革与管理

【概况】按照顺义区“一港、两河、三区、四镇”区域部局，筛选出 17 个镇的 59 个村参加 2015 年美丽乡村创建工作，区市政市容委、区环境办等 23 家部门，按照自身职责，全面推进“减煤换煤”、绿化美化、医疗卫生等十项重点工作，政策资金不断向美丽乡村创建村庄倾斜，有效推动了村庄发展和建设。

【农业休闲观光产业】安排资金 1 000 万元重点实施舞彩浅山龙林沟域项目建设，在木林镇实施舞彩浅山龙林沟域（木林区）环境提升工程第二期第一阶段工程。建设内容主要是山体进一步绿化以提升景观效果、水源工程、硬化铺装、休息区域；在龙湾屯镇实施龙林沟域环境提升工程（二期），主要包括环浅山驿站—游客服务中心周边绿化美化和环境提升工程，防滑坡保护、蓄洪水库（湖）景观提升。休闲农业园区承办“北京休闲农业与乡村旅游信息百度地图上线仪式”和“凤凰乡村游，金秋最美休闲游线路推介活动”2 个全市大型休闲农业活动；推荐梓亭佳苑垂钓园等 11 家园区参评北京市休闲农业星级园区；龙湾屯镇柳庄户村获评 2015 年中国最美休闲乡村；彩蝶园和欧菲堡酒庄获评全国休闲农业与乡村旅游示范点；北务镇小珠宝村获评全国一村一品示范村，特色产品为小珠宝西瓜。

【农业执法检查】做好“高毒、禁限用农药专项治理”“毒鼠强专项整治”“打击非法添加和滥用食品添加剂专项治理工作”“农资打假专项治理”“平安农机”等专项活动；组织农药、种子、肥料、水产、农机相关法律法规培训 9 期，培训农资经营者、农资生产企业负责人、农产品生产基地负责人 600 余人次；同时多渠道进行普法宣传。

【推进“土地流转起来”】按照区委区政府《关于推进农村土地承包经营权流转工作的补充意见》精神，继续鼓励各村到期合同规模流转，实行土地集约化、高效化种植。并对符合流转期限 10 年以上、流转面积 100 亩以上、流转价格 400 元以上的合同，给予村经济组织每亩 100 元奖励。全年完成 7 340亩新增土地流转面积，发放 73.4 万元土地流转奖励资金。

【土地确权登记试点启动】在总结北小营镇前鲁各庄村土地承包经营权确权登记试点工作的基础上，修改区级土地确权登记颁证工作方案。确定全面推开的 120 个村级名称，摸清村内土地面积、人口等情况。结合调研和试点经验，反复修改《顺义区农村土地承包经营权确权登记颁证工作意见》，并请市农委领导进行研讨。按月制定确权登记颁证工作时间表和路线图。

【“资产经营起来”】组织 500 余人次镇、村级财务人员培训班，提高“三资”管理电算化水平；出台《顺义区关于规范农村产权交易工作的意见》（顺政办发〔2015〕13 号）明确交易原则和交易范围，并严格规范农村产权交易的程序。设立农村产权交易管理机构，即“北京农村产权交易所顺义联络处”。目前，本区在北京农村产权交易所挂牌流转的项目共有 20 个，其中农用地类项目 9 个，涉及土地出租 4 065.5 亩；实物资产类项目 11 个，主要涉及厂房、场院出租、农机具等。

农　村　民　生

【概况】坚持把让群众过上幸福美好生活作为一切工作的出发点和落脚点，努力改善群众生活、促进社会公正、增进人民福祉。坚持就业是民生之本，不断加强和改进就业工作，全区城乡劳动力二、三产业就业率始终保持在 95%以上，城镇居民人均可支配收入和农村居民人均可支配收入预计分别增长 9.2%和 9.5%。充分发挥社会保障兜底作用，不断完善覆盖城乡全体居民的社会保障体系，城乡低保标准提高至月人均 710 元，大病救助封顶金额提高到 20 万元。积极推进医疗卫生服务水平提升三年行动计划，区医院成为首都医科大学教学医院，区中医院晋升三级甲等中医院，北京儿童医院顺义妇儿医院挂牌成立，区域医疗服务水平显著提升。高标准通过国家义务教育均衡发展验收评估，基层公共文化设施不断健全，群众的精神文化生活更加丰富多彩。保障性住房、棚户区改造安居住房、老旧小区综合整治等工作圆满完成年度目标任务。

【政策性农业保险】制定并下发本年度《顺义区政策性农业保险实施意见》《关于规范规模养殖场政策性农业保险工作的通知》，完善政策性农业保险各项制度建设；扩大惠农性和覆盖面，新增试验推广险种——玉米干旱气象指数保险、果树树体保险和仔猪保险，全国玉米干旱气象指数保险的第一单在李遂镇成功签订；加快推进农业保险保单质押贷款工作，以解决政策性农业保险参保农户贷款难问题，邮储银行顺义支行已推出"好借好还"农业保险贷。截至12月底，参保农户9 317户次，完成总保额23.65亿元，收取保费11 834万元，保费收入为全市各区县首位，其中中央财政补贴901.5万元、市财政补贴5 292.81万元、区级财政补贴3 218.03万元、农户自筹2 421.66万元，投保农户总数为9 317户次。出险赔付金额10 332万元，受灾理赔农户6 782户次。

【"农民组织起来"】一是对全区合作社总体情况进行摸底并进行规范。二是对市级农民专业合作社示范社农村实用人才情况进行摸底。三是完成农业部、市农委合作社实用人才培训工作。全区工商注册的合作社210家，基本运营且备案的187家。全区农民合作社涵盖林果、瓜菜、畜牧、花卉、农机、民俗旅游等行业，入社社员1.89万户，带动农户数3万户，约占全区纯农户的28%。北京市级以上示范社19家。其中，国家级示范社5家。

【社会保障】全年职工五项保险平均参保人数48.61万人，同比增长3.27%，其中养老、医疗、失业、工伤、生育保险参保人数分别达57.48万人、56.15万人、44.75万人、45.08万人、39.59万人；城乡居民养老保险、城镇居民基本医疗保险参保人数分别达到10.32万人和8.69万人；五项社会保险基金累计收入76.89亿元、支出40.5亿元，基金运行安全平稳；转非工作平稳开展，完成征地转非1 350人；全区退休职工领取基本养老金5.21万人，月人均领取基本养老金2 868元；城乡居民基础养老金、福利养老金每人每月分别达到530元和445元；全年追回漏缴社保基金262.91万元，清理五项社会保险历年欠费11.09万元，未足额缴纳社会保险费催缴到账率达到93.03%。

【农村居民收入支出情况】据顺义区2015年农村住户抽样调查资料显示：农村居民人均可支配收入为22 648元，比上年增加1 958元，增长9.5%；人均生活消费支出为19 326元，比上年增加1 343元，增长10.7%。

【城市化推进农村居民就业增收】第一，工资性收入保持平稳增长，是农村居民增收的主要来源。人均工资性收入为17 167元，同比增长7.8%，占可支配收入的75.8%。第二，经营净收入小幅增长。人均经营净收入为1 239元，同比增长4.5%，占可支配收入的5.5%。第三，财产净收入增长较快。人均财产净收入为1 350元，同比增长56.6%，占可支配收入的6.0%。第四，转移净收入小幅增长。人均转移净收入为2 892元，同比增长6.4%，占可支配收入的12.8%。

【农村居民消费不断升级】顺义区农村居民八大类生活消费中，除其他用品和服务消费支出同比增速有所下降外，其余七类均有不同幅度的提升，体现出顺义区农村居民生活质量的改善。其中食品烟酒消费支出4 339元，增长11.2%，占生活消费支出的比重（恩格尔系数）为31.2%；衣着消费支出996元，增长8.3%；居住消费支出2 816元，增长0.5%；生活用品及服务消费支出1 025元，增长12.0%；交通通信消费支出2 110元，增长37.0%；教育文化娱乐消费支出1 106元，增长15.5%；医疗保健消费支出1 347元，增长0.6%；其他用品和服务消费支出189元，下降9.8%。

基层组织与民主政治建设

【概况】定期研究基层党建重点工作，着力强化二级班子和基层党组织党建责任，将党建述职由镇街书记延伸到全部村、社区党组织书记。强化基层党建考核，建立涵盖二级班子的党建工作考核评价办法，聘请第三方进行社会调查，将党建工作综合得分纳入领导班子和领导干部综合考核评价体系。加大督查督导力度，成立党建督导办公室，确保各领域基层党建工作落到实处。加大对基层党组织的教育培训力度，深入实施党员意识提升工程，组织新一届村党组织书记开展集中宣誓就职。坚持把村规民约列入市级改革课题进行专项研究，进一步健全村党组织领导的村民自治机制。深入开展党代表任期制联系点工作，通过构建区委常委与区委委员、区党代表、党员和群众的“四联”体系、“组团式”驻室活动、区委全会党代表单独设团等形式，搭建党代表履职尽责平台。加强国有企业党的建设，制定《关于在深化国有企业改革中坚持党的领导加强党的建设的意见》等文件，建立完善国有企业党建工作机制。创新基层服务型党组织建设载体，开展星级创建活动，设立 500 万元星级创建专项资金，奖励特色鲜明、创新力度大、实效性强的党组织。连续 2 年按照市级比例两倍标准确定软弱涣散整顿对象。强化基层基础保障，推动重心下移、资源下沉，全年投入基层党建保障资金 1.2 亿元，落实服务群众经费、党建创新奖励经费等近亿元。选派 79 名年轻干部到基层锻炼，开展“百名科长入村居”活动，选派 19 名市、区、镇干部担任村党组织第一书记。稳步推进村“两委”换届选举工作，圆满完成社区换届选举和村党组织换届选举。

【基层干部队伍建设】稳步推进村“两委”换届选举工作，全区 426 个村党组织全部通过“公推直选”完成换届选举工作，各项预定目标顺利实现，呈现“三提高一优化”的特点。开展村党组织书记考试录用乡镇公务员工作，3 名优秀村党组织书记考入公务员队伍。有序推进选派第一书记工作，共选派第一书记 19 名。制定出台《城乡基层党组织服务群众经费管理办法》，为全区 426 个村和 99 个社区下拨服务群众经费 8 370 万元。

【加强基层党内民主制度建设】按照“用好区委和党代表两个主体，建好党代表选拔培训、履职尽责、宣传展示三个平台，发挥好党代表参与决策、参与民主监督、参与党的自身建设、联系服务党员群众四个作用”的工作思路，大胆实践党代表任期制联系点工作，扩大党内基层民主。先后出台区党代表提案提议、视察调研、联系服务党员群众、代表团活动、履行职务保障办法和询问质询办法等 6 项工作制度，安排 385.3 万元专项经费保障党代表正常履职。组织召开 9 次专题会，研究部署工作。召开镇党代会年会，指导各镇党委同步推进镇党代表任期制工作。新建 46 个党代表工作室，每月定期安排党代表约谈、走访党员群众。开展区领导组团驻室工作，区级领导 20 人次约谈 95 名党代表、党员群众和人才代表，收集意见建议 180 条，已办结 164 件，办结率达 91%。深入推进党代表轮流驻室接待党员群众制度，先后有区、镇两级党代表 474 人次接待党员群众 1 003 人次，收到党员群众所反映的问题和意见建议 505 件，解释、答复和处理 498 件。

“三农”工作部署和实施

【概况】一是本区将“调结构、转方式、发展高效节水农业”作为推动现代农业转型升级的重要机遇，借助现代农业节水示范区建设契机，及时研究制定工作思路、发展目标和具体措施。确定“调粮、稳菜、增林、精畜”的农业结构调整思路，出台《关于畜牧业调结构、转方式、促节水工作的实施意见》和《顺义区奖励春玉米种植实施方案》，在市级水源保护区木林、北小营、牛山、马坡四个镇，试点实施春玉米种植户资金奖励。同比退出小麦种植约 3 万亩，调减生猪出栏 10 万头。二是深入贯彻落实市领导调研指示精神，围绕全市农村工作会议的整体安排部署，牢牢把握“高效”和“节水”两个关键点，积极、主动深化农业结构调整，确保现代农业节水示范区建设开好局、起好步，发挥好应该承担的示范带动作用，全年减少农业用水 2 000 万立方米。同时按照“典型引路、试点先行”的思路，重点抓好粮食、蔬菜、果品、花卉等多个不同类型的节水示范基地建设。本区《高效节水示范区建设项目建议书（代可行性研究报告）》已完成市发改委立项审批。

【“菜篮子”工程建设】努力提高设施农业利用率和蔬菜产品产量贡献率，实施设施农业改造工程，重点推进老旧竹木大棚改造 3 831 亩，建设 4 个育苗厂、3 个园艺化蔬菜园区、1 个农业部设施蔬菜标准园，积极开展“两田划定”工作，制定本区菜田补贴实施方案，积极落实菜田补贴政策。

【农产品质量安全监管体系】制定印发《2015 年顺义区农产品质量安全工作意见》《顺义区重大活动及重要节假日期间农产品质量安全保障工作实施方案》等；继续落实《顺义区农产品质量安全工作扶持办法》，对农业标准化生产和农产品质量认证工作予以专项扶持；抓住农产品质量安全突出问题和薄弱环节，重点开展农资打假、屠宰环节畜产品、瓜菜产品、水产品、林产品、产品标识、兽药、禁限用农药、烟剂农药等专项整治工作；制定印发《2015 年顺义区农产品质量安全统一监测计划》，年度检测总样本量不少于 5 万个，合格率达到 99%以上；进一步完善区、镇、生产基地三级农产品质量安全检测机构建设，区级综合质检站及19个镇管理站的检测室正式运行；新申报无公害农产品单位29家，开展管理体系认证单位15家；开展北京市优级农业标准化基地创建工作，推荐22家基地参评；开展农产品质量安全培训20次，累计培训2 300人次。

【农产品加工工作扎实推进】一是落实北京市《关于支持农业产业化龙头企业发展推进农业产业化经营的实施意见》和《2015年北京市农业产业化项目申报指南》，支持市级以上龙头企业规模化、资本化、品牌化发展，推动农业产业化经营，带动农户增收致富。二是全区共有农产品加工企业83家，年销售收入一亿元以上的重点农产品加工企业20家。2015年销售收入达到200亿元。目前本区共有市级以上龙头企业25家，其中国家级龙头企业7家。年内新申报6家市级农业产业化重点龙头企业。三是全年累计办理通行证668张，有力地保证本区生产的农产品按时、保质、保量地供应到北京市场。四是积极组织本区市级以上农业产业化龙头企业参加11月7—10日在福州举办的第十三届中国国际农产品交易会。

【完善科技支撑，加强农业技术培训】一是完善体系支撑。推进村级全科农技员建设，目前在岗的村级全科农技员共322名，全年共服务农户数2.4万户，指导农民2.0万次，解决实际问题1.2万个。二是实施人才支撑。继续实施“百名专家兴顺工程”，组织中国农科院等81名专家、教授与农业种植基地、养殖基地、农业企业进行对接，安排示范、推广课题81项。充分利用专家队伍的传、帮、带功能，重点安排一批具有一定知识层次、工作积极的科技骨干参与到专家课题的研究中，逐步为本区培养一支德才兼备的科技人员队伍。三是加强“菜篮子”新型生产经营主体科技能力提升。组建科技服务专家团队59人，共同协商制定科技服务工作目标和工作计划，开展新品种、新技术、新成果的引进、展示、示范、推广等科技服务。四是开展新型职业农民培育工程。加快培养一批有文化、懂技术、会经营的区域新型职业农民队伍，全年共培育新型职业农民100人。五是促进合作社科技能力提升。为本区两家市级示范社的技术项目争取市级扶持资金。

【农村集体经济合同的管理】一是对现有农村集体经济合同进行规范。合同缺少必要条款的补充完整；对存在不符合法律法规规定的条款的合同进行纠正。二是对相关业务人员进行培训。三是严格合同签订程序，对新签订的合同从制度上进行管理。对于农村集体经济合同应该怎样签，履行什么程序做出明确细致的规定，使新合同的签订有章可依，清楚明白，便于执行。规范设施农业合同121件。

【产权交易平台建设】坚决贯彻区政府《关于规范农村产权交易工作的意见》精神，进一步增强农村产权交易的规范性，确保公开、公平、公正，切实维护农民合法权益，不断提高农民收入。一是组织对村干部、村级财务人员的培训，提高镇、村领导干部对农村产权交易平台的认识和业务水平。二是将新增土地流转工作纳入农村产权交易平台进行试点，符合政策要求，在平台上交易的项目，可以享受政府补贴。2015年，本区在北京农村产权交易所挂牌流转的项目共有20个，其中农用地类项目9个，涉及土地出租4 065.5亩；实物资产类项目11个，主要涉及厂房、场院出租、农机具等。

【农村集体经济审计监督】制定农村集体经济审计年度工作计划，建立经常性审计制度，维护广大农民群众物质权益和民主权利。结合2015年北京市农村“集体经济审计年”工作，重点对土地补偿费、涉农财政补助资金以及资产规模较大、收入较高的集体经济组织及其所属企业进行专项审计。专项审计采取引入社会中介机构审计与农经专职审计相结合的办法。同时继续推广运用在线审计系统。完成村级组织正常运转专项补助资金年度审计、新型集体经济组织年度审计、农村集体经济审计情况统计、全区2014年度农村集体经济组织征地补偿费管理使用情况审计、村干部任期经济责任审计、会计委托代理机构资金监管情况专项审计等工作。

顺义区领导名录

区委书记　王　刚
副书记　卢映川（12月免）
高　朋（12月任）
闫立刚（2月免）
林向阳（2月任）
周颖博
常委　肖韵竹（女）　车克欣（女）
李国营　林向阳（2月免）
于庆丰　朱家亮　肖承继
霍光峰（2月任）　陈卫明

区人大常委会主任　胡尚云

副主任　冯庆森　赵贵恒　董占云　吴建国　白丽洁（女，不驻会）

区长　卢映川（12 月免）　高　朋（12 月任代理区长）

副区长　林向阳（2 月免）　于庆丰　朱家亮（4 月任）　张晓峰　禹学垠（4 月任）　盛德利　李向英

区政协主席　杨宝华

副主席　田建国　闫志广　孙桂祥　田家玉（不驻会）　刘　静（女，不驻会）　金泰希（女，朝鲜族，不驻会）

区委农工委书记、区农委主任　刘振河

顺义区街道、镇（乡）党政正职领导

	党委书记	镇长(主任)
仁和镇（地区办事处）	赵洪涛	刘　洋
马坡镇（地区办事处）	贾文禹	董敬红(女,6 月免) 于长雷(6 月任)
牛栏山镇（地区办事处）	马朝龙(3 月免) 郝蔚泉(3 月任)	郝蔚泉(3 月免) 陈　红(3 月任)
赵全营镇	李在东	李志刚
高丽营镇	范学智	李　刚（11 月免） 王彦利(女,11 月任)
北石槽镇	王　江(4 月免) 王鉴远(4 月任)	王鉴远(4 月免) 胡小刚(4 月任)
南法信镇（地区办事处）	李　衍	徐志国
后沙峪镇（地区办事处）	王学武	金泰希(女,朝鲜族,5 月免) 孙雪松(5 月任)
天竺镇（地区办事处）	宋　鹏(4 月免) 王　江(4 月任)	王　辉(3 月免) 杨登科(3 月任)
李桥镇	马云虎(6 月免) 黄海鹏(6 月任)	王卫军(2 月免) 张春和(4 月任)
南彩镇	黄永志	闫　岩(女)
杨镇（地区办事处）	姜　蒙(11 月免) 赵志勇(11 月任)	陈向东
张镇	刘晨光	赵海波
北小营镇	马　强	朱新生
木林镇	王海松	李　健
龙湾屯镇	史卫东	宋　森(9 月免) 张　伟(10 月任)
李遂镇	武　捷	李子腾
北务镇	宋学农(10 月免) 李　刚(11 月任)	张小军
大孙各庄镇	卞云鹏(3 月免) 马卫国(3 月任)	马卫国(3 月免) 王秀刚(3 月任)

（顺义区史志办　刘秀娟　兰岚）

昌　平　区

概　　述

昌平区位于北京市西北部，面积 1 343.5 平方公里，耕地面积 17.66 万亩。辖 15 个镇（地区办事处）、5 个街道办事处、304 个行政村。全区常住人口 196.3 万人，比上年末增加 5.5 万人，增长 2.9%；其中常住外来人口 102.6 万人，增长 2.4%，占常住人口的比重为 52.3%，上年末下降 0.2 个百分点。年末全区户籍人口 59.5 万人，比上年末增加 1 万人，增长 1.6%；其中农业人口 17.8 万人，占全区户籍人口的 30%，比上年末下降 1 个百分点。

昌平区都市型现代农业的发展，紧紧围绕全区建设现代化的京北创新中心、国际科教新城的中心目标，按照“强二优三精一”的产业发展思路，以“精一”为奋斗目标，以促进农村经济发展和农民持续增收为出发点，以增强农业生产和生态功能为工作主线，以发展低消耗、高效益的生态农业为主攻方向，推进产业结构调整，毫不动摇地加快农业经济发展方式转变，巩固农业在社会经济中的基础地位。2015 年全区农村经济总收入实现 392.4 亿元，比上年同期增长 8.8%；农村居民人均可支配收入达到 20 115 元，比上年增长 9.1%。圆满完成各项工作指标。全年实现农林牧渔业增加值 8.3 亿

元，比上年下降10.6%。完成农林牧渔业总产值22.1亿元，比上年下降14.4%，其中，农业产值完成7.7亿元，比上年增长1.5%；林业产值完成5.4亿元，比上年下降27.1%。

城乡发展一体化

【概况】“三农”工作全面贯彻落实中央1号文件和北京市农村工作会议精神，全面深化农村各项改革，加快推进全区城乡发展一体化，优化城乡功能定位和产业布局，加强市场主导和政府引导，推进土地流转起来、资产经营起来，农民组织起来，加快农业发展方式转变，促进农民增收致富，激发农业和农村发展活力，积极推进城乡融合发展。

【城乡结合部建设三年行动计划】继续开展城乡结合部重点村建设的攻坚扫尾工作，回龙观镇、沙河镇已公开出让建设用地56.82公顷，规划地上建筑规模157.57万平方米，回收土地开发补偿费70.1亿元。总规划回迁安置房144.05万平方米，已竣工28.45万平方米，在施工115.6万平方米。按照建设计划要求2015年底全部完成回迁。7个重点村已经全部完成产权制度改革，12 357人成为股东，量化总资产12.53亿元、净资产8.73亿元。据统计7个重点村共需转居人数为7 650人，2015年已转居7 105人，剩余545名未转人员各职能部门预留了转居名额等待下一步完成拆迁程序之后再进行安置。

【新型城镇化体制改革】回龙观“北四村”综合改造工作。经市政府批准，回龙观“北四村”项目已正式纳入市2015年棚户区改造和环境整治项目前期计划；区政府第43期常务会议审议通过了并以区政府文件形式印发，市政府原则同意。

【农村地区“减煤换煤、清洁空气”】根据全市统一安排，昌平区2015年减煤换煤任务为13.6万吨，后市下达昌平区城乡结合部地区减煤换煤任务量为5万吨，共计18.6万吨，昌平区以“整村推动、全区覆盖、主推型煤”为原则，积极推进此项行动，率先成为北京市唯一一个“区域全覆盖、模式全覆盖”的双覆盖区域。2015年减煤换煤任务全部完成。

农村经济发展

【概况】坚持按照“强二优三精一”的产业发展思路，不断强化都市型现代农业的生态价值和景观功能，推动农业产业化、标准化、集约化发展，全力促进农业增效、农民增收、农村和谐，农村经济保持平稳较快增长。优势主导产业进一步发展，不断加大强农惠农力度，通过优化、调整产业结构，推进农业产业转型发展取得新的成果。

【主导产业结构调整】一是草莓产业。加强新品种、新技术的试验示范，建设优质种苗基地2015—2016年草莓种植季，全区种植草莓5 287栋。二是苹果产业。2015年全区完成果树更新发展1 365亩（鲜果1 263亩，干果102亩），产量2 000万千克。三是栗蘑产业。栗蘑种植菌袋数为273.8万袋，5 000袋以上的种植大户达到120户，全年栗蘑种植规模将突破300万袋，产量达到60万千克，产值实现2 400万元。四是百合产业。2015年分别在延寿镇的百合村和流村镇的北庄村共试种百合85.7亩，发展种植农户136户，预计亩收益1.8万元。

【“十三五”规划编制】聘请专业规划单位，完成了《“十三五”都市型现代农业发展规划》的编制工作，为“十三五”期间都市农业的发展明确方向。

【农产品流通体系建设】重点利用“互联网+”提高对昌平区农产品品牌的宣传和销售，与多家电商企业座谈并与昌平农产品生产基地对接，促进了农产品营销方式和农产品营销理念转变。

【“两田一园”划定】按照工作方案和技术方案的要求，及时发现和解决各镇在“两田”划定工作中出现的问题，审核各镇填报的基础数据信息，完成菜田25 062.59亩367块地，粮田10 000.05亩497块地的“两田”划定工作。

【节水灌溉设施改造】制定了《昌平区贯彻落实〈关于调结构转方式发展高效节水农业的意见〉的实施方案》，并且配套出台了《昌平区标准化果园田间节水配套工程实施意见》和《昌平区标准化蔬菜（草莓）田间节水配套工程实施意见》，通过补贴的形式，在全区大力推广节水灌溉设施改造。一是大力推进中央财政小型农田水利重点县建设工作，基本完成了2013和2014年度昌平区中央财政小型农田水利重点县建设任务，新增和改善高效农业节水灌溉面积4万亩。启动了2015年度重点县建设项目，2016年将全面完成。二是逐步开展农业灌溉机井智能计量工作，完成了100眼机井计量设施安装工作。

【落实“调转节”工作】以“调粮保菜”为原则，

高耗水的粮食种植面积由2014年的3.64万亩压减到2015年的2.6万亩，蔬菜、草莓等节水型经济作物种植面积增加0.4万亩。

【推进绿色产业工作】全区果树种植面积达19.8万亩，年产值约3.2亿元，直接带动1.9万户农民就业增收。举办第12届苹果文化节，进一步打响"昌平苹果"品牌。全区花卉总面积达3 000亩，总产值达6.9亿元。

【"昌平栗蘑"品牌优势加强】5月，经过复核审查，中国特产之乡推荐暨宣传活动组织委员会继续授予昌平区"中国栗蘑之乡"称号和"中国特产之乡"商标品牌使用许可权，确保了昌平栗蘑在全国范围内的品牌优势。

【参加第十三届国际农交会】11月，组织全区10家合作社赴福建省福州市参加第十三届国际农交会，并制作相关宣传品。

【山区高清交互数字电视推广启动仪式】4月30日，区农委、歌华有线昌平分公司在慈悲峪村联合组织"昌平山区高清交互数字电视推广启动仪式"。按照区委区政府"对口支山"工作部署，歌华有线昌平分公司以延寿镇慈悲峪村为试点实施"数字家园阅览室""村委会及活动广场WiFi覆盖服务""高清交互数字电视服务项目"，通过项目扶贫，推进延寿镇慈悲峪村发展。

【创建全国绿化模范城市】完成创建"全国绿化模范城市"工作，为昌平创建全国绿化模范城市制作手机版"点赞"系统，总计点赞260万；印刷创建海报300张、横幅376条；同时在北京日版、中国绿色时报、国土绿化刊发了昌平区创建"全国绿化模范城市"专刊，在昌平报刊发5期创建工作纪实；完成专题片《美丽昌平 绿色新区》拍摄和剪辑工作；整理涉及领导重视程度、绿化机构建设、绿化规划、计划、义务植树、造林绿化成活率和保存率、城乡绿化建设等14个方面园林绿化档案300盒。

【果品质量安全认证和管理】年内，完成10个果树树种、500份果品随机取样和送检工作，结果均100%符合无公害食品安全标准。协助33个果园完成无公害认证和复查换证，全区认证果园面积940公顷，较2014年增长20.1%。

【第十二届苹果文化节开幕】10月24日，第十二届苹果文化节在苹果主题公园拉开帷幕。开幕式上对昌平精品苹果进行了展示，引入电商平台促进昌平果品销售。昌平区政府、电商企业代表、果农代表、绿色骑行爱好者350人参加开幕式活动。

【培训农村实用人才】围绕我区主导产业发展，开展农村实用人才培训，提高农民专业技能，开展各类农民培训共计8 000余人次。

【强化农业信息建设】区级"221信息平台"建设进一步完善。围绕昌平特色产业，制作播出电视专题栏目，加大对昌平农业的宣传力度。按照全市统一部署，在"三网融合"和"智慧北京"的大背景下，以崔村镇为试点启动"智慧乡村"建设工程。

【提供草莓产业技术服务】引进30余种优新品种进行试验示范，针对草莓连作障碍开展土壤消毒处理对比试验。为提高单栋产值，在草莓温室内套种葡萄、食用菌、蔬菜等高效益作物，使单栋草莓温室效益增加上万元。进行反季节栽培，延长草莓供应时间、提升果品质量。组织8支技术服务队深入基层，为农户提供优质服务和技术指导。

【农业科技创新与推广】在农业嘉年华活动举办期间，农机推广站引进并展示了草莓带电栽培技术。通过栽培槽内的高电位驱虫杀菌，实现农产品"零农药"；全年全系统实施各种新技术共20余项，引进新品种30余种，展示示范蔬菜优良品种147个，全区良种覆盖率97%，示范辐射面积达到1 200亩，优良品种的应用减少农药使用20%。

【果树关键技术试验示范】年内，示范推广低成本、省力化果园管理技术，完成园艺地布覆盖示范推广7 000亩，微喷带节水灌溉试验示范2 000亩。对引进的果园小型机械，进行省力化机械试验示范，掌握一手数据材料。完成24片果园的土壤取样检测和分析，依据结果指导果农科学肥水管理。

【完善涉农专项贴息贷款工作】2015年制定出台了《关于进一步完善涉农专项贴息贷款工作的实施办法》，贷款对象在"一花三果"、食用菌、民俗旅游六类产业的基础上，增加了蔬菜种植、农产品加工；贷款银行也全面放开，不再局限于指定银行，贷款贴息从全额贴息改为按照6%的贷款利率进行贴息。全年为到期农户、农民专业合作社贴息105万元。

村镇建设

【概况】以保障好、发展好农民利益为原则，切实做好城乡结合部重点村农民回迁安置上楼、集体产业发展、农民就业、社会保障、社区建设等关系农民切身利益的工作。按照突出特色、规划引领、产业为本、适度配套、多元投入的原则，加快全国小城镇建设试点的建设步伐。

【农宅抗震节能改造】2015年农宅抗震节能改造任务全部完成，其中新建翻建1 019户，单项改造2 287户。

【推进美丽乡村建设】按照北京市《关于提升农村人居环境，推进美丽乡村建设实施意见（2014—2020年）》（京政办发〔2014〕36号），2014年开始，按照每年创建村庄数量不低于辖区数量15%的要求申报美丽乡村。2015年完成了2014年55个申报村的市级验收工作，现阶段2015年的31个美丽乡村的申报工作已经完成，2016年年初将进行村庄建设项目的统计工作。

【设施农业规范管理】按照《国土资源部农业部关于进一步支持设施农业健康发展的通知》（国土资发〔2014〕127号）、《市国土局市农委市园林绿化局市农业局关于贯彻落实国土资源部农业部进一步支持设施农业健康发展有关问题的通知》（京国土耕〔2015〕72号）文件精神，区农委会同区国土分局及农口相关单位、镇（街）研究制定并下发了《昌平区设施农用地管理意见》。建立设施农业审批联席会议制度，联合国土分局及相关农口单位对北七家镇、崔村镇等9个镇上报的38个有意向的农调项目进行实地踏勘，召开9次联席会。2015年完成备案项目6个，其他项目正在完善备案材料中。

【调整农村用能结构】围绕新农村建设“三起来”工作目标，对全区农村1.2万盏太阳能路灯和3.13万盏节能光源路灯进行管护和维修；结合“两气一室”运行情况，对全区5处大中型沼气站、6处秸秆气化站和43处太阳能公共浴室设施进行更新、维护。

【新能源建设】开展了北运河流域面源污染防控——农业废弃物可循环再利用项目，项目完成后可直接消纳处理两处园区约两万吨农业废弃物，产生的沼渣、沼液直接施用于农田，可有效减少800余亩农田农药、化肥的施用量；进行了农户太阳能光伏发电、空气源热泵采暖、农户碳晶暖墙采暖、农田设施大棚“空气能热泵”增温等新能源试点项目。

【农村基础设施长效管护工作】按照市政府《关于加强农村基础设施维护和管理的意见》（京政发〔2011〕28号）文件精神，各职能部门各司其职，针对农村地区需建设维护的基础设施综合纳入各职能部门的建设项目年度预算中，充分利用好市级转移支付资金，落实项目明确责任，巩固好新农村五项基础设施建设以及“三起来”工程的既有成果。

【平原造林工程】年内，完成平原造林扫尾任务533.33公顷，共栽植各类乔灌木334万株。

【西部环境整治工程】年内，完成西部环境绿化299公顷，播草种花113公顷，栽植各类苗木17万株。

【推进绿道建设】年内，全面完成23.3公里的温榆河绿道（昌平段）建设和滨河森林公园5.55公里的绿道建设。

【滨河森林公园建设】年内，完成昌平新城滨河森林公园总建设面积776.2公顷，整理绿化用地316.03公顷，完成工程整体形象进度98%，累计完成清单内土方量为123.2万立方米。累计种植树木74.3万株，其中乔木16.11万株，灌木58.19万株；完成宿根花卉及草坪206.1公顷。完成园路广场铺装总量的89%。累计完成地下喷灌管线5.67万米。

【彩叶树种造林】年内，完成彩色树种造林工程133.33公顷，共栽植黄栌、元宝枫等彩叶树种11.74万株，建设地点位于流村镇白羊沟口、崔村镇真顺村、兴寿镇桃林村前山脸。

【森林健康经营】年内，完成生态效益促进发展机制森林健康经营工程林木抚育2 933.33公顷（含国家重点公益林抚育），其中重点地区林木抚育面积1 152.53公顷，一般地区林木抚育面积1 780.8公顷；作业道路建设25 425米。

【野生动物保护】年内，累计监测野生鸟类150万只，未发现野生动物传播疫源疫病异常现象。救助雕枭、猫头鹰等野生动物35只。

【古树名木管理】年内，对区内5 919株古树进行日常养护，完善健全古树名木档案资料。重点展开延寿镇盘龙松古树、南口镇檀树和酸枣王及十三陵镇、南邵镇等古树的保护复壮。

【森林火灾防控】全年共接森林火情报警4起，其中误报1起，未发生一般森林火灾。查处野外违法用火15起，查处各类火灾隐患6起，印制各类宣传物品35万份，清理可燃物1.09万公顷。全区的5 616名护林员，11支巡查队、84名巡查员加强巡护，33座瞭望塔，实施24小时瞭望监测。

【山区生态林管护机制】年内，安排 4 850 名山区农民绿岗就业，成立生态林管护队伍。出台了昌平区关于完善山区生态林补偿机制意见，从 2015 年 1 月起山区生态林管护员人均月补偿金由原来的 384 元提高到 768 元。

【推进山区发展】完成了《"十三五"期间昌平山区农民增收途径及对策研究》调研，2015 年对口支山低收入村专项资金项目已完成了村申报，镇初审，区审定的工作程序。积极推进山区搬迁工作，实现山区生态环境提质，特色产业逐步形成。

【沟域经济建设】流村西峰古道沟域打造了北齐岭高山观景台、暴马丁香郊野公园观景亭等一批休憩项目，举办了环北京职业公路自行车赛等赛事和"小枣采摘节"和"香椿文化节"等节庆活动，实施了一批历史古迹保护修复工程，百里环形沟域古韵特色凸显。延寿沟域打造了"延寿圣境""望寿园""长寿园"等一批"寿文化"景观项目，发展了栗蘑和食用百合等特色农业种植项目，实施了国家农业生态综合开发治理项目，延寿景观长廊初见成效。

【山区搬迁】全区有搬迁意愿的农户为 543 户，1 558人，其中整村搬迁涉及流村镇禾子涧村、十三陵镇果庄村和大岭沟村。由于搬迁安置用地均不符合已批复的村庄规划，按照规划部门的要求，需对所涉及的搬迁村进行村庄规划调整。目前，流村镇已经聘请规划公司完成了村庄规划调整，正在进行规划公示。十三陵镇聘请的规划公司完成了村庄规划调整，正在征求各部门意见。

【星级民俗旅游户评定】承办第三届北京农业嘉年华，突出草莓休闲观光采摘带推广，开展星级评定工作。评定星级民俗旅游户 221 家，星级民俗旅游村 15 个，星级休闲园区 7 个，推出一批具有示范引领作用的典型，带动休闲农业和乡村旅游收入快速发展。

农村改革与管理

【概况】根据北京市有关京津冀协同发展的工作部署，围绕全区中心工作和重点任务，以实现"新三起来"目标为着眼点，以贯彻落实"1+5"系列文件为支撑点，以提升经管服务水平为落脚点，积极推广经验做法，扎实推进重点工作。创新实行农村集体货币资金"收支两条线"管理，深入开展合同清查、整改工作，推广产权交易平台使用，规范了农村产权交易行为，提高了农民专业合作社规范化建设。

【农民专业合作社组织】全区登记注册的农民专业合作社已达 459 家，入社社员总数达 15 450 人，带动农户 28 692 户。其中国家级示范社 11 家、市级示范社 21 家、区级示范社 51 家。农民专业合作社项目扶持工作取得新的突破，昌平区农民专业合作社累计获得创新项目奖励、"国家农业综合开发"项目和扶持资金 3 538.37 万元。

【产权制度改革】完成 2014 年农村股份经济合作社分红统计工作。全区共有 305 个村完成产权制度改革，截至 2015 年 1 月 13 日，2014 年全区实现分红村数达到 292 个，占全区农村股份经济合作社总数的 95.7%，分红金额 9.78 亿元。改革 12 年，全区累计分红 33.1 亿元，其中个人股东分红 31.3 亿元，享受分红人数达到 347 906 人，人均 9 012 元。

【集体林权制度改革】全年共向山区农民发放生态林生态效益补偿基金 1 726.130 4 万元（719 221 亩×24 元/亩），进一步增强了山区农民保护生态环境意识。充分利用中央及市级财政资金，给山区 72 万亩生态公益林上好保险，保费 173 万元，保险金额 8.6 亿元，确保山区森林资源安全。

【农村产权交易平台】落实《关于规范农村产权交易工作的实施意见》文件要求，发挥昌平区农村产权交易服务中心的职能。全区通过农村产权交易平台累计发生交易项目 37 笔，其中已完成交易项目 33 笔，挂牌待交易项目 4 笔。已完成项目成交额累计达到 8 782.8 万元，其中，实物资产项目 26 宗，涉及回龙观镇、北七家镇、流村镇、十三陵镇、沙河镇及百善镇；土地出租项目 7 宗，涉及阳坊镇、百善镇及十三陵镇。

【集体经济审计年】一季度完成村级组织正常运转专项补助资金管理使用情况年度审计工作和新型集体经济组织年度审计工作。4 月部署并培训全区农村开展村干部任期经济责任审计，大力配合全区农村党组织和村民委员会班子换届选举工作，其中有 221 个村运用农村经济在线审计系统进行审计。截至目前，全区共有 17 个镇街所属 268 个村完成任期审计工作。

【农村经济管理信息化建设】继续在全区全面推广地理综合信息系统，将地理信息系统的应用范围扩大到农村集体出租合同、资源性资产、农民专业合作社、"一事一议"工程等数据。年内，全区 21 个镇（街）及所属 312 个村集体经济组织已经完成了本年度系统数据的采集和更新工作。

【土地确权与流转】按照全市统一部署，昌平区农村土地承包经营权确权登记颁证试点工作于 2014 年 12 月启动，第一轮启动 4 个试点村，截至 5 月底，除延寿镇之外，其他 3 个山区镇 3 个试点村的土地外业调查工作已基本结束。6 月初，根据镇级意见选出了第二轮 3 个试点村，其中十三陵镇泰陵村的试点工作已启动并实施。

【货币资金“收支两条线”管理】依托昌平区委、区政府出台的“1+5”系列文件，创新货币资金管理方法，提出“收支两条线”的农村集体货币资金管理制度，被列为区政府 101 号折子工程。全区有 91%的村完成专储账户的开设工作，224 个村正式实行农村集体货币资金“收支两条线”管理，占全区总村数的 72%，剩余村也已经进入收尾阶段。

【农村集体经济运行实时监控系统应用】在城南街道及兴寿、延寿、南口 3 个镇成功试点应用农村集体经济运行实时监控系统的基础上，继续推广应用该系统，力争实现对农村集体经济运行的实时预警防控，实现农村重大经济事项审批及监控网络化，实现农村集体账务处理及财务公开网络化，实现农村集体经济数据自动汇总，促进农村集体“三资”管理精细化。

农 村 民 生

【概况】进一步采取有力措施，健全对低收入村的专项帮扶、行业帮扶、社会帮扶机制，逐级建立农民增收目标责任制，落实农村经济薄弱地区发展规划，加大帮扶力度培育造血机能，提升低收入村集体经济发展能力。

【农民收入和消费】农民人均可支配收入 20 115 元，同比增长 9.1%；其中，工资性收入 15 592 元，经营净收入 1 426 元，财产净收入 1 618 元，转移净收入 1 479 元。工资性收入对可支配收入增长贡献最大，拉动可支配收入增长 7.6 个百分点。人均生活消费支出 18 425 元，同比增长 10.7%。八大类消费六升二降，医疗保健增速最高，同比增长 37.7%。

【拨付六项惠农政策扶持资金】年内，区财政及时拨付六项政策扶持资金，确保资金及时到位。一是生态林管护员补助资金 2 239.2 万元，涉及全区 9 个镇街 102 个村；二是农村管水员经费 570 万元，涉及 21 个镇街；三是动物防疫员经费 186.6 万元；四是会计服务所运行经费 338 万元；五是村级公益事业补助 588.5 万元；六是山区生态林生态效益促进发展机制区级补助资金 1 438.442 万元。

【区财政按新标准拨付新农合补助资金】年内，根据《昌平区 2015 年新型农村合作医疗暂行办法实施细则》文件精神，昌平区 2015 年新农合筹资标准 1 200 元，其中：中央、市、区财政补助 940 元/（人·年)、镇财政补助 100 元/（人·年)、农民个人缴费 160 元/（人·年)。目前，区财政按实际参合人数 166 752 人，将补助资金 15 677 万元，拨入新农合财政专户。

【农村危房改造】完成优抚对象危房改造 4 户，补助金 21.6 万元。

【农村低保】1 月 1 日起，农村低保标准从家庭月人均 650 元调整为 710 元。全年新增 71 户 93 人，撤销 74 户 85 人。全区共有农村低保对象 1 390 户 2 008 人（包括农村分散供养人员)，全年发放保障金 1 756.57 万元。

【农村集中供养五保】根据北京市统计局第二季度公布的上一年度农村居民人均生活消费支出，扣除 10%医疗救助资金。

【农村地区城乡低保“减煤换煤、清洁空气”补助】2014—2015 年为全区 16 个镇（街）使用煤炉取暖的城乡低保 181 户，发放优质燃煤替代补助金共计 10.32 万元。

【农村低保人员参加新农合补助】按照每人每年 160 元的标准，为 1 464 人（不包括残疾人）参加农村新型合作医疗补助 23.42 万元。

【农村住房救助】农村危房改造 38 户，其中翻建 35 户、维修 3 户。共拨付救助资金 161.55 万元。

【扩大政策性农业保险覆盖范围】年初制定并印发了《关于 2015 年政策性农业保险工作的意见》（昌农发〔2015〕7 号)，结合我区实际开办险种 24 个，较去年增加了生猪价格指数、蜂业气象指数和果树树体保险等 3 个险种。2015 年有 2 602 户参保，保费总额 1 693.09 万元，总保额 42 966.83 万元。

【开展农村家庭财产保险工作】年初制定并印发了《关于 2015 年开展农村家庭财产保险工作的实施意见》（昌农发〔2015〕5 号)，全区 21 个镇（街）288 村 73 664 户参保，2015 年出险 261 起，估损金额 117 余万元。

基层组织与民主政治建设

【概况】深入开展了党的群众路线教育实践活动、党员意识提升行动、“三严三实”教育实践活动，切实做好了基层组织建设、干部队伍建设、思想宣传工作和群团组织建设等各项工作，为农委系统各项工作的顺利开展提供了坚强的政治组织保障和思想文化支撑。

【基层党组织换届选举】严格落实市委、区委全面从严治党的有关要求，发挥工委的统筹协调和监督作用，指导系统内任期届满的 3 个党委、53 个党支部开展换届选举工作，细化了时间节点，明确了各阶段工作任务，完成了制定选举办法、推选考察候选人、召开党员大会和支委会等各项具体工作，确保了区委农村工委系统换届选举工作顺利完成。

【干部选拔任用工作】加大了对系统各单位干部选拔任用工作的监督检查力度，重点加强了对民主推荐、组织考察和讨论决定等关键环节的检查，开展了农委机关科级干部竞争上岗，完成了水务局、园林绿化局、农业局共计 19 人次的公示、考察及任免工作。

【党员干部教育培训】深入开展“党员意识提升行动”，通过集中理论学习、开展党小组座谈讨论、观看专题教育片等形式着重加强了党员作风建设、依法行政、业务素质、党风廉政等方面的教育，提高了科学发展“三农”的知识水平和业务能力。举办了系统党务干部培训班，邀请区委组织部干部围绕如何做好发展党员工作、如何进行支部换届、如何开展党支部工作这三项内容对系统基层党支部书记、党务干部进行了培训，并于培训后集中观看了反腐倡廉警示教育片，切实提高了系统党务干部的党建工作技能和业务水平。

【党风廉政建设】区农委领导班子始终牢固树立正确的权力观，在决策过程中，积极向区委、区政府主管领导汇报沟通，广泛听取各方面意见，切实做到科学决策、民主决策。结合区农委工作实际，修订完善了《领导班子“三重一大”决策制度的实施意见》、《机关财务资产管理制度》和《主任办公会议事规则》，进一步提高了领导班子民主、规范、科学决策水平。自觉接受人大、政协和群众、舆论的监督，及时、高质量地办理人大代表建议和政协委员提案，办复率达 100%。严格遵守党纪党规，宣传、执行新颁布的《中国共产党廉洁自律准则》和《中国共产党纪律处分条例》，严格落实党风廉政“一岗双责”。各班子成员切实强化自律意识，对照各自岗位职责查找风险点，及时制定防范措施，构筑起了“三位一体”的党风廉政建设工作体系，提高了拒腐防变、抵御风险的能力。

“三农”工作部署和实施

【概况】进一步加强对“三农”工作的重视和领导，明确责任和分工，细化措施和要求，严格监督检查，确保农村改革发展各项工作任务落到实处。全面贯彻落实全市农村工作会议精神。强化组织领导，完善领导机制，转变政府职能，加大政策和资金保障力度。

【落实全市农村工作会议精神】4 月 1 日，在 2015 年北京市农村工作电视电话会议后，区委、区政府立即组织区农委、新农办、农业局、园林绿化局、水务局、经管站、住房城乡建设委、经济信息化委、旅游发展委等部门主要领导，各镇（街道）党（工）委书记、镇长，市级龙头企业和市级合作社示范社近 80 人就贯彻落实全市农村工作会议精神，全面做好 2015 年工作进行了讨论。

【农业产业化和信息化工作培训会】7 月，区农委组织 44 家区级以上合作社、18 家重点农业企业和各镇的农办主任、信息员召开了农业产业化和信息化工作培训会。

【山区农民增收工作研讨会】7 月 15 日，李志杰副区长主持召开山区农民增收工作研讨会，区农委、区财政局、园林绿化局、水务局、南口镇、流村镇、十三陵镇和延寿镇主管领导参加了会议。山区镇汇报了 2015 年计划实施的对口支援山区低收入村专项资金项目情况，各职能部门结合自身职能对专项资金项目进行了具体指导。2015 年区财政安排项目资金 2 000 万元，用于山区低收入村的产业发展和基础设施建设，山区镇计划安排 22 个村实施 23 个项目，其中，与民生密切相关的基础设施项目 11 个，与产业发展密切相关的基础实施项目 12 个。

【栾川县农业龙头企业赴昌平农业产业对接】8 月，栾川县农业局组织县内 3 家农业产业化龙头企业及食用菌种植大户负责人赴北京昌平进行农业产业对接。昌平区农委、发改委介绍了昌平栗蘑产业种植及发展情况，并应栾川县农业局要求无偿支援 4 万袋栗蘑菌袋，价值 15 万元，用于栗蘑在栾川县的试验示范推广。昌平农委组织栗蘑生产专家赴栾川实地指导栗蘑产业发展。栗蘑的引进发展，对于利用栾川丰富的林下资源，发挥生态环境优势，促进栾川农业增效、农民增收将起到极大的推动作用。

【制定《昌平区2015年菜田补贴实施办法》】 为贯彻落实《中共北京市人民政府关于调结构转方式发展高效节水农业的意见》（京发〔2014〕16号）关于“建立基本菜田种植补贴制度”的精神，以及北京市农村工作委员会、北京市财政局、北京市农业局《北京市基本菜田蔬菜生产补贴办法（试行）》的函（京政农函〔2015〕4号）的要求，提高我区蔬菜产量和质量安全水平，结合本区蔬菜产业的实际，研究制定并下发了《昌平区2015年菜田补贴实施办法》。

【制定《昌平区设施农用地管理意见》】 按照全区“五管”工作的统一部署，牵头开展了设施农业“用地”工作，规范设施农业管理，严格备案程序。积极贯彻落实《国土资源部农业部关于进一步支持设施农业健康发展的通知》（国土资发〔2014〕127号）、《市国土局市农委市园林绿化局市农业局关于贯彻落实国土资源部农业部进一步支持设施农业健康发展有关问题的通知》（京国土耕〔2015〕72号）文件精神，会同区国土分局及农口相关单位、镇（街）研究制定并下发了《昌平区设施农用地管理意见》。

【制定《“十三五”期间昌平山区农民增收途径及对策研究》】 2015年由北京农学院专家团队完成了《“十三五”期间昌平山区农民增收途径及对策研究》，为“十三五”时期促进山区农民增收工作指引了方向。

【农业产业化发展扶持意见调整】 为进一步整合财政支农资金扶持渠道，充分发挥资金使用效益，加强资金监管，科学规划农业产业发展方向，吸引和带动社会资本投资农业农村发展，切实提高农民收入，2015年对现有的昌平区农业产业化发展的扶持意见进行研究和调整已完成初稿。

【区政协视察都市农业】 5月29日，区政协副主席李永生带队，委员一行20余人对昌平区都市型现代农业建设情况进行视察。参观了阿卡农庄大棚以及小汤山农业园水培蔬菜生产企业，参观后进行座谈。

【区政协委员视察传统村落】 6月3日，由区政协主席陈秋生带队，区政协委员及工作人员共30余人，到流村镇长峪城村视察传统村落保护工作。长峪城村于2014年被列入第二批中央财政支持范围中国传统村落名录，根据保护规划，将本着真实性、完整性的原则，对村落环境、建筑进行保护和利用。委员们实地踏看了长峪城村保护情况和村容村貌，听取了区农委、流村镇和长峪城村关于长峪城村发展现状和保护利用计划的汇报，并对我区传统村落保护工作开展的情况做了进一步了解。

【区人大督办代表建议】 7月24日，区四届人大五次会议代表建议第一组督办会召开，区人大常委会针对农委系统承办区政府交办的人大建议办理情况，进行了重点督办和集中督办。区人大常委会主任朱光彤，副主任奚增森、郑国柱及区人大常委会组成人员、部分提建议的区人大代表，区政府副区长李志杰及各相关承办单位负责人参加了会议。2015年，农委系统共承办区人大代表建议61件，建议内容主要涉及加强河道、排洪沟、沟域治理，平原造林管护，山区农村搬迁，农民技能培训等与百姓生活息息相关的民生问题。经系统各单位积极办理，所有建议全部办复。

【区人大代表视察整改措施落实情况】 年内，区政府对区人大在《关于在推进京郊城镇化进程中确保农村经济可持续发展的报告》中提出的意见建议进行了整改。11月4日，区人大常委会副主任奚增森带队，部分农村委委员和代表针对整改落实情况，到百善镇阿卡农庄进行了实地视察，了解了阿卡农庄“农业＋互联网”的运营模式，随后召开专题会议。

【义务植树活动】 年内，累计约37万人参加植树活动，新植树木36.54万株，新植树面积424.87公顷；圆满完成5项大型义务植树活动。

昌平区领导名录

区委书记	侯君舒
副书记	张燕友　李　良（2月任，7月免）
常委	周云帆（6月免）
	张晓兰（女）　孙　启　余俊生
	田运胜（土家族，12月免）
	王燕庆（4月任）　韩　义
	孙　卫（1月任）
	苏贵光（7月任）
区人大常委会主任	李福忠（1月免）
	朱光彤（1月任）

副主任	杨国昌　奚增森 李春菊(女)　杨洪达(1月任) 郑国柱
区长	张燕友
副区长	周云帆（8月免） 孙　启（1月免）　孙　卫 苏贵光　刘淑华（女） 刘　泽（12月任） 贺　军（1月任） 李志杰（1月任） 刘长永（12月任） 苏卫东（1月免）
区政协主席	陈秋生
副主席	李永生　靳增立 洪起国(1月任)　陈　勉(满族) 李雪红(女)　张强斌(1月任)
区纪委书记	张晓兰(女)
副书记	裴卫东　瓮　民　王海津
区委农工委书记	李元和
区农委主任	董锦华

昌平区各镇（街道）党政正职领导

	党（工）委书记	**镇长（办事处主任）**
回龙观镇	郭向东(3月免) 杨玉宝(3月任)	储　鑫(女,3月免) 雷　涛(3月任)
东小口镇	王　军	刘　芬(女,4月免) 冉　灏(4月任)
沙河镇	黄建军	白保平(4月免) 王玉君(女,4月任)
小汤山镇	许正锋(3月免) 刘　芬(女,3月任)	张大鹏
崔村镇	韩　军	王月林
兴寿镇	杨玉文	黄森华
阳坊镇	李　昌	徐冬云(女)
南邵镇	王　建(3月免) 李　欣(女,3月任)	李　欣(女,4月免) 李　勇(4月任)
百善镇	徐　强(3月免) 李怀来(3月任)	李万升(4月免) 李文慧(女,4月任)
北七家镇	周金星	齐俊国
十三陵镇	王建成	刘长德
延寿镇	鹿伟强	李　攀
南口镇	徐　强	曹晓兵
流村镇	史佑民	王志强
马池口镇	张新亮	柴龙钢
城北街道	茅　江(3月免) 王　建(3月任)	刘庆海
城南街道	韩宝田(3月免) 郑森堂(3月任)	郑森堂(4月免) 张田华(4月任)
天通苑南街道	黄先锋	苏贵峰
天通苑北街道	张新亮(3月免) 刘智勇(3月任)	张学广
霍营街道	刘宝君	张海明

（昌平区农委　郑贤）

大　兴　区

概　述

大兴区位于北京市南部，总面积 1 036 平方公里。下辖黄村、西红门、旧宫、亦庄、瀛海、青云店、长子营、采育、礼贤、安定、榆垡、魏善庄、庞各庄、北臧村 14 个镇和清源、兴丰、林校、观音寺、天宫院、高米店、荣华、博兴 8 个街道办事处。共有 527 个行政村，182 个社区。常住人口 156.2 万人，比上年末增加 1.7 万人。常住人口中，城镇人口 110.9 万人，占常住人口的比重为 71.0%。常住人口出生率 9.42‰，死亡率 3.48‰，自然增长率 5.94‰。年末新区户籍人口 66.3 万人，比上年末增加 1.2 万人。2015 年，大兴区农业农村工作按照调结构、转方式、强服务、促改革的总体方针，积极适应新常态，加快构建高精尖，主动融入京津冀，突出农民持续稳定增收，加快新型城镇化建设，稳步推进各项改革试点，努力打造与资源环境承载力相匹配的农业生产格局，“三农”发展呈现良好态势。全年实现农林牧渔业总产值 55.9 亿元，比上年下降 11.7%；农村居民人均可支配收入 17 796 元，比上年增长 8.8%，高于年初指标任务。年内共有观光园 107 个，民俗旅游户 457 户，观光休闲农业收入 16 462.1 万元，其中观光园总收入达到 13 200.1 万元，民俗旅游总收入实现1 691.8万元。全区投入生产的设施农业面积达到9.9万亩，设施农业收入12.24亿元。大兴区在工商注册合作社的有673家，其中有2个国家级农业龙头企业，12个市级农业龙头企业。

城乡一体化

【基础设施建设】 年内，兴业五环立交改造工程通车运行，兴良路一期、芦花路开工建设，东环路、芦东路获批复。京台高速等一批重点工程顺利启动，魏永路等项目建成，变电站、路口渠化、地下管网和供热管网改造等一批市政工程稳步推进，城市综合承载力明显提升。加快推进亦庄新城产城、职住融合发展，荣华大街综合环境提升工程正式启动，南海子四片区等项目顺利推进，旧忠路建成通车，城市功能体系逐步完善。月季大会筹备进入冲刺阶段，场馆建设、环境整治工程顺利完工。加大"拆迁、拆违、拆除腾退"力度，完成集贤地区、瀛海镇区剩余村庄拆迁，西红门、旧宫和"三场一基地"拆除腾退297万平方米。保持拆违控违高压态势，拆除违法建设341万平方米。城乡结合部改造取得决定性突破，金融谷、电商谷等项目快速推进，道路、市政、还绿等工程加快实施，中关村股权交易集团等一批高端项目签约入驻，城乡结合部旧貌换新颜，已成为带动北部地区快速发展的新增长极。

【交通运输】 年内，实施大兴新城交通疏堵工程，新开通17条新能源公交接驳线路，在大兴新城地区新增公租自行车5 000辆，覆盖城乡的绿色出行体系得到进一步完善。开发区围绕交通治"堵"，优化交通路网，打通科创街、凉水河一街等局部断头路，推动开发区交通规划纳入全市"十三五"总体规划。促进绿色出行，开通电动微公交接驳线路9条，建成公共充电桩243个，投放分时租赁新能源车1 800辆；更新公租自行车1 676辆，实现新区范围内车辆通存通取。截至年底，大兴区全年客运车辆数达到540辆，比上年增长9.8%；旅客周转量220 203万人公里，比上年增长46.9%。大兴区年末公共电汽车区内运营线路达53条，运营线路区内长度1 423公里；年末轨道交通运营线路2条，轨道交通运营线路区内总长度21.8公里；年末大兴区新能源出租车达300辆，接驳车达121辆，接驳车运营线路达23条。

【机场建设】 年内，北京大兴国际机场建设全面启动。完成13个村7 005户拆迁任务并如期供地，创造了"机场效率"。设立专项管控奖励资金，强化基层基础服务管理，兑现"抓限控就是抓发展"的承诺，启动机场周边地区三年行动计划，全面推动南部地区经济社会发展。保障群众利益，实施安置房建设，加快推进10个村整建制转非安置，实现即征即转。开展实训基地对口培训，促进拆迁农民实现转移就业。服务机场建设，与首都机场建设集团达成战略合作意向，搭建新区企业参与平台，做优做实建设施工、生活供给、纳税注册等服务保障工作。永兴河改线工程进展顺利。坚持现代、高效、绿色的发展理念，完成新航城11个专题规划，启动起步区控规编制工作，开展综合交通规划、城市发展指标体系研究，为临空经济区建设奠定坚实基础。

【环境保护】 年内，完成平原造林4万亩，全区森林覆盖率达到25%。实现屋顶绿化1.4万平方米，城市绿化覆盖率达到46%。不断细化污染源排查，加快推进中小河道治理和新凤河等河道综合建设工程。西红门再生水厂完成主体工程，永兴河再生水厂工程进场施工。开发区东区污水处理厂三期、四期，南区污水处理厂工程建设完工。开发区污水处理能力达到17万吨/天。通过减排工程，全年实现氮氧化物减排105吨，实现挥发性有机物减排867.5吨。新区全面落实清洁空气行动计划，推进大气污染防治，深入开展压减燃煤、控车减油、工业治污、扬尘控制、大气主要污染物源解析等工作，同时继续实施区域联防联控，实现区域环境空气质量的整体改善。

都市型现代农业

【农业结构调整】 年内，推进农田基础设施提升、菜田瓜田建设等五项工程建设，实施菜田补贴9.2万亩，新建、改造果园面积1.2万亩，调减高耗水粮田2 760亩，新建、改造设施农业1 890亩，新建、规范标准化、"三品"基地70家，土地产出率、劳动生产率、资源利用率"三率"水平进一步提升。

【标准化基地建设】 年内，新建5个种植业标准化基地，规范17个种植业标准化基地，评定菜篮子工程市级优级种植业标准化基地6个。

【蔬菜产业概况】 年内，全区蔬菜（不包括西甜瓜）播种面积23.91万亩，上市量8.79亿千克，上市收入 10.64 亿元，平均销售单价 1.21 元/千克。

【“菜篮子”工程项目】年内，全区新建集约化育苗场 2 个，提升蔬菜集约化育苗场 2 个；创建设施蔬菜标准园 4 个，扶持重大农业科技示范园 2 个。

【菜田补贴项目】年内，完成菜田补贴面积 91 788.35亩。扶持创建蔬菜产业万亩镇 2 个，蔬菜专业村 5 个，创建绿色防控基地 3 个，开展品牌创建 5 个。化肥减量有机肥补贴 1.5 万亩。

【设施农业建设】年内，全区改造蔬菜主产区老（危）旧设施，改造及新建高标准农业设施 1 893.76亩。

【引进推广新品种新技术】年内，共引进示范番茄、黄瓜、茄子甜辣椒等蔬菜新品种 30 个，引进推广蔬菜生产新技术 10 项。

【设施蔬菜高产高效创建工作】年内，按照春大棚、秋大棚、春温室、秋温室、越冬温室 5 个不同茬口，建立黄瓜、番茄、茄子、甜辣椒 4 种果菜高产示范点共计 14 个。

【蔬菜集约化育苗】年内，全区扶持发展蔬菜集中育苗基地 16 个，其中蔬菜集约化育苗场 11 个，集约化育苗生产面积 82 亩，育苗总量 3 349.35 万株。市级育苗竞赛中大兴区的育苗户获得一等奖 4 人次，占全市一等奖比重的 66.7%，获得二等奖 3 人次，占全市比重的 50%，获得三等奖 4 人次，占全市比重的 66.7%。

【蔬菜科技项目】年内，完成“2015 年大兴区草莓高产高效综合技术示范与推广项目”等 6 个区级蔬菜科技项目。

【物理农业】年内，完成 2015 年度 3DFC－600 型温室电除雾防病促生机示范与推广项目，全区空间电场应用面积增至 267 亩。

【草莓工作】年内，全区草莓育苗面积 74.3 亩，设施育苗 31.3 亩、露地育苗面积 25 亩、高架育苗 18 亩。2014—2015 年全区草莓生产面积 290 亩，平均亩产量为 1 020 千克，亩产值 5.1 万元。比上年产量增加 4.32%，产值增加 5.17%。全年组织草莓园区技术人员参加各类培训观摩 7 次，现场技术指导 18 次，共计培训 140 人次。举办大兴区第三届草莓育苗竞赛，评选出一等奖一名，二等奖二名，三等奖二名，创新奖一名。

【蔬菜价格监测】年内，设立蔬菜产地价格监测点 10 个，其中涉及蔬菜企业 2 家，蔬菜种植重点村 8 家，监测蔬菜品种 20 余个，采集入库蔬菜价格等数据 8 000 余条。监测大兴西沙窝和北京新发地 2 个市场 10 种常规蔬菜的交易价格，每月写出蔬菜价格行情分析报告。

【蔬菜质量安全追溯】年内，新发展蔬菜质量安全追溯企业 4 家。全区共有北京市农业局蔬菜质量安全追溯试点企业 23 家，追溯面积约 15 500 亩，品种 100 多个。全年使用标签约 180 万枚，累计使用追溯标签约 2 110 万枚，产品销往加乐福、华联等 40 余家超市和多家社区及机关团体。

【院区合作】年内，通过院区合作引进优良品种 3 个，开展新品种试验示范 1 项，组织菜农、高产示范户、园区技术人员等观摩通州于家务新品种展示园 1 次，茄子新品种试验田 1 次，邀请蔬菜中心专家开展专题技术培训 1 次，培训农民 350 人次。分别与中国农科院和北京农科院合作开展都市型特色西瓜新品种及延长供应期配套栽培技术示范与推广，共设小果型西瓜品种筛选试验、越夏中果型西瓜示范等 6 项。

【果类蔬菜试验示范】年内，果类蔬菜相关试验示范 15 项，其中黄瓜、番茄、辣椒、茄子四种作物品种比较试验 8 项，不同播期试验 2 项，土肥试验 2 项，节水试验 1 项，椰糠栽培模式试验 1 项，双因素种子引发试验 1 项。

【叶类蔬菜试验示范】年内，叶类蔬菜创新团队试验示范 12 项，其中生菜品种试验示范 3 项，生菜、芹菜综合绿色防控试验 2 项，芹菜病虫害抗病普查 2 项，芹菜抗病资源品种选育试验 1 项，综合节水示范区节水试验 3 项，芹菜溶淋试验 1 项。联系岗位专家 6 位。

【创意农业项目】年内，以对叶类蔬菜等作物进行的立体无土栽培为设计，与椰糠栽培、水培、雾培、水肥一体化系统等多种现代农业栽培方式和技术相结合的创意农业项目全面完成。温室内分别展示立体轮转式无土栽培、倒金字塔深液流管道栽培、蔬菜柱螺旋状浅液流栽培、箱式雾培、多层浅液流栽培、蔬菜墙椰糠栽培。立体无土栽培方式充分利用棚室的上层空间，栽培株数可达 10 000～15 000株，比普通栽培每亩 5 000 株增加 1～2 倍，可连续生产 8～10 茬。

【平菇西德 89 生产示范】年内，针对春夏季平菇主推品种西德 89 开展生产示范，示范安排在礼贤镇孙营村食用菌种植基地，种植面积 0.7 亩，摆放棒数 12 000 棒。单棒产量 0.9 千克，转化率 100%。

【杏鲍菇菌糠栽培平菇试验】年内，利用工厂化杏鲍菇出菇后的菌糠作为平菇栽培料，使菌糠资源化利用并降低平菇生产成本。试验结果应用杏鲍菇菌糠处理的投入产出比高于00%棉籽壳处理。

【食用菌高产创建工作】年内，组织8名食用菌种植户分别参加北京市平菇、香菇秋冬茬口和春夏茬口食用菌高产创建活动，其中在香菇秋冬茬口评比中有2名种植户获得二等奖。

【海南试验基地建设】年内，新建400平方米库房、门房。新建大棚4 000平方米，对基地进行整体绿化。试种西瓜、甜瓜组合25个，配置组合20个，完成2年的育种工作。

【农业科技成果展示基地】年内，与各研究室之间进行技术交流与合作，完成试验示范项目10个。接待各级领导、专家及农业专业技术人员22批次，共计1 500余人次，安排各项会议8次，进行现场观摩16次。

【设施西瓜新品种新技术示范与推广项目】年内，在重点西瓜主产镇示范采用租赁补贴的形式推广西瓜蜜蜂授粉省工栽培技术9 649亩，推广以天幕覆盖技术为主的多层覆盖提早成熟技术1 000亩，推广京颖、L600和华欣等西瓜新品种7 400余亩，培训瓜农2 900人次。

【基层农业技术推广改革与建设补助项目】年内，配合区农委完成设施西瓜新品种新技术示范与推广项目，组织9所田间学校开展调研活动各1次，发展科技示范户300人，为示范户发放西瓜种子3 600余袋、发放流滴膜150捆、黄板2 385块。

【西甜瓜新品种引进】年内，西、甜瓜研究室引进新品种101个，经过田间调查、室内考种表现较好的中果型西瓜：日本777、沙蜜佳、京欣3、改良抗裂京欣3、华欣1和华欣2；小果型西瓜：L600、京颖6、京颖6-3、CX21、九龙迷你和众天2693；厚皮甜瓜5个：江淮蜜1号、青蜜脆、青格格、青花蜜和一包糖；薄皮甜瓜5个品种：京蜜11、绿宝、IVF21、IVF58和IVF68；南瓜砧木：阻击、京欣砧2、京欣砧3、皖砧2；葫芦砧木：国产PEPO、湖北杂4、南砧1号和勇砧。推广新优品种面积6 000亩。

【简约化栽培技术推广】年内，推广6项西瓜简约化栽培技术：保护地中果型西瓜、小果型西瓜蜜蜂授粉技术，推广春季冷棚小果型西瓜密植栽培技术，中果型西瓜密植吊蔓栽培技术，中果型西瓜地爬省工栽培技术，西甜瓜微喷灌溉技术，设施天窗放风技术。

【国家西甜瓜产业技术体系相关工作】年内，为北京地区引进适合都市型观光采摘西甜瓜及砧木新优品种66个，推广面积超过8 000亩。其中，小果型西瓜新优品种13个，无籽西瓜新优品种11个，中果型西瓜新品种14个，葫芦砧木品种9个，南瓜砧木品种7个，薄皮甜瓜新优品种7个和厚皮甜瓜新优品种5个。

【北京市西甜瓜产品推优评优】9月23日，在小汤山举办西甜瓜产品推优评优活动，大兴区乐平西甜瓜产销合作社获北京市第三名。

【创新团队及高产创建】年内，承接团队内岗位专家试验12项，安排试验点9个，试验内容包括栽培技术、种子处理、土壤处理、西瓜新品种、甜瓜新品种、砧木新品种和新型栽培设施等。协助大兴综合试验站完成新品种、新技术示范8项。开展种子消毒处理示范，为学员免费发放中国农科院植保专家赵廷昌的杀菌剂1号400瓶。发放种子包衣剂1 000瓶，示范推广西甜瓜带菌种子的处理技术800亩。

【粮经产业发展概况】年内，全区种植小麦80 842.5亩，玉米197 135.2亩，甘薯7 967亩，油料11 695亩，大豆4 495亩。

【粮食生产补贴】年内，小麦种植面积80 842.5亩，补贴资金1 050.952 5万元，小麦良种补贴面积80 842.5亩，补贴资金80.842 5万元，生态作物补贴面积80 842.5亩，补贴资金3 233 700万元；玉米种植面积197 135.2亩，补贴资金1 715.076 24万元，玉米良种补贴面积197 125.8亩，补贴资金197.125 8万元。

【粮食生产技术服务】年内，共建立14个粮经作物监测点，其中小麦6个、春玉米2个、夏玉米6个。对作物的主要生育时期进行监测，每个监测点小麦监测调查10次，玉米8次。结合农业部的农情田间监测，在作物生长期间每月监测3次，共监测9次。撰写主要农作物田间生长情况及生产管理意见9期。

【粮经作物试验与示范】年内，完成小麦旱作简化栽培技术的研究与推广，鲜食玉米不同种植方式与籽粒玉米的效益分析，林下大豆示范，花生品种比较试验，高产示范方，大豆区试与生产试验，青贮玉米新品种示范与推广。

【甘薯育苗及生产田监测】年内，设立甘薯育苗监测点4个，监测项目有不同品种单位面积出苗数、薯苗质量等。设立甘薯生产田监测点4个，监测项目包括主蔓长、分枝数、叶面积系数、结薯期、单株薯块数、单株产量、亩产量等。

【培肥地力工程肥料配送】截至6月底，完成2014—2015年度培肥地力工作，培肥地力面积为76 909.8亩，配送有机肥38 454.9吨，配方肥3 845.49吨。6月，启动2015年度培肥地力工程，项目区面积为29 673.6亩，配送有机肥14 836.8吨，配方肥1 483.68吨，10月底，年度配送任务完成，都市农业建设——培肥地力工程全部结束。

【测土配方施肥补贴项目】年内，采集土壤样品300个，化验土壤有机质、全氮、碱解氮、有效磷、速效钾、缓效钾、土壤pH/EC值、铁锰铜锌、容重等13项，取得有效数据3 900项次。在甜椒、生菜、油菜等4种作物上共开展磷肥量级试验1项、设施蔬菜"2＋X"动态优化施肥试验1项，水溶肥肥效试验8项。

【北运河流域面源污染治理项目】年内，完成600个土壤样品的采集工作，取得农民施肥调查表600份，化验土壤肥力和中微量元素等共13项指标，获得有效化验数据7 800项次。开展蔬菜、粮经、果树等不同作物的原有3个国家级、10个市级、2个新建长期定位监测点的监测工作，采集土壤样品36个，全部送到市土肥工作站进行化验。推广缓控释肥1 250吨，总推广面积31 250亩。同时开展缓释肥对比示范试验2项，种植作物为玉米，与传统施肥相比，减少化肥施用纯量6－0.8－2千克/亩（$N-P_2O_5-K_2O$），平均增产5.39%，平均节水30立方米/亩。

【农业土壤调查及土壤环境综合防控技术推广项目】年内，完成300个土壤样品采集工作，获得有效数据3 900个。补贴生物菌剂30吨，有机土壤改良剂3吨，有机微生物肥450吨，缓释肥100吨。

【不同年限棚室土壤盐渍化监测与改良项目】分别在5年以下、5～10年、10～20年、20年以上棚室内采集0～20厘米土壤样品80份，化验土壤理化性状和土壤EC值等指标。建立不同年限土壤盐渍化改良示范点2个。补贴土壤改良剂禾康共计1.5吨。

【农作物病虫预测预报】全年发布《病虫简报》15期，通过举办培训班、现场会、观摩、科普赶集等宣传培训农民5 600人次，发放宣传材料5.3万份，指导农民防治病虫草鼠害面积242万亩次，防治效果达到90%以上。

【农区灭鼠】年内，全区开展农区灭鼠25万亩（春季20万亩，秋季5万亩）。发放灭鼠用成品毒饵8吨，毒饵站3万个，粘鼠板2.3万张。建立小麦和设施蔬菜灭鼠示范区15个，农区害鼠防治效果达到92.3%。

【农业综发项目田园清洁工程】涉及采育、长子营等6个镇，实施面积23.2万亩次。在粮经、蔬菜作物上推广应用高效低毒农药14.217吨，赤眼蜂31.2万袋，推广性诱剂、巴氏钝绥螨等生防技术；8支植保专防队累计专业化防治面积16.1万亩次；回收农药空包装71.05万个。

【生物防治项目】项目在5个绿色防控基地、1个无公害农产品质量控制试点基地和1个千亩产业村的设施蔬菜作物上实施。总示范面积2 000亩，辐射带动面积8 000亩。推广5种生物农药和2种天敌用于蔬菜病虫防治，防治效果80%以上。

【北运河流域减少化学农药用量控制农业面源污染项目】项目在青云店、长子营和采育3个镇蔬菜田实施，实施面积1.3万亩，其中设施0.7万亩，露地0.6万亩。建立1个设施蔬菜项目核心示范区和1个露地蔬菜项目核心示范区。项目实施内容为化学农药减量，利用农业垃圾无害化处理装置处理植株残体等。

【植物诊所建设】年内，建立3个植物诊所，共计开具处方361条，服务周边农民、农业合作社、种植园区等120余个。

【蔬菜基层测报点建设】年内，依照市站测报科要求，并结合大兴区特点，建立8个基层测报点，涉及庞各庄、榆垡、礼贤等6个镇的7个农户和1个基地，并开展相应培训。截至11月30日，已上报23次数据。

【植物检疫执法】全年，植物检疫执法出动执法车辆101台次，出动执法人员218人次，检查经营店472个次，签订《大兴区种子经营单位保证书》193份，开具责令整改3起。简易程序行政处罚2起，涉案金额250元。

【疫情防控】全年，共监测、普查14种检疫性有害生物，并按时将监测普查数据上报至植物疫情监测网。共普查10个镇84个村，代表面积共计3.2万亩次，速测样本67个，未发现检疫性有害生物。

【疫情监测】年内，监测对象为10种，检疫性有害生物2种，重大农业害虫8种。监测到检疫性有害生物美国白蛾405头，桔小实蝇57头。普查方面，普查对象共11种，全年累计普查面积7 991亩次，未发现检疫性有害生物。

【种业项目】项目单位为北京绿康种猪繁育有限公司，建设内容为猪舍保温改造和地下水管更新、240套产床改造，180套保育床更新改造、自动清粪设备改建、地热锅炉更新及地热土建、自动饲喂系统、妊娠母猪电子饲喂管理系统。

【“菜篮子”设施设备提升改造项目】年内，“菜篮子”设施设备提升改造项目对7家养殖场进行改造，分别是北京安定团结养殖有限公司、北京采育张庄养殖场、北京长子营羽鹤养殖场、北京河津营明选养猪场、北京聚贤发养殖专业合作社、北京王德仁种猪场、北京源天顺通养殖有限公司。“菜篮子”项目建设节水设施30套，分别是京泰丰肉鸽养殖专业合作社、北京泰康肉鸽养殖中心。

【“菜篮子”工程标准化生产基地推优项目】年内，上报3家养殖场，分别是安定安怡牧业、青云店青平牛场、采育富有牛场，均通过市级验收。

【粪污治理项目】年内，结合农业节水的要求，北运河粪污治理项目的2家建设单位和新农村粪污治理项目的7家项目单位，均采用雨污分流治理模式。

【外埠基地建设】在河北固安东湾乡新建一家规模为300头能繁母猪的外埠基地。年内，12栋猪舍主体完工。

【渔业高产高效生产基地建设】年内，在建工程工厂化2个6 000平方米，循环温室5家共151亩，标准化2家共95亩。建成后全区池塘改造项目总面积将达到852.77亩，约占全区渔业总面积的30%。

【推广生物立体养殖模式】年内，向榆垡、安定、庞各庄等镇14家养殖场发放生物浮床200块，继续向养殖户推广生物立体养殖模式，通过植物根部吸收水体中多余的氮、磷及有机物质，在改善水体环境的同时增加了养殖户的收益，平均每平方米生物浮床为农户增加收益25元。

【动物疫病监测】年内，共采集、检测各种禽类样品14 381份次，其中检测禽流感Re－4样品数量280份次，Re－6检测2 569份次，Re－7检测2 148份次，H9检测1 496份次，H7N9检测数量为5 819份次，鸡新城疫免疫抗体检测2 069份次。采集畜类样品共计20 771份次，检测口蹄疫免疫抗体样品数量13 552份次，其中O型检测数量为6 890份次，亚I型检测数量为3 274份次，A型检测数量为3 388份次；检测猪瘟抗体样品数量为3 624份次；检测猪蓝耳病免疫抗体数量3 595份次。

【疫病净化】年内，对奶牛布病、结核、马传贫和马鼻疽、鸡白痢和白血病进行检疫净化工作，完成鸡白痢净化1 082羽，禽淋巴白血病净化1 074羽，马传染性贫血314匹。

【定点屠宰企业升级改造】年内，配合《北京市畜禽定点屠宰管理办法》，淘汰4家屠宰企业，对6家屠宰企业进行提升改造，并通过北京市农业局的验收。

【“饲料投入品安全高效关键技术集成与示范”项目】年内，与中国农科院饲料所合作“饲料投入品安全高效关键技术集成与示范”项目，完成对10家养殖场的饲料检测工作，筛选出安全饲料投入品，培训技术人员60～70名，顺利完成年度项目任务。

【农机促进农业产业发展】年内，争取投资8 365.63万元，重点在节水、秸秆禁烧、环境治理以及产后储存等方面进行设备购置，有效提升产业发展水平，推动农业产业结构调整，有效保障农作物及园林绿化物秸秆禁烧。

【农机装备结构优化】年内，积极争取常规类补贴机具的推广。全年共计落实常规类补贴机具245台套，涉及资金526.3万元。其中大田类机械27台，菜田类机械206台，林果类机械12台。农机补贴种类不断拓宽，各产业机械逐步实现均衡化发展，农机装备结构更加优化，机械化水平不断提高。

【农机新技术推广】年内，积极引进、示范、推广农机新技术10项，实施面积20.8万亩，补贴资金324.9万元。其中玉米秸秆还田面积1.09万亩，土壤深松作业面积3万亩，保护性耕作面积14.6万亩，甘薯起垄覆膜面积2万亩，花生机械化播种示范面积450亩，林果开沟、剪枝及打药作业示范面积240亩。

【农机服务组织经营及服务】年内，青云店等4个农机服务组织基础设施建设全部完工并投入使用。全区农机服务组织开展规模化经营及服务3.7万亩，跨区作业服务3.47万亩，从事农机综合性作业服务的农机组织达到33家，占农机服务组织总量的 63.5%。

【果品产业】年内，全区完成高效节水果园建设 424.13 公顷，其中新建 401.73 公顷，更新 22.4 公顷，涉及 8 个镇 31 个重点果园。栽植梨、桃、苹果、枣、樱桃等 10 个树种，示范推广优新品种 30 个。全区纳入改造提升面积 370.6 公顷，涉及 8 个镇 24 个果园，有梨、桃、葡萄、樱桃等树种。完成树形改造、施肥、授粉、疏果、套袋、病虫防治等工作。

【种苗产业】年内，共有“林木种子生产许可证”在册 97 家，有“林木种子经营许可证”在册 93 家，在册发证面积 1 709.48 公顷。年内，新办理“林木种子生产许可证”35 家，新办理“林木种子经营许可证”33 家，年内发证面积 924.298 公顷。延续“林木种子生产许可证”9 家，延续“林木种子经营许可证”8 家。年内，注销“林木种子生产许可证”24 家，“林木种子经营许可证”24 家，注销面积 318 公顷。

【蜂产业】年内，养蜂户累计 30 户，总饲养量为 2 956群。全区共生产蜂蜜 109 吨，巢蜜 1 000 张。花粉 5.05 吨，王浆 0.121 吨，蜂胶 0.205 吨，蜂蜡 1 吨。总收入 280 万元。8 月 19 日，向各镇下发《关于做好 2016 年养蜂证办理工作的函》，转发农业部印发的《养蜂管理办法（试行）》（中华人民共和国农业部公告第 1692 号）文件。

【林下经济】年内，共有林下经济 1 753.712 公顷，其中历年保存面积 1 020 公顷，年内新建面积 733.712 公顷。在新建林下经济面积中，共有 630.38 公顷平原造林的林下经济。在经济效益方面，大兴区林下经济的总投入达到 2 752.7 万元，总产值达到 3 692.68 万元，林下经济的经济效益良好。组织区内重点林下经济基地参加国家林下经济示范基地的评选，大兴区万丰菌业专业合作社被国家林业局认定为“国家林下经济示范基地”。

非　农　产　业

【农产品流通体系建设】年内，制定《大兴区 2015 年农产品流通体系建设实施意见》。开展新区“互联网＋”农业主题活动，搭建农产品展示展销平台。组织 21 家合作社进行农超、农社对接，进入全国 300 余家门店和全市 43 家社区，销售本地农产品 1 387 万千克，实现收入 6 700 余万元。

【强化产业链服务】年内，深化“一会一社一中心”建设，建立基地服务站 7 家，辐射带动农户 6 000 户。引导老宋、乐平等 6 家联合社成员激活二维码 200 万个，不断加强产业链的安全控制和追溯。打造“大兴农品”，建立了品牌理念体系。

【产业融合不断深化】年内，通过园区改造、月季大会预热及西瓜节等节庆活动带动，实现乡村旅游接待人次和收入双增长，增幅均列全市郊区首位，被评为全国休闲农业与乡村旅游示范区县。

【特色产业培植】年内，借助月季大会筹办契机，发展月季产业 6 000 亩，引进新品种 400 个，月季品种园、主题园等具备接待能力。重点打造庞安路、东赵路、韩风路等特色产业带，现代农业条块化发展带动格局更加清晰。

村　镇　建　设

【新农村绿化美化】年内，完成 34 公顷农村“五边”绿化建设任务。按照《大兴区村庄绿化美化管理办法》，继续对 477.28 公顷新农村绿化进行管护。

【农村人居环境改善】年内，落实清洁空气行动计划，完成农村地区“减煤换煤”18.1 万吨，实施“煤改电”工程 1.18 万户，农宅抗震节能改造 2.9 万户，安装太阳能热水器 3 000 台。推进全区 62 个美丽乡村和 4 个北京最美乡村候选村建设。新型农村社区完成梨花村主街基础设施提升改造，完成羊坊村工业大院企业拆除腾退 16 家，启动基础设施与公共配套设施的建设。投资 6 500 余万元实施一事一议奖补项目 53 个。

【农村能源工程建设】年内，建设与太阳能公共浴室相结合的光伏发电项目 10 处，减轻浴室运行电费支出负担；建设月季博物馆及农业种植园区等光伏发电项目 3 处，为月季大会主场馆——月季博物馆及交流中心建设 2.5 万平方米地源热泵清洁采暖工程，实现场馆供暖“零”排放，促进节能型会展建设；为爱情海种植园区建设地源热泵采暖项目 1 处，采暖面积 1 万平方米；在青云店镇西鲍村建设秸秆成型加工厂 1 处，作为该镇秸秆等农业废弃物主要回收再利用的主要场所，提高农业废弃资源利用效率。

【能源设施维修服务】全年累计维修维护太阳能路灯 2 206 盏。组织开展 LED 节能灯维修 716 盏，拆除太阳能路灯 1 917 盏，安装 LED 节能灯 2 200 盏，庞安路路灯恢复 25 盏。全面完成维修维护服务任务，保障能源设施安全、高效、持续运转。

【农村安全饮水改造工程】长子营、青云店、庞各庄、榆垡4个镇6座水厂的应急水源工程已于11月完工，建设水源井11眼，安装消毒设备3套；生态清洁小流域综合治理工程于8月开工建设，除绿化工程外基本完工，铺设污水管线3.5公里，杨各庄湿地污水处理站具备试运行条件；完成大兴区城乡一体化供水研究和《大兴区农村安全饮水提质增效规划》编制工作，按市水务局要求做好我区村镇供水现状调查评估，完成评估报告，为下一步启动相关工作打好基础。

【“两气”安全标准化建设】年内，全面推进实施两气站安全标准化体系建设工作，着力打造全市首个农村“两气”安全标准化体系。强化农村“两气”工程安全监管，改善安全监管无据可依的管理局面。

【大学生村官选聘】3—6月，按照《2015年大兴区大学生村官工作计划》安排，四次进入高校进行政策宣传，集中组织双向选择会进行报名审查，严格选拔程序并进行督导检查，圆满完成2015年新村官选聘任务。共计选聘大学生村官182人，其中本科学历97人，硕士研究生学历85人。

农村改革与管理

【农村土地承包经营权确权登记试点】年内，启动219个村的登记工作，完善权属调查、公示审核流程，实测承包地面积27.3万亩。

【赋予农民股份权能改革试点】年内，完善集体经济组织成员身份确认机制，完成69个新型集体经济组织规范化建设，在瀛海镇开展成员股权转让、继承等制度设计。263个村集体经济组织实现分红，分红总额10.8亿元。

【金融改革试验区建设】年内，对农业企业、合作社等新型经营主体进行金融贴息。创新镇级统筹土地流转试点，对庞各庄镇实现授信2 000万元，促进镇域土地流转3 900余亩。继续推动农民专业合作社信用评价体系建设，进一步优化农村金融环境。

【服务新机场周边地区建设】年内，研究制定《机场周边综合发展行动计划》，围绕基础设施、生态建设、产业发展等方面，确定重点建设项目121个，印发《关于促进机场周边农用土地流转工作的指导意见》，落实1 500元/亩的土地流转补贴政策，为机场周边地区农业、农村发展赢得更多更好的机遇。

【规范和发展农民专业合作社】年内，对大兴区15家农民专业合作社示范社开展财务规范管理，及时掌握市级示范社动态及发展情况；对市级以上合作社示范社生产经营情况、资产情况、合作社相关证件材料等开展监测工作；向市农委推荐4家合作社获得贷款贴息资金66.3万元。

【农村土地承包经营权确权登记颁证工作】大兴区作为全市试点，将利用两年时间在全区完成农村土地承包经营权确权登记颁证工作。年内全区共有218个村开展了工作。其中完成权属调查的涉及9个镇216个村，完成公示审核涉及9个镇152个村，已建立登记簿的有5个村，清理土地承包档案36 917卷；调查承包方人（户）数38 189人；实测承包地块数97 546块；实测承包地面积267 119.15亩。全年全区农村土地承包经营权确权登记工作财政补助经费1 490万元，其中中央和市级资金950万元。

【农民对集体资产股份权能改革试点】大兴区作为全国29个试点区县之一，确定三年期的建设目标，重点围绕保障农民集体经济组织成员权利，积极发展农民股份合作，赋予农民对集体资产股份占有、收益、有偿退出及抵押、担保、继承权等方面开展试点。年内制定《大兴区积极发展农民股份合作赋予农民对集体资产股份权能改革试点实施方案》，并在瀛海镇开展改革试点，研究探索股份经济合作社运行机制，研究完善集体资产股份抵押、担保等方面的制度设计。

【新型集体经济组织规范化建设】总结上年度19个股份经济合作社试点的规范化建设经验，梳理存在问题，完善工作方案，在全区范围内推行。年内完成50个股份经济合作社规范化建设及深化产权制度改革工作，摸索出新型集体经济组织管理及经营双提升的良性发展经验。完善集体经济组织收益分配机制，完善以按股分红为主，福利分配为补充的集体收益分配方式。经统计，上年全区实现分红11.16亿元，涉及村数276个，分红村占全区52.4%，涉及股东17.18万人，人均分红达到6 494元，分红村数增加13个，人均分红同比增长32.6%。

【镇村两级集体资产情况】全区村级集体经济组织561个，全区集体经济组织成员股东35.2万人，村级集体资产总额 176.5 亿元，净资产总额 140.2 亿元，每个集体经济组织平均资产总额 3 156 万元，每个成员股东平均集体资产 3.98 万元。

【计划拆迁村“三资”监管】年内，指导榆垡、礼贤两镇以村为单位与银行开设“征地补偿款”存款专户，要求两镇补偿款到位后进行专户管理，专款专用。两镇 13 个拆迁村全部开设专款账户。指导镇政府、被征地村集体经济组织与受理银行三方共同签订《征地补偿费监管协议书》，严禁私分、截留、挪用补偿款，严格把控资金支出，避免突击花钱，确保资金安全、完整。配合机场人员安置分指挥部完成转非安置工作宣传手册，指导礼贤镇制定《集体资产处置工作方案》，榆垡镇制定《关于机场拆迁村三资管理工作方案》。

【农村集体经济审计】年内，重点开展土地补偿费审计、村级组织正常运转资金审计、新型集体经济组织审计、村干部任期经济责任审计和财务管理服务中心的审计五项工作。同时，开展财务收支审计、财经法纪审计、经济效益审计、建设工程承包、专项资金管理、集体对外投资以及财务公开等农民群众关注的热点、焦点问题的审计工作，及时发现并纠正存在的问题。

【对 45 个新型集体经济组织的审计】年内，区经管站组织各镇经管站完成对上年度 45 个新型集体经济组织经营状况、资产增减变动情况的审计工作。集体总资产 140 706.5 万元，同比增长 20.1%；集体总负债 27 316.6 万元，同比增长 19.4%；所有者权益共计 113 389.9 万元，同比增长 20.3%。经营总收入 18 574.2 万元，同比增长 40.3%；经营总支出 8 034.6 万元，同比增长 4.1%；经营净利润 1 032.5 万元，同比增长 86.5%。

【村级专项补助资金管理使用情况审计】全区 504 个村上年度村级组织正常运转专项补助资金使用金额 10 385.38 万元（包括 2013 年末余额 2 365.88 万元）。其中：用于村干部报酬金额 1 098.38 万元，用于办公经费金额 291.03 万元，用于五保户供养金额 10.39 万元，用于集体公益事业补助金额 8 972.14 万元，用于其他开支金额 13.44 万元。

【农村财务规范化管理】年内，继续加强“账款章”三托管和财务预决算工作，完成全区 14 个镇一轮财务管理制度检查和规范指导工作。重点结合村级民主活动日加强村级财务公开工作，加强调研，出台村级财务公开指导意见。

【村级财务预决算执行情况】全区 14 个镇（除亦庄外）有 13 个镇的 523 个村实行预决算制度。上年度全区村级集体经济组织实现总收入为246 078.3 万元，同比增长 48 953.5 万元，增长率为 24.8%，占年初预算 194 153.7 万元的 126.7%；总支出为 164 496.2 万元，同比增长 14 038.7 万元，增长率为 9.3%，占年初预算 179 998.1 万元的 91.4%；全区管理费用总计 47 441.6 万元，同比下降 5 479.2万元，下降率为 10.4%，占年初预算 61 591万元的 77%；部门无偿投入账外资产入账金额为 661 万元；固定资产投资总计 1 551.4 万元。

【村级用章管理使用情况】年内，严格落实镇级托管村级用章管理双锁制度和使用情况上报统计制度。全区有 13 个镇托管村级公章 1 935 枚，全年累计盖章 37.3 万余次，其中村委会盖章 29.7 万余次，经济合作社盖章 7.6 万余次，主要用于经济合同、报表、资金申请及各类证明等村级一般性事务和村级重要经济事项，全区村级公章管理使用情况整体态势良好。

【农村承包合同规范化管理】年内，继续落实农村土地承包合同订立程序的合法性、内容的健全性、条款的严谨性，指导礼贤镇、青云店镇完成农村土地承包合同变更工作，鉴证土地承包合同 632 份，整理合同档案 31 册。继续落实经济合同清理整改工作，全区存续经济合同共 9 474 份，问题合同 433 份，完成规范整改 410 份。

【村级重要经济事项监管】继续落实村级重要事项事前咨商和招投标工作办法，按季度开展对各镇村级重要事项事前咨商情况和招投标事项的统计工作。年内，全区 11 个镇开展工作，共咨商议题 4 462个，出具指导意见 7 076 条，其中有法律依据的 3 020 条；招投标 150 件，招投标金额 5 766.48 万元。

【收益分配统计分析】年内，全区农村经济总收入完成 521 755 1.5 万元，同比下降 0.27%。其中主营业务收入完成 500 314 7.4 万元，同比下降 0.51%。农民人均劳动所得 20 746.8 元，同比增长 8.79%。

【低收入农户监测】年内，开展全区 9 个镇 262 个村的低收入农户收入情况监测工作，全年低收入农户人均可支配收入 11 512.19 元，同比增长 14.73%。家庭可支配收入户均 36 108.91 元，同比增长 13.81%，其中家庭经营净收入占比

41.54%，户均14 999.9元，同比下降0.86%。

【农民专业合作社培育】年内，完成4家农民专业市级示范社的申报和全区46家合作社“221信息平台”数据统计工作，共涉及10个镇，年销售额3.37亿元，共计带动农户1.68万人。

【农村信息化系统的维护和建设】年内，完成从村、镇、区到市四级平台的数据统计、分析和上报工作，完成4个镇四级网络的建设，开展农村信息化人员培训400人次。

【村级公益事业项目建设】年内，与区农委、区财政局共同组成项目审查小组，筛选项目53个，其中低收入村项目11个，投资总额6 513.27万元，申请财政奖补资金4 875万元。全部完成验收。

农　民　生　活

【农民增收】年内，整合、落实低收入农户增收政策资金1 700余万元，实施低收入村产业发展项目5个，推动机关、金融机构、党员等对接帮扶，一对一实施精准管理示范，年内低收入农户家庭人均可支配收入实现同比增长14.7%。实现农村劳动力转移就业1万人。推动土地流转3.8万亩，实现农村产权交易8.6亿元，农民资源性、财产性收入进一步提高。

【农民综合素质提升】年内，开展新型职业农民培育1 000人，其中351人参加并通过职业技能鉴定，农民职业化水平不断提升。完成2万人的农民综合素质提升工程。

【新型农村合作医疗】年内，参合273 450人、参合率99.8%；人均筹资1 200元（含大病保险基金），其中个人出资160元、政府1 040元。总筹资32 814万元；2015政策年度内，门诊报销49 419人次、3 449.67万元，住院报销38 084人次、25 701.09万元，住院政策范围内报销比例70%，基金结余3 487.13万元。

【“三下乡”活动】2月6日，由区委宣传部主办，区文明办、区文委、区旅游委、区月季办、区机场办、区科协、区卫计委、礼贤镇党委政府共同承办的“‘服务新机场建设新航城’大兴区2015文化、科技、卫生‘三下乡’启动式”在礼贤镇黎明村举行。同时“三下乡”系列活动之送“福”下乡进千家拉开序幕。

【第二十六届农民艺术节】12月22日，大兴区第二十六届农民艺术节开幕。本届艺术节以“文化乡村、美丽绽放”为主题，旨在弘扬乡土文化，提高农民文化素质。通过发挥区主阵地作用，深化打造“一乡一特色、一村一品牌、一社区一亮点”的文化品牌。

【组织召开全国西甜瓜擂台赛】年内，在庞各庄西瓜小镇召开第27届北京大兴西瓜节“博洛尼杯”全国西甜瓜擂台赛。来自江苏、山东、河南、北京等全国7个省市及地区的335名种瓜能手参加擂台赛。大兴瓜农李凤春培育的京欣8号大西瓜以83.94千克单瓜重夺得本次擂台赛西瓜重量组冠军，创下大兴西瓜节单瓜重量的新纪录。

基层组织与民主政治建设

【积极践行“三严三实”】年内，制定《中共大兴区委农工委区农委关于在处级领导干部中开展“三严三实”专题教育的实施方案》，编印《中央、市区领导“三严三实”讲话及党课材料汇编》，组织集中学习13次，开展专题研讨4次，党课报告7次；认真查找班子和领导干部个人“不严不实”和历史遗留问题，印发《领导干部个人“不严不实”问题整改日记》；开展整改落实专项检查，修改完善《工作人员考勤及休假管理办法》等一系列制度，推动制度“废、改、立”工作的经常化、长效化，深化“四风”整治，巩固和拓展党的群众路线教育实践活动成果；指导本系统推进“三严三实”教育。

【完成村党组织换届选举】10—11月，顺利完成村级党组织换届选举工作，实现区委提出的应选尽选、平稳有序、结构优化的目标。全区14个镇526个村级党组织，一次选举成功的514个村，占97.7%。526个村级党组织选举产生支部委员1 782名（含书记），其中女委员316名，占17.7%。村党组织书记吻合率98.5%。有9名大学生村官当选为支部委员。新一届党组织班子学历、年龄结构进一步优化。

【下派“第一书记”】11月，正式启动选派机关企事业单位优秀干部到村担任第一书记工作。按照“自愿、择优”和“因地制宜、按需选派”的原则，完成51名“第一书记”下派工作。

【完成首批村级后备干部培训】年内，在“三荐三考”选拔后备的基础上，通过“党校理论灌输、机关轮岗感悟、基地拜师学艺、村社实践锻炼”等方式，首批培训49名村级后备干部，在村党组织换届中，有 39 人进入了本届村党组织班子。

【建立城乡基层党组织服务群众专项经费】年内，按照市委组织部要求，设立城乡基层党组织服务群众经费，由市、区财政按照一定比例进行配比拨付。每个村党组织按照年平均 15 万元的标准核定，由市、区县财政按照 2∶1 的比例配比拨付；每个社区党组织按照每年 20 万元的标准核定，由市、区县财政按照 1∶1 的比例配比拨付。制定专项经费管理办法，加强经费管理，确保经费真正服务于民，发挥最大效用。

“三农”工作部署和实施

【四个规范性文件落实情况】上年度出台《农村集体土地征收收入管理使用暂行规定》《加强镇级经济事项管理暂行规定》《加强村级财务管理暂行规定》《农村土地承包经营权流转管理暂行规定》四个规范性文件，年内区经管站积极指导各镇落实，北臧村镇出台《农村“三资”管理暂行办法》，青云店镇制定《青云店镇农村经济管理工作》文件汇编，长子营镇出台《农村财务管理指导意见》，黄村镇制定《进一步规范三资管理流程的通知》。全区全年推进土地流转 3.8 万亩，设立专门的区、镇、村三级流转服务中心，土地流转合同签订率达到 100%；严格落实土地征收收入管理规定，全区共有 6 个镇 33 个征地村，协议补偿金额为 70 757.97万元；实际到位补偿金额为 91 550.04 万元，纳入专户管理的补偿款金额为 87 690.83 万元。

【国家集体经营性建设用地入市制度改革试点】2 月 27 日，十二届全国人大常委会第十三次会议《关于正式授权国务院在北京市大兴区等三十三个试点县（市、区）行政区域暂时调整实施有关法律规定的决定》（人大常会字〔2015〕1 号），正式确定大兴区为国家集体经营性建设用地入市制度改革试点。

【“三农”保险综合试验区取得阶段性成果】年内，实施错时保险，调整小麦、温室大棚、部分果树险种的起保时限，新增农房、生猪价格指数、露地花卉、果树树体等新型险种，全年总保额 14.88 亿元，涉及农户 2.25 万户，保险覆盖面进一步扩大，保障措施更加贴近农民生产生活。

【异地购置物业支持低收入发展试点项目】年内，组建北京兴农富民资产管理有限责任公司，争取市区资金 4 000 万元购置物业资产，所得经营收益全部用于支持低收入村发展，探索出一条物业资产增收的新路径。

【强化信息化服务】年内，创建国家农业农村信息化示范基地，试点实施信息进村入户工程，开展信息化龙头企业创建，推动梨花村、孝义营等 8 个村的智慧乡村建设，完善大兴“三农”综合服务网，促进益农服务信息化、社会服务均等化和村务管理精细化。

【集体资产经营模式创新】在集中理财、留地留产安置、购买底商、产业经营、联村入股、管理挖潜等六种集体资产经营模式的基础上，积极开拓集体资产经营渠道。一是落实产权交易制度，利用北京农村产权交易平台对外进行土地流转、闲置资产招租等，共挂牌土地 45 宗 21 823.17 亩，成交土地 17 宗 3 623.27 亩，成交金额为 12 915.64 万元。二是发展互助社带动农民增收，其中庞各庄镇梨花村参与互助社农户 57 户，农户自愿全额入社互助资金总量达到 106 万元，该资金主要用于农户房屋改造和建设、种植业和农机设备的购置等。三是探索农民信用合作模式创新。积极引导搬迁村民及常态村社村民合理规划手中资金，将“合作金融内部互相监督和资产处置效率高的特点”与“商业金融资金规模大和管理规范”的特点有机融合，探索农民信用合作模式创新。全区 11 个镇 175 个村共发生委贷给区国有企业金额 828 318 万元，年委贷理财利息 58 283.39 万元，增加了集体收入。

【转非工作】11 月完成瀛海镇东一、东二、西一、西二村整建制转非工作，涉及转非劳动力 2 805 人，三险补缴金额共计 4.1 亿元。12 月完成礼贤镇、榆垡镇新机场红线内占地 10 个村整建制转非工作，共涉及转非劳动力 2 858 人，三险补缴金额共计 3.73 亿元。

大兴区领导名录

区委书记　李长友
副书记　谈绪祥　梁　胜　王有国
常委　李长友　谈绪祥　梁　胜
王有国　邓志荣（女，3 月免）
吴问平（3 月任）邵　恒
高言杰（11 月免）
王合生（11 月任）戴明超
姜泽廷（5 月免）贺安钢

张耀邦　贺　锐(3月免)
付　铎(结束挂职,8月免)
王清旺　沈　洁(女,3月任)
贯永清(挂职,7月任)
金卫东(11月任)

区人大常委会主任　张晓林
副主任　李永贵　刘志茹(女)
靳文浦(12月免)　张　岭
张丽英(女)　赵显鹏(12月任)
区长　谈绪祥
副区长　梁　胜　邵　恒　戴明超
贯永清(挂职,9月任)
沈　洁(女,4月免)　贺　锐(4月任)
喻华锋　金卫东
陈晓君　许玉增(4月任)
区政协主席　王　新
副主席　陈晓英(女,3月免)　李维民
汪宝国　赵长虹
邓景全(不驻会,1月免)
郭　耕(不驻会)
杨蓓蓓(不驻会,12月任)
苏　荣(不驻会,12月任)
区纪委书记　邓志荣(女,3月免)
吴问平(3月任)
副书记　李尚贤　芦君英(女)　关　卓
区委农工委书记　董玉峰
区农委主任　张德广

大兴区各镇党政正职领导

	党委书记	镇长
黄村镇	白立成	刘　耕
北臧村镇	贾卫国	谢景然（女）
亦庄镇	刘素然	王　森
旧宫镇	刘景瑞	张廷武
瀛海镇	何景涛	刘亚林（4月免） 张　华（6月任）
西红门镇	李　强	郑亚君
庞各庄镇	王学军	张志全
榆垡镇	杨彦光	刘志刚
礼贤镇	杜志勇	任喜军
魏善庄镇	戴光伟	孔祥森
青云店镇	李亦武	张存忠
安定镇	胡宝琛	曹　跃
采育镇	杨永政	张新颖
长子营镇	张　辉	潘郁峰

（大兴区史志办　田亚南）

怀　柔　区

综　　述

怀柔区位于北京城区东北部，东靠密云，南连顺义，西和昌平、延庆为邻，北与河北省丰宁、滦平、赤城三县接壤。全区总面积2 122.6平方公里，其中山区面积占88.7%。区辖12个镇、2个满族乡、2个街道办事处，共284个行政村。常住人口38.4万人，户籍人口28.2万人，其中，农业人口14.7万人，非农业人口13.5万人。2015年，是“十二五”规划收官之年，全区“十二五”目标如期完成，经济社会保持了平稳健康发展。全年实现地区生产总值234.2亿元，增长7.6%；完成区域财政总收入105.7亿元、地方公共财政预算收入33.4亿元，分别增长5.8%和10%；实现社会消费品零售额102.9亿元，增长9.3%；完成固定资产投资130.9亿元；万元GDP能耗、水耗分别下降8.7%和6.1%，发展质量和效益不断提高。

城乡发展一体化

【概况】城市建设取得新进展。新城总体规划和土地利用规划正在加紧修编，“两线三区”划定校核和城市设计初步完成，城市规划建设决策议事体系进一步完善。新城建设稳步推进，04街区成熟地块控规已报批，安置房方案正在深化设计；陈各庄土地一级开发进展顺利；怀柔镇、庙城镇的8个项目纳入全市棚户区改造计划。全面落实“门前三包”责任，“门前三包”签订率达到99%。深入推进居住小区生活垃圾分类，覆盖率达到常住人口83%。始终保持拆违打非高压态势，拆除违法建设35万平方米。开展交通秩序百日整治，加强地下管网监管，保障了城市安全运行。

【居民人均可支配收入稳步增长】2015年，全区居

民人均可支配收入 28 595 元，同比增长 8.6%，其中，城镇居民人均收入 33 247 元，同比增长 9.3%；农民人均收入 19 937 元，同比增长 8.5%。人均可支配收入中，以工资性收入为居民主要收入来源，为 19 438 元，占人均总收入的 68%，同比去年增长 9.3%，其中，城镇居民人均 21 879 元，同比增长 6.9%，农民人均 14 895 元，同比增长 18.9%。

【推进老城改造工作】青春广场一期开工建设，青春路六号院、杨家园、东区 20 号地块回迁房竣工交付使用，23 个老旧小区综合整治任务全部完成。

【加强城市精细化管理】探索利用“三网融合”解决问题的新机制，将区网格化社会服务管理平台与市非紧急救助系统对接，建立统一高效的便民服务平台，受理事项 6.7 万件，解决率达到 98.6%。

【区低保标准实现城乡统筹】城市低保标准和农村低保标准，分别从家庭月人均 650 元和 620 元统一调整为 710 元，城乡低收入家庭认定标准从家庭月人均 850 元调整为 930 元。救助标准从 2015 年 1 月起开始实施。全区目前共有城市低保家庭 578 户 832 人，农村低保家庭 2 721 户 4 281 人。

【开工大修 30 条乡村公路】大修工程共涉及喇叭沟门胡营路、渤海镇洞庄路、北房镇怀密路等 12 镇 30 条乡级路和村级路，大修里程 59 公里，其中山区道路占 76%，工程计划投资 3 152.9 万元，为沿线旅游业发展提供良好出行环境。

【大力创建“北京市体育特色村”】怀柔区农村体育工作围绕新农村建设的新政策和新形势，通过创建体育特色村，全面推进在农村打造体育健身精品活动，增强广大村民体育健身意识，发挥体育在提高村民综合素质，推动新农村精神文明建设以及营造和谐社会等方面的重要作用，努力构建城乡一体化建设新格局。2015 年，怀柔镇钓鱼台村、桥梓镇峪口村、杨宋镇西树行村被授予“2015 年北京市体育特色村”称号。截至目前，全区共有 22 个村获得这一殊荣。

农村经济发展

【概况】全年实现农业总产值 17.7 亿元，同比减少 13.2%。逐步调整农业产业结构，实施蓝莓种植项目 880 亩、板栗提质增效和高效现代果园建设项目 1 300 亩；高端肉牛优势良种群发展到2 000头。冷水鱼亲本数量发展到 5 万尾，年生产能力达到受精卵 2 亿粒，孵化鱼苗 1.1 亿尾，培育鱼种 0.8 亿尾，鲟鱼、虹鳟鱼鱼子酱 30 吨。就目前水平，冷水鱼苗种占国内生产总量达 60%。播种粮食 11.4 万亩，亩产 394.1 千克，实现总产量 4.5 万吨。出栏生猪 121 387 头，肉牛 2 776 头，家禽 646 万只。禽蛋产量 1 873 吨，牛奶产量 35 435 吨，水产品产量 3 792 吨。全区农业观光园 242 个，与上年增长 25 个；观光园总收入 1.9 亿元，增长 11.8%。民俗旅游农户 2 801 户，比上年增加 163 户；民俗旅游总收入 1.7 亿元，增长 14.9%。设施农业播种面积 5 140 亩，实现收入 7 762 万元。其中，大棚播种面积 2 201 亩，实现收入 3 633 万元；温室播种面积 2 505 亩，实现收入 3 630 万元；中小棚播种面积 390 亩，实现收入 498 万元。

【大力发展生态景观农田】全区发展油葵、黑心菊、薰衣草等生态景观农田共计 2 286.95 亩，完成任务的 152%。

【积极推进高效现代果园发展】在九渡河镇实施蓝莓产业升级配套二期工程，新建现代化蓝莓产业园 500 亩，蓝莓栽植工作已全面完成，正在实施越冬设施、田间路、绿篱等建设工程，预计 2015 年年底前将全面完工。积极引进“香港日升国际农业集团”，在怀柔区 8 个镇乡建成苹果、梨、樱桃等高效现代果园 1 371 亩。

【进一步发展特色种植业】完成汤河口镇药材种植基地建设项目 1 000 亩任务，现已全部完工。完成宝山镇万亩大扁杏产业园工程、树木栽植、高低水位池建设等任务。

【积极打造农游结合的休闲农业模式】按照农业生态化、景观化、休闲化，打造都市生态休闲农业示范区的发展目标，大力发展农游结合的休闲农业，在传统种植、养殖的基础上，赋予休闲、娱乐、体验等新功能，成功打造了绿神鹿业休闲牧场、鱼世界休闲渔场、薰衣草游乐场等休闲农业新典范。

【初步建成融合发展标准化蜜蜂养殖示范场】实施蜂场进果园，试验性推广标准化蜂场建设，提高果品产量和品质，增加果园生产经营内容，促进蜂业和果品产业共同发展。建设标准化蜜蜂养殖示范场 2 处。加大基础设施建设，引进蜂群 180 余群，并完成《养蜂证》的信息采集及填证 166 件。

【顺利完成规模化苗圃发展建设工作】完成规模化苗圃发展建设 500 亩。积极协助企业编制规模化苗圃实施方案，并督促苗圃企业进行苗木栽植工作，完成附属设施建设和实施方案的批复工作。

【完善湘村黑猪繁育基地建设】引进湖南湘村高科农业股份有限公司，投资1.1亿元，在北房镇小辛庄村建设湘村黑猪良种繁殖基地。项目占地100亩，采用自动化养殖模式，全自动喂料、气候调控、地沟通风，把福利养猪和污水的零排放相结合，成为国内最先进的良种繁育基地之一，能繁母猪存栏达到1 500头，年出栏生猪3万头。

【推动全封闭工厂化冷水鱼养殖车间建设】经多方协调，争取资金，杨宋镇梭草村全封闭工厂化冷水鱼养殖车间完成设备安装调试并投入生产，成为冷水鱼工厂化生产的展示基地、现代化渔业模式的示范基地。

【建立大型果品生产基地】积极引进社会资本，直接投资3 236.2万元（不包括土地租赁费），建设高效节水现代果园1 471亩。其中，引进香港日升公司，建立大型果品生产基地781亩。预计果园进入丰产期后亩产量达到2 000千克以上，亩效益约1.2万元。

【积极探索“互联网＋”农业发展模式】积极组织农产品加工企业、合作社、知名专家召开座谈会，深入电商企业座谈交流，进一步拓宽农产品销售渠道，转变农业发展方式，探索“互联网＋”农业的发展模式。积极推进怀柔区农产品电子商务平台建设工作。区内“宝山寻宝”“三三老栗树”和“栗山翁”等具有代表性的电商企业，为拓宽农产品销售渠道、促进农民增收奠定了良好基础。

【拓展林下经济健康快速发展空间】以琉璃庙二台子村家庭股份制林场试点模式，发展苦参、穿山龙、柴胡、黄芩、桔梗等10余种仿野生药材2 000余亩。以林禽为主的循环农业发展模式（林下养殖北京油鸡、果树采摘、栗树蘑栽培），完成渤海镇杏福生态园130亩园区景观提升主体建设工作。以森林健康经营示范区发展为手段，完成郊区山野公园、森林体验区、森林健身区8处，面积14 050亩，拓宽森林服务功能，为市民提供休闲、健身、度假、休憩的场所，同时拉动区域消费，带动区域经济发展，提升森林对区域经济发展的服务功能，为林下旅游发展打下坚实基础。2015年全区林下经济总产值6 418万元，总收益3 449万元，户均收入1.4万元，带动农民就业2 000人。

村　镇　建　设

【概况】进一步提升人居环境，推进美丽乡村建设，提升区域宜居水平。积极开展全国绿化先进集体创建工作和群众性绿化创建活动，稳步推进村庄边角见缝插“绿”。开展“市花月季进社区”活动，结合花园式社区创建，在2社区栽植月季2万余株。全面推广高效节水农业。加快完成500亩蓝莓产业园、1 000亩药材种植基地、2 500亩低效板栗园改造等项目建设。加快实施美丽乡村建设，稳步落实8 600户抗震节能、714户山区搬迁、1万户优质燃煤替换、1 000户“煤改电”等工作任务，积极研究解决山区1.9万亩不可机械作业耕地的秸秆回收利用问题。通过多项高标准、高起点、高水平的生态任务建设，区域生态格局日益巩固，城市生态服务功能逐步提高，绿色富民产业不断发展，生态安全保障体系日趋健全，各项改革创新激发发展潜力，实现了村镇建设工作的稳步健康发展。

【推进花园社区、花园式单位创建工作】共完成5个首都绿色村庄、1个花园式社区和5个花园式单位创建工作。截至2015年年底，全区累计创建园林小城镇11个、首都绿色村庄49个、花园式社区7个，分别占全区镇乡（怀柔镇除外）、村庄、社区比例的85％、17％和29％。

【完成新农村“五边”绿化】在8个镇乡28个村庄建设开放绿地，利用一切可种树的边角空地，挖潜增绿，新增绿化面积501亩，栽植乔木1.5万株、灌木5.9万株、地被花卉28.5万平方米。

【启动2015年乡村旅游特色业态评定工作】根据北京市旅游委工作安排，启动2015年乡村旅游特色业态申报评定工作，13家旅游企业进行申报并完成自评。主要涉及乡村酒店、国际驿站、采摘篱园、生态渔村、休闲农庄、山水人家、养生山吧和民族风苑八种业态。全区已有58家企业被认定为乡村旅游新业态。

【芦庄村获得全国一村一品示范村镇称号】通过农业部专家评审，怀柔镇芦庄村获得全国一村一品示范村镇称号。芦庄村位于风景秀丽的红螺山脚下，全村共占地6 400余亩，人口690人，以旅游服务和葫芦文化产业为主，主导产业收入占全村经济收入比重超过88％，带农增收效果显著，农民人均收入达25 119元。

【乡村酒店经营者获评“2015年中国乡村旅游年度人物”】11月1日，怀柔区瓦厂国际驿站经营者萨扬和他的中国太太唐亮获评“2015年度中国乡村旅游年度人物”。二人在渤海镇北沟村从事乡村酒店经营，在他们的引荐下，来自美国、加拿大、荷兰等不同国家的 10 多户国际友人在北沟村安家。国际乡村酒店在传统中国民宅中融入西方元素，中西合璧，自成一格，成为怀柔区乡村旅游一道独特靓丽的风景。

【"雁栖不夜谷"入选全国首批乡村旅游创客示范基地】"雁栖不夜谷"成功入选全国乡村旅游创客示范基地，并排名全国 20 家入选单位之首。2014 年借助 APEC 契机，不夜谷内各项旅游基础设施得到进一步升级改造，接待档次明显提升。目前"雁栖不夜谷"已形成了以旅游度假、休闲养生、餐饮垂钓、观光采摘、文化体验为一体的综合旅游示范区，正朝着具有国际影响、国内知名的休闲度假胜地逐步迈进。

【加快推进新型农村社区建设工作】九渡河镇团泉社区 8 栋村民回迁楼全部完工，旅游配套工程完成近 1.5 万平方米。汤河口镇庄户沟门社区 2 栋多层住宅、64 所二层住宅、62 所中式住宅主体均已完工并且达到入住条件。转年社区的电力、通信、歌华迁改、地质勘查等各种审批手续均已完成，200 套房屋完成地基建设，在砌三层 15 套，一层完成 6 套，二层完成 11 套，三层完成 186 套，总户数 214 套，其余正在建设中，已完成总工程量的 88%。杨宋镇仙台社区、渤海镇长城国际文化村、庙城镇史山社区正在进行规划方案的编制与完善工作。

【继续实施农民住宅抗震节能保温民居改造工程】全区实施抗震节能改造工程共计 11 505 户，其中新建翻建 1 668 户，单项改造 9 837 户。新建翻建 1 493 户。

【新增 2 个镇乡民防应急指挥中心】11 月 3 日，北房镇、庙城镇民防应急指挥中心通过专家组验收，正式投入使用。指挥中心充分整合了镇乡现有信息化系统，既能满足平时综合应急指挥的需要，又适用于战时实施人民防空应急指挥，具备统一显示各类信号、统一调度、区、镇、村双向音视频、高点监控画面实时传输和应急备份设备系统等功能。

【市发改委批复天河川沟域经济配套基础设施工程项目建议书】项目建设内容包括绿化 14.24 万平方米，步道铺装 1.53 万平方米，广场铺装 0.57 万平方米，停车场 519 平方米，条石汀步 200 平方米，太阳能庭院灯 60 盏，生态卫生间 6 座，避雨亭 6 个等。

【继续实施"减煤换煤、清洁空气"行动】全区全年更换无烟炉具 5 686 户，订购无烟煤 15 480 吨；在 4 个镇乡、7 个村、1 887 户实施整村"煤改电"工程；配合市政市容委推进液化石油气下乡工作，共配送 5 181 瓶。

【强化煤炭销售源头治理】12 月 8 日，区环保局、工商局、质监局、农委等部门联合对全区"减煤换煤"煤炭供应企业和杨宋镇煤炭销售网点进行执法检查，打击违规劣质散煤销售行为，确保"减煤换煤"工作深入开展。

【全面展开农村地区煤改电工作】2015 年，全区重点对 7 个村共计 1 887 户实施整村"煤改电"工程。凡在区内农村地区居住的具有北京市户籍，经审核属于"煤改电"范围内的住户，均可享受"煤改电"政策补贴，补贴项目主要包括电价补贴和电采暖设备补贴。

【召开 2015 年农村地区优质燃煤替代工作部署会】5 月 12 日，召开 2015 年农村地区优质燃煤替代工作部署会，全区重点在怀柔镇、庙城镇、桥梓镇、杨宋镇、北房镇、雁栖镇、怀北镇平原 7 个镇乡 55 个村实现优质燃煤全覆盖，并按照市、区两级财政规定限额给予农户和公共服务场所相应补贴。

【完成京津风沙源治理人工种草项目】在杨宋镇 5 个村完成人工种草 5 000 亩；在喇叭沟门乡西府营村完成人工种草 1 000 亩。

【召开山区搬迁工作会】4 月 15 日，召开山区搬迁工作会。2015 年，完成山区搬迁 714 户，涉及长哨营乡、汤河口镇、宝山镇 3 个镇乡 8 个行政村，共计 1 782 人。

【推进白桦谷二期沟域建设】白桦谷二期沟域建设全长 22 公里，沟域总面积 102.52 平方公里，涉及 5 个行政村、7 个自然村，1 022 户、2 104 人。2015 年，怀柔区集成市级项目 13 个，整合资金 1.42 亿元，围绕环境综合整治、生态治理、基础设施建设、新村民居建设、特色产业五大工程对白桦谷二期沟域进行打造，建成沙滩摩托竞技场，绿柳长提，满族民俗风情园等 18 个节点、林下公园 3 个、休闲公园 4 个、景观小品 21 个；环境绿化美化 5 万平方米、硬化 73 610 平方米、街坊路硬化 7 200 平方米、修建截流坝 18 座。白桦谷二期沟域 2015 年累计接待游客 18.94 万人次，同比增长 25%；旅游综合收入 2 462.7 万元，同比增长 40%。其中十一黄金周期间，共接待游客达 6.5 万多人次，同比增长30%，实现旅游综合收入1 050万元，同比增长60%。

【推进山区搬迁工作】2015年，市农委下达怀柔区的搬迁任务是714户、1 782人，涉及长哨营乡、汤河口镇、宝山镇3个镇乡、8个行政村。经区委区政府研究决定，调整为4个镇乡、12个行政村（汤河口：小梁前二期、黄花甸子、连石沟、西帽湾、许营村；长哨营：老沟门、上孟营、老西沟村；宝山：道德坑村、转年村；渤海：三岔、铁矿峪村）。首批、二批共拨付搬迁个人和基础设施补助资金3 848.8万元，已拨付到相关镇乡、村。

【完成怀九河沟域规划设计】采取公开招投标的方式，确定了规划公司，由规划公司对涉及九渡河镇、桥梓镇的怀九河沟域进行规划设计。规划公司完成实地踏勘工作后，已按预定方案完成规划设计工作。

【新建深山公交候车室】为改善百姓候车环境，投资建设了汤河口候车室。候车室高5米、长25米、宽10米，建筑造型简洁、美观，米色、亮白色为主色调。候车室内设置81个座椅，电视机、休息室、调度室、票务室、监控装置、便民区等设施一应俱全。长80厘米、宽7米的LED电子屏上滚动播放往返站点的各条公交线路的发车时间、运营里程等乘车信息。

【落实2014年宝山镇8 600亩基本口粮田建设项目】项目财政总投资516万元，建设田间基础改造和耕地质量提升工程。目前耕地质量提升工程已完成肥料配送，共配送有机肥4 300吨、配方肥301吨。

农村改革与管理

【概况】稳步推进农村合同管理、农村财务、农村审计、农村信息化等各项日常工作。深入推进“新三起来”工程，建成全市首个农村休闲养老试点即田仙峪乡村休闲养老社区，探索了农村闲置资源利用新模式。加快农产品电子商务建设工作，促进农民专业合作社规范化建设提档升级。扩大农村土地承包经营权确权登记颁证试点，认真梳理田仙峪村休闲养老社区试点工作经验，全力培育新型农业经营主体。“三资”管理重点工作成效明显。为管好、用好农村集体土地征占补偿资金，积极引导推出政府委托贷款和资产信托两种理财模式。通过资产信托模式，积极引导村级闲置资金理财，人均增收2 100元。探索农村产权交易地理信息系统试点工作，利用产权交易平台，规范流转行为。积极引导农村闲置资产、资源与市场的优先对接，促进农村产权交易和土地流转工作进一步规范，开展信息采集，提升产权交易项目对接效率。加大对少数民族乡村经济的帮扶力度，全区民族村人均劳动所得达到20 171元，增长9.8%。

【稳定发展农民专业合作社电商销售工作】开展电商培训，搭建起农民专业合作社利用电子商务模式进行销售的平台，增强农民专业合作社理事长对电商销售模式的认识，加快了农产品线上营销的步伐。

【新增8家市级农民专业合作社示范社】北京三山蔬菜种植专业合作社、正蓝勤业农产品产销专业合作社、北京东腾种植专业合作社等8家农民专业合作社被载入市级示范社名录。截至2015年年底，全区已培育出国家级示范社10家，市级示范社11家。

【提升农民组织化程度】截至2015年年底，全区累计工商注册农民专业合作社821家，注册成员达到2.6万人，辐射带动农民3.45万户。全区各级示范社已达84家；示范社资产总额4.91亿元，占全区合作社资产总额的40.4%，同比上一年增加0.64亿元；实现销售收入4.11亿元，占全区合作社销售收入的72.6%，同比上一年减少0.6亿元；分配盈余3 634.8万元，占全区分配盈余的52.6%。

【召开土地管理工作专题研究会】12月15日，区长常卫专题研究土地违法查处、审计发现问题整改、国有建设用地供地相关事宜，要求全区各部门、各单位、各镇乡要保持拆违打非高压态势，对违法建设“零容忍”。各镇乡政府建设公共公益项目要及时与国土、规划部门沟通，确保公共公益建设合法合规。

【成功交易农村土地流转项目】全区共完成农村产权交易32宗，主要集中在宝山镇、汤河口镇、琉璃庙镇、渤海镇、喇叭沟门、长哨营、杨宋七个镇乡，其中，山场、耕地、林地、鱼塘等交易29宗，流转面积21 437.65亩；闲置旧大队部等房产3宗，共32间。合同到期后交易总金额达到了1.06亿元，预计长期解决当地村民就业300人。

【提高村级资金理财收益率】在成功签署“富民三号”“富民六号”信托项目的基础上，又有喇叭沟门帽山村 500 万元、田仙峪休闲养老合作社 170 万元与信托公司分别签署的“富民九号”“富民十号”。目前，全区信托资金总额 6 270 万元，期限两年，年利率 8%以上，分红涉及 2 375 人，每人每年增加 2 100 元以上收入。其中，富民三号、六号已分别进行了年息 425 万元及半年息 25.5 万元的分红。

【规范农村“三资”管理工作行为】出台指导性文件，为镇乡、村提供政策依据；加强监督检查，巩固落实文件精神；加大培训力度，提高农经管理水平。

【开展农村集体经济合同清理工作】5—12 月底分三个阶段开展农村集体经济合同清理工作。截至 2015 年年底，全区纳入系统管理的农村集体经济合同共 7 810 份。

农　村　民　生

【概况】全区居民人均收入稳步增长，农民增收效益显著。全区居民人均消费 19 569 元，其中农民人均消费 15 567 元，同比上年增长 18.3%。农村各项事业进一步发展，科、教、文、卫多线并行。顺利通过国家级义务教育均衡发展区（县）评估认定；深化与市区优质教育资源的合作办学，不断提升教学质量，高考本科上线率达到 80.3%。高度重视群众医疗卫生需求，完成安佳医院、疾控中心改扩建，加快推进中医医院迁建工作；开展中医巡诊服务，缓解偏远地区群众看病难问题；新农合参合率达到 99.4%。积极发展文化体育事业，实施 81 个村（社区）的文化设施达标工程，启动青龙峡长城、甘涧峪朝阳寺文物修缮；开展雁栖湖文学艺术奖评奖，组织文艺演出星火工程 800 场、电影放映 1 万余场、夏日文化广场演出 300 余场；成功举办了国际徒步大会、长城马拉松赛、汽车拉力赛、越野赛和国标舞公开赛等品牌赛事，群众生活更加丰富多彩。

【开展“文艺演出星火工程”活动】2015 年“文艺演出星火工程”自 4 月开始，共计演出 852 场。演出内容以党的十八大、十八届三中、四中、五中全会精神和习近平在文艺工作座谈会上的讲话精神为指导，紧密结合社会主义核心价值观、文化怀柔建设等内容，体现了积极进取的精神风貌，贴近百姓现实生活，极大地活跃了百姓精神文化生活。

【加强农村实用人才培训工作】按照京津冀一体化协调发展的要求，举办了 1 期怀柔—丰宁农村实用人才对接培训班。通过各类培训和指导，全区年度新增农村实用人才 300 余人。

【开展农村实用人才创业项目评选活动】在全区范围内择优推荐四个项目参加全市优秀农村实用人才创业项目评选资助活动，其中杨宋镇“羊世界科普园”项目入围。

【启动农村女性实用人才千人培训计划】4 月 28 日，农村女性实用人才千人培训活动在庙城镇启动。来自全区的 80 余名农业种养殖户参加了此次培训活动。怀柔区计划实施的“十百千”工程是在全区范围内推介包括食用菌、草莓等 10 个农村实用技术项目；培育百个“双学双比”创业基地，发挥女能手的带动作用；培养千名女技术能手，为女性增收致富提供技术保障。以此扎实推进农村实用人才培养工作，为推动怀柔“三农”改革发展提供智力支持和人才保障。

【开设农村老年教育基地法律大讲堂】3 月 17 日，怀柔区农村老年教育基地在杨宋镇耿辛庄村老年教育站点开设了法律大讲堂，为 80 余名老年人讲解了《老年人权益保护法》和《继承法》等方面的法律知识，进一步增强老年人权利保护意识。2014 年 12 月，区敬老志愿者协会在杨宋镇建立了全国首家农村老年教育基地，成立了幸福养老大课堂工作站，以远程网络教育和面授相结合的方式无偿为老人进行授课。

【加快京津冀和谐发展步伐】在河北省丰宁自治县举行“民俗旅游接待服务质量提升”培训班，为怀柔、丰宁两地的新型职业农民搭建学习交流合作平台，有效促进怀柔和丰宁两地的民俗旅游相互融合。

【开展住宅保险购买工作】2015 年，在全区 13 个镇乡开展农民住宅购买保险工作，投保农户 45 442 户，总保费 455 万元，其中区财政投入 249 万元，镇乡投入 145 万元。

【完成 2015 年度大中型水库农转非移民扶持人口核定工作】历时 5 个月时间完成了 2015 年度大中型水库农转非移民扶持人口的核定登记工作。年内全区登记在册非农业户口移民 1 948 人，新增加 82 人，同比上年减少 202 人，每人发放扶持资金 560 元，资金总计 109.088 万元。

【2015 年新农合政策凸显三大亮点】2015 年，怀柔区新农合统筹及补偿办法凸显三大亮点，一是个人

筹资由 1 000 元涨到 1 200 元，其中农民个人出资仅提高 60 元，其余 140 元由政府出资；二是重大疾病由 15 类扩大到 17 类；三是增加河北燕达医院为新农合定点医疗机构。

基层组织与民主政治建设

【概况】稳步推进基层干部队伍、民主政治和组织建设工作。深入学习践行“三严三实”，开展“三严三实”专题教育，巩固和拓展党的群众路线教育实践活动成果，凝聚全区党员干部干事创业的热情和力量。有计划、有针对性地开展以增强法制观念教育、廉政教育为主的培训活动，切实增强广大基层干部践行“三严三实”的思想自觉和行动自觉，夯实基层干部队伍根基。

【开展 2015 年新一届村党组织书记培训工作】12 月 17 日，怀柔区组织开展 2015 年新一届村党组织书记培训班。培训班采取专题辅导、现场教学、经验介绍、研讨交流、结构化研讨等方式，对全体学员进行农业产业发展、农村三资管理、党风廉政等方面的专题培训，对新任村党组织书记及第一书记进行“村党组织履职尽责，新形势下如何做好村党支部书记工作”等方面的专题培训。

【开展新任农村干部“为官先学法”培训工作】2015 年村党组织换届选举后，各镇乡加大了对新任职的村级党组织成员法治的培训力度。九渡河镇、北房镇、桥梓镇、庙城镇、怀北镇、喇叭沟门乡等镇乡通过律师讲授法制课、开展以案释法、到法院旁听审判等形式，提高村干部提升运用法治思维处理事务的能力和水平。

【开展新选聘 115 名大学生“村官”开展岗前培训工作】7 月 6 日，新选聘的 2015 届 115 名大学生“村官”接受岗前培训。此次选聘的大学生“村官”均为本科以上学历，其中研究生以上学历 25 人。培训开设了怀柔区情介绍、怀柔区经济、文化产业的发展情况、怀柔区的新农村政策、公文写作培训、怀柔农村合作社现状、优秀大学生“村官”经验分享等科目，使新“村官”尽快熟悉农村工作，进入角色。

【召开农村“两委”换届选举工作动员部署会】9 月 22 日，怀柔区召开农村“两委”换届选举工作动员部署会。会议指出，农村“两委”换届选举是农村基层组织建设的最基础性工作，也是整个党建领域非常关键的内容，各镇乡、各部门要切实强化政治意识和担当精神，增强做好换届工作的责任感、紧迫感和使命感，通过这次换届工作，达到“落实‘从严治党’要求、夯实农村执政基础、为农村长远发展提供保障”三个目的。会议要求，各镇乡党委要履行主体职责，建立机构、整合资源、强化保障，加强对换届工作的领导；各部门要发挥联动作用，积极主动、密切配合镇乡党委，协助做好村级换届各项工作；区级领导要严格落实责任，深入所联系镇乡、村进行指导，确保换届选举工作顺利实施。

【选派优秀干部到村担任第一书记】为进一步加强农村基层组织建设，推进怀柔农村改革发展，选派 26 位优秀干部到村担任第一书记。26 人涵盖了行政机关、事业单位、乡镇以及国企等领域，平均年龄不到 38 岁，全部为本科以上学历。工作职责是抓班子、抓发展、抓民生、抓民主，任期一般为 2 年。

【基层民主法治建设成效显著】印发《宪法》口袋读本 15 万册，实现每户一本，依法依规推进换届选举。启动区级“民主法治文化示范村（社区）”创建，稳步推进“平安校园”“平安单位”等创建工作。完善村居法律顾问制度，提升基层干部依法办事水平。截至 2015 年年底，全区共有“全国民主法治示范村”5 个；市级“民主法治示范村”39 个；新增市级“民主法治文化示范社区”2 个和北京市法治文化建设示范点 1 个。

【开展《如何加强农村党风廉政建设》专题讲座】12 月 17 日，怀柔区 2015 年新一届村党组织书记培训班上，区委常委、区纪委书记就当前党风廉政建设和反腐败工作形势、廉洁自律准则和党纪处分条例修订情况、当前形势下农村干部需要注意的问题三个方面进行讲解，并结合大量案例为大家深入解读了《中国共产党廉洁自律准则》和《中国共产党纪律处分条例》。他要求，广大村书记要能够认清当前形势，带头遵规守纪，自觉接受监督，充分发挥先锋模范作用，做一名廉洁自律、为民务实的农村带头人，为全区农村地区的发展稳定做出应有的贡献。

【精心打造怀柔廉政文化园】怀柔廉政文化园位于滨河森林公园主广场东侧，占地 50 亩，突出廉政文化内容。选取仁、义、礼、智、信——中国传统儒家思想的重要理论作为表现内容。完成廉政长城雕塑、五个展示园区园林小品、景观石等建设。从细节入手，不断完善设施和设计，不仅让廉政文化园成为一个教育示范园，而且成为展示中华传统文化的示范园区，真正让市民在享受休闲时光的同时，感受正能量，接受文化熏陶。

“三农”工作部署和实施

【概况】统筹协调全区发展现状，服务区域发展、服务产业升级、服务农民增收，通过打造田仙峪乡村休闲养老社区、农产品微信营销模式等精品和亮点，带动农业农村发展。在研究有关政策、经营模式和管理制度的基础上，不断创新思路，积极探索新途径、新方法、新技能，为全区“三农”工作的进一步发展奠定了良好基础。

【召开2015年农村工作会】4月24日，召开2015年农村工作会暨第一季度农口重点工程调度会。会议要求各相关部门要深刻认识新形势下的“三农”工作，用新眼光、新思路去认识和把握，解放思想，更新观念，盘活农业资源；要加强农业资源投入的精细化管理，实现资金的有效使用；要做好区域的统筹工作，考虑整体的区域优势，整合资源，合理布局，积极引入新产业，将农业生产形成规范化、品牌化；有关部门要建立健全相关制度、体系，加强统筹部署，做好监督，完善“三资”管理，将民生工程真正地做成民心工程。

【牛有成调研新农村建设工作】12月18日，市人大副主任牛有成来到长哨营满族乡二道河村，考察新农村建设情况。牛有成对怀柔区新农村建设工作给予了充分肯定。就下一步工作方向，他指出，怀柔区要在三个调整上下功夫，一是调整发展思路，落实“创新、协调、绿色、开放、共享”发展理念。二是调整产业结构，做好规划，明确一、二、三产融合发展方向，大力发展融合型产业。三是调整生产关系，积极研究土地流转，资产经营的方式方法，进一步吸引社会资金的投入，把新农村建设工作走稳、走远。

【牛有成调研我区田仙峪乡村休闲养老社区建设】8月11日，市人大副主任牛有成到渤海镇田仙峪村调研盘活农村闲置房屋发展乡村休闲养老社区试点工作。牛有成对此给予了充分肯定，并就下步工作提出三点建议：一是要树立抓机遇的意识。明确下步工作方向，积极稳妥地做好推广工作。二是要在选择机遇上下功夫。拓展服务功能，加深对市场的研究，逐步提高整体服务水平。三是要提高抓住机遇的能力。要积极总结经验，多方争取市级相关部门的指导与支持，共同推进乡村休闲养老社区模式复制推广工作。

【区领导带队调研全区农业产业发展】8月12日，区委书记齐静带队调研全区农业产业发展情况。齐静要求，下一步，要在基层组织建设、农村惠民工程建设、农村社会管理村庄治理以及农村产业调整转型四个方面下功夫。要积极对接市级农业产业调整布局，结合“十三五”规划编制，明确发展思路和工作方向。要充分发挥区域环境、旅游资源优势，把农业发展与旅游、电子商务、城市功能相结合，形成怀柔区特有的农业品牌，推动农业产业快速发展。

【积极推进村级公益事业一事一议筹资筹劳财政奖补工作】全区通过民主决议、公开公示等程序，在11个镇乡、56个行政村开展了57个村级公益事业一事一议筹资筹劳财政奖补项目，项目预计受益人数达2.65万人。57个项目主要包括田间路硬化和行政村主村到自然村道路硬化项目32个；沟渠治理项目15个；护村坝建设项目8个以及环境综合整治项目2个。项目总投资5 625万元，其中村民筹资筹劳788万元，村集体投入337万元，中央、市、区三级奖补资金4 500万元。

【科普惠农助推新农村建设】围绕区域支柱产业发展，在桥梓镇建立生产示范基地一处，使农民在学习中实践。同时挑选出6名林业技术专家组成讲师团，深入农村，开展相关技术讲座、专家答疑、现场示范等教学辅导活动。充分发挥现代媒体信息量大、传播速度快、传播范围广的优势，分别在电视台开展“电视科技下乡”、利用林业站业务电话开展“电话科技下乡”活动。全年组织大型科普宣传1次，制作科普展板、挂图16面，现场发放宣传材料5 000余份；举办培训班56期，培训人员4 100余人次。

【完成粮食直补工作】完成全区粮食直补、中央财政良种补贴、生态补贴的数据审核统计工作。全区享受补贴面积8.32万亩，共发放补贴资金885.11万元。其中：小麦补贴面积0.94万亩，补贴资金169.73万元；玉米面积7.38万亩，补贴资金715.38万元。

【完成菜田补贴工作】2015年是怀柔区第一年落实基本菜田生产补贴工作。经统计，全区菜田补贴面积4 269.4亩，涉及98个村，补贴资金149.41万元。其中：露地菜田面积 2 404.08 亩，补贴资金 55.3 万元；日光温室菜田面积 1 061.53 亩，补贴资金 45.65 万元；钢架大棚菜田面积 803.75 亩，补贴资金 26.5 万元；“三品”认证补贴面积 1 097.36亩，补贴资金 21.95 元。

【发放补贴农机具助力三秋】9 月 29 日，怀柔区进行国补农机具发放。此次共发放玉米收获机 6 台，总金额共计 84.3 万元，其中，区补资金 42.15 万元，农民自筹 42.15 万元，涉及全区 5 个镇乡，受益农户 6 户。

【开办农机审批流动大厅】8 月 5 日，部分农机监理人员和行政审批窗口人员在汤河口镇开办农机监理行政审批流动大厅，对汤河口、宝山、琉璃庙、长哨营和喇叭沟门 5 个镇乡农机驾驶员开展驾驶证年审换证工作。下村入户开展驾驶证验审及换证工作，为农民节约办理时间，降低办事成本。

【落实支农转移支付资金项目】共涉及 5 个项目，转移支付资金 150 万元。其中：建立了北京东兴润科农林科技有限公司等 6 个标准化园区；完成了北京森海食用菌种植专业合作社等 11 家无公害生产基地的认证与换证工作；在长哨营乡盘活闲置大棚 50 栋；建立育苗场和高标准示范园区各 1 个。

【正式启用田仙峪村休闲养老社区】田仙峪村休闲养老社区于 5 月 9 日正式启用，共打造 30 处各具特色、设施完备的休闲养老院落。带来租金收入 1 700万元，流转村委会闲置办公楼带来租金收入 155 万元，流转农用地 60 亩，每年租金 24 万元，同时，每年获得养老社区经营收入 10%的分红，用于对社员和全村农民的二次分红，带动人均增收约 500 元。吸纳本地劳动力就业 19 人，每人月工资 2 500 元，带动人均增收 700 余元。总计使全村人均增收 2 900 元以上。

【探索农村产权交易地理信息系统试点】在汤河口镇开展农村产权交易地理信息系统试点工作，以镇（乡）为单位，配备专用笔记本电脑、安装该套系统并对工作人员进行了培训，开展信息采集，提升产权交易项目对接效率。利用产权交易平台，规范流转行为。全面掌握怀柔区农村产权交易动态，积极引导农村闲置资产、资源与市场的优先对接，促进农村产权交易和土地流转工作进一步规范。

【初步建成全区首个家庭股份制林场】结合本区实际，在琉璃庙镇二台子村建成家庭林场试点 8 300 亩。家庭股份制林场以“均股不分山，均利不分林”的形式，对全村农户发放了股权证，人均拥有股权。作为北京市 3 个家庭林场试点之一，琉璃庙镇二台子村家庭林场由多个家庭组成，村民以其拥有使用权的林地入股，签订入股合作营林合同，约定责任与权力，集体股份制按股分红。村民在家庭林场统一管理下参与林地生产经营，同时获得工资收入。形成产量后，中药材年产值可达 400 万元。同时，可带动特殊生态旅游（药膳、特色采摘等）年收入 100 万元，家庭林场成员年均收入可增加 2 万元左右。

【应用新技术鉴定农作物种子】引入玉米种子纯度及真实性 SSR 分子检测技术，实现了种子纯度和真实性快速有效鉴定。该技术相比传统的田间小区种植品种鉴定方法，具有高效、准确、不受环境条件影响、实验操作简单等优点。怀柔区通过把“新、老”两种方法有效地结合起来，更高效、更准确地进行品种鉴定，更好地保护育种者和品种的权益，使技术真正能为种业发展服务，为农业生产服务。

【创新农民联合社营销模式】2015 年 4 月 21 日，为渤海镇乡村旅游、农特产品提供推介服务的“北京三三老栗树电子商务平台”正式上线，标志着以往农户之间的“户户联合”转型升级为“社社联合”，也标志着渤海镇的农业、旅游等相关产品已迈入“互联网＋”农业的电商推销的时代。“三三老栗树”中第一个“三”代表着智慧三农，即智慧的农业、智慧的农民、智慧的农村；第二个“三”代表分三步完成：搭建一个平台，带动一批产业，创立一个模式；“老栗树”代表着怀柔板栗品牌和形象。

怀柔区领导名录

区委书记　齐　静（女）
副书记　常　卫　萧有茂（11 月免）
彭丽霞（女，满族，12 月任）
常委　齐　静（女）　常　卫
彭丽霞（女，满族）　田一农
姜泽廷（5 月任）　周东金
胡　东　武　克
刘久刚（5 月任）
萧有茂（11 月免）
王红兵（5 月免）
潘临珠（4 月免）
张　明（12 月免）

区人大常委会主任　王仕龙
副主任　祝自河　朱淑霞(女)
徐占明(12月免)　赵学恭
金庚申　肖　坤(女,12月任)
区长　常　卫
副区长　潘临珠(4月免)
彭丽霞(女,满族,12月免)
刘久刚　王　弢(5月任)
王　赤(满族,12月任)
鲍晓健(3月任)
任武军(3月任)张　勇(5月免)
区政协主席　武占刚
副主席　王玉山　史宗祥　杨万悦
钟建忠　闫振佳(女)　尹永利
区纪委书记　武　克
副书记　杜连明
史　勍(8月任)
冯庆霞(女,满族)
区委农工委书记　薄振山
区农委主任　鲍晓健(女,3月免)
田志兵(3月任)

怀柔区街道、镇(乡)党政正职领导

	党委书记	主任、镇(乡)长
泉河街道	乔玉龙	朱　刚
龙山街道	王学明	曹　岩(女)
怀柔镇	喻永刚(2月免) 张建民(2月任)	张建民(4月免) 田墨华(4月任)
北房镇	胡文云	宋霁朋(4月免) 田　杰(4月任)
杨宋镇	武贵军(9月免)	田　杰(4月免) 王建刚(4月任,9月免)
庙城镇	魏海涛	王建刚(3月免) 宋霁朋(3月任)
桥梓镇	王洪利(2月免) 李树海(2月任)	李树海(3月免) 彭玉柱(满族,3月任)
九渡河镇	任占智	孟海龙
渤海镇	王立臣	孙　逊
雁栖镇	彭明祥(满族,1月免) 卢振宇(1月任,9月免) 周福刚(9月任)	卢振宇(1月免) 于永慧(4月任)
怀北镇	马天彪	张茹莘(女)
琉璃庙镇	肖正凯	赫金峰
汤河口镇	周福刚(9月免) 苗志强(11月任)	苗志强(11月免)
宝山镇	田志兵(2月免) 张　军(2月任)	张　军(4月免) 王　琦(4月任)
长哨营满族乡	王怀秋	彭玉柱(满族,5月免) 于德利(满族,5月任)
喇叭沟门满族乡	肖　坤(女)	彭明卫(满族)

(怀柔区委研究室　毕珊)

平　谷　区

平谷区位于北京市东北部，总面积950.13平方公里，其中山区、半山区和平原面积各占三分之一。辖14镇2乡2个街道办事处。年末，全区共有272个行政村和30个居委会，户籍总人口42.3万人，其中农业人口19万人。2015年，平谷区深入贯彻落实科学发展观，全力实施“一区四化五谷”发展战略，经济社会发展平稳有序，产业转型升级不断深入，城乡发展建设更加协调，生态涵养能力显著提升，幸福平谷建设全面推进，全区综合发展实力显著提高。年内，完成地区生产总值196.2亿元，较上年增长7%；完成固定资产投资146.9亿元，负增长9.7%；社会消费品零售额达到92.3亿元，增长9.3%。农业经济总体运行平稳。2015年，平谷区紧紧围绕“农业增效、农民增收、农村发展”工作主线，开拓创新，求真务实，顺利完成了农业农村各项工作任务。全年农业总产值46.7亿元，同比负增长3.2%。

城乡发展一体化

【减煤换煤工作稳步进行】 年内，平谷区共削消减燃煤总量7万吨，其中包括煤改电7 158户，优质煤替代4万吨（含更换炉具6 000台套），实施农民住宅抗震节能改造4 000户等。

【农民住宅抗震节能改造完工】完成4 000农户的抗震节能型农民住宅建设和既有农民住宅节能改造工作，其中新建翻建1 000户、综合改造1 000户、单项改造2 000户。共设定10个施工标段，并于春节前通过招投标方式确定施工企业10家，监理单位4家。6月起，各标段陆续进村入户施工作业，11月底完成了全部施工。

【推进九里山桃花谷沟域建设】坚持政策集成、资金聚焦的原则，从环境整治、生态建设、基础设施建设、新村民居建设和特色产业发展五个方面继续加大桃花谷沟域的建设力度，共实施了40余项沟域经济工程项目，完成高效密植园、挂甲峪温泉打造等20余项工程建设。

农村经济发展

【粮食产量平稳增长】全区春播作物2.7万亩；夏收小麦面积2.67万亩，总产49 084吨；夏播玉米面积8万亩，亩产436千克，与去年产量持平略高。玉米机收率达到95%以上。

【产业结构继续优化】以生态富民、提质增效为目标，围绕“减粮、扩菜、增林、强果、精养、节水”方针，调减高耗水小麦6 000亩，发展高密植果园3 000亩，改造老旧果园8 000亩，调整优化树种、品种结构1万亩，新建蔬菜标准化育苗场2家，辐射带动2 000亩，示范推广了水产生态节水模式。

【农产品质量安全保障水平提升】年内，全区农业标准化生产基地覆盖率达95.6%，规模企业无公害农产品生产基地认证率达到91%。成功创建了国家级食品农产品出口质量安全示范区，平谷区成为全国首批“国家农产品质量安全县”创建试点单位。

【生态循环农业发展水平提升】正大生态循环农业园区项目稳步推进，产业链条初步形成；22家蛋鸡和生猪养殖场完成标准化改造；节水工程实施近2万亩。

【特色化发展水平提升】培育了大东沟葡萄等5个特色农产品基地；发展温室草莓种植超1 000栋，打造设施农业主要农产品品种；“四座楼”麻核桃品牌商标完成注册，“四座楼”麻核桃生产系统入选“中国重要农业文化遗产”。

【培育休闲农业】按照“果园菜园公园化”思路，重点建设了夏各庄桃园人家、山东庄绿水峡谷休闲农业园区；打造休闲沟域，实施了九里山桃花谷40余项建设工程，夯实山区产业多样化发展基础。

【打造新型流通平台】筹建自产优质、安全、品牌农产品销售公益服务平台，推进农产品产地准出和市场准入、全程可追溯管理，利用市场机制倒逼生产者规范生产行为；与北京农研中心合作，在市区开办生鲜超市，搭建了全区合作社优质农产品的展示、展卖平台。

【培育“互联网＋农业”】年内，“221信息资源平台”和平谷区农业信息网服务能力得到进一步提升；与阿里巴巴集团合作启动“农村淘宝”项目，与京东商城等5家知名电商企业实现对接，大集网、鑫桃园等本土农产品电商蓬勃发展，平谷农产品网络销售渠道初步搭建，全年电商销售农产品近5 000万元。

【“平谷区特色果品加工技术及新产品研发”绿色通道课题顺利通过验收】项目由区科委、兴谷发展公司、泰华食品饮料有限公司、麦邦食品有限公司、青松岭饮料有限公司、世纪阿姆斯农业科技有限公司共同承担。针对兴谷开发区内的果品加工企业面临的产业提升等问题，通过加工桃浆适宜品种的筛选、工艺改进等，形成了桃浆护色技术方案，有效地抑制桃浆褐变并保持风味，年生产能力达到2 700吨；研发了以山楂、酸枣为主要原料的功能性饮料2种，确定了生产工艺，年产量达到1 100吨；筛选出适宜果渣发酵微生物菌种6株，完成2种微生物接种剂的研制，研发出果渣发酵微生物肥料的生产工艺，年产量达到3 600吨，销售收入216万元。

【“兴谷食品产业聚集区科技示范工程”进展顺利】紧密结合“北京技术创新行动计划”，围绕中关村平谷园食品产业发展需求，加快安全食品加工技术研发与食品制造技术升级，提升食品产业聚集区的食品生产加工质量与安全水平。年内，完成了杂粮冲调饮品营养配方2套；在卤蛋配方优化与快速自动化生产工艺方面，实现了从上蛋、预煮、蒸煮、剥壳、卤制、输送、真空包装全线基本自动化；引进豌豆蛋白粉提取生产线一条，完成了实验室小试和中试研究；完成了北京地区巢蜜蜂种选择考察报告，形成蜂巢放置地点选择条件及饲养技术要求1套、发表论文1篇，申请专利1项。

【"绿色抗病型解淀粉芽孢杆菌生物肥料的开发与应用"进展顺利】 筛选得到解淀粉芽孢杆菌1株；编制解淀粉芽孢杆菌抗菌谱1份；确定了解淀粉芽孢杆菌的产酶种类，初步测定其酶活，探明解淀粉芽孢杆菌酶活保持稳定条件形成报告1份；制定实验室条件下解淀粉芽孢杆菌发酵培养基和发酵条件工艺1份；绿色抗病型解淀粉芽孢杆菌生物肥料的开发与应用。

【"桃新品种轻简化栽培关键技术研究与示范"顺利通过专家验收】 年内，引进了水蜜桃系列品种8个。经新品种的生物学特性、生态适应性及商品性进行综合评价，筛选出红清水、新川中岛、加纳岩、清水白桃4个适宜平谷区发展种植的水蜜桃品种，可溶性固形物含量均达14%以上；开展了桃轻简化栽培关键技术的研究，确定了矮化密植（1米×3米），独干树形，应用拿枝软化等夏剪技术，改良土壤，培肥地力等综合配套技术。建立了200亩示范园，通过示范带动，在全区推广面积1 000亩。示范园定植第3年亩产2 900余千克，优质果率达85%以上。

【"桃产业科技服务体系建设"顺利通过了市科委组织的专家验收】 通过课题实施，建成了基层农技服务中心，形成了以农技示范推广、生产资料统一供应、农产品销量、科技培训为一体的4大科技服务体系；引进专家5名，培养推广55名，配备科技骨干服务队员150名，建立和完善技术服务队员16支；推广树体结构调整、病虫害综合防治技术等10项先进适用技术，引进优新品种39个；建成标准化试验示范园20亩、生产示范基地500亩；建立和完善农民专业经济合作组织21个，建立了镇生产资料统一供应站，下设20个村级供应点，培养营销员23名。

【山楂产业升级科技示范工程顺利通过验收】 该项目对山楂3个优新品种引种200亩；探索适合山楂生产栽培的施肥种类和施用量；利用分光色值仪进行色差分析，完成了山楂清汁生产工艺流程一套。项目的实施充分发挥了当地果品资源优势，丰富山楂栽培和深加工，调整了农村经济结构，拓宽了平谷区的销售渠道，增加了果农的经济收入，推动了平谷区农村经济的发展。

【高密植果园病虫害绿色防控科技示范工程进展顺利】 该项目将建立绿色防控核心示范区900亩，通过应用农业防治、生物防控、理化诱控、化学防治等综合措施防控病虫害；同时，通过喷施叶面肥、施用发酵腐熟有机肥等措施提高树体抗性，从而达到联防联治、绿色防控的目的，使高密植园区内病虫害发生为害率减轻，综合防治效果达到85%以上，确保示范区农产品农药残留不超标，实现化学农药减量和切实提高农产品质量安全。

村镇建设

【马坊镇商业开发项目进展顺利】 年内，首城置业A区住宅开发项目56栋楼基本完成施工，其中15栋楼已入住，共完成投资13.5亿元，完成总工程量的99%；首城置业B区住宅开发项目共66栋楼，其中13栋楼正在进行外墙施工，53栋楼未动工，共完成投资9.3亿元，完成总工程量的30%；新华联慧谷项目16栋楼全部完成施工，共完成投资2.5亿元；智晟置业B06-02地块9栋楼正在进行主体施工；新华联悦谷B07-02地块2栋楼已完成结构封顶，地下车库已完成顶板结构施工，4栋楼正在进行二次结构施工；福佳密码空间9栋楼正在进行主体施工；YOYO悦城7栋楼正在进行二次结构施工。

【马坊镇南区西片区拆迁稳步推进】 年内，159户非住宅全部完成评估，已签约拆除119户，拆迁完成了75%；495户住宅完成评估485户；回迁楼地块已完成拆迁工作，正在办理征地手续。

【夏各庄新城建设稳步推进】 年内，征地拆迁工作已完成，76栋回迁楼已全部交付使用，99.4%的被拆迁居民已回迁入住。新城8个地块中，5号地块和1号地块（商业）已完成上市交易，剩余地块上市前期手续已基本完备。18条市政道路已完工98%以上。已建成供热中心1座，110千伏变电站1座，自来水厂1座，临时燃气站1座和临时污水处理站2座。

【马坊镇成立社区管理中心】 完善马坊新城物业服务，开设了24小时客服专线电话，保证小区卫生干净整洁，确保居民水、电、气、暖正常供应。9月，申请成立了四个社区居委会，分别为汇景社区居委会、慧谷社区居委会、新农社区居委会和腾飞社区居委会，实现了新建居民小区的统一管理。

【加快新型农村社区建设】 金海湖镇将军关、黑水湾、向阳村、罗汉石四个新农村建设村，分四种模式建设，都取得了不错的效果。年底，将军关新村三期二批建设工程，启动开工前期各项准备工作。

罗汉石村民货币搬迁异地安置 99 户。为解决靠山集村和周边 4 个村村民宅基地、泥石流险户和住房紧张户的住房问题，金海湖镇试点了靠山集保障性住房试点工程，共建 218 户，村民已经入住，并取得良好效果。今后拟推广靠山集试点经验，借助镇中心区的公共基础设施和公共资源，计划在镇中心区周边继续推广 2～3 个试点。

【农村基础设施不断完善】 年内，新建阳光浴室 10 座、太阳能路灯 500 盏，改造街坊路近 60 万平方米，13 个山区村 2 200 户农民饮水困难问题基本解决；全面建立农村基础设施长效管护机制，浴室使用率、路灯亮灯率、公厕开放率达 95%以上；气象为农服务及防灾减灾体系建设不断强化，山区泥石流易发区搬迁工作稳步开展，农民居住环境更加舒适安全。

【新农村建设扎实推进】 着力解决群众居住问题，通过新型农村社区建设、整村搬迁、突破宅基地审批难题，7 600 余农户乔迁新居；完成 5 万户农宅抗震节能改造，农村居住环境更加舒适、安全。进一步完善农村基础设施，主要田间路全部硬化，年内，山区 1.8 万人的饮水问题得到解决；建立农村基础设施长效管护机制，浴室使用率、路灯亮灯率、公厕开放率达到 95%以上。公交、无线网村村通，大舞台、篮球场村村有，农村日常生活更加便捷、丰富。

【进行了河道整治】 年内，加快推进河道综合治理工程，包括第二阶段中小河道治理，环城水系具备蓄水条件；启动第三、四阶段 80 公里中小河道治理工程。年内，累计增加水域面积 60 公顷；建设 2 条生态清洁小流域，治理水土流失面积 25 平方公里，生态清洁小流域达标率为 78.3%，位居全市生态涵养区之首；开展洵河截污工程和小辛寨石河截污工程，治理排污口 25 个。

【东店湿地工程加快建设】 采用湿地截流生化法工艺，设计处理水量 10 万吨/日，工程总投资 748.51 万元。年底，顺利通过工程验收。

【环境优美乡镇创建稳步推进】 年内，全区 16 个乡镇均已成功创建“北京市级环境优美乡镇”、236 个村已成功创建“市级生态村”，其中平谷镇、王辛庄镇、山东庄镇、熊儿寨乡、黄松峪乡、镇罗营镇、峪口镇、大华山镇、马昌营镇、马坊镇等 10 个乡镇已通过环境保护部审核，成功创建“国家级生态乡镇”。剩余 6 个乡镇中金海湖镇、南独乐河镇、刘家店镇 3 个乡镇在 2014 年已申报并通过前期评审，东高村镇、夏各庄镇、大兴庄镇在年内 4 月 20 日申报了 2015 年度国家级生态乡镇。

【修建了天云山景区玻璃栈道】 在该景区海拔1 149 米的山崖上，修建了全长 160 米的“勇者”玻璃栈道。栈道的建成使用，提高了景区对外知名度，提升了旅游人气。年内，天云山景区实现旅游收入 4 300万元，是 2014 年全年旅游收入（200 万元）的 21.5 倍。

【梨树沟休闲农业园建设项目进展顺利】 该园占地 1.4 万亩，总投资 2.5 亿元，规划建设一条生态景观长廊，建设入口景观区、百果山庄、现代农家庄园、梨谷艺术村、锦绣中华会展中心及总部基地六大功能片区，营造以梨花、火山遗址等为主题的八处景点。年底，全长 3.65 公里主景观道路基础拓宽完成，全长 2 500 米区域内水景观治理正在进行，全长 3 000 米的登山步道已完成 70%，全长 1 200米的观光索道正在建设当中。

【推进十八弯山水画廊旅游休闲区基础设施建设项目】 该项目以黄土梁隧道为起点，沿胡关路、胡黑路直至新平蓟路，总投资 3 901 万元，主要建设道路、停车场、绿化景观、登山步道、栈道等基础设施和服务设施，以改善十八弯旅游休闲区环境。

【推进北京养心谷旅游区建设项目】 该项目位于黄土梁，预计总投资 5 000 万元。规划建成以主峰为主的自然景观 45 处，溪流、达摩洞、景观小品等 28 处，养心会所 1 处。年内，已完成景区水泥路 3 万平方米、水土保持、景区大门、售票处等基础设施建设。

农村改革与管理

【农民专业合作社得到快速发展】 年内，全区在工商局注册登记的农民专业合作社共计 1 221 家，合作社出资总额 250 800.56 万元。其中，种植业 866 家，养殖业 317 家，农机服务、民俗旅游、手工艺加工等其他行业 38 家。发展总数在 5 个生态涵养发展区中居第 2 位。合作社出资总额 18.96 亿元，成员总数 49 785 户，其中农民成员 46 430 户，占全区农民总户数的 58.7%，占全区一产农户的 79.5%。入社成员人均收入普遍高于非入社成员 20%左右。年内，平谷区共创建国家级、市级、区级示范合作社 136 家。

【组建了农民专业合作社联合社】 2015 年 4 月和 7

月分别成立了北京绿谷沃丰果品产销农民专业合作社联合社和北京绿谷互联网家农产品销售农民专业合作社联合社，共吸纳20家规模较大、经营较好的合作社参加，入社成员总数4 212人。

【进一步推动农村土地确权登记颁证试点工作】年内，在总结前期六个乡镇104个村试点经验的基础上，开展了第三个阶段的确权登记工作，共涉及平谷镇、东高村镇、马坊镇、王辛庄镇、山东庄镇、大华山镇、南独乐河镇、金海湖镇、黄松峪乡、熊儿寨乡、兴谷街道11个乡镇、街道，共涉及157个村，涉及农户50 398户、人口170 431人，涉及农业承包承包合同51 277份，涉及确权土地面积192 431.1亩。年底，已完成前期基础数据录入工作的村有199个，占整体进度的90%；完成底图勾绘入库工作的村有183个，占整体进度的83%，第三阶段确权登记工作已基本完成。

【林权制度改革工作有序推进】年内，完成了全区585 619亩山区生态林森林保险投保工作，投保保费140.5485万元，保额7.027 4亿元，与上一年度有效衔接。全区50万元森林保险防灾防损项目顺利实施，即：平谷区森林防火预测预报预警中心建设项目19.175 3万元、平谷区森林防火指挥扑救设备购置项目30.824 7万元。林权抵押贴息贷款工作得到有效推进。制定了《平谷区园林绿化局关于加强监督规范使用林业贴息贷款资金的办法》，监督、规范使用林业贴息贷款资金，防范金融风险，促进林业发展。

【创建多种土地流转模式】积极探索土地合作社、“农户＋合作社＋公司”“农户＋村集体＋政府”“农户＋村集体＋政府”等多种农用地使用权流转模式，积极鼓励农民有偿转让土地使用权，从根本上杜绝大量存在的土地粗放经营或抛荒的现象，使土地资源得到有效利用。截至年底，全区已确权土地流转总面积为16.75万亩，占全区已确权土地面积的52.3%。

【做好农村资产有效经营】自2010年12月农地流转服务中心成立至今，已成功受理了128宗农村产权交易。涉及土地17 028.81亩、山场10 424.5亩、实物资产3 668.67万元，总交易额为35 009.99万元，溢价5 951.7万元。2015年，共成交两笔实物资产项目，分别是：马昌营村原建筑队房屋、原粮库房屋及院落和马昌营村原铁厂门市房、办公室、库房及院落，成交价格为共计为50万元。关于土地流转的挂牌项目为大华山镇陈庄子村东南975亩荒山，出让价格700万元。

【完成农村集体资产产权登记年检工作】年内，对全区17个镇乡、275个经济合作组织的资产状况进行了全面的审查、登记：统计截止日期为2014年12月31日，平谷区共有275个农村集体经济合作组织，资产总额为562 881万元，比上年同期的512 536.3万元增加50 344.7万元；负债总额284 700.1万元，比上年同期的276 793.7万元增加7 906.4万元；所有者权益总额278 180.9万元，比上年同期的235 742.6万元增加42 438.3万元。土地资源和林木资源情况基本没有发生变化。

农　村　民　生

【农民人均收入稳步增长】2015年，农村居民人均收入20 147元，其中，工资性收入13 705元，同比增长11.7%，工资性收入对纯收入增长的贡献率为65.6%，拉动纯收入增长7.2个百分点；人均家庭经营纯收入为3 657元，同比降低2.9%。在农村居民家庭经营纯收入中：第一产业人均纯收入为2 369元，同比增加312元，增长6.3%，占家庭经营纯收入的比重为46.7%，同比下降8个百分点，但仍是农村家庭经营收入的主要来源。其中：农业人均纯收入2 335元，增长29.5%；林业人均纯收入329元，增长10.1%；牧业和林业纯收入由于费用的增加而亏损；第二产业人均纯收入412元，同比增加260元。其中建筑业人均纯收入增加385元。从业人员中从事建筑业的人员增加和工人报酬的提高是建筑业纯收入增长的原因；第三产业人均纯收入2 786元，同比增加513元，增长25.6%。

【农民生活消费支出稳步增长】人均生活消费支出18 990元，增长2.2%。人均食品消费支出5 862元，同比增长0.7%。其中人均肉禽蛋水产品类支出1 513元，增长5.6%；人均糖烟酒饮料类支出632元，下降4.1%；人均干鲜瓜果类支出839元，增长2.3%；人均饮食服务支出2 676元，增长60.9%；人均衣着消费支出2 917元，同比增长15.5%。增长的主要原因是随着社会交往日益增多，个人着装越来越追求高档化，人均购买服装消费支出2 138元，增长8.8%；人均购买鞋类支出892元，增长4.5%；人均居住消费支出2 317元，同比增长16.2%。增长的主要原因是人均住房装潢支出472元，增长24.3%；水电燃料及其他支出896元，下降0.5%；人均家庭设备用品及服务消费支出2 136元，同比增长12.9%。其中人均耐用消费品支出874元，增长20.8%；人均家庭服务消费支出261元，是上年的3.4倍；人均医疗保健消费支出1 483元，同比下降0.9%。其中人均药品消费支出544元，下降23.1%；人均交通和通讯消费支出4 893元，同比增长32.8%。增长的主要原因是：人均交通消费支出4 106元，增长39.4%。其中人均购买交通工具消费支出2 431元，增长24.3%；人均购买车辆用燃料及零配件消费1 062元，增长51.0%；人均交通工具服务支出439元，增长3.7倍；人均教育文化娱乐服务消费支出2 591元，同比增长10.7%。其中人均教育消费支出1 311元，增长15.8%，带动人均教育文化娱乐服务消费支出增长；人均其他商品和服务消费支出652元，同比下降6.6%。主要是人均金银珠宝首饰支出215元，下降32.5%。

【促农增收取得实效】年内，引导农民转移就业2 469人，公益性岗位安置就业困难人员3 016人；落实粮食直补、菜田补贴、政策农险等惠农政策，保障农民政策收益；开展农业实用技术培训10余万人次，城乡劳动力就业培训6 560人，新增农村实用人才374人，完成6 700余人的农村实用人才评级。

【重点群体就业帮扶不断强化】深入开展“就业服务月”等活动，全力促进高校毕业生就业，回区高校毕业生1 109人，就业率达98.7%；积极做好大学生“村官”选聘工作，共选聘大学生“村官”113名。通过鼓励单位招用、实施精细化就业服务、落实就业托底安置政策，帮扶6 803名城乡就业困难人员实现就业，完成任务指标的151%。

【桃产业科技服务体系建设项目通过验收】年内，平谷区大华山技术推广站承担的国家星火计划课题“桃产业科技服务体系建设”顺利通过了市科委组织的专家验收。该课题建成了基层农技服务中心，形成了以农技示范推广、生产资料统一供应、农产品销量、科技培训为一体的4大科技服务体系。引进专家5名，培养推广55名，配备科技骨干服务队150名，建立和完善技术服务队16支。推广树体结构调整、病虫害综合防治技术等10项先进适用技术，引进优新品种39个，年培训科技协调员和新型农民近1 500人次。建立和完善农民专业经济合作组织21个，建立了镇生产资料统一供应站，下设20个村级供应点，培养营销员23名。建成标准化试验示范园20亩、生产示范基地500亩。

【山楂产业升级项目通过验收】年内，“平谷区山楂产业升级科技示范工程”科技提升服务区县能力建设专项顺利通过市科委组织的专家验收。该项目充分利用当地的产业优势，引进并筛选出雾灵红、早红果、歪把红三个优新品种，在镇罗营镇和熊儿寨乡现有的山楂种植区，完成品种改良累计达到200亩，嫁接成活率达到90%，产量高于对照20%以上，精品果率高于对照10%以上；研制出具有防病、改善土壤、培肥地力的山楂专用有机肥一种，中试生产250吨，示范应用400亩；建立了“统一管理、统一施肥、统一浇水”的技术操作规程；研究开发山楂清汁生产工艺流程一套，形成年产200吨的生产能力，促进了平谷区山楂产业的优化升级。

【乡镇山楂产业升级项目通过验收】年内，“平谷区南独乐河镇新立村科普体验厅建设”项目顺利通过北京市科学技术委员会组织专家验收。该项目在南独乐河镇新立村建成了平谷区首家科普体验厅，以农民生产生活密切相关的“绿色生活”为主题，占地100余平方米，分为室内活动区、电子互动区、科普影院区和科普互动体验区四个部分，运用科普展示窗、影像技术、模拟互动等方式向村民普及桃树病虫害防治、桃树的气候影响、卫生、饮食、健康生活习惯以及疾病预防等方面科学知识，帮助村民认识、了解、掌握新科技，提高了农民的科学素质。

【农村学校办学条件提升工程进展顺利】完成了部分学校危旧房改造工程。其中，胡辛庄小学加固工程正在建设过程中，二中南校区、南独乐河小学、安谷小学、黄松峪学区旧房改造工程已经完成招投标工作。

【基层文化队伍建设红火】年内，邀请文化工作方面的专家教授对全区各委办局相关人员、基层文化干部、文化组织员进行授课，每次学员300人左右；6月23日，在碧海山庄隆重举行了“北京大学·平谷区文化大讲堂”开学典礼；从5月开始，举办“放飞艺术梦想”公益大讲堂系列培训，培训立足基层，面向社会，针对不同群体的需要，以系列讲座的形式，聘请各艺术门类（音乐、舞蹈、书法、美术等7个门类）的知名专家讲课，提升全区文化干部的鉴赏、创作能力以及全区老百姓的文化艺术修养，累计培训人数达到3 500人。

【开展送书下基层活动】新建北京铱浓置业、平谷驾校、温暖之家老年公寓、雨硕房地产公司等基层分馆5家，配送图书2万册，书架40组；新建平谷区东高村派出所、陈列馆、国珍养生馆、刘店行宫村、儿童福利院、中国人民解放军基层流动送书点10个，开展送书上门服务。全年送书100余次，共计2.3万余册。

【新型农村合作医疗参合率高】2015年2月底，全区完成参合工作，共有73 613户、179 506人加入新农合，农业人口参合率达到99.76%。人均筹资标准提高到1 200元，其中参合人员每人缴纳160元；市、区两级政府每人补助1 040元。2015年筹集资金21 540.72万元；截至2015年全区共报销补偿28.29万人次，参合农民医疗支出30 289.48万元，新农合基金补偿支出12 604.6万元。其中，普通门诊补偿26.31万人次，补偿支出3 164.58万元，门诊补偿率为28.96%；住院补偿16 279人次，补偿支出8 661.19万元，住院补偿率为49.44%；门诊特殊病补偿3 542人次，补偿支出778.83万元，门诊特殊病补偿率为70.35%。

【农村卫生建设力度加大】年内，共有乡村医生269人，其中，13人取得了《执业助理医师证书》。全区共有村卫生室204个，全部为非营利性医疗机构。共有125人在社区站工作。全区卫生室中，乡镇办2个，联合办95个，私人63个，其他44个。覆盖全区174个行政村，覆盖率64.1%。

【农村体育工作有成绩】以乡镇（街道）为重点，积极落实“八个一工程”，全年举办镇村全民运动会及各类比赛300余场次，参与群众达12.5万人次，农村体育活动覆盖率达到98%。组织217名农民运动员参加北京市第八届农运会，共获得了三个一等奖、八个二等奖，并荣获优秀组织奖和体育道德风尚奖。推荐王辛庄镇莲花潭村、马昌营镇马昌营村等6个村庄参加全市体育特色村的评选，年内全区体育特色村达到24个。部分乡镇自发举办全民健身体育节，除举办全镇运动会外还要求各行政村组织各项活动，并以村为单位按人口给予专项资金支持。

【无拖欠农民工资情况】通过建立工地台账、推行工地实名制管理、重点监管、专项执法检查等手段，全力做好无工资拖欠工作。年内共实地检查建筑工地507个（次），处理农民工投诉案件109起，涉及人数626人，工资773.67万元；处理群体性讨薪事件48起，为751人追讨工资690万余元。全年作出行政处罚17起，罚款金额56.3万元，切实维护了劳动者合法权益。

【做好占地转非工作】妥善解决占地转非村历史遗留问题，年内，共为1 554人办理转非手续。为166人补缴养老保险，补缴金额1 136.49万元；为244人补缴医疗保险，补缴金额731.8万元。为317人办理建档手续，为503人办理灵活就业，帮助302人办理退休手续。

【大学生“村官”管理及流动发展工作】年内，共评选出32名区级优秀大学生“村官”。截至8月底，173名大学生村官顺利实现再就业，其中考取公务员23人，进入事业单位31人，续聘13人，合同顺延12人，进入企业及自主择业、创业82人，考研1人，其他方式就业11人，再就业率97%。

基层组织与民主政治建设

【村级党组织换届选举顺利完成】严格执行“五不能、六不宜”等相关规定，完成272个行政村和2个农村社区党组织换届选举工作，连选连任村书记207人，新当选67人，选举产生新一届村党组成员952名。

【社区换届选举圆满完成】全区28个社区参加换届选举，共选出社区“两委”班子成员275名，其中社区党组织班子成员124名，社区居委会班子成员247名。选举结果顺利实现“五个一百，四个提高”选举目标。

【选派“第一书记”】年内，区委组织部共向32个村选派第一书记，其中市级选派干部14名，区选派干部18人，制定《平谷区村党组织第一书记管理办法（试行）》，明确规定第一书记主要职责、日常管理、考核奖惩等内容，进一步建强基层组织，促进农民增收致富。

【服务型农村基层组织加快建设】以“基层组织服务提升年”为契机，促进基层组织深入参与农民生产生活领域服务，新建16个“便民代办服务”示范站，服务事项30余项，全年为基层群众办事7 400余件。

【做好基层干部学校建设】学校坚持政治思想教育和业务知识培训并重，根据不同类别、不同层次、不同岗位对基层干部开展全员培训、专题讲座、考察学习，培养锻造一支符合新时期农村经济社会发展需要的基层干部队伍。学校成立以来累计培训基层干部300余人次。

【建成基层讲习所】 年内，试点在镇、村两级建立5处讲习所，通过搭建平台、健全制度、整合资源，形成“课堂讲学、基地践学、活动促学”的教育模式，打造平谷区农村教育品牌，强化农村党员教育管理力度，提高农村党组织服务群众、服务发展的能力水平，巩固党在基层的执政基础。

【建好红谷·党员教育基地】 年内，通过整合区财政、交通、旅游等部门资源，先期投入150万元，进行项目包装，宣传推广，授予桃棚村为“红谷·党员教育基地”，扶持桃棚村成立“红谷润心园文化有限公司”。七一期间，先后有本区和周边市县的党员干部100多批次5 000多人次，到桃棚党建阵地开展主题教育活动。

【建成反腐倡廉教育基地】 平谷区2015年反腐倡廉、预防职务犯罪警示教育月活动在新落成的平谷区反腐倡廉法制教育基地正式启动。在为期一个月的时间里，全区乡镇（街道）、区直掌管人、财、物的重点单位科级以上干部和村书记、村主任共计3 000余人陆续到教育基地参加警示教育活动。

“三农”工作部署和实施

【召开了2015年农村工作会议】 2015年4月9日，区委书记张吉福、区长姜帆、组织部长刘震、统战部长刘学亮、副区长吴连江出席会议。区直涉农单位，乡镇、街道有关领导，各行政村的书记、主任，部分龙头企业、农民专业合作社代表参加会议。区委副书记、区长姜帆主持会议，副区长吴连江代表区政府做题为《全面深化改革 转变发展方式 推进农业农村事业快速可持续发展》的报告。组织部长刘震表彰了2014年度农业农村工作先进典型，区委书记张吉福出席会议并讲话，他充分肯定了全区2014年农业农村工作取得的成绩，并对今后“三农”工作的开展提出了高站位、宽视野、敢创新的工作要求，提出今后的“三农”工作要围绕“农业增效、农民增收、农村发展”的工作主线。区长姜帆提出了因地制宜谋发展；紧跟时节抓落实；锐意改革抓落实；形成合力抓落实的四项工作要求。

【召开了城乡环境建设大会】 2月28日，召开生态文明和城乡环境建设大会，平谷区委书记张吉福从立足区域功能定位，牢固树立生态有为理念、坚持治建管并重，大力推进“美丽平谷”建设、抓好《生态建设总体规划》的编制工作、抓好“六个结合”等重点项目、抓好城市管理等几个方面对全区下一步做好城乡环境建设工作提出了具体建议和要求。

平谷区领导名录

区委书记	王成国
副书记	姜　帆　李宝峰
常委	姚忠阳　刘　震　屈志奇 田长丰　王安友　李　威 王红艳(女)　底志欣(回族)
区人大常委会主任	刘　军
副主任	李继合　石来福　刘　忠 李福芝（女）　贾喜庚
区长	姜　帆
副区长	姚忠阳　屈志奇　周泽光 徐素芝(女)　吴连江　李永生
区政协主席	闫维红
副主席	白长河　杨凤山　张双全 刘建增　狄长安　陈月侠(女)
区纪委书记	李　威
副书记	王浩文　张光旺　见莉欣(女)
正局级	王振林　王春辉
副区级	张彦友　王如生　周　民
区委农工委书记	乔福刚
区农委主任	李小丰

平谷区乡镇党政正职领导

	党委书记	镇（乡）长
平谷镇	于海山	杨河清
金海湖	史立成	韩小波
王辛庄镇	崔　跃	见小东
夏各庄镇	赵卫民	王晓东
东高村镇	秦海滨	孙学新
马坊镇	付湘生	梁茂辉
马昌营镇	任永宝	王晓全
山东庄镇	张海青	崔成立
南独乐河镇	牛福生	刘久兴
刘家店镇	马立文	刘晓东
大兴庄镇	陈新华	沈立军

峪口镇	曹玉敏(女)	见国柱
镇罗营镇	王何义	任利泉
大华山镇	王立宝	宋长文
黄松峪乡	马思亿(女)	张艳革
熊儿寨乡	刘万岭	张武祥

（平谷区委研究室　梁自山）

密　云　区

概　述

密云区位于北京市东北部，北部分别与河北省承德市的兴隆、承德、滦平三县交界，西、南部与怀柔区、顺义区、平谷区接壤。全区总面积2 229.45平方公里，占全市的13.6%。其中山区1 771.75平方公里，占79.5%；平原263.4平方公里，占11.8%；水面194.3平方公里，占8.7%。辖17个镇、3个街道办事处，有331个行政村、89个居委会。常住人口47.9万人，户籍人口43.34万人。户籍人口中农业人口24.86万人，非农业人口18.48万人。2015年，全区在区委、区政府的坚强领导下，深入实施密云生态涵养发展区工作方略，紧紧围绕“三个走在前列”奋斗目标和“绿色国际休闲之都”发展定位，大力统筹稳增长、促改革、调结构、惠民生、防风险等各项工作，经济社会保持了平稳较快发展。全年实现地区生产总值226.7亿元，增长7%；实现一般公共预算收入29.5亿元，增长6.2%；实现社会消费品零售总额120.1亿元，增长8.4%；汽车制造业完成产值139.6亿元，增长2.3%；乡村旅游实现总收入7.7亿元，增长10.6%；城镇居民人均可支配收入33 878元，增长8.1%；农村居民人均可支配收入19 183元，增长9.2%。

城乡发展一体化

【概况】2015年11月13日，国务院批准撤销密云县，设立密云区，这是密云经济和社会发展到一定阶段，现代化、城市化达到一定程度的重要标志。

【城乡低保】城乡低保认定标准由650元/月提高至710元/月，城乡低收入家庭认定标准由850元/月提高至930元/月，同比分别增长9.2%和9.4%。

【固定资产投资】完成全社会固定资产投资107.6亿元。其中第一产业完成6.3亿元，第二产业完成13.6亿元，第三产业完成87.6亿元。

【城乡基础设施建设扎实推进】历时十年的101国道绕城线实现全线通车，云西四路建设全部完工，西统路北延、马北路、司曹路二期、东进路等道路项目加快建设，打通通城胡同、檀阳街、果园南街等一批断头路，有效缓解了交通拥堵问题。各项生活保障设施进一步完善。檀营110千伏输变电工程变电站正式竣工发电，经济开发区再生水厂建设完成，新城再生水厂、垃圾综合处理中心施工有序进行。社会民生工程顺利推进。区精神卫生保健院工程建设通过验收并投入使用，一六一中学密云分校、密云六中、高岭、大城子镇九年一贯制学校等教育新建、改扩建工程，区体育中心一期建设工程均已全面开工。

【重点镇发展取得新进展】太师屯、溪翁庄镇中心区路网已完成总工程量的60%；溪翁庄镇云溪花园项目完成工程总量的89%，远大黄金酒店项目工程主体结构基本完成；华润希望小镇产业项目健康发展，自行车赛道、徒步栈道、水利设施等旅游设施继续完善，五丰农业休闲园正式营业；十里堡王各庄、穆家峪新农村和刘林池村、新北路29号院棚户区改造工作有序开展。美丽乡村创建全面推进。完成77个美丽乡村验收工作，新启动70个美丽乡村建设；华润希望小镇等三个市级新型农村社区试点建设稳步推进；持续加强农村污水处理设施建设与运行保障，5个小城镇污水处理厂站建设完成，污水处理管网建设完成工程量的70%；大力推进垃圾分类工作，提升农村地区垃圾的资源化、减量化、无害化水平。

【城乡重点经济功能区持续快速发展】古北水镇建设项目进入收尾阶段，已完成工程总量的94%，累计投资42.6亿元，完成核心游览区房产手续办理。景区运营成效显著，预计全年古北水镇景区接待游客160万人次，同比增长60%；累计营收4.8亿元，同比增长140%。在古北水镇的辐射带动下，司马台雾灵山沟域民俗旅游迅速升温，预计全年接待游客300万人次，实现旅游综合收入6亿元，同比分别增长50%和100%。通航产业基地发展稳步有序，贝尔中国汇项目选址规划待批复，全国首个低空旅游示范基地、北京120医疗救援培训基地等相继在密云机场挂牌。

【城乡路网】截至2015年年底，全区公路总里程达2 151.53公里，较2010年年底的2 076.3公里增加了75.23公里，增幅3.6%；公路网密度由2010年年底的93.15公里/百平方公里增加到96.51公里/百平方公里。新城城区新建云西四路、白云街、果园南路等道路，为新区医院配套建设阳光街、檀营街，改造了四眼井胡同、康居东路、云秀北街，打通了通城胡同、檀阳街、果园南街等11条断头路，总里程10.82公里。截至目前，密云新城道路总长度为143公里，道路网密度达到4.85公里/平方公里，基本实现新城规划中的“五横七纵、绕城半环”。大力推进路侧停车泊位施划及住宅小区停车场建设，停车泊位由2010年的1 812个增至4.3万个，完善了城市微循环，缓解了交通拥堵问题。

【健全生态文明机制，推进国家级试点示范建设】加强对生态文明的考核，探索跨区域生态文明建设新机制。深入推进“全国水生态文明城市建设试点”，国家水土保持生态文明综合治理工程，高标准通过国务院10部委考核。研究制定了《密云区主体功能区试点示范建设实施方案》《密云区国家生态文明先行示范区建设实施方案》。广泛开展宣传教育活动，形成了全社会推进生态文明建设的强大合力。

【履行保水责任】扎实做好南水北调密云水库调蓄工程保障工作，9月主体工程已全部投入试运行，实现了“江水入库”。积极贯彻落实市政府《关于进一步加强密云水库水源保护工作的意见》，库区155米至148米高程以下13.2万亩各类性质土地及地上物全部清理退出，一级区内17家规模养殖场关闭工作圆满完成，“库中岛”清理工作进展顺利，已清理完成并移交全岛30个，水库一级保护区中水回用工程、库滨带水源保护一期工程进入施工阶段。深入落实“六护”机制，加大水库周边生态环境综合治理力度，水源保护工作得到立体推进。

【空气质量进一步改善】以PM2.5治理为重点，全面落实清洁空气行动计划。制定《密云区空气重污染应急预案》，健全空气污染应急工作机制。基本完成青岛啤酒三环有限公司等11家单位，17台72蒸吨锅炉改造，城东北、城西北集中供热中心锅煤改气工程达到通气条件。持续推进农村地区“减煤换煤、清洁空气”行动，预计年底前完成减煤换煤4.8万吨，推广使用优质型煤1.39万吨，同比增长178%。严格控制机动车尾气排放，淘汰老旧机动车4 400辆。圆满完成抗战胜利70周年纪念活动空气质量保障任务。预计PM2.5年均浓度60.5微克/立方米，同比下降19.3%，处于全市最好水平。

【打造美丽密云】高标准完成平原造林3 065亩，栽植各类苗木5.46万余株。圆满完成4万亩跨年度、3.8万亩本年度国家级公益林建设工程和2 500亩彩色树种造林建设工作。新城滨河森林公园建设完成工程总量的92%，累计绿化面积5 130.6亩。深入实施京津风沙源治理、小流域综合治理，治理水土流失面积336平方公里，治理河道总长972公里，生态涵养能力稳步提高。11家规模化养殖场污染治理工程主体建设全部完工，继续保持“拆违打非”高压态势，累计拆除违法建设68处4.2万平方米，实现了新生违法建设零增长目标。

【推进国家级生态文明试点示范建设】深入推进“全国水生态文明城市建设试点”，高标准通过了国家发改委、水利部等10个部委实行最严格水资源管理制度工作的考核，为建设试点城市夯实了基础。研究制定了《密云区主体功能区试点示范建设实施方案》《密云区国家生态文明先行示范区建设实施方案》，广泛开展宣传教育活动，传播生态文明知识和理念，调动和凝聚全区力量，全方位推进生态文明建设。

【老旧小区公共部分综合改造工作顺利完成】涉及东菜园等20个社区179幢住宅楼，建筑面积91.5万平方米，共投入资金8 709万元。包括：给水及雨污管线改造3.8万延米，社区路面硬化16.8万平方米，小区绿化4.1万平方米，修建自行车棚2.2万平方米，小区路灯补建204处等。

农村经济发展

【概况】全区农业内部结构明显优化，传统农业、牧业种养规模缩小，都市型现代农业发展稳健。2015年，完成农林牧渔业总产值41.9亿元，同比增长0.7%。其中农业产值18.7亿元，同比增长0.7%；牧业产值17.4亿元，增长1.2%；林业产值3.9亿元，增长0.3%；渔业产值0.6亿元，下降8.9%；农林牧渔服务业产值1.1亿元，下降

5.2%。农村居民人均可支配收入 19 183 元，同比增长 9.2%。

【重点产业和特色产业】制定了《密云区 2015 年重点农业产业项目扶持政策》。对包括菜园、果园、花园“三园”建设，养蜂、谷子、甘薯、食用菌等特色产业，农民合作社以及低收入村、低收入农户等十大类、28 个项目进行重点扶持；精准施策，结合水库 155 米高程以下土地退耕禁种等工程，针对一级区内 43 个行政村，研究制定了《密云水库一级保护区产业发展及职业技能培训扶持政策》，对养蜂、筐栽甘薯等七个项目以及合作社进行重点扶持。

【“调转节”】重点在水源保护区和地下水超采区稳定蔬菜，逐步减少畜牧、退出水产，在绿色发展区和绿色拓展区发展节水农业。粮食种植在 22 万亩中调减 5 万亩，菜田由 3.6 万亩增至 5 万亩，重点在非超采区新增菜田，大力发展露地冷凉菜。果树稳定 45 万亩，重点提质增效。

【“三园”建设】菜园建设，25 个重点设施园区提升工作全面推进。实施 170 亩老旧棚室改造，恢复闲置设施1 200亩。落实蔬菜标准化育苗场建设 2 个，园艺化蔬菜园区 6 个。截至目前，蔬菜累计上市 1.2 亿千克，与去年同期基本持平。果园建设：抓好全区 39 个 7.5 万亩有机果品基地管理工作，实施现代高效观光果园建设 7 个 1 362 亩，低效果园改造及发展 5 180 亩。花园建设：深入打造了蔡家洼 1 000 亩香草园（玫瑰情园）、东邵渠葫芦大观园、人间花海等一批高标准农业景观园区。金叵罗村以种植 800 亩谷子产业为基础，农耕体验、休闲观光、采摘游玩等为主线，实现了一产、三产有机融合。

【山区特色产业】继续扩大谷子、甘薯等旱作作物种植，在环水库周边及山区、半山区旱作节水种植区域发展谷子规模化种植 2 万亩，建设 35 个谷子专业村、10 条谷子产业带，开展甘薯规模化种植 5 000亩，建设甘薯育苗基地 2 个、专业村 15 个；重点在冯家峪、太师屯、北庄、西田各庄等镇，推广平菇、香菇、黑木耳等食用菌种植 320 万棒；扶持蜂产业加快发展，新发展养蜂 18 905 群，其中在水库一级区新发展 10 905 群，目前全区规模已达 10.5 万群，育种中心开始运营。

【沟域经济建设】“酒乡之路”“云蒙风情大道”两条沟域列为市级重点沟域，计划总投资 226 399 万元，实施环境整治、生态治理、基础设施建设、新民居建设和特色产业五大工程。截至目前已完成投资 111 450 万元。其中：酒乡之路沟域实施 5 大工程 24 个项目，计划投资 56 623 万元，已完成投资 39 930 万元。云蒙风情大道实施五大工程 40 个项目，计划投资 169 776 万元，已完成投资 71 520 万元。

【农产品流通体系】发挥合作社联盟的联动作用，组织合作社抱团闯市场，成立了由 50 家农产品专业合作社加盟的产销联盟，实现利益最大化；形成产销服务新模式，以实现“打造密云农业品牌、充分发挥合作社职能”为工作目标，采取“引进、试验、推广”的工作方法，为企业与合作社搭建合作平台，并积极探索产销服务新模式，实现农超、农企、农校对接；以行业骨干合作社为龙头，鼓励合作社合并联合。以密农产销合作社为平台，创建蔬菜联社，发展蔬菜产加销新链条。

【规范农民专业合作社】为充分发挥农民专业合作社的作用，增强市场竞争能力，不断地抓合作社规范化、标准化、产业化和品牌化建设，推动合作社上规模、上档次、上水平，引导和鼓励合作社与合作社之间以产品为纽带，以利益为联结，团结协作，结成产销联盟，抱团闯市场，实现利益最大化。目前全区共有农民专业合作社 1 262 家，全区国家级、市级、区级三级合作社 91 家，其中国家级的 16 家，市级的 9 家，区级的 66 家。获得三品认证的专业合作社有 95 家，获得商标的专业合作社有 59 家。合作社注册登记成员 78 633 户，占全区农业人口户数 81.9%，全区 70%的农产品由合作社组织销售。

【农业农村信息化】持续推进移动农网为农发送信息工作，全年累计发送各类为农服务信息 190 万条，共组织区镇村级信息员培训 1 000 余人次。农产品“互联网＋”电商企业发展迅速，形成以春播公司为代表的政府引进企业经营模式、以“一品密云”为代表的政府主导农民经营模式、以“密农人家”为代表的政府扶持自主经营模式。为促进“互联网＋”与农业深度融合，提升都市型现代农业发展水平，高岭镇高岭屯养殖专业合作社、康顺达农业科技有限公司等 6 家企业申报市级农业信息化龙头企业。不老屯镇、水漳村、蔡家洼村三个“智慧乡村”试点镇村建设有序推进。

【政策性农业保险】农委联合农合中心、人保财险公司、各镇召开专题会议部署2015年全区政策性农业保险工作，及时下发通知督促各镇积极做好政策性农业保险承保工作。2015年，开展政策农保21项，投保农户涉及17个镇7 208户，完成保费1 600余万元。2015年实施保险理赔1 624户，赔付资金共1 424万元。政策性农业保险的稳步推进，增强了农民抗风险能力，确保了密云区农业生产和农民生活稳定。

【“美丽乡村”创建工作】2014年启动的77个村美丽乡村于2015年9月完成验收，目前，已初步有73个通过考核验收，尚未公布最终结果。2015年，新启动70个美丽乡村建设，各建设项目扎实推进。华润希望小镇、司马台新型农村社区、十里堡镇“潮白河”新型农村社区三个市级新型农村社区试点建设稳步推进。

【休闲旅游业加速发展】全面推动民俗村、户等级评定工作，促进乡村旅游服务不断改善。继续推进乡村旅游“四化”建设，引入专业团队经营乡村酒店用品；盘活闲置农宅推动高端休闲旅游民俗院建设，改造古北口镇北台乡居农宅旅游合作社6个高端民俗院落并投入试运营，乡村旅游接待服务水平显著提升。探索“互联网+旅游”发展模式，各镇的旅游网站、微信平台全部上线运营，并实现与密云旅游网、官方微信有效链接。预计全区乡村旅游实现综合收入亿元，连续5年居生态涵养发展区首位。连续第二年荣获第二十一届亚洲旅游业金旅奖“十佳绿色生态旅游目的地”称号。第三次荣获新华网评选的“最美中国·生态旅游目的地城市”称号。

【都市型现代农业持续优化】扎实推进农业结构调整，启动“两田一园”前期调查和基础划定工作，计划划定粮田17万亩、菜田5万亩、果园9万亩。立足农业“三园”建设，实施7个现代高效观光果园建设，25个重点设施园区提升工作全面推进，改造老旧棚室170亩。成立了由50家农产品专业合作社加盟的产销联盟，成产销服务新模式，打造密云农业品牌。积极培育“互联网+”现代农业，涌现了春播科技、奥仪凯源、爱农等以电子商务、智能化控制技术为特色的农业企业，实现了农业精准化生产、智能化管理、产品质量安全追溯。

村镇建设

【重点小城镇建设和传统村落保护】总投资600万元的3个重点镇基础设施类建设项目，西田各庄镇美丽乡村美化、溪翁庄镇北白岩村外环路环境提升、巨各庄镇小城镇项目均已完成财政评审，正在做前期准备。被纳入全国传统村落名录的吉家营村传统村落保护性规划已编制完成，古北口村传统村落保护性规划正在编制中。

【农村环境建设】积极推进农村垃圾分类，探索出了三种比较有效的垃圾分类模式，即“村分类”（或“片分类”）、“户分类”“镇分类”。9月22日，召开了密云区农村垃圾分类工作现场会，印发了《关于在农村地区开展垃圾分类试点工作的通知》，明确到2017年实现100%的行政村生活垃圾得到有效处理，基本实现垃圾减量化、资源化和无害化；到2020年，全区农村地区形成垃圾分类收集、运输及处理的运行体系，实现农村生活垃圾规范化管理。

农村改革与管理

【农村建设与管理的长效机制进一步完善】继续实施《关于建立和完善新农村建设与管理长效机制的补助办法》，给予农村保洁员工资补助，对环境排名前9名的镇给予农村垃圾处理综合补助，对正常照明的太阳能路灯给予管护补助，对正常运转的大型沼气集中供气工程、大型生物质气化集中供气工程、太阳能公共浴室给予补助，确保了人员到位，设施正常运行。自2015年1月1日起，提高农村保洁员工资补助标准，将保洁员人数调整为2 355人，增加了737人，人员月工资增长到每月700元，有效促进了保洁员工作的积极性。

【荣获2015“美丽中国”旅游县（区）TOP10】12月26日，在中国旅游协会、中国旅游报社主办的第五届中国旅游产业发展年会暨首届中国（国际）冰雪旅游峰会上，评选出中国旅游风云榜2015“美丽中国”旅游县（区）TOP10，北京市密云区、重庆市奉节区、河北省涉区、浙江省仙居区、山东省烟台市莱山区、湖北省宜昌市夷陵区、吉林省桦甸市、内蒙古自治区阿尔山市、云南省腾冲市、贵州省贵阳市花溪区十个区入选。

【荣获“美丽中国十大最美城镇”称号】由新华社主办的“美丽中国·最美城镇”高端论坛暨中国最美城镇颁奖典礼在广州举行，通过网民投票与专家评审，按照“自然生态美、文化传承美、经济活力美、社会和谐美、城市形态美”五位一体评价体系，在全国 90 个提名候选城镇中，评选出北京市密云区、浙江省安吉区、安徽省宁国市、陕西省汉中市等十个城镇为“美丽中国十大最美城镇”。

【农村地区“减煤换煤”及“煤改电”】完成 2015 年市下达的减煤换煤总任务 4.8 万吨，在 8 个镇 11 个村 1 634 户实施取暖“煤改电”工程。

【新城蔬菜零售网络建设稳步推进】目前，共发展大星发蔬菜配送中心 1 家、社区营菜店 1 家、社区便民菜店 200 家（其中 2014、2015 年各发展 100 家），在云秀花园、绿地社区开展社区试点车载蔬菜销售，初步形成了新城蔬菜零售网络。

【积极推进农村精神文明建设培育乡风文明】选好人正民风，深入开展“道德榜样评选”“北京榜样评选”“我推荐、我评议身边好人”等活动，用“身边好人”带动身边人；树家风带民风，开展“文明进万家　美丽密云行”、文明家庭创建、“最美家庭”评选、“家风进家　美丽大嫂”评选等活动，建设“好家风”，带动“好民风”；扬村风育民风，积极推进乡情村史陈列室建设，开展“生态新村行”“道德大讲堂”“榜样标兵评选”“村民道德评议”等活动，涵养“好村风”，培育“好民风”；塑乡风展民风，深入开展文明村镇创建活动，结合“我们的节日”主题活动，繁荣“文化夜市”“孝文化”等“一镇一品”乡土文化，推动核心价值观扎根乡村，让乡风民风美起来。

【社会治理水平显著提升】村务公开民主管理“六全模式”深入推进，88 个村实现村章镇村共管，327 个村全部推行村民代表履职量化管理制度，321 个村实现村民代表会议音频直播，293 个村实施村级重大事项社会参与型协商机制。

【高岭镇爱农养殖基地“物联网＋”模式】与国家农业信息化工程技术研究中心开展技术合作，将电子商务、订单、实时视频传输和 GPS 定位系统融合，搭建物联网综合管理平台，实现从农场基地到餐桌的全程可控。采用“物联网＋基地＋农户”经营模式，解决当地劳动力就业 100 人，带动周边 260 户养殖户和 100 户残疾人进行北京油鸡养殖，年户均增收 5 万元。建立“爱农场”官网和微信商城，与中粮我买网、12580 移动商城合作，实现农产品线上销售。

农　村　民　生

【山区搬迁】根据北京市关于新一轮（2013—2017 年）山区搬迁意见和密云区搬迁工作总体安排，2015 年计划搬迁 500 户、1 300 人，涉及 4 个镇 5 个村。实际完成 555 户、1 300 人。

【农宅抗震节能改造】全年计划完成农宅抗震节能改造 12 300 户，实际完成 15 015 户。

【太阳能路灯安装】全年新安装太阳能路灯 374 盏，LED 灯 3 141 盏。

【水库移民核定及资金发放】农业户口水库移民，核定农业户口移民 60 925 人，发放补助资金 3 655.5 万元；农转非水库移民补贴，核定登记补贴 12 347 人，补贴资金 691.432 万元；水库一级区群众生活困难人口，核定 34 955 人，补助资金 2 105.97万元。2015 年我区库区和移民安置区扶持资金 8 234.58 万元，其中整合用于安全饮水工程资金 2 444.31 万元。

【低收入农户增收】2012—2015 年，密云共监测低收入农户 24 969 户，涉及农业人口 61 413 人，到 2015 年年末，低收入农户年人均可支配收入达到 10 836 元，仅有 10 户未达到 7 750 元，其中 9 户是单个老人户 2015 年内死亡，有一户因大病未脱贫。

【率先出台《特困人员供养实施办法》】①明确认定标准。具有本区城乡户籍的无劳动能力、无生活来源且无法定赡养、抚养、扶养义务人，或者其法定义务人无赡养、抚养、扶养能力的老年人、残疾人以及未满 16 周岁的未成年人均可申请。②规范办理程序。对申请、受理、审核、审批等环节规定办理时限，统一提交材料和相关证明。③明确特困人员供养内容、供养方式、供养标准。内容包括吃、穿、住、医、教、葬；方式分为集中和在家分散供养；供养标准不低于本区农村（城镇）居民平均生活水平。④加强资金管理使用。城市特困人员供养所需资金，由区级财政负担；农村特困人员供养所需资金由区、镇两级按 7∶3 比例共同负担；分散供养人员的日常照料经费由区财政保障。

【农村优抚社救对象危房改造全部完成】450 户全部验收合格，按照优抚建房户 5.4 万元/户、社救翻建户 4.5 万元/户、维修户 1.35 万元/户的标准，共发放危房改造资金 1 876.5 万元。

【改善群众就医条件】历时三年、总投资 15.7 亿元、占地 168 亩、编制床位 940 张的区医院新址工程正式投入使用。一年来，区医院以打造区域医疗中心为目标，与北京大学第一医院深入合作共建，全面提升管理和服务水平，百姓就医条件明显改善，得到了社会各界和人民群众的充分肯定。

【救助工作】城乡低保认定标准调到全市统一标准月人均710元，全区低保对象共8 182户、12 826人，发放低保金7 474.12万元。积极推进“救急难”综合试点工作，社会救助窗口受理各类救助事项3 449人次，发放临时救助金108.86万元，医疗救助金1 166.7万元。分类救助政策综合考虑人员年龄、身体状况、家庭结构等因素，再次提高上浮救助系数；对老残家庭、单亲家庭等特殊困难家庭收入实施事前核减政策，提升保障水平。困境未成年人社会保护试点工作扎实推进，全区126名困境未成年人纳入保护范围。

【溪翁庄镇实现乡村便利店全覆盖】乡村便利店是北京农商银行密云支行按照我区农村地区特点量身打造的惠民工程，服务功能包括小额取款及ETC充值、缴纳电费、电话费等多项银行业务。目前全区15个乡镇开展了此项业务，溪翁庄镇是最早实现镇域全覆盖的乡镇。

【“幸福晚年驿站”养老模式获国家和市级媒体关注】CCTV新闻频道《朝闻天下》栏目、BTV新闻频道《北京您早》栏目以“幸福晚年驿站”农村养老新模式为题进行了报道；北京卫视《特别关注》栏目以“密云开启幸福晚年驿站”为题进行了报道。新华网、凤凰网、搜狐网等网络媒体进行了转载。“幸福晚年驿站”是我区探索建立的居家养老新模式，现已建成7家。

基层组织与民主政治建设

【村党组织换届选举工作】按照市委统一部署，区委高度重视、超前谋划、精心组织，全区17个镇327个村全部在规定时间内依法依规圆满完成了村党组织换届选举工作，选出新一届村党支部班子成员1 033人，其中书记327人、副书记21人、委员685人，实现了市委和区委提出的工作目标。从选举结果看，本届选举呈现四个显著特点：一是班子结构进一步优化。班子平均年龄50.33岁，其中45岁以下的210人占20.33%，45～55岁的576人占55.76%，56岁及以上的247人占23.91%，形成老中青梯次配备，中年人才为骨干的村党组织干部队伍。二是妇女参政议政意识进一步提高。在新一届村党组织成员中，女性258人占25%，比上届提高2个百分点，覆盖215个村。三是班子整体文化水平稳中有升。高中及以上学历419人占40.56%，其中大学本科以上学历97人占9.3%。四是信访数量显著下降。通过换届前的满意度调查摸底、选举过程中多部门的资格联审和全程记实系统的运用，在换届选举中全区没有因程序问题引发的信访。

【推进基层党建工作创新】制作了《历史不会忘记——密云区建国前入党的农村老党员影集》，弘扬了老一辈共产党员的革命精神。探索党组织引领“一品密云”电商门户平台建设，提升农民专业合作化水平。全面推进党代表工作站建设，下发《关于建立党代表工作站的实施方案》积极为党代表履职搭建平台。强化远程教育站点管理使用，农村、社区站点参学率分别提高60%，学习总时长提高一倍。推进社区党组织与共建单位党组织需求有效对接、在职党员进社区活动。实行菜单式服务，9 100多名在职党员到社区报到，组建服务组织574个，开展服务活动376次，服务群众3万多人次。

【推进基层民主政治建设】建立村务公开民主管理“六全机制”，推进农村治理体系和治理能力现代化。借鉴农村“晒账”经验，试点开展区直部门、镇街、村（社区）三级联动财务公开工作，逐级公开项目资金情况，让权力在阳光下运行。在镇村分别建立说事评理调处中心、说事评理工作站，有效破解了信访问题，密切了党群、干群关系。

【健全基层党建工作保障机制】制定下发了《关于建立密云区村“两委”干部基本报酬区财政补贴机制的暂行办法》，从2015年5月1日起，为全区的村“两委”干部发放基本报酬区财政补贴。严格落实基层党组织服务群众专项经费制度，明确了“三允许、四不准”使用范围，制定了“两征求、两审核、两公开、两确保”使用程序。保证资金及时匹配、及时拨付，规范使用程序，确保经费花到群众心坎儿上。严格落实基层党组织活动经费保障制度，正常离任村党组织书记生活补贴制度。

【“第一书记”全部到岗上任】密云区村党组织第一书记到村任职动员部署会暨培训班11月2日在区委党校举行，区委常委、组织部长刘颖出席会议并讲话，组织部班子成员、党校相关领导、26名市区选派的第一书记、选派单位分管领导和各接收镇党委副书记、组织委员参加了会议。目前，26名市区选派的第一书记已全部到村任职。

【太师屯镇“大学生‘村官’”组团工作机制取得实

效】为充分挖掘大学生“村官”优势特长，镇党委建立村官组团工作机制，促进“村官”更好地发挥作用，服务基层。一是党建指导团。由三名“优秀大学生‘村官’”组团到沙峪、黄各庄、前八家庄、南沟四个村负责会议记录、长城网播放、基层党建全程记实系统维护等工作，并负责全镇党建指导，提升党建工作水平。根据“村官”自愿报名情况，新吸纳5名“村官”加入党建指导团，进行帮带。二是农产品营销团。现有核心成员3人，京纯养蜂合作社村官为合作社开网店，建公众号，提高了合作社的知名度和蜂蜜销售量；流河沟村村官协助村“两委”干部举办第一届嘎嘣脆脆枣旅游采摘节，并建立微店销售、网上销售等电商新模式，提高了枣农的收入；落洼村村官为民俗户拍照片并上传到各大团购网站，提升了民俗户的知名度和客源量。三是信息宣传团。通过每月业务培训、新老村官帮带、搭建QQ群、微信群等措施，有效加强队伍管理。目前，信息员队伍共21人，累计撰写文章、信息140余篇，发挥了较好的宣传作用，并有效地提高了村官的写作水平。四是志愿服务团。村官们在水源保护区专场招聘会上为应聘者发放招工简章，并提供职位筛选等服务；与镇社区卫生服务中心共建为福利中心老人、残疾人上门体检，提供搀扶、引导等服务；到学各庄等村孤寡老人家中义务打扫卫生，改善老人生活环境；定期开展环境保护捡拾垃圾、扫雪铲冰以及重点节假日治安巡逻等活动，累计开展活动10余次，服务群众2 000余人次。

【区水务局“百名党员干部联百户困难家庭”活动见实效】一是活动方案用真心。年初，水务局党组结合全局党建工作要点和工作实际，提出在全局党员干部中开展联系困难家庭活动计划，并详细制定了结对帮扶困难家庭活动方案，要求全局在职党员和科级以上干部帮助一户困难家庭，党员可以和科级干部或党员之间共同帮扶，也可以独自帮扶一个以上困难家庭，通过智力帮扶、产业帮扶和自筹资金进行项目帮扶等方式，改善困难家庭的生活状况。二是精准帮扶出实招。22个党支部班子成员深入结对村，通过与班子座谈研究，选定“真贫困、想脱贫、能脱贫”的困难家庭，并根据入户走访情况，制定有效的帮扶方案，做到“一户一套解困措施，一套解困措施解一家燃眉之急”。全局333名党员干部共联系帮扶困难户103户，每户一策，实施精准帮扶。三是跟踪管理见实效。按照活动方案中“六个一”（即年初开展一次入户访贫问需活动，结合实际制定一套帮扶方案，每年至少为贫困户办一件实事，建好一本帮扶台账，年底入户征求一次帮扶意见，每年开展一次帮扶工作“回头看”）工作要求，局党组编制了《百名党员干部联百户困难家庭档案》，从活动开始进行跟踪记录，确保活动取得实效。目前通过党员捐款的形式投入帮扶资金31 500余元，其中智力帮扶24户，生产、生活帮扶79户，有效改善了困难家庭的生产生活状况。

【穆家峪镇“四项机制”助力大学生“村官”成长成才】一是素质提升机制。将“村官”列入镇村干部培训工作体系，组织村官参加村“两委”干部培训班。为“村官”购置《大道之行》《“四个全面”学习读本》《习近平用典》学习读本，补足“精神之钙”。开展青年干部与村官素质对抗赛，激发村官们团结协作、干事创业的工作热情。二是多对一轮训机制。每周安排一名新“村官”到职能科室轮岗锻炼，由业务能力强的机关干部就公文写作、全程记实上传技能、农村基层工作信息化等内容进行“多对一”专门指导。组织委员在轮岗结束后听取“村官”学习情况汇报，准确掌握工作及思想动态。目前已轮训7人。三是重点培养机制。指定“村官”担任村级网络信息宣传员、全程记实系统管理员、远程教育管理员、创建工作联络员，有计划地安排“村官”参与村内农村经济合作社经营管理、村级民主管理、重点工程建设、重大节日安保等重点工作，使他们全面了解农村各项工作，促其在学习与实践中成长成才。四是量化考核机制。制定《穆家峪镇大学生“村官”绩效考核细则》，将“村官”每月工作任务量化为全程记实、三级联创、信息月报、网络宣传等9大项。每月20日按标准考核，成绩在全程记实镇级平台、QQ群里公示，并作为绩效评优的重要依据。通过绩效考核，在“村官”中营造了比干劲、比奉献、比业绩的良好氛围。

【冯家峪镇党代表工作站“敞开门户”，架起党群连心桥】2014年9月，冯家峪镇依托党组织活动场所建立6个村级和1个企事业单位党代表工作站，每个工作站辐射2～3个党支部。工作站每月25日开展党代表接待日活动，驻站党代表收集汇总党员群众提出的意见建议，填写统一印发的《党代表接待日登记簿》，并及时将征集到的意见建议向镇党委汇报。建立党代表联系党员群众制度和党代表定期走访制度，每名基层党代表联系本村、本单位老党员、困难党员、困难群众12名，每月至少走访5户，帮助党员和群众解决困难和问题。截至目前，7个工作站累计开展接待日活动48次，接待群众500余人次，党代表累计走访党员群众4 000余人次，共收集意见建议56条，承办、解决问题48件。

【太师屯镇推行说事评理工作机制】太师屯镇积极探索乡村社会治理新模式，充分发挥党组织在乡村社会治理中的核心作用，整合各类资源，坚持"说的是事、评的是理、明的是德、知的是法"的原则，推出镇村两级说事评理工作机制，使之成为群众诉求表达的新渠道、参与自治的新平台、矛盾化解的新途径、宣传教育的新阵地。

【果园街道积极探索党员管理新模式】①在职党员"责任工程"。建立学府花园"12510"在职党员进社区模式，即1个在职党员，认领2个公益岗位，承诺5件实事，带头做好10方面内容。目前，社区85%在职党员已进社区报道，参与社区活动24次。②社区党员"有为工程"。通过为党员过"政治生日"，认领岗位职责，为居民提供个性化服务。目前，开展各种服务活动9 000余次，服务居民4.5万人。③流动党员"安家工程"。建立党员驿站，方便流动党员参与社区活动。目前，已有23名流动党员参与社区公益活动。

"三农"工作部署和实施

【"密云农业"特色农产品推介会】12月9—21日，在北京小汤山特菜大观园举办了密云专场农产品推介会，45家合作社参与，围绕蜂蜜、民间手工艺、蔬果、葫芦烫画、八大碗、五谷杂粮开办主题活动，推介35类近400种密云农产品，销售额41.1万元。CCTV农业频道、北京电视台等20家传统媒体进行了全面报道；中国现代企业网、北京农业等26家网站进行了宣传与推介。

【实施品牌创建工程】积极开展会展农业和市场推介活动，组织30余家企业、合作社等单位参加第十三届中国国际农产品交易会、第三届北京农业嘉年华、北京农园节等市级及以上系列农业会展活动。组织支持开展区级休闲农业与乡村旅游推介活动，举办了巨各庄镇酒乡之路葡萄文化艺术节、穆家峪镇庄头峪村第二届梨花节、溪翁庄镇鱼王美食节、金叵罗村金谷开镰节、东邵渠镇御皇李子节、"葫芦大观园"福耕文化节、石城镇中华蜜蜂割蜜节等。为促进休闲产业提档升级，2015年投资425万元，用于加强尚农林丰、天葡庄园、元丰泰、8号院、奥仪凯源、古北口村等10家休闲农业园区建设，实施基础设施、生态环境、开发特色休闲产品、延长服务链条等改造项目。目前全区有观光园140个，2015年仙居谷、百年栗园、康顺达、天葡庄园被评为全国五星级休闲农业园区，奥义凯源被评为全国四星级休闲农业园区，青菁顶被评为北京市四星级休闲农业园区。古北口镇司马台村获得农业部"中国最美休闲乡村"称号。

密云区领导名录

区委书记	汪先永
副书记	潘临珠　刘　颖（女）
常委	张　岩（女）　杨　珊（女）　刘名义　王　宇　程建新　李光辉
区人大常委会主任	王玉江
副主任	孔令昌　郭瑞权　赵秦岭（女）　王铁明　何继玲（女，不驻会）
区长	潘临珠
副区长	杨　珊（女）　李光辉　蒋学甫　郭　鹏　郭洪泉　刘　滨
区政协主席	钱福生
副主席	王稳东　孙　奇　吴成全　李长春　王森林（不驻会）　杨伟兰（女，不驻会）
区委农工委书记	付全利
区农委主任	王德云

密云区乡镇（街道办事处）党政正职领导

	党(工)委书记	乡(镇)长(办事处主任)
鼓楼街道	郭生民	周广明
果园街道	陶小明	杨建军
檀营满族蒙古族乡	关佩君	张　波
密云镇	付小平	吴显生
河南寨镇	马　超	郭保林
十里堡镇	张明智	郑　伟

西田各庄镇	何立新	赵双武
溪翁庄镇	宋印双	晁怀新
穆家峪镇	赵志政	任玉文
巨各庄镇	王　东	李阔林
太师屯镇	王东利	马守新
古北口镇	张洪娟	李　东
高岭镇	杨光辉	杨爱革
不老屯镇	齐　超	朱立志
冯家峪镇	季荣旺	王大捷
大城子镇	李海林	常艳军
东邵渠镇	祝　刚	刘　永
北庄镇	方建卿	付宝东
新城子镇	庆兆珅	赵　勇
石城镇	孙立军	彭守创

（密云区农委　胡章权）

延　庆　区

概　　述

延庆区位于北京市西北部，距北京市区 74 公里，是首都北京的北大门。全境平均海拔 500 米，气候独特，冬冷夏凉，有着北京“夏都”之美称。东西最长 70 公里，南北最宽 45.5 公里，东、南、小西、北分别与怀柔区、昌平区、河北省怀来县和河北省赤城县接壤，总面积 1 994.88 平方公里，其中：平原面积 371.60 平方公里，山区面积 1 623.27平方公里。耕地面积 42.5 万亩，乡村人均耕地近 2 亩。全区辖 11 镇、4 乡、3 个街道办事处，376 个行政村，乡村户数 92 527 户，人口 21.15 万人，总面积 1994.88 平方公里，其中：平原面积 371.60 平方公里，山区面积 1 623.27 平方公里。耕地面积 42.5 万亩，乡村人均耕地近 2 亩。全县辖 11 镇、4 乡、3 个街道办事处，376 个行政村，乡村户数 92 527 户，人口 21.15 万人，户籍总人口 27.97 万人，农业人口 15.95 万人，非农业人口 12.02 万人，农业人口占全县的 57%。立足首都生态涵养发展区功能定位，坚定不移地实施生态文明发展战略，抢抓发展机遇，谋大事、稳增长、调结构、促改革、惠民生，全区实现地区生产总值 107.35 亿元，同比增长 7.6%；完成公共财政预算收入 10.02 亿元，同比增长 12.1%。完成财政支出 91.57 亿元，同比增长 27.2%。全社会固定资产投资完成 711 620 万元，同比提高 1.8%；城镇居民人均可支配收入 35 603 元，同比增长 8.2%。农村人均所得 17 392 元，同比增长 9.2%。11 月 13 日，经国务院批准，北京市人民政府《关于撤销密云县、延庆县设立密云区、延庆区的通知》（京政发〔2015〕53 号），撤销延庆县，设立延庆区，延庆城乡一体化发展进入快车道。

城乡发展一体化

【城镇化建设稳步推进】完成新城城市设计和新城规划实施评估，科学划定城市增长边界。康庄镇、八达岭镇被列为全国重点小城镇，旧县镇被认定为北京市可持续发展实验区。

【城乡环境面貌明显改观】持续加大城乡环境综合治理力度，深入开展城乡环境综合治理年活动。坚持精细化、网格化、信息化环境管理模式，建成智能城市运行管理平台，加强对城区、景区、交通干线、城乡结合部以及农村地区的持续整治，完成区垃圾综合处理厂及永宁、小张家口垃圾卫生填埋场升级改造工程，全面启动城乡垃圾分类，生活垃圾无害化处理率达到 92%，城乡环境持续保持干净整洁。加大违法建设等环境问题整治力度，累计拆除违法建设 697 处，制止新生违法用地违法建设 343 处，关停 68 家不规范再生资源回收站点。完成高塔路等严重拥堵微循环道路改造，施划停车泊位 500 个，安装红绿灯 21 处，交通环境秩序不断改善。

【城乡基础设施不断完善】交通基础设施建设取得重大进展，兴延路、京张高铁北京段启动征地拆迁，110 国道二期即将签署拆迁补偿协议，铁泰路、旧小路、百莲街等城乡道路竣工通车，内外交通环境进一步完善。积极推进地区电网全面改造，“陕京四线”延庆段隧道贯通，平原地表水一期、城西供热一期等一批事关延庆长远发展的基础设施投入使用。铺设通信光缆 1.1 万公里，建成 4G 基站 637 个，图像资源智能共享交换平台建成使用，信息化水平不断提升。

【水资源】地表水资源量为0.29亿立方米，地下水资源量为0.66亿立方米，入境水资源量为1.29亿立方米，全区水资源总量为2.24亿立方米。白河堡水库全年入库水量6 565万立方米，出库水量7 903万立方米，地下水平均埋深18.31米，比上年同期18.05下降0.26米。年内，全区用水总量5 870.39万立方米，全区处理污水1 270万立方米，利用再生水902万立方米，污水处理率为78.9%，再生水回用率为71%。

【降水与防汛】年内，全区全年平均降水量508.4毫米，较上年增加162.7毫米；较多年平均降水量436毫米增加72.4毫米；降水量最大的人工站为大庄科站665.5毫米，最小站为沈家营站349.4毫米。汛期平均降水量388毫米，比上年同期增加70.3%；与多年平均汛期降水量303.8毫米增加27.7%；最大一次降雨发生在9月4日，全区平均降雨53.4毫米，降雨最大站为四海80毫米。组建专业防汛应急抢险队伍26支2 212人。汛期应对53次降水过程，发布暴雨蓝色预警7次，暴雨黄色预警3次，暴雨橙色预警1次；汛期7—8月4次强对流天气造成4个乡镇10个自然村共计898人受灾，直接经济损失209.23万元；其中农作物受灾面积共164.72亩，经济损失161.53万元。灾情出现后，区各防指共出动515人次，运输设备146班次，排水及其他设备28台次投入抢险。

【污泥处置工程】工程在旧县镇新建规模为130吨/天的污泥处理厂一座。年内，完成勘察、设计、施工、监理招标工作。

【乡镇污水管网工程】工程分为5个标段，涉及永宁镇、井庄镇、大榆树镇、康庄镇、八达岭镇、旧县镇、香营乡7个乡镇。年内，完成钢筋混凝土管及PVC污水管网铺设118.5千米，完成总工程量的60%。

【农村地区供水改造工程】年内，解决永宁镇、大庄科乡、四海镇等15个乡镇的34个村庄供水问题。完成供水管网139.3千米，新建及维修井房17座，新建及维修蓄水池8座。水泵12套，安装电动给水泵3套、消毒设备14套、开关柜及变频器12套，街道井32座。

【永宁、八达岭污水处理厂工程】年内，完成臭氧接触池、好氧池、预处理系统等主体工程建设。

农村经济发展

【概况】延庆区以举办2015年世界马铃薯大会为契机正式启动打造“马铃薯种源之都”，挂牌成立北京亚太马铃薯交易中心；贯彻落实京津冀协同发展战略，延庆区与张家口市签订了《北京·延庆—河北·张家口马铃薯产业战略合作框架协议》；调整优化产业布局，大力发展都市型现代农业与休闲旅游农业，实施生态环境提升5项重点工程与2015年农业领域专项转移支付资金项目29个，制定了《关于开展延庆区2015年农村地区“减煤换煤、清洁空气”行动的指导意见》《延庆区2015年农村地区优质燃煤替代实施方案》。改善农村农民生产生活条件，实施山区搬迁833户、完成农宅抗震节能改造6 695户并制定了《延庆区2015年农民住宅抗震节能工程实施方案》；结合小城镇建设、美丽乡村建设与沟域经济建设工作持续推进新农村建设城市化与城乡发展一体化工作，研究出台了《延庆区推进美丽乡村建设意见》、完成了《延庆区“十三五”时期沟域经济发展规划纲要》，2014年度60个“美丽乡村”通过检查验收。稳步推进农村综合改革，印发了《延庆区农村土地承包经营权登记颁证工作实施方案》；加快培育新型农业经营主体，同步搭建延庆区农副产品直营直销平台；紧密围绕低收入村户增收工作，以2015年村级公益事业建设“一事一议”财政奖补项目为支撑促进低收入村户靠产业发展增收致富。全区农村经济总收入完成1 908 221.4万元，同比增长10.1%；农民人均所得实现17 392元，同比增长9.2%；纳入监测的27 374户低收入农户实现人均收入11 252元，同比增长15.4%；农村劳动力109 302人，其中就业劳动力106 028人，就业率为97%；农村劳动力以三产就业为主，三大产业就业人数结构比为：22.2∶5.5∶72.3。

【都市型现代农业】年内，全县粮食作物面积1.51万公顷，其中玉米面积1.43万公顷；菜田总面积1 186.67公顷，蔬菜播种面积1 693.33公顷，其中露地播种面积1 200公顷，产量稳定在7 160万千克。依托绿富隆、北菜园等龙头企业和合作社，在河北、内蒙古等地发展蔬菜外埠基地1 333.33公顷。新建设施15.2公顷。发展林花、林禽、林菌等林下经济规模2 800公顷。全县蜂群保持在7 000群，年产蜂蜜17.5万千克。鲜果面积常年稳定在4 000公顷左右，2015年完成推进低效林果园改造140公顷。全县稳定花卉种植面积933.33公顷。

【粮食直补】 年内，全区 15 个乡镇 323 个村 37 177 户农民享受了粮食直补，粮补面积 174 872.6 亩，总补贴金额 1 695.47 万元。其中：玉米补贴面积 174 812.8 亩，补贴资金 1 695.38 万元；水稻良种补贴面积 59.8 亩，补贴资金 897 元。

【退耕还林基本口粮田建设】 年内，继续在大榆树镇、延庆镇等 13 个乡镇实施退耕还林基本口粮田建设工程，完成建设任务 2.9 万亩。

【玉米高产创建示范工程】 年内，继续实施农业部玉米高产创建工程，在康庄镇、沈家营镇建设 2 万亩玉米高产示范方，平均亩产达到 800 千克以上，达到了农业部要求。

【菜田补贴】 年内，完成全区基本菜田蔬菜生产补贴核查和汇总工作，确定蔬菜直补面积 11 885.5 亩，核定补贴资金 350.77 万元。

【政策性农业保险】 年内，种植业承保面积 8.6 万亩，畜禽承保总量 90.16 万头（只）。保费收入 2 119万元，同比增加 336.3 万元，增加 19.1%。政策性保险理赔金额 1 522 万元。

【蔬菜沼液滴灌建设】 年内，在延庆镇东卓营村、井庄镇东小营村新安装露地沼液滴灌设施 2 套，全区已达 14 套。沼液滴灌施肥覆盖面积超过 1 000 亩，蔬菜水肥一体化生产示范水平有了较大提升。

【第六批中央小型农田水利重点区工程】 年内，新增、改善节水灌溉面积 1.15 万亩，完成总工程量的 50%，安装农业灌溉水源智能计量设施 880 套。

【规模化养殖场生猪无害化处理】 在规模猪场死亡生猪无害化处理监管方面，严格按照“延庆区生猪规模化养殖场无害化处理工作流程”对死亡生猪无害化处理进行监督，全年共监督无害化处理死亡生猪 3 万余头。

【农业机械化水平】 全区农机总动力达到 152 338 千瓦，拖拉机保有量为 1 714 台，各类配套农机具 1 658 台件。2015 年全区玉米种植面积为 20.8 万亩，其中完成机械化播种 20.3 万亩，精量播种 18 万亩，精播率达到 88.7%；完成机械化深松面积 4 万亩；机收玉米 12.2 万亩，其中机械化收获青贮 4.2 万亩，机收率达到 58.7%。

【秸秆禁烧综合利用】 加强严禁秸秆焚烧行为，提高秸秆综合利用率。4.2 万亩玉米秸秆被用作青贮饲料；8 万亩玉米秸秆实现直接还田；收集秸秆 3.2 万亩。争取财政转移支付资金 350 万元，用于秸秆综合利用的库棚建设、机具购置、机械作业等补贴。特别是为解决山区地块小、种植分散和秸秆回收困难问题，给山区四个乡镇购置了适合山区作业的自走式秸秆压包机 3 台，秸秆粉碎机 5 台。为北京茂源广发种植专业合作社购置自走式秸秆压包机 1 台，用于设施园区菜秧打捆，为供暖锅炉提供燃料，解决菜秧焚烧问题。

【无公害农产品认证】 年内，共组织完成了无公害农产品新认证企业 7 家。全区无公害农产品种植业认证企业已有 25 家，160 个产品，生产规模10 318 亩，年产量 32 631 吨。

【绿色食品认证】 年内，全区创建的 10.23 万亩全国绿色食品原料（玉米）标准化生产基地顺利通过农业部验收，涉及 9 个乡镇、60 个行政村、1.53 万户。全区新增 1 家蔬菜企业通过绿色食品认证，产品数量 27 个、生产规模 350 亩、产量 1 449 吨。

【有机农业认证】 有机农产品生产企业（基地）48 家，有机认证证书和有机转换认证证书数量达到 69 个，涉及 8 大类 218 个产品。全区有机农产品产量达到 3.9 万吨，产值实现 4.1 亿元，有机农业占农业产值的比例 20%。本区成为国家有机产品认证示范创建区。

【新增三家区级社会大课堂资源单位】 10 月 16 日，陶艺体验基地盆窑陶艺园，天文台科普教育实践基地华海田园天文农庄，全国最大原生态山地真人 CS 专业基地云瀑沟风景区，被列入区级中小学生社会大课堂资源单位。至此本区共有 33 家区级中小学生社会大课堂资源单位。

【葡萄科研与产业服务工作】 年内成功组建延庆区葡萄及葡萄酒产业促进中心，同时成立了延怀河谷葡萄与葡萄酒产业发展管理委员会议事协调机构。园区基地通过试验推广名、特、优、新葡萄品种和栽培技术。

【注册“延怀河谷”品牌】 为推广延庆地标认证果品，年内成功注册了“延怀河谷”商标。

【延庆特色农产品进社区】 6 月 27 日，组织延庆北菜园、西王化营、四海、村村牛四家种植合作社和夏都妫源豆制品技术开发有限公司到金质生活裕中西里店进行永宁豆腐、紫薯挂面粉条、有机蔬菜、菊花茶玫瑰花茶和杏仁油杏仁酒等特色农产品展卖活动。

【首次引进六旋翼植保无人机】 8 月 11 日，为四海镇（四季花海）景区花卉进行植保打药作业，打药效果良好。

【葡萄埋藤机械获得国家专利】12月2日，由延庆区农机研究所研制的一种葡萄埋藤机，申请获得中华人民共和国国家知识产权局授权的《实用新型专利证书》。

【农机国补政策落实】年内，引进拖拉机、青贮收获机、微耕机等国补农业机械14类产品290台套，发放补贴资金650万元。

【世界马铃薯大会】7月28—30日，成功举办2015年世界马铃薯大会并同期举办中国国际薯业博览会、中国马铃薯大会、马铃薯主食产品及产业开发国际研讨会，薯业博览会达成交易意向1.5亿元。

【4企业参加农产品交易会】11月7—10日，组织北京绿富隆农业股份有限公司、四海田园农副产品加工有限责任公司、村村牛种植专业合作社、北京德青源农业科技股份有限公司参加在福建福州举办的第13届中国国际农产品交易会。延庆区农委获北京团最佳组织奖，北京德青源农业科技股份有限公司获得参展产品金奖。延怀河谷葡萄同时参展。

【首届北京百合文化节在延召开】6月23日，首届北京百合文化节新闻发布会在北京延庆世界葡萄博览园召开。本届百合文化节6月26日正式开幕，为期36天。共设置百合进家庭、百合科普馆开馆、第四届荷兰百合日、百合微拍大赛、世葡园亲子嘉年华、百合文化节文艺演出6大主题活动。

【首届北京妫川苹果文化节延庆开幕】10月11日，延庆区首届北京妫川苹果文化节在八达岭国际会展中心隆重开幕。本届苹果文化节主题为“生态延庆、绿色食品、宜居妫川、健康生活”。

【葡萄文化节】9月13日，主题为“萄醉金秋季·共叙冬奥情”的金秋葡萄文化节在世葡园盛大开幕，此次葡萄文化节历时一个月。活动期间举办中秋“传统民俗乐”、国庆“葡萄嘉年华”、重阳节“百善孝为先”等系列活动，推动葡萄销售和农民增收。

【产业成果】年内，延庆北菜园示范生产基地被纳入北京市现代农业示范区十五大示范生产基地建设，延庆世界葡萄博览园和北京德青源健康养殖生态园纳入十一大示范园区。延庆镇唐家堡村（金粟丰润葡萄）和康庄镇小丰营村（北菜园蔬菜）被农业部认定为全国第五批“一村一品”示范村镇。张山营镇前黑龙庙村（“前龙”葡萄）成功申报农业部全国“一村一品”示范村镇品牌建设试点项目。康庄镇小丰营村（北菜园蔬菜）加入市农委“一村一品一电商”平台。

【旅游休闲产业活力持续增强】实施八达岭等主要景区、柳沟等民俗村旅游基础服务设施和生态旅游智慧服务系统建设，旅游综合服务能力不断提升。国际马球中心、长城驻场演出、岔道古城改造、森林生态体验基地等项目稳步推进。加快乡村旅游升级步伐，在全市率先试点乡村旅游等级评定，推出民俗保险业务，搭建民俗户融资担保平台，星级民俗户实现WiFi全覆盖，“山里寒舍”等乡村酒店落户延庆。连续举办端午文化节、自行车骑游大会等旅游文化节庆和体育赛事活动，“休闲延庆”品牌影响力显著提升。千家店镇获全国旅游名镇、全国宜居小镇称号。截至2015年年底延庆已评定国家星级园区11家，其中国家四星级4家、国家三星7家；已经评定市级星级园区40家，其中五星级3家、四星级6家、三星级21家、二星级6家、一星级4家。2015年实现旅游综合收入54亿元，年均增长11.3%。

【国家级农业标准化试点建设】年内，指导北京北菜园成为国家级农业综合标准化示范单位，指导企业发布企业标准14项，包括轮作技术规程、产品质量追溯体系及售后服务等。

【“两大活动”保障】“阅兵纪念活动”和“世界田径锦标赛”期间，延庆德青源被选为农产品特供单位。通过专人监管，建立记录，设立特供专库，双人双锁管理，安装监控、抽样检测等措施，圆满完成特供农产品服务保障工作。

【京津冀湿地生态系统评价技术培训会】6月26—29日，北京野鸭湖国家湿地公园举办了“京津冀地区湿地生态系统评价”培训班，学员共计50余人来自国家林业局、京津冀三地林业厅（局）、湿地保护管理单位等。

【科教旅游示范单位】5月22日，北京延庆野鸭湖湿地自然保护区被批准为北京市首批科教旅游示范单位。

【野鸭湖新增鸟类名录】10月24日，由中国观鸟会（原北京观鸟会）协同北京市野生动物保护协会邀请鸟类专家对野鸭湖新增鸟类做了审核论证，现确定野鸭湖共有鸟类17目56科295种，较2005年增加62种。《北京野鸭湖湿地新增鸟类名录》是2005年到2015年10年间，野鸭湖湿地新增鸟类的记录统计。新增鸟类名录已于当日向全社会发布。

【推进农村实用人才开发培养工作】 3月，召开农村实用人才工作会，总结上年农村实用人才开发培养工作，部署了本年度工作任务，共确定本年度拟培养农村实用人才125人，选配区级指导教师40人，配备乡土专家34人。同时为上年创建达标的农村实用人才示范实训基地举行授牌仪式。

【实施新型职业农民培育工程】 2014年项目培育新型职业农民288人，包括：生产经营型农民培训班6个，其中玉米1个、蔬菜2个、果树3个，涉及6个乡镇、248人；社会服务型农民培训班1个，培训村级动物防疫员40人。2015年项目培育110人，包括：生产经营型农民培训班2个，专业为花卉，涉及2个乡镇、72人；社会服务型农民培训班1个，培训农机手38人。

【实施基层农技推广体系改革与建设补助项目】 主导产业为奶牛、蔬菜和果品，共聘请首席岗位专家3名，选聘岗位技术指导员51名，确定主导品种17个、主推技术22项，遴选示范户477户、示范基地3个，覆盖15个乡镇、58个行政村、9 015名农户。3个主导产业共开办培训班209期次，培训基层农技人员750人次，培训农业科技示范户（全科农技员）4 391人次，发放书籍和光盘等教材1 500套、技术明白纸4 000份、种子和消毒药等生产物资1 000份。组织基层农技人员、全科农技员参加市农业局举办的培训、研修38期次，参训210人次。

【村级全科农技员队伍管理】 年初129人签订年度服务责任书。举办集中培训2期、16学时。举办“第三届基层农技推广知识竞赛”，每个乡镇选派3名农技员组队参加，永宁镇代表队获得一等奖。

【创新区域人才合作模式】 6月19日，召开北京农学院、延庆区、怀来县“院镇共建”签约暨教授工作站启动仪式。延怀两区县的17个乡镇与北京农学院7个二级院系签订了“院镇共建协议”，并建立了17个教授工作站，其中涉及怀来县2个乡镇和2个农民专业合作社。

【开展区域人才联合培养培训】 7月，北京农学院植物科学技术学院牵头，与延庆、怀来两区县“共建乡镇”联合举办葡萄酒行业管理技术基础培训班。对来自延庆区14名、怀来县6名乡镇干部、农民合作社骨干和农村实用人才进行了培训，提升了葡萄酒评鉴、推介等方面的能力。

【开展农村实用人才创业项目评选活动】 8月，积极组织开展农村实用人才创业项目评选资助活动，推荐2个优秀创业项目参加市级评选，旧县镇“华海田园生态天文科普教育基地”项目最终进入前14名，并接受全市表彰。

【开展优秀人才培养项目资助】 积极开展优秀人才培养资助工作，向市委组织部申报本年度人才培养集体资助项目1项、个人资助项目2项，并获得了市级资助35万元。投入96万元资助12项区级优秀集体项目，提高了优秀人才投身科学技术研究的积极性和主动性。

【深入实施“人才京郊行”活动】 将第七批“人才京郊行”选派的8位挂职专家分别安排到区教委、区环保局、区市政市容委、区医院和世园会筹备办挂任实职。特别是注重人才作用发挥，重点围绕服务筹办世园会，安排4名挂职专家到世园会筹备办任副处长，为推动绿色发展大事提供了强有力的智力支持。

【举办苹果管理技术知识竞赛】 1月15日，延庆职教中心举办以“农广情　妫川梦”为主题的苹果管理技术知识竞赛。内容涉及果树修剪、土壤肥料、病虫害防治、果品采收储存等相关知识。本次竞赛活动是从全区选拔出6支村级代表队，每个代表队5人参加。

【举办实用技术知识竞赛活动】 12月12日，延庆职教中心举办新型职业“农民杯”实用技术知识竞赛活动。比赛涉及果树栽培、大田管理、畜牧养殖、农机技术等内容。由职教中心教师和专家组成评委，评出下板泉村代表队获一等奖，米粮屯村、佛峪口村与珍珠泉乡代表队获二等奖，延庆镇、榆林堡村、孔化营村、小浮坨村和下垙村代表队获得优秀奖。9个乡镇新型职业农民培训班学员45人参加比赛。

【开展职业技能培训】 本年，区职教中心开展三大类方面职业技能短期培训，各类培训共计8 200人次。其中，开展农业实用技术培训培训3 600人次，开展电工、焊工等农村劳动力职业技能培训1 200人次，开展以乡村接待礼仪、地方特色旅游等农民生活与文化素质提高培训3 400人次。

【农民中专班招生列全市首位】 年内，延庆职教中心承担新招收农民中专班学员800人，是区政府实事工程。全年招收社会文化艺术、农村经济管理、园林技术等专业中专班25个，学员1 067人。本区农民中专班招生人数位列全市首位，占全市学生总数50%。

【开展惠民工程】本年，延庆职成教育围绕绿色发展，开展系列惠民工程。共培训3 215人次，其中年内首次在全区范围内开展系统脱产民俗旅游培训共34期学员615人；开展老年教育向农村延伸项目培训1 100人次，开展“世园延庆 外语同行”培训1 500人次。

【科技服务体系建设】结合“农技推广体系建设”，园林绿化局选派12名中级以上技术人员进行技术服务，每人帮扶10户，共确定示范户120户。结合“1+1+X”工程，选派6名技术人员，对区内31名农村实用人才进行对接培养，共完成151户果农的对接指导，举办了各类培训班138期，培训果农15 520人次，发放各类技术材料5 300余份。

【果品病虫害防控体系建设】完成市区143个测报点和美国白蛾（10套诱捕器）以及桔小实蝇（20套诱捕器）各10个监测点布置与日常巡查工作，未发现桔小实蝇危害。推广应用桃小诱芯78公顷，释放捕食螨预防红蜘蛛66.67公顷、释放瓢虫防治蚜虫46.67公顷、新建波尔多液、石硫合剂设施12个，种植趋避植物40公顷。

【森林防火工作】签订各类责任书2.5万余份；清除可燃物240万延长米，清理林地内坟头3万个；高火险期内为一线近千名防火工作人员开通了森林防火“移动手机彩铃业务”，全年共设固定宣传站43个，发放宣传材料10万份，张挂宣传横幅标语2 586条，手机短信宣传51万人次。100辆流动宣传车走村入户讲防火；全区专业森林消防队伍总数达到23支595人；新建防火瞭望塔1座，并对原有的6座瞭望塔新建瞭望平台375.1平方米。5座中继台进行两次全面的维修维护和日常常规维护。实现了“确保不发生重大森林火灾，减少一般森林火灾，严格控制野外违章用火，不发生人员伤亡事故”的工作目标。

【举办全区专业森林消防队培训】延庆区森林消防大队于9月24日、25日在延庆区影剧院举办全区专业森林消防队培训，参训人员462人，对社会防火、灭火基础知识理论，单兵和战术、技能训练，森林扑火技、战术，火场应变能力，火场作战安全自救常识训练科目进行培训、训练。

【林业有害生物防治监测】年内防治面积8 333.33公顷。全区共设立国家级测报点1个，市级测报点50个，区级测报点80个，设置虫情监测点1 000余个，对58种虫害、10种病害实施监测，监测范围覆盖全区，测报准确率达到98%。对全区林业有害生物进行普查，设立标准地1 135个，踏查路线达83条约4 000千米，普查面积733.33公顷。复检造林苗木12.61万株，发现退回带疫苗木3 881株。

【自然保护区调整】全区有自然保护区9个，总面积56 630.96公顷。2022年冬奥会申办成功后，依据自然保护区管理要求，对松山国家级自然保护区、玉渡山自然保护区、金牛湖自然保护区的规划进行了调整，同时新建水头自然保护区。

【举办林业有害生物普查培训班】4月30日，延庆区林保站组织举办了全区15个乡镇及有林单位站长和技术人员参加的林业有害生物普查培训班。标志着延庆区林业有害生物普查工作全面展开。

【召开苹果实用技术应用推广现场会】10月8日，北京市延庆区果树协会和北京夏都果业专业合作社在延庆区八达岭镇里炮村联合召开苹果实用技术应用推广现场会。延庆区各乡镇苹果种植户和果品服务中心技术人员100余人参加了会议。

【农产品质量检测】年内，全区共抽取蔬菜、水果样品4 053个，分别开展农药残留、重金属、亚硝酸盐、三聚氰胺定量快速检测，合格率100%。

【种子经营备案】年内，全区办理种子经营备案单位（户）78家，其中办理专营77家，委托1家。

【农资监管】年内，一是建立农资经营户专项台账，对辖区内所有经营农药、化肥、种子以及经营其他农业生产资料的全部建立台账；对取得经营资格的要求亮照经营，规范经营，诚信经营，确保农资经营主体合法、规范。二是落实各项监管制度，把好农资产品交易关。在指导和督促农资生产、经营者建立购销合同备案、种子留样备查等商品准入制度的同时，严格实行不合格农产品下架制度。三是与各农资经营户签订经营农资保质承诺书。四是加强专项检查，强化农资市场监管。

【植物诊所】年内，全区开办植物诊所4家，开农作物处方641张，服务农民850余人次。

【“1+1+X”工程】年内，选派区级指导教师22名与全区10个乡镇的49户农民进行对接服务，主要指导蔬菜、玉米和五味子的栽培及病虫害防治管理。

【农业科技信息网】年内，农业科技信息网以宣传农业科技知识为主，为农民生产生活提供服务，年内共发布各类信息 380 条。

【科普宣传】年内，通过培训班、田间指导、科普赶集等形式，举办各类培训班 110 余期，培训农民 6 000 人次，发放各种技术资料 5 000 余份。

【信息进村入户工程】年内，北京奥科美公司免费为延庆 32 家农民专业合作组织和农场安装了农场云系统应用平台，提升了精细化管理水平。

【专项转移支付资金】年内，围绕市农委提出的农民增收、新三起来、村镇建设、沟域经济和都市农业等重点工作目录，安排 2015 年农业领域专项转移支付资金项目 29 个，资金 5 750 万元。

村　镇　建　设

【村镇建设】积极制定《延庆区自有宅基地房屋建设管理办法及通用标准图集》，促进农村建设依法合规、有序进行。推进并跟踪指导大庄科乡铁炉村、旧县镇白河堡村等山区村庄搬迁工作。开展《延庆区建设美丽乡村规划思路研究》，全面梳理存在问题、目标原则、实施路径，促进城乡均质发展，保留农村符号、传承特色乡愁。

【世园会围栏区村庄拆迁签约工作完成】9 月 4 日至 10 月 4 日，在 30 天的协议拆迁奖励期内，谷家营和李四官庄两村住宅签约工作全部完成。非住宅拆迁自 11 月 4 日开始，至 11 月 14 日，38 处非住宅全部完成了拆迁签约。整体拆迁签约工作推进做到了平稳、安全、有序，实现了阳光拆迁、和谐拆迁的工作目标。

【小城镇建设】年内，康庄镇兴隆南街道路改造工程全部完工，其中占地 4 000 平方米的敬老院建设项目已全部竣工、成人学校已投入使用；永宁镇永元街道路工程、东顺城街路灯线路改造工程已竣工；启动 10 个村饮用水、污水及各项管网入地工程；旧县镇旧小路完成扩建、旧县村污水收集并网项目完成。

【农村典型示范社区创建】延庆成功创建八达岭镇东曹营村、井庄镇王仲营村、刘斌堡乡周四沟村、山南沟村、千家店镇六道河村为农村典型示范社区。

【白河堡村水库移民避险解困试点村住房改造项目】年内，完成白河堡村全部工程建设和移民回迁工作，解决了全村 126 户水库移民居住安全问题。

【石佛寺新型农村社区竣工】年内，由石佛寺、三堡 2 村组成的石佛寺新型农村社区 4 栋 6 层住宅已完工。

【开办第一个农村水务中专班】5 月 6 日，北京市农业广播电视学校延庆分校在珍珠泉乡开办第一个农村水务中专班。

【绿色燃气工程顺利推进】年内，对王泉营、马坊等 5 个完工村庄供气管网进行了检修。完成了东门营、张山营等 11 村 5 200 户管网铺设任务。截至目前，绿色燃气工程已完成 9 800 多户村庄管网铺设任务和 11 个储气站建设。

【送气下乡】市政市容委积极推进“送气下乡”工作，年内完成未开通天然气或沼气的 361 个行政村的开户工作，实现全区全覆盖。年内建设村级换瓶点 282 个，开户 9 655 户，销售 184 169 瓶。累计开户 58 124 户，销售 305 801 瓶。

【一事一议财政奖补】年内，确定村级公益事业一事一议财政奖补项目 65 个，其中人畜饮水工程 18 个、河道及雨排工程 4 个、护坡及护村坝工程 14 个、田间道路工程 6 个、绿化美化及环卫工程 11 个、其他水利工程 12 个。年内项目实现完工 36 个。

【生态景观水平大幅提升】高标准完成平原造林 7.9 万亩，完成彩叶造林、京津风沙源治理等工程 65.2 万亩，森林覆盖率达到 57.03%，人均公共绿地达到 41.88 平方米。建成花卉、中药材、蔬菜等农田观光点 59 个 3.3 万亩，形成大尺度美丽田园风光。创建园艺示范主题公园、街道、村庄 8 个，首都绿色村庄 39 个，花园式单位 9 个，四海镇和珍珠泉乡荣获国家园林小城镇称号，慈母川村荣获全国少数民族特色村寨称号，下湾等 4 个村庄荣获北京最美乡村称号。

【生态环境质量有效提高】落实清洁空气行动计划，累计减煤换煤 15.6 万吨，液化气送气下乡实现全覆盖，淘汰老旧机动车 3 957 辆，引进新能源电动出租车 150 辆，完成城东、城南、八达岭开发区集中供热燃煤锅炉脱硝治理工程，PM2.5 浓度 2015 年比 2013 年下降 17.6%。实施污水治理三年行动方案，着力加强以妫河为重点的水环境治理，累计实施生态清洁小流域治理 235 平方公里，城西再生水厂开工建设，完成永宁、八达岭污水处理厂升级改造等工程，全区污水处理率达到 78%。成功入选全国首批生态文明先行示范区，被确定为国家主体功能区建设试点示范区，荣获国家水土保持生态文明区称号。

【生态环境建设项目顺利完成】年内，完成2014年巩固退耕还林成果专项规划建设项目建设（建设工期为2015年1月至2015年12月）和2014年京津风沙源治理二期建设（建设工期为2015年1月至2015年12月）两项工程。

【小流域综合治理工程顺利实施】年内，完成小流域治理46平方公里，投资3 081万元。其中刘斌堡乡马道梁小流域和八达岭镇东曹营小流域11平方公里，大榆树镇高庙屯小流域15平方公里，永宁镇彭家窑和大庄科乡慈母川小流域20平方公里。另有国家重点工程冯家庙小流域15平方公里开工。

【农村环境整治】年内，完成城乡环境相关工作，一是“城乡环境综合治理年”活动，我区长期遗留的一大批市容、秩序、生态和设施环境问题得到根本治理。二是农村垃圾分类工作有力推进。目前，各乡镇环卫设施设备配置工作已基本完成。三是生态保洁员管理体制调整工作顺利推进。目前，完成调整的乡镇有9个乡镇，平均减少人员27.3%，各乡镇市容所对保洁员进行了上岗培训，保洁员已全部上岗，进一步规范了保洁员队伍的管理，农村环境管理水平得到进一步提升。

【裸露农田治理和保护性耕作工作】年内，完成裸露农田治理面积20.8万亩，其中直接留茬免耕播种完成1.5万亩，留茬后深松播种完成2.1万亩；春季浅旋后播种完成17.2万亩。

【更换低速车行动】年内，报废低速汽车31台，完成2015年清洁空气行动计划任务指标。

【农村减煤换煤】年内供暖季，重点推进优质燃煤替代、取暖“煤改电”、更换无烟煤炉具等工作，实现减煤8 120万千克、换煤7 515.6万千克。

【抗震节能改造工程】年内，共完成农宅抗震节能改造6 695户，其中新建翻建4 008户、外墙保温2 691户，涉及奖励资金10 301.67万元。

【乡村太阳能灯维护】年内，对全区15个乡镇30多个村的太阳能灯进行了维护，更换电池440块、控制器644个。

【新能源建设】年内，编制完成《延庆区“十三五”时期新能源和可再生能源发展规划》。完成阳光浴室项目验收，运行率达到85.6%。旧县镇新型农村社区太阳能与建筑一体化采暖与生活热水示范项目投入使用，大庄科铁炉村新农村地源热泵集中供暖系统建设工程完成110栋住宅建设，设备全部正常运行。京能北京八达岭太阳能综合试点工程项目完工，官厅风电场三期49.5兆瓦工程项目完工，正式并网发电。

【绿化造林】年内，完成平原地区造林工程栽植面积237公顷，栽植各类苗木16.29万株；京津风沙源治理二期工程366.67公顷；山区生态公益林生态效益促进发展机制森林健康经营项目林木抚育5 992.27公顷；国家重点公益林管护工程林木抚育1 725.67公顷；彩色树种造林工程200公顷，共栽植彩色树种11.1万株；公路河道绿化工程40千米。2012—2013年平原地区造林工程管护项目管护总面积4 341公顷。补植树木56 834株；中德财政合作项目资料进行收集、整理、归档。6月5日，北京市副市长夏占义带领市园林局及各区区园林局领导到蔡家河视察指导平原造林管护工作。

【全民义务植树】年内，全区参加义务植树共计22.3万人，完成义务植树73.6万株，新植树木25.4万株。4月植树日活动期间，延庆区共有10万人参加义务植树劳动，栽植各类树木2万株，养护树木32万株，出动绿色小信使5 000人，清扫绿地61万平方米。4月25日，卡特彼勒基金会公益林北京植树活动连续第五年在我区成功举行。

【首都群众性创建任务】年内，创建达标首都绿色村庄11个、花园社区2个、花园式单位3个，重点小城镇1个。

【“城乡手拉手　共建新农村”活动】年内，有17个区直、驻区单位0.5万人，完成义务植树1.5万株，并为村庄绿化和经济发展出谋划策，给予扶持资金26.4万元，参加管护劳动243天。

【沟域经济建设】年内，以促进沟域品质内涵提档升级为目的，将“四季花海”列为市级重点建设沟域，重点提高沟域内道路两侧及沟域沿线景观节点的绿化美化精细化程度。

【山区搬迁】年内，实施搬迁工程4个村833户、1 682人，其中千家店镇红石湾村269户、563人，完成建房295间；千家店镇花盆村346户、689人，完成建房702间；八达岭镇三堡村48户、81人，完成主体工程建设；井庄镇窑湾村170户、349人，完成基础工程施工。

【山区地源热泵集中供暖项目】年内，实施大庄科乡铁炉村地源热泵集中供暖项目，经项目申报、专家评审、设计方案深化、地勘、环评等工作程序，已完成项目施工，热泵系统于12月1日启动供暖，项目总资金749万元。

【山区生态林补偿】年内，8 456 名山区生态林管护员上岗就业，12.87 万公顷山区生态林得到全面管护。发放生态林补偿资金 4 793.35 万元。新建护林站房 219 个。

【野生动物保护】疫源疫病防控监测工作实行日报制，监测点共 11 个，监测野鸟 1 600 余万只，未发现异常情况。全年共救助野生动物 13 起，共计 13 只。野生动物损害补偿，造成农作物面积损失为 34.04 公顷，造成损害家禽家畜 890 只。按损失金额 70%进行补偿，补偿资金共计 457 155 元。

农村改革与管理

【农村改革专项】年内，由区农委牵头农村改革专项小组改革任务 8 项，其中《延庆县农村土地承包经营权确权登记颁证工作实施方案》《延庆县推进美丽乡村建设意见》2 项任务已完成，《完善农村基础设施长效管护实施意见》《研究建立农村住房规范化建设引导管控机制》2 项基本完成。

【社账托管试行工作】12 月 22 日，印发《延庆区农民专业合作社社账托管试行方案》（延农委发〔2015〕3 号），开展农民专业合作社社账托管试行工作，此项工作将于 2016 年正式启动。

【农民专业合作社发展】截至年底，全区登记注册农民专业合作社 627 家（含联合社 8 家），较上年增加 28 家，其中运营合作社 249 家，占总数的 39.7%，成员总数 15 541 户，带动非成员农户数 21 025 户，资产总额 71 031.5 万元，总收入 49 786.8万元，盈余 6 042.4 万元。培育创建区级及以上规范社共 50 家，其中国家级示范社 10 家，市级示范社 11 家，区级规范社 29 家。8 家合作社获得“2015 年度农民专业合作社市级示范社创建奖”；6 家合作社获得“2015 年度农民专业合作社区级规范社创建奖”；10 家合作社获得“2015 年度农民专业合作社规范化管理考核先进单位”；10 家合作社获得“2015 年度农民专业合作社产业发展创新先进单位”。

【召开北京市农村固定观察点建点 30 周年经验交流会】11 月 12 日，北京市农村固定观察点建点 30 周年经验交流会在我县永宁镇王家堡村召开，农业部农村经济研究中心副主任郭永田，市农经办农经统计处处长张文华以及通州区、密云区、延庆区经管站有关领导、工作人员和记账户代表共 60 余人参加会议。会上，王家堡村党支部书记介绍了该村作为农村固定观察点 30 年来所做的工作和取得的成绩，优秀记账户代表做了典型发言。会后，参观了王家堡村农村固定观察点资料室。

【集体经济审计年】年内，全面启动了“集体经济审计年”工作，开展了以征地补偿费、村级组织正常运转资金、新型集体经济组织、村干部任期经济责任和会计委托代理机构资金监管情况为重点的审计工作。探索引入社会专业部门审计，委托瑞华会计师事务所及北京华益和会计师事务所，对八达岭镇、康庄镇、大庄科乡、永宁镇、张山营镇、千家店镇 6 个乡镇共 162 个行政村 2013—2014 年村级财务进行审计。积极推行在线审计工作，完成县、乡镇两级在线审计设备的安装调试，其中服务器 17 台、扫描仪 96 台，由市农经办投入资金 170.5 万元。年内，改变村级财务审计方式，由乡镇级互审改为县级抽查审计，抽取四海镇、香营乡、沈家营镇、井庄镇、延庆镇 5 个乡镇（每乡镇各 3 个村）共 15 个村，对其村级财务管理情况进行审计。受八达岭镇党委委托，对该镇程家窑村 2006—2014 年集体账内财务收支以及村民反映的相关问题进行专题审计，并配合县纪检监察部门进行专案审计。

【北京京北五彩园艺联合社挂牌成立】7 月 20 日，在世园办与北京农学院的积极协调下，由延庆、怀来和天津三地多家合作社共同组建的北京京北五彩园艺联合社正式挂牌成立。

【林地和森林资源管理】年内共审核征占用林地 18 件，审核面积 28.56 公顷。共办理林木采伐审批 411 件，共采伐林木 2.1 万立方米，28.23 万株。森林保险工作全面落实，为全区 13.53 公顷生态公益林进行投保，投保资金 487 万元。依法查处涉林案件，全年共受理信访 101 件，其中林业行政立案 65 起，已办结行政案件 63 起，处理违法单位 22 个，违法个人 41 人，行政罚款 323 561 元，补种树木 3 318 株。办结滥伐林木刑事案件 1 起，刑事拘留 2 人。充分发挥木材检查站作用，做到过境植物材料全部履检。

【土地确权及流转】年内，农村土地承包经营权确权登记颁证全面推开，成立区确权登记颁证工作领导小组。新增土地流转面积 611.7 公顷、累计流转 1.08 万公顷。截至年底，已启动档案清查、入户核实与制作底图工作，完成外业测量面积 3 733.3 公顷。

【农村产权交易项目】年内，完成农村产权交易项目2宗，涉及旧县镇和刘斌堡乡，成交项目涉及耕地共面积1 614亩，总成金额2 839万元。

【农村社区图书室援建】对区内13个接受援建的村委会开展农村社区图书室援建活动。发放图书共计6 500册，涉及科学、体育、养殖、种植等20余类。

【村务公开民主管理“难点村”治理】对10个村务公开民主管理“难点村”，通过调查走访，查找成因，并建立台账，督导落实整改措施，完成治理转化工作。

【创新方式开展培训】年内，组建区、乡镇两级共17人的农经讲师团，举办了农村财务规范化管理、合作社规范化管理、农村土地承包经营纠纷调解仲裁等专题业务培训共计7期、23班次，编印配套教材7套，3 220人次参加培训。其中，为15个乡镇共376个村的“两委”干部、财务专管员、村务监督委员会成员等2 100余人次进行农经法律法规及相关知识送课下乡。

【农村集体经济合同清理规范】年内，全面开展农村集体经济合同清理规范工作，全区共清查农村集体经济合同5 316份（其中：村级经济合同5 228份，乡镇级经济合同88份），发现问题合同523份（其中村级问题合同520份，乡镇级问题合同3份），规范274份，规范率52.4%，完成了问题合同年度整改50%的工作目标。同时制定并统一了《延庆县农村集体土地租赁合同》《延庆县农村土地承包经营权流转（出租）合同》和《延庆县农村集体资产租赁合同》示范文本。

【农村集体财务管理规范化建设】年内，继续深入开展农村集体财务管理规范化建设，完成了对12个乡镇级、134个村级的财务规范化建设考核验收。累计完成15个乡镇级、352个村级的农村集体财务管理规范化建设工作，占全区391个乡村两级单位的94%，超额完成85%的任务目标。

【村级公益事业专项补助资金监督管理】本年，延庆应享受村级公益事业专项补助资金8 425.7万元，15个乡镇376个村实际拨付村级公益事业专项补助资金8 430.1万元（含2014年暂缓拨付资金61万元），资金到位率99.3%，较上年增加0.5个百分点，加之上年余额3 138.1万元，本年累计可支配资金11 568.2万元，同比增长了15.7%，累计支出8 011.4万元，占可支配资金总额11 568.2万元的69.3%，较上年增加0.7个百分点。

农村民生

【慈善超市创建】完成5家慈善超市升级改造工作，分别为八达岭镇、沈家营镇、香营乡、刘斌堡乡、珍珠泉乡5家慈善超市。

【低收入村户增收】年内，重点支持低收入村发展休闲农业、果园建设、特色种植等7个产业发展项目，4个项目实现开工建设。

【农村市场制假售假专项整治】年内，对日上批发市场、恒生批发市场涉及的3C产品进行专项执法检查，未发现伪造冒用3C认证产品及无证销售3C认证产品违法行为。

【就业补助政策落实】年内，大力宣传和落实市、区两级用人单位岗位补贴和社会保险补贴政策、灵活就业（自谋职业）社会保险补贴政策、公益性就业补助政策、绿色生态就业补助政策。全年共落实促进就业资金4.88亿元，其中市失业保险基金2.37亿元，区财政2.51亿元，促进近3万人稳定就业。

【统筹城乡劳动力就业】年内，实现城镇新增就业7 921人，城镇登记失业人员就业3 217人，城镇就业困难人员就业1 842人，农村劳动力转移就业4 458人。城镇登记失业率4.24%，城镇登记失业人员就业率达到57.2%；对困难失业人员、困难企业职工和安置农民工较多的企业进行了两节期间走访慰问；生态就业岗位在岗人员11 354人名；鼓励城乡劳动力实现创业54人，带动就业184人；社区公益性就业岗位安置城乡就业困难人员2 423人。

【特聘专家指导专业建设】4月29日，延庆一职特聘北京大董餐饮投资有限公司董事长、中国烹饪大师董振祥到校培训及指导专业建设。

【举办养生保健服务人员培训】6月5日，区卫生计生委、区人力社保局、区教委联合举办社会性独立养生保健服务机构从业人员培训班开班仪式，年内有57人取得初级保健按摩师岗位合格证。

【举办民俗户面点培训】11月2—6日，延庆区一职学校举办乡村民俗旅游从业人员面点培训班。来自八达岭镇民俗户15名学员全部结业，并评出“最佳学员奖”。至此已有10个乡镇400余名乡村旅游从业人员报名参加培训。

【职业技能培训】针对农村劳动力、城镇失业人员开展社区保洁绿化员、计算机文字录入处理员等技能培训。全年职业技能培训 3 744 人，其中农村劳动力转移就业培训 1 225 人次。

【科技活动有序开展】6 个项目（课题）通过验收。高新技术企业增至到 38 家，市专利试点单位增至 19 家，市级创新型科普社区增至 9 家，举办各类科技政策法规培训科普宣传、知识产权宣传等 8 期，培训人次 3 000 人次。

【科普教育活动】年内，组织开展科普活动 30 次，300 人参观北京科技周主场活动。组织开展科普之旅，1 万人次参观科普教育基地；完成延庆县基地进社区科普宣讲活动 20 次；完成自行车“环境保护、低碳生活”等科普宣传主题骑行活动 5 次；培训世葡会相关内容 3 期。以长城博物馆、延庆世界地质公园为重点，开展科普宣传活动 15 次，更新展板 100 块。

【完成城乡中小学校修缮工程】至 12 月，延庆区教委投资 1.76 亿元，对 47 个城乡中小学校进行操场改造、楼房装修及修缮工程。

【开展教师岗位交流工作】年内，继续开展教师岗位城乡交流工作，全职交流教师 38 人、兼职交流教师 21 人到对口川、山区任教；30 人从农村学校到城区学校、幼儿园挂职培训。自 2010 年，城区学校、幼儿园共选派全职交流教师 224 人、兼职交流教师 42 人到农村学校任教，其中市级骨干教师 8 人、区级骨干教师 82 人；农村学校共选派教师 104 人到城区挂职培养。

【农村幼儿教育稳步推进】4 月 16 日，区教委举办第二期农村园长培训班。培训期 1 年。本区 8 所直属园 20 名业务干部和 4 名学前研训员参加培训。7 月，民族幼儿园升级为永宁幼儿园分园，开设 12 个班，在园幼儿 354 名。10 月 24 日，延庆五幼、康庄幼儿园通过北京市社区儿童早期教育示范基地验收。至此，本区北京市社区儿童早期教育示范基地已达到 15 所。

【确定 7 所冰雪项目学校】本年，确定延庆四幼（轮滑）、延庆二小（滑雪）、延庆四小（滑冰）、延庆二中（滑冰）、八达岭中心小学（滑雪）、八达岭中学（滑雪）、张山营学校（滑雪）为 7 所冰雪项目学校。

【启动农村老年教育服务活动】4 月 30 日，延庆区在珍珠泉乡庙梁村举行农村老年教育服务活动启动仪式。

【举办农民好声音歌唱比赛】12 月 25 日，延庆职教中心举办“延庆农民好声音”歌唱比赛。从全区 15 个乡镇 40 个中专班 100 名学员中经过初选和预赛，有 30 名选手入围决赛并获奖。其中 10 人获最佳歌手奖；10 人获优秀歌手奖；10 人获最具潜力奖。

【完善公共交通】年内，开通延庆—上虎叫、延庆—马匹营村两条公交线路，优化 Y03 路 1 条公交线路，有效解决 2 076 人出行难问题。巡查线路 9 655公里，维修候车亭 18 座，安装公交站牌 105 块。进一步改善候车环境，方便百姓日常出行。

【延庆区第二届农民双升拖拉机赛】1 月 23 日，延庆区第二届农民双升拖拉机比赛在延庆区康庄镇文体中心举行。来自 15 个乡镇的 16 支代表队，共 64 名农民参加了比赛。香营乡、千家店镇、大榆树镇获得了团体前三名，康庄镇获得突出贡献奖。

【健身操舞大赛】5 月 29 日，延庆区体育局举办 2015 年延庆区健身操舞大赛。来自全区 15 个乡镇、3 个街道的 39 支代表队，共 1 000 余人参加了比赛。康安社区、东外社区、国润家园社区获得社区组一等奖，八达岭镇、康庄镇、旧县镇获得乡镇组一等奖。

【北京市农民体育健身运动展示周】9 月 12—18 日，延庆区参加北京市农民体育健身运动展示周，延庆区 140 余名农民运动员参赛。在健身秧歌、羽毛球、台球、健身操舞项目上取得团体一等奖。

【2015 北京市舞动乡村健身操舞培训班】10 月 28—30 日，延庆区承办北京市舞动乡村健身操舞的培训活动。来自区文化馆、区职教中心和 15 个乡镇的 90 余名体育骨干参加。

【农村矛盾纠纷调处】年内，共接待土地承包纠纷来信来访 50 起、164 人次，就世园会占地纠纷等系列问题进行了调处，促进了农村社会和谐稳定。

【“专家科技服务月”】5 月延庆区妇联依托市妇联“专家科技服务月”活动，邀请了北京农业职业学院秦志红讲师、区人保局培训学校陈双荣讲师分别对“珍珠泉乡民俗旅游协会”“千家店民俗旅游协会”等三个市级示范基地进行了民俗旅游接待、文明礼仪知识等内容的培训及现场指导系列活动，5 次活动直接受益妇女 200 人次。

【落实各项减免政策】至 12 月，延庆区继续落实九年义务教育阶段各项减免政策，落实资金 1 229.34

万元，惠及学生 60 846 人次。

【城乡最低生活保障标准调整】调整城乡低保标准，并实现低保标准城乡统筹，城乡低保标准统一调整到月人均 710 元。调整全城区乡特困人员供养标准，集中五保供养标准由每人每月 756.83 元调高到每人每月 839.25 元，分散五保供养标准由每人每月 938 元调高到每人每月 994 元，更加有效地保障城乡困难群众的基本生活。我区共有城乡低保对象 3 285 户，4782 人，累计支出低保金 3 811.21 万元；城市特困人员和农村五保对象共计 762 户 776 人，全年累计支出资金 760.39 万元。此外，为城乡低保和城乡特困人员发放电价补贴 35.41 万元。同时对全城区乡低保对象进行复审，共清退 251 户 446 人。

【医疗救助】全区共有 6 994 人次享受医疗救助，救助资金 966.02 万元，有效解决了贫困群体的看病问题。集中资助符合参保参合条件的城乡低保对象个人缴费部分，资助参保 293 人，支出资金 12.3 万元；资助参合 7 062 人，支出资金 112.99 万元；共资助 7 355 人，支出资金 125.29 万元。参保率达到 96%，参合率达到 100%。

【教育住房燃煤救助】年内，区低保户、低收入户家庭教育救助 79 名、共计救助资金 35.03 万元。住房救助 82 名、共计救助资金 309.15 万元。救助全区 3 740 户城乡低保等困难家庭，救助标准为每户 1 000 元，保障低保等困难家庭冬季燃煤取暖。

【临时救助】积极开展临时救助工作，及时解决群众生活中遭遇突发性、临时性、紧迫性困难问题，全年救助困难群众 417 户、419 人，发放临时救助金 460.379 万元。

【流浪乞讨人员救助】建立完善常态化绿色出行巡视救助机制，全年共救助流浪乞讨人员 313 人。

【“妫川希望”助学项目】开展“妫川希望”助学项目，在全市率先实现了家庭贫困学生救助全覆盖。通过延庆慈善网一对一助学和企业冠名助学的形式，为 485 名家庭贫困学生发放救助金 150 万元。

【“拒绝绝望”助医项目】开展“拒绝绝望”助医项目，重点解决延庆地区因病致贫、因病返贫问题，对 630 户较大数额支出型贫困家庭进行救助，发放救助金 1 000 万元。

【救灾工作】全年完成“7·22”洪涝、“7·28”洪涝、“8·6”风雹、“11·23”雪灾相关的 5 个乡镇灾情统计核查报送工作，涉及经济损失 150 万余元。2015 年共下拨冬令春荒救灾资金 570 万元，救助受灾群众 8 367 人。

【定补工作】全年为延庆征地超转人员发放补贴款 90.35 万元；孤残儿童发放孤儿基本生活费 92.82 万元；白河伤残民工发放补贴款 121.83 万元；季发定救人员发放补贴款 3.37 万元。共计 308.37 万元。

【劳动监察】年内，建立农民工工资保障联动处理机制；对建筑行业重点布控，采取约谈、协商、总包预支劳务费等方式妥善处置欠薪问题；开通农民工“追薪维权绿色通道”。推进劳动保障监察网络化建设。共检查用人单位 855 户，涉及职工 2.97 万人。其中主动监察 633 户，涉及职工 2.26 万人；书面审查 206 户，涉及职工 6 627 人；查处各类违法案件 20 件，共为 438 人追发工资 495.15 万元，为 3 人补缴社会保险，结案率 100%。责令改正通知书 11 份。

【农民负担监督管理】开展春秋两季农民负担执法检查及“一事一议”筹资筹劳专项检查，结果显示延庆区不存在加重农民、村级组织和农民专业合作社负担问题；一事一议财政奖补政策按制执行；村级公益事业专项补助资金使用合理合规。同时将单独计量的 9 项村委会公益性服务设施的电价进行调整，统一执行 0.510 3 元/千瓦时电费标准，减轻了村集体负担。

【基层党建工作述职评议考核】1 月 8 日和 2 月 6 日，延庆分别召开乡镇（街道）党（工）委书记抓基层党建工作述职评议考核会、区直单位党（工）委党组书记抓党建工作述职评议考核会，参加会议述职的各位书记抓基层党建工作总体评价优称率均达到 90%以上。

【面向村党组织书记考试录用乡镇机关公务员】年内，根据市委组织部工作部署，顺利完成村党组织书记考试录用乡镇机关公务员工作，共有 2 名优秀村党组织书记被招录为乡镇机关公务员，拓宽了农村干部发展空间，进一步激发了村党组织书记队伍的工作热情和动力。

【“危旧狭小”村级党组织活动场所建设】年内，投入近 400 万元党建专项经费，支持 8 个乡镇的 21 个村实施“危旧狭小”村级党组织活动场所建设和改造升级工作。

【选派机关优秀干部到村担任第一书记】11 月 17 日，按照市委组织部相关安排，延庆首批选派 25

人入村任第一书记。其中自行选派15人，进一步加强了农村基层党组织带头人队伍建设，有效促进了软弱涣散村整顿转化和发展落后村精准帮扶工作。

【基层党建全程记实系统试点建设】年内，确定八达岭镇、沈家营镇为基层党建全程记实系统试点建设单位。12月，完成区级平台、2个镇级管理平台和37个村级终端站点硬件建设和系统测试工作，并投入使用。

【软弱涣散基层党组织整顿转化】按照市委组织部“村不低于10%、社区不低于5%的比例”的工作要求，继续开展整顿软弱涣散基层党组织工作。抓尾倒排42个软弱涣散基层党组织，采取有效措施推动整顿转化，年内42个软弱涣散基层党组织已全部完成。

【大学生“村官”管理】年内，2012届次大学生“村官”合同期满人数246人，已就业222人，就业率为90.24%。选拔新一届大学生“村官”114人，鼓励大学生“村官”发挥专业特长，参与世界马铃薯大会、筹办世园会、申冬奥等服务工作。

【反腐倡廉】坚决惩治腐败，严肃查处了一批违纪违法案件，年内新立案件126件，同比增长91%，给予党纪政纪处分121人，同比增长163%，两项数据均创历史新高，在全区产生了强大的震慑作用。调查核实违反中央八项规定精神问题线索17件，给予党纪政纪处分13人。年内反映村“两委”干部问题的信访件达到335件，占比达54.6%，查处农村党员干部违纪违法问题61起，占比达49%。

人大建议意见及政协提案办理

【人大建议办理情况】人大共收到代表提出的涉农建议1件，于5月28日办复。

【政协提案办理情况】政协共收到委员提出的涉农提案13件，主要涉及农村改革、沟域经济建设、小城镇建设、新型农村社区、农村减煤换煤等多方面热点、难点问题，于5月31日全部办复。

延庆区领导名录

区委书记	李志军
副书记	穆　鹏　胡耀刚
常委	李志军　穆　鹏　胡耀刚 张　远　刘学亮　祁金利 张素枝(女)　李忠义　吕桂富 虞宝才　刘正伟
区人大常委会主任	郭振清
副主任	盛桂荣(女)　唐富臣　郑世华 郭维峰　吴辰英(女,不驻会)
区长	穆　鹏
副区长	张素枝（女）　张　远 魏　怡（女）　刘　兵 谢文征　刘明利　刘瑞成
区政协主席	赵双利
副主席	陈合安　谷艳兰(女)　徐凤翔 李　满　赵志萍(女) 程大庆（不驻会）
区委农工委书记	张绍芬
区农委主任	程大庆

延庆区乡镇党政正职领导

	党委书记	镇（乡）长、主任
延庆镇	闫承发	郭慧成
永宁镇	黄金龙	辛文军
康庄镇	贺　利	陈桂芬（女）
张山营镇	叶　东	曲荣杰
八达岭镇	卫红涛	闫建利
旧县镇	郭铁石	郭雄强
大榆树镇	赵琳锋	沈　志
沈家营镇	姜言泉	杨志强
井庄镇	崔旭龙	孟顺利
千家店镇	池合仓	张利忠
四海镇	贺常荣（女）	崔秀海
香营乡	徐自成	李新生
刘斌堡乡	葛　新	王长清
大庄科乡	晏红利	王　琦
珍珠泉乡	徐志中	吴玉田
百泉街道办事处	赵振华	谷建英
儒林街道办事处	刘世江	张合林
香水园街道办事处	冯浙军	贺建昌

（延庆区农委　李永翔　赵旭艳）

市农业系统行政、事业机构

中共北京市委农村工作委员会 北京市农村工作委员会

2015年是全面深化改革的关键之年，也是全面完成“十二五”规划的收官之年。市委农工委、市农委在市委、市政府的正确领导下，全面贯彻落实十八届三中、四中全会及中央农村工作会会议精神，全面贯彻落实习近平总书记系列讲话及视察北京时的重要讲话精神，围绕京津冀协同发展战略部署，坚持服务首都城市战略定位，坚持城乡一体化发展的方向，全市农业农村工作取得明显成效。全市农业增加值140.2亿元；农村居民人均可支配收入20 569元，同比增长9.0%，扣除价格因素后实际增长7.1%，高于城镇居民0.1个百分点；农村固定资产投资723.9亿元，增长13.9%。

一、“新三起来”扎实有序推进，农村改革进一步深化

（一）农村土地承包经营权确权登记颁证工作取得新进展

在平谷区试点基础上，2015年新确定了大兴区为整区推进试点，其余区县继续扩大试点范围，目前已有75个乡镇876个村开展了试点。印发了本市农村土地承包经营权确权登记颁证工作的意见、实施方案以及档案管理实施办法等文件。积极引导和规范土地经营权有序流转，目前全市确权土地流转比例已达61.7%。出台实施意见，进一步加强对工商资本租赁农地的监管和风险防范，明确了流转面积上限，建立了项目审核的分级备案制度。

（二）农村集体建设用地制度改革各项试点审慎稳妥推进

在中央统一部署下，配合市国土局稳步推进大兴区集体经营性建设用地入市试点，编制完成了试点实施方案及相关配套措施，首宗地于2015年年底入市挂牌竞价。在丰台区长辛店等7个镇继续推进集体经营性建设用地区域统筹集约利用试点。积极推进盘活农村闲置住房试点。怀柔区渤海镇田仙峪村积极探索“农户＋合作社＋企业”的发展模式，流转和改造30余处院落发展休闲养老产业，实现租金收入1 700万元。

（三）农村集体产权制度改革进一步深化

按照农业部批复，积极指导大兴区开展赋予农民集体资产股份权能改革试点。认真贯彻中央有关精神，市政府办公厅印发了《关于引导农村产权流转交易市场健康发展的若干意见》（京政办发〔2015〕40号），加快建立健全市、区、镇、村四级农村产权流转交易的服务体系，从2010年4月到2015年年末，北京农村产权交易所累计产权交易额30.21亿元，累计成交项目385宗。组织通州区申报了农业部第二批农村改革试验区，并承担农村产权流转交易市场建设改革试验工作。

（四）新型农业经营主体加快培育

大力发展农民合作社，重点鼓励发展股份合作社、支持建立联合社，全市登记注册合作社达到6 744个，农民专业合作社联合社达到31家。加强农民合作社规范化建设，新培育创建75家市级示范社，全市市级示范社累计已达216家。鼓励龙头企业与农民专业合作社对接，对19家龙头企业与合作社的合作项目补助1 734万元；对7家龙头企业给予贴息支持1 592万元。支持合作社发展农产品加工，对32家合作社发展农产品加工项目给予

补助 1 664.2 万元。大力推进农资连锁经营体系建设，616 家农资服务连锁店建成并投入使用。继续推进通州区漷县镇黄厂铺村家庭农场试点。加强职业农民培养，培训中高级职业农民 4 800 人。组织密云、大兴 2 个示范区县实施认证管理，共认证新型职业农民 800 名，其中青年农场主 200 人。

（五）农村财政金融改革不断创新

改革涉农转移支付制度，整合 15 项、共计 14 亿元涉农专项转移支付资金。扩大一般转移支付，将 3 项共计 28.45 亿元的市级专项转移支付资金划入一般转移支付。加强农村集体经济组织征地补偿费管理，对 2014 年使用情况组织进行专项审计，当年征地补偿支出 407.62 亿元，其中生产经营性投资占比为 43.7%。加大金融支农力度，对 49 家农业专业合作示范社建设单位的 95 个项目，奖励贴息资金为 750 万元。为 7 家涉农企业发行第三支“北京农业中小企业集合票据”，金额 4.26 亿元。在密云县 17 家农民专业合作社发行总额为 2 820 万元集合信托产品。推动农业保险创新，在全市推开蜂业气象指数保险、生猪价格指数保险等险种。全市政策性农业保险保费收入 5.12 亿元，同比增长 26%。

二、农业“调转节”扎实推进，都市型现代化农业发展水平进一步提升

（一）农业结构调整持续深入推进

严格落实耕地保护，以市政府办公厅名义印发了《关于开展农业生产空间划定工作的通知》（京政办函〔2015〕110 号），全面启动了 80 万亩粮田、70 万亩菜田和 100 万亩果园的划定工作。按照“调粮、保菜、做精畜牧水产业”总体要求，扎实推进农业调结构、转方式，发布《2015 年北京市种植业节水优质高产品种目录》，指导生产者调整种植业结构。全市粮食作物播种面积 156.7 万亩，同比下降 13.1%。蔬菜及食用菌播种面积为 81.4 万亩，同比下降 5.6%；产量 205.1 万吨，同比下降 13.1%。养殖业规模继续下降，生猪出栏 284.7 万头、家禽出栏 6 688.4 万只、禽蛋 19.6 万吨、牛奶 57.2 万吨，同比分别下降 7%、11.4%、0.3%、3.8%。

（二）高效节水农业发展态势良好

大力推广应用高效节水设施和农艺节水技术，重点开展旱作农业、水肥一体化和雨养作物推广等农艺节水技术，建立了 30 个粮食和 78 个蔬菜瓜果高效节水示范区，示范推广微灌施肥技术模式和覆膜沟灌施肥技术 2 万亩。小麦喷灌、蔬菜高效节水技术覆盖率分别达到 54%、45%，均比 2014 年提高了 9 个百分点，畜牧业改造提升节水设施与粪污处理设施 55 家。预计全年农业用新水节约 4 000 余万立方米。房山区全国农业水价改革试点扎实推进，顺义区现代农业节水示范区加快建设。

（三）“菜篮子”有效供给能力保持稳定

全面实施基本菜田蔬菜生产补贴，安排补贴资金 2.98 亿元，补贴面积 595 384 亩。改造和新建设施面积 7 420 亩，创建了 3 个万亩以上的蔬菜专业镇和 15 个千亩以上的蔬菜专业村，建设园艺化蔬菜园区 19 家，新建集约化育苗场 10 家，提升育苗场 4 家。稳定奶牛和蛋鸡生产，大力推进集约化和标准化改造。农产品流通方式加快创新，首农集团与京东联合打造农业大数据中心。总投资 41.8 亿元的北京鲜活农产品流通中心项目获批建设。农产品质量安全水平继续走在全国前列，蔬菜、畜牧和水产上市产品的抽检合格率分别达到 97.5%、100%和 98.8%。

（四）现代种业迎来新机遇

编制完成《北京种业发展二期规划（2016—2020 年）》。通州国际种业科技园区建设扎实推进，积极申报“国家现代种业创新示范区”，成功举办“2015 年春季新品种展示周及京津冀沪渝种业发展论坛”。深化种业体制改革，推动市农林科学院玉米中心种业企业与顺鑫农业合作建立了独立法人公司，推进北京京研益农科技发展中心改制。种业重点项目有效落实，全年落实种子专项 12 个、资金 720.8 万元，重点支持了作物新品种的展示示范、更新换代和筛选等。

（五）乡村旅游和休闲农业加快发展

观光休闲农业呈现“规模扩大、质量提升、品牌升级”的良好态势，吃住行、游购娱功能日益齐全，具有鲜明特色的“多品种、小批量”休闲农业产品不断开发。2015 年，全市观光园接待游客 1 903.3万人次，同比下降 0.4%，实现收入 26.3 亿元，同比增长 5.6%；民俗旅游接待游客2 139.7 万人次，同比增长 11.8%，实现收入 12.9 亿元，同比增长 14.2%。依托“互联网+”，宣传推介取得硕果，开展京郊休闲农业百度地图标注工作，累计对全市 335 个民俗村、703 个休闲园区、4 021

个民俗户进行标注，举办“美丽乡村　金秋去哪儿”主题宣传活动。品牌创建成效显著，大兴区被认定为全国休闲农业与乡村旅游示范县，5家单位被认定为全国休闲农业与乡村旅游示范点，4个民俗旅游村获2015年中国最美休闲乡村称号，开展了第二批市级星级休闲农业园区、星级民俗村（户）评定工作。会展农业蓬勃发展，成功举办第三届北京农业嘉年华、世界马铃薯大会、中国兰花大会，其中农业嘉年华接待游客118.8万人次，同比增长26%；马铃薯大会接待专业观众5 756人次、达成交易意向1.5亿元。

（六）农业科技创新步伐加快

继续推进北京国家现代农业科技城建设。连续三年实施“菜篮子”新型生产经营主体科技能力提升工程，已有320余名副高级以上农业技术专家与专业大户、农民专业合作社、龙头企业实现对接。开展农口高级专业技术资格评审，206人获得高级专业技术资格。重点构建和完善了市、区县、乡镇、村四级农业科技服务体系和“一主多元”的农业技术推广体系，调整精简全科农技员队伍至2 498人。整建制推进国家现代农业示范区创建工作，在顺义、房山等10个主要涉农区县开展现代农业示范区建设水平监测评价，完成通州区、大兴区市级示范区评审验收。对53个都市农业（高效农业）示范镇开展监测评价。

三、新型城镇化和美丽乡村建设协调推进，郊区发展质量进一步提升

（一）城乡结合部建设工作扎实推进

加强总体设计，编制并启动了《北京市城乡结合部建设三年行动计划（2015—2017年）》。城乡结合部50个重点村城市化建设任务基本完成，实现了“安居、乐业、一体化”目标，城乡共赢格局初步形成。“一绿”地区城市化建设朝阳区6个乡试点工作顺利推进，拆迁腾退、人口疏解和转居工作完成总任务量的80%，绿化建设和集体产业开工完成总任务量的50%，回迁安置房建设100%启动，已腾退集体产业256万平方米，拆除违法建设47万平方米，疏解人口70 167人，新增规划绿地156.7公顷，减人增绿、功能疏解成效明显。海淀区四季青镇2.66万农民实现了农转非。在“二绿”地区重点推进了丰台区长辛店镇等地区的集体建设用地统筹集约利用试点。

（二）新型城镇化建设迈出新步伐

积极推进通州区、房山区国家新型城镇化综合试点。改善重点镇供给体系和综合承载能力，实施基础设施建设项目17个，安排市政府投资14.4亿元。全市42个重点小城镇实际上缴税金179.11亿元，同比下降0.04%，完成公共财政收入73.26亿元，同比增长18.32%；完成全社会固定资金投资599.35亿元，同比增长8.27%，其中基础设施投资完成100.79亿元，同比增长43.77%，成为拉动郊区投资增长的重点区域。

（三）美丽乡村建设再上新台阶

继续按照15%的村庄比例启动500个村庄开展美丽乡村建设，制定了《北京市美丽乡村建设标准》，对2014年启动建设的美丽乡村进行了验收。圆满完成农村地区减煤换煤140万吨任务。“煤改电”取暖工程全部结束，农村地区5万户居民彻底告别煤炭取暖方式，改用电力取暖。完成20个村庄的“煤改气”取暖工程。“液化石油气送气下乡”工程全面完成，惠及郊区90万户农村住户。完成了农宅抗震节能改造8.8万户。出台了传统村落建设和修缮指导意见，推荐并组织候选村庄积极参加第四批中国传统村落评选。完成43个新型农村社区试点的规划编制，22个试点启动建设，完成民居建设67.63万平方米，已投入资金16.6亿元，有10个社区试点完工并入住。开展农村生活垃圾治理宣传、调研、自查、申报、迎检等工作，实现了90%以上行政村垃圾得到有效治理的目标。

（四）山区经济实现新发展

2015年重点推进规划沟域建设与提升，共实施五项工程项目237个，完成投资20.7亿元，其中公益类项目193个，完成投资14.5亿元，产业类项目44个，完成投资6.2亿元。稳步推进山区生态服务型经济加快培育发展。山区险户搬迁工作扎实推进，完成搬迁4 321户9 052人，气、空气源热泵等清洁能源普及利用，市级补助资金4.2亿元。

四、农村社会保障水平不断提升，农村民生进一步改善

（一）大力促进农民增收特别是低收入农户增收

探索低收入农户增收长效帮扶机制，市级安排

资金9 000万元，在大兴、密云开展“异地物业”项目试点，两区安排配套资金1.5亿元，通过购置经营性物业，取得长期稳定的租金收益扶持低收入村发展。进一步明确了村级公益事业一事一议财政奖补政策优先支持低收入村，安排比例不低于60%。20%低收入农户人均可支配收入8 494元，同比增长12.1%，高于全市农民收入增速3.1个百分点。

（二）农民转移就业渠道不断扩宽

将城市化建设地区农村劳动力纳入失业登记范围，全市共有836个行政村的38.4万多名农村劳动力纳入城乡统一的就业失业管理制度，可按规定享受与城镇失业人员相同的促进就业帮扶政策。结合“就业援助”“春风行动”等专项活动，针对农村劳动力（含农村就业困难人员、就业困难地区等）培训人员3.3万人次。实施了城乡统一的鼓励用人单位招用的岗位补贴、社会保险补贴政策和社会公益性就业组织“托底”安置政策。截至2015年年底，全市实有登记农村劳动力41.21万人，其中转移就业状态33.07万人、阶段务农状态3.19万人、无业求职状态4.95万人，分别占总数的80.3%、7.7%和12%。

（三）率先在全国实现居民最低保障标准城乡统一

继续大幅调整农村社会救助标准，7月1日，延庆县实施了城乡低保标准统一，农村低保标准由家庭月人均670元调整为710元，标志着北京市13个涉农区县全部实现城乡低保标准一体化。

（四）农村社会保障水平继续稳步提升

从2015年1月起，全市城乡居民基础养老金和福利养老金每人每月分别提高40元、35元，分别达到470元和385元，受益农民合计达到71万人。加快完善农村合作医疗制度，继续提高筹资标准，2015年全市新农合筹资标准由上年的不低于1 000元/（人·年）调整为不低于1 200元/（人·年），其中，政府补助标准由不低于900元/（人·年）调整为不低于1 040元/（人·年）。

五、乡村治理机制不断创新完善，农村基层组织建设进一步巩固

（一）村“两委”换届选举工作扎实推进

召开了工作动员部署会，成立了工作领导小组，制定下发了工作意见，严肃选风选纪，集中排查整顿282个换届选举重点难点村，各项工作进展顺利。截至12月底，全市村党组织换届选举工作已经基本完成，实现了优化结构、提高素质、增强活力的既定目标。

（二）以“第一书记”为抓手切实加强基层干部队伍建设

组织实施了村党组织“第一书记”选派工作，从各级机关优秀年轻干部、后备干部，国有企业、事业单位的优秀人员和退居二线的领导干部中选派人员担任“第一书记”，任期2年，首批选派的407名村党组织“第一书记”已陆续驻村，为加强软弱涣散村整顿建设、推动农村脱贫致富注入新活力。举办了全市乡镇党委书记、乡镇长等一系列基层干部培训班，全市共培训乡镇、村干部9.4万人次。

（三）强化基层宣传思想文化工作

大力培育和践行社会主义核心价值观，努力提升乡风文明程度。以“三农大讲堂”为主要平台，通过动态宣传、主题宣传、阵地宣传、新媒体宣传、舆情监测应对等形式，对“三农”工作的重点和亮点进行的持续宣传；创办了“美丽乡村、筑梦有我”主题公益宣传活动，协调128名主持人牵手140多个乡村（美丽乡村和低收入村），开展了10次不同主题的公益活动，制作播出宣传片92部，开设电视广播专栏20余档。举办了第25届、26届北京市农民艺术节；启动了2015—2016年度“寻找‘北京最美的乡村’宣传评选活动”；在3个村开展了文化试点村建设；指导成立了“北京美丽乡村联合会”，是全国首家以美丽乡村为主体的公益性社团组织。

（四）乡村治理机制更加健全

健全完善村务公开机制，大力推广“四议一审两公开”工作法，增强了村务工作的透明度和公信力。开展了全市农村信访维稳培训班，共培训近100名工作人员。切实加大涉农矛盾化解和信访积案化解工作力度，全市涉农信访人数、批次双下降。2015年郊区县到市以上部门集体访，共419批、5 077人次，比上年分别下降了4.6%和27.5%；到我委上访共计77批、135人次，比上年下降了28%和57.4%；全年处理群众来信和网上信箱共103封。继续推进涉农重大决策、重大项目社会稳定风险评估工作，全年共开展3项评估工

作。加强农村法治建设，开展了“送法制进乡村”主题月、“普法进农村”首都律师以案释法等法治宣传教育活动。强化农村公共安全工作，与相关部门合作，制作农村消防安全专题宣传片。健全完善乡规民约、村民自治章程等社会规范，增强农村社会的自我调节功能。

（五）农村实用人才开发培养卓见成效

圆满完成“全年每个远郊区县新增农村实用人才不低于100名，每个近郊区新增农村实用人才不低于50名”的工作目标。继续实施百名党员实用人才培养工程，实用人才中党员的比例由28%提高到32%，截至目前，全市农村实用人才总量达到4.9万人，比2014年新增2 000人。举办了北京市优秀农村实用人才示范培训班，全市500名优秀农村实用人才参加了培训。联合市委组织部、中关村管委会举办了第一届北京市农村实用人才优秀创业项目评选资助活动，从各区县推荐的52个候选项目中，评选出14个优秀创业项目并予以资助。开展第四批“北京市有突出贡献的农村实用人才”评选表彰活动，全市评选出10名有突出贡献的农村实用人才并受到市委市政府的表彰。

六、两委机关建设全面加强，干部队伍作风和工作能力进一步提升

（一）教育实践活动整改落实成效显著

强化整改工作责任制，落实挂账督办制度，加大督促检查力度，逐项挂号整改，逐项销号落实。两委承担的97项整改工作均进展顺利，其中领导班子整改方案中60项整改任务已落实27项并列入常态化管理，20项专项整治任务已落实15项，市委专项整治工作任务已全部落实。制定了《两委关于深化“四风”整治、巩固和拓展教育实践活动成果的工作安排》，健全作风建设长效机制，完成了两委机关群众路线教育实践活动整改落实情况自查和迎检工作。

（二）民主决策制度进一步完善

坚持重大事项民主决策制度，以两委办公会、工委委员（扩大）会议制度的形式研究决策重大事项。召开两委办公会24次，研究讨论议题一百余项，坚持系统各单位和各处室负责人列席，涉及基层的重要事项事先征求区县、乡镇和基层干部群众的意见。认真贯彻“一把手”不直接分管人事、财务、工程建设的要求，坚持主要领导末位表态制度。完成了《市委农工委、市农委领导班子集体决策重要事项目录及风险防控措施》和《机关处室职权目录》两大“权力清单”的编制工作，不断加强对权力运行的全过程监督。

（三）依法行政工作全面开展

成立由农委主任任组长、主管法制工作的委领导任副组长，各处室处长为成员的依法行政领导小组，定期召开会议，研究和部署推进依法行政工作的具体任务和措施，加强对依法行政工作的组织领导。完成市人大、市政府法制办及其他部门立法征求意见12件，做好间接立法工作。对报请市政府审批、提请市政府会议审定决定、拟以市政府和市政府办公厅名义印发的政策措施等先行进行合法性审核，对各业务处室以两委名义对外签定的合同和协议涉及使用专项资金共计148件项目合同进行了合法性审核。梳理两委外部职权事项10项，编制权力运行流程图和责任清单并在两委门户网站上对社会公示。

（四）干部任免调配工作严肃公正

通过民主推荐的形式，选拔任用了2名处长、4名副处长（副主任）、2名调研员。认真梳理干部履职时间情况，完成8名副主任科员核职为主任科员，确保机关科级干部职务的准确性和及时性。根据工作需要和干部多岗位锻炼的需求，对1名调研员、1名主任科员进行了轮岗交流。通过转任调入2名副主任科员、4名主任科员，通过遴选考试从区县调入3名副主任科员，进一步优化了干部队伍的年龄结构、学历层次和专业结构。积极做好两委年轻干部到区县乡镇基层挂职锻炼服务管理工作和挂职到期干部的考察考核工作，同时先后接收中国农业发展银行等外省市单位干部6名、本市单位干部2名到两委机关及农业局挂职锻炼。落实安置军转干部5名，组织做好军转干部调入、起薪、到岗后培训、岗位适应等相关工作。

（五）两委机关党风廉政建设进一步加强

制定了两委党风廉政建设和反腐败工作意见，组织两委处以上干部学习《中国共产党廉洁自律准则》和《中国共产党纪律处分条例》。以问责、问效为抓手，开展了“为官不为”“为官乱为”问题专项治理工作。研究制定了《关于党风廉政建设责任制党委主体责任和纪委监督责任的实施意见》《市农委系统党风廉政建设责任制考核办法（试

行）》，两委领导班子成员结合分管工作和党风廉政建设责任制分工，共确定年度重点防控项目 18 项，制定廉政风险防控措施 47 条。由农工委领导带队，对市农委系统 6 个局级单位党委（党组）落实党风廉政建设责任制的情况进行专项检查。

市委农工委、市农委领导班子成员

市委农工委书记　孙文锴（4 月任）
王孝东（4 月免）
副书记　刘福志　康　森（8 月到河北农业厅挂职）
委员　尚延华　李海平　王建中
于　波(1 月免)　吴宝新　苏卫东
吴更雨（2015 年 7 月任，挂职至 2016 年 7 月）　王修达
农村纪工委书记　尚延华
市农委主任　孙文锴（5 月任）
王孝东（5 月免）
副主任　刘福志（1 月免）
李成贵（10 月免）　李海平
王建中　吴宝新　于　波(1 月免)
苏卫东(1月任)
赵进东（2014 年 12 月任，挂职至 2015 年 12 月）
吴更雨（2015 年 7 月任，挂职至 2016 年 7 月）
委员　张宏图　郝　霞　刘春成
薛有才　左晓波　寇文杰

（市委农工委研究室　王磊　名单提供　余路婧）

北京市农业局

主　要　工　作

年内，全市各级农业部门紧紧围绕落实市委、市政府 2014 年“16 号文件”精神和新常态下北京都市现代农业发展的主脉络，加快实施农业调结构、转方式，不断推动农业提质增效，各项工作整体有序推进，并取得了较好的成效。

特别突出的工作表现在以下几个方面，成为全年全市农业工作的亮点。一是农作物秸秆禁烧，2015 年环保部通过卫星对北京的监测，结果是“零火点”，这项工作得到了市委、市政府高度肯定，市长直接表扬。二是农产品质量安全，农产品质量安全监管工作成绩突出，农业部直接向市政府写信予以通报表扬。三是动植物疫病防控，这几年都没有发生大的疫情疫病，市政府高度认可。四是农业生产安全，特别是农机安全，连续三年实现“零事故”，王安顺市长在全市大会上点名表扬。另外还有几个应急事件的处置如：草莓乙草胺事件，惊动党中央，但农业部门加强舆情监测，快速响应、及时检测、主动发声，在焦点访谈节目开展正面宣传，妥善处置了草莓报道事件，降低了负面影响，保护了草莓产业发展，还维护了北京安全农产品的品牌形象。这一应急处置方式和成效都得到了高层领导的认可。还有“9・3”阅兵农产品供应保障、鸽子禁飞等，时间紧，任务重，要求高，农业部门迎难而上，保质保量完成了艰巨任务。

一是稳健实施农业调结构。全市粮田面积由 2014 年的 144 万亩调减到了 125 万亩，调减了 19 万亩，已累计完成 2020 年调减任务的 56%。蔬菜全年播种面积 83.8 万亩，总产量 289.4 万吨，面积和产量持平略减（同比减少 4.5%左右），但上市总收入 56 亿元，同比增长 3.3%。全市进行登记的畜禽规模养殖场（小区）共有 2 287 个，生猪出栏同比调减 5.2%，存栏同比下降 6.5%，肉禽出栏调减 11%，牛奶、禽蛋产量与上年基本持平。全市渔业养殖总面积 5.9 万亩，生产优质水产品 6 万余吨，同比基本持平。粮田、菜田“两田”划定工作已经基本落实。在农业结构调整的过程中，各区按照各自的实际和特点，探索出了很多卓有成效的模式和路径，比如：密云区把山区不适宜耕作的玉米生产大幅度调减，发展适宜种植的甘薯、谷子等经济作物，既减少了高耗水作物，又促进了秸秆禁烧。通州区着重发展农作物种业，国际种业科技园区的建设为全市种业科技创新推广搭建了良好的平台。顺义区、大兴区等传统的北京南菜园、东厢菜园，全力改造提升设施农业，并加快发展蔬菜集约化育苗产业，显著提升了蔬菜生产的水平和效益。总体来看，农业结构调整按照“调粮保菜、做

精畜牧水产”的思路，调整步伐稳健，从体量上看，总量减少了，但单产水平、单位效益在增加，调精、调优的特征已经显现出来。

机构设置

单位名称	地　址	邮　编	电　话
北京市农业局	西城区裕民中路 6 号	100029	82031800
北京市农业技术推广站	朝阳区惠新里高原街 4 号	100029	84638460
北京市土肥工作站	西城区裕民中路 6 号	100029	82078454
北京市种子管理站	海淀区北太平庄路 15 号	100088	62051552
北京市植物保护站	西城区北三环中路 9 号	100029	62016348
北京市优质农产品产销服务站	朝阳区安外北苑路 88 号	100101	64965639
北京市农业环境监测站（北京市农业绿色食品办公室）	西城区裕民中路 6 号	100029	82031875
北京市农业局信息中心	西城区裕民中路 6 号	100029	82031894
北京市动物疫病预防控制中心	大兴区生物医药基地祥瑞大街临 17 号	102600	60275629
北京市畜牧总站	朝阳区安外北苑路甲 15 号	100107	64891950
北京市动物卫生监督所	西外上园村甲 3 号	100044	62248621
北京市兽药监察所	大兴区生物医药基地祥瑞大街临 17 号	102600	60272616
北京市饲料监察所	朝阳区安外北苑路甲 15 号	100017	84934332
北京市畜牧业环境监测站	昌平区昌平镇超前路 21 号	102200	89740848
北京市水产技术推广站	朝阳区潘家园华威西里甲 48 号南楼	100021	87702636
北京市水生野生动植物救护中心	延庆县大榆树镇西杏园 300 号	102100	81198253
北京市渔政监督管理站	丰台区永外西罗园二区 23 楼二层	100077	67274269
北京市农业机械试验鉴定推广站	丰台区南方庄甲 60 号	100078	67631575
北京市农业机械监理总站	海淀区复兴路 2 号	100038	63312505
北京市农业局后勤服务中心	西城区裕民中路 6 号	100029	82078481
北京市农民体育工作办公室	西城区裕民中路 6 号	100029	62024158
北京市农业局宣传教育中心	西城区裕民中路 6 号	100029	82078183
北京市农业局财务服务中心	西城区裕民中路 6 号	100029	82085018
北京市农业局老干部活动站	西城区裕民中路 6 号	100029	82078496

二是大力实施农业节水。年内，全市实现农业同比节约用水 4 460 余万立方米。其中：通过结构调整减少农业用水约 2 300 余万立方米，推广应用高效节水设施和农艺节水技术实现节水 2 000 余万立方米，农业节水工作全面完成年度任务。另外，全市通过设施蔬菜集雨、畜牧高效集雨等方式还回收利用雨水约 50 万立方米。顺义区整建制打造节水示范区，为全市农业节水发挥了很好的带动作用。昌平区农口部门主动作为，出台节水设施补贴政策，加快推进了全区节水农业发展。现阶段，高效节水农业已经成为北京都市现代农业的主要特点。

三是加快推进农业转方式。全面促进农作物秸秆禁烧和综合利用。全市 29.8 万亩小麦秸秆已全部实现肥料化和饲料化利用，115 万亩玉米秸秆有 90%以上实现肥料化和饲料化利用，主要农作物秸秆综合利用率达到 97.7%，农作物秸秆的综合利用为禁烧打下了很好的基础。大力实施农业节肥节药。通过测土配方施肥、水肥一体化，亩均节肥（纯量）2 千克，总节肥实物量约 1.3 万吨，肥料利用率提高 2.7 个百分点。全年农药用量 582 吨（折百量），比 2014 年的 602 吨，减少 20 吨，实现农药减量 3.4%。积极推进畜禽粪污资源化利用。全市规模养殖场粪便产生量 335.7 万吨，污水产生量 755.6 万吨，通过堆沤肥、沼气、生物治理等途径，2015 年畜禽粪便利用率达到了 90%以上。大力开展农业面源污染防控，完善了 100 家养殖场粪污治理，生态园区达到 40 家；开展农村能源综合建设，减少 CO_2 排放 18.6 万吨，减排 COD 1 000 吨。积极发展农业生态景观，全市 11 万亩景观农业蓬勃发展，大田、沟域、园区三大农业景观初具规模，房山、延庆、昌平等区大力推动休闲景观农业和创意农业，“农田观光季”“四季花海”“农业嘉年华”成为了这几个区农业著名品牌和花样名片。海淀区围绕农业文化遗产开发利用，集中打造“京西稻”高端农田景观平台，带来了可观的经济效益、生态效益和社会效益。生态景观农业、观光农业、创意农业等的发展，对农业增收、农民致富发挥了有力的推动作用。

四是全力促进农业提质增效。全市 6 200 亩设施农业、20 家蔬菜园区、18 个蔬菜专业村镇的建设，55 家畜禽场和 32 家牛羊禽屠宰企业改造提升，24 个渔业高产高效基地建设，有力推动了“菜篮子”产品高效生产。正是有了这些规模化的园区、养殖场，在保障应急供给能力的同时，充分发挥示范引领作用，带动了全市农产品生产的提质增效。另外，全市种业发展势头强劲，籽种田面积比 2014 年翻一番，房山窦店的肉牛、平谷峪口的京白 1 号等良繁体系建设以及良种选育和新品种培育，标志着本市畜牧良种产业正在从“北京制造”走向“北京创造”。

五是强化农业发展保障支撑。多措并举、齐抓共管，确保了全年农产品质量安全、动植物防疫安全和农业生产安全“三个安全”。首先是农产品质量安全监管。前文也已经点到了，农业部例行监测结果表明我市全年蔬菜（包括本市市场外埠农产品抽样）合格率为 97.5%、畜禽产品合格率为 100%、水产品合格率为 98.8%，合格率水平处于全国前列。其次是动植物疫病防控。妥善处置了昌平区人感染 H7N9 流感病例事件和多起小反刍兽疫疫情，并加大力度开展了牲畜布病防控，畜禽生产形势稳定，没有发生重大动植物疫情。另外，强化农业科技、农机装备和农业信息“三个支撑”，培训新型职业农民1 500多人，落实农机购置补贴资金 1.75 亿元，“信息进村入户”试点工作取得了新成效。发展农业电子商务和优质农产品进社区，加快实现农产品销售渠道的多元化，大力推进农产品优质优价。这里平谷区的做法很值得推崇，平谷区在推动土地托管、入股，发展多种形式规模经营的过程中，实施全面全程的耕种收、植保等社会化专业化服务，并向前延伸到生产资料供应，向后延伸到农产品的电商经营，不仅完善了农业社会化服务体系建设，还推动了农产品优质优价，农业一、二、三产融合更加深入，让我们农业的“现代”特征充分展现出来。深化行政审批制度改革，全面推动简政放权，圆满完成了包括 78 项行政审批、417 项行政处罚在内的共 803 项行政事项权力清单的梳理公布。强化农业执法监督，全年全市农业系统共出动执法人员 6.4 万人次，组织执法活动 1.6 万次，做出行政处罚 421 次，罚款金额 215 万元，其中罚款额度 5 万元以上的大要案有 5 起。在全市“农业执法大比武”中，怀柔区一举夺魁，大兴区、门头沟区及其他区的执法代表团队也都表现不俗，这从一个侧面反映了全市农业系统执法人员良好的法治素养和执法能力。

2015 年是“十二五”收官之年。“十二五”期间，北京农业根据城乡一体化经济社会发展新格局的战略部署，创新发展模式和工作机制，加大政策扶持力度，实施了一批重大工程，取得了重要的阶段性成果。农业生产高端高效特征日趋明显，全市设施农业面积达到了 35.5 万亩，平均亩产值达 1.87 万元，畜禽规模化养殖比例已达到 80%，“三品一标”（绿色、有机、无公害、地理标志）认证覆盖率 36.4%，生产基地农产品合格率处于全国前列。农产品供给保障水平保持稳定，在不断提升自身生产发展水平的基础上，发展外埠蔬菜基地超过 60 万亩，全市肉、禽、蛋、奶自给率已达 31%、63%、54%、56%。农产品市场竞争力不断增强，形成了一批如三元食品、德青源鸡蛋、鹏程肉食等有影响力的农业品牌。农业生态服务价值持续提升，全市农业的生态服务价值年值达到 3 434.6亿元，贴现值达到 9 850.4 亿元，稳固地支撑着全市经济社会的健康发展。现代农业支撑能力明显提高，打造了 113 万亩优质产业田、优良生态田和优美景观田，农田节水灌溉率超 90%，全市主要农作物耕种收综合机械化水平提高到 87.5%，农业科技贡献率超过 70%，高出全国平均水平约 16 个百分点，接近发达国家水平。

市农业局党政领导班子成员

党组书记　吴宝新
成员　王振邦　郑　渝　马丽英
李全录　阎晓军　陶志强

局长　吴宝新
副局长　王振邦　郑　渝　马丽英
马荣才　李全录　阎晓军
总农艺师　陶志强

（市农业局　黄生斌）

北京市气象局

概　况

新中国成立初期，北京市气象工作由中央气象台兼管，1958年7月，北京市农林水利局设气象组，开始组建市属气象台站网，1959年11月，北京市气象服务台成立。1960年10月，经国务院批准成立北京市气象局，逐步健全各级气象机构，开展各项气象业务工作。1964年2月与市水利工程局合并为市水利气象局，1968年10月与市农林局、市农机局、市农场管理局合并为市农业局，1973年7月恢复市水利气象局建制，1978年6月恢复市气象局建制。1980年以后，北京市气象局实行中国气象局和北京市人民政府双重领导管理，以部门领导为主的管理体制，作为中国气象局的下属机构，同时是北京市政府的工作部门。负责北京市行政区域内的气象管理工作以及承担北京地区气象监测、制作和发布北京地区天气预报和灾害性天气预警任务，开展气象科学研究和气候变化研究等工作。

北京市气象局同时是中国气象局华北区域气象中心，负责对该区域内的其他省（自治区、直辖市）气象局开展气象业务技术协调和指导，科研组织，技术支持及业务培训等工作。2011年北京市人民政府和中国气象局签署共同推进气象为首都经济发展服务合作协议，开展北京市率先基本实现气象现代化试点工作。通过多年的气象现代化建设，于2015年年末达到了基本实现气象现代化的预定目标。

50多年来，北京市气象局内设机构和直属单位经历过多次变化与调整。2015年市气象局内设有局办公室（应急管理办公室、行政管理处）、应急与减灾处、观测与预报处、科技发展处（气候变化处）、计划财务处、人事处、政策法规处（雷电防护管理办公室）、监察审计处（与党组纪检组合署办公）、机关党委办公室（精神文明建设办公室）、离退休干部办公室10个机关处室、10个直属事业单位，下设14个区气象局（东、西城区政府明确由区应急办承担气象工作职责）。代管北京市人工影响天气办公室、北京市突发事件预警信息发布中心；北京气象学会、北京减灾协会挂靠北京市气象局。

人员与机构

年内，全市气象部门事业在编职工635人，其中国家编制562人，地方编制73人。人员类别方面，分别有参照公务员管理124人、事业单位管理人员和专业技术人员491人、工人20人。职工学历结构：博士研究生73人、硕士研究生211人、大学本科生254人、大学专科及以下97人。职称结构：高级职称170人（其中正研级职称21人），中级职称192人。

机构设置

单位名称	办公地点	邮编	联系电话
北京市气象局	海淀区紫竹院路44号	100089	68400858
北京市气象台	海淀区紫竹院路44号	100089	68400581
北京市气候中心	海淀区紫竹院路44号	100089	68400552
中国气象局京津冀环境气象预报预警中心	海淀区紫竹院路44号	100089	68400755
中国气象局北京城市气象研究所	海淀区紫竹院路44号	100089	68400745

（续）

单位名称	办公地点	邮编	联系电话
北京市气象服务中心（专业气象台）	海淀区紫竹院路 44 号	100089	68400562
北京市气象信息中心	海淀区紫竹院路 44 号	100089	68400527
北京市观象台	大兴区成寿寺路临 1 号	100176	68400731
北京市气象探测中心	海淀区紫竹院路 44 号	100089	68400781
北京市气象局机关服务中心	海淀区紫竹院路 44 号	100089	68400808
北京市人工影响天气办公室	海淀区紫竹院路 44 号	100089	68400535
北京市突发事件预警信息发布中心	海淀区紫竹院路 44 号	100089	58991332
北京市避雷装置安全检测中心	海淀区紫竹院路 44 号	100089	68400707

主　要　工　作

1 月 27—28 日，召开全市气象局长会议，对年内全市气象工作进行部署，要求认真贯彻落实党的十八大、十八届三中、四中全会和习近平总书记系列重要讲话精神，贯彻落实全国气象局长会暨党风廉政建设工作会议精神和市委市政府部署，深化改革，创新驱动，提质增效，狠抓落实，全力推进气象现代化。

（一）气象预报预警服务

重大活动保障方面，年内圆满完成春运、全国两会、烈士纪念日献花篮等 35 项大型活动保障任务，特别是圆满完成三大活动气象服务保障工作。其中：3 月，市气象部门组织首都军地气象单位进行国际奥委会评估委员会考察期间天气会商，为国际奥委会评估团和赛区考察提供中、英文版精细化天气预报等服务；面对国际奥委会评估考察的高要求，高频次开展海坨山地形人工增雪，高质量完成气象条件评估，高水平应对评估答辩，高标准提供气象服务保障，为成功申办冬奥会做出关键性贡献，受到奥申委表彰。8 月，在田径世锦赛期间，市气象部门派出预报专家和应急指挥车入驻赛事指挥中心，为世锦赛开闭幕式、赛事提供现场观测、服务保障；通过实施人工消云减雨作业保障开闭幕式未受降雨影响；在田径世锦赛官网增设气象服务专栏，为赛事组委会、运动员及公众提供精准预报服务；市气象局获得田径世锦赛突出贡献单位称号。“9・3”大阅兵纪念活动中，气象服务举部门之力，在天气、气候、环境、人影、防雷等方面提供了全方位气象服务保障；创建了以纪念活动中央气象保障组领导机制、人工影响天气军地协调指挥机制、人影安全管理机制等为核心的重大活动气象保障新模式；市气象局聘请由北京大学、中科院大气所、民航和部队的首都军地气象行业以及华北区域气象部门 48 位专家参与服务保障工作，与中国气象局、中国环境监测总站、总参气象水文局和周边 6 省区市开展多次联合天气会商，深入把握北京地区气候特点，做到气象服务保障精、准、早，报送《重大活动气象服务简报》25 期 167 条；市气象局在纪念活动气象服务保障工作中获得北京市服务保障工作先进集体和阅兵联合指挥部突出贡献单位称号。

专业专项气象服务方面，年内提供供暖气象服务专报 12 期；发布“迎峰度夏”气象服务专报 18 期、供电负荷专报 18 期；为市市政市容委和市燃气集团发布天然气需求量预测服务专报 7 期。通过“北京道路交通气象灾害监测预警服务系统”，为市交通委、交通运行监测调度中心（TOCC）提供交通气象服务日报 329 期、快报 314 期，针对早晚高峰的高影响天气，共发布交通气象服务专报 18 期。为玉渊潭樱花节开展花期预报服务，成功预测出玉渊潭第一朵樱花的开花期，并进行了跟踪和专报服务；与植物园共同打造了“花粉过敏客”微信公众号，为公众尤其是花粉过敏人群提供花粉预报和过敏防范提示服务，并将花粉浓度实况和预报信息推送到北京植物园官网。启用“北京特色旅游气象服务系统”，为全市 3A 以上重点景区提供精细化景点预报和气象灾害风险等级预报等。针对城市运行重点部门和行业提供北京地区天气警报 118 期、华北地区天气警报 201 期、机场维修保障专项警报 102 期、扫雪铲冰专报 10 期，有效保障了城市生命线的安全运行。

公众气象服务方面，年内东、西城区政府明确由区应急办承担气象工作职责，实现了与 16 个区政府气象服务的全面对接。元旦起，《北京新闻天气预报》实现由气象主持人播报，结束24年的图文播报历史；4月1日起，《商务气象》节目在BTV财经频道每天19—20时《首都经济报道》中演播。各类气象新节目的包装改版受到北京市民极大的关注和喜爱。11月20日，由腾讯公司、腾讯大燕网主办的“京彩·无限——北京‘互联网+智慧城市’上线发布会”在京举行，市气象局在内的四家委办局与腾讯现场签订战略合作协议，成为首批入驻腾讯新闻客户端、微信、手机QQ这三大平台的政务民生部门。截至年底，“气象北京”官方微博粉丝近200万，影响力持续提高，在人民网与新浪微博联合评选的“全国十大系统微博”中排名第四；官方微信荣获全国优秀政务新媒体民生飞跃奖。

防雷气象服务方面，年内为政府部门、轨道交通、文物古建、高等院校、易燃易爆以及住宅小区等系统共计7 308个单位提供防雷保障服务，服务面增长12.5%；对4 023家存在雷击隐患的单位提出了整改意见，整改为55%，较去年下降24%。为纪念活动提供防雷服务，保障对象主要是天安门核心区域及沿线、昌平南口阅兵基地以及天安门LED大屏。完成地铁4号线、大兴线、14号线42个地下站、3个车辆段、1个停车场七大专业防雷设施的年度检测工作。年内完成对故宫建筑物全面的防雷隐患排查，以及东华门、角楼的直击雷防护装置进行防雷安全检测。

（二）气象防灾减灾长效机制

年内，继续巩固气象防灾减灾长效机制。15个区批复成立突发事件预警信息发布（气象灾害防御）中心，增加地方编制50个。依托14个区级气象灾害防御指挥部或气象灾害防御领导小组及东、西城区气象服务机构，切实发挥气象防灾协调部门（302个）、气象信息服务站、乡镇（街道）防灾减灾主管及气象信息员和协理员等基层气象防灾减灾机构和人员作用，有序开展全市气象防灾减灾工作，着力推进中心城区气象防灾减灾工作。西城区成立气象灾害防御中心，编制3人；与东、西城区气象服务机构开通视频会商，建立定期沟通和重大天气应急联动机制，制定中心城区气象安全社区标准化规范，开展气象灾害普查和风险区划。

年内，加强气象防灾减灾社会化管理，14个区气象局全部开展气象安全社区认证工作并取得明显成效。市局层面推动市委、市政府出台了网格化“1+3”系列文件，并将气象灾害防御、社区气象服务、气象数据共享、部门联动等11项内容纳入全市网格化体系建设中。配合市民政局开展社区减负增效梳理气象部门在社区居委会落实的工作事项及依据。联合市红十字会共同开展防灾减灾日宣传活动，并就空中救援气象保障等工作签署合作框架协议。联合市防汛办共同印发《北京市暴雨灾害公众防御指引（2015版）》，引导公众主动防御暴雨灾害。

（三）气象现代化建设

继续推进气象现代化基础设施建设。年初，“加快气象现代化基础设施建设”写入市政府工作报告并纳入折子工程。年内，市突发事件预警中心、市人影综合科学试验基地和X波段雷达组网等3个市级重点项目开工建设，比正常程序提前7个月。市观象台综合楼、市气象计量检定楼和上甸子本底站生活区等工程建设完工。7个区气象局台站基础设施建设项目全面落实，通州观测环境和业务用房、石景山观测环境等老大难问题得以解决。4月，在怀柔、平谷、通州、门头沟、房山5个区新建成5个大气成分观测站，完成观象台、海淀宝联2个大气成分观测站改建工作。

精细化预报业务水平进一步提高。年内，1小时快速循环更新预报系统和区域高分辨率环境气象数值预报模式投入业务使用。“7+N”（即：7次定时常规预报，视天气变化随时更新预报）实时更新预报机制进一步完善。重要转折性天气、重大灾害性天气无漏报；24小时晴雨预报准确率90.9%，历史排名第二；最高、最低气温准确率历史排名第一。暴雨、雷电、暴雪预警平均提前量分别为18.4分钟、36.3分钟和6.5小时。

综合气象观测和信息业务能力不断提升。实现区域自动站乡镇全覆盖。4部风廓线雷达稳定运行，5部网络化X波段雷达建设进展顺利、完成10部云高仪建设。构建京津冀地区边界层观测体系，形成基本气象要素、气溶胶立体观测。第五届全国气象行业测报竞赛获团体第十名，创历史最佳成绩。增加共享中科院大气所香河铁塔、X波段雷达、闪电定位以及北师大激光雷达等实时或科学实验数据。落实气象信息化行动方案，开展基础资源和数据流程梳理工作。完成区局与市局之间通信百兆带宽升级。搭建全局统一数据环境，完成分布式数据平台建设，形成150T的历史数据存储处理能力。

在信息网络通信系统建设方面，6月，市气象局曙光高性能计算机进入准业务运行。作为原IBM高性能计算机系统的备用系统IBM“飞虎”高性能计算机系统，运行峰值达20.6TFlops，承担1小时快速循环预报系统RMAPS的业务运行工作。曙光高性能计算机每秒计算速度可达90万亿次（90个T），比之前计算机计算速度提高近10倍。

年内，北京气象工作得到上级领导批示66次，感谢信或表扬24次。中国气象局气象现代化试点工作进展良好，测评超过90分，达到了基本实现气象现代化的预定目标。

（四）气候预测和应对气候变化工作

气候预测方面，完成全年气候预测基本业务。共完成月季气候预测产品15期，延伸期预报产品33期，专题服务产品2期。组织华北区域气候预测会商和参加国家气候中心组织的各类气候预测会商。重大活动保障期间，多次组织或参加气候趋势和空气污染气象条件趋势预报会商会；发布北京国际田联世界田径锦标赛气象服务专报12期，滚动给出重大活动期间北京地区气候趋势、霾可能出现时段等预测意见。圆满完成2015年春运、2014/2015年供暖结束日、2015年供暖起始日期及高考期间等气候预测服务工作。进行供暖终日会商1次、供暖初日会商3次。

应对气候变化方面，年内牵头编制完成中国气象局《城市通风廊道规划气候可行性论证技术指南》，并印发全国。参与编制住建部《城市生态建设环境绩效评估导则（试行）》，并印发全国。率先开展风环境容量研究工作。由市气象局承担的市科委课题“北京地区气候变化对城市热环境影响评估及气象节能关键技术研究”项目通过验收。该课题历时2年，揭示了气候变化背景下北京地区不同时空尺度的城市热岛和局地热环境特征，实现了建筑物供暖系统耦合实测和精细化气象预报信息进行精细自动控制和实时调节等。通过在中青旅大厦的示范应用，实现应用节能16%，单耗下降17.8%，社会效益显著，具有良好的应用前景。

（五）气象为农服务

不断发展完善“两个体系”建设。房山、门头沟、大兴、昌平、平谷和密云6个区为“三农”专项实施区。“三农”实施专项区和朝阳区参与标准化创建工作，密云县（更名前）被中国气象局认定为标准化现代农业气象服务县，另有9个乡镇被认定为标准化气象灾害防御乡（镇）。

助力推进城乡一体化和都市型现代农业发展。年内，市气候中心新建1套设施农业气象观测服务系统，继续完善特色作物农业气象服务指标体系，开展北京特色作物气象适宜性评估和精细化农业气象灾害监测预报预警评估服务。面向农业管理人员、技术骨干及新型农业经营主体开展全年滚动跟踪“直通式”农业气象服务。建立完善延庆、密云、昌平、房山、平谷、大兴、门头沟、怀柔等区特色为农气象服务体系，为世界马铃薯大会等会展农业成功举办提供气象技术支撑。

完成“春播”等关键农时的精细化农业气象服务。制作发布服务产品21期。开展寡照、早春霜冻等重大农业气象灾害服务发布监测预警指导产品6期、监测评估服务产品8期。开展设施农业和地质灾害气象服务，制作设施农业小气候监测、预报产品62期、地质灾害土壤水分监测预报5期。开展气象为农服务分区短信服务，产品种类包括分区农业气象旬月总结，农用天气预报，农业气象灾害预警等七大类。全年共发布短信产品279条，约20万人次受益；制作八档期农业气象电视专题节目。开展了玉米气象指数保险的研发和推广工作，积极建立局、企合作机制，按需订制农业保险天气指数产品，并在顺义区试点开始实施。

（六）人工影响天气作业

年内，开展飞机增雨作业和探测飞行125架次，飞行335小时34分，其中增雨飞行34架次，飞行时间123小时39分，作业时间34小时56分，燃烧机载碘化银烟条516根。

开展地面作业共使用炮弹3 061发，火箭1 739枚，烟条8 855根。其中，开展地面增雨（雪）作业73日，地面碘化银发生器增雨（雪）作业938点次，燃烧碘化银烟条8 855根，火箭作业192点次，共发射增雨火箭571枚，高炮作业12点次，发射炮弹314发。开展防雹作业12日，火箭作业10点次，共发射增雨火箭26枚，高炮作业63点次，发射炮弹2 747发。开展消减雨作业试验7日，火箭作业132点次，共发射火箭1 142枚。

同时为增加密云、官厅水库汇水区蓄水作业，北京市积极组织河北省张家口、承德地区的赤城、宣化、涿鹿、怀来、丰宁等县多次开展跨区域联合增雨（雪）作业，累计开展火箭联合增雨16日，作业55点次，发射增雨火箭276枚；开展高山地基联合增雪23日，作业32点次，燃烧碘化银烟条428根。确保安全科学作业，减轻气象灾害造成的损失。

中尺度人影催化模式实时运行，开发了基于雷达资料的人影作业炮弹、火箭弹用量决策系统，改进飞机信息传输系统，实现飞机探测图像实时显示，提高人影作业针对性。改进高炮安全防护和操作系统，提高高炮作业的自动化程度和安全性能。“军地合作，建立重大活动人影保障新机制”项目获得中国气象局2015年创新工作奖。

（七）科研教育和科技创新

科研立项方面，年内争取省部级以上科研项目12项，其中国家自然科学基金9项，发表SCI和核心期刊论文共52篇，发布标准3项，取得实用新型专利2项。完成科技成果登记41项。“北京快速更新循环数值预报系统（BJ-RUC）”荣获2015年气象科学技术进步成果奖二等奖。中国气象局北京城市气象研究所（以下简称城市所）承担的《京津冀城市群发展对区域本底大气成分的影响评估》项目荣获北京市科学技术奖三等奖。获得2014年度首都职工自主创新成果3个等次的奖项，其中：京津冀环境气象预报预警中心承担的中国气象局行业专项北京区域环境数值预报系统（BREMPS）的建立及应用项目获得一等奖；市气候中心承担的北京市气象局科技项目北京蜂业干旱气象指数保险产品研发项目获得二等奖；北京城市气象工程技术研究中心承担的北京市科技计划项目北京地区强降水定量预报及风险预警技术研究与应用项目获得三等奖。以及科技部第二届“三农科技服务金桥奖”3项，分别为市气候中心开发的“农业气象指数保险产品开发与服务”“北京市气候中心气象科技为农服务”和昌平区气象局的“北京市昌平区气象局农业气象信息化服务”；同时，昌平区气象局李文华、市气候中心叶彩华获得先进个人荣誉称号。

科技成果方面，构建首都气象大科技格局，聚焦“0～12小时短时临近预报准确率提升工程”，完善“城市气象国际合作基地”“云物理研究和云水资源开发北京市重点实验室”两个平台，明确“科学研究、业务应用、人才培养”三个目标，凝练“天气预报技术、区域环境气象、城市气候服务、人工影响天气”四个领域，深化国际、国内合作，优化调整局科技创新团队，促进科研、业务、人才全面发展。

研发新一代快速更新多尺度分析和预报模式体系（RMAPS）。包括短时预报模式子系统（RMAPS-ST）、城市边界层冠层模式子系统（RMAPS-Urban）、数值临近预报子系统（RMAPS-NOW）、临近预报与产品集成子系统（RMAPS-IN）、云物理催化数值模式子系统（RMAPS-Cloud）和环境气象数值模式子系统（BREMPS）。提供京津冀地区1公里分辨率、10分钟更新客观分析产品和12小时逐小时短临预报产品，以及3公里分辨率、96小时预报时效的气象要素、污染物浓度、气流后向轨迹等预报产品。

（八）人才队伍建设

人才培训方面，年内职工参加中国气象局培训中心和有关职能司培训156人次、远程培训21人次（共计学习时间23 066余小时）；参加地方组织的公务员和司局级、处级干部培训40人次，另外送非气象部门培训2人。年内在职教育送学计划32人，其中博士生1人、硕士生16人，本科生10人。2015年取得博士学位1人，硕士学位1人。

成才育才方面，年内市气象局1人被评为有突出贡献的科学技术管理人才，1人入选百千万人才工程，1人入选高创计划青年拔尖人才，引进海聚工程1人，引进国外技术管理人才项目计划1人。1人入选中国气象局青年英才计划，选派1名首席预报员到中央气象台学习交流，2人到国家气候中心交流学习；安排1名业务人员到宁夏局参加东西部交流。选派年轻干部到区局挂职锻炼6人，提任区局副调研员1人，副局长1人。全国气象部门2014年度人才总体素质评估、高层次人才队伍建设评估、人才综合评估三项均排名第一。正研级高工比例达3.5%、高工比例达23.7%。11名优秀人才分别入选北京市海聚工程、北京市百千万人才工程和中国气象局首席专家、科技领军人才、青年英才，创历史新高。年内接收硕士毕业生7人，博士毕业生16人，博士后3人，其中2名硕士被安排到区气象局。

（九）国内国际合作交流

年内，与9个国家、2个地区开展常态化气象科技合作，派出科技人员24人次到英国、美国、奥地利等国家参加国际业务技术交流与培训；其中，选派9名业务骨干赴美国等地进行中长期学习交流。开展学术报告交流20场，组织2次“城市降水与雾霾观测试验研究国际研讨会”，参与组织京台青年科学家论坛。聘请18名国内一流专家一对一指导骨干人才成长。接待世界气象组织第45期多国别考察团一行15人参观考察，另先后接待外国来宾39人次参观访问交流。

3月25—26日，由城市所（城市气象研究国际科技合作基地）、中国气象学会城市气象学委员会、北京气象学会共同在京承办第二次“城市降水与雾霾观测试验研究国际研讨会”。美国圣何塞州立大学、美国普渡大学、美国大气研究中心、英国雷丁大学、耶路撒冷希伯来大学，中科院大气所、南京信息工程大学、南开大学、中国疾控研究中心、天津市气象科学研究所及首都气象系统相关业务科研单位近40名专家参加会议。10月26日，“创新发展理念，气象改变生活——助力城市气象防灾减灾”为主题的“首届京津冀互联网气象减灾创新论坛”在中国科技会堂举行。中国气象局以及京津冀三地气象部门、中科院大气所和相关行业协会、互联网公司等不同领域专家学者200余人参加论坛。11月27日，由市科协会主办，北京减灾协会、中国灾害防御协会承办的“首都圈巨灾应对高峰论坛暨京津冀协同发展综合减灾应急保障体系建设”在中国科技会堂举行，京津冀防灾减灾领域专家学者、科技人员110余人参加论坛。

（十）气象改革、法规建设及社会管理

深化业务科技体制改革，形成了9条可复制、可推广的改革成果。大力推进简政放权，取消行政审批和中介服务共11项，转移政府职能4项。推进权力清单纳入北京市政府权力清单范围，并主动向社会公示。研究制定《北京市防雷减灾体制改革方案》，做好防雷改革准备。

推进气象灾害防治立法工作。1月，《北京市气象灾害防治条例》（简称《条例》）被列为市人大农村委的年度立法首项重点工作项目。年内，立法起草小组以把气象工作全面纳入城市安全运行体系、把气象灾害防御纳入治理“城市病”总体轨道的创新工作思路，组织召开多次暴雨、暴雪、大风等灾害性天气专题研讨会，广泛听取各委办局、专家学者对《条例》草案的意见与建议。8月，《条例》（草案送审稿）如期提交市政府法制办审查。10月，市政府法制办完成《条例》公开征求意见工作。年内，《北京市人工影响天气管理办法》被市政府法制办列为政府规章立法调研项目。

气象执法检查方面，年内市气象局首获北京市安全生产工作先进单位。开展执法检查1 839次；共查处48起气象违法案例，其中平谷区气象局做出1起一般程序行政处罚。

气象标准化建设方面，年内贯彻落实中国气象局全面推进法治建设的意见，完善首都气象法律规范体系。供暖气象等级指标等3项标准获批发布，突发事件预警信息发布流程规范等10项标准获批立项；怀柔区公共气象服务标准化作为国家级服务类标准化试点之一，获国家标准委立项。

（十一）党建和精神文明建设

党组织建设和党员干部教育方面，年内市气象局党组认真贯彻落实全面从严治党要求，以制度建设为抓手加强各级党组织自身建设，落实党建工作责任制和服务型党组织建设，支部书记现场述职评议，推进基层党建责任落实。深入开展“三严三实”专题教育，党组中心组理论学习15次，党组专题党课报告7次，巩固深化党的群众路线教育实践活动成果。

党风廉政建设方面，年内市气象局认真落实党风廉政建设主体责任和监督责任，深入推进党风廉政建设和反腐败各项工作。持之以恒纠正“四风”，认真抓好中央八项规定精神落实。结合“三严三实”专题教育，开展“为官不为”“为官乱为”专项治理工作。开展“守纪律、讲规矩、落实两个责任、深化作风建设、强化执行力”为主题的党风廉政建设宣传教育月暨作风建设月活动。加强对党员领导干部遵守纪律情况的监督。

群团工作方面，年内市气象局以党建带团建、工建，积极创建职工之家。新增“李迅创新工作室”，截至年底，全局创新工作室数量达到7个；市避雷装置安全检测中心工会被全国农林水利工会授予“全国气象行业模范职工之家”称号。

深化精神文明创建，年内组织开展道德讲堂活动5期；以纪念活动为主题，组织干部职工开展参观抗日战争纪念馆、鱼子山抗日根据地和志愿服务抗战老兵光荣院等活动；继续深入开展“五个一”精神文明创建活动；对局内宣传橱窗进行更新，在楼层走廊张贴文化宣传海报，营造出良好文化氛围；北京气象志愿者协会组织开展社会公益、文明

引导等志愿活动。

年内多个先进集体和个人受到表彰。万云公司团支部《气象北京主持风采》获得市直机关第二届青年技能大赛三等奖；截至 2015 年，市气象局（机关）连续四届保持“全国文明单位”称号；海淀、昌平两区气象局荣获“全国文明单位”称号；延庆佛爷顶观测员韩文兴、市气象台台站乔林获“北京市先进工作者”称号。

（十二）发挥华北区域气象中心作用，推进京津冀气象事业协同发展和“十三五”规划编制工作

年内牵头编制《京津冀协同发展气象保障规划（2015—2020）》《京津冀协同发展气象观测规划》，启动“京津冀交通一体化安全气象保畅服务工程（一期）”建设。围绕区域数值模式研发和区域气候服务，开展协同创新，实现资源共享。完善区域环境气象数值预报业务系统，并向区域下发指导产品。组织开展区域业务竞赛和人员培训。

11 月 20 日，京津冀气象协同发展工作组第一次全体会议在中国气象局召开，中国气象局有关内设机构及北京市、天津市、河北省、山西省、内蒙古自治区等气象局负责人出席会议。会议讨论通过由北京市气象局牵头负责、京津冀气象协同发展工作组编制的《京津冀协同发展气象保障规划（2015—2020）》以及京津冀交通气象服务保障工程等。启动“京津冀交通一体化安全气象保畅服务工程（一期）”建设。围绕区域数值模式研发和区域气候服务，开展协同创新，实现资源共享。完善区域环境气象数值预报业务系统，并向区域下发指导产品。

年内，气象工作纳入《北京市国民经济和社会发展第十三个五年规划纲要》，市、区两级“十三五”时期气象事业发展规划均纳入专项规划体系。《北京市“十三五”气象事业发展规划》通过专家论证。

学会、协会

登记证号	社团名称	业务主管单位	会长	电话	地　址	邮编
0010262	北京气象学会	北京市科学技术协会	朱　江	68400820	海淀区紫竹院路 44 号	100089
0010834	北京减灾协会	北京市科学技术协会	林克庆	68400821	海淀区紫竹院路 44 号	100089

市气象局党政领导班子成员

党组书记　姚学祥

成员　邓北胜　王迎春　曲晓波　冯继超　李丽军（1 月起由中国气象局到市气象局挂职工作一年）

局长　姚学祥

副局长　邓北胜　王迎春　曲晓波　李丽军（1 月起由中国气象局到市气象局挂职工作一年）

纪检组长　冯继超

巡视员　刘燕辉

（市气象局　杨姝　曹冀鲁）

北京市农林科学院

概　况

北京市农林科学院成立于 1958 年，主要从事农业应用基础、应用及开发性研究以及农业科技成果转化，是一所学科齐全、设备先进、学术水平较高、产业能力较强，为北京农业发展提供强有力科技支撑的地方综合性农业研究机构。现占地 1 370 亩，各类建筑 32 万平方米，拥有价值 5 万以上的各类设备 1 944 台（套），资产总值 25 亿多元。

市农科院下设蔬菜研究中心、林业果树研究所、畜牧兽医研究所、植物保护环境保护研究所、植物营养与资源研究所、农业科技信息研究所、农业综合发展研究所、农业信息技术研究中心、农业生物技术研究中心、杂交小麦研究中心、玉米研究中心、草业与环境研究发展中心、水产科学研究所、北京农业质量标准与检测技术研究中心和国家农业智能装备工程技术研究中心等 15 个研究所（中心），现有 5 个国家级工程技术研究中心，5 个农业部重点实验室，4个国家级检测机构，1个国际ISTA检测资质认定的检测机构，8个国家级原种基地、良种场、资源圃及野外科学观测站，16个北京市重点实验室及工程技术研究中心，6个国际联合实验室，1个博士后科研工作站。经过长期建设，形成了覆盖农、林、牧、渔等领域的综合性农业科研体系，在动植物种质资源创新与新品种选育、优质安全高效农产品生产技术、农业信息技术与智装备、农产品深加工与冷链物流和都市农业资源与环境等方面形成五大优势研究领域。

全院有在职人员1 126名，其中有专业技术人员901人，高级专业技术人员438人。博士、硕士研究生比例达到69%。拥有国务院参事1人，十八大党代表1名，全国人大代表1名，全国政协委员3名。国家农业产业技术体系首席科学家2人。科技部重点领域创新团队2个，国家杰出青年1人，全国杰出专业技术人才1人，入选国家级百千万人才工程10人，国家级突贡7人，农业部农业科研杰出人才7人，享受国务院政府特殊津贴76人。北京学者2人，入选市级百千万人才31人，科技北京百名领军人才6人，北京市突贡专家24人，市级优秀青年知识分子19名，市科技新星155名，市优秀人才175人。组建了6个院级创新团队。基本形成了以中青年人才为主，老中青相结合的优秀人才队伍。

“十二五”期间，全院各项事业取得长足进步，学科体系不断完善，科研条件明显改善，社会影响日益扩大，综合实力大幅提升，为北京都市现代农业发展提供了有力科技支撑。获省部级以上科技奖励87项，审定（认定、鉴定）品种222个，国家授权专利数1 080项。发表SCI和EI科技论文996篇。围绕市委市政府调结构、转方式、发展高效节水农业战略部署和服务郊区产业发展需求，组织全院“百名专家对接百个基地”，并实施了科技惠农行动计划。为世界种子大会、国际草莓大会、世界葡萄大会等提供科技支撑。在京内外示范推广新品种437个，新技术279项，新产品146个，新增综合性示范基地34个，有113名专家与119个新型生产经营主体（基地）实现了服务对接。

“十三五”期间，全院坚持“四个全面”战略布局，牢固树立创新、协调、绿色、开放、共享的发展理念，牢牢把握国家实施创新驱动发展和京津冀协同发展战略机遇，立足“首都功能定位”总体要求，围绕全面建成创新型农林科学院目标，以创新驱动发展为主线，以改革创新为动力，以实施重大工程为抓手，统筹推进全院各项事业发展，全面提升科研创新能力、服务区域和产业发展能力、公共服务能力和对外合作拓展能力，整体水平保持全国地方农科院前列，成为区域农业科研创新中心和国家农业科技创新网络的重要节点。

机 构 设 置

北京市农林科学院直属单位

单位名称	办公地点	邮编	联系电话
蔬菜研究中心	海淀区曙光花园中路9号	100097	51503032
林业果树研究所	海淀区香山瑞王坟甲12号	100093	62591506
畜牧兽医研究所	海淀区曙光花园中路9号	100097	51503351
水产科学研究所	丰台区永外角门路18号	100068	67586098
植物保护环境保护研究所	海淀区曙光花园中路9号	100097	51503330
植物营养与资源研究所	海淀区曙光花园中路北京	100097	51503325
农业科技信息研究所	海淀区曙光花园中路9号	100097	51503304
农业综合发展研究所	海淀区曙光花园中路9号	100097	51503310
农业信息技术研究中心	海淀区曙光花园中路11号	100097	51503187
玉米研究中心	海淀区曙光花园中路9号	100097	51503404
农业生物技术研究中心	海淀区曙光花园中路9号	100097	51503293
杂交小麦研究中心	海淀区曙光花园中路9号	100097	51503104
草业与环境发展研究中心	海淀区曙光花园中路9号	100097	51503297
北京农业质量标准与检测技术研究中心	海淀区曙光花园中路9号	100097	51503892
国家农业智能装备工程技术研究中心	海淀区曙光花园中路11号	100097	51503425

主 要 工 作

一年来，市农科院认真贯彻落实中央决策部署和市委市政府的工作要求，坚持以需求为导向，把服务首都城市功能、服务国际一流的和谐宜居之都建设、服务京津冀协同发展放到更加重要的位置，重大科技成果不断涌现，创新综合实力实现了新跨越；科研支撑条件明显改善，综合保障能力大幅提升；技术集成转化创新亮点纷呈，产业支撑能力显著增强；现代科研院所建设持续推进，党的建设全面加强，团结拼搏和谐向上的氛围更加浓厚。“十二五”规划实现完美收官，呈现出一派新气象、新面貌。

（一）科学研究取得新成效

科研立项稳中有进。落实科研项目 205 项，其中国家级项目 92 个；市科委项目 35 项；落实 2016 年度市科委重大项目 3 项。成果产出丰硕。获得省部以上科技奖励 13 项，外省市科技进步及其他各类奖励 7 项。其中《中国玉米标准 DNA 指纹库构建及关键技术研究与应用》获得 2014—2015 年度中华农业科技一等奖，至此市农科院已经连续三年获得省部一等以上科技奖励。新审定（认定、鉴定）品种 68 个（次），其中，国审品种 5 个，获得新品种保护授权 30 项。获得国家专利授权 320 项，其中“航空施药中药雾分布与飘移趋势遥测系统及方法”成为市农科院首个国际发明专利；完成 9 项专利转让；获得农业部三类新兽药证书 1 份；制定各类标准 16 项；发表 SCI 论文 93 篇，EI 论文 121 篇，参编或出版专著 34 部。

（二）产业支撑能力再上新水平

围绕市委市政府调结构、转方式、发展高效节水农业战略部署和服务郊区产业发展需求，组织全院“百名专家对接百个基地”，并实施了科技惠农行动计划。在京郊推广各类新品种及相关配套技术 300 余项，示范各类物化新成果、新装备近 100 余项，建立核心示范面积 5.6 万亩。组织各类观摩活动 980 次，展示新品种 5 000 多个。为首都发展高效节水农业和区域农业发展提供了有力的科技支撑。

（三）科技支撑保障能力持续提升

人才队伍建设取得新进展。该院有 28 人次分别入选北京学者、高创计划、国家及市级百千万人才工程、北京市突出贡献专家、科技新星、优秀人才计划青年骨干人才、青年拔尖人才及团队等人才培养计划或工程，1 人被联合国开发计划署聘为项目专家。新聘 11 个正高级、22 个副高级，58 个中级专业技术职务；新招聘博士、硕士和大学生村官 46 名；招收 21 名博士后进站开展研究。有 3 个团队入选第二批农业部杰出人才及其创新团队。

科研支撑条件显著改善。新增国家和市级重点实验室、工程技术研究中心 4 个；农业航空应用技术国际联合研究中心被认定为国家国际科技合作基地。院综合科研大楼顺利竣工。与通州国际种业园区新签订了 800 亩土地租赁协议，杂交小麦试验站入驻南阳国家农业科技园区，院科研基地建设迈出了新步伐。

重点支持了创新团队建设、青年人才培养、科研能力提升、国际科技合作拓展等，院自主安排科研项目的预算支持稳步增强；更新、采购了一批仪器设备，进一步强化了市农科院科研设备条件在省级农科院的领先地位。

国内外交流与合作不断深入。组织召开了京津冀农业科技协同创新交流会，联合河北省农林科学院、天津市农业科学院成立了京津冀农业科技协同创新中心。同张家口、承德、唐山、河北省科技厅、河北农业大学、天津农科院等签署合作协议。发起成立了“首都食用菌产业科技创新服务联盟”，参与了“华北集约化农区水资源高效利用和地下水保护”创新工程的组建工作。与英国、保加利亚等国的研发机构签署合作协议 16 份，主办国际会议 7 次，28 个国家的 308 位学者来院讲学。

后勤基础保障稳步推进。新建了热力站，新建塑胶篮球场、羽毛球操场 1 200 平方米投入使用，改建了院学术报告厅。认真开展安全隐患检查整改和矛盾纠纷排查化解工作，对消防设施进行改造，完成了 13 000 多平方米的彩钢板房更新改造，确保了全院的安全稳定。

（四）院所管理水平不断深化

事业单位分类改革稳妥推进。结合发展实际，重新整理、上报事业单位分类方案。市编办已正式发文确定市农科院为公益一类事业单位。研究所评价体系引领作用更加明显。进一步完善了研究所评价指标体系，建立了更加科学规范的评价制度，既反映研究所创新实力，又体现研究所的管理水平，有效发挥了引领、导向和激励作用。学科布局与资源配置更加优化。按照院学科建设的整体布局需求，将综合所山区发展研究室与成果转化室（包括顺义科技园区）并入林果所，将信息所养蜂学科并入植保所，科研人员、科技资源和创新平台进一步优化整合。

种业企业改革顺利实施。根据中央种业改革精神，玉米种业与北京顺鑫控股集团合作成立北京顺鑫农科种业科技有限公司，科企合作联合开发玉米新品种，打造互利互赢合作平台，公司目前运转良好。对京研益农科技发展中心进行股份制改造，建立由院（所）和科技人员等出资的多元化现代企业产权制度，激发科研人员积极性和创造性，提升了蔬菜种业创新能力。

（五）党建和精神文明建设为全院快速发展提供坚强保障

扎实开展“三严三实”专题教育，切实加强党员干部思想政治建设。突出重点、多措并举，将专题教育融入日常学习，认真用好正反两方面镜子，深入开展研讨交流，不断夯实党员干部的思想基础；坚持问题导向，认真梳理问题清单，深入剖析思想根源，务求边学边查边改，专题教育取得了良好的成效。

认真落实从严管理干部要求，切实加强基层领导班子和干部队伍建设。稳步推进干部人事档案专项审核工作；切实将领导干部个人有关事项报告工作纳入制度化、规范化轨道；严格程序，选优配强处级领导班子；深入推进科级干部管理规范化、制度化；顺利完成基层领导班子、领导干部换届考察与所长任期目标考核工作；拓宽培养渠道，加强年轻干部培养。

不断强化服务理念，切实加强基层服务型党组织建设。完善考核机制，强化基层党建工作责任；不断提升基层党组织的服务能力和水平，组织举办纪念建党 94 周年暨抗战胜利 70 周年系列纪念活动，组织开展入党积极分子培训和共产党员献爱心活动、慰问困难党员活动，认真落实老干部政治待遇、生活待遇，做好党员发展工作。

积极推进宣传思想文化工作，切实加强全院精神文明建设。在人民日报、科技日报、农民日报、北京日报和京郊日报等报刊刊载 50 多篇有关市农科院报道；在中央电视台、北京电视台等宣传报道市农科院 10 余次。成功举办了“首届职工趣味运动会”，丰富了职工业余文化生活。

认真落实主体责任，深入推进党风廉政建设。坚持从严治党、依规治党，严明政治纪律和政治规矩，加强了科研经费监管、大额财政专项经费跟踪检查，强化了监督执纪问责，为全面完成院“十二五”规划提供了强有力的政治和纪律保证。

学会、协会

序号	登记证号	社团名称	业务主管单位	会　长	电　话	地　　址	邮　编
1	10257	北京农学会	北京市科学技术协会	李云伏	51503204	海淀区曙光中路 9 号，市农林科学院	100097
2	10265	北京作物学会	北京市科学技术协会	李云伏	51503241	海淀区曙光中路 9 号，市农林科学院作物所留守处	100097
3	京民社政字第 0011663 号	北京山区发展研究会	北京市科学技术协会	李云伏	51503911	海淀区曙光中路 9 号，市农林科学院综合发展研究所	100097
4	50030065-9	北京畜牧兽医学会	北京市科学技术协会	王金洛	51503210	海淀区曙光中路 9 号，市农林科学院畜牧兽医研究所	100097
5	10591	北京蔬菜学会	北京市科学技术协会	许　勇	51503200	海淀区曙光中路 9 号，市农林科学院蔬菜研究所	100097
6	11456	北京农业信息化学会	北京市科学技术协会	赵春江	51503593	海淀区曙光中路 11 号，市农林科学院信息中心，农科大厦 A 座 311 室	100097
7	10277	北京昆虫学会	北京市科学技术协会	高希武	51503688	海淀区曙光中路 9 号，市农林科学院植保与环保研究所	100097
8	10192	北京食用菌学会	北京市科学技术协会	刘　宇	51503437	海淀区曙光中路 9 号，市农林科学院植保与环保研究所	100097

（续）

序号	登记证号	社团名称	业务主管单位	会　长	电　话	地　　址	邮　编
9	10738	北京土壤学会	北京市科学技术协会	李保国	51503793 68463917	海淀区曙光中路9号，市农林科学院营养与资源研究所	100097
10	10070	北京水产学会	北京市科学技术协会	苏建通	67586268	北京市丰台区角门路18号，北京市农林科学院水产所	100068
11	11586	北京农产品质量安全学会	北京市科学技术协会	王纪华	51503405	海淀区曙光中路9号，市农林科学院综合楼508	100097
12	社政字第3755-13号	中国水产学会观赏鱼分会	中国水产学会	苏建通	61786877	北京市昌平区小汤山镇中心街155号	102211
13	2000-03	北京畜牧兽医学会小动物分会	北京市科学技术协会	刘　爵	51503671 51503210	海淀区曙光中路9号，市农林科学院畜牧兽医研究所	100097
14	10329	北京微生物学会兽医专业委员会	北京市科学技术协会	张培君	51503455	海淀区曙光中路9号，市农林科学院畜牧兽医研究所	100097
15	京民社证字第0011881号	北京智慧农业物联网产业技术创新战略联盟	北京市科学技术委员会	赵春江	51503128	北京农林科学院畜牧所西院3号楼二层西侧	100097
16	3531-4	中国畜牧兽医学会禽病分会	中国科学技术协会	张培君	51503678/677/355	海淀区曙光中路9号，市农林科学院畜牧兽医研究所	100097
17	社政字4085-2	中国技术经济学会农业技术经济分会	中国技术经济学会	朱希刚	51503648	海淀区曙光中路9号，市农林科学院综合发展研究所	100097
18	社政字第3802-9	中国经济林协会板栗专业委员会	中国经济林协会	黄武刚	82590742	海淀区香山瑞王坟甲12号，市农林科学院林果所	100093
19	中经林协字［2014］39号	中国经济林协会文玩核桃分会	中国经济林协会	秦树福		海淀区香山瑞王坟甲12号，市农林科学院林果所	100093
20		中国园艺学会樱桃分会	中国园艺学会	张开春	82596007	海淀区香山瑞王坟甲12号，市农林科学院林果所	100093
21		中国园艺学会草莓分会	中国园艺学会	张运涛	82598882	海淀区香山瑞王坟甲12号，市农林科学院林果所	100093

市农林科学院党政领导班子成员

党委书记　高　华

副书记　王　丽（女，9月免）　喻　京（女，9月任）

纪委书记　喻　京（女，9月免）

委员　程贤禄（正局级）　王　丽（女）　王金洛　唐桂均　喻　京（女）　赵春江

院　长　李云伏（7月免）　李成贵（10月任）

副院长　程贤禄（正局级）　王金洛　孙宝启（12月免）　唐桂均　苏建通

院长助理　王之岭　刘建华

（市农林科学院　郭建强）

北京市农村经济研究中心

2015年是全面深化改革的关键之年，是全面完成“十二五”规划的收官之年。在市委、市政府坚强领导下，市农经办（农研中心）认真贯彻落实党的十八大和十八届三中、四中、五中全会精神，习近平总书记系列重要讲话和对北京工作的重要指示精神，中央及北京市农村工作会议精神，凝心聚力，主动适应发展新常态，深入实施“新三起来”战略，紧紧围绕“集体经济审计年”主题，加快推进农村经济改革发展。全市农村经济稳中有进、稳中向好，全年各项重点工作圆满完成，“十二五”规划任务胜利收官，各项工作迈上了新的台阶。

“十二五”期间，市农经办（农研中心）按照“依法履职，服务大局，爱岗敬业，当好管家”的总要求，以“新三起来”为总抓手，认真贯彻落实中央和市委决策部署，坚持稳中求进，勇于改革创新，积极推进首都城乡一体化发展，着力保护发展农民经济权益。一是集体资产规模持续增长，农村集体资产总额超过10.4万亿元，是账内农村集体总资产5 200亿元的20多倍，是账内农村集体净资产的近60倍，其中集体直接经营资产超过4.82万亿元，个人经营的集体资产超过4.76万亿元，集体所有生态林为主的林地、农田、草地、湿地等生态服务价值超过7 790亿元。二是农村经济体制改革不断深化，2013年完成195个乡镇、3 958个村的集体土地所有权确权登记颁证工作，确权登记率达97%。三是农村集体产权制度改革不断加快，2015年全市完成集体经济产权制度改革的村集体经济组织达到3 892个，村级组织完成比例98%。四是新型集体经济组织股份分红水平不断提高，2015年，全市1 334个村集体经济组织实现股份分红，分红总金额45亿元，134万农民股东获得红利，人均分红收入3 368元，成为农民增收的重要来源。“十二五”期间，调研工作紧扣首都城市战略定位和京郊农村发展阶段性特征，树立“大农研”意识，强化政策研究，为市委市政府领导农村改革发展提供重要决策支持。大力开展农村改革试点研究，借用外部专家智慧，重视内部人才培养，实现了调查研究与经管、区划、信息四位一体融合发展新格局。“十二五”期间，农业农村管理信息化以“农村三资监管平台”为重点，加大统筹力度，促进资源整合，提供了集体资产管理服务、农业农村经营服务、“三农”政策调研服务，服务水平居全国前列。“十二五”以来，首都农村经济实力显著提升，农业现代化步伐明显加快，农民收入水平较快提高。首都农村经济尤其是农村合作经济稳步发展，成为首都经济社会发展的“压舱石”和“稳压器”。

市农经办（农研中心）依法履职，锐意进取，扎实工作，新常态下推动首都农业农村经济实现新发展。

主 要 工 作

一、主动适应发展新常态，重点领域改革创新实现新突破

扎实推进“农村集体经济审计年”工作，全市农村集体经济活力和抗风险能力持续提升。一年来，围绕“审计年”主题，制定了集体经济审计年工作方案，召开了集体经济审计年工作动员会。在市级层面，重点开展了新型集体经济组织经营效益审计、村级组织正常运转资金管理使用情况审计、征地补偿费管理使用情况审计、会计委托代理机构资金监管情况审计和村干部任期经济责任审计等农村集体经济审计工作。在区县级层面，开展了财务收支审计、财经法纪等审计工作。审计工作强化领导和统筹，每季度召开工作进展汇报会，各区县成立了专项工作领导小组，审计机制进一步理顺，监督服务作用得到强化。加强了农村审计队伍能力建设，910多名经管干部参加了集体经济审计和党风廉政建设培训班；朝阳等区县开展农村审计人员取证和后续教育工作，发放审计证600本。一年来，全市各级经管系统对9 163个单位进行了审计，审计金额超过2 683亿元，常规审计工作全面完成。林克庆副市长批示：“这项工作做得好。所提建议望推进，有些纳入明年农村工作重要任务”。通过开展审计年的工作，健全了制度，理顺了机制，发现了问题，补齐了短板，提升了农村集体经济活力和抗风险能力。

深入开展重点领域研究，“十三五”期间“5＋2”系列规划高质量编制完成。为了科学编制“十三五”时期全市农村经营管理和调查研究系列规划，提前谋划、深入开展了一系列重点领域的研究工作，主要有《“十三五”时期京郊农业发展研究》《北京市“十二五”时期城乡发展一体化评估和“十三五”时期城乡一体化发展问题研究》《北京市农村集体总资产评估研究》《北京市深化乡镇集体产权制度改革研究》《走向乡镇统筹——来自北京郊区40个村庄1978—2014年的发展趋势分析》《北京市集体资产市场化经营及城镇化中农民保障问题研究》《北京市“美丽智慧乡村”建设理论与实践研究》等。这些重点研究工作，总结了“十二五”时期京郊农村经济的发展经验，创新了新形势

下首都农村经济的发展理论，10余项研究成果得到了市委、市政府领导的肯定。通过统筹、研究和顶层设计，高质量及时完成了北京市“十三五”时期农村合作经济发展规划等“2+5”系列规划。系列规划立足首都发展新特征，总结“十二五”时期的发展经验，分析“十三五”时期的发展环境，提出了一系列富有新意的指导思想和基本原则，功能定位和工作方向，发展模式和政策导向。各项规划贯穿了认识、适应、引领农村经济发展新常态的大逻辑，融合了创新、协调、绿色、开放、共享发展的大理念，为“十三五”时期北京市农村经济改革发展描绘了宏伟蓝图。

北京市第二道绿化隔离地区集体经营性建设用地试点改革工作扎实推进。不断完善试点实施方案，明确试点总体流程和专项流程。完成二绿地区乡镇试点典型路径调研报告，总结提出了重大项目带动、产业就地升级、腾笼换鸟、基础设施带动等4个类型的典型改革路径。研究建立了“五区六镇”试点统筹利用集体建设用地信息管理系统。长辛店镇和台湖镇启动了局部地区拆除腾退工作。举办了全市经管干部“乡镇统筹利用集体经营性建设用地”专题培训。扩展了远郊房山区、平谷区、门头沟区的新试点工作。积极参与了市委城市规划建设领域改革小组二道绿隔地区减量发展政策设计工作。

全市首家旅游用地经营权股份合作制试点合作社挂牌成立，集体经营性建设用地股份制改革迈出新的步伐。12月2日，全市首家旅游用地经营权股份合作制试点合作社——北京云谷水寨民俗旅游专业合作社在怀柔区琉璃庙镇二台子村挂牌，标志着山区农村盘活土地资源，把分散的土地经营权集中起来进行适度规模经营取得了突破。这种经营方式得到了农民的高度认同，所有村民积极入社，通过社员大会确定了合作社的名称、章程、股权设置、股份合作方案及各项规章制度。通过这个改革试点，探索了一条农村土地资源参与市场要素配置和产业链价值分割的有效途径，带动了郊区发展，促进了农民增收。

成立北京市农村金融协会，农村金融服务创新实现新的突破。10月17日，指导、支持、召开了北京市农村金融协会成立大会暨第一届会员大会，标志着面向农村实体经济、服务郊区基层农民的金融服务体系建设取得新突破。农村金融协会的成立和运行，满足了首都新型城镇化、都市型现代农业和城乡一体化发展的现实需要，落实了中央关于加强农村金融服务的要求，推进了本市普惠金融发展。北京电视台、农民日报、中国改革报、经济参考报等媒体都踊跃报道。

成功举办北京首届农园节，休闲农业市场开拓实现新的突破。7月18日，北京首届农园节拉开帷幕，来自北京、天津、河北的近百家农园积极参与，组织了一系列以秋收为主题的特色农产品大集和秋游活动，线上推广、线下宣传，吸引了万余名市民参加。8—11月连续4个月形成北京农园接待情况统计分析报告，农园节的影响和效果逐渐显现。首届农园节开拓了首都休闲农业新市场，为乡村旅游注入了新活力。

农经统计以满分成绩位赢得全国第一名，连续七年获得先进单位称号，基础工作迈上新的台阶。扎实开展各项常规统计，认真做好专项监测工作。完成农业部系统、市统计系统、市农经系统各类年度综合报表28套，完成农村经济收益分配表、公有经济资产负债表等多个经营层次、11套报表的数据核实与汇总工作。完成中央政研室、农业部部署的3个全国调查点常规调查和专项调查工作。完成郊区2个年度、23万个低收入户、645个低收入村的季度监测汇总分析工作。核查、汇总13个区县、105万农户家庭详细数据。完成2014年度、450个监测点、26个农产品品种的成本效益监测工作，完成2015年度、75个品种监测点的数据审核汇总工作。研究编制了新的“农村合作经济经营管理综合统计报表制度”，设计了新的“三资监管平台”框架体系。向农业部、市委市政府及其他部门提供大数据量咨询服务50余次。农经统计数据资源有了更多、更深入的应用。

以点带面推进智慧乡村建设实现新的突破。发布《北京智慧乡村建设指南》（试行版），49个村智慧乡村建设项目扎实推进。启动美丽智慧西柏店试点二期建设，启动密云不老屯、水漳村和门头沟涧沟村启动信息化试点，完成黄山店村幽岚山休闲农业信息化试点建设。完成北京现代农业“221信息平台”2万余条数据更新。实现政府“221物联网平台”与企业“农场云服务平台”的对接。采集13个区县、144个乡镇的生产性服务基础数据，在线发布位置服务点5 059个，为农村基层提供产销信息渠道服务，为城镇居民提供休闲农业与乡村旅游地图服务。北京现代农业信息网总点击量超过4 340万次，发布信息 27.3 万条，注册会员 2 285 家。运行北京移动农网信息机 188 台，服务农信机4 902台，发送农村实用信息 2 352 万条，同比增长15.7%。

扎实开展“三严三实”专题教育，作风建设取得新的成效。在市委第六巡回指导组指导下，中心党组精心部署，统筹安排，通过动员部署、专题学习、党课教育、查找问题和民主生活会等环节，领导带头、以上率下，强化组织发动和群众监督，突出建章立制和制度落实，“三严三实”专题教育取得实效。党组书记亲自讲党课，党组会议专题研究部署专题教育，各党支部认真组织专题组织生活会。针对查摆出的不严不实突出问题，进一步加强了制度建设，更加严格地落实各项纪律和规章制度。2016 年 1 月 11 日，召开了中心党组民主生活会和专题组织生活会，领导班子成员逐个发言，对照检查，深入开展批评和自我批评，得到市委第六巡回指导组的充分肯定。通过“三严三实”专题教育，中心党员干部抓作风、转作风，增党性、强纪律的自觉性普遍增强，思想政治和工作作风建设取得新的成效。

二、加快推进农村产权制度改革，资产经营起来取得新成果

开展乡镇级集体经济产权制度改革专项调查。完成了《北京市乡镇级集体经济产权制度改革调查报告》和《北京市深化乡镇集体产权制度改革研究》课题，召开了乡镇级产权制度改革研讨会，摸清了存在的突出问题，提出了深化改革的政策建议，为深入推进改革打下基础。

不断强化农村集体“三资”管理。组织完成全市农村集体资产年检，审查农村集体资产存量及变动情况，完成全市农村集体资产产权登记证的填写工作。房山区村级集体“三资”管理权力清单试点工作成效显著，形成了《村级报账工作手册》《村级集体经济事项运行管理手册》和《进一步加强农村集体资产管理的意见》。完成《北京市农村改革与集体经济发展》研究报告和《北京市农村经管工作创新集萃》。全市农村集体“三资”管理工作水平不断提升。

深入开展农村集体经济合同清理整改工作。贯彻落实《关于加强农村集体资产管理的若干意见》和《北京市农村集体经济合同管理办法（试行）》，开展了全市农村集体经济合同统一清理整改，成效显著。全市清理整改的经济合同近 1.3 万份，合同总金额 147.3 亿元，占问题合同总量的 64.3%，超额完成了 50%的整改任务。通过清理整改，增加合同总金额 1.8 亿元，保护了农村集体和农民的经济权益。针对整改中存在的问题，各区县普遍健全完善了管理制度，强化了对新签订合同的管理。

进一步规范农村集体财务会计管理。扎实做好农村财会基础工作，进一步规范和完善村级会计委托代理服务。全市实行村级会计委托代理的村3 842个，占总村数的 96.7%，其中实行财务与资金双代理的村2 987个，占总村数的 75.2%。继续推进农村集体财务管理规范化建设，全市已有 141 个乡镇、2 969个村完成了规范化建设任务，完成比例分别达到 73%和 75%。全市村级普遍实行了财务公开，其中按月和按季公开的村有3 030个，占全市总村数的 76%。组织编写《北京市农村财务会计培训教材》和《北京市农村集体财务规范化管理学习读本》，积极开展农村财务培训工作，培训基层财务会计 200 余人。

三、积极探索农村土地制度改革，土地流转起来取得新成效

参与农村土地承包经营权确权登记颁证试点工作。参与制定全市确权登记颁证工作意见、实施方案和问题解答；参与确权登记颁证数据库、业务管理系统和市级信息平台建设方案设计；参与农村集体建设用地确权登记颁证检查验收和村庄地籍调查试点工作；参与设计生态林用地合同文本，指导区县做好土地流转与经济合同签订；举办了两期确权登记颁证培训班，建立了月例会和月报制度。全市完成测绘单位招标的乡镇 68 个，完成权属调查的村 497 个，完成审核公示的村 395 个，规范承包合同的村 237 个，建立了登记簿的村 227 个。

开展农地流转价格和规模经营效益动态监测，做好土地承包与流转年度统计分析工作。完成了全市农地流转价格监测报告和农地适度规模经营效益监测报告。完善了农地流转价格监测指标体系，开发了“三资”平台相关功能模块。2014 年，全市确权面积 440.6 万亩，其中，确权确地 256.5 万

亩，确权确利 134.5 万亩，确权确股 49.6 万亩。土地流转总面积 236.9 万亩，占全市确权面积的 53.8%，土地流转率突破 50%，农地适度规模经营效益监测主体的平均净利润 16.2 万元，亩均净利润为 368 元，全市农地适度规模经营效益不断提升。2015 年上半年，全市 53 个监测点农地流转面积近 4.6 万亩，平均每亩流转价格 1 523 元。

开展农村土地承包经营纠纷调解仲裁工作。完成《2010—2014 年北京市农村土地承包经营纠纷调解仲裁工作情况的报告》。组织全市农村土地承包经营纠纷仲裁培训班，培训仲裁员和工作人员 150 多人。组织昌平等部分区县参加农业部经管总站举办的仲裁师资骨干人员培训班。开展“群众信赖的农村土地承包仲裁员”推介工作。受理农村土地承包经营纠纷信访件 7 件，妥善化解了土地承包矛盾纠纷。

深化土地信托和土地股份制试点工作。完善密云水漳村土地信托试点。指导水漳村股份经济合作社、水漳村圣水樱桃合作社的财务整顿工作，督促信托资金使用方圣水樱桃合作社认真履行合同，确保信托资金使用规范。启动了土地信托试点评估工作，12 月 17 日顺利通过土地信托化经营试点中期评估。选择怀柔区琉璃庙镇二台子村为土地股份制试点村，12 月 2 日，全市首家旅游用地经营权股份合作制试点合作社——北京云谷水寨民俗旅游专业合作社在二台子村挂牌成立。

四、加快提升农民专业合作能力，农民组织起来取得新进展

培育创建第四批市级示范社。按照《关于开展 2015 年农民专业合作社市级示范社培育创建工作的通知》，制定了第四批示范社的培育创建方案，召开了专家指导组工作会议，确定 75 家农民专业合作社成为第四批市级示范社，加强了全部 216 家市级示范社的指导与服务。

稳步推进市级合作社联合会建设。按照“一年起步、二年起跳、三年起飞”的建设目标，完善联合会内部制度，建立健全了职能部门，优化了人员配置。创建展销平台，完成了“北京农联服务中心”建设，完成 4 个区县名特优农产品展销大厅特装工程。推广北京农联品牌，组织 10 个区县、20 余家合作社参加第三届北京农业嘉年华；组织 50 多家合作社、农业园区在玉渊潭公园举办了郊区农产品展销会；开展京郊合作社名特优农产品进社区展卖活动 4 次；组织 8 家合作社参加市龙头企业协会和全国龙头企业展会等社会公益活动。

深入基层做好合作社规范化指导工作。分别赴昌平等 6 个区对北京谷氏獭兔养殖专业合作社等基层合作社进行调研指导。指导郊区县成立若干农民专业合作社联合社，并跟踪调研与服务，如平谷区北京绿谷沃丰果品产销农民专业合作社联合社、昌平区北京古韵流村乡村旅游开发专业合作社联合社、平谷区北京互联农业服务专业合作社联合社等。

加强了对农民专业合作社的服务工作。与农村商业银行合作研究，建立了北京市农民合作社信用评级体系。组织拍摄了《北京市农民专业合作社巡礼》纪录片，编印了《北京市农民专业合作社进社区》宣传画册。举办了“互联网+”农业农民专业合作社培训班、国家级示范社监测信息系统培训班、农民专业合作社市级示范社理事长培训班。组织合作社考察团赴吉首市学习考察。组织区县研究确立了新的农民专业合作社统计报表指标体系，完成农民专业合作社统计分析年度报告。

基层农经干部培训工作扎实推进。举办了“互联网+”农业农民合作社发展专题培训班，全市 194 家国家级示范社和市级示范社理事长或理事长助理参加了培训。组织郊区 3 个农民合作社内置金融改革试点负责人，赴河南郝堂村和南街村考察学习。组织 13 个涉农区县 28 名农经干部学员赴台湾开展专题学习培训。“农经培训网”开始试运行。

五、加强农村金融服务创新，合作金融发展迈出新步伐

农民专业合作社内部资金互助试点工作实现新突破。与北京市农投公司、中国乡建院合作，扎实推进大兴区长子营镇赤鲁村、平谷区大兴庄镇西柏店村、平谷区镇罗营镇东四道岭村的农民专业合作社内部资金互助改革试点。与市农投公司、中国乡建院、试点村签署了“新三起来”改革试点建设的四方合作协议。研究印发了《北京市农民专业合作社内部资金互助试点管理办法》，指导改革试点村规范开展工作。

推动农村金融融资服务实现新突破。积极对接

金融机构与农村经营主体，北京银行郊区管理部向农村经营主体发放贷款 6 804 万元，同比增长 21.8%；北京农商行对农户的贷款 4 865 笔，贷款余额 12.2 亿元；市农担公司为农村经营主体提供贷款担保 1.8 亿元。协调北京银行郊区管理部，为北京荣涛豌豆产销专业合作社、北京渤海冷水鱼养殖专业合作社、北京兴农天力农机服务专业合作社解决贷款 1 630 万元。

推动农村集体资产产权流转交易实现新突破。加强与北京农村产权交易所的工作协同，加强指导和服务，全市累计成交农村产权交易 134 笔，成交金额近 15 亿元，流转土地面积 4.4 万亩，实物资产房屋面积 4.3 万平方米。其中，土地流转类项目占 73.1%，集体资产类项目占 26.9%。

六、加强农村生态文明工作，美丽乡村建设取得新成果

强化区划职能，扎实开展生态文明建设试点工作。围绕十八大以来中央对生态文明建设的要求，履行资源区划工作职能，探索以生态文明为导向的区域经济发展模式，在农村生态文明建设、农业资源开发利用、农业可持续发展等方面，开展试点推广工作取得了新成果。完成了《农村生活污水景观化处理试点工程巩固完善与总结推广》《农村生活垃圾源头分类与资源化利用巩固与提高》《平谷区生态文明建设规划实施的咨询指导工作》《浅层地热试验的总结、提升与推广》《利用合作组织促进乡村旅游提档升级的经验总结与推广》等 5 项试点项目，为郊区农村生态文明建设做出了新贡献。

强化研究职能，农村生态文明建设调研工作扎实推进。联合三地区划部门，完成《京津冀协同发展中生态环境问题研究》，提出了政策建议。完成《北京农业可持续发展调查研究》，提出了工作方向及措施。完成《鼓励社会资本参与农村生活污水景观化处理设施建设试验研究》，明确了社会资本引入的方式、比例、结构和收益，成果即将实际应用。完成《北京市休闲农业园区现状调查与发展对策研究》《北京市郊区土地利用消长变化监测分析报告》，为相关部门提供了决策参考。

观光休闲农业工作扎实推进。完善了北京市休闲农业与乡村旅游固定观察点建设工作。完成“五一假期”“十一假期”期间京郊休闲农业与乡村游监测点情况分析报告。完成年度休闲农业与乡村旅游星级企业（园区）创建工作，完成市级 11 个区县、35 家星级园区（企业）验收工作。在第六届全国星级企业（园区）创建中，北京市评出 5 家五星级、4 家四星级和 2 家三星级企业（园区）。借助北京观光休闲农业行业协会，协助举办了第六届国际社区支持农业大会暨第七届中国社会农业大会，举办了休闲农业与美丽乡村建设分论坛活动。

七、加强农民负担监督管理，一事一议奖补覆盖面稳步扩大

强化农民负担监督管理。会同市发改委、市财政局、市广电局，组织开展了春秋两季农民负担监督检查工作。通过抽查，没有发现区县存在加重农民负担的情况。组织各区县开展涉农乱收费专项治理工作，没有发现乱收费、乱摊派等违反国家有关规定的现象。组织开展村级公益事业用电价格、用电量及电表分设情况专项调研，根据发现的问题，联合市发改委，市农委、市民政局、市电力公司召开专题督办协商会，甄别调整了村委会办公用电、其他公益设施电价、分表计量改造申报等基层难题。全市一事一议财政奖补覆盖面稳步扩大，2015 年各级财政奖补资金 4.4 亿元，建设项目 591 个，大部分已经完工。

八、加强“三农”发展智库建设，调查研究工作取得新成果

强化“三农”改革发展重点难点问题调查研究。把握首都城市功能战略定位和京津冀协同发展新形势，开展了《北京市“十二五”时期城乡发展一体化评估及“十二五”时期城乡一体化发展问题研究》《北京市大兴区农村集体经营性建设用地入市试点若干问题研究》《北京市农业规模经营问题研究》《北京市设施农业发展研究》《北京市休闲农业园区现状调查与发展对策研究》等重点课题调查研究工作，为解决“三农”改革发展中的重点难点问题提供理论支撑。一年来，完成重大课题 5 项、重点课题 7 项，一般课题 11 项、中青年课题 10 项、平谷试验区课题与重点工作 4 项、统计分析及发展报告 18 项。发表研究文章 70 篇，出版研究著作 14 部，举办和参加各种学术性会议 52 次。

强化调查研究统筹和管理。围绕农村改革发展新形势和市委、市政府工作大局，制定了全年调研工作要点，确定了“转变农业经济发展方式、新型城镇化与城乡一体化、深化农村改革、加强农村法治建设、农村改革创新试点、提高调研管理科学化水平”6个方面、29项重点研究内容。印发了《调研课题考核办法（试行）》《稿费及专家咨询劳务报酬发放管理办法（试行）》《对外委托课题管理办法（试行）》，修订了《调研管理制度与流程汇编》，构建了完整的调研管理制度体系。《2015年目标管理任务书》中40项调研课题进展顺利。

平谷农村改革试验区工作扎实推进。与农民日报共同组成联合调研组开展了专题采访调研，围绕平谷农村改革发展创新研究试验区的具体工作，从转变农村资源配置方式、农业发展方式、农业经营方式、农村建设方式、农村治理方式等方面，对金海湖镇农民保障房建设、正大蛋鸡场项目、马坊工业园区农众物联公司等19个发展典型，完成了专题采访调研。联合市农委宣教中心、北京电视台赴平谷区拍摄了有关资料。

认真做好编刊史志工作。出版发行《北京农村经济》月刊12期。完成《北京农村年鉴》组稿编审工作。完成《北京志·农业农村志》（1996—2010年）初审稿。出版《北京农村经济发展报告·2014》。完成《北京市农村集体经济产权制度改革史》《北京市农民合作社发展历史研究》《北京农村经济发展史研究》等研究工作。2015年郊区党建征文和北京郊区推进“新三起来”典型案例征文活动扎实推进。

新农村改革与发展观察员建设工作不断加强。加强与市区两级村官办和区县联络员的工作协调，优化观察员网站，创建“北京农村观察员”的微信公众号，组织5项专项调查。上报调查表单91份、716份，上传率超过70%，数量及质量有较大提高。组织“新三起来”征文活动，提交20篇优秀征文。《2015年北京农村居民关心的热点问题调查分析》被市委信息刊物《北京信息》采纳。

对外学术交流与农经宣传工作上迈出新步伐。召开《农村宅基地制度与城乡一体化》新书发布暨研讨会。参与组织在北京举办的第八届中国城市化国际峰会。北京市城郊经济研究会被中国国际城市化发展战略研究委员会确定为战略合作机构。参加在上海举办的第九届中国国际有机食品博览会暨有机食品市场与发展国际研讨会。组织完成在台湾举办的第十八届京台科技论坛农业交流合作活动，促进了京台农业互联互通。

九、加强农业农村信息化建设，农信融合发展实现新跨越

强化顶层设计，扎实推进信息化与农村经济社会融合发展。全面评估“十二五”时期全市农业农村信息化工作，我市工作水平居全国前列。认真编制“十三五”时期农业农村信息化发展规划，提出以数据资源开发利用为主线，推进信息化与农业农村各领域深度融合的发展思路，明确了工作目标和17项重点任务。印发全市年度农业农村信息化重点工作及任务分工。组织开展全国农业农村信息化示范基地申报工作，推荐66家单位加入全国农业信息化联盟成员、214人加入全国农业信息化智库。组织了北京市农业农村信息化示范基地认定工作，20家单位入选本年度北京市示范基地。首次开展北京市农业信息化龙头企业认定工作，53家申报单位通过了专家评审。

不断提高电子政务建设与应用的水平。按照国务院办公厅和市政府办公厅的通知精神，认真做好第一次全国政府网站普查相关工作。加强了北京农经网信息内容建设管理工作，丰富了在线数据信息资源，完善了数据信息更新机制，北京农经网在第二轮监测中得分为89.9分。首次组织北京农经网在线访谈节目，蒋洪昉副主任和熊文武副巡视员分别带领有关人员，走进市政府网站“首都之窗”直播间，与网民进行互动交流，很好地宣传了本市农村经管工作。北京农经网总点击量超过1 120万次，同比上升43%；总页面浏览量550.7万页，同比上升1.4倍；总访问次数63.6万次，上升27%。编发“每日三农舆情快报”226期，发送手机短信提示555条，涉农舆情月度分析报告11期。在市政府信息公开工作管理系统上主动公开信息622条，受理并答复依申请政府信息公开事项6件等。

强化数据资源和信息安全保障建设。对221信息平台、221物联网、涉农舆情管理系统、产权交易管理网等14个信息系统全面梳理，完成市农经办617个数据类、5 342个数据项的业务与信息资源目录，形成“市农经办业务工作手册”。完善并形成全市涉农业务目录1 837条、信息资源目录

11 503条、信息资源需求 25 条、共享目录 25 条。进一步加强了全市农口综合机房的信息安全规范化管理和运行维护工作。

农村管理信息化建设和运维工作有序开展。完成 2014 年度农村管理信息化 16 个数据库资料更新，数据质量良好。完成农村经济在线审计（二期）项目建设，基本实现在线审计全覆盖。启动修编农村经管综合统计报表制度和“三资”监管平台升级工程，同时确保应用系统和软硬件安全高效运行。11 月底召开了全市农村“三资”监管平台应用现场会。举办农村管理信息化和农经综合统计等专题培训 35 期，培训人员 5 883 人次。

信息服务工作扎实推进。编发《北京城乡经济信息》82 期、12.8 多万字，《城乡经济通讯》37 期、57.5 多万字，共编发各类稿件 571 篇、图片 470 张。北京农经网后台收到报送信息 5 007 条，审核编发 5 735 条次；首都农经微博发布博文 848 篇，阅读量 61.3 万人次，粉丝 28 891 人；向中国农业信息网政务网站报送信息 5 334 条，向中国农业信息网全国联播频道推送信息 1 006 条，得到农业部信息中心的好评；向首都之窗运行管理中心报送信息 1 732 条。在新一届理事会带领下，北京市农产品产销信息协会走上新的发展轨道，与北京市农产品流通协会建立了合作机制发展机制。

十、党的建设、干部队伍建设和机关建设水平不断提高

加强思想政治建设，认真落实从严治党有关要求。按照中央和市委的统一部署，在全体党员中开展了“严以修身、严以用权、严以律己”和“谋事要实、创业要实、做人要实”的“三严三实”专题教育，通过专题学习、查找问题和民主生活会等环节，推动了不严不实问题的整改，使党员干部“补了钙”“加了油”，进一步增强了党性观念和纪律意识，党组织的思想政治建设和作风建设得到加强。一是结合“三严三实”进行党性党风教育。组织全体党员观看了市委书记郭金龙同志以“深入学习践行‘三严三实’，以良好作风做好新时期首都工作”为主题的党课辅导报告。中心党组书记、主任郭光磊以“坚定理论自信，践行‘三严三实’”为主题给机关百余名党员干部讲党课。二是开展纪律警示教育。组织观看了市纪委下发的《北京市正风肃纪教育片选集》9 集和专题纪录片《谷文昌》等。组织副处以上干部到北京孔庙国子监博物馆参观中国古代官德文化展。三是开展理想信念教育。与市直机关工委、市委讲师团共同举办了“纪念中国人民抗日战争暨世界反法西斯战争胜利 70 周年”报告会，邀请中央党史研究室原副主任李忠杰做了“从抗战历史中汲取营养和智慧”专题报告。组织全体干部职工参观抗战纪念馆。七一建党 94 周年之际，组织全体党员，到全国爱国主义教育示范基地天津市蓟县盘山革命烈士陵园举行谒陵仪式，重温入党誓词，参观烈士纪念馆，进行革命传统教育。四是加强党组理论中心组学习。全年党组中心组学习比往年次数多，频率高，全年共组织集体学习 15 次。组织集体学习研讨交流活动 6 次，发布简报 9 条。五是加强“周末大讲堂”的理论学习。围绕新常态下的新变化新要求，全年共举办“周末大讲堂”12 期，引导党员干部紧跟形势，思想上、政治上、行动上与党中央保持高度一致。

抓好机关党组织建设，夯实中心党建工作基础。一是开好党组民主生活会和支部组织生活会。按照上级要求，精心组织，周密安排，开好党组生活会。中心各支部也按照规定要求召开了党员组织生活会，每名班子成员以普通党员的身份参加了分管部门处室的组织生活会。二是召开党建工作会，推进中心党的建设。三是加强基层党组织建设。根据支部建设情况的变化，新建党支部 1 个，改选 2 个。组织参加入党积极分子培训班 4 人，发展新党员 3 名，4 名预备党员按时转正。四是抓好典型，弘扬正能量。开展了向冯建国、白晨等同志学习活动，号召各支部要以他们为榜样，以饱满的工作热情和奋发有为的精神风貌，努力在平凡的岗位上，取得不平凡的业绩。五一劳动节前夕，资源区划处冯建国同志荣获了市委、市政府授予的“北京市先进工作者”称号。

抓机关作风建设，巩固“三严三实”教育成果。一是按照市纪委关于开展“为官不为”“为官乱为”问题专项治理工作的统一部署开展专项治理工作。制定了工作方案并组织实施，各支部组织专题讨论，查找“为官不为”“为官乱为”现象表现 25 条，并积极进行整改。二是认真执行《中心关于加强机关党组织建设与联系点村帮扶共建的办法》，深入开展干部驻村入户活动，使党员干部在联系服务基层和群众中增进感情、提高能力、改进

作风。两节期间，在中心领导班子成员的带领下，各党支部分别到14个联系点村进行走访慰问，共走访慰问了70户困难群众，并为他们送去了慰问品和慰问金。

抓党风廉政建设，认真落实“两个责任”和制度措施。一是认真签订党风廉政责任书。中心党组书记与领导班子成员、领导班子成员与分管部门负责人都签订了党风廉政建设责任书，进一步强化了主体责任和监督责任。二是认真完成党风廉政建设“两个责任”的专项检查工作。根据市纪委的工作要求，认真对中心党风廉政建设的党组主体责任和纪委监督责任的落实情况进行检查，并将自查报告及时报送市纪委。三是加强纪检组织和队伍建设。根据《党章》和《条例》的规定和要求，经中心党组研究同意，在中心16个党支部内均设立了纪检委员，并印发了《支部纪检委员任务职责》。四是坚持“三重一大”和有关财务审批制度。严格执行《中心关于经费使用公开监督管理的实施方案》的有关规定，认真做好招投标监管。五是强化正风肃纪。认真落实中央八项规定精神和市委、市纪委有关要求，开展正风肃纪专项整治活动。狠抓春节、元旦、五一、中秋、十一等节日时点的监督检查和各项规定的落实，全年未发生“四风”违纪违规案件，受到市直机关纪工委的通报表扬。

加强干部队伍建设，为事业发展提供不竭动力。一是按照市委、市政府关于清理规范全市培训中心的有关要求，研究制定了中心培训部职能调整方案，市编办批复同意了中心培训部更名为农财中心及调整职能的请示，农财中心相关建设工作顺利进行。二是加强干部监督管理工作，对中心登记备案人员的出国（境）证件进行清查和集中保管。三是引进新的人才。全年遴选引进4名公务员，接收军转干部1名，社会招考录用公务员1名，信息中心录用应届硕士毕业生2名，接收了高校挂职博士7名。四是基本完成第一批公车改革任务。按照市公车改革办公室的有关要求，公车改革及相关司勤人员安置工作顺利进行。

提高机关运行保障能力，更好地履行中心工作职责。一是按照高效规范的要求，努力做好内外组织协调工作，包括办文、办会、办事和督查工作。二是按照积极主动的要求，认真做好运行保障工作，包括机关办公楼、机关食堂、人才公寓的安全保卫、环境绿化、卫生保洁等工作，加强聘用人员管理工作，办公设备和各类固定资产合理配置、正常运转。二是不断强化机关财务管理。印发了《中心内部控制规范手册》，修订了15项《中心财务管理办法》，完成了中心2个自评项目的绩效考评和2014年委托项目资金使用情况自查工作。三是做好机关工会服务工作。坚持做好职工体检服务工作，为机关干部职工统一办理公园年票，组织十公里“健步走”活动等。

学会、协会

登记证号	社团名称	业务主管单位	会长	电话	地　址	邮编
0010325	北京市城郊经济研究会	农研中心	郭光磊	64866072	朝阳区北沙滩7号院3号楼	100101
0011244	北京市农产品产销信息协会	农研中心	张建民	64866135	西城区裕民中路6号	100029
0011364	北京观光休闲农业行业协会	农研中心	蒋洪昉	82997538	西城区裕民中路6号	100029
0011424	北京农史研究会	农研中心	焦守田	64866078	朝阳区北沙滩7号院3号楼	100101

市农研中心（市农经办）
党政领导班子成员

党组书记　郭光磊
党组成员　张秋锦　曹四发
蒋洪昉　吴志强
刘军萍　戚书平
纪检组长　戚书平
主任　郭光磊
副主任　张秋锦　曹四发
蒋洪昉　吴志强
市城乡经济信息中心主任　刘军萍
副巡视员　熊文武

［市农研中心（市农经办）办公室］

北京农业职业学院

概　　况

北京农业职业学院设有园艺系、畜牧兽医系、食品与生物工程系等 9 个系部以及国际教育学院、机电工程学院和继续教育学院，开设园艺技术、畜牧兽医和绿色食品生产与检验等 40 个高职专业。

占地面积 81.22 万平方米，产权建筑面积 36.09 万平方米。图书馆建筑面积 6 113 平方米，纸质图书 48.29 万册、电子图书 4 204GB。固定资产总值 65 892 万元，其中，教学、科研仪器设备总值 11 374 万元。

全年教育经费投入 51 065.58 万元（含体育馆建设经费 1 000 万元），其中国家拨款 45 592.15 万元（含体育馆建设经费 1 000 万元），自筹经费 5 473.43万元。

拥有计算机 3 733 台，多媒体教室 165 间，信息化设备资产 4 357 万元，网络信息点数 4 500 个，校园网出口总带宽 630Mbps，电子邮件系统用户数 960 个，上网课程数 66 门，数字资源量 8 200GB，管理信息系统数据总量 300GB。

教职工 859 人，其中，专任教师 404 人，包括教授及教授级高级工程师 22 人，副教授及高级工程师以上 130 人；博士 37 人，硕士 233 人；双师型教师 316 人。外聘教师 86 人。

毕业生 1 951 人，其中，高职生 1 455 人，中职生 312 人，成人专科 184 人。毕业生一次就业率 98.78%。招生 1 682 人，其中，高职生 1 315 人，中职生 228 人，成人专科 139 人。高考北京地区提档线文科 150 分、理科 150 分，单考单招 150 分。在校生 4 903 人，其中，高职生 3 864 人，中职生 680 人，成人专科 359 人。

主　要　工　作

一、全年工作的主要亮点

（一）发布学院章程

学院是北京市 5 所大学章程试点单位之一，也是唯一一所参与试点的高职院校，学院章程的发布实施，在首都高院中起到了引领示范作用。

（二）与房山区政府共同举办第四届中国兰花大会

兰花大会有力地促进了我国北方地区兰花产业发展。通过这次大会，学院不仅在国内提高了影响力，还在国际上取得了影响。校园周边的环境也得到了极大改善。

（三）与首农集团共同牵头成立中国都市农业职教集团

中国都市农业职业教育集团是农业部拟成立的五个职教集团的第三个，也是北京市唯一的一家“国”字头的职教集团，是学院在打造都市农业办学特色方面的重大跨越，为学院的发展拓展了更加广阔的空间。

（四）承办北京市中学生学农教育

主动承担北京市中学生学农教育试点工作，成为第一家市教委挂牌的北京市中小学生劳动教育基地。2015 年共完成 5 期 2 041 名学生的教育任务，受到上级的肯定和社会各界好评，为学院赢得了声誉。

（五）启动低收入村人才培养工作

在市农委、水务局的大力支持下，市教委批准学院实施面向本市 645 个低收入村自主招生免费上大学的优惠政策，带动低收入家庭脱贫致富。

（六）学历人才培养取得突破

市教委分配给学院高端技术技能人才贯通培养计划 500 人，学院已与北京十二中、北京农学院、中国农大等院校达成合作意向，相关工作正在积极开展。

（七）启动京津冀职业人才协同培养工作

根据京津冀协同发展的精神以及市教委与河北省教育厅签署的战略合作协议要求，学院与河北北方学院、河北旅游职业学院、河北沧州职业学院达成人才培养初步合作意向。

（八）启动新型职业农民学历教育工程

创新农广校学员进入高职学历教育学习的途径，已开发园艺技术、农村经营管理等 4 个专业及方向。截至年底，已完成学员报名和高考资格认定工作，制订了四个专业及方向的人才培养方案，实现了成人教育与普通教育相融通，中等职业教育和高等职业教育相衔接。

（九）完成北京市农村基层人才培养工程的方案制定

为加强农村基层党建，保证党的农村基层组织后继有人，在市委组织部和市委农工委的指导下，学院完成了北京市农村基层人才培养工程的方案制定及农村干部培训规划前期工作。根据市委农工委制定的“2016—2020 年全市农村基层干部教育培训规划”，学院将承办多种类型、层次的乡镇干部、村干部、村后备干部以及大学生村官示范培训班，有效盘活办学资源。

（十）启动“十三五”规划编制

“十三五”时期是学院转型发展的关键时期，“十三五”规划对促进学院科学、健康和高水平发展具有战略意义。经过前期大量的工作，目前规划初稿已经完成，正在按照工作计划有序推进。

二、全年主要工作情况

（一）积极推进内涵建设

一是专业结构进一步优化。新增酿酒技术（葡萄酒酿造技术方向）、给排水工程技术和机械设计与制造（计算机辅助设计与制造方向）三个专业，2016 年开始招生，学院的都市农业办学特色更加鲜明。

二是教学改革进一步深化。中高衔接对接院校增加北京市昌平职业学院、北京市环境与艺术学院，专业涉及园艺技术（观赏园艺）和环境艺术设计。在机电工程学院启动五年制高职学分制改革试点，为学院全面实施学分制奠定了基础。机电工程学院与正德永成汽贸公司开展了“现代学徒制”试点，与海联力通有限公司共建了面向一汽大众定向班的教学实训室。畜牧兽医系开办了首农订单班。财会金融系开办了“维度金融订单班”。另外，组建了奶牛健康养殖、奶牛疫病防治、园林景观及经营管理四个大师工作室，促进了院企深度融合。

三是技能大赛成果丰硕。教师在全国性比赛中荣获一等奖 2 项、二等奖 4 项、三等奖 8 项。学院承办了中粮集团主办的“饲料检验员技能比武”决赛和市教委举办的农产品质量安全检测、中华茶艺技能项目比赛。学生在全国职业院校技能大赛中获二等奖 3 项、三等奖 2 项；在行业协会组织的竞赛中，获特等奖 1 项、一等奖 1 项、二等奖 2 项、三等奖 8 项；在市级竞赛中，获一等奖 6 项、二等奖 10 项、三等奖 15 项。学院还举办了第六届学生职业技能竞赛，包括 65 项职业技能比赛项目，2 000 多名学生参与，其中 21 个项目与职业资格证书相结合，实现了赛学结合、赛训结合、赛证结合。

四是完成了生物大分子综合实训室等 18 个实训室建设项目。项目资金 4 300 余万元，实验实训条件进一步改善。

（二）进一步加强师资队伍建设

一是师资培训力度进一步加大。投入 34 万元安排教师参加国内外培训 2 248 人次，组织开展新教师课堂教学观摩与辅导培训、教学能力竞赛与展示活动。选派 8 名教师到企业参加社会实践，选派 12 名教师参加第十一批郊区挂职锻炼。实行青年教师导师培养 5 人。

二是教师结构进一步改善。引进教师 9 名，其中博士 2 人，硕士 7 人。引进辅导员 6 名、其他专业技术人员 5 名。面向社会公开招聘院外兼职教师 40 余人。全年共有 17 人晋升了专业技术职务，其中副高 7 人，中级 7 人，初级 1 人，转换专业技术职务系列 2 人。有 1 名教师荣获第十一届北京市教学名师称号，1 名教师荣获优秀人才培养资助项目人选，3 名教师被评为全国农业职业教育教学名师，副院长李俊英教授荣获北京市政府特殊津贴。

（三）学生管理服务得到加强

一是学工队伍建设得到加强。完成了 6 名专职辅导员转制招聘及现任辅导员调整工作。改革了辅导员和班主任补贴办法，加大了对学工人员的培训力度。

二是学风建设取得进展。以学生“一日行为养成”为抓手，规范课堂秩序管理，持续深入开展了课堂无手机行动。

三是营造了全员育人的新氛围。开展了“六育人”评优活动，改版升级了“学工在线”网站，组织举办了科技文化体育艺术节、成人仪式等活动；创新推出了毕业礼服，受到毕业生的欢迎。为第四届中国兰花大会提供了志愿服务。有 62 名优秀团员“推优入党”。学院连续第二年获市级年度征兵工作先进单位称号。

（四）招生就业工作扎实推进

一是招生工作保持了较好水平。创新了招生简章、招生宣传片和招生信息网络，开展了微信等新媒体宣传，举办了“校园开放日”活动，展示了学院的优质办学资源和办学特色，提升了招生宣传效果。2015 年实际录取新生 1 551 人。其中，高职 966 人，报到率 95%；五年制 226 人，报到率 96.6%；五年制及“3+2”升转 359 人。

二是就业工作有所提升。首次与北京排水集团合作，招录 2016 届 37 名毕业生，实现了企业规模接受毕业生的突破。2015年高职毕业生1 474人，就业率98%。

（五）科技服务全面推进

一是积极推动三大计划。全年立项143项，资助经费907.2万元。新申请专利26项，获授权专利14项，其中《一种可遥控的灯饰中药标本框》为首个学生参与并获得授权的专利。

二是开展了特色化科技服务。持续推进了与房山区佛子庄乡开展的农业科技综合服务试验站工作，初步形成了适合当地转型发展、具有山区特色的“山地观光果园”“山区生态养猪”科技示范构架。

三是积极开展和参与学术活动。完成了全国农业职业教育教学成果评奖、名师评选以及教育部农业职业教育培训包的译著等学术活动。

（六）培训服务得到拓展

一是开展了以农民专业合作社系列培训和县域基层干部培训为代表的“三农”培训。与市农委、市妇联、怀柔区农委、昌平区组织部等部门合作开办各类培训班17期1 364人。在密云、怀柔举办农业经济、合作社法律与法规、农产品质量安全、合作社财务管理、食用菌种植、《农产品经济人》高级培训班等共培训564人。科技大篷车下乡、各类实用技术培训，发放、赠送各类图书千余册，光盘近千套。

以农广校为平台，开展了以全科农技员培训、林果乡土专家培训为主的新型职业农民培育和农村实用人才培养。承担全市新型职业农民培育任务3 000人，占总量的70%。举办农村实用人才培训班，参训学员800人。承担南水北调工程京豫对口协作等政府项目培训班3 000人，区县农广校共计培训2万人。现有农民文艺中专班学员超过5 000人，跟班学习的农民超过3 000人。

二是继续教育得到推进。自主考试12门专业课或专业选考课实现首轮开考，完成了成人三个专业教学计划修订；顺利通过市教委成人高等学历教育教学点第二轮评估。

（七）国际合作与交流不断深化

一是加强了深层次合作。与韩国、德国的院校签订了交换生和海外实习项目协议，与加拿大的相关教育学院和教育机构签署了交流合作协议，与俄罗斯、英国的大学签订了科研合作协议。

二是积极开展交流互访。接待国外学校来访14批56人次。派出2个学生交流团组20名学生赴韩国和俄罗斯交流。接收来自韩国、俄罗斯的师生来院开展学习交流活动。

（八）财务、资产、基建、产业、后勤等工作得到加强

一是财务和资产管理更加规范。完成了财务年度审计工作，健全了内控制度体系，加强了绩效管理。2015年共批复预算资金51 191.87万元，决算支出47 413.44万元，其中基本支出30 956.11万元，项目支出15 432.51万元，经营支出1 024.82万元。加强了资产和招投标管理，全年共组织招投标项目125个，涉及资金13 200万元。

二是基础设施建设全面推进。体育馆工程已接近尾声，湖畔实训园屋面及外墙修缮改造、饮用水改造、学生食堂后厨修缮改造和北校区学生宿舍装修改造工程均已竣工验收。

三是产业管理模式创新取得突破。完成了原“北京农职院农业发展中心”的改制和“北京农职资产管理有限公司”的工商登记工作。规避了学院在企业经营方面的风险及连带责任。

四是后勤服务保障水平得到提升。举办了厨师技能大赛，改善了学生食堂设备设施，医疗保健室增加了B超机、心电图仪等医疗器械，车队安全行车58万公里，各项保障水平得到提升。

（九）党的建设进一步加强，校园文化不断繁荣

一是党的建设不断加强。“三严三实”专题教育成效明显，解决了住院施工队搬迁和国际教育学院门面房清理两项“老大难”问题。开展了院领导和处级领导干部“三个一”活动。组织了纪念建党94周年抗战胜利70周年系列活动。强化了《系级党政领导班子工作规则的规定（试行）》的实施检查。314名入党积极分子参加培训班，全年共发展新党员73人。逐级签订了党风廉政建设责任书，组织开展了“知规守纪　廉洁履职”系列教育活动。开展了“为官不为”“为官乱为”“为师不为”“为师不廉”专项整治工作。

二是校园文化和精神文明建设得到加强。开展了金秋文化成果展系列文化活动。制定了《校园宣传设施和宣传品管理办法》和学院单位和个人接受媒体采访的相关规定。学院院史馆、视频编辑室改造项目及宣传栏建设项目如期完工，“标准化校园环境”通过验收。有3人分获首都市民学习之星、北京“三农”人物、市精神文明奖。退休干部郑德裕先进事迹在北京电视台播出，关工委会长周文济荣获“全国关心下一代工作先进工作者”称号。

三是安全稳定工作得到加强。加强了网格化管理负责人实名上墙的督查，完成了南北校区消防与技术防范系统升级改造项目、实训实验室火灾自动报警系统项目，开展了大学生安全教育培训和安全疏散演练，加大了安全隐患督查整改力度，全面提高了校园安全防范能力。

北京农业职业学院党政领导班子成员

党委书记　崔砚青（7 月免）
　　　　　李云伏（7 月任）
院长　杜晓林
副书记　杜保德
纪委书记　冯学会
副院长　李俊英　王晓华（6 月免）
　　　　　程文华　王福海

（北京农业职业学院　肖兵）

北京农产品中央批发市场管理委员会

机构设置及下属单位

集团总部设六部一室，包括综合办公室（组织人事处）、战略研究部、财务管理部、企业运营管理部、安全管理部、审计考核部和风险管理部。

集团公司下设 6 家全资公司：北京农产品中央物流园有限公司、北京银地房地产开发有限责任公司、北京银地物业管理有限公司、北京菜篮子投资有限公司、北京菜篮子大数据科技有限公司、北京菜篮子终端科技有限公司；3 家控股公司：北京农产品中央批发市场有限责任公司，北京菜篮子基金管理有限公司，北京菜篮子小额贷款股份有限公司；1 家参股公司：北京金海盛源商贸有限公司。

主　要　工　作

2015 年是全市疏解非首都功能、推动京津冀协同发展的部署之年，也是北菜集团全系统同心向上、协力攻关的突破之年。一年来，全体干部职工紧紧围绕“121”宏伟蓝图，强化管理，务实执行，重点项目捷报频传、硕果累累，各项事业发展达到新高度、新水平。

截至年底，全系统资产总额 63.24 亿元，同比增长 117.8%；实现各项收入 2.54 亿元，同比增长 31.6%；农产品交易额 138 亿元，同比增加 2%。2015 年目标责任书完成情况较好，部分指标超额完成。

（一）重大项目齐头并进、亮点纷呈

流通中心项目圆满完成一级开发工作。凝心聚力、上下协调、攻坚克难，陆续完成三通一平、土地入市、摘牌拿地等重点工作，取得周边道路建设主体资格，42 亿元融资款全部到位。12 月 25 日，流通中心项目实现开工奠基，标志着进入二级开发建设期。流通中心项目获得 2015 年社会主义新农村建设创新奖，并取得政府资金支持。

怀柔新城 14 街区项目聚焦突破。银地开发公司认真学习领会棚改有关政策文件，将 14 街区项目合理分割为庙城中学北棚户区改造项目和庙城村棚户区改造土地开发 2 个项目，并成功列入全市棚改计划。经过大量的前期准备工作，怀柔区政府给予项目实施主体授权。

中央市场升级改造项目进入控规调整阶段。项目办取得市商务委、市发改委、丰台区政府、市水务局、市规划院、市交通委、市环保局、市国土局关于同意改造项目的回复意见。同时，已经被丰台区政府列入商品交易市场升级调整的重点项目。

（二）主营业务稳健增长、势头良好

农产品流通业务稳步提升。中央市场公司全年实现各项收入 5 348 万元，同比增加 13%。适应中央市场升级改造，开展临时市场选址工作，11 月 18 日与北水嘉伦水产品市场签署合作协议，为下一步搬迁商户打下了基础。

物业管理业务实现重组。银地物业公司成功申请了北京市关于保障性住房项目物业服务名录企业，成立银地物业第一分公司，扩大京棉新城项目管理面积，开拓丰台区环保局项目。合理使用公维基金，做好工程改造，完善公共设施，提升服务品质。

金融投资业务取得新业绩。基金公司资产管理规模持续增长，沟通中信信托实现 42 亿元资金全部放款到位；做好北京市农产品流通产业发展基金衔接工作，实现3 500万元的政策性引导资金投入；牵头发起设立“北京北菜建信惠民投资中心（有限合伙）”，有力推进怀柔14街区棚改项目融资工作。小贷公司注册成立，建立组织架构，制定规章制度，公司进入试运营阶段。

公益职能持续发挥。流通协会创新服务模式，不断扩大服务范围和工作内容，发起筹建小额贷款公司；强化产销对接服务，寻找切实有效的农产品产销对接新模式，积极配合市农委、市商务委、市农业局等相关部门开展对接活动，在政府与企业之间架起沟通桥梁。不断完善协会组织架构和自身建设，成立电商专委会。

（三）内部管理提质增效、行稳致远

顺应改革形势，完善组织架构。为提高企业科学化管理水平，结合深化改革的实际需要，集团公司根据发展需要，调整组织架构，大力去除行政化色彩，转变工作理念，提升服务能力，强化经营意识。

加强制度建设，依法依规治企。对各目标责任单位实施动态管理，完善责任书内容，严格惩罚激励机制，确保各项指标可操作、能落实、有突破。强化年终绩效考核，切实对第一责任人评出压力、评出动力。出台资产管理办法，加强国有资产管理，优化公车配置，降低企业成本。理顺系统资产资源，特别是针对土地资源的归属及管理问题，进一步明确了主体责任。

建立职能部门，增强风控能力。建立审计监督、风险防控部门，开展系统内部“三公经费”专项审计和财务合规性审计工作，严格抓好公司负责人离任审计，并对各二级公司工会财务进行审计。审查二级公司融资工作，开展风险管控。

安全管理常抓不懈，强化检查。制定出台《管委会（集团公司）系统安全生产监督管理“一岗双责”暂行规定》，加强安全风险防控体系建设。健全和落实检查监督机制，共组织召开安全维稳工作会7次，深入基层督促检查91次，发现并责令整改各类安全隐患107处。一年来，全系统未发生任何责任事故。

（四）党工团工作全面开展、做好保障

党建工作成效显著。在全系统内组织开展“三严三实”专题教育，认真做好督促、检查和指导。将党工团工作纳入对二级单位考核的目标责任书中，实现与各单位班子成员薪酬收入的直接挂钩。壮大党员队伍，年内接收20名同志为中共预备党员，17名预备党员转正。完成处级干部的提职和交流调整33人次，对系统内10名年轻干部的岗位作出调整，配合市委组织部完成对局级后备干部和中长期培养对象的考察工作。与各基层党支部分别签订《党风廉政责任书》，进一步明确主体责任。经与北京联合大学人力资源研究所合作，完成了全系统岗位薪酬目录的编制工作。

企业文化建设如火如荼。按照“巩固、发展、提高”的原则，指导2个工会完成换届、2个公司新建工会。成功推荐市级劳模1名，在全系统开展学习劳模活动。动员广大职工、专业人员开展司歌歌词撰写和谱曲工作，现已完成歌曲录制。组织开展三八妇女节“保健与健康”专题活动和夏送清凉、冬送温暖活动，发放防雾霾口罩应对恶劣天气，最大限度维护员工身体健康。

团建工作实质推进。在全系统内规范基层团支部组织建设。新成立2个团支部，完成1个团支部换届工作；加强团组织对青年干部员工的思想引领和推优入党工作，全年推选8名优秀团员加入党组织。围绕集团公司大局工作，组织开展全系统青年干部员工参观抗日战争纪念馆等活动。

北京农产品中央批发市场管理委员会
党政领导班子成员

党委书记　赵文广
副书记　刘春广
委员　吴守荣
主任　刘春广
副主任　吴守荣

（北京农产品中央批发市场管委会　解巍）

北京市社会主义新农村建设先进集体和先进个人

中共北京市委农村工作委员会 北京市农村工作委员会 北京市人力资源和社会保障局 关于表彰北京市社会主义新农村建设先进集体和先进个人的决定

（2015年3月11日）

近年来，在市委、市政府的正确领导下，京郊农村广大干部群众全面贯彻落实党的十八大、十八届三中、四中全会以及中央农村工作会精神，深入贯彻落实习近平总书记系列重要讲话和对北京工作的重要指示精神，坚持服务首都城市战略定位的要求，坚持转变经济发展方式，坚持发展和保护农民利益，大力推进实践创新、理论创新、制度创新，加大强农惠农富农工作力度，农业农村经济实现平稳健康发展，初步探索出一条特大城市推进“三农”工作的新路。

在扎实推进社会主义新农村建设过程中，涌现出一批先进个人和先进集体。为此，中共北京市委农村工作委员会、北京市农村工作委员会、北京市人力资源和社会保障局决定，授予庄虔春等10名同志为北京农村发展十大杰出典型荣誉称号，授予刘华贵等10名同志为北京农村发展“十佳”科技工作者荣誉称号，授予朝阳区来广营乡等250个单位为北京市社会主义新农村建设先进集体荣誉称号。

希望受到表彰的先进集体和个人，发扬成绩，再接再厉，不断取得新的进步，为推动京郊农业农村经济持续健康发展做出更大贡献。广大干部群众要以先进集体和先进个人为榜样，学习他们埋头苦干、扎实工作的敬业精神；学习他们情系群众、一心一意带领农民增收致富的奉献精神；学习他们与时俱进、勇于开拓的创新精神；学习他们互帮互助、众志成城的团队精神，统筹推进新型工业化、信息化、城镇化和农业现代化同步发展，为率先形成城乡发展一体化新格局而努力奋斗。

一、北京农村发展十大杰出典型（10人）

庄虔春　朝阳区高碑店乡高井村党总支书记
杨维广　门头沟区斋堂镇法城村村委会主任
田广良　北京韩建集团有限公司党委书记
张兴顺　北京碧海圆生态农业观光有限公司总经理
陈　领　北京兴农天力农机服务专业合作社理事长
江宇虹（女）北京睿尔旭文化传播有限公司（阿卡农庄）首席执行官
杨　光　大兴区青云店镇东辛屯村党支部书记
彭兴利　怀柔区喇叭沟门满族乡中榆树店村党支部书记
张　涛（女）北京荣涛豌豆产销专业合作社理事长
吕大如　密云县古北口镇司马台村党支部书记

二、北京农村发展“十佳”科技工作者（10人）

刘华贵　北京农科院研究员
王俊英（女）北京市农业局推广研究员
李瑞芬（女）北京农学院教授
王月英（女）北京农业职业学院副教授
郑　禾　北京市海淀区农业科学研究所高级农艺师
安　冬（女）中国农业大学副教授
张庆旺　顺义区农村能源办公室助理农艺师
刘旭东　昌平区园林绿化局工程师
冯国平　大兴区长子营镇农业技术推广站农艺师
冯宝军　密云县农业服务中心农艺师

三、北京新农村建设先进乡镇（15个）

朝阳区来广营乡
海淀区四季青镇
丰台区卢沟桥乡
门头沟区王平镇
房山区韩村河镇
通州区马驹桥镇
通州区于家务乡
顺义区马坡镇
昌平区南口镇
大兴区采育镇
怀柔区怀柔镇
平谷区金海湖镇
密云县穆家峪镇
密云县巨各庄镇
延庆县千家店镇

四、北京发展都市型现代农业先进乡镇（10个）

门头沟区妙峰山镇
房山区琉璃河镇
通州区潞县镇
顺义区杨镇
昌平区百善镇
大兴区庞各庄镇
怀柔区杨宋镇
平谷区马昌营镇
密云县巨各庄镇
延庆县四海镇

五、北京重点镇建设先进乡镇（5个）

门头沟区斋堂镇
通州区台湖镇
顺义区高丽营镇
平谷区马坊镇
延庆县八达岭镇

六、北京山区发展先进乡镇（8个）

门头沟区妙峰山镇
房山区张坊镇
顺义区木林镇
昌平区延寿镇
怀柔区喇叭沟门乡
平谷区黄松峪乡
密云县不老屯镇
延庆县大庄科乡

七、北京推进“新三起来”先进乡镇（5个）

海淀区东升镇
门头沟区清水镇
顺义区赵全营镇
怀柔区渤海镇
密云县古北口镇

八、北京基层党组织建设先进乡镇（10个）

朝阳区太阳宫乡
海淀区东升镇
房山区阎村镇
通州区永乐店镇
顺义区北小营镇
昌平区北七家镇
大兴区庞各庄镇
平谷区熊儿寨乡
密云县太师屯镇
延庆县沈家营镇

九、北京促进低收入农户增收工作先进乡镇（10个）

门头沟区斋堂镇
房山区河北镇
通州区西集镇

顺义区李桥镇
昌平区流村镇
大兴区安定镇
怀柔区琉璃庙镇
平谷区镇罗营镇
密云县高岭镇
延庆县旧县镇

十、北京宣传思想工作先进乡镇（5个）

通州区台湖镇
顺义区赵全营镇
大兴区西红门镇
平谷区刘家店镇
密云县溪翁庄镇

十一、北京基层党组织建设先进村（10个）

丰台区花乡黄土岗村
门头沟区清水镇洪水口村
房山区周口店镇黄山店村
通州区西集镇郎东村
昌平区小汤山镇酸枣岭村
大兴区安定镇徐柏村
怀柔区喇叭沟门满族乡中榆树店村
平谷区大华山镇大峪子村
密云县石城镇石塘路村
延庆县延庆镇唐家堡村

十二、北京环境建设先进村（20个）

朝阳区黑庄户乡幺铺村
海淀区温泉镇高里掌村
丰台区南苑乡南苑村
门头沟区妙峰山镇水峪嘴村
房山区长沟镇北甘池村
房山区霞云岭乡堂上村
通州区于家务乡后伏村
顺义区赵全营镇东水泉村
顺义区李遂镇葛代子村
昌平区十三陵镇西山口村
昌平区马池口镇辛店村
大兴区长子营镇朱庄村
怀柔区雁栖镇范各庄村
怀柔区桥梓镇后桥梓村
平谷区大兴庄镇陈良屯村
平谷区镇罗营镇大庙峪村
密云县不老屯镇史庄子村
密云县穆家峪镇阁老峪村
延庆县大庄科乡慈母川村
延庆县康庄镇火烧营村

十三、北京山区发展先进村（20个）

门头沟区妙峰山镇炭厂村
门头沟区雁翅镇田庄村
门头沟区斋堂镇马栏村
房山区佛子庄乡上英水村
房山区南窖乡中窖村
房山区河北镇黄土坡村
昌平区南口镇龙潭村
昌平区十三陵镇上口村
怀柔区琉璃庙镇西台子村
怀柔区汤河口镇后安岭村
怀柔区长哨营满族乡西沟村
平谷区大华山镇挂甲峪村
平谷区镇罗营镇张家台村
平谷区金海湖镇将军关村
密云县冯家峪镇三岔口村
密云县高岭镇界牌峪村
密云县巨各庄镇水树峪村
延庆县大庄科乡铁炉村
延庆县千家店镇下湾村
延庆县井庄镇北地村

十四、北京管理民主先进村（10个）

朝阳区高碑店乡高碑店村
海淀区温泉镇辛庄村
丰台区卢沟桥乡西局村
门头沟区王平镇东马各庄村
房山区良乡镇后石羊村
通州区漷县镇漷县村
顺义区马坡镇白各庄村
大兴区魏善庄镇羊坊村
怀柔区渤海镇北沟村
密云县东邵渠镇西邵渠村

十五、北京农村集体资产规范管理先进村（5个）

朝阳区来广营乡红军营村

大兴区青云店镇孝义营村
房山区拱辰街道梅花庄村
平谷区马坊镇蒋里庄村
密云县巨各庄镇蔡家洼村

十六、北京高效节水农业发展先进村（12 个）

门头沟区雁翅镇泗家水村
房山区窦店镇芦村
通州区漷县镇黄厂铺村
通州区漷县镇柏庄村
顺义区赵全营镇北郎中村
顺义区南彩镇河北村
昌平区南邵镇三合庄村
大兴区长子营镇河津营村
怀柔区庙城镇王史山村
平谷区夏各庄镇杨各庄村
密云县太师屯镇太师庄村
延庆县康庄镇小丰营村

十七、北京新型农民培养先进单位（10 个）

北京市海淀区职工大学
北京市门头沟区社区学院
北京市房山区农业机械化学校
北京市通州区职业技能指导中心
北京市昌平区农业机械化学校
北京市大兴区农业技术推广站
怀柔区职业学校
北京市平谷区职业技能公共实训中心
密云县农业职业技术学校
延庆县果品服务中心

十八、北京农村劳动力就业安置先进单位（20 个）

北京京客隆商业集团股份有限公司
北京通惠国际投资管理中心
北京超市发连锁股份有限公司
北京温泉兴业公共环境设施管理服务有限公司
北京市丰台区环境卫生服务中心
北京鑫诚益永恒劳务服务有限公司
北京清水腾达乡村旅游合作社联合社
北京凯达恒业农业技术开发有限公司
乐义（北京）农业发展有限公司
北京雨润食品有限公司
北京吉鼎力达生物科技有限公司
北京现代汽车有限公司
北京市顺义区供销合作联合社
北京英特宜家置业有限公司
北京三元食品股份有限公司
北京福田智科物流有限公司怀柔分公司
北京市老才臣食品有限公司
北京洪福环宇餐饮有限公司
北京庆和食品有限责任公司
北京卓文时尚纺织股份有限公司

十九、北京农业产业化先进单位（10 个）

北京京研益农科技发展中心
北京新发地农产品批发市场
房山区农业企业联合会
北京御食园食品有限公司
平谷区农业产业化办公室
北京康顺达农业科技有限公司
北京农业产业化龙头企业协会
北京农产品流通协会
北京利民恒华科技有限公司
北京旗舰食品有限公司

二十、北京发展休闲农业（乡村旅游）**先进单位**（15 个）

北京森禾源农业发展有限公司（蓝调庄园）
北京蓝波绿农科技有限公司（上庄蘑菇园）
北京南宫世界地热博览园
门头沟区斋堂镇爨底下村
房山区张坊镇
北京瑞正园农业科技发展有限公司
北京碧海圆生态农业观光有限公司
北京七彩蝶创意文化有限公司
昌平区流村镇长峪城村
北京亮民宇翔香草专业合作社
北京鹅和鸭农庄有限责任公司
平谷区黄松峪乡黑豆峪村
密云县古北口镇古北口村
北京聚陇山生态休闲农业园
延庆县珍珠泉乡

二十一、北京农民专业合作社先进单位（20个）

北京阿芳嫂黄芩种植专业合作社
北京绿纯金蜜蜂养殖专业合作社
北京琉璃河宏利肉鸭专业合作社
北京周庄蔬菜种植专业合作社
北京金诚众和生猪养殖专业合作社
北京手牵手养殖专业合作社
北京裕群养殖专业合作社
北京绿奥蔬菜专业合作社
北京绿富农果蔬产销专业合作社
北京营坊昆利果品专业合作社
北京金华林养蜂专业合作社
北京庞安路西瓜专业合作社
北京御丰园西洋梨专业合作社
北京桃山月亮湖种养殖专业合作社
北京绿神茸鹿养殖专业合作社
北京荣涛豌豆产销专业合作社
北京奥金达蜂产品专业合作社
北京市岭东肉鸡养殖专业合作社
北京四海种植专业合作社
北京绿菜园蔬菜专业合作社

二十二、北京农业农村信息工作先进单位（10个）

朝阳区农村集体经济办公室
北京海舟慧霖农业发展有限公司
北京灵之秀生态农业专业合作社
北京通州国际种业科技园区管理委员会
北京顺鑫控股集团有限公司
昌平区崔村镇
大兴区青云店镇东辛屯村
平谷区大兴庄镇西柏店村
密云县农民专业合作社服务中心
延庆县农业和农村管理信息中心

二十三、社会力量参与社会主义新农村建设先进单位（20个）

中国人民财产保险股份有限公司北京分公司
邮储银行北京分行
北京市农业融资担保有限公司
北京农商银行三农与中小企业部
中华联合财产保险股份有限公司北京分公司农险部
中视金桥文化发展（北京）有限公司
百度在线网络技术（北京）有限公司
北京金泰利达工贸有限公司
北京市开元长泰建筑工程有限责任公司
北京京煤集团有限责任公司
国网北京房山供电公司
安华农业保险股份有限公司北京分公司通州营销服务部
中北华宇建筑工程公司
顺天通房地产开发集团
北京银行大兴支行
国奥（北京）文化产业投资有限责任公司
北京裕发嘉瑞投资有限公司
华润（集团）有限公司密云希望小镇项目部
北京互润农业科技发展有限公司
北京市延仲养鸭专业合作社

统 计 资 料

农村基本情况

指标名称	计量单位	北京市	朝阳区	丰台区	海淀区	门头沟区	房山区	通州区
1. 村委会个数	个	3 938	154	65	84	178	461	475
2. 乡村户数	户	2 214 271	284 264	126 049	144 172	44 524	271 060	272 724
3. 乡村人口	人	5 934 558	740 848	347 164	400 363	90 737	599 297	747 499
4. 乡村从业人员	人	3 480 119	467 747	216 039	240 210	45 899	310 069	412 571

指标名称	计量单位	顺义区	昌平区	大兴区	怀柔区	平谷区	密云县	延庆县
1. 村委会个数	个	426	301	527	284	273	334	376
2. 乡村户数	户	220 690	230 193	189 819	94 090	111 687	132 472	92 527
3. 乡村人口	人	620 159	703 438	603 747	228 006	324 497	317 258	211 545
4. 乡村从业人员	人	342 306	454 248	378 806	122 669	185 509	182 949	121 097

农林牧渔业总产值（现价）

单位：万元

区　县	农林牧渔业总产值			农　业			林　业		
	2015	2014	2015年比2014年增长（%）	2015	2014	2015年比2014年增长（%）	2015	2014	2015年比2014年增长（%）
北京市	3 682 372.2	4 200 672.4	−12.3	1 544 776.6	1 551 014.9	−0.4	573 278.6	906 852.3	−36.8
朝阳区	35 054.1	42 816.1	−18.1	8 548.0	8 128.5	5.2	16 960.0	21 154.7	−19.8
丰台区	18 503.6	25 103.4	−26.3	6 034.6	8 745.9	−31.0	9 906.8	12 612.8	−21.5
海淀区	52 984.8	58 678.9	−9.7	16 619.1	17 842.9	−6.9	21 181.4	24 847.7	−14.8
门头沟区	24 146.4	35 335.3	−31.7	9 740.5	10 863.5	−10.3	4 007.7	9 757.4	−58.9
房山区	402 495.7	524 952.6	−23.3	173 327.2	171 751.6	0.9	68 234.5	138 231.5	−50.6
通州区	501 234.3	578 164.3	−13.3	227 962.8	234 901.9	−3.0	79 463.5	141 572.3	−43.9
顺义区	581 054.7	684 925.1	−15.2	208 491.8	223 211.8	−6.6	96 612.4	148 889.4	−35.1

（续）

区　县	农林牧渔业总产值			农　业			林　业		
	2015	2014	2015年比2014年增长（%）	2015	2014	2015年比2014年增长（%）	2015	2014	2015年比2014年增长（%）
昌平区	220 530.6	257 635.1	−14.4	77 412.1	76 293.4	1.5	53 865.5	73 873.6	−27.1
大兴区	558 665.5	632 424.8	−11.7	267 199.4	252 329.1	5.9	107 489.3	156 472.9	−31.3
怀柔区	177 007.8	203 870.9	−13.2	55 792.8	52 118.7	7.0	38 967.9	59 622.6	−34.6
平谷区	467 073.5	482 373.4	−3.2	244 626.3	253 434.7	−3.5	16 987.1	26 914.5	−36.9
密云县	419 025.6	415 951.2	0.7	187 457.1	186 203.3	0.7	38 575.5	38 449.1	0.3
延庆县	205 845.6	241 109.3	−14.6	61 564.9	55 189.6	11.6	21 027.0	54 453.8	−61.4

区　县	牧　业			渔　业			农林牧渔服务业		
	2015	2014	2015年比2014年增长（%）	2015	2014	2015年比2014年增长（%）	2015	2014	2015年比2014年增长（%）
北京市	135 857 8.1	152 658 9.6	−11.0	118 689.5	132 024.0	−10.1	870 49.4	84 191.6	3.4
朝阳区	2 636.8	6 250.5	−57.8	3 885.0	4 343.3	−10.6	3 024.3	2 939.1	2.9
丰台区	1 111.1	2 280.5	−51.3	36.0	93.0	−61.3	1 415.1	1 371.2	3.2
海淀区	8 194.8	9 071.7	−9.7	73.7	195.7	−62.3	6 915.8	6 720.9	2.9
门头沟区	9 515.7	13 849.2	−31.3				882.5	865.2	2.0
房山区	140 642.3	192 450.3	−26.9	6 870.8	9 309.7	−26.2	13 420.9	13 209.5	1.6
通州区	157 465.6	164 684.6	−4.4	26 414.3	27 431.6	−3.7	9 928.1	9 573.9	3.7
顺义区	242 754.2	276 424.0	−12.2	15 334.9	19 208.9	−20.2	17 861.4	17 191.0	3.9
昌平区	79 248.3	97 355.1	−18.6	2 483.4	2 839.0	−12.5	7 521.3	7 274.0	3.4
大兴区	172 073.8	211 227.9	−18.5	3 005.2	3 697.1	−18.7	8 897.8	8 697.8	2.3
怀柔区	70 269.7	78 016.0	−9.9	11 095.5	13 244.7	−16.2	881.9	868.9	1.5
平谷区	186 708.8	181 015.0	3.1	16 740.6	19 517.4	−14.2	2 010.7	1 491.8	34.8
密云县	173 747.8	171 608.8	1.2	10 517.5	11 096.4	−5.2	8 727.7	8 593.6	1.6
延庆县	114 209.2	122 356.0	−6.7	3 482.6	3 715.2	−6.3	5 561.9	5 394.7	3.1

注：全市数据含远洋渔业数据。

主要农产品产量

单位：吨

区　县	粮　　食			蔬菜（含食用菌）			干鲜果品（不含瓜果类）		
	2015	2014	2015年比2014年增长（%）	2015	2014	2015年比2014年增长（%）	2015	2014	2015年比2014年增长（%）
全　　市	626 362.4	639 369.1	−2.0	2 051 446.8	2 361 634.5	−13.1	713 827.2	745 147.2	−4.2
朝 阳 区	91.0	67.1	35.6	6 437.1	5 800.1	11.0	386.4	625.9	−38.3
丰 台 区	386.8	386.5	0.1	2 871.8	3 862.3	−25.6	1 205.5	1 410.4	−14.5

（续）

区县	粮食			蔬菜（含食用菌）			干鲜果品（不含瓜果类）		
	2015	2014	2015年比2014年增长（%）	2015	2014	2015年比2014年增长（%）	2015	2014	2015年比2014年增长（%）
海淀区	2 838.5	2 473.6	14.8	21 304.2	22 647.5	−5.9	4 041.5	4 854.9	−16.8
门头沟区	1 269.2	1 028.3	23.4	3 905.6	4 481.2	−12.8	3 097.5	3 061.4	1.2
房山区	62 231.8	71 073.4	−12.4	167 139.5	166 404.2	0.4	46 479.0	50 321.2	−7.6
通州区	61 820.6	79 625.0	−22.4	468 012.4	542 458.6	−13.7	45 877.1	51 404.7	−10.8
顺义区	97 884.3	110 843.0	−11.7	312 355.3	385 562.4	−19.0	55 022.8	56 561.8	−2.7
昌平区	8 264.1	7 276.8	13.6	37 633.1	40 935.1	−8.1	34 044.5	29 287.5	16.2
大兴区	124 158.9	145 293.5	−14.5	574 668.0	647 718.8	−11.3	87 265.1	96 333.3	−9.4
怀柔区	44 140.4	30 647.4	44.0	25 964.1	32 100.1	−19.1	27 163.8	23 959.5	13.4
平谷区	49 084.4	52 462.0	−6.4	183 298.8	233 766.5	−21.6	319 019.4	339 727.4	−6.1
密云县	49 856.1	50 219.6	−0.7	184 730.6	203 919.5	−9.4	68 138.1	67 802.0	0.5
延庆县	105 209.0	62 991.2	67.0	63 126.3	71 978.2	−12.3	22 086.5	19 797.2	11.6

区县	肉类			#猪牛羊肉		
	2015	2014	2015年比2014年增长（%）	2015	2014	2015年比2014年增长（%）
全市	364 165.7	393 214.0	−7.4	252 256.3	268 832.6	−6.2
朝阳区	4.0	2.7	48.1	4.0	2.7	48.1
丰台区	206.5	347.1	−40.5	193.3	314.0	−38.4
海淀区	1 890.9	1 879.9	0.6	1 674.0	1 771.9	−5.5
门头沟区	4 177.7	6 174.6	−32.3	404.9	623.1	−35.0
房山区	42 982.1	47 297.0	−9.1	36 499.0	37 126.8	−1.7
通州区	44 333.9	40 392.1	9.8	26 094.6	23 927.3	9.1
顺义区	78 903.5	95 412.9	−17.3	64 738.0	76 323.7	−15.2
昌平区	9 894.5	10 868.4	−9.0	8 162.6	8 866.0	−7.9
大兴区	54 837.5	60 154.7	−8.8	37 822.4	44 885.6	−15.7
怀柔区	21 213.7	24 733.2	−14.2	10 717.8	10 474.6	2.3
平谷区	46 987.1	44 730.8	5.0	36 711.2	34 885.0	5.2
密云县	36 920.6	37 808.3	−2.3	18 862.4	18 685.7	0.9
延庆县	21 813.7	23 412.3	−6.8	10 372.3	10 946.2	−5.2

区县	牛奶			鲜蛋		
	2015	2014	2015年比2014年增长（%）	2015	2014	2015年比2014年增长（%）
全市	572 155	594 805	−3.8	195 804	196 454	−0.3
朝阳区	7 690	13 510	−43.1			
丰台区	219	466	−53.1	396	682	−41.9

（续）

区 县	牛 奶			鲜 蛋		
	2015	2014	2015年比2014年增长（%）	2015	2014	2015年比2014年增长（%）
海淀区	7 674	8 205	−6.5	353	435	−18.9
门头沟区	52	70	−25.9	158	173	−8.7
房山区	47 934	46 218	3.7	8 124	10 438	−22.2
通州区	111 098	105 683	5.1	8 189	8 068	1.5
顺义区	55 557	53 167	4.5	15 016	13 339	12.6
昌平区	47 905	52 745	−9.2	6 805	8 277	−17.8
大兴区	113 896	134 726	−15.5	12 824	15 353	−16.5
怀柔区	39 536	41 783	−5.4	1 873	1 794	4.4
平谷区	3 496	3 585	−2.5	83 366	79 249	5.2
密云县	77 904	72 118	8.0	20 696	20 995	−1.4
延庆县	59 195	62 530	−5.3	38 005	37 652	0.9

注：全市粮食产量为抽样调查推算数据，故与区县合计数不符。

农作物播种面积

单位：亩

区 县	农作物播种面积			#粮食作物			#蔬菜及食用菌		
	2015	2014	2015年比2014年增长（%）	2015	2014	2015年比2014年增长（%）	2015	2014	2015年比2014年增长（%）
全市	2 649 484	2 999 422	−11.7	1 566 802	1 802 611	−13.1	814 061	862 228	−5.6
朝阳区	5 407	6 908	−21.7	293	155	89.0	4 287	4 670	−8.2
丰台区	4 166	5 853	−28.8	1 295	1 946	−33.5	1 938	2 389	−18.9
海淀区	18 486	19 207	−3.8	6 993	6 089	14.8	10 633	11 949	−11.0
门头沟区	35 407	43 437	−18.5	15 134	18 251	−17.1	1 467	1 868	−21.5
房山区	281 224	315 824	−11.0	184 860	214 252	−13.7	73 754	72 219	2.1
通州区	345 732	397 957	−13.1	150 663	193 305	−22.1	175 354	180 502	−2.9
顺义区	433 257	497 387	−12.9	240 588	287 153	−16.2	122 983	135 044	−8.9
昌平区	61 636	71 931	−14.3	31 175	37 418	−16.7	17 324	21 471	−19.3
大兴区	593 471	679 346	−12.6	287 155	345 688	−16.9	242 554	254 402	−4.7
怀柔区	139 155	149 949	−7.2	114 337	122 242	−6.5	14 325	15 136	−5.4
平谷区	196 098	216 734	−9.5	127 004	136 435	−6.9	63 160	74 469	−15.2
密云县	261 090	293 497	−11.0	185 619	206 601	−10.2	58 807	59 618	−1.4
延庆县	274 355	301 392	−9.0	221 686	233 076	−4.9	27 475	28 491	−3.6

设　施　农　业

指标名称	占地面积（亩）			销售收入（万元）		
	本年实际	上年同期	增减（%）	本年实际	上年同期	增减（%）
合　　计	260 953	273 486	—4.6	555 012.1	512 718.9	8.2
一、温室	138 148	145 924	—5.3	396 448.1	371 842	6.6
1. 蔬菜				238 793.1	221 140.2	8.0
2. 食用菌				60 688.0	53 195.4	14.1
3. 花卉苗木				32 578.4	30 715.8	6.1
其中：鲜切花				5 207.3	4 801.6	8.4
盆栽花				27 208.9	25 767.2	5.6
4. 瓜果类				45 188.9	46 546.3	—2.9
其中：草莓				42 460.4	41 489.6	2.3
5. 水果				13 407.6	12 952.2	3.5
6. 其他				5 792.1	7 292.1	—20.6
其中：盆栽观叶植物				1 881.9	3 075.5	—38.8
二、大棚	92 419	90 460	2.2	136 992.0	116 194.1	17.9
1. 蔬菜				97 392.2	72 250.2	34.8
2. 食用菌				4 175.6	4 605.6	—9.3
3. 花卉苗木				7 095.6	4 674.2	51.8
其中：鲜切花				816.7	592.9	37.7
盆栽花				6 199.9	4 047.3	53.2
4. 瓜果类				24 571.7	31 103.6	—21.0
其中：草莓				786.6	231.1	240.4
5. 水果				1 839.1	2 028.5	—9.3
6. 其他				1 917.8	1 532	25.2
其中：盆栽观叶植物				11.0	70	—84.3
三、中小棚	30 386	37 102	—18.1	21 572.0	24 682.8	—12.6
1. 蔬菜				13 251.3	9 891.5	34.0
2. 食用菌				410.3	393.2	4.3
3. 花卉苗木				1 108.1	712.2	55.6
其中：鲜切花				67.7	31.2	117.0
盆栽花				855.4	371.4	130.3
4. 瓜果类				6 269.1	11 096.7	—43.5
其中：草莓				225.9	22.6	899.6
5. 水果				29.0	77.2	—62.4
6. 其他				504.2	2 512	—79.9
其中：盆栽观叶植物					75	
附：设施个数	314 622	313 614	0.3			

生 猪 生 产

区 县	存栏（头）			出栏（头）		
	本年	上年	幅度（%）	本年	上年	幅度（%）
北京市	1 656 081	1 796 043	－7.8	2 844 164	3 057 599	－7.0
朝阳区						
丰台区	1 152	2 117	－45.6	1 985	3 219	－38.3
海淀区	18 750	19 700	－4.8	21 511	20 515	4.9
门头沟区	3 269	4 253	－23.1	5 433	5 238	3.7
房山区	247 677	274 689	－9.8	414 974	432 212	－4.0
通州区	140 813	136 549	3.1	266 104	251 769	5.7
顺义区	481 551	511 998	－5.9	746 647	878 250	－15.0
昌平区	74 195	74 257	－0.1	94 534	104 642	－9.7
大兴区	194 680	238 821	－18.5	425 418	505 530	－15.8
怀柔区	76 136	84 059	－9.4	121 387	119 667	1.4
平谷区	233 042	248 286	－6.1	425 173	402 599	5.6
密云县	117 023	131 232	－10.8	206 293	216 184	－4.6
延庆县	67 793	70 082	－3.3	114 705	117 774	－2.6

牛 的 生 产

区 县	存栏（头）			出栏（头）		
	本年	上年	幅度（%）	本年	上年	幅度（%）
北京市	174 848	196 841	－11.2	84 370	91 957	－8.3
朝阳区	909	1 948	－53.3	4	1	300.0
丰台区	118	250	－52.8	13	219	－94.1
海淀区	1 320	2 379	－44.5	176	390	－54.9
门头沟区	28	47	－40.4	23	67	－65.7
房山区	14 527	18 325	－20.7	11 947	10 549	13.3
通州区	29 063	31 134	－6.7	11 935	12 476	－4.3
顺义区	31 968	31 570	1.3	20 988	28 270	－25.8
昌平区	10 909	12 312	－11.4	2 374	2 481	－4.3
大兴区	25 867	36 711	－29.5	10 605	11 790	－10.1
怀柔区	11 970	12 006	－0.3	2 776	3 799	－26.9
平谷区	6 011	6 853	－12.3	6 950	9 180	－24.3
密云县	25 671	25 211	1.8	10 665	6 108	74.6
延庆县	16 487	18 095	－8.9	5 914	6 627	－10.8

羊 的 生 产

区　县	存栏（只）			出栏（只）		
	本年	上年	幅度（%）	本年	上年	幅度（%）
北京市	693 511	683 529	1.5	709 944	686 748	3.4
朝阳区	880	527	67.0	260	195	33.3
丰台区	2 549	3 046	−16.3	2 234	1 809	23.5
海淀区	2 963	2 319	27.8	1 546	1 537	0.6
门头沟区	15 149	11 170	35.6	4 697	12 299	−61.8
房山区	145 386	135 078	7.6	88 259	84 988	3.8
通州区	65 632	71 534	−8.3	95 106	83 127	14.4
顺义区	82 803	85 210	−2.8	97 553	101 005	−3.4
昌平区	37 424	32 300	15.9	27 073	26 346	2.8
大兴区	71 273	100 426	−29.0	137 369	141 185	−2.7
怀柔区	44 318	39 591	11.9	27 440	24 902	10.2
平谷区	88 318	85 537	3.3	122 915	114 768	7.1
密云县	71 286	67 892	5.0	64 521	62 966	2.5
延庆县	65 530	48 899	34.0	40 971	31 621	29.6

家 禽 生 产

区　县	存栏（万只）			出栏（万只）		
	本年	上年	幅度（%）	本年	上年	幅度（%）
北京市	2 128.44	2 544.58	−16.4	6 688.44	7 550.69	−11.4
朝阳区						
丰台区	2.76	3.53	−21.8	0.99	2.61	−62.1
海淀区	9.20	8.07	14.0	16.15	9.16	76.3
门头沟区	20.39	31.97	−36.2	255.30	350.69	−27.2
房山区	152.27	198.37	−23.2	418.59	657.74	−36.4
通州区	117.71	184.45	−36.2	1 104.51	977.82	13.0
顺义区	192.13	287.97	−33.3	820.08	1 072.11	−23.5
昌平区	69.57	116.28	−40.2	74.71	92.59	−19.3
大兴区	165.73	206.91	−19.9	738.25	866.83	−14.8
怀柔区	99.83	133.04	−25.0	647.18	861.93	−24.9
平谷区	689.02	689.94	−0.1	722.43	761.78	−5.2
密云县	290.86	348.38	−16.5	1 148.00	1 128.05	1.8
延庆县	318. 97	335.67	−5.0	742.20	769.38	−3.5

农业观光园

区县	农业观光园个数（个）		高峰期从业人员（人）		接待人次（人次）		经营总收入（万元）	
	2015	2014	2015	2014	2015	2014	2015	2014
全市	1 328	1 301	42 617	47 088	19 033 334	19 112 023	263 138.9	249 154.7
朝阳区	11	11	1 871	2 018	1 268 274	1 438 991	38 046.5	37 069.7
丰台区	15	12	822	691	1 359 653	680 903	6 397.3	2 085.1
海淀区	64	60	2 339	2 429	308 827	346 379	5 689.7	6 831.9
门头沟区	66	55	899	1 167	436 525	414 806	4 672.6	4 996.9
房山区	110	111	2 563	3 017	1 294 700	1 682 147	13 085.4	15 181.0
通州区	57	58	3 809	3 520	790 527	833 162	19 491.2	18 518.4
顺义区	51	54	2 345	2 366	669 322	704 509	11 133.6	11 594.3
昌平区	208	198	6 856	6 047	1 749 100	1 808 213	39 889.8	37 358.4
大兴区	107	120	4 389	9 289	1 216 059	1 355 030	14 770.3	13 200.1
怀柔区	242	217	2 364	2 196	1 958 094	1 945 623	19 203.7	17 182.0
平谷区	208	210	8 686	8 592	4 307 089	4 037 837	35 696.9	32 438.7
密云县	144	155	4 271	4 349	3 159 340	3 277 830	48 356.4	45 960.6
延庆县	44	39	1 400	1 402	515 704	586 248	6 704.4	6 734.3

注：全市合计数中含石景山区数据，故分区县数据相加不等于合计。

民俗旅游

区县	民俗旅游接待户数（户）		高峰期从业人员（人）		民俗旅游接待人次（人次）		民俗旅游总收入（万元）	
	2015	2014	2015	2014	2015	2014	2015	2014
全市	8 941	8 863	22 313	21 493	21 396 673	19 142 166	128 550.1	112 543.0
朝阳区	5	5	6	6	900	1 200	7.2	9.0
海淀区	26	30	42	58	40 262	40 904	264.7	287.7
门头沟区	510	532	1 198	1 267	752 888	731 650	6 527.2	5 792.3
房山区	1 340	1 318	2 321	2 522	1 715 643	1 725 410	9 431.8	9 864.2
通州区	78	77	151	138	27 385	29 260	1 113.8	1 099.6
顺义区	33	25	68	39	25 223	22 834	114.3	83.0
昌平区	370	338	1 745	1 254	2 341 711	1 200 621	8 911.1	5 856.1
大兴区	136	143	696	690	450 469	436 190	1 691.8	1 582.8
怀柔区	1 556	1 442	3 979	3 421	2 460 771	2 175 180	17 146.4	14 917.0
平谷区	1 873	2 149	4 912	5 860	4 432 264	4 133 403	28 207.9	25 976.6
密云区	2 060	1 922	4 288	3 789	4 595 315	4 336 142	29 099.8	24 102.3
延庆区	954	882	2 907	2 449	4 553 842	4 309 372	26 034.1	22 972.4

注：民俗旅游接待户数为实际经营的户数。

索　　引

本索引采取主题索引法编纂，主题词以年鉴正文出现的重要专业名词或名词词组、机构名为主。按汉语拼音音序排列，汉字的标目按首字的音序、音调依次排列，首字相同时，则以第二字排序，依此类推。

图书在版编目（CIP）数据

北京农村年鉴．2016/《北京农村年鉴》编委会编．—北京：中国农业出版社，2017.4
ISBN 978-7-109-22706-4

Ⅰ.①北… Ⅱ.①北… Ⅲ.①农村经济—北京—2016—年鉴 Ⅳ.①F327.1-54

中国版本图书馆 CIP 数据核字（2017）第 019683 号

中国农业出版社出版
（北京市朝阳区麦子店街 18 号楼）
（邮政编码 100125）
责任编辑 姚 红 边 疆 潘洪洋 尹 岩

北京通州皇家印刷厂印刷 新华书店北京发行所发行
2017 年 4 月第 1 版 2017 年 4 月北京第 1 次印刷

开本：889mm×1194mm 1/16 印张：27.75 插页：12
字数：1 100 千字
定价：200.00 元